ADMINISTRACIÓN BÁSICA PARA IGLESIAS Y MINISTERIOS CRISTIANOS

Michael J. Anthony y James Estep, hijo
Editores

Francisco y Adelina Almanza
Traducción

EDITORIAL MUNDO HISPANO

EDITORIAL MUNDO HISPANO
7000 Alabama Street, El Paso, TX 79904, EE. UU. de A.
www.EditorialMundoHispano.org

Nuestra pasión: Comunicar el mensaje de Jesucristo y facilitar la formación de discípulos por medios impresos y electrónicos.

Agradecemos a la Central Baptist Church Bearden, de Knoxville, Tennessee, su apoyo financiero en la producción de este libro.

Editor: Jorge E. Díaz Figueroa
Diseño de la portada: Jorge Rodríguez T.
Diseño de páginas: Mario Martínez L.

Primera edición: 2008
Segunda edición: 2010

Clasificación Decimal Dewey: 254.6
Temas: Administración/Liderazgo, Iglesia

ISBN: 978-0-311-11066-7
EMH Art. No. 11066

6 M 11 10

Impreso en Colombia
Printed in Colombia

Queremos dedicar este libro a aquellos que nos han brindado su amor y apoyo incondicional por muchos años: nuestras familias.

A Michelle
y a nuestros hijos Chantel y Brenon Anthony

A Karen Lynn
y a nuestros hijos Budd, Dovie y Dylan Estep

Contenido

Contribuyentes

Michael Anthony, Profesor de Educación Cristiana, Talbot School of Theology, Biola University

Michelle Anthony, Pastora de Ministerios de Nuevas Generaciones, Coast Hills Community Church, Aliso Viejo, CA

Gary Bredfelt, Profesor de Educación Cristiana, Moody Bible Institute

J. R. "Tony" Buchanan, Vicepresidente Ejecutivo, Florida Christian College

Gordon Coulter, Director de Educación de Campo, Profesor de Educación Cristiana, Haggard School of Theology, Azusa Pacific University

Jane Carr, Profesora Asociada de Educación Cristiana, Talbot School of Theology, Biola University

James Estep, hijo, Profesor de Educación Cristiana, Lincoln Christian College and Seminary

Mark Henze, Abogado en Leyes, estudiante de Doctorado en Filosofía, Talbot School of Theology, Biola University

Richard Leyda, Profesor Asociado de Educación Cristiana, Talbot School of Theology, Biola University

Larry Purcell, Profesor Asociado de Educación Cristiana, Southern Baptist Theological Seminary

Mark Simpson, Profesor de Educación Cristiana, Southern Baptist Theological Seminary

Dennis Williams, Decano de Investigación Institucional, Profesor de Educación Cristiana, Southern Baptist Theological Seminary

Introducción

Los orígenes de la administración en perspectiva

HAY ALGUNOS QUE SE OPONEN a cualquier forma de administración en la iglesia local y en otros ministerios religiosos no lucrativos. Ven este tipo de esfuerzo como secular y piensan que su contribución es equivalente a aceptar los métodos del diablo. Estos creyentes comprenden muy poco las bases bíblicas y los fundamentos teológicos de la administración. Están sencillamente mal informados sobre lo que la Biblia enseña acerca de organizar los asuntos del ministerio. Se espera de nosotros, como mayordomos, que administremos la obra de Dios de una manera sabia y eficiente. De hecho, como ministros líderes, tendremos algún día que dar cuenta de nuestra administración cuando nos encontremos ante nuestro Maestro. Un buen mayordomo es aquel que reconoce su responsabilidad de supervisar los asuntos de su maestro y enfoca sus esfuerzos hacia ese fin.

Si la comunidad cristiana ha de seguir siendo relevante, son necesarias nuevas reflexiones y consideraciones de teoría administrativa y práctica. Sin embargo, necesitamos resistirnos al impulso consumista que caracteriza a nuestra época. Administrar el ministerio de Dios requiere un análisis serio y un pensamiento bien enfocado. Proveer cuidado y administración en la obra de Dios debe depender de más que métodos novedosos de tres pasos. Escarbar más profundamente en las bases bíblicas, teológicas y teóricas de la mayordomía del ministerio es de lo que trata este libro.

La teoría sobre la administración ha cambiado mucho en los pasados cincuenta años. Los métodos de administración han logrado un significativo progreso en los negocios, la educación, los servicios de cuidado de la salud, y en el área militar. Sin embargo, las iglesias han fracasado en mantenerse al día con estas nuevas perspectivas y se han quedado atrás. El resultado es una administración deficiente y confusión. Cuando los miembros de congregaciones, muchos de los cuales han sido capacitados en estas áreas, observan la manera ineficaz en la que muchos líderes de iglesias administran los recursos del ministerio, pierden la confianza en ellos y ven a estos líderes con suspicacia y menosprecio. Dado que estos principios de administración tienen su origen en las Escrituras, lo que se necesita es una base de enseñanza bíblica con respecto a la práctica de administración y organización.

Paradigmas del pasado: métodos novedosos y fantasías

Muy pocos libros sobre la administración en el ministerio tienen su base en una teoría exhaustiva o en una integración teológica de las enseñanzas sobre administración. Más bien, se enfocan en tareas individuales, en principios limitados o aun se esfuerzan en proveer *una* solución a un marco administrativo que requiere más de *una* respuesta, resultando en la formación de una administración novedosa pasajera. Los problemas complejos del ministerio no se resuelven con una fórmula de tres pasos o de siete leyes. Tal vez esto logre la venta de libros, pero no resuelve el verdadero problema. A estos libros les falta un paradigma primordial en el cual conceptualizar la administración. En vez de ello, se enfocan en una técnica administrativa o en ardides para resolver el problema. El resultado es una plétora de ideas novedosas y fantasías para una solución de arreglo rápido. Sin una discusión significativa de las bases teóricas para la solución, el problema regresa en una forma ligeramente distinta, semejante a una bacteria que se ha hecho resistente a los antibióticos.

Este texto escarba debajo de la superficie de problemas administrativos de organizaciones no lucrativas para explorar posibles soluciones desde una perspectiva más sistemática. Ciertamente este enfoque de sistemas en cuanto a la administración no es nuevo, pero es algo excepcional para el contexto de organizaciones no lucrativas. Está basado en la obra de R. Alec Mackenzie, quien publicó primero su paradigma en el *Harvard Business Review* en su edición de noviembre-diciembre de 1969. Ha servido como base para la estructura de textos de administración de empresas por décadas. Los programas de diplomado en comercio, educación y enfermería fueron diseñados alrededor de su rúbrica. Nuestra figura representa una modificación significativa de su modelo original debido a la incorporación de la perspectiva bíblica del mundo actual y la puesta al día de contenidos del siglo veintiuno. La figura 0.1 ilustra este paradigma.

Este diagrama ilustra un ciclo continuo de recreación institucional. No es un retrato estático de la administración actual sino más bien un diseño de un proceso administrativo. No es una foto fija, sino una película en acción. El paradigma está basado en un enfoque cuádruple: escritura, ideas, cosas y gente. Estos cuatro elementos son necesarios; sin cualquiera de uno de los cuatro elementos básicos, a la administración cristiana le falta una perspectiva completa. De estos cuatro elementos surgen más tareas de administración. Cada tarea es necesaria para conceptualizar la administración en la comunidad de fe. Cada tarea desempeña un rol vital en el proceso continuo.

Figura 0.1
Un planteamiento de sistemas de administración cristiana

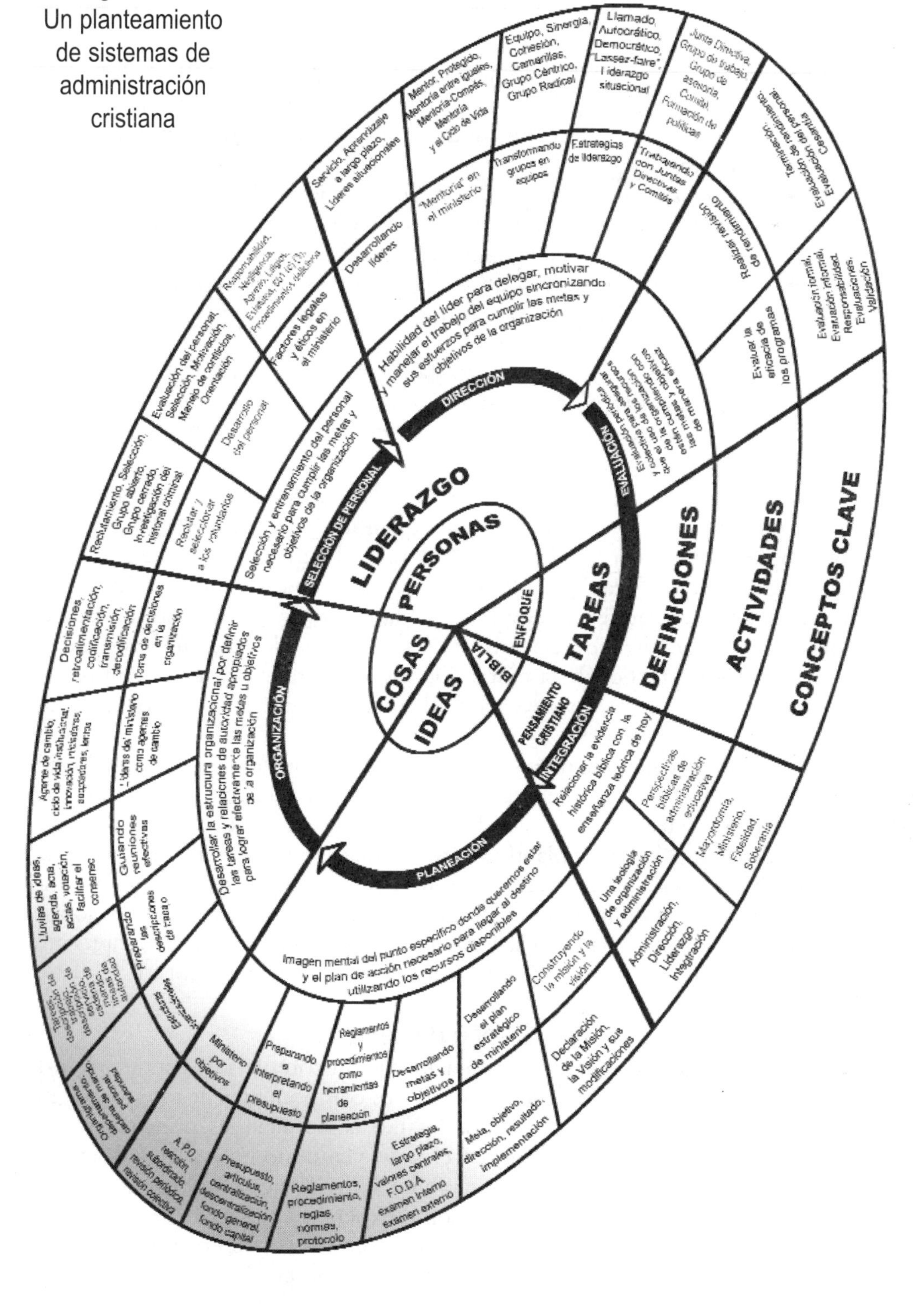

- *El pensamiento cristiano* exige un proceso de integración de las Escrituras y de la teología en lo que hacemos como administradores, reflejándose en la asunción fundamental de una administración que es cristiana.
- *El pensamiento conceptual bíblico* exige un proceso de planificación de administración con las Escrituras y la teología en mente, poniendo en papel las "ideas" de la organización.
- *La administración* exige que nos comprometamos a *organizar* la institución para el logro de sus planes, enfocándonos en la utilización adecuada de recursos y "cosas".
- *El liderazgo* exige un proceso multifacético de *reclutamiento de personal, dirección y evaluación,* al mismo tiempo que se enfoca en la "gente", no como un recurso sino como participante en el esfuerzo de nuestro ministerio.

De estas tareas conceptuales brotan seis funciones de administración. Estas seis funciones son: integración, planificación, organización, reclutamiento de personal, dirección y evaluación. Cada una es crucial para el éxito de la teoría y la práctica de la administración cristiana. La eliminación de cualesquiera de estas causará el desplome de la institución entera en desorden y confusión. Las actividades relacionadas con cada una de estas funciones llegan a ser la efusión práctica de la teoría. De esta manera la práctica siempre está conectada con la teoría, y viceversa. Cada una depende de la otra para validez y un propósito significativo.

Una vez que el contenido del ciclo ha sido incorporado dentro de la vida de la institución, el ciclo se repite. Una reintegración del pensamiento teológico basado en la evaluación de las condiciones actuales promueve una nueva perspectiva de las funciones de planificación, organización, reclutamiento de personal, dirección y evaluación. En pocas palabras, el paradigma se recrea a sí mismo, manteniendo no sólo un enfoque contemporáneo de administración, sino asegurando su compatibilidad con la comunidad cristiana de fe por su compromiso con la integración continua y con el pensamiento conceptual bíblico.

Diseño del texto

Con el propósito de proveer una aplicación completa de esta teoría, este texto ha sido diseñado alrededor de veintitrés componentes de este paradigma sistemático. Una vez que afirmamos las tareas y funciones principales y las pusimos al día para la aplicación en el siglo veintiuno en las organizaciones religiosas no lucrativas, asignamos capítulos individuales a autores que habían alcanzado reconocimiento nacional como expertos en estas áreas respectivas. La figura 0.2 ilustra cómo los capítulos abordan los conceptos clave del enfoque de este sistema al paradigma de administración cristiana.

Figura 0.2
Bosquejo del
texto por
capítulos

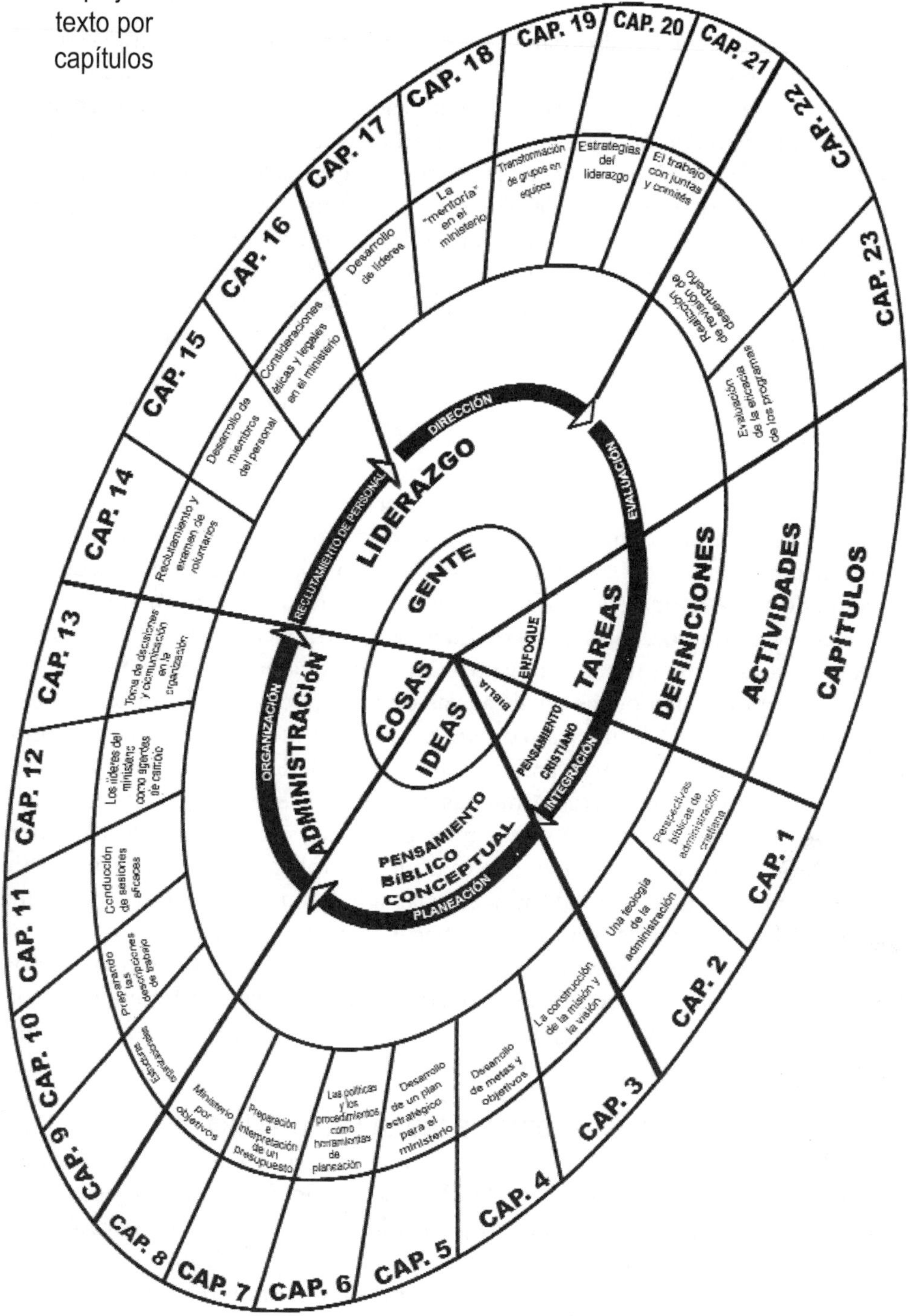

Los capítulos 1 y 2 abordan el proceso de integración, ilustrando su presencia en las Escrituras y proveyendo un marco teológico por medio del cual el líder cristiano puede enfocar el trabajo administrativo. Los capítulos 3-8 proveen una percepción de la función administrativa de planificación, incluyendo la edificación de la misión y la visión, el desarrollo de un plan estratégico, el desarrollo de metas y objetivos del ministerio, el uso de políticas y procedimientos en la planificación, la preparación e interpretación de presupuestos, y la realización del ministerio con intencionalidad por medio de un planteamiento de ministerio-por-objetivos. Los capítulos 9-13 bosquejan la función administrativa de organizar. Esta sección detalla las actividades en el desarrollo de una estructura organizacional, la preparación de descripción de tareas, la dirección de reuniones eficaces, la implementación del cambio y manejo de conflictos, así como el proceso de la toma de decisiones en grupo.

Los capítulos 14-23 detallan las funciones administrativas asociadas con dirigir una organización: reclutamiento de personal, dirección y evaluación. El reclutamiento de personal es discutido con respecto a alistar y desarrollar, y el trato justo a voluntarios y empleados. En cuanto a la dirección este asunto es presentado a la luz del desarrollo de líderes, la conducción de su aprendizaje, formación de equipos, estrategias de liderazgo, y trabajar dentro de un comité o la estructura de una junta. La evaluación se enfoca en la tasación de individuos y programas. En pocas palabras, las divisiones del texto reflejan directamente el paradigma administrativo para un planteamiento completo de administración cristiana de un ministerio no lucrativo. Dado que las organizaciones religiosas no lucrativas abarcan muchas avenidas de servicio (p. ej.: iglesias y campamentos cristianos, agencias paraeclesiásticas, etc.), una aplicación más amplia a estas funciones es abarcada más allá de aplicaciones eclesiásticas. Sin embargo, puesto que la aplicación eclesiástica es su principal enfoque, una gran cantidad de material será dirigida hacia esta perspectiva.

Cada capítulo fue escrito por una persona que no sólo tiene preparación académica en el área especializada específica, sino también experiencia práctica en el ministerio en congregaciones y organizaciones cristianas; por consiguiente, el texto es pastoralmente cómodo para el lector.

Un puente entre la teoría y la práctica

Cuando iniciamos este proyecto, todo comenzó con una conversación en el 2002 en la conferencia anual de Profesores de Educación Cristiana de Norteamérica. Sin embargo, nuestro propósito no era un objetivo académico, sino más bien uno pastoral. Desde el tiempo de nuestras discusiones iniciales hasta cuando bosquejamos el texto, reclutamos colaboradores y publicamos el libro, sólo hemos tenido un anhelo: deseamos que este texto provea a líderes cristianos en las congregaciones y organizaciones cristianas con un recurso para mejorar su eficiencia y efectividad para el reino de Cristo. No ha sido diseñado para ser un libro más de teoría administrativa u otro libro de texto que se usa sólo una vez y luego se descarta; más bien, el propósito es que sea un recurso continuo que ayude a los que se encuentran en el servicio cristiano a cumplir su llamado en la comunidad de fe. El principal enfoque de este libro es establecer un puente entre la teoría y la práctica. La teoría es esencial, ya que nos provee del razonamiento detrás de nuestras acciones. Sin embargo, la teoría desconectada de la práctica resulta en ignorancia e ideas estancadas. Fue crucial combinar la teoría con la práctica contemporánea para hacer de este libro un recurso valioso para las futuras décadas. Nuestra oración es que el material en este texto cumpla el máximo propósito de construir el reino por medio de entrenar y equipar a los líderes cristianos para un servicio eficaz.

Michael J. Anthony
Talbot School of Theology, La Mirada, California

James Riley Estep, hijo
Lincoln Christian Seminary, Lincoln, Illinois

PRIMERA PARTE

INTEGRACIÓN

Al leer a través de las páginas de las Escrituras descubrimos que para Dios es muy importante la manera como lo representamos ante los ojos del mundo no creyente. A él también le importa mucho la forma en que su pueblo usa los dones y talentos con los que él lo ha provisto. Cuando un siervo usa mal los recursos, o no toma en serio sus responsabilidades, como en el caso del siervo malo (Mat. 24:45-51), Dios está presto para juzgar a ese siervo con severidad. De la misma manera, vemos en la parábola de los talentos que Dios da a sus siervos cierto número de talentos y responsabilidades, y espera que ellos se dediquen a llevar a cabo la obra de su Maestro eterno hasta que él regrese (Mat. 25:14-30).

La lección en estas historias es que si somos descuidados en la administración de nuestros deberes, seremos recipientes de la disciplina de Dios. Estos pasajes, y muchos más que podrían relacionarse con ellos, hablan de la preocupación de Dios por el uso apropiado de sus recursos. Como sus siervos, somos responsables del cuidado y adecuada distribución de sus recursos materiales, financieros, humanos y espirituales. Este papel de mayordomos no es uno en el que se debe entrar con ligereza, porque viene con grandes expectativas de un comportamiento honesto y ético.

La Biblia tiene mucho que decir acerca de la mayordomía y el uso apropiado de las posesiones de Dios. La perspectiva bíblica sobre la mayordomía es que los recursos de Dios no son nuestros. Son de él, y él los ha puesto bajo nuestra custodia hasta que le parezca apropiado que le sean devueltos. Por esta razón, un administrador cristiano debe verse a sí mismo (o a sí misma) primero, y sobre todo como un siervo de los recursos de Dios. Ya sea que nuestro ministerio sea cuidar y sustentar a una congregación local, distribuir alimentos y dar refugio a individuos que no tienen un hogar, dirigir un campamento o un centro de conferencias, administrar una escuela privada cristiana, o quizá servir en una junta misionera internacional, debemos llegar a la misma comprensión de que sólo estamos de paso y que Dios ha encomendado la supervisión de su ministerio en nuestras manos por un tiempo establecido.

Existe la expectativa de que en un futuro se requerirá de nosotros que rindamos cuentas, y esta responsabilidad debe incluir cierto grado de dividendo espiritual. Dicho en pocas palabras, Dios está esperando un incremento como resultado de su inversión. Los líderes cristianos, independientemente de la organización ministerial en la que sirven, tienen una profunda responsabilidad de administrar las organizaciones de Dios dentro de límites específicos. Estos límites están presentados claramente en su Palabra. Sin embargo, se requiere cierto grado de aptitud hermenéutica para interpretar correctamente su Palabra. Sin una interpretación fiel no existe esperanza de una aplicación correcta. La historia nos ha mostrado que el fin no justifica los medios. El que estemos ocupados construyendo el reino no significa que a Dios no le interesa el tratamiento ético y moral de sus líderes. De hecho, a él le preocupa mucho la administración adecuada, porque cuando una de sus organizaciones se convierte en el foco de una investigación legal o ética en los periódicos nacionales, como resultado la reputación de Dios se ve manchada.

Por eso este libro es tan importante. No es sólo otro libro acerca de cómo administrar un negocio. Si así fuese sería redundante, ya que hay suficientes libros buenos en el mercado que sirven para este propósito. La contribución excepcional de este libro es la integración de enseñanzas bíblicas sólidas acerca de la mayordomía con prácticas sanas de administración de empresas. No estamos forzando el punto al unir a estas dos entidades, ya que ambas se relacionan con la mayordomía. Como ha escrito un ejecutivo luterano: "Contextualmente, la administración y la teología se apoyan mutuamente y son consistentes, reflejando a una iglesia entera, sin división: humana y divina, secular y sagrada, con una mente en el presente y en el futuro"[1].

Muchos pastores de iglesias locales lamentan y menosprecian la necesidad de administración en la iglesia. Hablan de largas horas empleadas en comisiones tratando de tomar decisiones acerca de asuntos que tienen mucha menor importancia que la predicación y la consejería. "El seminario no me preparó para esto", dice un pastor. El problema no es tanto que la administración o dirección sean un idioma desconocido; el problema es que el currículo del seminario no provee instrucción en esta tan importante responsabilidad pastoral. Dado que muchos pastores son despojados de sus cargos más por asuntos de mala administración que de doctrina, sería de esperarse que los seminarios dieran mayor atención a este tema tan importante.

La administración del ministerio es necesaria por una variedad de razones[2]. Primeramente, porque el ministerio se trata de gente, no de programas.

Los individuos tienen puntos fuertes, puntos débiles, dones y deseos. Sufren y necesitan de nuestra atención. Sus vidas están fragmentadas y rotas por su condición humana. No proveemos el ministerio en un vacío sino en el contexto de la gente. Por esta razón necesitamos recordar que la administración es el medio para lograr un fin, nunca el fin en sí mismo. La administración cristiana nos permite servir a la gente más eficientemente.

La segunda razón para la necesidad de administración en el ministerio cristiano es porque el cuerpo de Cristo es una entidad corporativa. No es una organización, sino más bien un *organismo* que vive y respira como el cuerpo de Cristo encarnado en este mundo. La iglesia es una comunidad de gente que se ha unido voluntariamente para funcionar como un grupo. Como tal, los creyentes son miembros "uno del otro" del mismo cuerpo espiritual, miembros de la familia de Dios. Las funciones administrativas de planificación, organización, reclutamiento de personal, dirección y evaluación son cruciales para la operación del ministerio porque los ministerios cristianos son parte de la entidad corporativa con una vida y una misión corporativa. La Biblia es muy clara en cuanto a la comunicación de esta realidad corporativa al presentar imágenes tales como la familia, el cuerpo de Cristo, la familia de Dios, la nación de Dios, la nación santa, y sacerdocio real. Sin una administración cristiana la vida corporativa de la iglesia se ve expuesta a problemas y se anula.

La tercera razón para la administración de los ministerios cristianos es porque la iglesia tiene una misión y no puede lograr esa misión mas que con un esfuerzo coordinado. No importa la metáfora que se use: los soldados en la batalla, el equipo de fútbol en el estadio o la orquesta en la sala de conciertos, nada se logra sino con preparación y planificación. Las líneas de respaldo deben ser establecidas y defendidas. Se necesita conseguir materiales, y la gente necesita ser seleccionada y entrenada. Todas estas actividades son el corazón de una buena administración.

Aunque la misión pueda ser descrita de manera diferente dependiendo del contexto de la organización y de su audiencia, la preocupación primordial sigue siendo guiar a la gente a una relación con Dios por medio de la salvación y de una formación espiritual. Estas dos actividades primordiales son el empuje de la Gran Comisión. Un pastor lo ha resumido así: "La administración no es periférica en la vida y en el funcionamiento de la iglesia. Es necesaria porque la iglesia es la gente: gente corporativa con una misión" [3].

Administración y dirección, términos que se usan como sinónimos dentro de este texto, se demuestran claramente a través de las páginas de las Escrituras por aquellos que usó el Señor para lograr sus propósitos (p. ej.: Moisés, José, Nehemías, Jesús, Pablo, Pedro, etc.). Además, la administración es dada a la iglesia como un don con el propósito expreso de ayudar al funcionamiento eficaz y eficiente de los ministerios cristianos. 1 Corintios 12:28 declara que "En la iglesia Dios ha puesto, en primer lugar, apóstoles; en segundo lugar, profetas; en tercer lugar, maestros; luego los que hacen milagros; después los que tienen dones para sanar enfermos, los que ayudan a otros, los que administran y los que hablan en diversas lenguas" (NVI). Debemos hacer notar que la palabra griega para administrador es *kubernesis.* Esta palabra es usada para describir la función del timonel de un barco. Podemos encontrar una descripción de este don y su posible uso en la iglesia primitiva en *The Theological Seminary of the New Testament* (El Diccionario Teológico del Nuevo Testamento).

> La referencia puede ser solamente a los dones específicos que califican a un cristiano como timonel de su congregación, p.ej.: un verdadero director de su orden y luego de su vida. Cuál era el ámbito de esta actividad directiva en el tiempo de Pablo, no lo sabemos. Ese era un tiempo de desarrollo fluido. La importancia del timonel aumenta en tiempos de tempestad. El cargo de dirigir a la congregación bien puede haberse desarrollado especialmente en emergencias, tanto dentro de la iglesia como fuera de ella. La proclamación de la Palabra no fue originalmente esta. Ninguna sociedad puede existir sin ningún orden y dirección. Es la gracia de Dios la que da estos dones que preparan para gobernar. El punto notable es que cuando en el versículo 29 Pablo pregunta si todos son apóstoles, si todos son profetas, o si todos tienen el don para sanar, no hay preguntas correspondientes con respecto a *antilenpseis* y *kubernesis.* La congregación puede intervenir para servir como *diáconos* o *gobernantes.* Por consiguiente, estos cargos, tan distintos a los mencionados en el versículo 29, pueden ser electivos. Pero esto no altera el hecho de que para su propio cumplimiento el carisma de Dios es indispensable[4].

Claramente había un don espiritual de administración provisto para la iglesia primitiva que continúa siendo un papel crucial para el cuerpo de Cristo el día de hoy. Esta unidad ha sido diseñada para proveer una base bíblica para la administración cristiana (capítulo 1) y también una perspectiva compendiada que reúne varios pasajes en una teología coherente (capítulo 2). El lector notará que estos capítulos son un poco más largos que la mayoría de los capítulos restantes, puesto que colocan un fundamento para todo el material que sigue. En efecto, hay una teología bíblica de administración para los ministerios cristianos, y es necesario que todos los líderes de ministerios la comprendan y estén capacitados para transmitirla a los miembros de sus congregaciones y audiencias de sus ministerios.

Por
Michael Anthony

Capítulo 1

Perspectivas bíblicas de la administración cristiana

UNO DE LOS MAYORES OBSTÁCULOS que enfrentamos en la administración de los recursos del ministerio es que no entendemos bien los orígenes de la administración, tanto en términos de principios como en términos de práctica. Muchos cristianos bien intencionados erróneamente creen que, puesto que los negocios han incorporado y promovido métodos populares de administración para lograr ganancias financieras, entonces debe haber algo inherentemente malo en integrar estos mismos principios a la manera en que organizamos y administramos los asuntos de la iglesia. Sin embargo, el problema con este razonamiento equivocado es que muchos de los principios que encontramos en los libros de texto sobre organización y administración en organizaciones seculares, usados en los programas de Administración de Empresas en muchos de nuestros países, no se originaron en los negocios de Norte América. Muchos de estos principios de administración se originaron hace más de cuatro mil años y se encuentran registrados en las páginas de las Escrituras.

Tanto el Antiguo como el Nuevo Testamento están repletos de ejemplos de planificación, organización, reclutamiento de personal, dirección y evaluación, mucho tiempo antes de que el Occidente los comenzara a usar en sus empresas de negocios. Este capítulo proveerá al lector ejemplos bíblicos y principios teológicos de organización y administración que tuvieron sus orígenes en la Biblia. Cada una de las cinco funciones administrativas será analizada y explorada a través del lente del Antiguo y del Nuevo Testamento con la esperanza de que el lector llegará a darse cuenta de que Dios es el máximo autor de los sabios principios de administración[1].

Planificación

La planificación se define como un proceso que empieza con un cuadro mental de donde se quiere estar en algún punto futuro (meta). Luego determina un curso de acción (estrategia) en pasos medibles (objetivos) siguiendo los letreros correctos del camino (políticas y procedimientos) para poder llegar a la meta usando los recursos disponibles (personal, presupuesto, medios, etc.). Los líderes eficaces pueden articular su meta en palabras que atraen e inspiran a otros a seguirlos. Con frecuencia se refiere a esto como una declaración de misión. Esta declaración permite a otros que no son capaces de visualizar el futuro muy claramente tener una idea de hasta dónde los quiere llevar el líder.

Planificar no es algo místico o mágico. Algunas personas lo equiparan con invocar a lo desconocido como los profetas falsos usan una bola de cristal. Sin embargo, esto no es planificar. Planificar es ver el futuro con la esperanza de lo que llegará a ser, pero no es un salto a ciegas en la oscuridad. Una vez que ha asido la visión, un líder comienza a construir ese futuro en un proceso detallado paso a paso. Esto incluye mucho esfuerzo y tenacidad. Para aquellos que ven el futuro a través de un lente borroso, esto también incluye algo de fe. Hay muchos ejemplos de planificación registrados en la Biblia. El tiempo no permite un recuento exhaustivo de los relatos sobre este tema, pero un breve estudio de los ejemplos más prominentes puede ser de utilidad.

Génesis presenta el relato de la creación del universo en tal forma que no da lugar a dudas de que Dios tenía un plan. Él estableció el orden de los acontecimientos desde los detalles más pequeños del átomo hasta la expansión infinita del espacio. Cada uno de los días de la creación está marcado con una actividad y un diseño proyectados. Nada es dejado a la suerte o a una actividad fortuita. Cada día contiene dirección específica pronunciada por Dios acerca de lo que debía establecerse. Desde la creación de las estrellas y planetas en nuestra galaxia hasta la formación de la vida en los mares y en la tierra seca, nada es pasado por alto. Todos los detalles del orden creado por Dios son puestos en movimiento y mantenidos bajo su control. Acerca del final de la obra de Dios, Génesis 2:1, 2 dice: "Así quedaron terminados los cielos y la tierra, y todo lo que hay en ellos. Al llegar el séptimo día, Dios descansó porque había terminado la obra que había emprendido" (NVI).

Esta secuencia de acontecimientos en la creación demuestra premeditación y planificación. Dios creó las plantas para la tierra seca sólo después que hubo establecido el agua y la luz del sol que les proveyera de nutrición. Una vez que hizo esto él creó animales para los que él había establecido estas fuentes de alimento. Cada uno de estos acontecimientos da testimonio del orden creado por Dios y de su planificación.

La historia de Noé que se encuentra en Génesis 6-9 también habla de la planificación de Dios. Habiéndose decepcionado por el estilo pecaminoso de vida del ser humano, Dios estableció un plan para un nuevo comienzo. Decidió enviar un diluvio para eliminar esta influencia destructiva de su creación, pero sólo después de desarrollar el plan de salvar a un pequeño remanente de sus fieles seguidores. Dios habló a Noé y le entregó un juego de planes para la construcción del arca. Con estos planos sobre las dimensiones, los materiales de construcción requeridos, y los suministros que serían necesarios durante el tiempo de duración del viaje, Noé se preparó para el diluvio que vendría. Sin un plan de Dios y la obediencia de Noé, la humanidad hubiera ciertamente tenido una existencia muy corta en este planeta.

Muy pronto después del diluvio Dios reveló sus planes adicionales al seleccionar a un hombre llamado Abraham para establecer con él una relación que tendría consecuencias eternas. Dios reveló su plan a largo plazo al declarar: "Deja tu tierra, tus parientes y la casa de tu padre, y vete a la tierra que te mostraré. Haré de ti una nación grande, y te bendeciré; haré famoso tu nombre y serás una bendición. Bendeciré a los que te bendigan y maldeciré a los que te maldigan; por medio de ti serán bendecidas todas las familias de la tierra" (Gén. 12:1-3 NVI).

Más tarde Dios reveló a Abraham que sus descendientes llegarían a ser más numerosos que el polvo de la tierra (Gén. 13:16), que las estrellas del cielo (15:5) o que la arena del mar (Gén. 22:17). Esa visión previa y planificación anticipada proveyó a Abraham con la seguridad de que podía confiar en que Dios cumple sus promesas y no olvida sus planes.

La esclavitud del pueblo de Dios y su subsiguiente salida de la tierra de Egipto revelan su planificación soberana. Habiendo elegido y entrenado a Moisés para sacar a su pueblo de la esclavitud después de ochenta años de preparación (cuarenta años en la corte de Faraón y cuarenta años como pastor de ovejas), Moisés entró en escena justo en el momento escogido por Dios. Durante la travesía Dios entregó sus leyes a Moisés quien, a su vez, las presentó al pueblo de Dios. Estas leyes revelaban el orden prescrito por Dios para mantener una relación pura y sana con el Señor, y las instrucciones para vivir en una relación adecuada con los otros miembros de la comunidad.

Además de estas leyes, Dios también proveyó a Moisés con las instrucciones para la construcción del tabernáculo. Esta tienda sería el punto central de adoración y vendría con instrucciones detalladas sobre su construcción. Los planes y planos nuevamente revelan la naturaleza de la exactitud de Dios. Cada detalle, desde el color de las cubiertas de las pieles hasta el tamaño y las dimensiones de los tablones, las cortinas, los travesaños, fue cuidadosamente diseñado e instalado. El tipo de mobiliario, las dimensiones de cada pieza y su ubicación dentro del complejo del tabernáculo fueron prescritas cuidadosamente por Dios. Las descripciones de las vestiduras sacerdotales, la manera de lavarlas y prepararlas, así como las instrucciones para empacar y desempacar el tabernáculo fueron dadas por Dios a su pueblo.

Antes que Israel entrara a Canaán, Dios presentó a Josué sus planes para la destrucción de los que habitaban la tierra. La conquista de la tierra fue prescrita por Dios con el propósito de purificarla para su pueblo (Núm. 33:50-56).

Durante el período de los reyes Dios reveló sus planes para la construcción del templo. En 1 Reyes 5 Dios reveló sus planes a Salomón para la construcción de una magnífica estructura con los recursos que al rey David se le había dicho que apartara para este fin. Por mandato de Dios Salomón reclutó a trabajadores para cortar las piedras, labrar las vigas y coser los velos. Nada fue dejado al azar. Cada cosa fue planificada cuidadosamente por Dios y revelada a Salomón.

Muchos años después Dios encomendó a Nehemías la reconstrucción de los muros de Jerusalén y a Esdras la reconstrucción del templo después de que habían sido destruidos durante la conquista del rey Nabucodonosor. Tanto los planes y preparativos de Esdras como los de Nehemías revelan una cuidadosa percepción y planificación. Quizá el más notable ejemplo para nuestros propósitos lo encontramos en Nehemías. La muestra de una planificación cuidadosa incluye el conseguir el permiso del rey Artajerjes para guiar el traslado de Nehemías y su gente (Neh. 2:1-6); la solicitud de los materiales de construcción (Neh. 2:7-9); su evaluación de las condiciones del muro y el desarrollo de un estimado cuidadoso del costo de la construcción (Neh. 2:15); y la distribución del trabajo y la creación de un plan de distribución del tiempo para la construcción (Neh. 4:15-23). En efecto, Nehemías pudo superar muchos obstáculos debido a su previsión y planificación detallada.

De la misma manera el Nuevo Testamento presenta muchos ejemplos de planificación. Obviamente Dios estaba ocupado en la vida de su pueblo en el Nuevo Testamento revelándole sus muchos planes soberanos. Efesios 1:4, 5 dice que antes de la creación del mundo Dios escogió a los que serían seguidores de Cristo. ¡Esto sí que es un ejemplo de planificación a largo plazo!

Como resultado de los planes divinos de Dios, María y José viajaron a Belén donde Jesús nació justo en el momento preciso del tiempo. Numerosos cumplimientos de las profecías ocurrieron en el momento preciso revelando la planificación y preparación divina de Dios para el nacimiento de su Hijo.

Es obvio que Jesús fue un planificador. El evangelio de Lucas repite una frase que organizó y dividió los períodos del ministerio terrenal de Jesús. La frase "afirmó su rostro para ir a Jerusalén" o derivaciones similares aparecen en Lucas 9:51, 53; 13:22, 33; 17:11; 18:31; 19:11 y 19:28. Es interesante notar que después de que ocurre esta frase sería de esperarse que Jesús avanzara directamente hacia el sur para llegar a Jerusalén. Sin embargo, hubo ocasiones en que Jesús realmente caminó en una dirección diferente. Experimentó una temporada de ministerio con sus discípulos, la frase fue repetida nuevamente, y él avanzó hacia la siguiente fase de su ministerio terrenal. Si no supiéramos lo que Jesús estaba haciendo, nos parecería que andaba perdido y no sabía cómo llegar a Jerusalén.

Pero el Creador del universo sabía perfectamente dónde estaba Jerusalén. Él sencillamente tenía otras cosas que llevar a cabo antes de llegar a la cruz. Tenía una cita pendiente en Jerusalén, pero antes de llegar tenía que asegurarse de que sus discípulos fueran entrenados y preparados para asumir la responsabilidad del liderazgo ministerial en su ausencia. En esencia, el ministerio de Jesús iba siguiendo planes prescritos. Necesitaba revelar el carácter del Padre a un mundo perdido y necesitado, mientras que al mismo tiempo era necesario entrenar y equipar a un pequeño grupo de hombres para transformar al mundo en su nombre.

Una de las más penetrantes parábolas de Jesús fue sobre el tema de la planificación. Él declaró: "Porque ¿cuál de vosotros, queriendo edificar una torre, no se sienta primero y calcula los gastos, a ver si tiene lo que necesita para acabarla? No sea que después de haber puesto los cimientos y al no poder terminarla, todos los que la vean comiencen a burlarse de él, diciendo: 'Este hombre comenzó a edificar, y no pudo acabar'. ¿O que rey, que sale a hacer guerra contra otro rey, no se sienta primero y consulta si puede salir con diez mil al encuentro del que viene con veinte mil? De otra manera, cuando el otro rey está todavía lejos, le envía una embajada y pide condiciones de paz" (Luc. 14:28-32).

Aunque el tema de este pasaje es el costo del discipulado, la cuestión fundamental es que una persona debe hacer planes para el futuro, especialmente en lo que se relaciona con su condición espiritual.

El apóstol Pablo fue un hombre de acción y persistencia. Si alguna vez ha habido un hombre preparado para entrar en el escenario de la eternidad para llevar a cabo los planes divinos de Dios, este fue su Apóstol a los gentiles. Habiendo sido preparado para entrar en un terreno desafiante de expansión misionera, Pablo reveló sus planes de cumplir su meta de alcanzar al mundo para Cristo. Aunque un buen número de pasajes podría ser usado para articular la declaración de su misión, tal vez el que más bien expresa su pasión personal es Romanos 1:16, donde leemos: "Porque no me avergüenzo del evangelio; pues es poder de Dios para salvación a todo aquel que cree, al judío primero y también al griego".

A través de las epístolas de Pablo vemos evidencia de sus esfuerzos de planificación. Por ejemplo, encontramos instrucciones para un servicio de adoración ordenado (1 Cor. 11; 14); métodos para edificar el cuerpo de Cristo (Rom. 12; 1 Cor. 12; Efe. 4); aptitudes de los líderes de la iglesia (1 Tim. 3); métodos prescritos de disciplina en la iglesia (1 Cor. 5; 2 Cor. 6); sus planes para viajar a Roma y después a España para predicar el evangelio (Rom. 15); y sus cuidadosos esfuerzos para dejar hombres preparados en las iglesias para llevar adelante su trabajo después de su partida.

No obstante estas evidencias obvias de planificación encontradas en las

Escrituras, es necesario decir que aunque la planificación es un aspecto importante de la mayordomía del ministerio, esta no debe tomar el lugar de buscar la dirección de Dios o de seguir la influencia del Espíritu Santo. Los planes detallados no son un substituto de la oración. Tampoco la planificación es una fórmula que Dios siempre sigue. A Dios le deleita rebasar los planes del hombre con sus propios planes. Él dice: "Muchos planes hay en el corazón del hombre, pero sólo el propósito del SEÑOR se cumplirá" (Prov. 19:21). La Biblia nos enseña que Dios se deleita en hacer lo que no se espera ni ha sido planeado desde nuestra perspectiva. Sus caminos no son nuestros caminos, y sus planes no siempre son los nuestros. Pero podemos confiar en que Dios hará que suceda lo que él ha planificado. El resultado final de esos planes será glorioso y digno de la espera.

Organización

Las Escrituras enseñan que Dios no es un Dios de confusión, sino de orden pacífico (1 Cor. 14:33) y que desea que todo sea hecho debidamente y de manera ordenada (1 Cor. 14:40). La definición de la palabra organización podría ser: hacer las cosas de manera ordenada. En el contexto de una organización, esto incluye dos actividades primordiales. Primera, desarrollar una estructura organizacional que presenta las relaciones entre cada uno de los miembros de la organización y, segunda, preparar una descripción de tareas para que los que sirven sepan lo que se espera de ellos en términos de capacidades y responsabilidades.

El Antiguo Testamento comienza con el orden creado por Dios, el cual fue descrito en la sección anterior. Dios es la cabeza suprema del universo. El hombre es su creación y se le ha dado autoridad y dominio sobre el medio ambiente. La humanidad tiene autoridad sobre las plantas y los animales y debe actuar como mayordomo de esta encomienda. No es una autoridad que nos permita abusar o desperdiciar estos recursos. Con esta responsabilidad viene la obligación de rendir cuentas.

El núcleo familiar fue la primera institución diseñada por Dios cuando Adán y Eva se unieron como marido y mujer. Desde los primeros días de su relación Dios les expuso sus expectativas acerca de la estructura familiar. Él declara: "Por tanto, el hombre dejará a su padre y a su madre, y se unirá a su mujer, y serán una sola carne" (Gén. 2:24). Hablando de esta dinámica el apóstol Pablo escribió: "Porque el esposo es cabeza de la esposa, así como Cristo es cabeza de la iglesia, y él mismo es salvador de su cuerpo. Así que, como la iglesia está sujeta a Cristo, de igual manera las esposas lo estén a sus esposos en todo" (Efe. 5:23, 24).

Igualmente en lo que respecta a los hijos, Pablo declara: "Hijos, obedeced en el Señor a vuestros padres, porque esto es justo" (Efe. 6:1). Estos pasajes revelan la estructura organizacional de Dios para el hogar. Mucho se ha dicho acerca de cómo esta relación entre marido y mujer, padres e hijos funciona en la vida diaria. Tales discusiones van más allá del propósito de este texto, pero basta decir que Dios diseñó la unidad familiar para que funcionara bajo expectativas de estructura organizada claramente delineadas.

Otros libros en el Pentateuco dan evidencia del deseo de Dios de una estructura organizacional y especificaciones acerca de las responsabilidades y tareas. Por ejemplo, la nación de Israel fue dividida en doce tribus y a cada una se le dio una responsabilidad durante la jornada a través del desierto. Se les dijo en qué orden debían marchar y dónde debían armar sus tiendas en relación con el tabernáculo. Las tribus de Judá, Isacar y Zabulón acampaban al este del tabernáculo de reunión. Las tribus de Rubén, Simeón y Gad acampaban al sur del tabernáculo. Las medias tribus de Efraín y Manasés, junto con la tribu de Benjamín, colocaban sus tiendas al oeste. Las tribus de Dan, Aser y Neftalí colocaban sus tiendas al norte del santuario (Núm. 2). A los levitas se les dio la responsabilidad de encargarse del tabernáculo con todos sus componentes. Los gersonitas se encargaban del tabernáculo mientras que los cohatitas se encargaban del arca, la mesa, el candelabro, los altares y los objetos que se usaban en el santuario para la adoración. Finalmente, los meraritas se encargaban de los tablones del tabernáculo, de sus travesaños, de sus pilares, de sus bases y de las piezas correspondientes del equipo (Núm. 3).

Los libros de Éxodo y Levítico detallan claramente las descripciones de trabajo de los sacerdotes, cómo debían ser lavados antes de ponerse las vestiduras (Éxo. 28, 29), cómo debían prepararse para ofrecer los sacrificios (Lev. 1-6), y también cómo debían deshacerse de lo que sobrara (Éxo. 29). Durante el camino Moisés se reunió con su suegro Jetro, quien al ver la carga de trabajo diario de Moisés, lo exhortó a crear alguna forma de estructura organizacional para distribuir el trabajo entre setenta varones capaces (Éxo. 18:17, 18). Los libros de Levítico, Números y Deuteronomio son una relación de varias políticas y procedimientos para una vida sana, tanto en nuestra relación con Dios como en la relación con los de nuestra comunidad.

Por fin el pueblo de Israel llegó a la tierra prometida y comenzó el proceso de tomar posesión por medio de numerosas conquistas militares. El final del libro de Josué registra sus últimos días, cuando la tierra fue repartida entre los israelitas y se les encomendó completar la tarea de tomar posesión (Jos. 12—20). A los levitas no se les designó una porción de tierra. El deseo de Dios era ver que la influencia de ellos se extendiera a través de todo el país. Sin embargo, se les otorgó cierto número de pueblos donde podían residir (Jos. 21).

Los libros históricos y proféticos nos presentan un vistazo del orden desde una perspectiva nacional. Los líderes nacionales, tales como jueces y reyes, fueron investidos con autoridad sobre el pueblo, pero esta fue una autoridad que vino con expectativas específicas y un gran nivel de responsabilidad de rendir cuentas. Los que abusaron de estas expectativas fueron severamente castigados por Dios directamente o por medio de instrumentos designados, tales como reinos vecinos.

En ocasiones los reyes desarrollaron estructuras de organización altamente refinadas cuando satisfacían sus necesidades. El rey Salomón tenía numerosos oficiales que trabajaban para él. Sus responsabilidades fueron divididas en departamentos. Él designó a un departamento para el trabajo sacerdotal. Los sacerdotes ofrecían sus ofrendas diarias y sacrificios de animales en el templo. A otros levitas se les dieron responsabilidades de acuerdo con el origen de sus familias. Estas incluían cosas como servir como porteros, tesoreros, cantantes, etc. El segundo departamento era para el ministerio dentro del distrito de Jerusalén o alrededor de él. Puesto que había doce tribus el rey estructuró su reino alrededor de doce gobernadores de distritos que le rendían informes. El tercer departamento era responsable de la mayordomía de las propiedades y recursos materiales del rey. El departamento final era el responsable de manejar los asuntos militares.

David tenía escribas, profetas y consejeros que eran sus empleados (2 Sam. 20:23-26). David también tenía tres hombres poderosos que eran particularmente victoriosos en las batallas (2 Sam. 23:8-39) junto con treinta hombres adicionales a quienes se les encomendó el liderazgo organizacional sobre el resto de las filas de hombres. Salomón también continuó con esta práctica designando gobernadores de distritos (1 Rey. 4:7-28).

El uso de estructuras organizacionales no termina con la conclusión del Antiguo Testamento. En el Nuevo Testamento vemos amplia evidencia de organización al inicio del ministerio terrenal de Jesús. Él escogió entre cientos de seguidores a sólo doce hombres a quienes confió la responsabilidad de la preparación del ministerio. Más adelante designó a tres de sus discípulos para formar un círculo íntimo de confidentes (Luc. 9). A algunos les dio descripciones específicas de tareas tales como a Judas para servir como tesorero del grupo (Juan 13). Durante la preparación para su ministerio Jesús organizó a sus seguidores en grupos de dos y envió a setenta y dos de ellos para una forma de entrenamiento práctico. Para cuando Jesús había terminado la primera etapa de su ministerio, ya había establecido una estructura organizacional que se componía de él mismo, tres devotos íntimos, doce apóstoles, setenta discípulos, 120 fervientes seguidores y miles que seguían activamente sus pasos.

Muy temprano en el libro de los Hechos vemos evidencia de estructura organizacional con la designación de Matías para tomar el lugar de Judas (Hech. 1:24-26). Pedro, Santiago y Juan asumieron el liderazgo de la iglesia (Hech. 1—3). En el capítulo 6 de Hechos los primeros diáconos fueron escogidos para ayudar a los apóstoles en el ministerio de la iglesia. Las cualificaciones de estos hombres fueron descritas claramente en términos de su carácter moral y de las responsabilidades de su trabajo. Los escritos de Pablo a la iglesia que había establecido dan evidencia de las expectativas en cuanto a la estructura organizacional de la iglesia. Aunque no hay una estructura prescrita que debe ser incorporada en toda iglesia, las calificaciones para los que sirven como administradores o ancianos son inequívocas (1 Tim. 3:1-13). Hay dos categorías de ancianos: los que enseñan y los que gobiernan (1 Tim 4:14; 1 Ped. 5:2). Los ancianos gobernantes dirigían los asuntos de la iglesia, mientras que los que enseñaban se enfocaban en la instrucción y la aplicación de la Palabra de Dios en las vidas de los creyentes.

Pablo proveyó discernimiento adicional a la organización de la iglesia al dar políticas concernientes al decoro, los cultos de adoración (1 Cor. 11) el uso de dones espirituales (Rom 12; 1 Cor. 12; Efe. 4:11-16), disciplina corporativa (1 Cor. 5), la Cena del Señor (1 Cor. 11), y cómo resolver conflictos entre los miembros (1 Cor. 6:1-7; Fil. 2:14).

La estructura organizacional y el diseño son evidencias de una planificación sabia. Las dos funciones de planificar y organizar son difíciles de separar. Cada una depende de la otra para armonía y para un servicio eficaz. Si el proceso de planificación es llevado a cabo concienzuda y correctamente y con previsión, esto hará mucho más fácil el proceso de organización. Es poco probable que algunas cosas se escapen y la gente no resultará perjudicada por un mal manejo de los recursos. Los que sirven en puestos de liderazgo en la iglesia deben periódicamente hacer un inventario de los puestos que la iglesia ofrece, tanto a empleados asalariados como a voluntarios, y determinar si su organigrama está al día y refleja con exactitud las líneas de autoridad. También deben revisar las descripciones de tareas para asegurarse de que se ajustan a las expectativas actuales. Los huecos que pueden llevar a malentendidos y malos manejos deben ser cerrados. Es mucho más fácil hacer esta evaluación organizacional antes de que surjan los problemas, en vez de hacerlo cuando ya han ocurrido.

Reclutamiento de personal

Reclutar personal es un franco proceso de selección, orientación, entrenamiento y desarrollo de las personas competentes necesarias para lograr las metas y objetivos del ministerio. Uno de los más grandes desafíos que enfrentan los líderes de las iglesias en la actualidad es reclutar a bastantes voluntarios para asignar el personal para los diferentes departamentos de la iglesia. En ninguno de los departamentos es esto más crítico que en los departamentos infantiles, los cuales requieren la mayor parte de los voluntarios. Durante el último par de décadas los líderes del ministerio de las iglesias se han convertido en el blanco de juicios legales por no seguir una serie de pasos prescritos en la selección, orientación y entrenamiento de trabajadores voluntarios. El reclutamiento de personal es crucial para el éxito del ministerio de la iglesia, pero los días cuando desde el púlpito se decía: "¡Los que deseen, pueden venir!" ya pasaron a la historia. El reclutamiento del personal debe hacerse con sabiduría y discernimiento. Esto no era menos importante en los días del Antiguo y del Nuevo Testamento. Dios dio mucho énfasis a la selección, orientación, entrenamiento y desarrollo de aquellos a quienes llamó al servicio del ministerio. Hay algunos principios importantes que podemos aprender de cómo fue hecho en los tiempos bíblicos.

El Antiguo Testamento provee numerosos ejemplos de hombres y mujeres que fueron llamados al servicio de Dios. Este proceso de selección algunas veces incluía llamados milagrosos para el servicio, tales como las experiencias de Abraham, Moisés, Gedeón y muchos de los profetas. Aunque puede parecer común que la selección de líderes del ministerio sea acompañada por señales y maravillas, ciertamente no es la norma. Frecuentemente los mediadores eran escogidos por la condición de su corazón, no por su educación formal o experiencia previa. Los patriarcas como Abraham, Isaac y Jacob fueron ciertamente llamados a una relación especial con Dios con base en muy poco más que la condición de su corazón y la soberanía de Dios. Sin embargo, hubo ocasiones en que los líderes del ministerio fueron escogidos por sus destrezas y por sus habilidades.

Un ejemplo de esto fue la elección de Bezaleel y Oholiab. Fueron escogidos por Moisés para dirigir la construcción del tabernáculo porque eran hombres cuyos corazones buscaban hacer la voluntad de Dios, pero también poseían una destreza superior en varias habilidades y artes tales como tejido, tallado de madera y bordado (Éxo. 36). Moisés entrenó a Josué para el día cuando tomaría el liderazgo de la nación al entrar a la tierra de Canaán.

Cuando el Señor rechazó al rey Saúl como líder nacional porque a este le faltó obediencia y sinceridad, Dios mandó al profeta Samuel a ungir a un joven pastor de ovejas de nombre David. Samuel casi perdió la oportunidad de ungir a David porque esperaba encontrar un guerrero fuerte y formidable. En lugar de ello, descubrió a un pastorcito sin experiencia militar, con casi ninguna educación escolar y sin nada de preparación diplomática. Dios dijo a Samuel: "No mires su apariencia (la de Eliab) ni lo alto de su estatura, pues yo lo he rechazado. Porque el SEÑOR no mira lo que mira el hombre: El hombre mira lo que está delante de sus ojos, pero el SEÑOR mira el corazón" (1 Sam. 16:7). Aquí descubrimos el criterio de Dios para la selección en cuanto al servicio: la condición íntima del corazón de la persona.

Otros ejemplos de selección y entrenamiento del personal en el Antiguo Testamento incluyen la selección que hizo Esdras de Zorobabel, Salatiel,

Jesúa, Cadmiel, Henadad y otros levitas para supervisar la reconstrucción del templo (Esd. 3:8, 9). De la misma manera Gedeón escogió a sus guerreros usando un proceso altamente selectivo por la manera en que tomaban agua del río (Jue. 7). Cuando Daniel fue reclutado para servir en un puesto prominente de liderazgo nacional, él escogió a tres amigos quienes estaban bien calificados en carácter y habilidad para ayudarle en la tarea (Dan. 1:8-20).

En el Nuevo Testamento encontramos a Jesús comenzando su proceso de elección de los apóstoles mientras llevaba a cabo la primera etapa de su ministerio. Los primeros discípulos en ser reclutados fueron Simón Pedro y su hermano Andrés (Mat. 4:18-20). "Síganme", fue la sencilla invitación. Dejaron sus redes, y sus vidas nunca volvieron a ser las mismas. De manera similar Mateo, el recaudador de impuestos, fue desafiado a unirse al pequeño grupo de fieles seguidores de Jesús (Mat. 9:9). Aunque no conocemos todos los detalles en cuanto a la selección de muchos de los otros discípulos, se nos dice que esto ocurrió después de toda una noche en oración (Luc. 6:12-16).

Después de escoger a sus discípulos, Jesús comenzó la ardua tarea de orientarlos y entrenarlos en las responsabilidades del liderazgo del ministerio. Esto incluyó más de tres años de disciplina, confrontación, enseñanza, consejería, oración y estrecha asociación con el propósito de transformar a esta banda de hombres que prometían muy poco en un formidable equipo ministerial que más tarde confundiría al sanedrín judío (Hech. 5:34-39). Jesús aprovechó los momentos de enseñanza para presentarles las verdades espirituales y con frecuencia los desafió con preguntas para sondear sus pensamientos. Él enseñó por medio del uso de todos los métodos disponibles de instrucción. Usó metáforas y parábolas, milagros y sermones, asegurándose de que su entrenamiento era adecuado para la tarea que les esperaba.

El apóstol Pablo experimentó un período de orientación de tres años anteriores a su dedicación al ministerio del evangelio. Su retiro en Arabia fue planificado para entrenarlo en el verdadero significado detrás de las profecías que él había conocido como sabio erudito del judaísmo (Gál. 1:17). Bernabé fue comisionado por la iglesia de Jerusalén para visitar la recién fundada iglesia de Antioquía. Los apóstoles habían escuchado informes de acontecimientos significativos del ministerio que estaban ocurriendo en esta iglesia y querían asegurarse de la autenticidad de la doctrina y prácticas de su ministerio. Santiago pidió a Bernabé que representara a la iglesia de Jerusalén, y después de una breve visita a la iglesia de Antioquía viajó a Tarso para buscar a Saulo (cuyo nombre fue más tarde cambiado a Pablo). Bernabé trajo a Saulo a Antioquía, y existe una fuerte evidencia de que él entrenó a Saulo en los métodos del ministerio del evangelio (Hech. 11:19-26).

Con el tiempo Pablo llegó a ser un confiable y reconocido líder en el ministerio en Antioquía y también en Jerusalén. En esta capacidad él demostró el proceso de conseguir personal, dar orientación, entrenamiento y desarrollo durante sus tres viajes misioneros. Antes de su segundo viaje él sacó a Juan Marcos del equipo ministerial y escogió a Silas como su compañero. En muchas de las ciudades donde estableció iglesias escogió, orientó y entrenó a los líderes que llevarían adelante el ministerio después de su partida. Los comisionó y dejó a su cargo las responsabilidades para la supervisión y administración del ministerio. Pablo fue un instrumento para entrenar y desarrollar a incontables ministros líderes. Una breve lista de ellos incluye a Timoteo, Tito, Lucas, Silas, Filemón, los ancianos en Éfeso, Corinto, Roma y docenas de otros líderes citados en Romanos 16.

Al resumir esta función de conseguir líderes, es interesante notar que Dios frecuentemente escoge y entrena a sus siervos sin importar su preparación o entrenamiento formal. Aquellos a quienes Dios escoge usar son calificados sobre la base de la condición de su corazón y su sensibilidad espiritual. Esto sirve como una buena lección para aquellos que desean también un rol en el liderazgo ministerial el día de hoy. Designarse uno mismo para el liderazgo en el ministerio es iniciar un camino doloroso. Dios es celoso de su reputación y no titubea en intervenir en las vidas de los profetas autodesignados.

El día de hoy, como en los días del Antiguo y del Nuevo Testamento, Dios está examinando los corazones de hombres y mujeres para revelar su carácter y mostrar su fuerza (2 Crón. 16:9). Sin embargo, el ser escogidos no es una garantía de servicio. El recién elegido ministro requiere una preparación sana en conocimiento e interpretación bíblica. El don espiritual que una persona recibe en el momento de su conversión es un primer paso de muchos en el camino de servicio en el ministerio. Ese don debe ser desarrollado, entrenado y adaptado para su uso dentro de un contexto particular de aplicación. Uno no llega a ser creyente e inmediatamente inicia su ministerio evangélico sin un período de preparación (p. ej.: orientación, entrenamiento y desarrollo).

Dirección

La función administrativa de dirigir se define como un proceso por el cual el supervisor guía a los subordinados a entender y a contribuir para los objetivos de la organización, mientras que al mismo tiempo les permite seguir sus propios objetivos personales. En el contexto de una iglesia local, un supervisor hábil (pastor principal, pastor ejecutivo, etc.) supervisa a sus empleados en tal forma que los convierte en parte del personal de la iglesia, un arreglo en el que ambos ganan, tanto la iglesia como la persona supervisada. Dirigir es, entre las cinco funciones administrativas, una de las más desafiantes porque el supervisor está tratando de resolver cómo dirigir a cada miembro del personal de acuerdo con sus propias preferencias individuales, ya que no hay dos personas que respondan al liderazgo de la misma manera. En esencia, es una interacción compleja entre individuos, actitudes, necesidades, deseos, anhelos y sueños donde las necesidades de la persona integral deben ser consideradas, pero no a expensas de la organización.

Las actividades asociadas con la dirección incluyen delegación, motivación, coordinación, diferencias en la administración y el cambio en la misma. Otro término para dirigir es *guiar*. Cualquiera que haya visitado recientemente una librería se dará cuenta de que ha habido una virtual explosión de libros sobre el tema del liderazgo. Tanto desde la perspectiva secular como de la cristiana, el tema del liderazgo es popular con una amplia circulación. Sin embargo, esto no quiere decir que este es un tema nuevo para los involucrados en el liderazgo del ministerio. En efecto, las actividades asociadas con la dirección son demostradas a través de las páginas de las Escrituras. Dios está profundamente interesado acerca de quién dirige sus esfuerzos del ministerio y cómo estos esfuerzos son conducidos. El espacio no nos permite un análisis detallado de cada actividad, pero un par de ejemplos en cada categoría puede ser de utilidad.

Delegación

El libro de Génesis comienza con la delegación de la mayordomía de su creación a Adán (Gén. 1:28-30). En el capítulo 24 tenemos el singular relato en el que Abraham delega la importante responsabilidad de encontrar una esposa para su hijo Isaac. Abraham dio a su siervo principal la responsabilidad de viajar a la tierra natal de Abraham para elegir una esposa para Isaac de entre sus parientes. Ejemplos adicionales de delegación en el Antiguo Testamento incluyen la ocasión cuando Moisés delegó algunas responsabilidades judiciales a setenta varones (Éxo. 18:17-27) y más tarde delegó la responsabilidad del liderazgo militar a Josué.

En el Nuevo Testamento leemos que Jesús delegó responsabilidades del ministerio a setenta discípulos (Luc. 10:1-20), y también a sus 12 apóstoles (Mar. 6:7-13). La Gran Comisión que encontramos en Mateo 28:19, 20 y que se repite nuevamente en Hechos 1:8 es otro ejemplo de que Jesús delegó su ministerio a sus seguidores. El apóstol Pablo delegó responsabilidades ministeriales a los ancianos de cada iglesia que él estableció y los comisionó para el trabajo de servicio (Hech. 14:23). Él delegó la responsabilidad de supervisión del ministerio en Creta a Tito y lo alentó a ser fiel en su trabajo (Tito 1:5-9).

Motivación

Dios usa métodos excepcionales para motivar a la humanidad. A veces usa métodos fuertes y enérgicos, tales como cuando motivó a Lot y a su familia para que abandonaran Sodoma (Gén. 19) o cuando hizo que Jonás fuera a Nínive (Jon. 1). En el Antiguo Testamento vemos incontables ejemplos de personas que fueron motivadas a la acción con base en sus deseos de poder, sexo, avaricia, dinero y ambiciones egoístas.

En el Nuevo Testamento Jesús sirve como ejemplo de cómo motivar a la gente a responder basados en las virtudes de amor, servicio desinteresado, compromiso, fidelidad y humildad. Es un absoluto contraste con los métodos de motivación usados por la humanidad que vimos anteriormente en las Escrituras. Jesús motiva a sus seguidores al servicio del ministerio por un corazón lleno de reconocimiento por todo lo que Dios ha hecho por nosotros. En esencia, puesto que Dios ha demostrado su amor por nosotros al enviar a Jesús a morir en la cruz, ¿cómo podríamos negarle a él nuestro servicio? Jesús procuró motivar a sus discípulos usando motivadores intrínsecos en oposición a los que tienen un origen externo. Su enseñanza paradójica por medio del uso de parábolas e historias revela un planteamiento diferente para motivar a los obreros. Entre todos los demás, la condición del corazón era el primordial.

El apóstol Pablo continuó este tema en sus reflexiones acerca de un servicio dedicado. Tenemos un vislumbre de lo que motivó a Pablo en su relato sobre sus sufrimientos personales registrado en 2 Corintios 11. A pesar de todas las penurias, la mayor de sus preocupaciones no era su propia supervivencia, sino la condición de las iglesias que él había iniciado y nutrido (2 Cor. 11:28). Cuando su vida iba acercándose a su fin, él reveló sus motivos para el servicio: "He peleado la buena batalla; he acabado la carrera; he guardado la fe. Por lo demás, me está reservada la corona de justicia, la cual me dará el Señor, el Juez justo, en aquel día. Y no sólo a mí, sino también a todos los que han amado su venida" (2 Tim. 4:7, 8). Pablo fue motivado a servir a Cristo porque se vio a sí mismo como un pecador en necesidad de perdón. Una vez que hubo recibido ese don, él expresó su servicio sacrificial no por fama, reconocimiento o ganancia material, sino por la recompensa eterna de escuchar a su Señor decir: "Bien hecho".

Coordinación

No tenemos que mirar lejos para ver la obra coordinadora de Dios en la creación, la coordinación de José de los recursos materiales durante los siete años de abundancia como preparación para los siete años de hambre en Egipto, la coordinación de Moisés de las doce tribus durante los años en el desierto, la coordinación de Josué del ejército israelita a través de las conquistas militares de Canaán, la coordinación de David de la división de trabajos entre los gobernadores, los esfuerzos coordinados de Salomón para la construcción del templo, los esfuerzos coordinados de Esdras y Nehemías para reconstruir el templo y los muros de Jerusalén, y la coordinación que involucró a muchos de los profetas del Antiguo Testamento que predicaron el mensaje de arrepentimiento a la nación de Israel.

En el Nuevo Testamento vemos evidencia de coordinación en el entrenamiento de los discípulos que ya hemos mencionado. De la misma manera vemos coordinación en la iglesia primitiva en la elección de Matías como reemplazante de Judas (Hech. 1:15-26), en la elección de los siete diáconos (Hech. 6:1-6), en el acto de la iglesia de Antioquía de apartar a Pablo y Bernabé para el servicio misionero (Hech. 13:1-3), y en los esfuerzos de Pablo de recibir una ofrenda para la necesitada iglesia de Jerusalén. Estas aventuras ministeriales y muchas otras que podríamos citar no ocurrieron por casualidad, sino que incluyeron esfuerzos coordinados entre las iglesias y varios líderes del ministerio.

Administración de las diferencias

Dios es un Dios de creatividad. Lo vemos en su creación. El singular patrón de colores, texturas, formas, tamaños y diseños revelan la creatividad de Dios. La mayor entre las creaciones extraordinarias de Dios es la humanidad. Vemos una gran diversidad en los orígenes de la humanidad, las personalidades y composiciones. Naturalmente, con toda esta diversidad tendremos diferencias individuales. Cuando estas diferencias entran a la iglesia, no debe sorprendernos que también traigan tensiones. A la mayoría de la gente le desagrada el cambio y no están dispuestos a acomodarse a estas diferencias.

En el Antiguo Testamento vemos el manejo de diferencias desde los primeros capítulos de Génesis, donde descubrimos que hay una considerable diferencia entre los hijos de Adán y Eva. Esta diferencia entre hermanos ocurrió nuevamente en los hijos de Isaac: Jacob y Esaú. Si alguna vez hubo dos hijos diferentes cuyos padres necesitaban aprender a dirigir de una manera diferente, fueron estos dos hijos. Lo que es digno de notar en cada uno de estos ejemplos es que Dios se relacionó con cada uno de estos individuos de manera diferente. Dios dirigió a Abraham de manera diferente a como lo hizo con Jacob. Dios manejó a los jueces, los reyes y a cada uno de los profetas de manera diferente al considerar sus diferencias singulares y condiciones contextuales.

Un gran ejemplo de manejar diferencias se encuentra en 1 Samuel 25, donde leemos el relato sobre Nabal y su esposa Abigail. Parece que Nabal había insultado al rey David y estaba a punto de pagar con su vida. Cuando David iba en camino para castigarlo, Abigail, la esposa de Nabal, vino con comida y provisiones para David y sus hombres. La Biblia declara que Abigail "era una mujer muy inteligente y bella" (1 Sam. 25:3). Evidentemente ella usó esta inteligencia para manejar las diferencias entre su esposo y el rey David. El resultado fue que salvó su vida y, después de la muerte de su esposo de un ataque al corazón, se casó con David.

En el Nuevo Testamento vemos a Jesús reaccionando ante las personas de manera diferente también. En ocasiones él se enfrentó a los líderes religiosos con reprensión mordaz (Mat. 23), mientras que en otras ocasiones les permitió acercarse con confianza y los trató con respeto (Juan 3:1-21). A veces Jesús fue enérgico y confrontaba a sus discípulos (Mar. 8:33), mientras que otras veces les mostraba su afirmación y los felicitaba (Mat. 16:13-19). En cierta ocasión cuando entró a Jerusalén lloró por sus habitantes (Luc. 19:41). Pero sólo unos minutos después lo vemos volcando las mesas de los cambistas con disgusto (Mat. 21:12). Jesús tomó en consideración las necesidades individuales de aquellos que vinieron a él y no trató a todos de la misma manera. Manejar diferencias individuales requiere de gran percepción y discernimiento, y generalmente esto requiere mucho tiempo para desarrollarse.

Administración del cambio

Si hay algo que puede ser dicho con certeza acerca del servicio en el ministerio es que, cuando tratamos con las personas, hay que esperar lo inesperado. Pocas veces el plan del ministerio funciona desde el principio hasta el fin sin alguna forma de cambio no planeado. Con este cambio viene el conflicto. La observación de la naturaleza revela la verdad de que donde hay vida hay cambio. Nada que tenga vida permanece estático. El ministerio generalmente incluye cambio en una capacidad o en otra. En el Antiguo Testamento vemos a Dios aprobar el cambio de un modelo de gobierno teocrático a uno monárquico. Esto representaba un notable cambio en el plan original de Dios. Nos movemos de un sistema donde un líder escogido mediaba entre Dios y el hombre (p. ej.: Abraham, Isaac o Jacob), a uno donde la nación entera fue escogida para ser recipiente de la relación especial de Dios. Cuando vamos al Nuevo Testamento, descubrimos que cada creyente tiene el privilegio de entrar en esta relación especial con Dios por medio de la obra redentora de Cristo.

Dios siempre está activo conformándonos a la imagen de su Hijo, y este debe ser un proceso de cambio y transformación que dure toda la vida (2 Cor. 5:17). Este proceso de formación espiritual es uno de los temas centrales del Nuevo Testamento. El modelo de maduración requiere una constante transición de la vieja naturaleza a la nueva, de despojarnos de la carne corruptible a vestirnos con nuestra nueva naturaleza incorruptible en Cristo. Como Pablo lo declaró a los creyentes en Filipos: "Estando convencido de esto: que el que en vosotros comenzó la buena obra, la perfeccionará hasta el día de Cristo Jesús" (Fil. 1:6). La formación espiritual es un proceso a largo plazo de morir al "yo" y seguir viviendo en la obra del Espíritu Santo en nuestra vida.

Evaluación

Controlar es el término más popular usado en los textos seculares en el campo de la administración para referirse a esta última función administrativa. Controlar es definido como el proceso que asegura que está habiendo progreso hacia el logro de los objetivos de la organización. El término *control* no siempre ha recibido una respuesta positiva de los miembros de iglesias porque suena demasiado como manipulación o coerción. Nosotros preferimos usar el concepto de *evaluación*. Evaluación es ciertamente un concepto bíblico por su relación estrecha con el concepto de mayordomía. Sabemos, por ejemplo, que Dios nos ha llamado a ser mayordomos fieles de los recursos de su ministerio y que un día seremos llamados a dar cuenta de nuestro uso de esos recursos. Esto es simple y llanamente evaluación.

Evaluación en el contexto del ministerio puede ser definido como el proceso por el cual rendimos cuenta de la manera en que administramos los recursos que Dios nos ha confiado. Ello puede incluir la evaluación de los medios, las finanzas, el personal y un gran número de otras entidades. La evaluación es un proceso de cuatro pasos. Requiere (1) alguna forma de sistema de informes, (2) un juego de normas por el que el criterio de evaluación es comparado, (3) un plan de acción correctiva donde las divergencias son descubiertas y (4) un sistema de recompensa para aquellos que han cumplido fielmente sus responsabilidades. Cada uno de estos pasos en el proceso tiene una clara evidencia bíblica.

Sistemas de informes

El Antiguo Testamento registra una variedad de sistemas para presentar informes. Obviamente comenzamos con el hecho de que Dios tenía retroalimentación y diálogo con Adán y Eva en el jardín del Edén. Él estaba consciente de la situación de ellos y de su condición de vida e inmediatamente se enfrentó con ellos cuando se dio cuenta de su caída. Ellos reconocieron que eran responsables de dar cuentas a Dios por sus acciones. A pesar de sus esfuerzos de culparse uno al otro, tuvieron que aceptar las consecuencias de sus acciones (Gén. 3). Poco tiempo después Caín tuvo que responder por la disfunción de sus relaciones interpersonales con su hermano Abel (Gén. 4).

A través de todo el Antiguo Testamento Dios mantuvo un sistema de evaluación que incluía la responsabilidad personal de rendir cuentas. Lo vemos en sus tratos con Moisés, Josué y los jueces que siguieron. Los reyes Saúl, David, Salomón y otros después de que el reino fue dividido fueron responsables de dar cuenta de sus acciones. El estar en un puesto de liderazgo no los liberaba de la necesidad de actuar dentro de las normas morales de Dios y de seguir siendo responsables de sus motivaciones y acciones. Dios usó a los profetas como un medio para pedir cuentas a la nación de Israel. Dios no simplemente estableció a la nación y luego se retiró. Él proveyó un medio para constante retroalimentación y dirección a través del ministerio de los profetas.

En el Nuevo Testamento el principal sistema de informe y ministerio es el singular papel y ministerio del Espíritu Santo. Jesús reveló parte de este papel de supervisión cuando declaró: "Y yo le pediré al Padre, y él les dará otro Consolador para que los acompañe siempre: el Espíritu de verdad, a quien el mundo no puede aceptar porque no lo ve ni lo conoce. Pero ustedes sí lo conocen, porque vive con ustedes y estará en ustedes" (Juan 14:16, 17 NVI). "Pero cuando venga el Espíritu de la verdad, él los guiará a toda la verdad, porque no hablará por su propia cuenta sino que dirá sólo lo que oiga y les anunciará las cosas por venir. Él me glorificará porque tomará de lo mío y se lo dará a conocer a ustedes" (Juan 16:13, 14 NVI).

Más tarde en el libro de Hechos los discípulos nos dan clara evidencia de la relación que tenían con el Espíritu Santo y su responsabilidad de rendirle cuentas cuando revelaron el método con el que tomaban las decisiones en el ministerio: "Mientras ellos ministraban al Señor y ayunaban, el Espíritu Santo dijo: 'Apartadme a Bernabé y a Saulo para la obra a la que los he llamado'. Entonces, habiendo ayunado y orado, les impusieron las manos y los despidieron. Por lo tanto, siendo enviados por el Espíritu Santo, ellos descendieron a Seleucia, y de allí navegaron a Chipre" (Hech. 13:2-4). Es obvio, por estos pasajes y muchos otros, que los líderes de las iglesias tenían un sistema de dar informe claramente definido establecido entre Dios y ellos por medio del ministerio del Espíritu Santo. La oración era el conducto de diálogo y comunicación. La iglesia fue exhortada a traer todas sus necesidades y preocupaciones a Dios por medio de la oración con el propósito de mantener vitalidad en sus esfuerzos en el ministerio.

Establecimiento de normas de desempeño

Ya hemos identificado las muchas normas que Dios había prescrito para su pueblo. Tanto en el Antiguo Testamento como en el Nuevo, encontramos evidencia de los mandamientos y directivas de Dios acerca de las calificaciones para el servicio del ministerio. Los Diez Mandamientos son probablemente las más notables de las normas de Dios para su pueblo. Además, hay muchas leyes en los libros del Pentateuco que sirven como normas de desempeño para los que desean tener una relación con Dios. Otras pautas han sido establecidas para aquellos que aspiran al liderazgo, y se usa un criterio estricto para determinar la capacidad de una persona.

No es suficiente un espíritu dispuesto para el servicio. También se requieren otros factores tales como un estilo de vida puro, disciplina personal y humildad. Los requisitos para ser un líder en el ministerio fueron estrictos y específicos, tanto en el Antiguo como en el Nuevo Testamento. También se prescribe la manera en que la adoración debe ser conducida. En muchos respectos, Dios permite un buen margen de libertad en la aplicación de los principios del ministerio. Pero donde hay normas prescritas, estas deben ser seguidas estrictamente.

En el contexto actual de la mayoría de los ministerios, hay descripciones de tareas que exponen las expectativas de los líderes. No debe haber excusa para un líder ministerial que entra en una posición de servicio sin saber lo que se requiere de él. En su descripción de tareas debe estar claramente expresado lo que la iglesia espera en relación con su trabajo. Estas normas de desempeño deben claramente expresar las expectativas de los que están a cargo.

Más allá de las expectativas obvias declaradas en la descripción de tareas, la mayoría de los ministerios tienen manuales de políticas y procedimientos para asegurarse de que las normas de desempeño se comunican claramente. Por ejemplo, muchas iglesias hoy exigen que los pastores dejen abierta la puerta de su oficina cuando dan consejería a miembros del sexo opuesto. De la misma manera, a los ministros de jóvenes del sexo masculino no se les permite llevar a las jóvenes en el auto a su casa después de una actividad en la iglesia. Debido a recientes litigios, existen normas adicionales de desempeño en muchas iglesias acerca del uso de los vehículos de la iglesia, quién puede manejarlos para actividades de la juventud, y bajo cuáles restricciones. Estas normas de desempeño deben ser escritas para eliminar confusión.

Desarrollo de planes correctivos de acción

El Antiguo Testamento mandaba una variedad de maneras para tomar acción correctiva. Levítico 4—6 da instrucciones detalladas para los que deseaban ofrecer un sacrificio a Dios y con ello recibir su perdón. Números 5:5-7 da instrucciones acerca de una persona que ha agraviado a otra y desea la reconciliación. La persona que ha cometido la ofensa debe procurar la restitución y añadir un quinto a lo convenido. En la misma forma, Levítico 6 declara que cuando alguien miente, roba o engaña a otra, "...habiendo pecado y siendo culpable, deberá restituir aquello que robó o extorsionó, o el depósito que se le encomendó, o la cosa perdida que halló, o todo aquello sobre lo que haya jurado falsamente. Lo restituirá por entero y añadirá a ello la quinta parte. Todo esto lo pagará a quien se lo deba, el día en que presente su sacrificio por la culpa" (Lev. 6:4, 5).

Algunas veces la acción correctiva del Antiguo Testamento era severa, tal como apedrear a alguien que había ofrecido a su hijo a un dios falso. En tales casos el individuo era matado a pedradas por los miembros de la comunidad (Lev. 20:2). De la misma manera, cualquiera que maldijera a sus padres o que cometiera adulterio era sujeto al castigo capital. El castigo correctivo severo tenía la intención de servir como disuasión para otros: "Y todo Israel lo oirá y temerá, y no volverá a hacer semejante maldad en medio de ti" (Deut. 13:11).

Los ejemplos de corrección abundan en el Nuevo Testamento también. Jesús trató de corregir la teología errónea de los líderes religiosos de su tiempo. Los exhortó con la Palabra de Dios y demostró una vida de disciplina personal. Él fue suave en su planteamiento con la mayoría de las personas, pero no tuvo temor de ser firme cuando la acción correctiva era necesaria y la actitud de las personas que la recibían se cerraba a juicios. Jesús nos proveyó un modelo de disciplina en la iglesia en Mateo 18. La iglesia es exhortada a usar esta forma de acción correctiva cuando es apropiada y hecha con la actitud adecuada.

Tenemos ejemplos de corrección severa cuando Pedro enfrentó a Ananías y a su esposa Safira por mentir acerca de la cantidad que habían recibido por la venta de su posesión (Hech. 5:1-11). También lo vemos en la confrontación de Pablo con Pedro (Gál. 2:11), y nuevamente en la manera en que manejó la disciplina en la iglesia de Corinto. El apóstol Juan escribió una carta a siete iglesias evaluando su trabajo y su éxito en el ministerio. Aunque la carta tenía un elemento de elogio para algunas de las iglesias, otras recibieron una severa admonición por su falta de servicio fiel. Al final de la corrección Juan escribió: "El que tiene oído, oiga lo que el Espíritu dice a las iglesias. Al que venza le daré de comer del árbol de la vida que está en medio del paraíso de Dios" (Apoc. 2:7).

Es interesante notar que el Nuevo Testamento exhorta a los creyentes a evaluarse a sí mismos. Somos desafiados a administrar nuestros propios planes de acción correctiva, y encontrar maneras para evaluar nuestras propias acciones. Si corregimos nuestro propio comportamiento cuando nos extraviamos del camino, entonces no tendremos necesidad de recibir corrección de parte de otros (1 Cor. 11:28; 2 Cor. 13:5). El apóstol Pablo habló de la necesidad de vivir una vida de dominio propio y autodisciplina, de manera que no seamos descalificados para el servicio del ministerio (1 Cor. 9:26, 27).

Provisión de recompensas

La Biblia habla de recompensas en muchas ocasiones. Dios fue pródigo en galardones para los que fiel y obedientemente seguían sus mandatos. Cuando la nación de Israel vivía en obediencia a las leyes de Dios, él los bendecía y los recompensaba abundantemente. Deuteronomio 7 cita un buen número de recompensas que se darían a los que obedecieran los mandatos de Dios. Estas incluían una gran familia, buenas cosechas, ganado fértil y protección en los tiempos de hambre, protección de las plagas y de los enemigos. Aun la vida misma era vista como una recompensa de Dios (Deut. 8:1).

El Nuevo Testamento da testimonio de los galardones de Dios. Los que entran en una relación personal con Dios por medio de Cristo se convierten en recipientes de la vida eterna (Juan 3:16). También son incluidos en la familia de Dios como hijos adoptivos (Efe. 1:5) y sus herederos (Efe. 1:11). Somos bendecidos con toda bendición espiritual en los lugares celestiales en Cristo (Efe. 1:3). Los que sirven con fidelidad recibirán galardones en el cielo (1 Cor.

3:11-15). Tal vez la mayor recompensa que los creyentes recibirán es volver a esa relación especial que Adán y Eva una vez tuvieron en el Jardín del Edén cuando Dios caminaba con ellos. No habrá más lágrimas, ni muerte, ni duelo, ni llanto ni dolor (Apoc. 21:4).

En resumen, vemos que muchos de los principios que están siendo usados en los sistemas seculares de administración no son nuevos. Muchos de estos principios de administración de empresas tuvieron su origen en los días del Antiguo y el Nuevo Testamento. Dios creó un universo ordenado y proveyó una dirección clara para mantener ese orden. Así que con eso en mente resumamos estas funciones administrativas en relación con las enseñanzas bíblicas.

Axiomas de integración teológica

1. Dios es un Dios de planes con propósitos determinados. Desde su carácter revelado hasta las obras de sus manos como lo demuestra la creación, Dios está activamente dedicado al proceso de planificación. Desde las primeras páginas de las Escrituras él formó al mundo con un propósito y estructura determinados. El universo no evolucionó de una explosión cósmica de átomos fortuitos en algún tipo de enorme detonación o una gran explosión. Dios lo planeó, lo formó y ahora lo mantiene de acuerdo con sus leyes selectas de soberanía. El hecho de reaprovisionar al mundo con agua cada día por medio de un complejo proceso de evaporación, condensación y precipitación revela su planificación cuidadosa. El espacio no nos permite la multitud de ejemplos que podríamos dar para recordarnos de su cuidadosa planificación. Creer que Dios es algo menos que un maestro en planificación es un insulto al carácter de Dios y a la gran cantidad de cosas que ha planificado cuidadosamente para nuestro bien.

De la misma manera en que Dios creó el universo con planificación cuidadosa, también lo mantiene. Él escoge sus métodos con cuidado y gobierna su creación con propósito y dirección soberanos. No debería sorprendernos que él prefiera ver a la humanidad viviendo de la misma manera. Algunos creyentes ven su relación con Dios como un salto de fe sin meditar en una dirección con propósito. Dios desea que vivamos una vida de fe, pero una que es maximizada por una planificación y dirección cuidadosas. La elección de nuestra pareja, de una carrera universitaria, de nuestra vocación y del número de hijos que tenemos debe revelar cierto grado de planificación y diseño cuidadosos en vez de una actividad casual o fortuita. Y no debe ser menos la manera en que administramos su ministerio. Nuestros programas ministeriales deben revelar planificación y diseño cuidadosos. Cumpliremos la Gran Comisión de la manera en que un ejército usa la estrategia en sus campañas militares, tomando una montaña tras otra hasta que todo el territorio enemigo haya sido capturado. Esto requiere planificación cuidadosa.

2. **Dios prefiere actuar con patrones de estructura organizacional claramente establecidos.** Vemos esto en la creación (p. ej.: la jerarquía de Dios, el hombre y el medio ambiente), el establecimiento de una familia (p. ej.: Cristo, el esposo, la esposa y los hijos), y la iglesia (p. ej.: ancianos, diáconos, congregación). Dios da a la humanidad una estructura organizacional para la familia, la sociedad y la iglesia. Él desea esta estructura prescrita. Sin ella terminamos en anarquía y confusión.

3. **Dios estableció cualificaciones específicas para los que desean servirle.** Vemos esto en el cargo del sumo sacerdote, los roles de los levitas, y en los puestos de liderazgo en la iglesia (p. ej.: ancianos, diáconos, etc.). Estas cualificaciones de liderazgo no eran negociables ni estaban abiertas al debate o a transacción. Dios ha dado normas elevadas y es digno de nuestros mejores esfuerzos para representarlo y servirle.

4. **Dios escoge a aquellos a quienes desea usar.** No siempre es de acuerdo con los preparativos hechos por el hombre porque él también toma en consideración la condición del corazón del siervo. Los móviles son difíciles de juzgar porque nosotros sólo podemos ver la evidencia de los motivos en las actividades y comportamientos externos de las personas. Estamos limitados en la capacidad de ver los pensamientos íntimos del hombre, pero Dios no está limitado. Él juzga los pensamientos del hombre y puede determinar nuestros motivos antes de que se manifiesten en nuestro comportamiento. Dios examina el corazón y provee corrección y recompensa basadas en la condición del corazón del hombre.

5. **Dios entrena para el servicio en el ministerio a aquellos a quienes escoge.** Esto ocurre por medio de una variedad de medios tales como una preparación formal, momentos de enseñanza, crisis personales y oportunidades no planeadas que llegan a nuestra vida. Dios espera que sus siervos mantengan una actitud de aprendizaje para un desarrollo personal espiritual continuo que dure toda la vida. Dios no siempre es predecible, y sus caminos ciertamente no son nuestros caminos. Los métodos de Dios con frecuencia van más allá de los límites de nuestra comprensión. Un grado académico en una instrucción formal puede ser beneficioso para el servicio en el ministerio, pero Dios ciertamente no está limitado a estas cosas cuando escoge a sus siervos. Ellas tienen su lugar y sirven a un propósito importante, pero también pueden servir como piedras de tropiezo por causa del orgullo o falta de disposición para intentar algo nuevo.

6. **Dios no nos abandona a nuestra suerte.** De lo tratado en la sección sobre la dirección, es evidente que Dios no sencillamente creó al mundo y se retiró. Él mantiene el control sobre los acontecimientos soberanos de nuestra vida y desea desempeñar un papel en nuestra transformación espiritual continua. Su meta es vernos crecer en conformidad con el carácter de su

Hijo. Para la mayoría de nosotros ese será un proceso significativo de intervención y dirección sobrenaturales.

7. El ministerio no debe ser tomado a la ligera. Dios tiene expectativas para el servicio y para los que lo representan a él. Él ha prescrito normas de conducta para una vida santa y es celoso con respecto a esas normas. Los que no están a la altura de estas expectativas son puestos bajo un plan de acción espiritual correctiva y juzgados de acuerdo con ella. Aquellos que son humildes y tienen un espíritu dispuesto a ser enseñados pueden acelerar el proceso por medio de evaluar constantemente su estilo de vida en relación con la Palabra de Dios. Si nos juzgáramos a nosotros mismos no seríamos tanto los receptores de una acción correctiva de parte de otros. La disciplina espiritual en la iglesia es una forma de acción correctiva, y Dios espera que su iglesia la aplique cuando sea necesario. Para los que son fieles a la causa de Cristo habrá abundantes bendiciones y recompensas.

Por
James Estep

Capítulo 2

Una teología de la administración

INTENTAR DEFINIR Y ENTENDER el concepto de administración ha sido el enfoque de investigación por innumerables décadas. Muchos han tratado de definir el término, explicar la teoría y proveer una lógica de las actividades incluidas. Unos pocos autores cristianos han intentado determinar si la administración es un concepto de valor neutro o no, o uno que debe ser contextualizado teológica e institucionalmente. Por ejemplo, ¿existe alguna diferencia entre la manera en que los que no son cristianos y los cristianos llevan a cabo las funciones de administración? ¿Debe haber una diferencia? Han hecho todo esfuerzo posible para determinar si existe una teología de la administración o no y, si existe, cómo tal teoría debe ser articulada. El enfoque de este capítulo será responder a estas preguntas.

Planteamientos contemporáneos de administración

Hay muchas maneras de examinar y explorar los asuntos fundamentales incluidos en la administración. Cada planteamiento trae consigo una perspectiva un poco diferente, y todos se combinan para dar al estudiante serio un compendio completo en el terreno de la administración. Hay seis paradigmas principales de administración presentes en el ámbito público. Estos seis paradigmas reflejan diferentes enfoques a la administración, particularmente con respecto al rol de dirección para aumentar la efectividad de los trabajadores, la eficiencia y/o la productividad. Un resumen de estos paradigmas de administración es como sigue[1]:

Clásico. Un enfoque de jerarquía a la administración que se adhiere a un estilo de una sola manera de trabajar como lo determina un experto o autoridad; se espera que los trabajadores sencillamente se adhieran a las instrucciones dadas por el experto. Este punto de vista es apoyado por Frederic W. Taylor.

De comportamiento. Un enfoque psicológico a la administración que procura mejorar la eficiencia de los trabajadores por medio de comprender al trabajador, más que definir la tarea, para motivar a los trabajadores. Este punto de vista es apoyado por Elton Mayo.

Administración científica. Un enfoque científico o matemático a la administración, promovido después de la Segunda Guerra Mundial, que procuraba aumentar la productividad de los trabajadores por medio de usar metodologías científicas y matemáticas para entender mejor la tarea y la eficiencia (también conocido como Investigación de Operaciones). Este punto de vista es apoyado por Herbert Simon.

Contingencia. Un enfoque situacional a la administración que sugiere que maximizar la eficiencia y productividad es un proceso de aplicar el estilo correcto de liderazgo en una situación dada; p.ej.: el liderazgo es contingente dada la situación. Este punto de vista es apoyado por Fred Fiedler.

Teoría X y Teoría Y. Popularizada por Douglas M. MacGregor, este punto de vista es un enfoque de naturaleza humana a la administración que sostiene que las decisiones e iniciativas administrativas se basan en suposiciones acerca de la ética laboral de los humanos. La Teoría X afirma que los trabajadores son generalmente perezosos, apáticos e irresponsables, que sólo responden a la disciplina. Por el contrario, la Teoría Y sostiene que la gente es dinámica, participante y responsable, y que responde favorablemente a las recompensas.

Teoría Z. Este es un enfoque participativo de la administración que enfatiza la toma de decisiones en consenso y logro entre grupos, no entre individuos. Aunque este punto de vista de administración se originó en Japón, recientemente ha llegado a ser popular en el occidente, donde se expresa en dos modelos de administración: Calidad de Vida Laboral y Calidad de Círculos. Este punto de vista es apoyado por William G. Ouchi.

Como podemos ver, el estudio de la administración ha sido aplicado en la esfera corporativa por muchos años pero, ¿qué en cuanto a la iglesia? ¿Tienen algunos de estos enfoques y definiciones aplicación en el contexto de una organización no lucrativa tales como una iglesia, un campamento o una agencia misionera? La comunidad de fe provee un contexto distinto en donde ocurre la administración pero, ¿se aplican fácilmente estas teorías, dada la naturaleza singular de la iglesia? Por ejemplo, la iglesia depende casi exclusivamente de participación voluntaria; ¿algunos de estos enfoques de administración reflejan el clima de una organización basada en trabajo voluntario? De la misma manera, estos enfoques dan por sentado que el propósito primordial de la administración es aumentar la eficiencia, la efectividad y/o la productividad de los trabajadores, mientras que en la iglesia los "trabajadores" mismos son el objetivo de su ministerio, no de su eficiencia, efectividad y/o productividad. En el contexto de una iglesia los individuos mismos son el enfoque de la administración y no son vistos como los medios para lograr un fin.

Para los evangélicos es insuficiente sólo redefinir *administración* por medio de recontextualizarla en un cuerpo congregacional. Aunque la administración para ser eficaz debe ser definida institucionalmente, se necesita algo más influyente y crucial para dar forma tanto a la institución como a la posición. Ese algo es un paradigma teológico basado en una comprensión exhaustiva de las Escrituras.

Necesidad de un enfoque teológico a la administración

El lugar de la teología en la discusión de la administración siempre ha sido debatido[2]. En realidad, los modelos pragmáticos o administrativos dominan el enfoque de la iglesia en el ministerio, aun en la educación cristiana. Poling y Miller hacen notar que "la mayoría de las teorías de planificación y administración representan un enfoque más pragmático a la teología práctica"[3]. Esto se debe principalmente a la falta de un enfoque teológicamente informado de administración. En ausencia de un concepto de administración distintivamente cristiano, muchos líderes cristianos han aceptado simplemente las teorías y prácticas de sus contrapartes seculares sin una previsión teológica. Por ejemplo, a mediados de los años setenta, Johnson hace la observación que "la iglesia ha aceptado el 'movimiento de proceso' [de administración]... y lo ha hecho sin detenerse a analizarlo y sin tener la más leve noción de las implicaciones teológicas del movimiento"[4].

La ausencia de un enfoque teológicamente informado de administración resulta en una dicotomía caracterizada por una falta de integración entre la cultura teológica de la congregación y la cultura administrativa. Un ejemplo de esto puede ser apreciado en las campañas para recabar fondos que utilizan métodos y ardides seculares para motivar a la gente a dar. ¿Cómo se integran estos métodos a la exhortación de Pablo que hay que ofrendar con gozo? ¿Existe tal cosa como un punto de vista teológicamente informado para recabar dinero? ¿Cómo se podría aplicar hoy la filosofía de George Muller de simplemente orar y esperar el momento en que el Espíritu Santo mueva a la gente a dar?

La preocupación de Pablo en cuanto a la integridad en el ministerio se registra en 2 Corintios 6:1, 14: "Y así nosotros, como colaboradores, os exhortamos también que no recibáis en vano la gracia de Dios... No os unáis en yugo desigual con los no creyentes. Porque ¿qué compañerismo tiene la rectitud con el desorden? ¿Qué comunión tiene la luz con las tinieblas?".

La administración desde una perspectiva cristiana no es neutral en sus valores, sino una expresión práctica de nuestros puntos de vista teológicos y filosóficos. Por tanto, es esencial que los líderes en el ministerio desarrollen convicciones teológicas sabias en el corazón del ideal administrativo y encuentren maneras de integrar la teología bíblica con la teoría administrativa. Como ha comentado Myron Rush: "Es trágico que muchas organizaciones cristianas han aceptado la filosofía de administración del mundo. Tratan de llevar a cabo la obra de Dios usando una filosofía administrativa diametralmente opuesta a los principios bíblicos"[5]. Esta preocupación por una integridad teológica no es simplemente institucional, sino también personal y pastoral. Si los líderes en el ministerio (sean pagados o voluntarios) realizan sus deberes administrativos en contradicción con sus convicciones teológicas, parecen ser dobles e hipócritas. Obviamente esto no fomenta un ambiente beneficioso para el ministerio. Como observó Broadus, "el estilo de liderazgo de un pastor comunica su teología; su teología dicta la manera en que guía a la gente"[6]. No podemos sostener nuestra teología en una mano y la administración en la otra; las dos deben estar unidas, integradas en un enfoque consistente para dirigir el ministerio.

El deseo de un enfoque integrado y holístico a la administración en la congregación depende de "una fuerte convicción de que las decisiones de negocios y la conciencia espiritual pertenecen una a la otra en la vida de la iglesia, y especialmente con aquellos que tienen la responsabilidad del liderazgo"[7]. Al faltar tal integración, la congregación funciona en dos esferas de influencia distintamente separadas en vez de responder consistentemente a las necesidades de la congregación de manera sensata tanto teológica como administrativamente. Poling y Miller comentan que "con demasiada frecuencia, los líderes intentan dar respuestas espirituales a los problemas organizacionales, y respuestas organizacionales a los problemas espirituales. Esto frecuentemente lleva a la idea de que la administración no es esencial, ni interesante, ni espiritual"[8]. Los aspectos teológicos y organizacionales del ministerio no deben contradecirse entre sí, sino que deben coincidir simbióticamente en armonía unos con otros.

Hacia un marco teológico para la administración educativa

Así como la comunidad educativa cristiana ha abogado por un enfoque teológico de la educación, de la misma manera debe promover una administración teológicamente informada para una educación que es cristiana. Una rúbrica teológicamente basada para el ministerio ha reconocido el simple paradigma que Dios se reveló a sí mismo a la humanidad, y que la humanidad, tanto individual como colectivamente (la iglesia), responde a Dios en fe para la reconciliación. Este punto de vista es representado en la Figura 2.1[9]. En ella, la humanidad vive en respuesta a la revelación de Dios iniciada por él mismo para tener una relación restaurada: la redención. Como lo sugiere este paradigma, el ministerio comienza con la actividad reveladora y redentora de Dios en respuesta a las necesidades de la humanidad (individual y colectivamente). Por consiguiente introduce los cinco elementos primordiales de una teología de la administración. Un enfoque cristiano a la administración debe ser, ante todo y antes que nada, centrada en Dios. Segundo, debe ser responsiva a la condición de la humanidad, y tercero, estar fundamentada en su revelación. Cuarto, debe ser redentora en su naturaleza y, finalmente, debe contribuir a la formación de una comunidad distintiva.

Figura 2.1
Esquema del ministerio

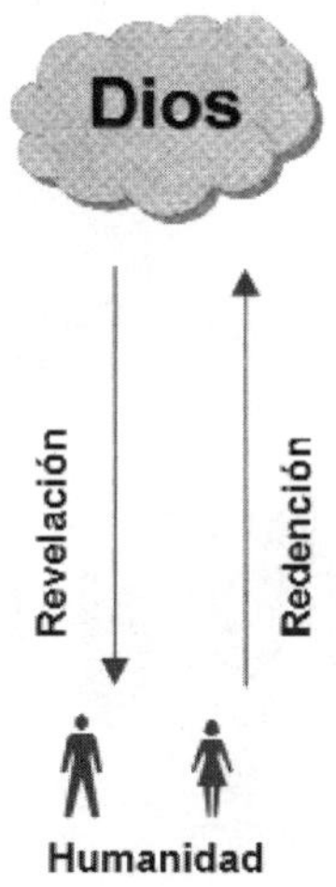

Lo que se necesita es una teología sistemática de educación que pueda relacionarse con el tema de la administración educativa en la iglesia[10]. La figura 2.2 ilustra justamente tal marco teológico para la educación cristiana y finalmente su administración. Es una expresión administrativa de asuntos teológicos que incluye varios componentes esenciales:

- Centrada en Dios: Dios es el guía
- Responsiva a su revelación: las Escrituras como su documento esencial
- Formativa de una comunidad distintiva: la congregación como contexto institucional
- Redentora en propósito: transformación como misión y móvil
  Responsiva a las necesidades de la humanidad: la humanidad como participante valioso

En la siguiente sección trataremos cada uno de estos elementos en una teología sistemática de administración.

Centrada en Dios: Dios como guía

Como con cualquier asunto cristiano, nuestra discusión debe comenzar con Dios, incluyendo tanto una educación como una administración que es cristiana. "Jesús se acercó a ellos y les habló diciendo: 'Toda autoridad me ha sido dada en el cielo y en la tierra' " (Mat. 28:18). Con el riesgo de afirmar lo que es obvio, el poder y autoridad final en la iglesia es Dios. Cualquier autoridad o poder en la iglesia fue dado por él y proviene de él.

Figura 2.2: Una teología sistemática de administración

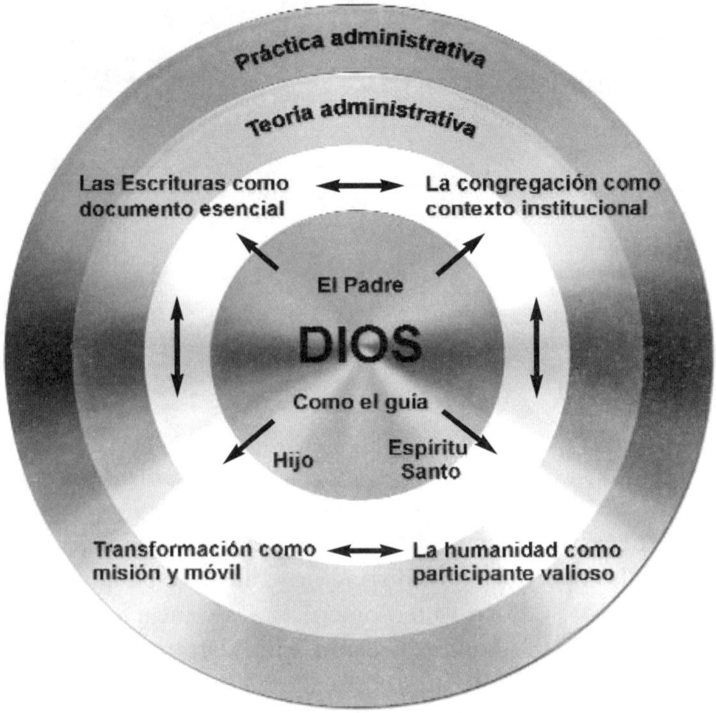

Pablo escribió acerca del problema que plagaba a la congregación en Corinto: "Por tanto, os escribo esto estando ausente, para que estando presente no use de dureza conforme a la autoridad que el Señor me ha dado para edificación y no para destrucción" (2 Cor 13:10). Él enfatizó la autoridad de Dios y el uso redentor y no punitivo que él hacía de ellos en su ministerio.

Finalmente, Dios es la única autoridad en la iglesia. Nosotros somos simplemente mayordomos de su ministerio, y no la autoridad dentro de él. Por lo tanto, los otros elementos de este marco teológico obtienen el propósito y poder de Dios: las Escrituras como su Palabra, la iglesia como su pueblo, la transformación como la salvación de parte de Dios, y la humanidad como el *imago dei.* Un enfoque cristiano a la administración debe estar centrado en Dios. Así como la educación cristiana está centrada en Dios, de la misma manera debe estarlo la administración del ministerio de la congregación.

Toda la evidencia de la actividad administrativa debe finalmente dar gloria a Dios. Esto presenta un requerimiento singular a los administradores cristianos, particularmente a aquellos en posiciones de liderazgo, puesto que deben manifestar humildad y actitud de servicio. Los administradores cristianos deben presentarse con humildad ante Dios, su guía, y con una actitud de siervos ante él y ante los que sirven con ellos. Como tales, somos llamados a una norma más elevada, finalmente como deudores de nuestra lealtad a Dios. "Y todo lo que hagáis, sea de palabra o de hecho, hacedlo todo en el nombre del Señor Jesús, dando gracias a Dios Padre por medio de él" (Col. 3:17). Si el modelo clásico de administración requiere una estructura jerárquica teniendo un experto como autoridad, para un administrador cristiano Dios es la cabeza de la iglesia y la autoridad en todo. En la pirámide de jerarquía administrativa, Dios está en la cumbre. Esta es una posición reservada sólo para él, inasequible para un administrador humano.

Responsiva a su revelación: las Escrituras como su documento esencial

Toda institución, aun la iglesia, tiene un documento esencial o central. Este sirve como su declaración fundamental para establecer su misión, visión, propósito y valores centrales. Estos valores guían a la institución a través de los cambios del tiempo y de la cultura. Para el líder del ministerio, la Biblia es el documento esencial de la institución. La razón para considerar a las Escrituras como fundamentales para la administración cristiana es su afirmación de autoría divina (1 Cor. 2:10-13; 2 Tim. 3:15-17; 1 Ped. 1:10-12, 21; 2 Ped. 1:20, 21; 3:2, 15, 16). Como una revelación especial de Dios, a la que todos debemos responder, el líder cristiano es constreñido a formular un modelo de administración consistente con el diseño expresado por Dios. El apóstol Pablo afirma que las Escrituras fueron dadas "para nuestra enseñanza" (Rom. 15:4; 1 Cor. 10:5-11; 2 Tim. 3:15-17). La influencia de la Biblia en la educación cristiana no está limitada a proveer el contenido de nuestra instrucción, pero se extiende a proveer dirección, modelos de educación y valores para tomar decisiones, así como metodologías administrativas y educativas.

Las Escrituras sirven como plomada para las decisiones y funciones administrativas. Quizá una de las mejores ilustraciones de esto en el Nuevo Testamento es el Concilio de Jerusalén en los años 50/51 de nuestra era. En Hechos 15 los apóstoles, los ancianos y otros líderes de la iglesia se reunieron para discutir el asunto de si debían admitir a los gentiles directamente en la iglesia, en vez de obligarlos primero a convertirse al judaísmo o someterse a la circuncisión y aceptar la ley de Moisés. Después que Pablo y Bernabé compartieron las experiencias de su primer viaje misionero (Hech. 15:12), recalcando la respuesta de fe en Cristo de los gentiles, Jacobo entró en la discusión y afirmó: "Con esto concuerdan las palabras de los profetas, como está escrito" (Hech. 15:15, citando Amós 9:11, 12). Jacobo entonces concluyó: "Por lo cual yo juzgo que no hay que inquietar a los gentiles que se convierten a Dios" (Hech. 15:19).

Una vez que se hubo tomado una decisión y fue aceptada por los que estaban reunidos en Jerusalén, se preparó una declaración escrita de la decisión y fue provista a las congregaciones gentiles, similar a cuando se establece la política de una organización (Hech. 15:22-30). De hecho, Hechos 16:4 usa el término *dogma,* que aquí se usa como decisión, pero que en otras partes se usa como *decreto* (especialmente en relación con las decisiones de un emperador; Luc. 2:1; Hech. 17:7) para describir la decisión y el documento escrito. Significa una decisión formal e implica un nivel de autoridad. Como tal, las Escrituras son el principal lente por el cual el líder del ministerio deriva las prácticas y principios administrativos para las actividades de la iglesia.

Formativa de una comunidad distintiva: la congregación como contexto institucional

La administración implica un contexto institucional. El tamaño, el carácter y el compromiso de la comunidad moldean la formación de la administración, igual como la administración moldea a la comunidad. Las congregaciones como organizaciones tienen estructuras (tanto formales como informales), relaciones, funciones y roles prescritos, procedimientos y políticas (declaradas o implícitas), y sin embargo las congregaciones *no* son simplemente instituciones. Lo que la iglesia es por naturaleza no puede ser contradicho por lo que la iglesia *hace*; debe ser consistente en su *ser* como en su *hacer*.

En las Escrituras la iglesia es raramente descrita como algo que es impulsado por una institución, y su descripción favorece más a imágenes cualitativas tales como el cuerpo de Cristo (Efe. 4:12), esposa de Cristo (Efe. 5:22-32), rebaño de Dios (1 Ped. 5:2) o miembros de la familia de Dios (Efe. 2:19). Estas imágenes enfatizan el aspecto de los individuos en la comunidad con Dios, no una estructura organizacional. De aquí que la administración cristiana no debe contradecir o minimizar a la iglesia como un cuerpo. En *A Theology of Church Leadership* (una teología de liderazgo eclesiástico), Larry Richards argumenta que la iglesia es un cuerpo orgánico, no una institución, y que confundir estos dos ha creado dificultades para la comunidad de fe. Sin embargo, él mismo afirma que la administración es esencial para preservar y promover la salud orgánica y el crecimiento de la institución, limitándola a esas "tareas absolutamente necesarias para que el cuerpo se reúna como un organismo"[11].

La necesidad de integrar lo que Richards identifica como lo orgánico en oposición a las dimensiones institucionales de la iglesia es obvia. La infraestructura administrativa de la iglesia no debe intervenir con, o reemplazar a la identidad final de la iglesia como el cuerpo de Cristo. Los organismos, tales como el cuerpo humano, están muy altamente organizados y orquestados en sus funciones y por consiguiente el concepto de organismo y organización no son necesariamente contradictorios.

De hecho, el servicio administrativo de la congregación existe para preservar la unidad dentro de ella por causa de Cristo, preservando y facilitando la maduración cualitativa de la congregación: "Y él (Cristo) mismo constituyó a unos apóstoles, a otros profetas, a otros evangelistas, y a otros pastores y maestros, a fin de capacitar a los santos para la obra del ministerio, para la edificación del cuerpo de Cristo, hasta que todos alcancemos la unidad de la fe y del conocimiento del Hijo de Dios" (Efe. 4:11-13).

La organización y la administración nunca pueden sustituir a la dimensión espiritual de la iglesia. Esta preserva y edifica sobre la unidad de los cristianos como el cuerpo de Cristo. El aspecto administrativo de la congregación sirve y sostiene a la congregación como el cuerpo de Cristo.

Redentora en propósito: transformación como misión y móvil

El propósito final del ministerio es la maduración espiritual, tanto la del individuo como la del cuerpo corporativo, en Cristo. Pablo escribió: "A él anunciamos nosotros, amonestando a todo hombre y enseñando a todo hombre con toda sabiduría, a fin de que presentemos a todo hombre, perfecto en Cristo Jesús" (Col. 1:28). La transformación a la imagen de Cristo es un proceso gradual, no completado por el evento de la conversión. Este proceso se refleja en las Escrituras en términos de una relación con Dios que va profundizándose (particularmente Efe. 2:1-10 y 1 Cor. 2)[12]. El proceso transformador puede ser descrito en cuatro estados espirituales:

- *Estado natural:* El estado pecaminoso de la humanidad, separada de Dios, con necesidad de conversión (cf. 1 Cor. 2:6-8, 14; Efe. 2:1-3).
- *Estado de inmadurez:* El estado de la humanidad redimida, pero inmadura, con una fe infantil (1 Cor. 3:1-3; Efe. 2:4-9).
- *Estado espiritual:* El estado de la humanidad redimida, pero madura en Cristo (1 Cor. 2:10-13, 15, 16; Efe. 2:10).
- *Estado eterno:* El estado eterno de la humanidad con Dios en el cielo.

Por consiguiente, la maduración espiritual es un proceso gradual de transformación que se origina en nuestra conversión. Como escribe Pedro: "Deseen con ansias la leche pura de la palabra, como niños recién nacidos. Así, por medio de ella, *crecerán en su salvación*" (1 Ped. 2:2 NVI énfasis añadido). La transformación cristiana es, en naturaleza, tanto punctiliar (conversión), como un proceso (santificación).

La administración cristiana debe entender que su misión final es ayudar a la transformación de los individuos dentro de la iglesia, así como en la comunidad. Como se mencionó antes, el propósito de la administración cristiana *no* es aumentar la eficiencia, o la efectividad o la productividad de los trabajadores (viendo a los trabajadores como un medio para lograr un fin), sino más bien la transformación de los individuos como el fin, ayudándolos en su crecimiento personal en la comunidad de fe. Los líderes en el ministerio administran por una razón espiritual y con un propósito espiritual, no por una obligación institucional burocrática. La transformación no sólo se convierte en nuestra misión, sino en nuestro móvil a medida que vamos progresando hacia la madurez espiritual en Cristo y deseamos que otros maduren. El propósito de la administración cristiana es ayudar en el proceso de transformación, el crecimiento del individuo, quien finalmente deseará servir en la congregación como un participante valioso en el ministerio.

Responsiva a las necesidades de la humanidad: la humanidad como participante valioso

Todos los paradigmas administrativos contemporáneos tienen suposiciones acerca de la naturaleza humana y/o la respuesta administrativa a los trabajadores, cada una con su propio prejuicio acerca de la naturaleza humana: negativa y positiva, individual y colectiva. Los administradores cristianos conceden un alto valor a la humanidad. Es única entre los actos creativos de Dios porque somos el *imago dei*, la imagen de Dios, igualmente compartida por el hombre y la mujer (Gén. 1:27). Aunque la imagen puede ser descrita en una multitud de dimensiones, obviamente incluye que la humanidad fue creada para tener comunión con Dios como su Creador. En Génesis 1-3 esta imagen fue creada inocente, rota por el pecado voluntario, y le fue dada la promesa de restauración en un Salvador que vendría: Jesucristo.

Puesto que la naturaleza humana misma no es rígida, la humanidad está en constante estado de transición. Una suposición fundamental de la teología evangélica en cuanto a la naturaleza humana es que esta puede ser transformada. Esta está basada en Romanos 12:2: "No se amolden al mundo actual, sino sean transformados mediante la renovación de su mente. Así podrán comprobar cuál es la voluntad de Dios, buena, agradable y perfecta" (NVI). Los administradores cristianos requieren un enfoque más flexible sobre la humanidad que el que ofrecen muchos de los planteamientos seculares de administración. Sin embargo, el paradigma de contingencia de administración ofrece un modelo del administrador cristiano más aplicable, ya que descansa sobre la premisa de que distintos estilos de liderazgo deben ser usados en respuesta a los varios niveles de madurez, disposición y capacidad de los trabajadores.

Ronald Habermas identifica tres "dimensiones prácticas" del *imago dei*: (1) una "actitud transformada" hacia otros, (2) "comportamientos transformados" y (3) "mayor aprecio por la diversidad" entre la humanidad[13]. Para los administradores cristianos, sin importar el estado espiritual de los individuos (natural/no salvo, cristiano carnal/inmaduro, o cristiano espiritual/maduro), o el puesto dentro de la organización, o su nivel de desempeño, son poseedores del *imago dei* y por lo tanto merecen una relación respetuosa y ser tratados con dignidad por el administrador. Santiago hace notar la contradicción de hacer lo contrario: "Con la lengua bendecimos a nuestro Señor y Padre, y con ella maldecimos a las personas, creadas a imagen de Dios" (Stg. 3:9 NVI). La afirmación de la teología cristiana es que todas las personas son de innato valor para Dios y por lo tanto deben ser valoradas por nosotros como administradores cristianos.

Una perspectiva cristiana de la administración

Si es verdad que los cristianos deben conducirse en el mundo de una manera que los distinga de los demás, entonces este nuevo paradigma debe ser evidente en la forma en que administramos lo que vemos como recursos de Dios. Es lógico que un cristiano llevará a cabo las actividades relacionadas con la administración de manera diferente por esta nueva perspectiva. La siguiente sección servirá para ilustrar cómo una perspectiva cristiana de la administración debe influir en la forma en que se conduce en el contexto del ministerio.

La administración como ministerio

Una de las primeras comprensiones acerca de la perspectiva cristiana de administración es la conciencia de que la administración es un ministerio en y por sí mismo. Es más que un método de operación o un medio para lograr un fin. En un sentido muy real es también un fin para y en sí mismo. Las Escrituras enseñan que "Cada uno ponga al servicio de los demás el don que ha recibido, como buenos administradores de la multiforme gracia de Dios" (1 Ped. 4:10). La administración es un ministerio. La administración en el Nuevo Testamento no estaba relacionada con un negocio o con una estructura corporativa, sino primordialmente con el ministerio redentor de la comunidad de fe. De hecho, un estudio de las palabras traducidas como ministro o ministerio en el Nuevo Testamento podrían muy bien interpretarse como un administrador o una administración.

"Sin duda habéis oído de la administración de la gracia de Dios que me ha sido conferida en vuestro beneficio... para aclarar a todos cuál es la administración del misterio que desde la eternidad había estado escondido en Dios, quien creó todas las cosas" (Efe. 3:2, 9).

El énfasis en la gracia de Dios en este pasaje casi provee un tono sacramental al trabajo de administración dentro de la iglesia, implicando que nuestra labor administrativa debe servir a otros en la congregación, no simplemente a la institución misma. Es una respuesta a la revelación de Dios ("misterio") y redención ("la gracia de Dios"). En nuestro marco del siglo veintiuno,

uno puede fácilmente inclinarse a concebir la administración como un negocio, pero para el educador cristiano es un ministerio, usado para el servicio y estímulo de otros.

La administración como servicio

El liderazgo en el servicio es intrínseco al concepto bíblico de administración. En dos ocasiones en el evangelio de Marcos, Jesús recordó a los Doce los principios fundamentales del servicio cristiano: "Si alguno quiere ser el primero, deberá ser el último de todos y el siervo de todos" (Mar. 9:35b). En un pasaje posterior dice: "...Cualquiera que anhele hacerse grande entre vosotros será vuestro servidor, y cualquiera que anhele ser el primero entre vosotros será siervo de todos" (Mar. 10:43b, 44). En este último pasaje, Jesús explicó a los doce discípulos: "Sabéis que los que son tenidos por príncipes de los gentiles se enseñorean de ellos" (Mar. 10:42a). Luego les advierte: "...pero no es así entre vosotros" (Mar. 10:43a), abogando por el servicio como un enfoque en la actitud de los líderes del ministerio. La figura 2.3 ilustra este principio.

Figura 2.3
El siervo en contraste con la jerarquía del liderazgo

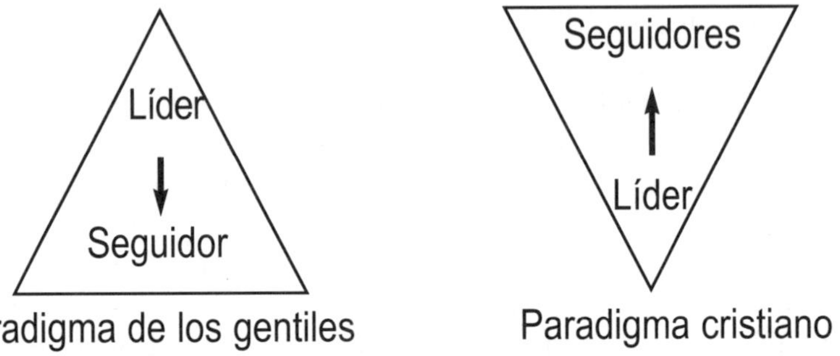

En el paradigma de los gentiles el liderazgo es represivo, con una autoridad a la cabeza de la jerarquía, la cual se enseñorea y ejerce una dictadura sobre los seguidores. En el paradigma de Jesús el liderazgo apoya a los seguidores, con la autoridad en la parte inferior de la pirámide, y los seguidores siendo servidos por el líder y sujetos al cuidado y supervisión del mismo.

El administrador cristiano considera su autoridad como proveniente de Dios. Sirve como un mayordomo de esa autoridad y entiende que ha de desempeñar las funciones de su puesto con una actitud de humildad y servicio. No hemos de usar nuestra posición como señores o ejercer autoridad sobre nuestros colegas en el ministerio. El servicio dirige desde una relación, no una posición. Guía con el ejemplo, no con edictos. El servicio guía proveyendo un ministerio pastoral, no siendo servido. Guía en un espíritu de humildad, no por medio del poder. El guiar como siervo invita a otros a unirse en el ministerio como siervos.

La administración es un don espiritual

Cuando Pablo escribió a la iglesia de Corinto, él discutió el enfoque de Dios para dirigir el ministerio. Debía ser inherentemente diferente a los enfoques usados en el pasado. En vez de restringir el movimiento de Dios a un número limitado de líderes patriarcales o miembros de una tribu, Dios ahora distribuiría sus recursos entre todos aquellos que habían rendido sus vidas a él. Nació el concepto del sacerdocio de todos los creyentes. Todo miembro del cuerpo de Cristo sería un sacerdote, y asumiría la responsabilidad de servir como ministro de la gracia de Dios y de su misericordia al mundo que le rodea. Para cumplir este ministerio, Dios decidió dar a cada creyente un área de dones que lo capacitarían para servir al cuerpo de Cristo.

Puesto que no hay un creyente que posea todos los dones, Jesús los amonesta a reunirse en unidad y compartir el trabajo del ministerio. Hay cuatro listas en el Nuevo Testamento que identifican la mayoría de los dones espirituales dados al cuerpo. Se encuentran en Romanos 12:6-8; 1 Corintios 12:7-11; 27-30 y Efesios 4:11-16. Uno de los dones que él identifica en esta sección es el don espiritual de la administración. El propósito de los dones no es el de hacer una demostración de lo milagroso, o para significar la presencia de Dios, sino para cumplir la función pastoral dentro de la congregación[14].

¿Qué quiso decir exactamente Pablo con "administración"? El término usado en 1 Corintios 12:28 es *kubernesis* , denotando la función de proveer una guía o más literalmente dirigir. La palabra se relaciona con *kubernetes*, denotando el capitán de un navío o un timonel (cf. Hech. 27:11; Apoc. 18:27, y en la septuaginta Eze. 27:8). El término no denota necesariamente al propietario del navío, sino más bien la función de determinar el destino y la travesía para llegar a él. Gangel comenta que este concepto está ligado a la sabiduría en el Antiguo Testamento, al reflexionar en Proverbios 1:5: 11:14; 24:6 y por consiguiente señalando una cualidad esencial del líder dotado[15]. Rienecker y Rogers comentan que en el Nuevo Testamento la forma plural de la palabra expresa la habilidad de una persona para mantener un puesto de liderazgo en la iglesia[16].

La administración es un don de Dios dado a individuos para prepararlos para servir en un papel de liderazgo. Aunque puede ser una tentación depender de nuestras propias capacidades y talentos para proveer liderazgo, el administrador cristiano siempre debe recordar que nuestra capacidad para el liderazgo es, de hecho, un don dado por Dios para ser usado en su servicio. En 1 Corintios 12, Pablo enfatiza tres veces que Dios es el dador de los dones, y que el propósito de los dones no fue el de un beneficio o superación personal, sino para el ministerio de su pueblo.

La administración como mayordomía

La mayordomía es otra dimensión del concepto más amplio de la administración cristiana. Pablo escribe: "Que todo hombre nos considere como servidores de Cristo y mayordomos de los misterios de Dios. Ahora bien, lo que se requiere de los mayordomos es que cada uno sea hallado fiel" (1 Cor. 4:1, 2). Pablo describe al pastor como un mayordomo, o *oikonomos*, denotando un mayordomo o administrador en una casa, con frecuencia un sirviente confiable. "La palabra enfatizada es uno a quien se confía gran responsabilidad y de quien se espera que rinda cuentas"[17]. En el Nuevo Testamento este término es usado para describir el trabajo del anciano/obispo (Tito 1:7), el ministerio dentro de la iglesia (1 Ped. 4:10) y el cuidado de un niño (Gál. 4:2); por lo tanto significa una calidad general de integridad, abnegación y confiabilidad.

El término significa un mayordomo de algo que no nos pertenece a nosotros, sino a Dios. Los administradores cristianos deben sentirse impactados por la asombrosa responsabilidad que les ha sido confiada como mayordomos de la revelación y redención de Dios. Se requiere que los administradores cristianos dejen a un lado sus planes e intereses personales a la luz del valor de lo que se les ha confiado. Este es el caso en la parábola de Jesús acerca del siervo infiel.

En la parábola de los talentos Jesús presenta el relato de un hombre que "entregó sus bienes" a sus tres siervos, dándoles una cantidad diferente de talentos, "a cada uno según su capacidad" (Mat. 25:14, 15 NVI). Por tanto, a ninguno se le dio una carga o exigencia de desempeño más allá de lo razonable. Cuando el hombre regresó hizo una evaluación de la mayordomía de cada siervo a quien había confiado la propiedad. Los dos primeros siervos habían duplicado la cantidad de talentos. Al que se le habían dado cinco talentos había ganado otros cinco. Al que se le habían dado dos había ganado otros dos (Mat. 25:19, 20, 22 NVI). En los dos casos su señor declaró: "¡Hiciste bien, siervo bueno y fiel! Haz sido fiel en lo poco; te pondré a cargo de mucho más. ¡Ven a compartir la felicidad de tu señor!" (NVI).

Sin embargo, el tercer siervo no fue un buen mayordomo. Él permitió que sus planes e intereses personales eclipsaran lo que le había sido confiado por su señor: "Yo sabía que usted es un hombre duro, que cosecha donde no ha sembrado y recoge donde no ha esparcido. Así que tuve miedo, y fui y escondí su dinero en la tierra. Mire, aquí tiene lo que es suyo" (Mat. 25:24-27 NVI). Su señor declaró que este siervo era "malo y perezoso" y más adelante 'inútil" con base en su administración deficiente de los recursos que habían sido puestos a su disposición (Mat. 25:26, 27, 30), fracasando aun en producir un interés mínimo en la inversión con un poco de esfuerzo (Mat. 25:27). El señor le quitó la propiedad confiada y la dio al siervo de los diez talentos, declarando: "Porque a todo el que tiene, se le dará más, y tendrá en abundancia. Al que no tiene se le quitará hasta lo que tiene. Y a ese siervo inútil échenlo afuera, a la oscuridad, donde habrá llanto y rechinar de dientes" (Mat. 25:29, 30 NVI).

Ser un *oikonomos*, un mayordomo, no es ser poseedor de un título: es Dios confiándonos la administración de su pueblo, ministerio, mensaje y misión, todo lo cual requiere completa atención, entrega y servicio.

La administración como algo espiritual

Al principio puede ser difícil concebir las tareas y prácticas administrativas como espirituales. Hay tanto del trabajo administrativo que parece rutinario o comercial que parecería funcionar en contra, y algunas veces opuestamente, a la naturaleza espiritual de la iglesia. Quizá la razón por la que no la percibimos como algo espiritual es la falta de integración entre la naturaleza pastoral de la congregación y el lado más comercial de dirigir el ministerio.

Sin embargo, debe ser considerado como espiritual por varias razones. Primera, la administración es un don espiritual dado a la iglesia por el Espíritu Santo. Segunda, es parte del papel pastoral de supervisión del ministerio. Tercera, es parte de la misión transformadora de la iglesia a su comunidad y también al mundo. Cuarta, la administración que es cristiana guía por medio de servidumbre, humildad, relación y confianza, todos los cuales son valores que reflejan el carácter cristiano. Finalmente, Jesús sirve como modelo para nuestras actividades administrativas en el ministerio. Jesús ha sido descrito como un administrador y un supervisor, mostrando las implicaciones prácticas para la organización y administración de la supervisión del ministerio el día de hoy[18]. En pocas palabras, no debemos considerar la administración en la congregación como un mal necesario, ni como un aspecto de negocios desconectado o separado del ministerio, sino como una parte de nuestro servicio espiritual a Dios como líderes en el ministerio.

Implicaciones para la administración cristiana

Al acercarnos al final de este capítulo, sería de utilidad para el lector ver una lista resumida de cómo nuestra percepción del mundo cristiano impacta en la manera en que la administración es expresada. Hay cinco implicaciones evidentes de una perspectiva teológicamente informada de la administración. Un marco teológico puede influir en las siguientes cinco dimensiones administrativas: (1) tareas administrativas, (2) valores de la institución en la toma de decisiones, (3) metáforas para describir las funciones y posición administrativa, (4) relaciones dentro de la institución y (5) el papel de la administración en la educación cristiana. Todas estas, concertadas entre sí, proveen el lente por el cual los líderes pueden ver sus roles administrativos[19].

Tareas administrativas

Algunas tareas administrativas son teológicamente excepcionales para el líder cristiano. Tareas como orar pidiendo voluntarios y maestros, o proveer cuidado y consejería pastoral, son medios *directos* para integrar la percepción del mundo cristiano de la persona en las funciones administrativas del líder del ministerio. Enseguida, la *exposición razonada* del educador cristiano a las tareas generales debe ser motivada y comprendida en un contexto teológico. Por ejemplo, aunque algo tan sencillo como enviar un memorándum o escribir una columna en un boletín de noticias puede no tener una relación innatamente teológica, la razón para desempeñar estas tareas puede tener una motivación teológica, tal como crear un sentido de aceptación y pertenencia dentro de la comunidad cristiana. Finalmente, algunas de las tareas administrativas pueden ser *redefinidas* en un contexto teológicamente informado. Por ejemplo, proveer correción/disciplina a un voluntario o maestro debe ser hecho en la manera descrita en las Escrituras y con delicadeza cristiana y preocupación familiar, no simplemente con cortesía de negocios o adherencia a los procedimientos. En pocas palabras, el trabajo de los líderes del ministerio puede y debe reflejar sus convicciones teológicas.

Metáforas administrativas

Las metáforas son usadas para definir conceptos que son difíciles de describir o captar. Algunas veces son sencillamente una descripción compleja y añaden significado a lo que no ha sido parte de la experiencia personal de alguien. Son útiles para captar la esencia de una idea en vez de sólo su apariencia concreta. "Las metáforas crean maneras de ver y dar forma a la vida organizacional"[20]. Por lo tanto, la manera en que una persona elige describirse en el ministerio es un reflejo de sus suposiciones, expectativas y preferencias. Las metáforas influyen en la manera en que concebimos nuestros ministerios. Presentan factores limitantes y características determinantes. Las metáforas tienden a definir relaciones, colocación dentro de la institución, propósitos educativos o aspectos funcionales del puesto.

Aunque uno puede ser tentado a sencillamente tomar prestadas metáforas de negocios o educativas para los líderes del ministerio congregacional (p. ej.: el pastor principal como Director Ejecutivo, etc.), las metáforas más apropiadas teológicamente proveen una comprensión pastoral del puesto en discusión. Tal vez recapturar el conjunto de imágenes del Nuevo Testamento de un ministro líder como pastor de personas/pastor de ovejas, anciano, supervisor, timonel o mayordomo, debe orientar a los miembros más jóvenes hacia una comprensión más teológicamente informada del ministerio. Los títulos y metáforas que elegimos usar para describirnos personal y profesionalmente reflejan nuestra propia comprensión y expectativas, y es de esperarse que esto sea con una orientación reconocidamente teológica.

Valores administrativos

Los valores, ya sean declarados o implícitos, dan forma a la institución y a la teoría administrativa y a la práctica que la dirige. Los valores que moldean y dirigen los negocios del mundo contemporáneo son el resultado de una percepción diferente del mundo de la de los líderes del ministerio. Los valores primordialmente diseñados para atraer a los clientes, aumentar las ganancias y realzar y mejorar la eficiencia y productividad de los trabajadores, sencillamente no se prestan para un punto de vista cristiano de administración. De la misma manera, muchos valores modernos dentro del marco contemporáneo del ministerio parecen ser más consistentes con la filosofía del pragmatismo que con un punto de vista evangélico teológicamente informado. El mantra "si funciona, hazlo" se ha convertido en una alarmantemente voz popular escuchada en las conferencias de desarrollo del ministerio en esta década pasada. Está haciendo mucha falta un pensamiento crítico sobre la integración de métodos seculares en la aplicación al ministerio.

Como en cualquier esfuerzo cristiano, los valores éticos y espirituales gobiernan la teoría y prácticas administrativas. Articular tales valores en una declaración del propósito y la visión, usando las Escrituras y la tradición teológica para guiar en su formación, facilita la información teológica de los valores administrativos. De la misma manera, sirve como una expresión teológica de nuestras convicciones esenciales como líderes cristianos. Un valor esencial que es expresado como "valoramos a los cristianos como el sacerdocio de los creyentes", ilustra un paradigma bíblico basado más en la enseñanza bíblica de los dones espirituales y participación común, que en una jerarquía o un modelo corporativo. La administración cristiana que es consistentemente cristiana en su enfoque del ministerio se logra abogando por los valores teológicamente informados.

Relaciones administrativas

Las relaciones son implícitas en la vida y ministerio cristianos. Las relaciones que son cristianas en su carácter mantienen la presencia de una diferencia cualitativa dentro de la administración. Tales relaciones colocan una prioridad en la dimensión espiritual de las relaciones cristianas. Por ejemplo, las relaciones institucionales pueden existir en múltiples niveles (supervisor-trabajador, maestro-estudiante, generacional, con respecto al género), pero la relación principal entre los cristianos es la de hermano-hermana en Cristo. Sin importar cuáles otros niveles de relación o vínculos puedan estar presentes, esta relación es la central. Por lo tanto, para los cristianos las relaciones se extienden más allá de la institución o la tarea que estén desarrollando, descansando en algo más substancial: Jesucristo.

Otro aspecto de las relaciones cristianas es que se van desarrollando. La noción de llevar hacia la madurez o disciplinar implica la presencia de una relación positiva, ayudando en la maduración y el apoyo de los colegas cristianos. "Más bien, exhortaos los unos a los otros cada día, mientras aún se dice: 'Hoy', para que ninguno de vosotros se endurezca por el engaño del pecado" (Heb. 3:13). Aunque las relaciones dentro de cualquier estructura administrativa pueden diferir en cuanto al lugar en particular dentro de la organización, p.ej.: relaciones con los iguales, relaciones entre líder y subordinado, la presencia de una preocupación cualitativa por las relaciones cristianas siempre es necesaria. Las relaciones espirituales y familiares que compartimos como cristianos deben sostener, y en ocasiones sustituir, la necesidad institucional de las relaciones dentro de la institución cristiana.

Roles administrativos

Un rol se refiere a la función dentro de la institución, la parte desempeñada en la ejecución del ministerio. Nuestro rol como administradores cristianos es determinado por nuestras convicciones teológicas, necesidades prácticas dentro del contexto del ministerio (p. ej.: iglesia, paraiglesia, misión, etc.), nuestros dones espirituales, y nuestro propio nivel de madurez espiritual. El rol administrativo es el amalgamamiento de los asuntos previamente mencionados: tareas, valores, metáforas y relaciones. Nuestro papel como administradores debe ser teológicamente definido en el punto central. Otros factores contribuyen para encarnar las expectativas y responsabilidades del puesto.

¿Cuál es el papel del administrador cristiano en el contexto de la iglesia local? Este papel puede ser caracterizado por cuatro propiedades: pastoral, educativa, comunal e institucional. Primero, y ante todo, el administrador cristiano es un pastor del rebaño espiritual. Segundo, el pastor es un educador, el medio por el cual los pastores cumplen su rol ministerial. Como tal, su papel es comunal, significando que es llevado a cabo dentro del contexto de la comunidad de fe y desempeñado para su maduración como el pueblo de Dios. Finalmente, su rol es institucional, que no debe ser considerado no teológico o contradictorio para la vida de la congregación, con responsabilidades específicas para el papel que es descrito por la misión, el ministerio y los programas de la congregación.

Un planteamiento cristiano de la administración es un enfoque que se esfuerza en madurar a los empleados y voluntarios hacia la semejanza a Cristo, por medio del servicio pastoral y las relaciones que enriquecen sus vidas personales y aumentan su participación en el ministerio. En su contexto más teológico, la administración puede ser una función pastoral dada por Dios dentro de la comunidad de fe, dentro de la cual los cristianos participan en mantener (dirigir) y avanzar (guiar) la misión transformadora de la iglesia, de acuerdo con las Escrituras, mientras que al mismo tiempo se esfuerzan en preservar la naturaleza cualitativa y las funciones de la iglesia como el cuerpo de Cristo. Por lo tanto, la administración es una expresión práctica de nuestras convicciones teológicas y una parte vital de nuestro ministerio educativo.

SEGUNDA PARTE

PLANIFICACIÓN

La función administrativa de planificación es fácil de definir pero desafiante de realizar. Como definición podría ser descrita como el proceso de mirar hacia atrás para ver de dónde vino la organización en términos de la declaración inicial de su misión, examinando el actual contexto de su existencia, y luego procurando anticipar proactivamente el futuro y preparándose para ello. Hay muchas definiciones para la palabra planificación en los libros de texto, pero en su mayoría todos se extienden en el concepto básico de lo que acabamos de presentar. Por ejemplo Peterson (1980) define la planificación como un "proceso consciente por el cual una institución evalúa su estado actual y las probables condiciones futuras de su medio ambiente, identifica posibles situaciones futuras, y luego desarrolla estrategias organizacionales, políticas y procedimientos para seleccionar y entonces llegar a uno o más de ellos"[1]. Dicho de una manera más sencilla, planificar es tratar de predecir el futuro y luego proyectar cuáles recursos serán necesarios para funcionar exitosamente cuando ese futuro se convierta en realidad.

MacKinney declara con audaz seguridad que "en toda organización, y creo que el punto es universal, algún tipo de planificación se lleva a cabo"[2]. La planificación es desafiante porque, si es hecha correctamente, incluye a una gran cantidad de personas funcionando juntas con una meta específica en mente. La primera de las cinco funciones administrativas, la planificación, es el punto de partida para el éxito o el fracaso de la institución. Es crucial para la vida de la empresa que se realice una planificación eficaz. Hecha correctamente, es intencional y se desarrolla en un documento completo de trabajo que guiará a la organización en el futuro.

Las actividades incluidas en el proceso de planificación contienen la sustancia de esta segunda parte del libro. Cada elemento se desarrolla con más detalle en un capítulo separado.

El capítulo 3 provee una discusión detallada acerca del desarrollo de una declaración de la misión y la visión, porque la planificación empieza con estas actividades importantes. Esta lógica provee una comprensión clara de la razón por la que la organización fue creada.

De antemano debe ser dicho que hay un amplio desacuerdo dentro de los marcos tanto los corporativos como los no lucrativos acerca de la semántica de estos dos términos. Algunos prefieren usar el término *misión* para describir el cuadro general, y *visión* para describir la interpretación más específica de ese plan. Otros prefieren ver la *visión* como algo que viene primero, seguida por la *misión* de la organización. Existe una evidencia creíble para los argumentos en ambos lados del debate. El asunto importante para nuestros propósitos es entender que el cuadro general viene primero y es seguido por un plan más específico para completar el cuadro. Cada uno debe ser articulado claramente en una declaración y hecho disponible tanto para los miembros de la organización como para la sociedad en general. En esencia, primeramente *por qué*, y luego *qué*.

El capítulo 4 provee al lector con una comprensión sobre cómo uno escribe e incorpora las metas y objetivos dentro del proceso de planificación. Una vez más los autores usan el término *meta* para describir el plan más general y *objetivos* para describir una aplicación más específica. Otros autores revierten esta terminología. Lo importante no es tanto la definición de cada término sino el concepto que cada término representa. Un plan debe ser puesto detalladamente por escrito y expresado de tal manera que provea especificidad y medida. Sin esto no puede haber responsabilidad y evaluación. Las metas y objetivos comprometen a la organización en una dirección, y aseguran que los recursos estén disponibles para lograr la dirección planeada.

El capítulo 5 da lo que es el siguiente paso natural en el proceso y se desarrolla de tal manera que empaqueta la misión, la visión, las metas y los objetivos en un plan estratégico. Este plan estratégico se convierte en el plan maestro por el que toda actividad institucional es coordinada y guiada. Muchas iglesias y otras organizaciones ministeriales fracasan en este punto porque les falta un esfuerzo coordinado. Lo que está pasando en el ministerio con los niños parece tener muy poca o nada de relación con los departamentos juveniles. Cuando no hay una coordinación de alguna área con lo que el pastor principal y la junta directiva de la iglesia conciben para el futuro, los resultados naturales son conflictos y contiendas. La estrategia de planificación apropiada evita que esto suceda. También asegura que los recursos adecuados (humanos, financieros, materiales, etc.) sean asignados a cada una de las metas y objetivos que han sido documentados en el paso anterior.

El capítulo 6 presenta al lector los valores y contribuciones que las políticas y procedimientos hacen al ministerio. Las políticas y procedimientos son tipos de planes en el sentido que son declaraciones generales o entendimientos que guían y canalizan el pensamiento hacia el logro de la misión y visión de la organización[3]. En esencia, ayudan a los que están envueltos en el ministerio a permanecer encauzados hacia el cumplimiento de las metas y objetivos. A muchos líderes en el ministerio no les agradan las políticas y los procedimientos porque los ven como restrictivos y confinantes. Las políticas son declaraciones necesarias que guían el comportamiento y la toma de decisiones. Idealmente, ayudan a decidir asuntos en muchas iglesias antes de que se conviertan en problemas[4].

Por ejemplo, la política en muchas iglesias es que los que manejan vehículos para las actividades de los jóvenes sean personas que tengan licencia para conducir, estén registrados y tengan seguro de autos. Además, deben tener por lo menos 21 años de edad y no haberse visto involucrados en accidentes mayores dentro de los tres años anteriores. Una política como esta garantiza cierto nivel de madurez de los que les han asignado la tarea de transportar a los jóvenes de la iglesia. Tal política también tendrá una influencia favorable en los costos de seguro pagados por la iglesia.

Por otra parte, los procedimientos van más allá que las políticas en el sentido de que establecen el método por el cual las políticas han de ser implementadas. Edifican sobre las políticas y las hacen más completas y funcionales. Usando la política mencionada como ejemplo, los procedimientos que todos los conductores de vehículos de la iglesia deben seguir son: *"Antes de que una persona pueda transportar a menores para una función de la iglesia, debe proveer una fotocopia de su licencia de conducir para ser conservada en el archivo, comprobante de seguro de autos, una copia de su récord como conductor de parte del departamento de vehículos motorizados del estado, y una declaración firmada de que está de acuerdo en cumplir con todas las leyes existentes del estado mientras está conduciendo a los menores de la iglesia"*. Los procedimientos ofrecen especificidad a las políticas y ambas van de la mano al guiar a la organización hacia sus metas y objetivos declarados. El capítulo 6 presenta al lector el valor y las contribuciones que las políticas y procedimientos hacen al ministerio y proveen un patrón que puede ser usado para establecer ambos tipos de planes.

El capítulo 7 documenta la forma más sencilla de planes: el presupuesto. Expresado en términos financieros, un presupuesto es un plan declarado en términos numéricos. Asigna los recursos financieros y los dirige hacia el logro de las metas y objetivos acordados en el plan estratégico.

Uno de los mayores errores de las iglesias en la actualidad es la secuencia de formular un presupuesto en relación con los otros elementos discutidos hasta ahora. Cuando al presupuestar le es permitido manejar el desarrollo de las metas y objetivos (y por lo tanto el plan y el programa estratégico), la iglesia se caracteriza por su miopía y un desmedido énfasis en el dinero. Cuando es necesario tomar una decisión, el resultado final se basará en cuánto dinero está disponible y no en la misión y la visión. La evidencia de esta manera de pensar espiritualmente disfuncional se puede apreciar cuando el comité de finanzas de la iglesia (formado por voluntarios del ministerio) desarrolla el presupuesto y lo presenta al personal de la iglesia (líderes ministeriales con preparación profesional) y luego les permite contemplar el futuro basado en los recursos financieros que están siendo asignados a ellos. Este planteamiento no demuestra fe, porque el dinero, y no el Espíritu Santo, controla la toma de decisiones.

Es verdad que algunos líderes en el ministerio se lanzan dentro de un ámbito grandioso de fe y la realidad de recabar fondos recibe muy poca o ninguna consideración. Esto ha llevado a pesadas hipotecas en los edificios, prácticas manipuladoras para recabar fondos, sentimientos de traición y fraude y considerables luchas por el poder entre los líderes del ministerio y los miembros de la iglesia. Un arreglo razonable entre el alcance de fe y recabar fondos basado en la realidad es posible y es presentado en este capítulo.

El capítulo final de esta sección no aparece en muchos de los textos sobre administración en el ministerio o en organigramas. Esto es lamentable porque la administración por objetivos (APO) ha estado disponible como una herramienta para las organizaciones corporativas desde 1950. El capítulo 8 provee al lector el conocimiento y el fondo necesarios para desarrollar un programa de administración por objetivos para su aplicación en el ministerio. Tal programa ha sido revolucionario para muchas iglesias, campamentos, organizaciones misioneras, escuelas y otras agencias no lucrativas. Aunque algunos textos incluyen este concepto bajo *dirección* o *evaluación*, pensamos que es mejor incluirlo como una herramienta de planificación, aunque en realidad es un eficaz medio para dirigir/o evaluar al personal.

La jerarquía de la pirámide de planificación presentada en la página 61 permite al lector ver la relación de cada elemento como un todo[5]. Ninguno de los elementos es independiente de los otros puesto que todos fluyen de una prioridad ordenada. Cuando todos los elementos del proceso de planificación se juntan, estos permiten que la organización del ministerio funcione con efectividad y satisfacción. El resultado final es que el ministerio se acerca mucho más al cumplimiento de su parte en la Gran Comisión.

Aunque el fluir de estos elementos parecería ser en secuencia, y la mayor parte de las veces lo es, es importante entender que la administración es un fenómeno dinámico por naturaleza. Es muy raro, si acaso alguna vez sucede, que una organización se quede quieta el tiempo suficiente para que sus directores arreglen todos los elementos de administración en su orden adecuado. La organización usualmente se encuentra en el centro de miríadas de actividades y al mismo tiempo estira sus recursos hasta el límite. Sin embargo, es en medio de tales movimientos que los administradores son llamados a ejercer sus aptitudes y traer orden a la empresa. En realidad se experimenta un traslapo, mientras que el ministerio va y viene, como la marea, por medio de sus esfuerzos. Así que al examinar este capítulo a través de esta sección recuerde que, aunque hay una secuencia ideal, el ministerio rara vez opera en lo ideal por períodos prolongados. Los elementos en la jerarquía pueden parecer formidables en la gráfica, pero usualmente están en movimiento simultáneo. Por esto se requiere de un líder con el don para la administración para traer coordinación al proceso.

La pirámide de jerarquía de planificación

Hemos decidido no incluir en este texto un capítulo separado sobre el desarrollo del programa porque las organizaciones ministeriales que usan este texto tienen una gran diversidad de programas para desarrollar, y ningún programa puede satisfacer las necesidades de todos los ministerios. Por ejemplo, el tipo de programa que ha sido diseñado para satisfacer las necesidades de la juventud de los núcleos urbanos pobres resulta inadecuado para alcanzar a los jovencitos suburbanos en diferentes partes del país. De la misma manera, un programa para niños no es aplicable para los adultos. Los programas paraeclesiásticos son diferentes a los que son diseñados para las iglesias aunque ambos pudieran ser enfocados en el mismo grupo demográfico. En vez de tratar de crear un programa del tipo de "un tamaño que les queda a todos", sentimos que es mejor incorporar el material de este elemento de planificación a través de los capítulos de este libro para permitir un planteamiento más integrado al diseño de programación.

Al leer a través de los capítulos de esta unidad hay que recordar que la planificación es un proceso, no una meta en sí misma. Es más que un documento etiquetado como "plan de ministerio". Si ha de hacerse todo bien, el proceso de planificación incluirá a mucha gente proveniente de diferentes perspectivas. Se requiere de mucho tiempo y de un compromiso de todos los miembros del equipo ministerial. Cuando se lleva a cabo correctamente, la planificación rinde muchos beneficios obvios. Primero, provee un marco conceptual para la dirección de la organización. Segundo, minimiza el impacto de una sola persona al permitir el aporte de múltiples recursos. Tercero, la planificación reduce la influencia nociva causada por intereses personales escondidos, ya que pone al descubierto toda la información importante para que todos la vean. Cuarto, la planificación permite más *aportación* por parte de aquellos miembros del equipo ministerial que tienen un interés absoluto en sostenerlo[6]. En pocas palabras, la planificación es un componente crucial de un ministerio exitoso. Aunque requiere de bastante esfuerzo, si se hace bien, los beneficios derivados de una planificación eficaz bien valen la pena las energías empleadas en ello.

Por
Gordon Coulter

Capítulo 3

La construcción de la misión y la visión

EL PROPÓSITO DE ESTE CAPÍTULO es explorar algunas maneras prácticas de establecer una misión y una visión para su ministerio. A través de su vida, usted quizá asumirá una variedad de roles relacionados con carreras profesionales, tales como el de líder visionario, administrador, entrenador de personal o mentor, pero la pasión y la dinámica de la misión y la visión de una persona muy probablemente se mantendrá constante. La misión y la visión brotan de una filosofía personal sobre el ministerio. Estas responden a las preguntas de "por qué", "quién" y "cómo" concernientes a la programación del ministerio. Ellas proveen dirección, enfoque y poder transformador de vidas al líder ministerial, especialmente cuando llegan circunstancias difíciles que amenazan su paz y su estabilidad. También permiten al líder decir no a lo que parecerían ser oportunidades maravillosas en el momento. Una misión y una visión claramente definidas no solamente lo liberan y facultan para el ministerio, sino que también lo defienden y lo protegen de cometer errores prematuros.

Comprender y definir la misión

Los términos *misión* y *visión* deben ser usados con precisión. Barna declara: "Lamentablemente la mayoría de las iglesias que he estudiado han confundido la misión y la visión. Por alguna razón muchos pastores equiparan estas dos. Creen que los dos términos son intercambiables. No lo son"[1]. Entender estos conceptos es crucial para una implementación exitosa del plan estratégico subsecuente de un ministerio. "La misión de una iglesia debe ser claramente definida y los miembros del cuerpo deben ser guiados a entender y aceptar la misión. Necesita haber un entendimiento básico del carácter esencial de una iglesia antes de que su misión pueda ser descrita"[2]. Ese entendimiento básico del carácter esencial de la iglesia debe ser cimentado en una firme comprensión bíblica de la naturaleza de la iglesia. Quizá el mejor ejemplo de una misión en el Nuevo Testamento se presenta en la Gran Comisión de Jesús en Mateo 28:18-20: "Toda autoridad me ha sido dada en el cielo y en la tierra. Por tanto, id y haced discípulos a todas las naciones, bautizándoles en el nombre del Padre, del Hijo y del Espíritu Santo, y enseñándoles que guarden todas las cosas que os he mandado. Y he aquí, yo estoy con vosotros todos los días, hasta el fin del mundo".

Definir la sustancia de una declaración de la misión es esencial para un ministerio exitoso. Esto permite al líder del ministerio diferenciarla de la declaración de la visión. Definiéndola de una manera simple, la misión del ministerio es "una declaración general amplia en cuanto a quiénes se desea alcanzar y lo que la iglesia espera lograr. Es muy probable que muchas iglesias comparten la misma misión y aun podrían usar las mismas palabras para expresar esa misión. ¿Por qué? Porque la misión es básicamente una definición de ministerio. No está orientada a la singularidad o la distinción o a una dirección. Es diseñada para reflejar un corazón dedicado a Dios en servicio y obediencia para lo cual la iglesia es un vehículo usado para unir a la gente a hacer la voluntad de Dios"[3].

En muchos ministerios las declaraciones de la misión van ligadas a algún pasaje de las Escrituras en particular. Con frecuencia se reducen a una frase corta o a una breve declaración narrativa. Puede ser que digan algo corto y al punto tal como "Conocerlo y darlo a conocer" o "Alcanzar a los no alcanzados en el nombre de Cristo". Los que se atan a un pasaje de las Escrituras pueden expresarlo como un precursor al versículo mismo. "La misión de la Iglesia Nueva Siega es hacer discípulos a todas las naciones, bautizándoles en el nombre del Padre, del Hijo y del Espíritu Santo" [basado en Mat. 28:19, 20]. Otro ejemplo podría ser: "La misión de la Primera Iglesia Bautista es anunciar a Cristo, amonestando a todo hombre y enseñando a todo hombre con toda sabiduría, a fin de presentar a todo hombre, perfecto en Cristo Jesús" [basado en Col. 1:28].

Hay una gran confusión en la actualidad entre lo que diferencia una declaración de la misión y una declaración de la visión, pues obviamente no son lo mismo. Una declaración de la misión traza una pincelada general y amplia del ministerio. En un sentido real, es una declaración de la filosofía con apuntalamientos teológicos. Provee a la audiencia con razones del *porqué* de la existencia del ministerio. Por otra parte, la declaración de la visión es mucho más precisa, detallada, personalizada y distintiva para cada ministerio. Provee a la audiencia con el *quién*, *qué* y *cómo* de sus esfuerzos[4].

Barna da una serie de pautas para ayudar a los líderes en el ministerio a determinar si lo que tienen es una declaración de la misión o una declaración de la visión. Usando el juego de preguntas que citamos a continuación, si usted puede responder con un "no" a la mayoría de ellas, entonces lo que usted tiene es una declaración de la misión y no una de la visión.

1. Si alguien contactara a su iglesia con respecto a participar en lo que parecería una oportunidad razonable de ministerio, ¿la declaración es suficientemente específica para tener una razón de índole ministerial para rechazar la oportunidad y explicar el razonamiento por el rechazo?
2. ¿La declaración incluye información que, al ser comparada con la declaración de visión de otras iglesias cercanas establece claramente una separación de su iglesia en una manera significativa?
3. ¿Identifica la declaración a un público/meta a quien usted desea impactar por medio del ministerio de la iglesia?
4. ¿La declaración es una que guía a la iglesia en una dirección clara y singular para el futuro?
5. ¿La declaración guía a una comprensión precisa de las estrategias y tácticas permitidas en el ministerio?
6. ¿La declaración provee un enfoque para el ministerio de manera que la gente se siente entusiasmada de participar en el trabajo de la iglesia?
7. ¿La declaración impide que la iglesia llegue a ser todo a todos?
8. ¿Hay algunos miembros cristianos inactivos asistentes regulares a la iglesia que se han entusiasmado con las expectativas para el ministerio después de conocer la declaración?[5].

Las bases bíblicas de la misión

En Génesis 12, Abram aceptó una misión que Dios le dio, sin saber cómo la lograría. En el versículo 1, el Señor dice a Abram: "Vete de tu tierra, de tu parentela y de la casa de tu padre, a la tierra que te mostraré". Abram sólo tenía la misión, pero los detalles específicos de dónde y qué sucedería no habían sido revelados aún. La verdad penetrante aquí es que Abram aceptó la misión de "ir". La misión es una palabra de acción. Requiere movimiento, cambio y una disposición de moverse hacia el siguiente paso importante, el cual será descubrir, identificar e implementar una visión específica derivada de la más amplia misión. Tanto la misión de la iglesia como la misión personal de cada seguidor tienen mucho que ver con nuestro compromiso, y el de otros, a una transformación de vida que cambiará a los individuos así como a las comunidades a la imagen de Cristo. Para poder permanecer fieles a los mandatos bíblicos de la misión de Cristo, debemos cuidar que nuestro compromiso no se ajuste a nuestra propia visión en vez de seguir el claro camino bíblico.

Rick Warren lo expresa de esta manera: "Nada precede al propósito. El punto inicial de cada iglesia debe ser la pregunta: '¿*Por qué* existimos?" "[6]. Entendiendo la misión de la iglesia desde una base bíblica, usted tiene la respuesta a esta pregunta.

Pablo nos dice que para que algo perdure, debe ser construido sobre un buen fundamento. "Pero cada uno tenga cuidado de cómo construye, porque nadie puede poner un fundamento diferente del que ya está puesto, que es Jesucristo" (1 Cor. 3:10, 11 NVI). Jesús también lo declaró en la parábola de la casa en Mateo 7:24: "Por tanto, todo el que me oye estas palabras y las pone en práctica es como un hombre prudente que construyó su casa sobre la roca" (NVI). La misión de nuestro ministerio es ese fundamento sólido.

En suma, una declaración de la misión es una declaración general de lo que la iglesia y los seguidores de Cristo esperan cumplir en términos más amplios. Se alínea estrechamente con las Escrituras y responde a la pregunta *por qué* existe un ministerio en particular. Expresado de otra manera, la declaración de la misión es mayormente filosófica mientras que la declaración de la visión es estratégica en carácter[7]. A continuación algunos ejemplos de cómo varios ministerios han escogido articular su misión.

Iglesias

En la Primera Iglesia Bautista de Los Altos, creemos que Jesucristo murió en la cruz por el pecado, para pagar el precio de individuos únicos para él, de entre todas las naciones, y hacerlos santos como él. Para lograrlo él está obrando hoy por medio del Espíritu Santo para cumplir justamente esto. Mediante dar a conocer el evangelio, él está formando la iglesia, su esposa, y purificándola por su Palabra y su Espíritu.

La misión de la Primera Iglesia Bautista de Euless es alcanzar a nuestra región, impactar a nuestra nación y tocar a nuestro mundo.

Es la misión de la Primera Iglesia Bautista de Davenport ser una expresión viva del amor de Dios en el mundo, invitando a la gente a una relación de salvación con Dios por medio de la fe en su Hijo, Jesucristo, y por medio de prodigarnos cuidado unos a otros en una vida con semejanza a Cristo.

Instituciones de educación superior

La misión de la Universidad Biola está centrada bíblicamente en su educación, escolaridad y servicio, equipando a hombres y mujeres en mente y en carácter para impactar al mundo para el Señor Jesucristo.

Bajo el señorío de Jesucristo, la misión del Seminario Teológico Bautista del Sur ha de estar totalmente comprometida con la Palabra de Dios y a servir a las iglesias de la Convención Bautista del Sur por medio de entrenar, educar y preparar a los ministros del evangelio para un servicio más fiel.

La misión del Seminario Teológico de Dallas, como una escuela profesional a un nivel de título universitario, es la de preparar a hombres y mujeres para el ministerio como siervos-líderes piadosos en el cuerpo de Cristo en todo el mundo. Al combinar las instrucciones de las Escrituras desde nuestra perspectiva doctrinal con la preparación y aptitudes ministeriales, el Seminario intenta producir graduados que lleven a cabo la obra de evangelismo, edificar creyentes y equipar a otros por medio de la proclamación y aplicación de la Palabra de Dios en el poder del Espíritu Santo.

Organizaciones paraeclesiásticas

La misión de los Oficiales de Paz para Cristo Internacional es llevar a los oficiales de paz y sus familias a un conocimiento salvador de, y relación personal con, nuestro Señor Jesucristo.

La misión de Juventud para Cristo es participar en el cuerpo de Cristo en un evangelismo responsable de la juventud, presentándoles la persona, la obra y enseñanzas de Cristo y discipulándolos en la iglesia local.

Como pueden ver de los ejemplos dados aquí, no todos son iguales. Algunos enfatizan más un planteamiento narrativo para expresar su misión mientras que otros prefieren destacar una serie de cualidades esenciales. El formato en particular no es realmente tan importante. Lo que cuenta es la sustancia de la misión y qué tan bien comunica el corazón del ministerio como un todo.

Establecer la diferencia entre la misión y la visión

En obediencia a la misión, los líderes del ministerio y los voluntarios necesitarán los medios para llevar a cabo la misión. A través de toda la Biblia Dios frecuentemente reveló su voluntad por medio de visiones. El Salmo 89:19 se refiere a Dios hablando a su pueblo por medio de una visión. Dios habló a los profetas por medio de visiones (Núm. 12:6). Algunas veces su visión llegó a través de una voz audible, como en Génesis 15:1 o 1 Samuel 3:4, 5. También usaba a ángeles para comunicar su visión (Luc. 1:11, 22; 24:23; Hech. 10:3).

Otro ejemplo notable de una visión de parte de Dios la vemos en la conversión de Pablo en el camino a Damasco. Después de que Pablo quedó ciego y cayó al suelo frente a sus compañeros de viaje, el Señor le habló y le dijo que entrara a la ciudad donde se le diría lo que tenía que hacer. Ahora el fariseo y perseguidor de cristianos estaba siendo guiado como un ciego hacia la ciudad. El Señor llamó a otro hombre de nombre Ananías en una visión. Hechos 9:12 nos relata que Saulo también había visto a Ananías en una visión restaurando su vista.

La visión de Pedro en Hechos 10 nos ayuda a entender una visión desde la perspectiva de Dios. Mientras Pedro oraba le sobrevino un éxtasis. Vio el cielo abierto y que descendía como un gran lienzo en el que había todo tipo de cuadrúpedos, así como reptiles y aves. Una voz le dijo: "Levántate, Pedro, mata y come" (Hech. 10:13). Debemos comprender el trasfondo de los judíos para entender lo radical de esta visión. Las restricciones dietéticas de los judíos que eran sagradas ahora estaban siendo abandonadas. Los judíos y los gentiles creyentes ya no estarían separados por las reglas de cientos de años. La visión era tan dramática que Pedro discutió con Dios, pero tres veces Dios reexpuso su visión a Pedro. Esta visión estaba entrelazada con la historia de Cornelio, un centurión en la compañía llamada La Italiana. Según el desarrollo de la historia, la visión que abolía las leyes dietéticas era un claro mandato de que Pedro se relacionara con los gentiles. Pedro ahora podía presentar el mensaje del evangelio a Cornelio, sus parientes y amigos. El evangelio ahora estaba siendo extendido a aquellos que antes eran considerados "inmundos" por las leyes judías.

Las visiones de Dios son con frecuencia específicas, como lo ilustran estos relatos bíblicos. Una de las declaraciones más citadas y quizá más malentendidas en la Biblia acerca de la visión es Proverbios 29:18, que dice: "Donde no hay visión, el pueblo se desenfrena". Muy pocos educadores cristianos dedican suficiente tiempo en desarrollar una visión en sus enseñanzas regulares. No tener una visión no es una opción para el líder cristiano. Dios tiene una visión muy clara para nuestros ministerios y nuestra vida. Descubrir cuál es esta y confiar en que él la llevará a plenitud es una aventura.

Barna define la visión como "una imagen mental clara de un futuro preferible impartido por Dios a sus siervos escogidos, basada en una comprensión precisa de Dios, de sí mismo y de las circunstancias"[8]. Martin Luther King, hijo, lo expresó de esta manera: "Si un hombre no ha descubierto algo por lo cual morir, no es digno de vivir" . La visión del doctor King llevó a uno de los más importantes movimientos sociales del siglo pasado.

Para explicar mejor el concepto de la visión, algunos lo han descrito como *presciencia*. Esto significa ver aquello que todavía no es y hacer planes para convertirlo en realidad. Joel Hunter habla acerca de cómo la mayoría de nosotros podemos lograr que un grupo se enfoque, pero algunas veces el enfoque es en las cosas equivocadas. Él declara: "La visión es crucial en cualquier ministerio. Un ministerio sin una visión es como un barco sin brújula, como un cirujano sin bisturí, como un escritor sin pluma"[9].

Dios está llamando a los líderes a cumplir con la gran "misión" así como a implementar visiones que lograrán que esta misión sea una realidad. Uno de los más grandes líderes en la historia reciente fue el doctor Bill Bright. En un reciente artículo de la revista *Christianity Today* (El cristianismo hoy), Josh McDowell, Dave Hannah y Rick Warren escribieron acerca del legado del doctor Bright. McDowell conoció al doctor Bright en el Colegio Wheaton en

1961. Después de que el doctor Bright habló en un culto de capilla, McDowell y otros estudiantes se reunieron con él en la cafetería. Durante este tiempo el doctor Bright compartió su visión de cómo ser llenos del Espíritu Santo por fe, así como su pasión por el evangelismo. El doctor Bright sentía una pasión por el evangelismo, y se sentía tan "cautivado por su llamamiento a alcanzar a otros para Cristo que esto se convirtió en algo contagioso. Sencillamente no era posible estar cerca de Bill sin retirarse con un deseo más grande de compartir de Cristo. Para Bill el evangelismo era un estilo de vida"[10].

Warren comenta que Billy Graham tiene el don para hablar a cientos de miles a la vez, pero Bill Bright habló a cientos de miles, uno a la vez. Dos visiones diferentes de llevar a cabo la misma misión. Warren afirma que *Campus Crusade for Christ* (Cruzada Estudiantil Universitaria para Cristo) es el más extenso ministerio en el mundo, pero el legado de Bill Bright son los millones que él personal o colectivamente guió a la fe en Jesucristo. La visión del doctor Bright para el evangelismo lo llevó a desarrollar las Cuatro Leyes Espirituales, el más ampliamente distribuido folleto religioso en la historia. Ha sido traducido a doscientos idiomas y leído por aproximadamente dos billones y medio de personas. La visión de Bill Bright comenzó como una visión personal: alcanzar a los no alcanzados, y se desarrolló en uno de los más significativos ministerios de todos los tiempos[11]. Esta herramienta, entre muchas otras desarrolladas por Bright, fue su visión para cumplir la misión de Dios de la Gran Comisión.

Recibir una misión dada por Dios e implementar una visión para cumplirla puede cambiar la vida. Puede impartir poder porque el discípulo se da cuenta de que Dios está de su lado y desea ser su socio para lograr la aventura de ese ministerio. Hybels dice de ese poder transformador: "No se tiene que ser un cínico para sentirse un poco escéptico cuando alguien empieza a hablar acerca de cambiar al mundo. Aun si estamos de acuerdo en que el mundo necesita con urgencia una enorme reconstrucción, probablemente consideramos muy remotas las posibilidades de que tal cambio sea posible. Pero cuando Dios inflama con su fuego un sueño, y el líder se ve inspirado, ¿quién sabe lo que podría suceder?"[12].

Toda gran obra para Dios comienza con un sueño que se convierte en algo más; después de una larga noche de dar vueltas en la cama, el sueño se convierte en acción. Hybels dice que "cuando una iglesia necesita una visión que honra a Dios, que lleva adelante el reino, que hace latir el corazón, acude a sus líderes. Por eso Dios puso en el arsenal del líder la potente y agresiva arma llamada visión"[13].

Imagínese lo que sucedería si todo ministerio tomara en serio su visión y diera todo lo que puede dar para cumplir dicha visión. Infunda su visión con pasión y comprométase a ser fiel a ella. ¿Qué pasaría si cada uno de los que estamos en ministerios locales o en organizaciones misioneras a nivel mundial siguiéramos teniendo la visión del imposible mandato bíblico de alcanzar a toda persona viviente en el mundo comenzando con nuestra propia comunidad? Nada podría detener tal movimiento.

Replantear la visión

Hay ocasiones cuando Dios da a una persona una visión que significa aventurarse en un área particular del ministerio. Por un tiempo que sólo Dios conoce, ese individuo persevera a través de los desafíos y dificultades para lograr esa visión. Sin embargo, esto no significa que Dios no puede cambiar la visión de acuerdo con su plan soberano. La gente cambia como resultado de la progresión natural del desarrollo de la vida. La demografía de una comunidad cambia también. Algunas veces parece que Dios sólo quiere hacer un cambio que no es tan visible como nos gustaría que fuera. Cuando esto sucede, nosotros debemos estar dispuestos a cambiar también. Esto es particularmente cierto cuando los métodos de Dios para alcanzar a una generación cambian como resultado de los diferentes problemas que esa generación enfrenta. Un ejemplo clásico de esto es la Capilla Calvario en Costa Mesa, California, que replanteó su visión del ministerio y alcanzó a toda una generación para Cristo. Esta visión renovada llevó al inicio del movimiento de La Gente de Jesús de los años 1960.

Algunas veces la iglesia entera puede pasar por este replanteamiento de su visión como resultado de los cambios que se producen dentro de los vecindarios circundantes. Otras veces un ministerio tal como un campamento o una empresa misionera pueden necesitar un replanteamiento de su visión como resultado de una transición en el liderazgo, reveses financieros o sucesos inesperados. Cuando un ministerio rehúsa replantear su visión, permanece estancado en el pasado, rehusando reimplementar y reenfocar su visión. La historia está repleta de ejemplos de ministerios que rehusaron mantener al día y actualizada su visión y permanecieron estancados en la tradición. Rehusaron cambiar porque "así lo habían hecho siempre", y a los que habían recibido la visión original les pareció imposible cambiar con los tiempos.

Un ministro y una junta ministerial sabios se preguntarán periódicamente si la visión que recibieron al principio de la aventura continúa siendo igual o si es necesario que ocurran cambios. En muchos casos, la visión puede continuar siendo igual pero los métodos necesitan ser actualizados. En algunos casos la visión misma necesita ser reexaminada. Cuando esto sucede, se requiere una temporada de oración para pedir la dirección de Dios pidiendo una revisión o una nueva visión del ministerio. Quizá un ejemplo personal de este proceso de replanteamiento de la visión ayudará a ilustrar esto.

La iglesia donde sirvo en la actualidad como pastor principal ha estado ubicada en su presente domicilio por cuarenta y dos años. El pastor fundador tuvo una visión de alcanzar a los niños y familias de esta comunidad en Covina, California, que en un tiempo estuvo cubierta de naranjales, cuando esta era nueva y estaba en proceso de desarrollo. Con el tiempo ocurrió un cambio en la demografía de la comunidad, resultando en una población que en su mayoría eran grupos étnicos. El liderazgo de la iglesia se vio en un problema tratando de decidir si debía vender el templo y mudarse a los suburbios, o quedarse y alcanzar a la comunidad nueva. Siguiendo la dirección de Dios el liderazgo aceptó el desafío de quedarse y reenfocar sus esfuerzos para alcanzar para Cristo a un grupo étnico diferente del suyo.

Este replanteamiento de la visión no ocurrió sin conflictos y tensiones. Varios de los miembros más fieles se sintieron incómodos con el nuevo énfasis de alcanzar a nuestra comunidad inmediata. Muchos se fueron para servir en otras iglesias, llevándose a algunos grupos. Sin embargo, dado que los que formaban el liderazgo sintieron que esta nueva directiva de la visión había venido de Dios, estuvieron dispuestos a hacer frente a las tormentas y permanecer enfocados en la visión que habían recibido.

Cuando llegué a ser su pastor principal la iglesia había pasado por varias transiciones del liderazgo, pero había permanecido fiel en mantener su visión renovada para alcanzar a una comunidad cambiante para Cristo. Por mi amistad con el pastor anterior yo estaba muy consciente del precio que había que pagar para reconstruir esta pequeña y decadente iglesia urbana y transformarla en un centro misionero dinámico que funcionara siete días a la semana. Pronto escribimos una declaración revisada de la visión que nos permitiría realizar la pasión que Dios había dado al liderazgo de la iglesia para alcanzar a todos los que se encontraban cinco kilómetros a la redonda. La declaración de nuestra misión define a nuestra iglesia como "una iglesia del vecindario". Esto nos da el enfoque. Nuestros valores centrales vienen de Juan 1:14: "El Verbo se hizo carne y se mudó al vecindario"[14]. La aplicación para nosotros fue la de convertirnos en una iglesia "encarnada" para los muchos grupos étnicos y socioeconómicos de nuestra comunidad.

Iniciamos una reunión de oración de veinticuatro horas y dedicamos dos años al estudio. Debido a estos esfuerzos pudimos escribir nuestra declaración de la visión en tal forma que nos diera el lente para mantener nuestro enfoque sin renunciar a la pasión para emprender nuevas cosas. Nuestra nueva declaración de la misión dice: "Somos una comunidad cristiana llamada a adorar a Dios por medio de impactar a nuestro vecindario satisfaciendo necesidades físicas, educativas y espirituales, que den como resultado seguidores devotos de Jesucristo"[15].

Con el paso del tiempo hemos combinado tres congregaciones distintas en una membrecía. El lema de la iglesia es: "Tres congregaciones... una iglesia". Hay congregaciones de habla inglesa, hispana y filipina. Todas las congregaciones cooperan en varios aspectos de la educación cristiana y el compañerismo, pero mantienen sus distinciones culturales en el culto de adoración, teniendo servicios separados simultáneamente.

Ya que creemos que nuestra visión ha venido de Dios, no lo limitamos para encontrar los recursos para la satisfacción de las necesidades de este ministerio. Actualmente en nuestras instalaciones, la organización *Youth for Christ* (Juventud para Cristo) paga alquiler por el uso de las oficinas y ofrece clases, entrenamiento y ministerio a estudiantes. Otro ministerio es *Stepping Stones for Women* (Escalones de superación para mujeres), un ministerio para madres solteras que desean salirse de los programas de beneficencia y estudiar una carrera. Este ministerio también tiene sus oficinas en el templo y utiliza las instalaciones. Iniciamos un parque para patinaje y ahora tres veces a la semana está abierto y lleno de estudiantes patinando. Pero más importante aun, estos estudiantes están en el proceso de conocer a Jesús por medio de nuestros líderes y varios están asistiendo al grupo de jóvenes. Además, tenemos un ropero para *Love, Inc.* (Amor S.A.) un ministerio de *World Vision* (Visión Mundial) que suministra frazadas para el ministerio *Lives* (Vidas). Nuestras mujeres confeccionan más de cien frazadas al año para los orfanatos en todo el mundo.

Apenas el mes pasado abrimos un laboratorio de computación que sirve a aquellos que no pueden pagar por tutoría o entrenamiento de computación. En una sala con ocho computadoras nuevas, varios voluntarios llevan a cabo este importante ministerio. Nuestro más nuevo ministerio es la entrega de pan que vino por medio de la visión de uno de nuestros miembros nuevos. En percepción retrospectiva hemos visto que Dios ha replanteado nuestra visión como iglesia y hemos sido testigos de su poder transformador obrando en las vidas de los que se encuentran en nuestra comunidad.

Cómo comunicar la visión revisada del ministerio

Una vez que una visión renovada ha sido desarrollada, hay algunas cosas clave para comunicarla eficazmente a su audiencia. Terry Wardle sugiere lo siguiente: "Sea claro y conciso. Comunique comprensiblemente. Identifique a las personas que son más esenciales para traducir la visión en realidad. Comunique tan creativamente como sea posible. Para capturar el futuro, una visión debe estar continuamente ante las personas"[16].

Los ministerios que son capaces de hacer una transición exitosa de su visión han aprendido que no es posible comunicar excesivamente sus resultados. Encuentran maneras de estar en contacto con sus integrantes y se dan cuenta de que la gente necesita escuchar la nueva visión una y otra vez antes de que quede grabada en sus mentes. El poner la declaración de la visión revisada en el encabezamiento de las hojas de correspondencia de la organización es un método que algunos ministerios han descubierto que es efectivo. Obviamente, poniéndolo en un boletín semanal, en una carta circular mensual y en una página Web también ayuda. También debe ser el enfoque de un sermón anual. Busque maneras creativas de comunicar esta declaración revisada y dé tiempo a la gente para que capte esta nueva dirección. A la larga, el esfuerzo rendirá dividendos de recompensas eternas.

Formación del equipo y planteamiento de la visión

Larson y LaFasto presentaron el informe de un estudio de tres años sobre equipos seculares en diferentes lugares de trabajo. Querían contestar la importante pregunta: "¿Cuáles son los secretos de los equipos exitosos?". Los investigadores entrevistaron a los líderes y miembros de treinta y dos equipos administrativos de la vida real. En preparación para este estudio, los autores elaboraron dos juegos de preguntas centrales que fueron hechas en cada entrevista. Se les pidió a los entrevistados que describieran una situación en la que participaron en un equipo que "por lo general funciona de manera eficiente" y en uno que "por lo general funciona de manera deficiente", identificando lo que ellos pensaban que fueron los factores que contribuyeron a los respectivos niveles de eficiencia. De este estudio, Larson y LaFasto descubrieron ocho características que explican cómo y por qué se desarrollan los equipos eficientes. A la cabeza de la lista de los valores más altos se encontraba una clara y elevada meta[17]. En otras palabras, cada miembro del equipo podía articular la visión de la organización y entendía la parte que él o ella desempeñaban para lograrla.

En cada caso, cuando un equipo funcionalmente eficiente fue identificado, este tenía un entendimiento claro de su visión y concedía un alto valor a su cumplimiento. En los casos cuando los investigadores encontraron un equipo funcionalmente deficiente, "la meta estaba desenfocada... politizada; el equipo había perdido el sentido de urgencia o de significado acerca de sus objetivos... y las metas individuales habían tomado prioridad sobre las metas del equipo"[18].

Bennis y Nanus condujeron un amplio estudio sobre aquellos que fueron considerados líderes eficaces en sus organizaciones. Tratando de determinar cuáles podrían ser las características comunes evidentes entre los altos triunfadores, los investigadores descubrieron que a la cabeza de la lista se encontraba un apasionado líder que tenía un claro entendimiento de hacia dónde debería ir la organización. Conocían su visión y se habían comprometido a llevar a la organización en esa dirección. En el resumen de sus conclusiones ellos declararon: "Todas las noventa personas entrevistadas tenían una *agenda*, una inigualable preocupación por los resultados... la intensidad unida al compromiso es magnética... [las] personalidades intensas no tienen que forzar a la gente a prestar atención; están tan concentrados con lo que están haciendo que, como un niño que está completamente absorto en crear un castillo en una caja de arena, atraen a otros a ello"[19].

Una clara y cautivante visión debe tener un profundo impacto en la dirección y el enfoque del ministerio. Ayuda a dar forma al presupuesto, determina la colocación del personal, y provee el enfoque necesario para establecer metas y objetivos para la actividad. Hay pocas cosas tan transformadoras para una organización como ver que se atrapa una visión y se acondiciona la energía para progresar hacia su razón de existir.

Integrar la visión de un departamento a la visión de la corporación

Una de las áreas menos comprendidas en cuanto a la visión es cómo integrar la visión de un departamento dentro del contexto de la visión de una organización. Varios programas dentro del ministerio de la iglesia pasan por cambios a través del tiempo. La proporción del cambio dentro de un programa en particular puede variar del de la iglesia como un todo, dando como resultado un departamento que tiene una visión que puede no ser congruente con el resto de la iglesia. Esto ocurre como resultado de una variedad de factores.

Transición demográfica

No todos los departamentos dentro de una organización cambian al mismo paso. Por ejemplo, el número de matrimonios jóvenes puede disminuir mientras que el número de parejas de miembros mayores de la iglesia permanece fijo. Estos cambios demográficos pueden producir un departamento que tiene una visión diferente de la que tiene la congregación principal.

Cambio del personal

Otra razón por la que puede ocurrir discrepancia entre la visión de un departamento y la de una organización es cambio en el personal. Por ejemplo, un pastor de jóvenes puede permanecer en el puesto por diez años mientras que durante el mismo tiempo la iglesia puede tener varios cambios de pastores principales. Este cambio del personal puede resultar en que un pastor principal llegue con una visión particular que no es necesariamente consistente con la del pastor de jóvenes.

Entidades políticas

Sería bueno poder decir que los ministros están exentos de las políticas personales, pero tal afirmación no sería sincera ni objetiva. La realidad es que las organizaciones, incluyendo la mayoría de los ministerios, están formadas por personas que algunas veces insisten en que las cosas se hagan a su manera sin importarles tanto el bien de la organización. Cuando esto sucede puede haber discrepancia entre la visión de la organización y la de un departamento en particular dentro de la organización. Esto depende en cierto grado de en dónde reside este poder político y el grado en que se manifiesta. Por ejemplo, el presidente de un comité de finanzas puede tener una visión de desarrollar un ministerio para aquellos dentro de la comunidad que no tienen un hogar. Ya que este líder controla los recursos financieros de la organización, puede insistir en crear un departamento con una visión que no es necesariamente consistente con la iglesia como un todo.

Crisis de presupuesto

Una razón final por la que los departamentos dentro de una organización pueden tener una visión diferente de la que tiene la organización principal es que pueden ocurrir cambios en el presupuesto. Cuando la organización sufre una importante crisis financiera puede responder a esa crisis con reducción en un enfoque programático. Algunos departamentos pueden ser eliminados o fusionados para poder hacer frente a la tormenta financiera. Lo que alguna vez fue una pasión o visión particular de los de un departamento ahora debe ser incluida dentro de otro departamento. Algunas veces estos ajustes resultan en visiones desequilibradas entre los departamentos y la organización principal. Por ejemplo, una iglesia que atraviesa por crisis financiera puede decidir fusionar el programa de la edad escolar intermedia con el programa de los de edad de enseñanza superior y así eliminar el sueldo de uno de los pastores. Si la elección de cuál pastor se queda se debe más a una escala de salarios que a la filosofía del ministerio, esto puede dar como resultado una discrepancia entre la visión del departamento y la de la iglesia.

El investigador Kevin Lawson llevó a cabo un estudio nacional sobre los miembros asociados de personal que informaron niveles extraordinariamente altos de satisfacción de índole personal y laboral. Estos miembros de personal que estaban prosperando en los contextos de su ministerio particular tenían algunas cosas en común. La mayor de ellas era una visión de departamento consistente con la de su congregación principal. En esencia, había congruencia entre el punto al que el cuerpo eclesiástico deseaba ir (la visión de la congregación) y a donde querían ir los miembros asociados del personal (la visión del departamento). En esencia, se encontraban en la misma página e iban en la misma dirección.

> Una iglesia saludable se caracteriza por un sentido de unidad en Cristo (Juan 17:20, 21), un amor evidente hacia Dios y hacia otros, especialmente hacia los otros discípulos de Cristo (Luc. 10:25-28), y la oportunidad para todos de ejercer sus dones en el ministerio, para la edificación del cuerpo de Cristo (Efe. 4:11-14). Una iglesia saluda-

ble se caracteriza por la unidad en la visión del ministerio y miembros de la iglesia que usan sus dones para fortalecer al cuerpo en su búsqueda de esa visión[20].

Si usted es un miembro asociado del personal, permítame sugerir unos pasos importantes que hay que tomar para desarrollar una visión para su área específica de ministerio. Primero, investigue y conozca cómo fue elaborada la visión ministerial de la organización. Será necesario que entienda la historia, algo sobre los fundadores y los tiempos críticos en la vida de ese ministerio. Con frecuencia algunos de los miembros más antiguos podrán darle información que le ayudará en esta investigación. Segundo, escuche cuál es la visión personal del pastor y del director con respecto al ministerio. Ya sea escuchando un sermón o por medio de una reunión personal, entienda hacia dónde quiere este líder que vaya la organización. Tercero, converse con otros miembros del personal que están familiarizados con este ministerio. Ellos pueden ser muy útiles diciéndole cuáles son los puntos fuertes, las mejores maneras de lograr el progreso y, lo más importante, quiénes son aquellos que tienen agendas políticas escondidas que pueden ser peligrosas para usted. Cuarto, después de meditar y orar sobre su propia visión para el departamento, solicite un tiempo para reunirse con el pastor principal o el director del ministerio para compartir con ellos su visión personalmente.

Esta puede ser una buena ocasión para salir de los terrenos a otro lugar y así tener la atención completa. Conozca el estilo de estos líderes; algunos prefieren ver las cosas por escrito, mientras que otros prefieren escucharlas con sentimiento e inflexión. Durante este tiempo usted quizá querrá ilustrar la manera en que la visión de su departamento se integra con la visión del ministerio total. Haga obvia la conexión y sin conflicto. Esté dispuesto a recibir las críticas a su visión sin ponerse a la defensiva o a la ofensiva.

Lawson dice que cuando aportamos algo a otros ministerios, recibiremos estímulo en nuestra propia área. Su pastor lo verá como un jugador del equipo y no como un llanero solitario[21]. La meta, por supuesto, es lo que Lawson llama un sentido de unidad en la iglesia con respecto a su propósito y su visión del ministerio[22]. Uno de los más grandes beneficios de esta unidad del personal y el propósito, es que el equipo se mantendrá unido por mucho más tiempo que lo normal, y cada uno de los miembros experimentará una satisfacción más duradera tanto personalmente como en términos de desempeño ministerial.

La pérdida de la visión del ministerio

Un área que con frecuencia es pasada por alto en el ministerio de la iglesia es "cómo se pierde la visión". Barna escribe sobre las razones por las cuales la iglesia lentamente pierde su fuerza, su enfoque y luego su propósito. Un resumen de estas puede ser beneficioso:

1. *Estar apartados de Dios.* El líder visionario debe estar en comunicación íntima con Dios. Si nos alejamos de la presencia de Dios, la visión que nos dio también se alejará de nosotros. Hemos descubierto que tener varias vigilias de oración de veinticuatro horas durante el año nos ha ayudado a permanecer cerca de Dios como líderes y también como congregación.

2. *Agotamiento.* Vivimos en una cultura que nos presiona y nos orienta hacia nuestros logros más que en nuestra relación con Dios. Nuestro servicio primordial a Dios debe ser dentro del área de nuestros dones y así nos sentiremos continuamente inspirados y motivados a continuar creciendo. El agotamiento ocurre cuando operamos afuera de nuestros dones por un período largo.

3. *Liderazgo deficiente.* Cuando una visión no es alimentada adecuadamente, con frecuencia la gente se rinde. Los visionarios deben estar cerca de otros visionarios para permanecer inspirados y seguir siendo eficaces.

4. *Ausencia de responsabilidad.* Haga un pacto con un mentor respetado que lo mantenga enfocado hacia la meta. Se sugiere que este pacto consista de dos mentores, uno que esté en un rol similar al suyo pero en un ministerio en otra ubicación, y un segundo mentor que sea mayor en edad y más experimentado en el ministerio.

5. *Impaciencia.* Se requiere de tiempo para construir un ministerio efectivo. La evidencia muestra claramente que los que permanecen en sus ministerios por largos períodos experimentan niveles más altos de felicidad en sus vidas. Los cambios constantes de trabajo hacen mella en usted y en su familia en lo emocional, en lo físico y en lo espiritual. No huya de cada tormenta que se presente.

6. *Un enfoque demasiado amplio.* Los expertos en iglecrecimiento opinan que una iglesia de cualquier tamaño puede llevar a cabo ocho ministerios bien. Más allá de esto, nos hacemos pedazos.

7. *Egocentrismo.* Cuando comenzamos a sentirnos demasiado importantes y creemos que somos el secreto para el éxito de Dios, nos extraviamos del camino y nos convertimos en obstáculos para la obra de Dios. No hay que olvidar que existimos para dar la gloria a Dios, quien nos dio la visión en primer lugar. Cualquier notoriedad que venga del éxito del ministerio pertenece sólo a Dios.

8. *Pasar por alto los valores.* Nunca se debe comprometer la ética y la integridad en el ministerio. La historia está llena de ejemplos de personas que perdieron de vista sus valores y empezaron a creer que el fin justifica los medios. ¡Y no es así!

9. *Otra visión y otros intereses.* Si Dios ha dado una visión a su congregación, y luego tratan de ir en pos de otra, aun cuando esta parezca buena, es una manera que el enemigo está usando para procurar derrotarlos.

10. *El ministerio se hace tedioso.* La fidelidad no siempre es divertida. Requiere consistencia que resista al paso del tiempo. Con cuánta frecuencia en las Escrituras y en nuestra vida vemos que la perseverancia tiene grandes recompensas, aunque el tedio de los asuntos de día con día debe soportarse.

11. *Falta de evaluación.* De tiempo en tiempo debe haber una evaluación de la misión y un medio de medir su progreso. Estos pueden ser tiempos dolorosos que pueden resultar en cambios en el personal o en el liderazgo o la redistribución del dinero para un uso más efectivo para lograr los resultados deseados.

12. *Estilos de vida y estructuras inapropiados.* Debemos tener un estilo personal de vida consistente que incluye nuestras finanzas personales, nuestras familias y nuestras disciplinas espirituales. Para que la visión se convierta en acción, debemos mantenernos fieles a las disciplinas que nos mantienen creciendo y siendo un ejemplo para otros. Algunas veces las estructuras nuevas en una organización nos pueden ayudar a implementar la visión o posiblemente revitalizar un sistema que ya está en su lugar.

13. *Conflicto extremo.* Cuando esto ocurre, haga frente en oración a esto más temprano que más tarde. Con demasiada frecuencia el corazón del pastor o de un líder del ministerio no trata adecuadamente con el conflicto. Sin embargo, la falta de enfrentarse con asuntos importantes con frecuencia puede hacer que la visión se salga de la vía. Se necesita discernimiento para determinar lo que vale la pena enfrentar y lo que no.

14. *En búsqueda de una nueva visión (la visión se ha hecho obsoleta).* Esto puede ser apropiado cuando la antigua visión ha sido cumplida, hay un nuevo pastor, hay una iglesia que se está muriendo y debe ser renovada, o la demografía de la comunidad ha cambiado significativamente con el transcurso del tiempo[23].

Creación de una visión personal del ministerio

Tal vez usted esté leyendo esto y preguntándose: "¿Cuál es mi visión personal para el ministerio?" o "¿Cómo quiere Dios usarme en el transcurso de mi vida?". Alguien que está leyendo esto puede estar destinado a convertirse en el siguiente Bill Bright o en la siguiente Carlota Moon. Los hombres y mujeres que son capaces de sacudir los cimientos de la tierra para Cristo siempre comienzan con una visión de Dios. Pero, ¿cómo recibe una persona esa visión y cómo sabe que es auténtica y que no proviene de sus propias ambiciones egoístas?

Al leer las Escrituras una cosa es obvia: cuando se trata de entregar una visión personal de ministerio a sus seguidores, Dios nunca es predecible. Algunas veces viene a través de un sueño, mientras que otras veces es acompañada por un milagro. Ocasionalmente viene después de un tiempo de oración y ayuno, mientras que otras veces llega como sorpresa a la persona y como una interrupción en su vida. En ocasiones Dios habla por medio de algún individuo que entrega el mensaje mientras que en otras ocasiones Dios habla directa y audiblemente al mensajero. Muy rara vez puede decirse que Dios es predecible. Por esta razón debe declararse que no hay un medio definitivo por el cual Dios entrega una visión personal de visión. Es altamente personal y singular para cada persona. Muy semejante al llamado al ministerio, viene del corazón de Dios al del líder, y puede ser diferente de un individuo a otro.

Bill Hybels capta el poder de la visión cuando dice: "Cuando Dios trae claridad de visión a la vida del líder, todo cambia. Las fichas del dominó empiezan a caer"[24]. Luego da la siguiente sucesión como un posible escenario de cómo Dios entrega una visión personal de ministerio.

1. Primero, el líder ve la visión, una imagen del futuro que le cambia la vida y le acelera el pulso. Entonces el líder sabe en lo profundo de su espíritu que hay una capacidad para entregar su vida a esta causa: "Para esto nací". Puede haber llegado como una epifanía o gradualmente a través del tiempo, pero la convicción está allí.

2. Segundo, casi inmediatamente llega la sensibilidad. El cuadro del futuro produce una pasión y eso da poder a la visión. Esto es el poder inducido por el Espíritu Santo. ¿La visión que está viviendo es una de la cual usted puede decir: "Para esta causa nací"? Si puede, ha encontrado la respuesta que mantendrá su vida enfocada hasta que se encuentre cara a cara con Jesús.

3. Finalmente, el líder debe tomar responsabilidad por la visión. En Hechos 20:24 Pablo dice: "No estimo que mi vida sea de ningún valor ni preciosa para mí mismo, con tal que acabe mi carrera y el ministerio que recibí del Señor Jesús". Su visión debe ser su prioridad en la vida. Influirá en su decisión de con quién se case, cómo invertirá en su educación, el lugar donde servirá y, sobre todo, impactará a la población en el cielo. Haybels dice: "Derrochar una visión es un pecado inconcebible"[25].

Dale Galloway capta, de Hechos 2:17, la idea de la visión: "Sucederá en los últimos días, dice Dios, que derramaré de mi Espíritu sobre toda carne. Vuestros hijos y vuestras hijas profetizarán, vuestros jóvenes verán visiones, y vuestros ancianos soñarán sueños". El autor continúa describiendo lo que sucede cuando se vive en el país de visiones y sueños con Dios. La vida se mueve de lo ordinario a lo extraordinario: (1) Los hombres y mujeres de visión y de sueños no tienen ningún problema en dar su diezmo porque creen en él de todo corazón. (2) Los hombres y mujeres de visión y de sueños no tienen ningún problema con creer en Dios para cosas grandes porque saben que Dios puede hacer lo imposible. (3) Los hombres y mujeres de visión y de sueños no tienen ningún problema con la ociosidad y la pereza porque saben a dónde van y han sido motivados por Jesús. (4) Los hombres y mujeres de visión y de sueños se sorprenden a sí mismos estableciendo metas que pueden ser medidas, realistas, motivadoras y alcanzables, aunque no tan fáciles que no desafíen a su fe.

Una aplicación personal de la misión y la visión

Al momento de escribir esto, he sobrevivido a dos trasplantes de médula ósea y actualmente estoy sobreviviendo a un cáncer de siete años. Durante las muchas semanas que pasé en el hospital, casi moribundo por los efectos secundarios del tratamiento, experimenté una epifanía. Recibí del Señor mi visión personal para el resto de mi vida. Esto incluía enseñar en la Azusa Pacific University (Universidad Azusa del Pacífico) como profesor de educación cristiana en la Graduate School of Theology (Escuela Teológica de Posgraduados), y seguir siendo el pastor en la iglesia local donde sirvo. Ambas organizaciones ministeriales profesan una misión institucional que amo y respeto. Mi corazón palpita con cada una, y yo admiro su compromiso con el evangelismo y el discipulado. A través de esa tribulación recibí una visión renovada para desarrollar a la siguiente generación de líderes y continuar dirigiendo a nuestra iglesia multiétnica hacia un futuro emocionante.

La otra parte de la visión de Dios para mí es mi vida como un esposo piadoso para mi esposa Lindy, un padre amoroso para mi hija Kimi, un suegro solícito para Bobby, y "Papa" para mis nietos Madison Pearl y Morgan Lee. Mi vida parece mucho menos complicada. Con la renovación de mi visión personal del ministerio he podido enfocar mis energías en los aspectos esenciales de mi vida y al mismo tiempo dejar ir aquello que es menos importante. La vida es extremadamente satisfactoria al despertar cada día con un deseo de servir al Señor, a su iglesia y a mi familia con la visión que él me ha dado.

Por
Gary Bredfelt

Capítulo 4

Desarrollo de metas y objetivos

"¿QUÉ ESTAMOS TRATANDO de lograr?". "¿Qué estamos haciendo exactamente?". Si no podemos responder a estas dos simples preguntas, probablemente no estamos haciendo nada, y posiblemente terminaremos por no lograr nada. Las metas en el contexto de la iglesia y otros ministerios no lucrativos no están simplemente limitadas a planes de lecciones o resultados de aprendizaje, sino a la administración y el liderazgo de una institución. Por su naturaleza misma, son declaraciones de fe sobre a dónde Dios está guiando a los individuos y a las congregaciones. "Es, pues, la fe la certeza de lo que se espera, la convicción de lo que no se ve" (Heb. 11:1 RVR-1960). Las metas son sobre el futuro, "lo que se espera", y el impulso para lograr algo nuevo, "la convicción de lo que no se ve". Como Dayton y Engstrom han dicho: "Las metas se encuentran en el futuro. Los cristianos debieran ser personas que viven en el presente y en el futuro"[1].

¡Las metas tienen poder! Las metas tienen el poder de unificar a un grupo, establecer una dirección, impulsar un proyecto y crear un sentido de logro. Las metas tienen el poder de motivar, generar pasión y mover a la gente a la acción. Por eso es crucial para el líder cristiano eficiente que entienda cómo formular y elaborar objetivos para maximizar su valor tanto personalmente como para el ministerio.

Motivación y metas

"Una meta es un blanco al que se trata de atinar y el que uno tiene la esperanza de alcanzar"[2]. Es tanto en el esfuerzo como en la realización que la motivación es fomentada y el poder de las metas es claramente visto. Las metas establecen dirección y, al hacerlo, enfocan la energía y los esfuerzos del individuo o de una organización hacia un fin. Las metas, ya sean organizacionales o individuales, proveen un medio por el cual la organización o el individuo pueden realizar algo que al principio parece ser demasiado grande o difícil de lograr. Por medio de establecer metas, la gente es motivada y ocurre el progreso. De la misma manera, las iglesias, las organizaciones cristianas y aun los creyentes en lo individual descubrirán que establecer metas les traerá resultados beneficiosos inesperados.

Las metas aumentan los niveles de expectativa

"Apunte bajo; nunca fallará". Es verdad, pero al apuntar bajo nunca se logra verdaderamente nada. Las metas y objetivos que son realizables y que sin embargo están más allá de nuestro alcance normal aumentan el nivel de expectativa para el individuo, la congregación y la organización. Las metas pueden motivarnos hacia un nivel más alto de participación, compromiso y atención a nuestro ministerio y hacia el logro.

Con frecuencia nuestras metas son demasiado bajas, esperando muy poco o simplemente llevando a cabo una ambición rutinaria. Las metas nos apremian a mirar cómo andamos "no como necios sino como sabios, aprovechando bien el tiempo, porque los días son malos" (Efe. 5:15, 16 RVR-1960). Bolman y Deal hacen notar que la presencia de metas auténticas dentro de una institución puede reducir la politiquería jerárquica o unilateral en su toma de decisiones: "La oposición final para el marco político enfatiza que las metas organizacionales son establecidas no por mandato de arriba, sino por medio de un proceso continuo de negociación e interacción entre los participantes clave"[3]. Al hacerlo así la institución es llamada a niveles más altos de participación por medio del desarrollo de las metas.

Metas individuales y de equipo

Una meta es definida en la literatura administrativa como "un compromiso específico para lograr un resultado mensurable dentro de un marco de tiempo"[4]. Esta definición se puede aplicar a una meta personal o a una meta de equipo/organización. Por ejemplo, si yo deseo perder peso puedo fijar una meta de perder diez libras antes de Navidad. Esta meta es específica, mensurable y orientada a un marco de tiempo. Para lograr esta meta, todavía necesitaré un plan de acción, pero sí es bueno establecer una meta definida. De la misma manera, los equipos pueden desarrollar metas que también dan dirección y unidad para un esfuerzo colectivo. Por ejemplo, una iglesia recién organizada puede fijarse la meta de incrementar la asistencia del culto de la mañana a doscientos antes del primer domingo de su aniversario. Nuevamente, esta meta es *específica*, es *mensurable*, y establece un marco de *tiempo definido* para lograrla. Tal meta puede servir como fuerza motivadora hacia un fin más grande.

Las metas deben señalarnos hacia algo más grande que la meta misma.

¿Por qué quiero perder diez libras en primer lugar? ¿Cuál es el objetivo detrás de mi meta de perder peso? ¿Es para reducir mi presión sanguínea o mi colesterol? ¿Es para que mi ropa me quede nuevamente? Por eso es que detrás de cada meta siempre debe haber un objetivo. ¿Por qué quiere nuestra iglesia tener doscientos de asistencia al final de su primer año? ¿Es porque necesitamos doscientas personas para cumplir el presupuesto? Quizá es porque deseamos ser una iglesia que está alcanzando a la gente para Cristo. En ese caso podríamos aclarar la meta. Tal vez querríamos que nuestro objetivo se refleje en la meta. Expresando de manera diferente nuestra meta, "incrementar la asistencia del culto de la mañana a doscientos antes del primer domingo del aniversario de la iglesia, y alcanzar con el evangelio a las familias que no han sido alcanzadas", daría mayor claridad y mensurabilidad a la meta.

En las últimas décadas el ministerio ha cambiado de tener su base en el pastor a tener su base en el "equipo". Por esta razón es de vital importancia para los líderes cristianos que entiendan el rol de las metas, tanto en el marco organizacional como en las vidas de los individuos miembros de la organización. El liderazgo eficaz demanda el desarrollo de técnicas para establecer metas. Los líderes deben estar capacitados para guiar a los miembros del equipo ministerial para establecer metas como equipo y la formación y logro de metas personales. Las metas de grupo dan al esfuerzo ministerial dirección hacia una misión unificada. Las metas personales fomentan la motivación, un sentido de realización y un medio de mejoramiento para cada participante del equipo.

El procedimiento de establecer metas usado por una congregación u organización cristiana refleja el paradigma de liderazgo dentro del cual opera la institución[5].

Marco estructural: mantener a la organización dirigida hacia la dirección correcta

Marco de recursos humanos: mantener involucrada a la gente y la comunicación abierta

Marco político: proveer la oportunidad para que los individuos y los grupos den a conocer sus intereses

Simbólico: Desarrollar símbolos y valores compartidos

El verdadero liderazgo opera en dos niveles simultáneamente. Debe operar al nivel de equipo y al nivel individual. En el nivel de equipo los líderes deben fomentar la unidad, un sentido de propósito común, y logros mensurables del equipo. Al mismo tiempo los líderes deben comprometerse a afirmar, motivar y desarrollar a los miembros individuales del equipo. Al establecer metas y objetivos para el ministerio, las metas individuales y las del equipo se entrelazan.

Metas y objetivos: ¿cuál es la diferencia?

La literatura de administración de empresas con frecuencia trata el tema de las metas y los objetivos, pero estos términos no siempre son usados consistentemente, tanto en los marcos corporativos como en los no lucrativos. Para hacerlo aún más confuso, el campo de educación añade términos adicionales a la mezcla. Los educadores usan los términos "metas", "objetivos", "resultados", y "apuntar a". Aquí también los autores son inconsistentes en el uso de esos términos, aunque la mayoría usan "resultados" para describir los resultados mensurables de cualquier experiencia educativa o transacción.

Las metas son consideradas el más grande concepto general con objetivos como los que proveen apoyo para medirlas y evaluarlas. Los objetivos son pasos mensurables a corto plazo diseñados para llevar a la organización hacia el logro de las metas a largo plazo. Por ejemplo, en un marco de negocios una meta puede ser *aumentar las acciones del mercado en un 10 por ciento.* La meta es lograda cuando se cumplen varios objetivos a corto plazo. Esto puede incluir *ser los primeros en comerciar con nuestro nuevo producto o aumentar los índices de satisfacción de los clientes de 3.5 a 3.7 en llamadas de servicio al finalizar el presente trimestre.*

Así que ¿en qué debemos concordar? ¿Qué términos debemos usar en la administración del ministerio? La figura 4.1 ilustra la relación entre el propósito, las metas, los objetivos y la implementación[6].

Figura 4.1: Cuatro etapas de establecer metas

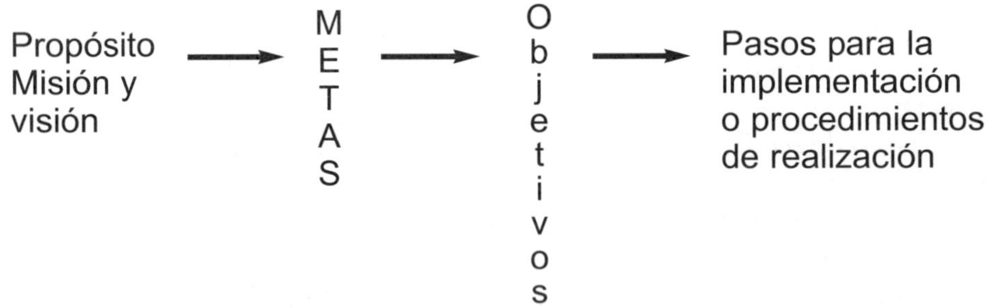

La misión y la visión de un ministerio deben ser logradas por medio de identificar el área de algunos resultados clave y luego escribir una meta para el área de cada resultado clave. Para alcanzar cada meta, deben establecerse objetivos específicos y mensurables. Finalmente, estos se combinan en un plan estratégico donde individuos específicos, recursos presupuestarios y expectativas de tiempo son asignados a cada objetivo.

Misión/Visión:	¿Qué quiere Dios que hagamos?
Metas:	¿Qué necesita suceder para que se realice la visión?
Objetivos:	¿Qué necesitamos hacer para lograr cada meta?
Plan estratégico:	¿Quién es responsable de rendir cuentas y con cuáles recursos cuenta para lograr cada objetivo?[7]

En realidad, la mayor parte de los autores sobre administración cristiana y liderazgo tienden a usar estos términos sin precisión. Muchos autores los usan intercambiablemente o sin mucha consistencia. Dado el enfoque creciente en un modelo de "equipo" de administración ministerial, podría argumentarse que la terminología deportiva debería prevalecer. Francamente, ya sea que se use el término meta u objetivo, resultado o "apuntar a", lo importante y universalmente acordado señala que los líderes cristianos deben tomar el tiempo para establecer metas específicas, mensurables y motivadoras. La Figura 4.2 demuestra la diferencia entre metas y objetivos.

Figura 4.2 Metas y objetivos

Metas	Objetivos
Directamente dependientes del propósito	Directamente dependientes de las metas
General	Específicos
Indefinidas	Mensurables
Usualmente a largo plazo	Usualmente a corto plazo
Declaración más amplia	Una declaración más reducida

Teoría sobre establecer metas

Piense en tres o cuatro personas exitosas. Piense en un negocio que se ha levantado desde algo pequeño hasta llegar a ser importante. Ahora reflexione en el ministerio más efectivo en su ciudad. Seguramente usted descubrirá que su éxito y efectividad se han logrado por un compromiso con el establecimiento y el logro de metas. En los negocios, en el ejército, en el ministerio, en la política, en los deportes y en el servicio a la comunidad, una orientación hacia las metas juega un papel fundamental e indiscutible. La teoría sobre establecer metas reconoce este papel y procura desarrollar principios aplicables para establecer metas para el mejoramiento del desempeño individual y organizacional. Establecer objetivos es igualmente circunstancial en el procedimiento de establecer metas. Por consiguiente, las metas son inclusivas de los objetivos.

Bolman y Deal hablan de varias formas de metas comunes a las instituciones, notando varias formas de metas que no son beneficiosas, sino altamente debilitantes para la institución[8].

Metas honoríficas:	Metas ficticias que acreditan a la organización con cualidades deseables
Metas que son tabú:	Metas reales de las que no se habla
Metas estereotípicas:	Metas que cualquier organización respetable debería tener
Metas existentes:	Metas que se procuran tácitamente aunque son inconsistentes con los valores expresados de la organización y su autoimagen.

Procedimiento para establecer metas

Establecer metas es el procedimiento de (1) formalmente definir un blanco de desempeño al que se apunta, (2) crear normas para medir la exactitud de darle al blanco definido y (3) establecer los resultados de éxito o fracaso en el logro de la meta para mejorar el desempeño en el trabajo individual, del grupo y de la organización.

La teoría para establecer metas es una rama de la administración rigurosamente investigada de la que varios principios de motivación y desarrollo organizacional se derivan. Edwin A. Locke y Gary P. Latham declaran estos principios en *Goal Setting: A Motivational Technique That Works!* (Establecimiento de metas: ¡una técnica de motivación que funciona!). Locke y Latham sugieren que las metas eficaces deben ser específicas, difíciles y que le pertenecen al participante. Dadas estas tres características, Locke y Latham creen que las metas pueden tener un enorme poder de motivación tanto para el individuo como para la organización.

Los objetivos, o metas específicas proveen blancos más exactos. Por ejemplo, cuando uno de los padres le dice al hijo: "haz lo mejor que puedas", él o ella está estableciendo una meta a la que le falta poder de motivación porque le falta especificidad. En lugar de lo anterior, una meta como: "Necesitas sacar un 9 o más si deseas manejar el auto" es mucho más específica y por lo tanto tiene más motivación.

Los objetivos comienzan con un enfoque en un resultado claramente definido. Cuanto menos ambiguo sea uno al establecer la meta, más probabilidades habrá de que sea lograda. A los objetivos que son demasiado amplios, faltándoles la calidad crítica de mensurabilidad, les falta dirección y tienen muy poca habilidad de guiar o motivar a la acción. Si usted ha leído Alicia en el país de las maravillas, quizá recuerde el encuentro de Alicia con el Gato Cheshire. Su diálogo señala la importancia de especificidad al establecer metas: "¿Podrías decirme, por favor, qué camino debo seguir?", preguntó Alicia. "¿Hacia dónde vas?", dijo el Gato. "No me importa...", dijo Alicia. "Entonces tampoco importa mucho el camino que tomes", dijo el Gato[9].

La siguiente gráfica muestra el contraste entre objetivos bien escritos y los escritos de manera deficiente[10].

Figura 4.3 Declaraciones de objetivos

Declaraciones eficientes de objetivos	Declaraciones deficientes de objetivos
Declaradas en términos de resultados finales	Declaradas en términos de procedimientos o actividad
Alcanzables en un tiempo definido	Nunca son realizables. Faltan fechas específicas del blanco
Definidas en cuanto a lo que se desea lograr	Ambiguas en cuanto a lo que se espera
Prácticas y viables	Teóricas o idealistas
Declaradas con precisión en términos de cantidades donde esto es aplicable	Demasiado breves e indefinidas o muy largas y complejas
Limitadas a un asunto importante	Incluyen dos o más asuntos por declaración

¿Cómo podría aplicarse a la iglesia y su ministerio este principio para establecer metas? A modo de ilustración, supongamos que usted está desarrollando metas para el ministerio de un equipo de alabanza en su iglesia. Empieza por escribir la meta: *Guiar la alabanza de manera eficaz*. Aunque este es un deseo digno, como meta le falta el poder para motivar porque no tiene definición ni un resultado preciso. Una meta específica podría ser expresada de la siguiente manera: *Proveer música contemporánea de calidad que mueva activamente a la congregación a la alabanza*. Al desarrollar una meta con mayor enfoque, el equipo de alabanza puede percibir la importancia de su ministerio. Con esta meta específica como base, el equipo puede determinar también una dirección. El equipo conoce la naturaleza, el propósito y las expectativas de desempeño de su tarea ministerial.

La especificidad al establecer metas puede ser llevada un paso más adelante haciendo que la meta sea mensurable. Esta es la formación de objetivos múltiples para cada una de las metas establecidas. Típicamente, las metas más poderosamente motivadoras pueden ser medidas en alguna manera. Al fijar metas es importante establecer un criterio concreto para medir el progreso hacia el logro de la meta. Cuando el progreso es medido, el equipo se mantiene encarrilado y experimenta el gozo del logro que lo estimula a un esfuerzo continuo.

Muchos equipos hacen grandes esfuerzos pero fracasan en su cometido porque les falta una medida específica y mensurable. En su discurso a la nación en 1961, John F. Kennedy dijo: "Los esfuerzos y el valor no son suficientes sin un propósito o dirección". Las metas específicas y mensurables proveen ese propósito y esa dirección. Un tiempo después ese mismo año, en una sesión unida del Congreso, el Presidente Kennedy lanzó la visión sobre la exploración del espacio. Dio la dirección de esta visión proponiendo una meta que tenía un enorme poder motivador: "*Primero, creo que esta nación debe comprometerse con el logro de la meta, antes de que finalice esta década, de enviar a un hombre a la luna y traerlo nuevamente a la tierra sano y salvo*"[11].

La meta tenía poder motivador porque era específica y mensurable. La meta requería que (1) la nación hiciera posible que el hombre pisara la luna, (2) traerlo nuevamente a la tierra sano y salvo, y (3) lograr esto antes de finalizar la década. El criterio para medir la meta residía en la especificidad. Una meta mensurable establece un punto de referencia para evaluar el progreso. Esta meta lo hace al definir claramente el estado final e identificar el marco de tiempo en el que esta meta debe ser lograda.

He aquí un ejemplo de cómo el añadir los elementos de especificidad y mensurabilidad a una meta puede intensificar su poder para motivar a los resultados. Rick Copperman, pastor asociado de alabanza y música en la Green Valley Community Church formuló la siguiente meta: *Desarrollar, para fines del presente año, tres equipos de alabanza altamente dedicados que sean capacitados, musicalmente competentes y eficaces en el liderazgo de alabanza.* Esta meta puede ser medida. ¿Fueron entrenados tres equipos? ¿Están dedicados al ministerio? ¿Fue lograda la meta para finales del año? ¿Están adecuadamente entrenados para su tarea? ¿La calidad de la música demuestra su capacidad musical? Ser específicos y establecer un criterio de marco de tiempo para ser medido dan como resultado la motivación y la dirección.

Las metas difíciles son más poderosas que las metas fáciles. Aunque una meta debe ser razonable, las metas que son fáciles de lograr tienen poco impacto. Decir a un hijo que debe sacar un 7 en un examen escolar cuando tiene la capacidad de sacar un 9 hará muy poco para mejorar su desempeño a largo plazo.

La meta de John F. Kennedy de enviar a un hombre a la luna y traerlo de regreso a la tierra sano y salvo dentro de una década era ambiciosa. Era difícil. Pero eso era parte del poder de la meta. Las metas deben desafiar. A las metas que son fácilmente alcanzables les falta el poder para motivar a la gente. Las metas deben ser elevadas, pero razonables y realistas. Fijar una meta realista es fundamental para la teoría de establecer metas. Las metas deben ser alcanzables. Las metas difíciles son más motivadoras que las metas cuyo resultado está asegurado. Pero las metas que son inalcanzables desanimarán a los miembros del equipo.

Las metas motivadoras equilibran la realidad con la visión. Deben ser difíciles de alcanzar pero no tan difíciles que sean desmoralizantes. Michael Kay sugiere que las metas sean escritas para producir lo que él llama "la sensación de Everest". Los miembros del equipo necesitan sentir que son parte de un esfuerzo exigente y que se están embarcando en una aventura. Pero deben creer que pueden alcanzar la cumbre[12]. Como lo han expresado Hersey y Blanchard: "las metas deben ser fijadas tan altas que una persona tenga que estirarse para alcanzarlas, pero bastante bajas que puedan ser alcanzadas"[13].

Finalmente, la *participación* es importante al establecer metas. En vez de definir el desempeño para alguien más, es mejor permitirles que participen en la definición de la meta. Unos padres sabios dirán: "Fijemos una meta para tus calificaciones de ciencias en este otoño. ¿Cuál es una meta razonable pero desafiante que tú puedes fijar para este año?". Los padres deben guiar el establecimiento de metas al mismo tiempo que se aseguran que el hijo es participante en el proceso. La participación hace que el individuo sienta que la *meta le pertenece*, un aspecto esencial en el proceso de fijar metas para un desempeño constante[14].

En el ministerio de la iglesia esto significa que debemos tomar el tiempo para trabajar en el proceso de establecimiento de metas en grupo. Pero en las organizaciones voluntarias, el sentido de pertenencia de la meta es esencial. Por esta razón son esenciales algunos medios por los cuales los participantes en grupo son involucrados en establecer las metas. Ivan Scheier, autor de *When Everyone Is a Volunteer* (1992) (cuando todos son voluntarios), sugiere que la participación en el desarrollo de las metas es la clave para el éxito o el fracaso de las organizaciones que tienen su base en el trabajo de voluntarios. Scheier cree que cuando los miembros de una organización no sienten que las metas grupales les pertenecen, sólo un puñado de miembros fieles del grupo luchará para alcanzar la meta hasta el punto del agotamiento.

En respuesta, Scheier sugiere que un proceso que él llama "proceso de aportación de los miembros" sea usado para incluir a los participantes en el establecimiento de las metas para las organizaciones mayores. El proceso comienza cuando el líder de la organización, tal como el pastor principal de la iglesia, o el consejo de la iglesia, comparte la visión o misión de la organización de una manera entusiasta. A este paso le sigue una declaración clara de parte del líder que manifiesta que los líderes sí tienen metas pero que están pidiendo la aportación de los miembros para dar forma a esas metas. Luego es llevada a cabo una encuesta pidiendo respuesta a tres preguntas abiertas.

1. ¿Cuáles son los tres temas, proyectos o metas principales con los que nuestro grupo debería trabajar el próximo año? Sea lo más específico posible.
2. Para cada meta, dé una lista de por lo menos tres pasos factibles para

implementar el logro de la meta. Estas deben ser cosas que son realistas dentro de las capacidades de nuestra organización.

3. Haga una marca junto al paso factible en el cual usted está personalmente dispuesto(a) a invertir considerable cantidad de tiempo y esfuerzo[15].

El paso final en este proceso es nombrar un comité para revisar las metas. Su tarea será correlacionar y analizar las sugerencias de metas de los participantes y desarrollar un juego de recomendaciones que deberán entregar al líder y al grupo para su adopción. Scheier cree que este proceso promueve una participación activa para establecer las metas, incrementa el sentido de pertenencia de las mismas, motiva a los miembros a involucrarse en el logro de ellas y construye un sentido de responsabilidad por los resultados.

¿Por qué nos resistimos al establecimiento de metas?

Aunque las metas parecen ser una parte natural de la existencia de un individuo o de una institución, la resistencia a la idea de fijarlas es bastante común. Quizá la razón más común para no establecer metas es el *temor al fracaso.* Con el fracaso viene una disminución del nivel de autoestima y el temor a la humillación pública o estigmatización que puede acompañarlo. Si se anuncia, "este año vamos a apuntar hacia un promedio de asistencia de 400 en la Escuela Dominical", cuando en años anteriores hemos tenido un promedio de 375, ¿pero, y si fracasamos? ¡El fracaso será obvio! Los maestros se desmoralizarán. Los líderes de la congregación me van a responsabilizar del fracaso. Otras congregaciones se enterarán, y será una ignominia para toda la congregación. En realidad no. En primer lugar, si no se establece una meta, entonces el programa en cuestión simplemente irá decayendo. Eso es humillante. En segundo lugar, ¿qué pasa si no logran un promedio de 400, pero logran 390? Eso es ya un progreso. En pocas palabras, el temor al fracaso, aunque es humano, no debe ser evitado sino encarado por los individuos y las congregaciones.

Una segunda causa general de no fijar metas es adjudicada a la *apertura espiritual.* Las personas pueden apelar a pasajes tales como Santiago 4:13, 14 para explicar su objeción a fijar metas: "¡Vamos pues ahora los que decís: 'Hoy o mañana iremos a tal ciudad, estaremos allá un año y haremos negocios y ganaremos!' Vosotros, los que no sabéis lo que será mañana, ¿qué es vuestra vida? Porque sois un vapor que aparece por un poco de tiempo y luego se desvanece". Por lo tanto, *nuestro* establecimiento de metas es percibido como una afrenta o un obstáculo para que Dios fije las metas. Sin embargo, esta es una dicotomía injusta e innecesaria. Santiago 4:15 concluye con una exhortación a establecer metas a la luz de la dirección del Señor, una armonización de la dirección de Dios con nuestras metas para lograrla. "Más bien, deberías decir: 'Si el Señor quiere, viviremos y haremos esto o aquello' ". En resumen, el establecer metas *sin* Dios es "soberbia" y "jactancia" (Santiago 4:16), pero el pasaje nos anima a establecer metas que descansan en la voluntad de Dios (Figura 4.4).

Figura 4.4
Establecimiento cristiano de metas
vs. establecimiento no cristiano de metas

Quizá un ejemplo bíblico de esto es el segundo viaje misionero de Pablo. Obviamente él había planificado una ruta para sus viajes, como lo indica en Hechos 16:1-5, pero entonces leemos de la intervención del Espíritu Santo en sus planes.

> "Atravesaron la región de Frigia y de Galacia, *porque les fue prohibido por el Espíritu Santo hablar la palabra en Asia.* Cuando llegaron a la frontera de Misia, procuraban entrar en Bitinia, *pero el Espíritu de Jesús no se lo permitió.* Entonces después de pasar junto a Misia, descendieron a Troas. Y por la noche se le mostró a Pablo una visión... En cuanto vio la visión, de inmediato procuramos salir para Macedonia, *teniendo por seguro que Dios nos había llamado para anunciarles el evangelio*" (Hech. 16:6-10, énfasis añadido).

Conclusión

Los líderes cristianos deben tomarse el tiempo para establecer metas y objetivos organizacionales. De acuerdo con Kreitner, el establecer metas y objetivos bien planificados tiene un beneficio cuádruple. Él escribe: "Desde el punto de vista de planificación, los objetivos cuidadosamente preparados benefician a los administradores sirviendo como blancos a los que se apunta y varas para medir, fomentando el compromiso y realzando la motivación"[16]. Cada uno de estos beneficios es crucial para el trabajo de la iglesia. Sin un blanco al cual apuntar nos falta la dirección para nuestros esfuerzos. Sin una vara para medir nos falta un medio para saber nuestro progreso. Sin un compromiso nos falta la participación y la asociación de otros. Sin una motivación nos falta la disposición para hacer grandes cosas para Dios.

Un estudio que se llevó a cabo entre los graduados de la Universidad de Harvard reveló que sólo el 3 por ciento habían escrito sus metas para el futuro. Veinte años más tarde, un estudio hecho como seguimiento reveló que el 3 por ciento que había desarrollado metas personales y profesionales había ganado más dinero que el otro 97 por ciento combinado[17]. Claramente, las metas tienen el poder de transformar. Pueden cambiar vidas y renovar ministerios. Escribir metas y objetivos es un paso vital en el proceso de planificación y debe se parte de la práctica ministerial anual.

Por
Michelle Anthony

Capítulo 5

Desarrollo de un plan estratégico para el ministerio

EN 1933, UN JOVEN SUBIÓ al poder como resultado de una promesa de implementar un plan que aseguraba que su pueblo gozaría de renombre en todo el mundo y que devolvería la prosperidad y el honor que alguna vez habían sido parte de la herencia de Alemania. Sin embargo, cuando su plan fue implementado, este llevó a la muerte a veinte millones de personas y a la destrucción final de su país. A diferencia de Adolfo Hitler, nos encontramos con otro líder que tuvo el "sueño" de que todas las personas sean tratadas con igualdad sin importar su raza. Su estrategia fue crear una reconciliación por medio de medios pacíficos y sin violencia. Aunque la violencia se había difundido durante los años de influencia de Martín Luther King, el resultado de su plan fue la iniciación del Acta de los Derechos Civiles de 1964 que ayudó a terminar con la segregación.

Aunque destacamos estos dos ejemplos del siglo veinte, reconocemos que el *Plan Estratégico* ha sido utilizado por miles de años, por lo menos en concepto. Vemos una estrategia en la construcción de los más grandes imperios del mundo en Egipto, Grecia y Roma. Al considerarlos más detenidamente, comenzamos a entender que estas potencias mundiales no se levantaron simplemente por acontecimientos fortuitos, sino que los líderes de estos imperios tenían metas y objetivos claramente definidos que serían implementados a cualquier precio.

Estos planes (ya fueran altruistas o egoístas) fueron claramente expresados, documentados, comunicados y ejecutados en cada adquisición eficaz o batalla. Al realizarse los planes, también se daban los resultados deseados. El día de hoy descubrimos los planes de los grandes emperadores que se propusieron tomar ciudades, construir las grandes pirámides o coliseos, amasar enormes ejércitos o riquezas y, al hacerlo, podemos analizar lo que hicieron bien y finalmente, en su caída, lo que hicieron mal. Aprendemos tanto de sus victorias como de sus derrotas, pero más importante aun, aprendemos que ningún plan elevado puede cumplirse sin una estrategia clara de proceso e implementación.

El significado de la palabra *estrategia* se deriva de la palabra griega *strategos*, que se traduce literalmente "general del ejército". En los tiempos de la antigua Grecia, cada una de las diez tribus griegas seleccionaba anualmente a un *strategos* para dirigir su regimiento. Estos líderes clave daban asesoramiento "estratégico" para manejar las varias batallas y escaramuzas envueltas en sus guerras en vez de asesoramiento "táctico" acerca de cómo manejar las tropas o los recursos materiales. De estas raíces militares, la planificación estratégica siempre se ha relacionado con el "panorama general". El enfoque estaba en las consecuencias o resultados finales, y no tanto en los recursos o en el rendimiento. Con esto en mente debe entenderse que la planificación estratégica está menos interesada en *cómo* lograr los resultados que en la definición de *cuáles* deben ser esos resultados[1].

Bases bíblicas para la planificación estratégica

Las Escrituras nos dicen que el siguiente gran imperio después del de Roma será un imperio que nunca tendrá fin. Sobre ese trono se sentará el Rey de reyes y Señor de señores. En esa dinastía, Cristo mismo reinará con poder y autoridad por medio del amor y la verdad (Miq. 5:2-5). Único en su liderazgo, Dios ha desarrollado un plan estratégico con anticipación y ha alistado el servicio de cada uno de sus seguidores para empezar el proceso de implementación. Primero, demos una mirada a este plan estratégico y luego a cuáles principios pueden ser espigados para la iglesia de hoy y las organizaciones cristianas que participan en su misión.

Inmediatamente después de la caída de la humanidad en el jardín del Edén, Dios mismo prometió que vendría un redentor para reconciliar al hombre pecador con un Dios impecable (Gén. 3:14, 15). Este redentor sería vencedor sobre el mal de una vez y para siempre, y hombres y mujeres disfrutarían nuevamente de una relación pura e inmaculada con Dios. Los profetas y los escritores del Nuevo Testamento explicaron que este "Mesías" o Salvador sería el sacrificio perfecto que pagaría el castigo por el pecado de todo ser humano que muriera para sí mismo y aceptara la provisión de Dios (Isa. 53:10-12; Rom. 3:20-24). *Este es el plan estratégico de Dios.* Dios se lanza en la misión final para gozar de la comunión con su más preciosa creación, usted y yo.

Desde esta posición, Dios expone su más maravilloso plan estratégico que sobrepasa el tiempo, idiomas, culturas, el pecado, a Satanás y a todo entendimiento humano. Él formó a una nación y la apartó como la raza escogida (Gén 12:1-3). Instituyó leyes y a líderes para hacer cumplir esas leyes (Éxo. 20).

Luego, cuando se cumplió el tiempo, vino a nosotros en forma humana (Fil. 2:5-8), creció y nos enseñó acerca del Padre y del arrepentimiento (Juan 14:1-6), y dejó su Espíritu entre nosotros (Juan 14:15-18). Sabemos que el capítulo final de este plan estratégico todavía tiene que efectuarse, pero cuando haya sido completado habrá cumplido lo que Dios se propuso hacer. El Dios de este universo habitará en comunión con su amada creación, libre de las limitaciones del pecado (Apoc. 21:1-4).

Al irse de este mundo, Cristo mismo nos dio las "órdenes de marcha". Nos dio la Gran Comisión. A los discípulos que estaban vivos, así como a todos los que seguirían, se les encomendó hacer discípulos por medio del arrepentimiento, el bautismo y la enseñanza de las Escrituras (Mat. 28:19, 20). Esta es la misma misión global que nosotros como cristianos aceptamos hoy, aun cuando nuestra visión específica podría diferir en cómo exactamente vamos a lograr esa meta.

Al escribir un plan estratégico para cualquier iglesia u organización ministerial, uno tiene primeramente que entender el plan de Dios: *reconciliar a la humanidad con él.* Enseguida, es necesario hacernos esta pregunta: "¿Qué papel desempeña mi iglesia u organización para lograr este plan?", y finalmente: "¿Qué papel desempeño yo, como un discípulo, en este plan?". Sólo cuando estas preguntas son contestadas puede cualquier iglesia u organización cristiana comenzar el proceso de desarrollar un plan estratégico efectivo.

Planificación estratégica y planificación a largo plazo

Los líderes con frecuencia pierden de vista la línea entre planificación a largo plazo y planificación estratégica. No obstante, hay distinciones entre las dos que son importantes de notar. Por ejemplo, la planificación a largo plazo cubre un período de diez a veinte años y da por sentado que el medio ambiente permanecerá más o menos constante por lo menos por ese tiempo. Por otra parte, el plan estratégico cubre un período de tres a cinco años y da por sentado que hay posibilidades de que el medio ambiente cambie[2].

Aunque estas dos estrategias parecen estar en conflicto, en realidad funcionan juntas para servir al propósito de planificar para una variedad de futuros. Una ventaja principal del plan estratégico es que es mucho más flexible y puede ser consultado nuevamente a intervalos más cortos para tratar eficazmente con la creación de soluciones a los problemas que pudieran surgir.

Un modelo de planificación estratégica

Aunque los modelos de planificación estratégica pueden variar, el marco o concepto básico es el mismo. Por definición, el plan estratégico es una agenda escrita que incluye tanto la misión como la visión, al mismo tiempo que lanza una serie de metas y objetivos hacia el futuro deseado y concebido. Debe ser específico y capaz de ser medido, pero al mismo tiempo elevado y altamente edificante en su inspiración. El plan estratégico es el ímpetu para que los miembros se pongan de pie y digan: "¡Esto sí que es algo digno de lo cual ser parte!". Lumpkin lo define de esta manera:

> La planificación estratégica es un proceso formal continuo para tomar decisiones organizacionales basadas en evaluaciones internas y externas. Incluye la organización de personas y tareas para llevar a cabo las decisiones y medir el logro y el desempeño. La planificación estratégica también consiste en preguntar y responder cuatro preguntas cruciales: ¿Cómo llegamos hasta aquí? ¿Hacia dónde vamos? ¿Cómo llegaremos allí? ¿Cómo lograremos que funcione? En suma, la planificación estratégica es un proceso interactivo, continuo, repetitivo que comprende misión, visión, análisis situacional y objetivos, estrategias y medidas a largo plazo[3].

Hay dos partes en el modelo estratégico presentado en la Figura 5.1 más adelante. La primera parte guía a una organización a analizar la iglesia u organización por medio de hacer preguntas de parte de individuos clave para determinar el punto de partida de este empeño estratégico. Ligado a este paso está el proceso de orar y buscar la dirección de Dios durante este período de planificación. Las Escrituras nos recuerdan que "Si el SEÑOR no edifica la casa, en vano trabajan los que la edifican" (Sal. 127:1). Los tres siguientes pasos ayudan a los líderes a determinar tres principios guía: su misión, su visión y sus valores centrales. Una vez que estos han sido determinados, la singular forma de su futuro comienza a surgir.

La segunda parte consiste en ejecutar un examen interno y externo, seguido de un desarrollo estratégico, una implementación estratégica, y finalmente una evaluación continua. Con frecuencia la evaluación presenta la necesidad de llevar a cabo un examen interno y externo adicional, lo cual lleva a un desarrollo de estrategia que es revisada continuamente. Aunque la primera parte es constante y relativamente incambiable, la segunda parte de este modelo estratégico es consultado con frecuencia y está abierto para una nueva revisión si se considera necesario.

Primera parte

Análisis y oración. El análisis de cualquier iglesia u organización comienza con algunas preguntas: "¿Cómo vamos?". "¿Qué clase de iglesia somos?". "¿Nos sentimos contentos con lo que somos y hacia donde vamos?". Esto obliga a la comunidad a mirarse con sinceridad a sí misma para sacar la proverbial cabeza de avestruz de la arena[4].

En esta etapa es importante recibir con mente y corazón abiertos la reacción que pueden aportar varios recursos. Uno puede utilizar una variedad de auditorías para reunir información acerca del ciclo de vida de la iglesia u organización y el sentir de todos los involucrados, así como auditorías de desempeño que miden la productividad y la eficacia.

Con esta información a mano conviene a los líderes del ministerio dedicarse a la disciplina y privilegio de la oración. La oración es el medio por el cual alineamos nuestros esfuerzos con la voluntad de Dios. Es en este punto que el Espíritu de Dios guía a los líderes espirituales a las decisiones que pueden trascender de lo temporal hacia lo eterno.

Figura 5:1
Modelo de planificación estratégica

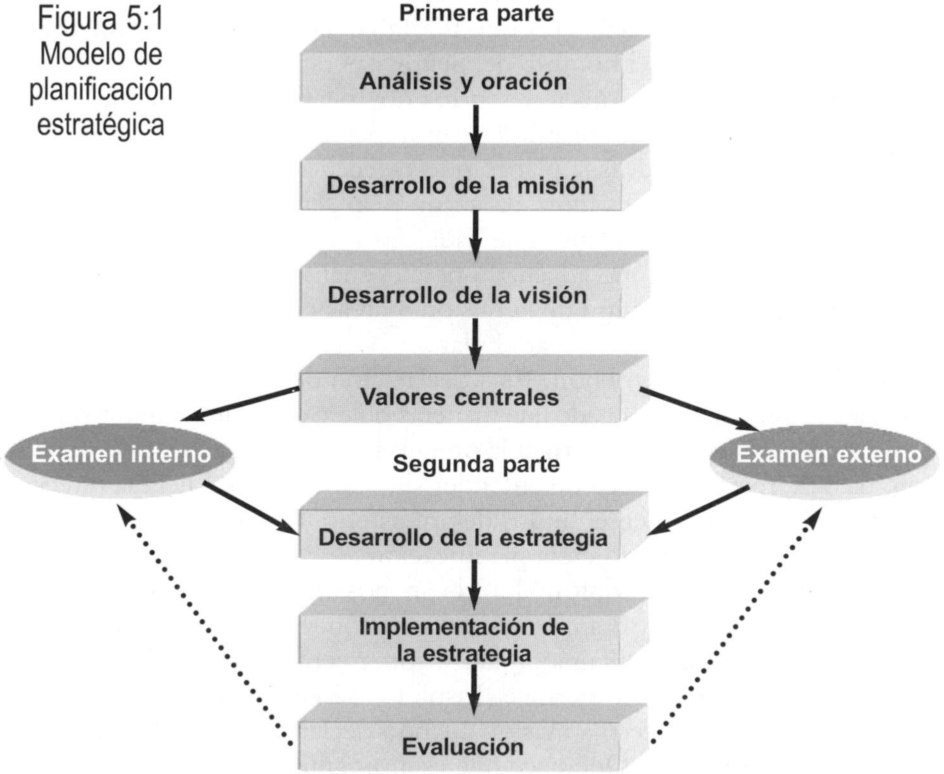

Nehemías es un gran ejemplo de una persona piadosa que siguió un plan estratégico centrado en la voluntad de Dios. Le rompió el corazón ver a la ciudad de Jerusalén en ruinas, y comenzó a suplicar a Dios acerca del problema: "Ellos me respondieron: 'Los que se libraron del destierro y se quedaron en la provincia están enfrentando una gran calamidad y humillación. La muralla de Jerusalén sigue derribada, con sus puertas consumidas por el fuego.' Al escuchar esto, me senté a llorar; hice duelo por algunos días, ayuné y oré al Dios del cielo" (Neh. 1:3, 4 NVI).

Después de este tiempo de duelo, oración personal y ayuno, Nehemías entendió cuál podría ser su papel en esta terrible aflicción. Se le dio la misión de parte de Dios de ir ante el rey y pedirle permiso para dirigir a un grupo de personas en su regreso a Jerusalén para reconstruir la ciudad y sus muros. Al seguir leyendo la historia vemos que Nehemías entendió su propia visión personal de cómo debía ser logrado esto, estableció los valores que serían implementados e inició un proceso de metas y objetivos mensurables y que un día serían usados para futura evaluación. Fue estratégico en su plan de acción y confió completamente en el Señor y en su fortaleza para realizar los resultados deseados. En ningún momento Nehemías creyó que la misión se trataba de él o de su éxito personal, sino que fue tenaz en recordar que su plan se trataba de poner en alto el nombre del Señor y el de la ciudad.

Un sincero análisis y oración son los dos pilares fundamentales para la fuerza del plan estratégico. Sin estos o sin la percepción que proveen, trabajamos inútilmente con ideas y planes que carecen de la unción de un Dios santo. Aunque la oración es utilizada en un plan separado al principio de un proceso estratégico, es prudente que cada paso también sea considerado en oración. Después del tiempo adecuado para el análisis y la oración, los líderes deben responder a la cuestión de la misión y crear una declaración de misión concisa y bien definida para lanzar el plan.

Declaración de la misión. Esta declaración define dónde finalmente la organización se ve a sí misma, de qué maneras quiere cumplir la Gran Comisión y, al final de cuentas, de qué se trata la organización. Esta declaración debe ser corta, fácil de recordar y fácil de entender sin comentarios. Dicta la dirección del ministerio, se enfoca en el futuro del ministerio y moldea la estrategia más que cualquier otro elemento en la planificación[5].

Declaración de la visión. La visión nos dice el aspecto que tendrá nuestra comunidad al llevar a cabo nuestra misión. La visión es más específica y comunica el corazón de una organización, mientras que al mismo tiempo es clara y desafiante en su mensaje. Inspira y se capta más que enseñarse[6]. Martin Luther King expresó su visión cuando declaró: "Tengo un sueño".

Valores centrales. ¿Qué hace que esta organización o iglesia sea singular? Así como los valores personales hablan de lo que es más importante en la vida de una persona, de la misma manera los valores de una organización hablan de lo que es el alma de esa comunidad[7]. Estos valores definidores distinguen a una organización de otra y permanecen constantes. Guían el proceso de tomar decisiones y la relevancia de las metas y objetivos.

Después de que la misión, la visión y los valores centrales han sido determinados, los líderes de la organización comienzan a extraer el ADN especializado para la dirección de la planificación. Este puede ser un tiempo muy inspirador en la vida de cualquier iglesia u organismo. La efusión de esta sinergia es luego procesada por medio del tamiz del examen interno y externo, el desarrollo de la estrategia, la implementación de la estrategia y la evaluación.

Hemos revisado las etapas de análisis/oración, desarrollo de la misión, desarrollo de la visión, y valores centrales (primera parte), y ahora estamos listos para embarcarnos en la segunda parte de la planificación estratégica que incluye el examen interno y externo, desarrollo de la estrategia, implementación de la estrategia y evaluación.

Segunda parte

Examen interno. Primordialmente, un examen interno es hacer una valoración de sus recursos. Estos incluyen, pero no se limitan a:

- recursos físicos tales como la ubicación o un edificio/instalaciones;
- recursos humanos tales como el personal y los voluntarios;
- recursos financieros tales como flujo de fondos, ahorros o inversiones, donativos/regalos, reservas monetarias; y
- recursos de actitud tales como el ambiente de la gente, su estado de ánimo, su cohesión y su espíritu o falta de entusiasmo[8].

Este examen debe ser hecho por las personas que mejor conocen la organización o institución y están al tanto de los más recientes datos en cuanto a los recursos. Un análisis "F.O.D.A." (**F**ortalezas, **O**portunidades, **D**ebilidades y **A**menazas) es útil en este punto cuando los líderes evalúan las puntos Fortalezas y las Debilidades se refiere primordialmente a los asuntos internos y a los recursos, las Oportunidades y las Amenazas son identificadas principalmente por un examen externo[9]. A medida que los líderes toman cada recurso desenterrado por el examen interno, una categorización de cada uno, con sus fortalezas y debilidades actuales, debe ser compilada. Cuando esto se haya llevado a cabo la organización está lista para analizar el examen externo.

Examen externo. Llevar a cabo un examen externo es evaluar su ambiente. Este examen alerta a la organización en cuanto a lo que está ocurriendo alrededor de ella, en la historia, en la ciudad o en la comunidad que la rodea, y en los acontecimientos económicos y sociales en las vidas de las personas. Estos asuntos son organizados en una o dos categorías: oportunidad o amenaza. Con frecuencia, porque estas tienen que ver con el ambiente externo, el examen externo es algunas veces conocido como el examen ambiental[10].

Desarrollar un valor estratégico mayor para su iglesia u organización significa reunir información que ve más allá de su sector inmediato y hacia un ambiente eterno, político, social, económico y tecnológico más amplio. Al permitir que estos trocitos de información sean procesados diariamente, con el tiempo estos se suman y se convierten en un mayor entendimiento de las tendencias e inclinaciones actuales[11].

Una oportunidad es una ocasión o un evento que puede realzar la dirección de su organización hasta el punto que querrá capitalizar esta circunstancia (por ejemplo, existe la posibilidad de que un prominente orador dé una conferencia en la ciudad, y por un costo menor podría estar dispuesto a venir y hablar a su grupo). Una amenaza puede ser antagónica en su naturaleza y ser un peligro verdadero o percibido (por ejemplo, una comunidad insegura que podría presentar un riesgo para los jóvenes), o podría simplemente ser un desafío del cual el equipo debe estar consciente (por ejemplo, la falta de espacios disponibles para estacionarse para la creciente población de estudiantes que asisten a los cultos universitarios).

Al examinar las diversas dimensiones de los exámenes internos y externos, uno debe considerar que estos factores serán dinámicos y que deben ser entendidos como elementos cambiantes del plan estratégico. Una vez que una organización ha hecho un examen eficaz y cuidadoso tanto del ambiente interno como del externo, y ha documentado las fortalezas, las debilidades, las oportunidades y las amenazas inherentes, está preparada para empezar a armar la estrategia para su desarrollo e implementación. Esta es la etapa práctica donde la mayoría de los que piensan de manera concreta echan a andar sus ideas estratégicas. La junta o el comité de planificación estratégica que tiene paciencia descubrirá que las siguientes acciones son sencillas si los pasos antes mencionados son llevados a cabo de una manera adecuada.

Desarrollo de la estrategia. Para poder desarrollar al máximo un plan estratégico en el que la acción es su enfoque principal, las metas y objetivos deben ser desarrollados con base en procesos de consideración del primer paso (análisis/oración, misión, visión y valores), y en las piezas tácticas derivadas de los exámenes internos y externos. Con esta información a la mano, los líderes de la iglesia u organización comienzan a escribir las metas y objetivos específicos que proveerán el marco para alcanzar el resultado propuesto. Alentamos al lector a revisar el desarrollo de las metas y objetivos discutidos en más detalle en los capítulos 5 y 8. Para nuestros propósitos combinaré las metas con los objetivos, pero la mayoría de las veces se tratarán individualmente como entidades separadas.

Metas y objetivos. Las metas y objetivos son escritos como resultados finales. Estas declaraciones son escritas con su cumplimiento en mira. Las metas y objetivos deben ser **R**elevantes, **E**specíficos, **M**ensurables, **A**lcanzables y **R**astreables, o REMAR, de acuerdo con Ken Blanchard, un destacado experto en administración organizacional[12]. Cuando estas metas y objetivos son visualizados, cada uno debe ser levantado y considerado de acuerdo con las siguientes preguntas:

- ¿Son esta meta y sus correspondientes objetivos suficientemente específicos?

- ¿Sabré cuándo los habré cumplido?
- ¿Puedo realmente lograrlos con el tiempo y los recursos asignados a ellos?
- ¿Son esta meta y objetivos relevantes a mi trabajo o ministerio?
- ¿Qué progreso tangible puede ser identificado a través de su curso?

La mayoría de las metas, cuando recién se escriben, no pueden contestar adecuadamente a todas estas preguntas. Por eso puede ser necesario que se añadan los objetivos correspondientes para hacerlas más específicas en la declaración final. Con frecuencia un equipo o comisión puede trabajar con los conceptos y redacción para elaborar los objetivos adecuados que realmente producirán los resultados deseados. Sin estas declaraciones de objetivos más específicas, las metas pueden llegar a ser un poco más que grandes ideas pero a las que les falta ímpetu y significado. Considere las siguientes declaraciones de metas para un grupo de jóvenes de escuela secundaria:

Meta #1: *Llevar a los chicos a una relación con Cristo, en nuestra comunidad y más allá, por medio de la Palabra de Dios.*

Sometamos esta meta al examen REMAR.

1. ¿Es *relevante*? Posiblemente. No puedo saber la relevancia de esta meta hasta que tenga parámetros claros.
2. ¿Es *específica*? Realmente no. ¿De cuáles jovencitos estamos hablando? ¿De qué edades son, específicamente, dónde viven, cuál es su trasfondo socioeconómico? ¿A cuál escuela asisten?
3. ¿Es *mensurable*? No. ¿Cuándo será cumplida? ¿Cómo sabré cuándo los chicos llegan a tener una relación con Cristo? ¿Qué quiere decir "más allá"?
4. ¿Es *alcanzable*? No. ¿Cómo puede ser alcanzable sin ser específica o mensurable? No puedo alcanzar algo que no pueda determinar si lo tengo o no.
5. ¿Es *rastreable*? No. No hay señales claras en el camino porque no existe un destino final claramente definido.

Veamos como esta misma meta podría ser modificada con un objetivo correspondiente que hace aplicación de las reglas REMAR y lo declara de manera clara, lo cual contribuye a la formación de una meta estratégica.

Meta #1: *Llevar a los chicos a una relación con Cristo en nuestra comunidad y más allá, por medio de la Palabra de Dios.*
Objetivo #1: *Diseñar e implementar eventos de alcance para los estudiantes de la Escuela Secundaria de Aliso Viejo por medio de animarlos a entrar en una relación con Cristo a través de la enseñanza de la Palabra de Dios.*
Objetivo #2: *Incorporar el uso de un equipo musical contemporáneo, de arte dramático y de tecnología, y tener una Biblia disponible para cada estudiante asistente.*

Sometamos esta meta y sus correspondientes objetivos al examen REMAR.

1. ¿Son *relevantes*? Sí. A los estudiantes de escuela secundaria les gusta estar donde hay otros estudiantes; tradicionalmente les gustan las bandas, la música, y cuatro eventos por año es un número realista.

2. ¿Son *específicos*? Sí. Sabemos que nuestra audiencia es la población de estudiantes de la escuela secundaria de la ciudad de Aliso Viejo. Sabemos que estamos llevando a cabo eventos con propósitos evangelizadores y de alcance.

3. ¿Son *mensurables*? Sí. Sabremos si logramos cuatro de estos eventos en el año. Sabremos si la Biblia es enseñada, si se usan la música, el arte dramático y la tecnología en sus cultos, y si se distribuyen Biblias a los que la necesitan.

4. ¿Son *alcanzables*? Sí. Esta meta y sus objetivos son algo que puede ser logrado en el marco de tiempo y con los parámetros dados.

5. ¿Son *rastreables*? Sí. Al final de cada trimestre podremos contar el número de estudiantes que asistan y hacer una reevaluación para el siguiente evento. Además, podremos tabular el número de decisiones hechas por Cristo así como el número de Biblias que fueron distribuidas, y evaluar el progreso en comparación con el número total de estudiantes en el área.

Cuando cada meta, con sus correspondientes objetivos, puede satisfacer estos requisitos prescritos, la organización está lista para hacer la siguiente pregunta: "¿Qué *específicamente* necesita ocurrir para ayudar a que esto se convierta en realidad?". La respuesta a esta pregunta llega a convertirse en la fase de la implementación del plan estratégico.

Implementación estratégica. En esta fase de implementación, cada detalle de las metas y objetivos es examinado concienzudamente para extraer cada elemento imaginable que podría ayudar o estorbar el progreso de estas metas. Es la función de escribir "los siguientes pasos" la que permite a la gente apropiarse de la estrategia ya sea por explotar estas cosas que hacen posible el éxito y/o eliminar esas cosas que podrían impedir el progreso.

Los siguientes pasos. Estos pasos son realmente cosas que hacer. Esta es una lista de cotejo, por decirlo así, y puede ser confiada a todos los niveles del organigrama. La capacidad de una organización de hacer una lista de los dones, talentos y pasiones de cada persona en el equipo está en relación directa con el éxito del plan a largo plazo. Como ha sido expresado antes, el plan estratégico debe ser una visión que se capta en cada nivel y se convierte en el corazón y el alma de los miembros. Esto se hace mejor al extender los factores para el éxito directo del ministerio, en la forma de siguientes pasos, a cuantos más individuos capaces sea posible.

A medida que los siguientes pasos son cumplidos, las metas llegan a estar más cerca de ser alcanzadas. A medida que las metas se alcanzan, la visión se cumple, y así la misión de la organización es cumplida. Hay un paso esencial más que con frecuencia se pasa por alto en el proceso de planificación estratégica, y éste es la evaluación.

Evaluación. El paso de la evaluación con frecuencia es pasado por alto porque nunca estuvo entretejido con el proceso de planificación desde su inicio. Aunque a alguien se le pudiera ocurrir más adelante evaluar el progreso del año anterior, esto podría parecer superfluo o sin importancia. ¡Nada podría estar más alejado de la verdad! ¿Por qué, entonces, tantas iglesias y organizaciones ministeriales excluyen este paso crucial en el progreso?

Quizá la rutina diaria de cumplir con fechas límite, asistir a reuniones, planificar eventos, atender asuntos interpersonales, apagar incendios, reclutar y entrenar al personal, nos estorban para operar con el panorama general en mente. Para no perdernos en los detalles, todas las actividades y metas deben ser evaluadas a intervalos predeterminados. Es mejor evaluar algunas actividades semanalmente, otras mensual o trimestralmente, mientras que otras pueden esperar para una revisión anual.

Gene Mims declara que "las evaluaciones deben ser designadas para acomodarse a la diversidad del ministerio específico. No es falta de espiritualidad evaluar lo que Dios está haciendo, lo que ha hecho, y lo que probablemente hará en nuestro trabajo para él. De hecho, la evaluación adecuada nos ayudará a regocijarnos y a celebrar el crecimiento que él nos da y nos ayuda a mantener nuestro enfoque en hacer lo mejor"[13].

William Shakespeare dijo en cierta ocasión: "Lo que ya pasó es prólogo". Su percepción confirma lo que es cierto en el proceso de planificación estratégica. El ciclo de estrategia no se ha terminado una vez que los planes han sido implementados. Las estrategias que funcionan deben ser mantenidas y protegidas por medio de vigilancia, adaptabilidad y planes puestos al día. Por lo tanto, Bryson hace notar en *Strategic Planning for Public and Non-Profit Organizations* (Planificación estratégica para las organizaciones públicas y las no lucrativas): "Irónicamente, los cambios de alguna naturaleza son probablemente apropiados si se quiere que las cosas permanezcan igual. No todas las estrategias continúan funcionando tan bien como deberían. Estas estrategias deben ser reforzadas con recursos adicionales, modificadas significativamente, o terminadas"[14]. Una evaluación continua guía finalmente al equipo a volver a la evaluación de los procesos de examen interno y externo, para reevaluar el ambiente y hacer cambios estratégicos como se considere necesario.

Argumentos para una planificación estratégica

Henry Klopp, en su libro *The Ministry Playbook: Strategic Planning for Effective Churches* (El libro del ministro: planificación estratégica para iglesias efectivas) bosqueja seis argumentos sobre las ventajas de implementar un plan estratégico. Estos son parafraseados como sigue:[15].

Argumento 1: Porque somos mayordomos. 1 Corintios 4:2 dice: "Ahora bien, a los que reciben un encargo se les exige que demuestren ser dignos de confianza" (NVI). Lucas 12:48 nos recuerda que "A todo el que se le ha dado mucho, se le exigirá mucho; y al que se le ha confiado mucho, se le pedirá aun más" (NVI). Las ideas bíblicas en cuanto a la efectividad con frecuencia son paralelas a la fidelidad y a la mayordomía en la Biblia. Cuando Dios nos confía algo, él espera que lo administremos adecuadamente, y somos responsables de rendir cuentas, no sólo de mantener lo que tenemos, sino también de incrementar estos recursos creativamente con los medios que nos ha dado. Aunque no somos exclusivamente los responsables por los resultados, se espera que estemos comprometidos con el proceso bíblico de la mayordomía.

Argumento 2: Porque estamos tratando con recursos limitados. La mayoría estaría de acuerdo con el hecho de que, si la iglesia y otras organizaciones cristianas contaran con recursos ilimitados, el proceso general de la planificación no sería tan grandioso. Sin embargo, puesto que nuestros recursos parecen siempre no ser suficientes para nuestras grandes visiones, el enfoque con métodos coercitivos sencillamente no funciona. La mayoría de las organizaciones necesita dedicar un tiempo adecuado dando prioridad a encontrar las pocas cosas que pueden hacer mejor con los recursos limitados que tienen disponibles.

Argumento 3: Porque el fracaso en planificar es planificar el fracaso. Hay algunos en la comunidad cristiana que creen que planificar impide a Dios obrar. Yo prefiero creer que planificar hace manifiesta la soberanía creativa de Dios. Entonces, la pregunta es simplemente: "¿Cuál es tu plan o sistema?". Si usted no tiene uno, eso en sí mismo es un plan. Como dice el viejo refrán: "Si le tiras a nada, darás siempre en el blanco".

Argumento 4: Por las agendas de competencia que enfrentamos. La mayoría de los cristianos probablemente dan por hecho que son objetivos y que no tienen intereses prejuiciados. Pero en realidad todos tenemos diferentes opiniones en cuanto a la manera como deben funcionar nuestras organizaciones, y cuáles ministerios deben ser consolidados en un nivel más alto que otros. Sin un plan claramente definido, las diferentes agendas pueden estar en aguda contradicción unas con otras, permitiendo patrones destructivos de presión para que la propia agenda sea aceptada.

Argumento 5: Por la necesidad de aclarar presuposiciones. Una de las razones por las que las iglesias y las organizaciones hacen una evaluación deficiente de sus planes para el ministerio es porque hacen presuposiciones de que una verdadera evaluación es imposible. Con esta presuposición los miembros se vuelven cínicos en cuanto al proceso e inmediatamente descartan el plan después de que es bosquejado, dejándolo como algo que es un poco más que un "ejercicio" que raramente es mencionado de nuevo. Aclarar esta presuposición con la evaluación e implementación efectiva de un plan estratégico bien escrito puede restablecer la confianza y el entusiasmo con el que la gente enfoca las metas y los objetivos.

Argumento 6: Porque obliga a las iglesias (y organizaciones) a hacer frente al asunto del cambio. Por las razones que sean, la iglesia y otras organizaciones cristianas parecen resistirse al cambio. A veces se requiere de una seria intervención para lograr que una organización cambie sus hábitos, sus tradiciones y aun su liderazgo. El plan estratégico es una de las mejores herramientas para asegurar que esto suceda más naturalmente.

Estas son unas pocas de las razones para implementar un plan estratégico en la institución cristiana. Sin embargo, no porque hay numerosos beneficios para la iglesia o ministerio cristiano que desarrolla un plan estratégico, significa que está exenta de escollos y problemas.

Escollos y problemas en la planificación estratégica

Escollo 1: La planificación es una herramienta secular. Muchos líderes en el ministerio que han fallado en considerar cuidadosamente la evidencia bíblica deducen la dicotomía de que "planificar es secular, pero el ministerio es espiritual". Algunos van hasta el grado de hacer una distinción entre los asuntos espirituales y los asuntos de negocios de la iglesia. Bíblicamente no hay tal distinción, pues hemos de ver cada aspecto de nuestra vida en Cristo como espiritual.

Escollo 2: La planificación elimina o reduce el papel del Espíritu Santo. Con el deseo de ser libres para ser guiados por el Espíritu Santo, algunas organizaciones hacen a un lado la planificación completamente. Aunque obviamente necesitamos buscar la dirección del Espíritu Santo en todos nuestros empeños y decisiones, su guía no niega nuestra responsabilidad de tener un plan de acción bien pensado.

Escollo 3: La tiranía de lo urgente. La mayoría de los miembros del personal y los pastores se encuentran bajo una tremenda presión de tiempo. Nunca faltan personas que necesitan cuidado y consejo, programas que necesitan nuestra atención, o estudios bíblicos que necesitan ser preparados. Con esta apretura del tiempo, muchos líderes confunden lo urgente con lo esencial. Sin la ayuda de un plan que nos guíe de lo urgente a lo importante, podemos trabajar arduamente pero no necesariamente inteligentemente[16].

Escollo 4: Preparar objetivos en términos de medios, no de resultados. Los objetivos nos dicen hacia dónde ir y cómo saber cuando hemos llegado. Si nos enfocamos sólo en procesos (adquiriendo las tecnologías más nuevas) o recursos (salarios más elevados), obstruimos el alcance y el significado de esas metas. Debemos completar el pensamiento preguntando: "Si usamos las más nuevas tecnologías, ¿qué beneficios obtendrá nuestra organización?". O "si percibimos salarios más elevados, ¿qué beneficio traerá eso para nuestra organización o los involucrados en ella?".

Escollo 5: Seleccionar soluciones antes de identificar las metas. Casi todo grupo activista tiene su solución favorita o su arreglo rápido. Es prudente resistirnos a escoger una solución o recurso hasta saber hacia dónde vamos, y por qué. Sin esta percepción no estamos realmente resolviendo problemas; simplemente estamos ofreciendo opciones y opiniones irrelevantes.

Escollo 6: Saltar algunos de los pasos en la planificación estratégica. Hay numerosos pasos en el proceso de planificación estratégica. Omitir aunque sea uno solo de ellos disminuirá la calidad y utilidad del plan. Si usted ve nuevamente la Figura 5.1, encontrará que ni siquiera uno de los pasos puede ser borrado sin impactar seriamente los resultados del plan entero[17].

Conclusión

En conclusión, volvamos a Nehemías por un momento. Aprendimos que Nehemías, antes de emprender su viaje, llevó a cabo, con cuidado y en oración, un análisis de la información que había recibido y trajo su carga al Señor. Enseguida aprendimos que llevó su misión o plan básico ante el rey y más tarde buscó la ayuda de mucha gente para llevar a cabo la visión personal que Dios le había dado para restaurar el honor a Jerusalén.

Nehemías dirigió a la gente con los valores de adoración, integridad y excelencia, y se aseguró que esos valores permanecieran en el corazón de todo el trabajo que fue hecho. Más tarde vemos que condujo un examen interno y externo para hacer una evaluación de sus recursos, oportunidades ambientales y amenazas. Cuando la contienda se desató contra ellos, Nehemías desarrolló un plan para que sus equipos de trabajo pudieran descansar, luego lucharan y luego alternaran entre esos deberes. La implementación de este plan les permitió cumplir la misión deseada. Podemos aprender varias lecciones prácticas de los esfuerzos planificadores de Nehemías.

Finalmente, los esfuerzos de Nehemías fueron efectivos, no por coincidencia. Él tenía una estrategia... aunque de hecho era la misma de Dios. Él pudo visualizar cómo un proyecto de grandes proporciones podía ser dividido en porciones manejables y luego distribuido entre muchos individuos capacitados. Al final, la reconstrucción de los muros de Jerusalén fue completada ¡en sólo cincuenta y dos días! Los buenos planificadores del reino el día de hoy tomarán nota de cómo la planificación estratégica ayuda a definir el panorama general, permite que una estrategia sea fragmentada en trozos manejables y crea un espacio para cambio y adaptabilidad en un mundo fluido y dinámico.

Por
Mark Simpson

Capítulo 6

Las políticas y los procedimientos como herramientas de planificación

FUE UN ERROR INOCENTE. Daniel, el director de los jóvenes había desempeñado este puesto por seis meses y estaba haciendo un excelente trabajo, trayendo jóvenes a la iglesia. Un ministerio clave bien implementado. Poco tiempo después de su llegada fue a una reunión de los viernes al anochecer en el salón de actividades sociales de la iglesia para tomar un refrigerio, divertirse y disfrutar de compañerismo. El ministerio estaba teniendo mucho éxito; los jóvenes venían al templo los viernes en la noche en vez de reunirse alrededor de los autos en los estacionamientos. Esto también daba a los jóvenes la oportunidad de alcanzar a sus amigos e invitarlos al templo.

Cuando Daniel y su equipo del ministerio para los jóvenes llegaron para preparar el salón para las actividades del viernes por la noche, descubrieron que el salón estaba lleno de mesas vacías y las sillas arregladas como para un banquete. En la cocina encontraron cajas con adornos sobre el mostrador de servicio. Dentro de las cajas había centros florales para mesa, listones de papel crepé de papel rosado y verde, y pequeñas copas decoradas que contenían maní y dulcecitos de menta de color rosado y verde. En una hora los jóvenes estarían llegando para comer pizza y tener juegos, así que Daniel movió las cajas a un rincón mientras que los de su equipo ministerial quitaron algunas mesas y sillas para hacer espacio para las actividades de la noche.

Más tarde esa noche, un par de los jovencitos más curiosos encontraron las cajas que Daniel había colocado en el rincón de la cocina. Muy pronto un par de las pequeñas copas llenas con maní y dulces de menta fueron pasadas alrededor de todos y las golosinas fueron consumidas. Al final de la velada, la mayoría de las copitas estaban vacías. Siendo tan numeroso el grupo de jovencitos en el salón, no es de sorprender que Daniel, el director, no se percató de que el maní y los dulces estaban siendo consumidos.

Al final de la reunión, como era la costumbre, Daniel y el equipo ministerial de jóvenes limpiaron la cocina y sacaron la basura. Daniel también colocó las cajas nuevamente en el mostrador donde las había encontrado y quitó el resto de las mesas y sillas para facilitarle el trabajo al guardatemplo cuando viniera la tarde del sábado a arreglar el salón para las actividades del domingo. Había sido otro viernes exitoso ya que dos jovencitos habían aceptado a Cristo durante el tiempo devocional.

Temprano el sábado por la mañana Daniel recibió una llamada del pastor González. El diácono Martínez, furioso, había llamado al pastor desde la cocina de la iglesia. Alguien había quitado las mesas y las sillas que el guardatemplo había puesto para la boda de su hija, y varias de las decoraciones hechas para la recepción faltaban en las cajas que estaban sobre el mostrador de la cocina. El diácono Martínez quería saber si el pastor sabía quién había sido el responsable de este atropello. El pastor sabía que los jovencitos del grupo de Daniel habían usado las instalaciones de la iglesia la noche anterior y preguntó a Daniel qué sabía acerca de esta situación. Daniel le dijo al pastor lo que sabía, e inmediatamente llamó al diácono Martínez para disculparse y se ofreció a poner las cosas nuevamente en su lugar. Lamentablemente el diácono no se sentía con el humor para escuchar las explicaciones de Daniel en cuanto a lo que había pasado. El resto del día Daniel lo pasó recibiendo llamadas telefónicas de los enfurecidos amigos y familiares del diácono Martínez, así como las palabras de aliento de los comprensivos y solidarios padres que entendían que este había sido un error de comunicación.

Poco tiempo después de la boda, el señor Martínez propuso una política a los diáconos que prohibía que los jóvenes usaran el salón de actividades excepto las ocasiones en que los diáconos lo aprobaran basándose en una consideración individual de cada caso. El argumento que se presentó es que el templo es un lugar para el ministerio, y que otros ministerios de la iglesia debían sentirse libres de tener uso exclusivo del salón de actividades sociales los viernes y sábados sin el temor de interferencias de "fiestas y juegos" para los jóvenes. Después de mucha discusión los diáconos estuvieron de acuerdo en que el uso del salón de actividades sociales los domingos y los miércoles por la tarde era suficiente para los jóvenes, y la política fue aceptada e implementada. Unos meses después el diácono Martínez animó a la iglesia a recomendar que Daniel, el director de los jóvenes, renunciara debido al número decreciente de jóvenes envueltos en la vida de la iglesia.

Las suposiciones peligrosas, las líneas deficientes de comunicación y la falta de políticas para el uso de las instalaciones fueron finalmente responsables de crear condiciones conflictivas entre el ministerio de jóvenes y la recepción de la boda en la iglesia. Cuando esto sucede los temperamentos se encienden, y la lógica, la razón y el sentido común son los primeros dañados en la formulación de las políticas y procedimientos para prevenir la repetición de la situación. Pero en principio de cuentas, ¿por qué no había políticas y procedimientos en función? Puede haber sido sólo un descuido. Algunas veces la tradición da por sentado el rol de la política y los procedimientos porque "así es como siempre se ha hecho". Las iglesias y las organizaciones cristianas que experimentan un crecimiento rápido tienen problemas para hacer el cambio de la tradición a la planificación con las políticas y procedimientos. Sin embargo, algunas veces las políticas y procedimientos no están funcionando por un malentendido en cuanto a la relación teológica de la planificación del ministerio con el hecho de seguir la voluntad de Dios.

Planificar no es pecado

En muchas iglesias y organizaciones cristianas la planificación con la implementación de normas y procedimientos equivale a cometer un pecado, por la creencia de que "la planificación impide que el Espíritu se mueva". En Santiago 4:13-17, Santiago advierte a la iglesia acerca de hacer planes definitivos para los negocios diarios. En cambio, alienta a los cristianos a recordar que tal planificación debe estar subordinada a la voluntad del Señor. Lamentablemente, muchos líderes del ministerio malinterpretan lo que Santiago estaba enseñando. El ejemplo del ministerio del apóstol Pablo nos puede ayudar a entender la relación de planificar siguiendo la voluntad de Dios.

Al parecer el apóstol Pablo no consideraba la planificación como un anatema. En Hechos 16:6-10 vemos a Pablo y a sus compañeros de ministerio en su segundo viaje misionero haciendo planes para llevar el evangelio a las regiones del norte y luego a las regiones del sur en su viaje a través de Asia. Sin embargo, el Espíritu no se lo permitió (Hech. 16:7). Como resultado, siguió el llamado inesperado de ir a Macedonia y terminó yendo a Filipos, lo que dio como resultado que el evangelio se extendiera desde Macedonia hasta Grecia y finalmente a Roma.

Pablo no dejó que su ministerio fuera llevado de un lado a otro sobre las olas del destino o al azar. En cambio él hacía planes, los cuales cambiaba cuando el Señor lo guiaba a hacerlo. Es un error mortal interpretar la enseñanza de Santiago sobre hacer planes como si él hubiera dicho: "No hagas nada hasta que el Espíritu te mueva a hacerlo". Sé de una iglesia donde un director de educación cristiana bien intencionado rehusó hacer planes para la presentación anual de Navidad porque él creía en ser "movidos por el Espíritu". Como resultado, tanto los niños como los padres se sintieron frustrados por lo que se suponía sería un evento familiar feliz. A los niños pequeños se les dieron versículos bíblicos para memorizar la noche anterior a la presentación, y se esperaba que los recitaran frente a una sala repleta de personas. Nadie sabía lo que sucedería enseguida cuando el programa fue presentado. Usted se puede imaginar la tensión que esto produjo tanto a los niños como a los padres. El resultado final de la falta de hacer planes con tiempo es que cada año la congregación respiraba aliviada cuando la presentación terminaba, y los niños odiaban lo que debía haber sido una celebración feliz.

Si planificar estuviera verdaderamente en contra de lo que enseña la Biblia, entonces Dios nunca hubiera hecho que uno de los dones del Espíritu fuera la administración. Como lo declaramos en el capítulo 2, la palabra traducida como "administración" en la lista de los dones espirituales en 1 Corintios 12:28 se refiere literalmente a "conducir un barco"[1]. El papel de un timonel es conducir el barco al puerto de su destino señalado por el capitán. Conforme el timonel conduce la nave, lo hace de manera que el barco evite chocar con otras embarcaciones y esquive bancos de arena y arrecifes que podrían causar un naufragio. Como todo navegante sabe, el dejarse llevar por la corriente no siempre es sabio. Las corrientes rápidas algunas veces llevan a los barcos a estrellarse; otras los llevan a los rápidos en los ríos y finalmente a cataratas. Pero cuando seguimos a Cristo (el capitán) y su liderazgo, el trazar una carta de navegar (planificar) para cumplir su voluntad (puerto de destino) no sólo es apropiado, sino necesario y requerido.

Carlos Haddon Spurgeon, el gran pastor evangélico cristiano de la megaiglesia Tabernáculo Metropolitano del siglo diecinueve en Londres, creía que "planificar era importante, pero uno siempre debe reconocer la soberana dirección de Dios en cualquier plan que uno haga en su vida. 'El corazón del hombre traza su camino, pero el SEÑOR dirige sus pasos' (Prov. 16:9). Una vez que conocemos el plan de Dios para nosotros, estamos libres para seguir su plan de acción conforme procuramos cumplir su propósito"[2].

Bien puede ser que pecamos cuando afirmamos que un ministerio deficientemente planificado y oportunidades perdidas en nuestro ministerio son "la voluntad de Dios". Tomemos como ejemplo el proceso de la postulación de nuevos pastores o líderes de organizaciones cristianas. Los comités de búsqueda con frecuencia dejan de responder en un tiempo razonable a los *currículum vitae* que reciben, y después aducen que fue la voluntad de Dios cuando la mayoría de los candidatos deseables ya no están disponibles. Luego, cuando pasan por toda la lista y finalmente llaman a un nuevo pastor o un líder ministerial y al siguiente año se va, explican que esto fue la voluntad de Dios. Cuando fracasamos en planificar para el ministerio y luego culpamos los resultados a la voluntad de Dios, atribuimos la imperfección y posiblemente la iniquidad como actos del Espíritu Santo de Dios. Jesús nos enseña en Mateo 12:22-32 que esto es blasfemar contra el Espíritu Santo. De acuerdo con Jeremías 29:11, los planes de Dios para nosotros son planes de bienestar para darnos porvenir y esperanza, si buscamos primeramente su reino[3]. Hacer planes con el propósito de buscar el reino de Dios no es un pecado; el no hacer planes lo es.

La ley, la gracia y el caos en el ministerio

Aun cuando el "moverse en el Espíritu" sea correctamente interpretado y aplicado a la vida de una iglesia u organización, otras dimensiones de planificación pueden ser problemáticas. Al seguir las políticas y los procedimientos, el legalismo y la anarquía pueden inhibir tanto al ministerio como el permitir que este sea lanzado de aquí para allá por la suerte o la casualidad. Cuando las políticas y los procedimientos llegan a ser prohibitivos para el ministerio, hay una tendencia a ver tal planificación con suspicacia. Cuando las políticas y procedimientos son todos "negociables", hay una tendencia a ver la planificación como inconsecuente.

Cuando el legalismo es la manera en que las políticas y los procedimientos se producen, se implementan y se mantienen, los que son "organizacionalmente desafiados" se sentirán constreñidos a llevar a cabo el ministerio de acuerdo con esas normas y reglamentos. En ocasiones para esos individuos, la "gracia" se hace necesaria. Sin embargo, el peligro es permitir que la gracia sea ejercida repetidamente para disculpar o acomodarse a una planificación deficiente. Una vez que ese precedente ha sido sentado, la gracia no sólo es pedida, sino más bien esperada, si no es que exigida. La gracia tiene su lugar cuando se cometen errores al intentar con sinceridad seguir las políticas y los procedimientos, pero no debe convertirse en la norma para ignorarlos y luego pedir la gracia para cubrir las ofensas.

Algunas veces las políticas y los procedimientos no son comunicados con claridad, haciéndolo difícil para los que dirigen el ministerio. Pero cuando "es más fácil pedir perdón que pedir permiso" se convierte en el *modus operandi* de una iglesia u organización cristiana, el resultado final puede ser desastroso. ¿Por qué? Porque cuando los líderes en el ministerio ven que las políticas y los procedimientos pueden ser ignorados con éxito por algunos, ellos esperan el mismo tratamiento. Para ser justos, sí deberían. Después de todo, ¿por qué deberían algunos ministerios estar exentos de seguir los procedimientos debidos mientras que otros se sienten forzados a cumplirlos? Bajo condiciones tan inconsistentes, finalmente nadie se molestará en seguir las políticas y los procedimientos destinados a evitar los conflictos y conductas abusivas en el ministerio (por ejemplo, gastar más de lo presupuestado). El resultado final es el desperdicio de los recursos (que algunas veces son escasos), y el caos en el ministerio.

La planificación en el ministerio utilizando políticas y procedimientos puede ayudar a avanzar el reino de Dios, siempre bajo la acción de su Espíritu.

Estos protocolos, si se usan adecuadamente, evitarán que nos "adelantemos a Dios" o que socavemos su voluntad para la iglesia o las organizaciones cristianas. Puesto que Dios hace todo decentemente y con orden, y espera que nosotros hagamos lo mismo (1 Cor. 14:40), el no desplegar las políticas y procedimientos y el permitir que todos hagan lo que en su opinión está bien, es contrario a la acción del Espíritu y contrario a la voluntad de Dios.

Políticas, procedimientos y protocolos

Los términos *política*, *procedimiento* y *protocolo* pueden fácilmente ser malinterpretados. Se proveen las siguientes definiciones para guiar al lector cuando estos términos son usados en el contexto del ministerio. Si todos operamos desde las mismas definiciones, esto minimiza la posibilidad de confusión o de una mala comunicación.

- Política es una declaración explícita de una creencia y/o actitud que tiene el propósito de dar forma y controlar la acción de un ministerio.
- Procedimiento es una declaración explícita de la progresión adecuada y/o requerida de acciones que deben ser tomadas para implementar una política dada.
- Protocolo es una declaración explícita de la política combinada con la declaración explícita del procedimiento.

Nótese que cada término requiere de una documentación explícita. Las declaraciones explícitas son aquellas que son definidas claramente por escrito. Por ejemplo, las declaraciones explícitas de política y procedimiento se encuentran en las constituciones de las iglesias, en las actas de las sesiones de negocios y en los manuales de los empleados y del ministerio. Aunque es posible tener una política o un procedimiento implícitos (p. ej.: la tradición oral), siempre es mejor tener estas declaraciones por escrito para referencia futura. Las declaraciones implícitas son aquellas que son sobreentendidas o dadas por sentado. Ejemplos de estas incluirían la presuposición de que las políticas para un ministerio son aplicables a todos los ministerios o expectativas de conducta procesal en las implementaciones ministeriales sin directrices o requisitos de autorización.

Cuando analizamos cuidadosamente cada uno de estos términos comenzamos a ver cómo pueden trabajar juntos para ayudar en la planificación y administración del ministerio. Una vez que entendemos cómo se relacionan las políticas con los procedimientos, y cómo unidos forman los protocolos para el ministerio, entonces podemos identificar algunos mecanismos clave que realzarán el crecimiento y desarrollo del ministerio.

Las políticas y la planificación en el ministerio

Una política de ministerio ha sido definida como *una declaración explícita de una creencia y/o actitud que tiene el propósito de dar forma y controlar la acción de un ministerio.* Como tal, las políticas del ministerio, cuando se desarrollan de manera adecuada, pueden hacer posible que una organización cristiana sea más efectiva en el desarrollo e implementación de los ministerios, y más eficiente en el uso del tiempo, recursos y personal. Lamentablemente, las políticas ministeriales son con frecuencia implementadas como resultado de experiencias negativas, en vez de ser creadas proactivamente para prevenirlas.

Tomemos por ejemplo el caso de estudio con el que abrimos el capítulo, acerca del ministerio de los jóvenes que entró en conflicto con los preparativos de una boda. Dado que no había políticas en función acerca del uso de las instalaciones de la iglesia, Daniel, el director de jóvenes, no tenía manera de saber que iba a celebrarse una boda el día siguiente. Es verdad que él podría haberlo sabido si las líneas de comunicación en la oficina de la iglesia hubieran estado funcionando adecuadamente, pero al parecer no lo estaban. Ya que no había una política en función que pudiera haber alertado a Daniel y a los organizadores de la boda de que había ministerios en conflicto preparándose para utilizar el mismo espacio, el ministerio de Daniel fue finalmente desmantelado en lo que parece ser una medida vengativa de corrección a la omisión. El diácono Martínez, aunque justificadamente ofendido porque la recepción de la boda de su hija había sido trastornada, no pudo ver que los diáconos deberían haber tenido una política en función acerca del uso de las instalaciones de la iglesia para evitar que ocurrieran conflictos como este.

Cuando las políticas son implementadas como una reacción impulsiva a un problema, con frecuencia terminan generando más problemas. En el caso del director de los jóvenes, un ministerio exitoso con la juventud fue inhabilitado por una política reactiva que impedía que los jóvenes usaran las instalaciones de la iglesia los fines de semana. Una política buena capacita al ministerio en lugar de incapacitarlo. Cuando las políticas son creadas de manera proactiva para evitar conflictos en el ministerio, es posible evitar las acciones reactivas o punitivas[4]. Por consiguiente, si la iglesia hubiera tenido en efecto una política sobre el uso de las instalaciones, Daniel podría haber hecho otros arreglos para celebrar el compañerismo de los jóvenes que regularmente se llevaba a cabo, y los organizadores de la boda podrían haber guardado los artículos más cuidadosamente.

Las políticas impulsivas con frecuencia no tienen en cuenta el efecto de dominó que una política puede tener sobre múltiples ministerios. Cuando una política es establecida rápidamente para corregir algún área de problema, los líderes del ministerio deben prever la manera en que la política impacta a otras áreas del ministerio. Por ejemplo, en nuestro caso de estudio, cuando la política fue implementada la intención fue prevenir que los ministerios de los jóvenes interfirieran con el uso de las instalaciones de la iglesia por parte de otros ministerios. Sin embargo, cuando la política fue implementada, otros ministerios acostumbrados a usar las instalaciones de la iglesia sin previa notificación de pronto se encontraron con el impedimento de hacerlo. Las mejores políticas son aquellas que preven su impacto desde que son establecidas, en vez de enfrentarse a las consecuencias después del hecho.

La política de un ministerio es más eficaz cuando es una declaración explícita en vez de ser sólo una expectativa implícita. Cuando se escribe una política (explícita), todos escuchan lo mismo. Cuando cambian los líderes de la iglesia, la siguiente generación de líderes tiene las políticas escritas para guiarlos en la formulación de las decisiones del ministerio. Cuando una política es simplemente una tradición, transmitida sólo de palabra, o dada por sentado de que "así deben ser hechas las cosas" (implícita), la probabilidad de conflictos en el ministerio aumenta, especialmente cuando ocurren cambios en el liderazgo. Lo mismo ocurre cuando una política es formulada arbitrariamente y justificada con "no hay razón para ello; es sólo nuestra política". Una política escrita con claridad explica lo que debe hacerse y provee cierto grado de razonamiento acerca de por qué existe. De otra manera, con el tiempo la política caerá en cuestionamiento, se harán excepciones a la política, y los conflictos en el ministerio ocurrirán nuevamente.

Las políticas del ministerio reflejan tanto las creencias como las actitudes sobre el ministerio en general. La redacción de las políticas, lo que permiten, lo que no permiten, lo que alientan, lo que requieren, lo que desalientan, etc., son una forma de tomar decisiones que reflejan lo que el ministerio cree que debe estar haciendo por Cristo. Una de las mejores maneras de percibir las creencias y las actitudes que una organización cristiana tiene acerca del ministerio es mirar más allá de la declaración de su misión y su visión para ver qué tan claramente están expresadas las políticas de su ministerio[5]. ¡Aun la ausencia de políticas dice algo sobre las intenciones de crecimiento de una organización!

Lamentablemente, muchas organizaciones cristianas dedican muchas horas en la creación de declaraciones de su misión y su visión, pero no crean las políticas ministeriales compatibles que corresponden a las mismas. En tales situaciones las declaraciones de la misión y la visión terminan siendo un eslogan o una banderola en la pared que hacen muy poco para realzar la efectividad de un ministerio a largo plazo.

La política de un ministerio es más eficaz cuando es apoyada por procedimientos escritos del ministerio. Los procedimientos explícitos hacen que una política sea fácil de usar en el sentido de que los usuarios son capaces de cumplir las expectativas de la política. Una política abstracta sin procedimientos claros de implementación alienta a que la política sea ignorada o esquivada.

Procedimientos del ministerio para las políticas del ministerio

Hemos definido el procedimiento de un ministerio como una declaración explícita de la progresión adecuada y/o requerida de acciones que deben ser tomadas para implementar una política declarada. Como tal, los procedimientos del ministerio, cuando son desarrollados clara y lógicamente, pueden hacer más probable y posible la adherencia a las políticas de una organización cristiana. Los procedimientos eficientes del ministerio habilitan su trabajo en lugar de deshabilitarlo. Los procedimientos ineficientes del ministerio hacen que los líderes tengan que adivinar lo que deben hacer para conformarse a la política o hacer que los ministerios vayan saltando de una cosa innecesaria a otra, o que sin querer impidan el trabajo de la iglesia. Los procedimientos que consisten de pasos simples, específicos y mensurables de acción tienen más probabilidades de ser seguidos en vez de dejar que los líderes lo hagan cada uno a su manera.

Combinación de políticas y procedimientos con protocolos ministeriales

El protocolo del ministerio es una declaración explícita de la política combinada con la declaración explícita del procedimiento. Como tal, un protocolo del ministerio trata de combinar la política y el procedimiento en maneras fáciles de usar. Aunque es verdad que algunas veces sólo hay que cumplir las reglas, entender la razón de las reglas aumenta la probabilidad de que cada una sea cumplida apropiadamente. En el contexto de aplicación ministerial, el término *protocolo* puede ser usado para describir la implementación adecuada de la política y el procedimiento. Un protocolo se refiere a los medios por los cuales la política y el procedimiento son implementados.

Al formular los procedimientos en los protocolos del ministerio, el viejo adagio "mantenlo simple" es un consejo sabio. Los mejores procedimientos son aquellos que guían paso a paso y son, en lo posible, los más fáciles[6]. Cuanto más complicado y abstracto sea el procedimiento, más difícil de seguir será para los usuarios, y más fácil será que se rindan sin siquiera intentarlo. Los procedimientos de paso a paso facilitan que los líderes sepan con *quién* trabajar (personas y cuerpos de aprobación), *qué* debe hacerse (el fluir de las tareas específicas) y *cuándo* deben ser completadas (marcos de tiempo). El *por qué* son necesarios los procedimientos es la política; *cómo* es implementada la política es detallada a través de los procedimientos.

Para ayudar a las organizaciones cristianas a adherirse a los procedimientos en los protocolos, debe haber formularios que deben ser completados, con requisitos que acaten las políticas referidas. En nuestra sociedad donde el Internet juega un papel tan importante, hay formularios que se pueden bajar de sitios Web de iglesias u organizaciones cristianas que pueden facilitarle a los líderes el trabajo, haciendo posible recibir estos formularios rápidamente; esto puede también ahorrar los costos de duplicación y aun el franqueo algunas veces. Cuando no es posible el uso del Internet, probablemente pueden encontrarse estos formularios de requisitos en las oficinas de algunas iglesias u organizaciones cristianas.

Los procedimientos contenidos en los protocolos del ministerio no necesitan ser procesos elaborados. Por ejemplo, en el caso de estudio con el que abrimos el capítulo, tanto el director de jóvenes como los organizadores de la boda podrían haber llenado un simple formulario de solicitud para el uso del salón. Este formulario habría alertado a la oficina de la iglesia sobre un conflicto potencial de ministerios, permitiendo que ambos ministerios fueran informados para hacer los ajustes de manera adecuada. El formulario de solicitud para el uso del salón podría haber incluido las instrucciones del arreglo del salón y un diagrama correspondiente que habría ayudado al personal de la conserjería a preparar el salón para el ministerio. De nuevo, no hubieran sido necesarios procedimientos excesivamente complejos para implementar una política de uso de las instalaciones. La mayoría de las veces, cuanto más simple es mejor.

Cada organización cristiana tendrá diferentes políticas que resultan en diferentes procedimientos para el ministerio. Las obras básicas de Bruce Powers *Church Administration Handbook*[7] (Manual de administración de la iglesia) y *Christian Education Handbook*[8] (Manual de educación cristiana) dan ejemplos excelentes de procedimientos que pueden ser fácilmente implementados en protocolos para habilitar políticas comunes en la iglesia. La formación de protocolos del ministerio debe incluir los siguientes elementos:

- título de la política;
- declaración del propósito para la política;
- base bíblica-teológica y práctica para la política;
- declaración de limitaciones para la política (lo que se intenta hacer) y delimitaciones de la política (lo que no se intenta hacer);
- lista (marcada con viñetas) de los pasos procesales a ser tomados en la implementación de la política, incluyendo asuntos tales como hacer un listado de los recursos disponibles, un listado de los recursos requeridos, etc.;
- identificación de los grupos responsables en la administración de la política y los procedimientos correspondientes; e
- inclusión de la fecha en que la política fue iniciada y de las subsiguientes revisiones de la misma (con frecuencia como pie de página o nota al calce)[9].

Hay cinco protocolos específicos que casi toda iglesia y ciertamente la mayoría de las organizaciones cristianas necesitan para poder anticipar y/o acomodar a los intereses de la política con respecto al ministerio:

1. Protocolos de planificación del calendario maestro
2. Protocolos de transportación
3. Protocolos de compras y reembolsos
4. Protocolos del uso de las instalaciones
5. Protocolos de la disposición de los ministerios

Protocolos de planificación del calendario maestro

La planificación de un calendario maestro permite que muchas políticas organizacionales y procedimientos sean abordados en un marco, recordando a los líderes del ministerio la importancia de seguir los protocolos correspondientes. El proceso es simple y también es un tiempo de compañerismo para todos los participantes. La oficina principal de la organización crea un calendario maestro de doce páginas, una página por mes, con los ministerios semanales anotados, así como los ministerios especiales aprobados que ya estén en proceso. Después del refrigerio y de un tiempo de oración y estudio bíblico para empezar en el ambiente adecuado, los líderes de cada ministerio de la iglesia u organización cristiana pasan juntos por cada mes del año. Cada líder identifica las fechas y las horas de las actividades proyectadas de su ministerio para el mes bajo discusión, que luego son compiladas en un calendario. Cualquier conflicto de ministerios es evidente inmediatamente, y las fechas y las horas son negociadas o marcadas para discusión futura. Luego se repite el proceso para cada mes del año que está siendo planificado.

El proceso de planificación del calendario tiene el beneficio adicional de permitir a la iglesia u organización cristiana medir el flujo de los ministerios para que no todo ocurra a la misma vez. También tiende a generar un sentido de entusiasmo acerca de lo que Dios estará haciendo por medio de la iglesia u organización cristiana el año entrante.

Al concluirse la reunión de planificación, todos los ministerios habrán quedado asentados en un calendario maestro desplegado de manera prominente en la oficina principal. La experiencia ha demostrado que este calendario funciona mejor si sólo una persona puede anotar o eliminar del calendario los ministerios durante el año. Tener a una persona designada en control del calendario evita más adelante la posibilidad de que alguien anote actividades aún no aprobadas, lo que podría crear conflictos con los ministerios en función. En mi experiencia de trabajar con iglesias, la mejor persona designada es el secretario o secretaria principal, no el pastor. Gracias a la tecnología electrónica, ahora es fácil crear e imprimir un calendario maestro, como los que usan las juntas y comités, que puede ser distribuido.

Protocolos de transportación

Una compra común cada vez mayor hecha por iglesias y organizaciones cristianas es un autobús o camioneta. Después de la compra surge el conflicto inevitable de dos grupos ministeriales que quieren usar el vehículo al mismo tiempo. Una política expresada claramente sobre la manera en que el vehículo debe ser reservado, usado, mantenido y regresado elimina muchas presuposiciones peligrosas, por ejemplo, que el tanque de la gasolina del autobús o camioneta ha sido llenado. Una hoja de reservación en la oficina principal es con frecuencia suficiente para llevar un control del uso del autobús o camioneta, y una lista sencilla de comprobación que ha sido devuelta después de completarse el uso del vehículo ayuda a asegurar que está listo para el uso del siguiente ministerio[10]. Los grupos o personas que optan por no seguir los procedimientos en el protocolo son generalmente restringidos del uso del vehículo por un tiempo definido.

Protocolos de compras y reembolsos

El flujo de los recursos financieros es una frecuente preocupación mayor para cualquier organización. Cuando los líderes del ministerio pueden gastar el dinero sin previa aprobación y luego solicitan un reembolso, las autoridades administrativas pueden perder rápidamente el control del presupuesto. Usualmente, estos gastos no son inadecuados: los maestros de la enseñanza en la iglesia con frecuencia tienen que comprar artículos en el último momento cuando las lecciones del currículo incluyen recursos que de momento son inexistentes en el centro de recursos de la iglesia. Sin embargo, algunas veces líderes bien intencionados compran artículos sin comprobar cuidadosamente si los hay en el inventario actual, dando como resultado el desperdicio de los recursos financieros. También está la cuestión de la exención de impuestos. Las compras no aprobadas hechas sin el beneficio del uso del estatus de exención o descuentos como iglesia u organización cristiana desperdician el dinero innecesariamente.

Cuando la iglesia u organización cristiana protegen el presupuesto siguiendo el protocolo al requerir un formulario de compra/reembolso para ser presentada antes de hacer o reembolsar una compra, los líderes del ministerio aprenden pronto a acatar las reglas. Los desembolsos duplicados son eliminados en gran parte, las compras son hechas bajo el estatus de exención de impuestos (si es aplicable), y el secretario o secretaria y los fideicomisarios pueden mantener la integridad del presupuesto. Cuando los líderes del ministerio optan por no seguir el protocolo, las compras realizadas sin previa aprobación pueden ser reembolsadas o no, a discreción de los directivos. Algunas iglesias y organizaciones cristianas siguen una política de no reembolsar los impuestos pagados en compras en las que la exención de impuestos hubiera sido una posibilidad.

La clave para hacer que el protocolo de compra/reembolso sea un éxito es hacer que el proceso sea fácil de seguir y procesado con rapidez. La mayoría de los líderes del ministerio estarán de acuerdo con una política para proteger los recursos financieros de desembolsos innecesarios, pero si se requiere de semanas para lograr que las compras sean aprobadas, muchos tomarán el riesgo de no ser reembolsados para que el ministerio pueda llevarse a cabo. Otros se saltarán todo el proceso y "deducirán" los gastos de su diezmo para la iglesia o de alguna contribución de benevolencia a la organización, distorsionando las verdaderas necesidades del ministerio que están apoyando.

Figura 6:1: Hoja de control de disposición del ministerio

Nombre del ministerio	**Localización**
Fecha de presentación	**Hora**
Tema / énfasis	
Grupos de edades incluidos: Infantes, Niños, Jóvenes, Adultos	
Publicidad	**Aprobación / notificación**

Se necesita	**En existencia**	**Artículo**		**Se necesita**	**En existencia**	**Grupo**
		Carta circular				Personal de la iglesia
		Boletín				Oficina de la iglesia
		Volante(s)				Diáconos/diaconisas
		Cartel(es)				Educ. Cristiana
		Periódico				Fideicomisarios
		Radio/ televisión				Comité(s) Selecto(s)
		Teléfono				Comité Activ. sociales
		Persona a persona				Clases/deptos.
		Anuncio(s)				

Recursos

Se necesita	En existencia	Artículo	Comentario
		Requisición(es)	
		Directores de canto	
		Acompañantes	
		Hojas de música / himnarios	
		Música especial	
		Comidas / refrigerios	
		Asistencia en la cocina	
		Asistencia medios audiovisuales	
		Equipo de audio	
		Equipo visual	
		Iluminación especial	
		Guardatemplo	
		Disposición / arreglo del salón	
		Programa / boletín / horario	
		Ornato	
		Ujieres / recepcionistas	
		Mapa de instalaciones	
		Guardería (edades)	
		Asistencia estacionamiento	
		Caja de dinero	

Horario	Comentario

Evaluación del ministerio

Número de asistentes	Clima

Protocolos del uso de las instalaciones

La política de reservación y de disposición del salón usada como un ejemplo para resolver nuestro caso de estudio con el que abrimos el capítulo, puede evitar el uso duplicado del salón y le facilita al personal de conserjería la preparación del salón de manera adecuada. Los salones que son usados de manera consistente por el mismo ministerio, pero cambian la disposición con frecuencia para alojar a varios ministerios, se benefician de las "órdenes vigentes de reservación y arreglo". Seguir un protocolo de reservación y disposición no parecería ser importante al principio, pero el personal de conserjería generalmente aprecia poder preparar los salones para el ministerio sin tener que adivinar lo que se necesita. Esto es especialmente cierto cuando el tamaño de las sillas y las mesas debe ser adecuado para los participantes más jóvenes o mayores.

Protocolos de la disposición de los ministerios

Uno de los principales protocolos, pero de ninguna manera el último, que es muy útil en la planificación del ministerio es el despliegue de una hoja de control de disposición del ministerio (ver Figura 6.1) para cada actividad educativa de la iglesia u organización cristiana. Esta hoja de control es una sencilla hoja o documento (de dos lados) que ayuda al líder de una actividad educativa a pasar por todas las políticas y procesos requeridos para no omitir ninguna de las tareas esenciales. La parte de la hoja de control registra el tema, la fecha, la hora, la localización y el número de participantes que se esperan por grupos de edades. Inmediatamente le siguen los espacios para marcar lo que se necesita y lo que hay en existencia en cuanto a:

1. formularios de publicidad que se necesitan para la actividad,
2. aprobación que se necesita de parte de los líderes de la iglesia y cuerpo directivo, y
3. una nómina universal de recursos usados más comúnmente en cualquier ministerio (tal como los músicos, el equipo y personal audiovisual, ujieres, personal de guardería, asistentes de cocina, cambio monetario, etc.).

Estas listas de comprobación son luego seguidas por un horario de trabajo de la actividad. El formulario concluye con una evaluación rápida del ministerio, indicado en número de asistentes, el clima durante el evento (que con frecuencia afecta la asistencia), y cualesquiera notas que pueden enriquecer el ministerio en el futuro.

Conclusión

La planificación en el ministerio puede ser enriquecida si las políticas y los procedimientos funcionan junto con los protocolos expresados claramente. Tal enfoque a la administración del ministerio es bíblico cuando el ministerio permanece subordinado al liderazgo del Espíritu Santo conforme los planes del ministerio se van desarrollando. El desafío es crear políticas que capacitan al ministerio en vez de estorbarlo, y crear procedimientos que son fácilmente seguidos y provechosos si son observados en vez de evitados. La alternativa es que el ministerio proceda a la ventura e inconsistentemente, desperdiciando el tiempo y los recursos y generando conflictos en el camino. Ese enfoque no glorifica a Dios, ni lleva adelante el ministerio ni usa con fidelidad los dones y talentos que él nos da para hacer su obra decentemente y con orden.

Por
Tony Buchanaan

Capítulo 7

Preparación e interpretación de un presupuesto

SI USTED QUIERE CONOCER cuáles son los verdaderos valores de una persona, revise su calendario y su chequera. Las palabras de Jesús resuenan con este principio: "Porque donde esté vuestro tesoro, allí también estará vuestro corazón" (Luc. 12:34). Esto también es verdad en cuanto a las organizaciones, y aun en cuanto a la iglesia o a un ministerio en la iglesia. El ministerio de educación cristiana es uno de los que destacan la importancia de evaluar los valores como una actividad fundamental para preparar un presupuesto. Este capítulo proveerá al lector la comprensión básica de los asuntos envueltos en la preparación de varios tipos de presupuestos, ya que a la mayoría de los líderes ministeriales se les requerirá el uso de ellos de manera regular. No ha sido diseñado para proveer un repaso de los procedimientos detallados de contabilidad.

Contexto del presupuesto

Entender el presupuesto de una organización comienza con la comprensión de la cultura de la iglesia y de la comunidad en la que esta existe. No conocer la cultura o, aun peor, ignorar la cultura de la organización o la de la comunidad en la que existe es destinar al ministerio al fracaso en el proceso de elaboración de un presupuesto.

La cultura organizacional se refiere a los valores y conductas de la institución en el contexto formal e informal del liderazgo, al hacer frente a asuntos como el nivel de confianza de los líderes hacia los otros líderes, líderes para la congregación u organización cristiana, institución para líderes, del personal por los líderes y el cuerpo colectivo. Si hay una cultura de desconfianza, el presupuesto debe ser elaborado usando un sistema y debe ser administrado usando procesos que permiten ver, a aquellos que desconfían, cuánto dinero es recibido, contado, registrado y gastado. El negarse a reconocer la falta de confianza sólo da pábulo a una continua y creciente desconfianza. De la misma manera, en una cultura de mucha confianza no es sabio elaborar sistemas que se aprovechen de ello desarrollando procesos que pasan por alto la buena práctica de controlar los cheques y balances y la responsabilidad de rendir cuentas.

Un asunto muy importante incluido en la preparación de un presupuesto dentro de cierta cultura es el concepto sobre la centralización y la descentralización. La centralización es descrita fácilmente como un escenario de "mamá-y-papá", donde papá y mamá, siendo el liderazgo más grande, toman todas las decisiones con respecto a la aprobación de fondos y políticas, y requieren que los hijos, los que trabajan en los ministerios, pidan el permiso de mamá y papá antes de ir adelante. La estructura centralizada es con frecuencia una reacción a un flujo ajustado de dinero o a una variedad de problemas en la congregación u organización. La cultura también existe donde hay falta de confianza, cualesquiera que sean las razones, entre los líderes más altos y aquellos que están en las "trincheras" del ministerio.

Si existe un escenario de centralización, el proceso de elaboración de un presupuesto en esa organización puede incluir información de los que están en las "trincheras", pero los más altos niveles de liderazgo toman las decisiones con respecto a las prioridades para los fondos. Un asunto significativo en las estructuras centralizadas se convierte en la alineación de personas que llevan a cabo el trabajo en la organización. Ellas a menudo sienten una total falta de autoridad y que no tienen derecho a voz ni voto en el proceso de organizar el ministerio en el que trabajan. El resultado es un problema de desmoralización y cambios en el personal.

Una cultura de descentralización tiene sus problemas, pero la cultura debe existir si la organización ha de crecer hasta llegar a ser una organización dinámica. La descentralización requiere una cantidad creciente de trabajo en alineación con la misión de la institución, la autorización de líderes, estructuras y procesos organizacionales en el uso de los recursos financieros para lograr el trabajo del ministerio, el traslado de la toma de decisiones tan cerca como sea posible al lugar donde el ministerio está siendo realizado, y la edificación de las estructuras adecuadas de responsabilidad de manera que la organización sea fiscalmente responsable.

Propósito del presupuesto

Para proceder con la elaboración del presupuesto, uno debe entender su propósito y cómo se aplica al contexto organizacional. La discusión de los presupuestos en este capítulo se enfocará en los presupuestos para organizaciones no lucrativas, a las que con frecuencia se hace referencia como "contabilidad de fondos" porque toma el total de los ingresos esperados y los distribuye en cuentas o fondos para ser usados por los líderes de la organización.

Un presupuesto reflejará el concepto de los líderes acerca de las cantidades de dinero que serán recibidas por la organización y la manera en que ese dinero será gastado. Sin un presupuesto, el proceso operativo de la organización llega a ser miope, lo que resulta en desembolsos basados en quién llega primero hasta el tesorero y con frecuencia reflejan sólo los valores del tesorero o del comité de finanzas.

Gray declara que "los presupuestos son planes que expresan en términos numéricos las necesidades futuras que la institución espera, que cubren las exigencias por un período específico. Elaborar presupuestos en la iglesia es normalmente expresado en términos de los dólares y centavos necesarios para satisfacer el costo de las operaciones durante el período, usualmente un año"[1]. La Figura 7.1 ilustra la conexión teórica entre el presupuesto y el ministerio[2]. El presupuesto y los recursos financieros son equilibrados con el plan actual del ministerio. En algún punto se propone un plan para el ministerio, el cual reemplaza el presupuesto presente, creando un desequilibrio. En este punto los líderes de la congregación u organización cristiana tienen que tomar una decisión: reducir el plan ministerial propuesto para cumplir con el presupuesto, o ampliar el presupuesto para afirmar y sostener el ministerio propuesto, reestableciendo el equilibrio del presupuesto. Aunque indudablemente los líderes tienen que declinar y también afirmar los esfuerzos ministeriales propuestos basados en los intereses del presupuesto, las instituciones en una posición progresiva, creciente y dirigente, característicamente favorecerán las extensiones propuestas del ministerio. Las instituciones que favorecen la reducción de las proposiciones ministeriales son característicamente las que están en una posición de mantenimiento.

Figura 7.1 El presupuesto y el ministerio

El presupuesto equilibrado es capaz de sostener el ministerio	El presupuesto desequilibrado es incapaz de sostener el ministerio	El equilibrio restaurado unifica las finanzas y el ministerio

Un proceso sólido de elaboración de un presupuesto incluye personas, informes y equipo usados para traducir el plan ministerial de la organización en una cantidad de dinero.

Personas

Las personas involucradas en el proceso de elaboración del presupuesto necesitan tiempo para convocar a reuniones para establecer prioridades, traducir las prioridades a un presupuesto, comunicar el presupuesto, cumplir las prioridades, alinear el liderazgo con las prioridades y el presupuesto, crear el presupuesto final y comunicarlo a la autoridad principal de finanzas. En una congregación estos individuos pueden ser el personal pastoral con el liderazgo de la congregación, mientras que en una organización paraeclesiástica pueden ser los administradores en cooperación con la oficina de negocios. ¿Cuáles aptitudes se necesitan para formular y administrar un presupuesto? El proceso del presupuesto se basa en principios de sentido común tales como "no hay que gastar más de lo que se tiene", "el dinero debe ser gastado al mismo ritmo que se recibe", y unas pocas instrucciones básicas con respecto a la hoja de control.

Una hoja de control puede ser utilizada como libro mayor y contiene líneas horizontales y columnas verticales (Figura 7.2). El punto en el que las líneas horizontales y las verticales se unen crea una celda. Esa celda en una hoja de control puede ser formateada para recibir un número o realizar un cálculo. Si usted no está familiarizado con hojas de cálculo, por favor investigue algunos recursos impresos en Internet antes de intentar crear un presupuesto usando una hoja de control. Las hojas computarizadas de control también son útiles para efectuar varias situaciones hipotéticas, ya que pueden ser programadas para recalcular automáticamente los datos si estos cambian.

Figura7.1: Muestra de hoja de control

Cta. #	Descripción	Presupuesto	Actual para el mes	Anual hasta la fecha	Diferencia
5101	Currículo	15.400	1.280	2.400	13.000
5102	Biblioteca	6.000	500	2.500	3.500
5103	Actividades	4.000	120	2.000	2.000
5104	Desarrollo de maestros	1.500	100	700	800
515	Suministros de enseñanza	3.000	250	496	2.504

Algunas personas tienen el don para trabajar con números. Con frecuencia son llamados "contadores de frijoles". Ese don puede venir envuelto dentro del cuerpo de un inflexible hombre de negocios que no entiende bien la diferencia entre lo que es un negocio y operar dentro de buenos principios comerciales. Si es así, debería tenerse cuidado para asegurar que se lleve a cabo una enseñanza. Aun si una persona tiene el talento básico, debería tenerse cuidado de proveer el desarrollo para aquellos quienes son principalmente responsables de la formulación del presupuesto y la administración. Muchos han dicho que elaborar un proceso de presupuesto en la iglesia es un don. No estoy seguro de que esto sea cierto, pero he sido testigo de líderes financieros que no parecían tener un don para ello, y esto es frecuentemente problemático para la estabilidad financiera del ministerio cristiano.

Informes

Una importante curva de aprendizaje para las personas ordinarias que están tratando de aprender acerca de elaboración de presupuestos es la comprensión de las tablas, cédulas, gráficas, hojas de control, a los que con más frecuencia se hace referencia como informes. Aprender a presentar informes que tengan sentido es difícil aun para los que tienen una mente educada. La congregación u organización cristiana siempre debería procurar demostrar estabilidad financiera proporcionando sencillos estados de cuenta a los líderes y al grupo corporativo. Sin embargo, esto nunca debe ser usado como justificación por no proveer informes que minimizan el cuadro financiero a una página y asegurarse de que las personas que participan en el ministerio de finanzas entiendan los informes más complicados para permitir que por lo menos un grupo de personas tenga una comprensión completa del presupuesto y los gastos de la organización.

Equipo

Las computadoras juegan una parte importante en el servicio de las necesidades del proceso de formular un presupuesto. Aunque la instrucción en cuanto al uso de las aplicaciones de computación en la administración financiera es característica para estudiantes de programas comerciales, muchos seminarios no proveen este nivel de entrenamiento en el ministerio. Afortunadamente, más y más universidades y seminarios cristianos están incluyendo instrucción en el uso de la tecnología en el contexto de los marcos del ministerio. Actualmente la mayor parte de las personas usan computadoras en el hogar o en su trabajo. Esto provee cierta familiaridad con las funciones básicas de las operaciones de computación y los programas de hojas de control, tales como Microsoft Excel o QuickBooks. Existe *software* de programas de contabilidad más complejos, pero cualquiera de los mencionados proveen al líder del ministerio las bases para la administración financiera.

La computadora específica en la que se llevan a cabo las finanzas del ministerio debe ser usada para el propósito primordial de contabilidad financiera y seguimiento. Si es usada para otras funciones, debe ser usada sólo por los que están autorizados para ver la información financiera. La computadora que es usada para rastrear los detalles del presupuesto no debe ser usada por nadie dentro del programa específico que está incluido en el presupuesto, pues la persona no sólo vería la información, sino que sería capaz de cambiarla. El evitar tal situación eliminaría la responsabilidad de dicha persona y aumentaría la integridad en el sistema.

Otro asunto es el importante detalle de tener un duplicado de respaldo de los datos de la computadora. Hay muchos programas de respaldo disponibles, y es simplemente un asunto de escoger uno y usarlo. Algunos hacen esto de manera automática y sistemática, mientras que otros tienen que ser programados para hacer el respaldo. Cualquiera que sea la manera, asegúrese de que esto sucede al final de cada día en el que ocurren las transacciones financieras. Típicamente, un sistema de tres respaldos funciona bien: hijo, padre y abuelo. El respaldo más cercano al día en curso es el hijo, el respaldo previo al respaldo actual es el padre, y el tercer respaldo es el abuelo. Es sabio guardar uno de los respaldos fuera del sitio de la institución en caso de algún evento catastrófico, como un incendio.

Tipos de presupuestos

Existen tres tipos de presupuestos básicos usados en congregaciones y organizaciones cristianas: el fondo general, el fondo de construcción o de capital, y el fondo especial. Sin embargo, estos términos son clasificados de manera diferente por cada institución pero sirven para las mismas funciones.

Fondo general

El fondo general, algunas veces llamado fondo anual o presupuesto de operaciones, es la cuenta principal de la organización. El dinero recibido cada semana es depositado en el fondo general. El presupuesto para el fondo general incluye característicamente todos los costos anuales de reparaciones y limpieza del edificio, los servicios públicos, el personal, gastos de programación y gastos de contabilidad, tales como cuotas bancarias, etc. Generalmente cuando una persona hace una remisión a la cuenta de cheques de la iglesia, el fondo general es la cuenta y presupuesto adecuados.

Fondo de capital

El fondo de capital, también llamado fondo de construcción, es la cuenta que generalmente paga la construcción del edificio, los pagos de la hipoteca, y algunas veces las renovaciones mayores del edificio. En algunas situaciones cualquier pieza de equipo comprada con un límite predeterminado de gastos —por ejemplo: artículos con precios que sobrepasan determinada cantidad—, es considerada un gasto del fondo de capital. La compra de una fotocopiadora es un gasto del fondo general, pero la compra de una copiadora de precio elevado es un gasto del fondo de capital. Los líderes deben establecer la cantidad máxima con el propósito de determinar cuál será un asunto del fondo general y cuál del fondo de capital.

Fondo designado

Las congregaciones y organizaciones cristianas tienen varias situaciones en que los líderes deciden establecer este fondo especial. Para una congregación un fondo común muy especial es el fondo de "misiones". Otros ejemplos podrían ser el fondo de construcción, o un fondo para una organización auxiliar de la iglesia, tal como una escuela cristiana. Aunque un fondo designado sirve para un propósito definido, los líderes deben tener mucho cuidado en restringir el uso de este fondo para evitar cargos bancarios, la complejidad de los informes y la facilidad de crear una mentalidad de "mi dinero" con respecto a varios segmentos de la iglesia. Además, en las congregaciones algunos miembros comenzarán a destinar sus contribuciones hacia fondos designados en vez de al fondo general, algunas veces inocentemente, pero otras veces como una manera de manifestar su descontento en cuanto a los gastos del fondo general o el liderazgo de la congregación.

Si los líderes de la congregación u organización cristiana deciden tener un proyecto especial a corto plazo, algunas veces una cuenta separada es la manera más eficaz de manejar los detalles de la cuenta. También pueden surgir circunstancias donde por la naturaleza del proyecto especial se hace necesaria la creación de una cuenta separada, tal como un proyecto misionero especial. Una buena contabilidad puede manejar los ingresos y gastos del proyecto especial. Sin embargo, tener los fondos que se están usando para un proyecto o programa en una cuenta separada es a menudo algo simbólico y tiene el beneficio positivo de mostrar claramente que el dinero que está siendo recibido y gastado es usado en el programa para el cual fue destinado. Nunca, por ninguna circunstancia, deben los fondos de una fuente designada de ingresos ser usados para algo diferente del uso destinado. Hacer esto es falta de ética y puede causar un desastre tanto con la Oficina de Hacienda como con todos los constituyentes del ministerio.

La contabilidad puede ser complicada

Por lo general, las organizaciones con múltiples fondos especiales son a menudo muy confiables, donde los líderes son vistos como personas de integridad. Sin embargo, muchas veces los miembros establecen cuentas especiales por su falta de confianza en los líderes. Mi experiencia es que hay un dramático aumento de fondos designados o cuentas especiales cuando los miembros de la congregación no confían en que los líderes rindan cuentas claras de los fondos donados. Aunque esta no sea la intención de los que establecen las cuentas, muchos de los líderes ministeriales han llegado a ver esto como una razón para el aumento de este tipo de cuentas.

Modelos de presupuestos

Margaret Barr bosqueja cinco modelos de presupuesto que con frecuencia pueden ser encontrados en instituciones de educación superior: (1) presupuestos de incremento progresivo; (2) presupuestos con base en cero; (3) sistemas de planificación, programación y presupuesto (SPPP); (4) presupuestos basados en fórmulas y (5) administración centrada en costos o en responsabilidades. Barr provee los pros y los contras de cada modelo de presupuesto en este singular marco no lucrativo[3]. Esta sección examinará estos cinco modelos de presupuesto, con consideraciones especiales dadas a su aplicabilidad a las congregaciones.

Presupuestos de incremento progresivo

Barr declara que un presupuesto de incremento progresivo "da por sentado que el presupuesto del año fiscal previo es exacto y refleja cabalmente los gastos de la unidad"[4]. Esta presuposición es falsa en la comunidad de educación superior donde los cambios son generalmente lentos por la complejidad de la institución y otras organizaciones externas. Esta presuposición es también falsa en el marco de la iglesia porque no reconoce la soberanía de Dios y la necesidad de un liderazgo para responder a la voluntad de Dios conforme van cambiando las necesidades de la congregación, cambios que con frecuencia son rápidos y drásticos. Este modelo de presupuesto nunca es apropiado para una congregación u organización cristiana que es sensible a las necesidades cambiantes de la congregación, y a los desafíos continuos de hacer que el ministerio sea aplicable a una sociedad cambiante.

Presupuestos con base en cero

El modelo de presupuesto con base en cero es uno donde cada artículo en el presupuesto es justificado y nada es dado por sentado como parte del proceso de presupuesto[5]. Se da este nombre al presupuesto porque cada año cada departamento comienza en cero y va aumentando los gastos al presupuesto proveyendo una justificación para cada gasto. En la superficie esto parece bueno porque está vinculado con demostrar la necesidad y la justificación de todos los gastos. Sin embargo, presenta algunos problemas.

El presupuesto con base en cero requiere de una cantidad considerable de tiempo para procesarlo correctamente. Muchos gastos son apropiados cada año. Dedicar tiempo para manejar un sistema complicado para documentar cada gasto puede ser un gasto de tiempo valioso. Por ejemplo, demostrar que debe hacerse el pago de la hipoteca no tiene sentido, pero este sistema lo hace necesario. Podría ser justificable si se estuviera considerando un cambio para reducir la tasa de interés en la hipoteca, cambios en las fechas de pagos, etc., pero en su mayor parte la iglesia simplemente hace el pago de la hipoteca cada mes. Las cualidades positivas de un presupuesto con base en cero son a menudo usadas de manera híbrida. Los gastos habituales son relativamente fijos, tales como la hipoteca, los servicios públicos, con frecuencia simplemente basados en una lista presentada al comité. A los ministerios nuevos u otras áreas del presupuesto que necesitan atención se les requiere justificar las compras que han hecho. La fuerza de este sistema consiste en su íntima conexión con el proceso de planificación de la congregación.

Sistemas de planificación, programación y presupuesto

El modelo de sistemas de planificación, programación y presupuesto (SPPP) fue popular en los años ochenta hasta principios de los noventa en la enseñanza superior[6]. El proceso es muy intensivo y se enfoca en presupuestar como una función de una unidad para determinar el costo de efectividad de cada programa. Esto reflejaba el enfoque intenso de la enseñanza superior en la eficacia institucional, donde las instituciones demostraban que sus programas son eficaces basados en la investigación y no sólo en evaluar la eficacia por la disponibilidad de los recursos. Esto significa simplemente que sólo porque un programa cuenta con el dinero no quiere decir que el programa esté funcionando eficientemente. Por lo tanto, el proceso de presupuesto estaba relacionado íntimamente con los resultados del programa, la eficacia documentada, de manera que las instituciones dedicaban fondos sólo a aquellos programas que tenían resultados mensurables y estaban cumpliendo sus objetivos.

Este modelo de presupuesto podría ser beneficioso para las congregaciones y organizaciones cristianas, pero sólo si éstas se dedican a un nivel intensivo de evaluación investigando la efectividad de su programa. Dada la naturaleza de los programas de las iglesias y su enfoque en el desarrollo espiritual así como en el desarrollo cognoscitivo, la demostración de su efectividad pudiera ser muy difícil en el marco de la iglesia. No es fácil medir la madurez espiritual o probar que un programa en particular contribuyó a un aumento de madurez espiritual comparado con otro. El resultado sería una enorme frustración para los obreros voluntarios producir un presupuesto que fuera aceptado al medirlo con del modelo SPPP.

Presupuestos basados en fórmulas

El modelo de presupuestos basados en fórmulas es usado en el marco de escuelas públicas en todos los niveles. Se establece el registro de inscripción y se somete a una distribución de fondos para cada estudiante. Hay algunas excepciones aplicadas a estudiantes con necesidades especiales, pero el enfoque básico es una fórmula. Este modelo puede ser usado en algunas situaciones de iglesias, especialmente cuando se planifica el presupuesto para el coro de adultos. Simplemente se escoge la música para el año, se determina el costo de la música para cada miembro del coro, y luego se multiplica por el número de miembros en el coro.

El problema con este modelo en las congregaciones que se están estableciendo y en la mayoría de las organizaciones cristianas es que el número de estudiantes en cualquier grupo de edad o clase cambia. Llegan nuevas personas y algunos de los miembros existentes dejan de venir o se cambian a otras congregaciones, o el número de participantes va fluctuando. Este modelo es quizá más aplicable a una escuela o institución cristiana de educación superior donde las cifras de asistencia son relativamente fijas por una extensión determinada de tiempo (por ejemplo, un trimestre, un semestre o un período académico). El proceso de llevar la pista de estos acontecimientos para propósitos de presupuesto y otros ministerios puede llegar a ser de trabajo intensivo, y no se justifica la cantidad de evaluación requerida.

Administración centrada en costos o en responsabilidades

El último de los cinco modelos presentados por Barr es el de la administración centrada en costos o en responsabilidades. Este modelo es muy similar al modelo de presupuesto de negocios centrado en las ganancias o en los gastos. La idea es simple: cada segmento de la organización funciona independiente de las otras en cuanto a la responsabilidad de reunir los fondos y pagar los gastos. "Aunque esto funciona bien para las empresas auxiliares, el modelo no se adapta fácilmente a las unidades de instrucción y apoyo dentro del colegio o la universidad"[7], y en las congregaciones. Un presupuesto centrado en las responsabilidades puede funcionar bien para proyectos especiales de la organización, o para los viajes por departamentos dentro de la iglesia, pero en un marco de universidad o campamento, el dinero entra a un fondo combinado general y es distribuido con base en un presupuesto aprobado. Esto tal vez no es adecuado para un proceso de presupuesto para una congregación o institución.

Así que, ¿cuál tipo de modelo debemos usar? Estudie la cultura de su iglesia, determine cómo funciona, y haga lo que se acomode mejor a su organización. Puede ser quizá un proceso híbrido, y esto está bien mientras que el proceso responda a todas las necesidades del proceso presupuestario total.

Independientemente del modelo que usen, hagan planes para dedicar suficiente tiempo cada año para enseñar el proceso a los que estarán elaborando los presupuestos para los varios departamentos en la iglesia. Ninguno de los modelos es autoexplicativo. Cuando se deja a su propio criterio, es posible que el líder voluntario creará su propio enfoque personal. Cuando esto ocurre, hay conflictos potenciales con otros del equipo en cuanto a cómo debe funcionar el presupuesto. ¡El dinero es un tema de conflicto aun en las iglesias!

Si el grupo determina que se requiere un cambio en el proceso o en el procedimiento, el proceso del cambio debe incluir las razones por las que el cambio fue necesario (p.ej.: qué es lo que está mal) antes de que la gente de la organización esté abierta para escuchar acerca de otro proceso, aun si el nuevo proceso sugiere menos trabajo. Se recomienda que un contador financiero certificado bien entrenado provea asesoramiento y consulta en cuanto al desarrollo de las políticas y procedimientos apropiados para manejar las finanzas del ministerio. Ellos están bien preparados para proveer el tipo de dirección necesaria para el manejo ético de las finanzas ministeriales. Quizá el mejor tiempo para buscar su asesoramiento para un ministerio que no ha considerado su consejo es después de que se ha llevado a cabo una auditoría anual.

Tabla cronológica del presupuesto

La extensión de tiempo para el proceso de un presupuesto depende de muchos factores: el tamaño de la organización, la cultura de participación en la organización, y la complejidad de la estructura organizacional. Cuanto más grande sea la organización y más compleja sea la institución, más tiempo se requerirá para desarrollar las bases del proceso presupuestario. La presuposición de que las organizaciones grandes tienen estructuras más complejas que las organizaciones pequeñas no siempre es verdad. Por ejemplo, si el proceso de aprobación del presupuesto incluye un comité y luego la congregación, la tabla cronológica puede ser adaptada para acortar el tiempo de aprobación. Del otro lado de la moneda, las organizaciones que requieren un proceso de aprobación múltiple tal vez necesitarán extender el período de aprobación para permitir más tiempo para lograr el proceso, por ejemplo: un comité, división ministerial, equipo de finanzas, liderazgo y grupo corporativo.

Discernir la cultura de la organización también es importante. La advertencia aquí es que cuantas más personas estén involucradas en el proceso del presupuesto, más tiempo se requerirá para completarlo. De alguna manera este es un asunto de cultura organizacional porque todo depende del nivel de participación que el miembro promedio de la congregación tenga en la elaboración y/o aprobación del presupuesto. En algunos ministerios el presupuesto es elaborado por profesionales maduros y hay muy poca oportunidad (si acaso la hay) para que la persona promedio en el ministerio aporte algo. Otros ministerios prefieren tener una buena cantidad de participación de los líderes laicos. Este último enfoque obviamente requerirá más tiempo para planificar y aprobar el documento final.

Etapas en el ciclo de elaboración de un presupuesto

Los presupuestos son perennes; son elaborados en ciclos. Entender cómo trabajan estos ciclos y las funciones importantes de cada etapa puede ser beneficioso para el líder ministerial novicio. El ciclo consiste característicamente en las etapas de planificación, formulación, aprobación, administración, información y aprobación.

Primera etapa: planificar

Hay dos secciones generales en el presupuesto: ingresos y egresos. La meta es que los ingresos sean mayores que los egresos. El flujo de dinero y las hojas de balance se presentan más adelante. Los ingresos son el dinero recibido sin importar la fuente de donde proceden (p. ej.: diezmos, ofrendas especiales, ofrendas designadas, ingresos de la librería, ventas de boletos, etc.). Los líderes de la iglesia establecen los ingresos esperados de la congregación. Los egresos son el dinero que es pagado a una persona u organización, usualmente a cambio de servicios o de algún producto.

Determinar las metas organizacionales. El proceso de elaboración de un presupuesto encaja con el proceso de planificación. Si la organización no tiene una dirección definida, el proceso del presupuesto llega a estar igualmente sin una dirección. Esta falta de dirección tiene un creciente impacto en el proceso ya que va aumentando la demanda de una decisión a medida que la organización se acerca al presupuesto final. El enfoque ideal en el proceso de crear un esbozo del presupuesto es que el bosquejo inicial siga a la reunión cuando se establecen las metas (ver capítulo 11). Una vez que los líderes de la iglesia han determinado cuáles son las metas y objetivos hacia los que estarán apuntando durante el siguiente año, es el tiempo de asignar los fondos para esas metas. Formular un presupuesto nunca debe hacerse antes de la reunión cuando se establecen las metas. Recuerde: el ministerio dirige la formación de un presupuesto, no a la inversa, aunque es comprensible que ambos deben trabajar en una relación simbiótica. Tampoco se puede crear un presupuesto basándose en sueños poco realistas.

Determinar los recursos disponibles. El comité de presupuesto de la iglesia debe establecer un porcentaje general de crecimiento con base en los ingresos previstos que la organización puede recibir de donativos generales, ingresos específicos del ministerio, becas o subvenciones, donaciones, ingresos de inversiones, así como legados y fideicomisos. Las contribuciones generales son la principal fuente de la gran mayoría de los ingresos que las congregaciones y organizaciones cristianas reciben. Los donativos generalmente representan un porcentaje muy alto de los ingresos de la organización, y desde una perspectiva bíblica esto está bien.

Las organizaciones cristianas que tienen otras fuentes de ingreso que satisfacen considerablemente las necesidades generales o anuales de la organización a menudo dejan de desafiar a la congregación a una buena mayordomía de su tiempo y de sus finanzas. Esto sucede cuando una iglesia comienza a elaborar su presupuesto y se centra sólo en los gastos. Dejar de evaluar el impacto interno desde el ambiente externo puede resultar en grandes problemas de presupuesto a medida que el año progresa.

Por ejemplo, yo vivo en el área de Orlando. Inmediatamente después de la tragedia de Septiembre 11 de 2001, el número de vacacionistas que venían a Orlando se redujo drásticamente. Los ingresos a hoteles y parques principales de diversión se desplomaron de manera crítica. Nuestra economía se vio devastada. Los hoteles y sitios de esparcimiento reaccionaron despidiendo a trabajadores y reduciendo las horas de trabajo para muchos de sus empleados. Muchos de esos empleados eran miembros de la congregación donde yo asistía. Cuando el ingreso de un individuo se desploma, los diezmos u ofrendas que él o ella pueden dar también se desploman. El ambiente externo impactó al presupuesto de la iglesia (impacto interno) de una manera bastante seria el primer año. Los líderes de la iglesia estaban conscientes de la economía y sabiamente revisaron los hábitos de gastos para dar tiempo a la recuperación. Este asunto específico será tratado más extensamente con relación a la administración del presupuesto más adelante en el capítulo.

El ingreso ministerial específico es dinero que es generado por un ministerio al requerir o solicitar dinero para poder participar en un evento. Por ejemplo, los grupos de jóvenes con frecuencia requieren el pago de fondos para financiar tales cosas como campamentos, viajes misioneros y otros eventos especiales. En esencia, el ingreso derivado del viaje compensará el costo total de la actividad para la iglesia. Debe tenerse cuidado de asegurarse que si un individuo recibe algo a cambio de un donativo, el informe del donativo refleja el regalo. Aunque esto se ha previsto en las reglas de la Oficina de Hacienda por muchos años, en los últimos años las organizaciones como iglesias y colegios privados han sido controlados más de cerca. Existen directrices, pero nuevamente se recomienda que los administradores busquen la asesoría de un abogado o de un contador público certificado.

Las becas de instituciones o fundaciones son muy populares en medios educativos, pero no son tan populares en el de iglesias. Al revisar los patrones de financiamiento de algunas fundaciones estos sugieren que hay elementos en el programa de algunas iglesias que podrían ser buenos candidatos para la donación de becas. El asunto usualmente se centra en la cuestión de promover una fe en particular o sostener los gastos operativos de una iglesia. Todo depende del interés de una fundación cuando se establece.

El ingreso de inversiones tiene el potencial de proveer estabilidad a los presupuestos de las iglesias. Por ejemplo, una congregación decidió, después de construir un hermoso santuario, que donaría los fondos para el mantenimiento del edificio de manera que su conservación nunca impactara negativamente el fondo anual de la iglesia. La fundación ha ido en constante crecimiento y ahora provee más que adecuadamente el financiamiento para mantener el edificio. El ingreso de inversiones es una fuente de ingresos que con frecuencia es pasado por alto y requiere de mucho trabajo para obtenerse. El interés de las donaciones para pagar el desarrollo del personal de enseñanza, o personas que van a la universidad para prepararse para el ministerio, son posibles usos de las donaciones en un ministerio educativo.

Los testamentos y fideicomisos son una gran fuente de ingresos; sin embargo, debido a la naturaleza del tiempo de la concesión (p. ej.: la muerte de alguna persona), esta fuente de ingresos es muy difícil de planificar. El número de personas que incluyen a su iglesia en sus testamentos va en aumento; sin embargo, el crear un presupuesto usando el ingreso de un testamento o fideicomiso es peligroso. Hay algunos planteamientos usados exitosamente en este aspecto del proceso de un presupuesto.

Un planteamiento es hacer una lista de las compras mayores incluidas en el plan a largo plazo. Si la iglesia recibe un subsidio de un testamento o un fideicomiso, puede usar el dinero para comprar esos artículos en ese momento. Un segundo planteamiento es trasladar estos fondos directamente a una fundación y presupuestar los ingresos de las ganancias de los fondos el segundo año. El tercer planteamiento es recomendable cuando la iglesia está creciendo y hay una necesidad creciente de nuevas instalaciones. Los fondos son simplemente apartados hasta que el edificio está listo para ser construido, y entonces trasladar el dinero al flujo de fondos para pagar las cuentas de la construcción. Usar los subsidios de un testamento o fideicomiso para reponer el déficit de un presupuesto no es un buen plan a largo plazo para financiar los programas de la iglesia local, aunque pudiera ser razonable en tiempos de crisis económica no planificada.

Los líderes del ministerio pueden también tener fuentes adicionales no identificadas de ingresos para el ministerio. Estas fuentes y la cantidad proyectada de ingresos de cada uno deben ser identificadas en la presentación del presupuesto del ministerio en la reunión del comité de presupuesto de la congregación u organización.

Segunda etapa: formular

La etapa de formular el presupuesto consiste en dos partes: compilar las cantidades del presupuesto de cada aspecto del ministerio, y revisarlas para su aprobación a nivel ministerial. En la mayoría de los casos el comité de presupuesto de una organización no requiere de un planteamiento específico para compilar las cantidades solicitadas por los varios departamentos del ministerio. Por lo tanto, los líderes del ministerio deben convenir en algún planteamiento tradicional en la tarea de traducir las metas a números del presupuesto. Esto generalmente se lleva a cabo en la fase de planificación estratégica, o durante el marco de ministerio por objetivos. En otras palabras, es necesario que una persona específica y una cantidad de dinero sean asociadas con cada meta y objetivo. Estas cantidades de dinero deben luego ser reunidas y asignadas a un renglón específico de partidas en el presupuesto.

El segundo paso en la formulación es la revisión del presupuesto compilado y la atención a los siguientes asuntos en el marco ministerial:

1. ¿Refleja exactamente el presupuesto compilado en cada área del ministerio la cultura y el carácter del ministerio? ¿Está en armonía el ministerio con la cultura y los valores del liderazgo de la organización?
2. ¿Hay una conexión clara entre las metas del comité/ministerio y su presupuesto?
3. ¿Hay una justificación adecuada en cada renglón del presupuesto? La dirección del liderazgo del ministerio sería útil aquí para los que trabajan dentro del ministerio. El grado de documentación requerida para justificar los presupuestos es un asunto de cultura ministerial.
4. ¿De qué manera se equilibran los ingresos y los egresos? ¿Se conserva el presupuesto del ministerio dentro de la asignación concedida a ellos por el comité de presupuesto? Si no es así, ¿existe un ingreso adicional que es específico al ministerio para compensar la diferencia?
5. ¿El presupuesto incluye todo? ¿Son razonables las cantidades considerando la descripción y justificación del egreso?
6. ¿Existen duplicaciones? ¿Han incluido dos áreas del ministerio el gasto para el mismo artículo que debe ser comprado o programa que debe ser financiado?

Tercera etapa: aprobar

El proceso de aprobación debe enfocarse en dos metas: alineación y autorización. Un proceso de aprobación apuntado hacia ese planteamiento bidente requerirá de más tiempo, incluirá a más personas y establecerá un consenso mayor en el presupuesto.

La alineación envuelve a todos los niveles de todos los involucrados en el presupuesto para dar una oportunidad de ver cómo refleja el presupuesto los valores del liderazgo de la organización. Las personas que hacen la mayor parte del trabajo en el ministerio aprecian poder ver la manera en que sus solicitudes de fondos han sido tratadas en el presupuesto general. Cuando los fondos no están disponibles, el ver el cuadro completo ayuda a esas personas a ver que, aunque sus solicitudes no fueron otorgadas, el dinero está siendo gastado sabiamente. Así que es bueno proveer oportunidades para revisión y reacción de aquellos que están en el ministerio, antes de que el presupuesto sea llevado más adelante en el proceso. Construir alineación con el presupuesto dentro del ministerio requerirá de tiempo adicional, pero esto debe lograr un equipo más fuerte y proveerá mayor comprensión acerca de los egresos.

El segundo es aprobación o autorización. Esto dependerá en parte en el tipo de gobierno que es incorporado dentro del ministerio. Este proceso de presupuesto puede tener dos niveles de aprobación o autorización: tentativa y final. Una aprobación tentativa es simplemente una acción del cuerpo aprobador que declara, en relación con la confirmación y garantía pendientes acerca de las presuposiciones y factores: este presupuesto está bien. Las confirmaciones son importantes para el proceso del presupuesto. Gran parte del proceso de formulación comienza cuatro o seis meses antes del inicio del nuevo año. Pueden surgir asuntos o se pueden presentar factores en este período que impactan el presupuesto positiva o negativamente.

Mientras que tener más dinero, un impacto positivo, es usualmente manejado con relativa facilidad, un impacto negativo que resulta en ingresos disminuidos o egresos más elevados no siempre es manejado tan fácilmente. Los líderes, proveyendo aprobación tentativa, dan una señal al personal del ministerio que dadas las circunstancias descritas el presupuesto es adecuado para el año entrante. Esto permite que pueda iniciarse la planificación (p. ej.: los fondos para sus metas y objetivos han sido asignados). Esperar hasta una fecha más cercana al inicio del año para dar una aprobación final al presupuesto da a entender a los que están envueltos en el ministerio que hay una posibilidad de cambio.

Las cuestiones como contratos del personal y otros asuntos que deben ser resueltos antes del año del presupuesto actual son a menudo discutidos individualmente por los líderes, y en algunos casos ese artículo en particular recibe la aprobación que permite llevar adelante el trabajo de los ministerios.

La aprobación final ocurre cuando los asuntos o presuposiciones han sido confirmados y el presupuesto ha sido ajustado adecuadamente en vista del resultado proyectado del presente año y está listo para que los gastos sean basados en el presupuesto.

El presupuesto debe ser distribuido en dos puntos: tentativo y final. Ya sea que todos vean el presupuesto total o no, eso es un asunto de cultura organizacional. Esto es particularmente cierto si las cantidades de los salarios son un punto delicado para los que están en el ministerio. Si los salarios están incluidos en el presupuesto de los departamentos del ministerio, las partes del presupuesto pueden ser distribuidas a cada departamento de manera separada. Muchos ministerios prefieren combinar todos los salarios del personal como una cifra total en el renglón de salarios administrativos. Si los salarios no forman parte de los presupuestos departamentales, el presupuesto entero del ministerio debe ser distribuido para aquellos que están haciendo el trabajo.

Cuarta etapa: administrar

Robert Gray escribe: "Un principio esencial en la formulación de un presupuesto, a menudo malentendido, es que el presupuesto no es una guía absoluta, final e inalterable. Con frecuencia las cifras llegan a ser obsoletas cuando son consideradas a la luz de condiciones que van evolucionando y necesitan ser ajustadas de acuerdo con ello. El presupuesto no maneja a la iglesia. No es un fin en sí mismo. El presupuesto es simplemente una herramienta usada por la administración y es un medio para un fin. Cuando el presupuesto llega a ser una 'camisa de fuerza' pierde su utilidad"[8]. La discusión antes mencionada en cuanto al ambiente externo y las implicaciones internas debe ser, una vez más, aplicada. Si las condiciones externas cambian, las implicaciones internas cambian. Por ejemplo, un presupuesto es establecido y aprobado por la congregación o la junta directiva en su reunión al iniciarse el año fiscal. Tres meses después de haber empezado el año fiscal, uno de los empleadores principales en el área se muda a otra parte, dejando a muchos de los miembros de la iglesia sin trabajo. Los líderes de la iglesia deben ponerse inmediatamente en movimiento para reevaluar el presupuesto en vista de las implicaciones externas para el ambiente interno. Dicho de una manera sencilla, deben ajustar los gastos para reflejar un ingreso más bajo o identificar un ingreso adicional.

Quinta etapa: informar

Esta etapa incluye informes periódicos y anuales. Los informes periódicos pueden ser semanales, mensuales o anuales. Los informes semanales pueden incluir informes al director ejecutivo/pastor principal y al comité de finanzas. Los reportes mensuales pueden incluir a las personas que encabezan los departamentos adecuados y los directores de proyectos. Los informes anuales podrían ser a todas las personas de la iglesia o del ministerio. Los tres tipos de informes tienen diferentes audiencias y deben ser hechos de acuerdo con la audiencia para proveer la información que se necesita para los receptores del informe. Por consiguiente, es importante identificar la audiencia del informe. La totalidad de los miembros de la iglesia no necesita el nivel de detalles que el personal necesitaría. Por lo tanto, el informe para la audiencia formada por los miembros de la iglesia puede ser más corto e incluir sólo totales del ministerio con algo de datos comparativos. El personal puede necesitar detalles significativos, pero puede necesitarlos sólo en ciertas áreas.

Hay que asegurarse de que el programa de contabilidad que usted usa tenga las opciones para personalizar un número de informes. Reúnase con las diferentes audiencias y determine lo que se necesita y lo que es razonable para cada audiencia. Algunas veces los líderes mayores pueden necesitar revisar lo que es solicitado porque no es apropiado, en la opinión del líder, que una persona sepa todo. Los líderes deben ser el grupo que toma la decisión final acerca del nivel de detalles que serán hechos disponibles a los ministerios y a la iglesia total.

Etapa seis: archivar

Muy poco se ha dicho en la literatura acerca de archivar la información de los presupuestos al final del año fiscal. La información que puede ser espigada al hacer comparaciones con presupuestos pasados es una parte valiosa de ver cómo el ministerio ha crecido y se ha desarrollado.

¿Qué información debe ser conservada? El tesorero de la organización o la oficina de contabilidad usualmente conservan los detalles de los desembolsos y que fue parte de cada cheque. Sin embargo, la oficina no conserva los detalles de la creación del presupuesto cuando la visión y las metas son traducidas a acciones. Los registros de las reuniones cuando el presupuesto es elaborado deberían ser conservados con un informe de fin de año del presupuesto del ministerio. Además de los expedientes conservados en la oficina de contabilidad de la iglesia, los líderes del ministerio deben conservar información tal como los números usados para calcular el currículo para un programa, y los métodos para calcular las actividades de grupo. Esta información es valiosa cuando es nuevamente el tiempo de planificar una función grande en el ministerio.

Dada la diversidad de programación en un marco de iglesia, quizá puede comenzar conservando la documentación que tiene para el presupuesto del presente año por dos o tres años después de cerrar el año fiscal. El próximo año tome nota de cuál información necesita de sus archivos del presupuesto y comience a establecer qué tipos de información debe conservar en sus archivos.

Principios para la elaboración de un presupuesto

Hay varios principios sobre la elaboración de un presupuesto que son aplicables a través de todo el proceso de formar uno y usarlo con efectividad. Primero: *elaborar un presupuesto es un proceso de grupo.* A los presupuestos creados por individuos característicamente les falta la perspectiva ecléctica necesaria para proveer un plan viable de sostenimiento financiero para el ministerio. Son esenciales la aportación de los que están envueltos y la aprobación de más de un individuo. Segundo: *¡ministerio, luego dinero!* La gente no apoya los presupuestos por razones financieras técnicas (p.ej.: exactitud, equilibrio, etc.), sino por el potencial para un ministerio exitoso e impactante. Establecer una cuenta o el artículo de una partida nunca reemplazará a la acción en el ministerio. Tercero: *el control de los gastos da fuerza a los presupuestos.* Sin un control de los gastos, tal como órdenes de compras y autorización de gastos, el presupuesto es un documento vacío.

Cuarto: *evite la planificación de gastos que generan deudas.* Los presupuestos que son diseñados para mandar a la congregación u organización a los números rojos perjudica a la institución. Esto incluiría préstamos entre los fondos, el proverbial "prestar a Pedro para pagarle a Pablo". Un artículo del presupuesto no puede ser usado para financiar otro. De la misma manera, la deuda institucional no debe exceder tres veces al ingreso anual de la institución. Si lo hace, los recursos financieros de la congregación u organización serán usados para servir a las deudas en lugar de al ministerio. Quinto: *todo es un principio de mayordomía.* Parte de la administración es ser un buen mayordomo (vea capítulo 2), y esto incluye los recursos financieros de una congregación u organización.

Las finanzas representan un asunto crítico en los ministerios cristianos. A Jesús le interesaban las finanzas puesto que casi la mitad de las parábolas que él usó en su enseñanza se relacionaba con el tema de la mayordomía. Las finanzas también pueden ser un tema altamente explosivo entre los miembros de iglesias y organizaciones cristianas. Muchos líderes del ministerio han sido sorprendidos por los intereses escondidos y el nivel de políticas asociadas con rendir cuentas de las finanzas. Este capítulo ha sido diseñado para preparar al futuro líder del ministerio con las realidades de la vida en la sala de reunión. Haga su tarea y tome el tiempo para aprender cómo manejar el dinero de su ministerio con efectividad. Quizá no lo disfrute, y tal vez preferiría usar su tiempo de otra manera. Pero descuidar este importante aspecto de sus responsabilidades como mayordomo pudiera ocasionar su despido antes de lo que usted imagina.

El proceso de presupuesto debe reflejar la cultura de la organización, debe derivarse de los resultados de un proceso de planificación impulsado por los valores y una amplia participación, y la sabiduría del equipo de liderazgo del ministerio. Tal proceso provee un uso del dinero que refleja los valores y planes de la organización y permite a los que llevan a cabo los planes ser sustentadores y parte de la función financiera de la organización. Cuando esto sucede, el enfoque de las finanzas está en el uso del dinero para lograr los propósitos organizacionales en vez de ser un tema de conflicto.

Por
Michael Anthony

Capítulo 8

Ministerio por objetivos

HA SIDO UN DESAFÍO LARGO para los que están envueltos en la administración del ministerio encontrar maneras de mantener el progreso hacia el cumplimiento de las metas de la iglesia, y al mismo tiempo apacentar a aquellos cuya pasión se inclina más hacia el cumplimiento de sus propios planes personales o ministeriales. Este no es un equilibrio fácil de lograr. Demasiado énfasis en cualquiera de los lados de la ecuación puede conducir a un riesgo. Si el supervisor de un ministerio hace demasiado énfasis en el logro de las metas de la iglesia, éste puede ganarse la reputación de que no se interesa por las personas a quienes dirige. Si el énfasis es centrado más en individuos o departamentos, el supervisor es catalogado como ineficiente porque sencillamente "no puede hacer bien su trabajo".

Algunos de los equipos ministeriales más exitosos y eficaces que hemos visto a través de los años han sido aquellos dirigidos por empresarios apasionados. Los líderes de ministerios (pastor de niños, pastor de jóvenes, pastores principales, etc.) se caracterizan por la manera en que operan con tan alto nivel de empuje personal y ambición que necesitan muy poca dirección o supervisión. Su lema bien podría ser expresado así: "¡Guíe, sígame o hágase a un lado!". No necesitan demasiada supervisión ni control porque tienen dentro de ellos un celo por hacer las cosas por ellos mismos.

Sin embargo, donde esos líderes ministeriales se ven en problemas es en el área de la coordinación. Cada departamento del ministerio está activamente adquiriendo su propia misión y visión, pero sin mucha coordinación finalmente chocan y se autodestruyen a causa de conflictos con otros departamentos. En estos marcos de altos logros ministeriales, la actividad parece no tener límites, pero no toda la actividad tiene un propósito. Al final del año, cuando cada director de ministerios tiene que rendir cuentas de sus actividades, se descubre que han alcanzado las metas de su departamento, pero la iglesia no está en mejor situación porque a su trabajo le faltó coordinación y dirección de mutuo acuerdo. Lo que se necesita para evitar este desperdicio de recursos humanos y materiales es un sistema de administración que provea una coordinación hacia objetivos en los que haya concordancia. Esto, en esencia, es el corazón de un ministerio por objetivos.

¿Qué es APO?

Administración por objetivos, o APO como ha llegado a ser etiquetado, fue desarrollado como resultado de la necesidad de coordinar los esfuerzos hacia el logro exitoso de las metas y objetivos de la organización. El término *administración por objetivos* fue acuñado primeramente por Peter Drucker en 1954 cuando escribió: "Lo que la empresa de negocios necesita es un principio de administración que le dé carta blanca a la fuerza y responsabilidad individual, y que al mismo tiempo dé dirección común de visión y esfuerzo, establezca trabajo en equipo y armonice las metas de los individuos en bienestar común. El único principio que puede hacer todo esto es la administración por objetivos y el dominio propio"[1].

Aunque su enfoque de entrenamiento de administradores fue bien recibido a principios de la década de los cincuenta, fueron las modificaciones e ideas aplicadas por otros especialistas en administración las que realmente ayudaron a integrar el APO al lugar de trabajo. Como una década después de que fueron impresas las ideas iniciales de Drucker, George Odiorne publicó su obra titulada *Management by Objectives* (administración por objetivos) que ayudó a lanzar el APO al sistema que ha llegado a ser comúnmente aceptado. Odiorne define el proceso de APO como "el sistema de administración por el cual los administradores superiores y subordinados de una organización identifican juntos sus metas en común, definen el área principal de responsabilidad de cada individuo en términos de los resultados esperados de cada uno, y usan estas medidas como normas para manejar la unidad y evaluar las contribuciones de cada uno de los miembros"[2].

Odiorne ilustró ese proceso de APO como un ciclo que empieza con las metas de la organización y procura armonizarlas con los intereses de los subordinados. Vea Figura 8.1.

Desde su inicio ha sido adaptado ampliamente en una variedad de marcos y contextos. Por ejemplo, ha sido aplicado a los campos de la medicina[3], gobierno[4], educación[5], campamentos[6], iglesias[7] y como una estrategia para una vida sana en general[8]. El proceso de APO se presta para su adaptación a una variedad de situaciones por su sencillez y por su "transferibilidad". Varios modelos han sido formulados para representar el formato de APO en detalle gráfico. Tales modelos incluyen el Ciclo de APO de Odiorne[9], el Proceso de APO de Morrisey[10], el Ciclo de APO de Humble[11] y el Sistema Operativo de

Figura 8.1
El Ciclo de MPO
retroalimentación
y cambio

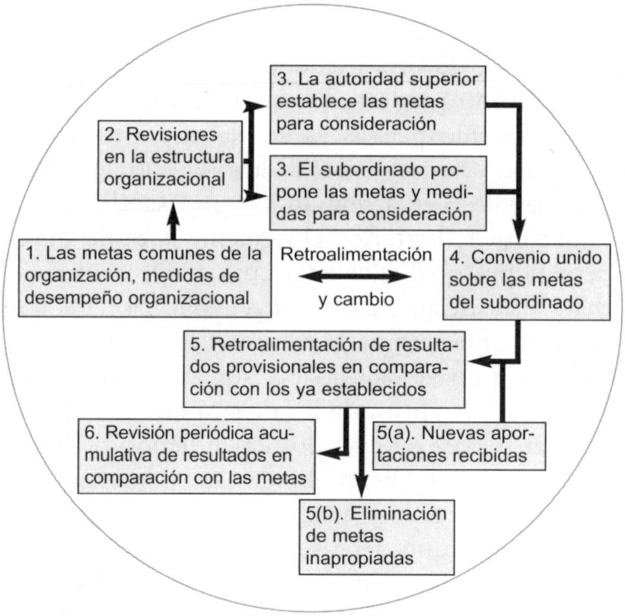

APO/R de Hillmar[12]. Cada modelo tiene su propia contribución que aportar y cada uno representa el formato de APO como un proceso continuo. Puesto que en este texto estamos enfatizando el ministerio de administración de la iglesia, aplicaremos sus méritos al contexto de la iglesia local.

Una vez reducido hasta sus componentes básicos, la mayoría de los líderes ministeriales de las iglesias encuentran que el APO vale la inversión de su tiempo y energía. Por estas razones, nos referiremos a él como *Ministerio por Objetivos*.

Los pasos del ministerio por objetivos

El ministerio por objetivos comienza con una comprensión y apreciación de la mayordomía de los recursos que Dios nos da. Aunque es verdad que Dios es dueño de los millares del ganado en los montes, es igualmente cierto que muy pocas iglesias, si acaso hay algunas, que tienen todo el ganado que pueden usar. Debemos hacer lo que podamos con los recursos que se nos dan. Puesto que estos son más limitados que los sueños, debemos tomar decisiones difíciles en cuanto a cómo serán utilizados. Establecer prioridades, y luego manejarlas con sabiduría, son elementos centrales en el proceso de un ministerio-por-objetivos. El proceso es reducido a tres fases con sus correspondientes pasos dentro de cada fase. Estas son: la fase de preparación, la fase de implementación y la fase de evaluación.

La fase de preparación

Esta fase es un período cuando las cosas se preparan. Un análisis detallado es necesario; de otra manera, el tiempo invertido en el ministerio por objetivos es tiempo perdido. La mayor parte de las actividades incluidas en esta fase habrán sido hechas ya en algún punto de la vida de la iglesia. Sin embargo, sin una revisión y actualización periódicas, el beneficio será mínimo. En esta fase la iglesia está revisando y repasando su misión y su visión, decidiendo lo que quiere lograr en el siguiente período ministerial, y asegurándose de que tiene el personal adecuado en los lugres adecuados para que las cosas sean hechas. Más adelante damos una explicación del contenido de cada etapa.

Paso uno. Reexamine la misión y la visión de la iglesia y asegúrese de que ambas han sido actualizadas y son relevantes. Necesitará decidir cuáles serán el enfoque y las prioridades de su ministerio para el año próximo. Esto puede cambiar de vez en cuando dependiendo de las variaciones demográficas en la comunidad, la disponibilidad del personal (pagado y voluntario) y la cantidad de los recursos materiales disponibles (instalaciones, vehículos, finanzas, etc.). Cada uno debe ser considerado.

Como un ejemplo, supongamos que la declaración de misión de su iglesia dice: "Alcanzar, más allá de las barreras, a cada generación con el mensaje de amor y salvación de Dios". Para cumplir esa misión han desarrollado una estrategia o visión que se encapsula en la frase: "Llevar el evangelio a las familias en el Condado del Lago". Su iglesia ha reexaminado tanto la misión como la visión y siente que refleja perfectamente dónde debe su iglesia poner su énfasis por lo menos los próximos años. Si han hecho todo esto, están listos para avanzar al siguiente paso.

Si su iglesia no está unida en su misión o visión, tienen que hacer algo antes de progresar al siguiente paso. Repasen los capítulos 2 y 3 y guíe a la congregación a través del proceso de desarrollar las declaraciones de misión y visión actualizadas. Estas son cruciales para su futuro y servirán como demarcaciones para las decisiones importantes que surgirán más tarde en el proceso del ministerio-por-objetivos.

Paso dos. Los que están en puestos de liderazgo en la iglesia deben tomar decisiones difíciles en cuanto a lo que la iglesia hará y no hará para lograr la misión y la visión. No hay una iglesia que pueda hacerlo todo. Deben establecerse algunas prioridades. Esto no es fácil para algunas personas porque decir *sí* a un área de énfasis puede requerir decir *no* a otra. Para algunos el proceso puede parecer corto de vista y de poca fe. A ellos les parece que es limitar a Dios. En realidad no estamos limitando a Dios sino preguntándole qué es lo que quiere que hagamos con los recursos finitos que nos ha confiado. Por medio de este proceso de establecer prioridades nos convertimos en mejores mayordomos de los recursos de Dios para el ministerio.

Este es un tiempo para que los directivos de la iglesia hagan un examen interno en cuanto a dónde sienten que Dios los está llevando en este próximo período del ministerio. En este punto algunas iglesias llevan a cabo un análisis de sus puntos fuertes, sus oportunidades, sus puntos débiles y sus amenazas u obstáculos. Este análisis FODA es un buen lugar para empezar, pero asegúrese de que entrevistan al mayor número de personas posible cuando recaben la información. Una encuesta enviada por correo a los miembros de la iglesia es una herramienta útil para recabar información. Algunas iglesias celebran una reunión de concejo para solicitar retroacción de la congregación.

Formen unos pocos grupos-enfoque para solicitar información que no puede ser escrita fácilmente en un formulario. Por ejemplo, uno de los ancianos o diáconos puede reunirse con una media docena de miembros del coro de la iglesia después del culto del domingo, mientras que otro miembro de la junta se reúne para almorzar con un grupo representativo de los adultos solteros. Si a cada miembro de la junta directiva se le encomienda la dirección de un grupo-enfoque, la junta podrá percibir el sentir de la iglesia en un tiempo relativamente corto. También alentará a la congregación saber que la junta está interesada en sus esperanzas, sus sueños y sus aspiraciones acerca de la dirección futura de la iglesia. Una vez que usted reciba esta contribución de numerosas fuentes, es tiempo de sintetizar la información en una lista de metas factibles.

Durante este paso en el proceso del ministerio-por-objetivos usted está trabajando en la elaboración de una lista de metas acordadas de la organización. Se le anima a mantener esta lista al mínimo, quizá no más de diez metas. Tendrá la tentación de agradar a tantas personas como sea posible y resistirse a decir *no*. Sin embargo, esté advertido de que es mejor decir *no* ahora que generar expectativas irrealizables.

La lista corta de las metas organizacionales deseadas debe estar directamente relacionada tanto con la misión como con la visión de la iglesia. Por ejemplo, puesto que hemos articulado claramente la declaración de la misión y la visión, podríamos tener una lista corta de prioridades como las siguientes:

1. Iniciar un culto contemporáneo de alabanza para estudiantes en el nuevo campus universitario que se está construyendo en nuestro sector de la ciudad.
2. Desarrollar un programa integrado de discipulado en el ámbito y la secuencia entre el nacimiento y los veintidós años de edad.
3. Apoyar la adición de nuevos misioneros en nuestro presupuesto para misiones.
4. Hacer investigaciones iniciales con la ciudad acerca del uso de los terrenos vacantes adyacentes al templo.
5. Crear un programa de entrenamiento de liderazgo para un grupo pequeño que provea una base bíblica sólida para recuperación de ministerios que actualmente funcionan en la iglesia.

6. Establecer un programa nuevo para madres jóvenes de niños preescolares y sus hijos.
7. Restaurar los salones de las instalaciones educativas para que cada salón pueda acomodar tecnología educativa de alto nivel (TV, VCR, proyector de vídeos, etc.).
8. Aumentar la membresía de la iglesia en un 7 por ciento por medio de un esfuerzo más concertado de asimilación.

Obviamente, podrían agregarse algunas más, pero esta corta lista servirá para ilustrar este segundo paso. Una vez que se elabora la lista, debe ser de propiedad común de los miembros del personal y líderes laicos de la iglesia. La junta de ancianos, la junta de diáconos o cualquier otra forma de liderazgo organizacional, en conjunción con el pastor principal, deben apoyarse unos a otros de todo corazón con cada una de estas metas. Algunas de estas metas pueden continuarse de un año anterior y algunas pueden ser recién agregadas. De cualquier manera, ellas forman las bases para el enfoque del presente año ministerial.

Si usted considera este paso y se da cuenta de que el futuro traerá consigo negociaciones y resoluciones serias, tiene razón. El progreso nunca viene sin un precio. La actividad no es garantía de éxito. Una de las mejores armas de Satanás es la actividad sin propósito. Enfocarse en las actividades esenciales no es fácil, pero evita vagar sin sentido.

Dale McConkey describe este proceso como renovación por objetivos (RPO) porque la identificación de las actividades esenciales de la iglesia puede convertirse en una fuerza renovadora dentro del ministerio. Él declara: "Una razón abrumadora para practicar la renovación por objetivos es ayudarnos a lograr los resultados más significativos y gratificantes de la iglesia porque primeramente determina las cosas más importantes que queremos hacer, dirige todos los esfuerzos individuales de nuestro equipo hacia lo que queremos alcanzar, y evita que desperdiciemos nuestro tiempo y nuestras energías en esfuerzos que no son necesarios. El énfasis está en los resultados que deseamos lograr, no en los esfuerzos desorganizados en que nos involucramos"[13].

Paso tres. Conduzca un análisis estructural. Es el tiempo de revisar la estructura organizacional de la iglesia y hacer los cambios necesarios para poder lograr estas metas. Finalmente, un individuo o departamento será el responsable de implementar y coordinar los logros exitosos de estas metas. Ahora es el tiempo de hacer cualquier cambio en el personal, en la descripción de tareas, y/o reportar sobre las relaciones antes del lanzamiento del plan.

Hablando de la necesidad de una revisión organizacional como un componente integral para el proceso de APO, Odiorne escribe: "Hacer un bosquejo de la estructura actual de la organización sigue al establecimiento de las metas, puesto que *si las metas son cambiadas, entonces es posible que sea necesario hacer cambios en la organización*. Los cambios en la organización llevarán a cambios en áreas individuales de responsabilidad y autoridad, y deben aclararse antes que a los administradores subordinados se les pida determinar sus metas y medidas de desempeño para el año entrante"[14].

Esto incluirá un franco análisis acerca de los dones y la idoneidad de cada miembro del personal de la iglesia. En su libro titulado *Good to Great* (Empresas que sobresalen), Jim Collins usa la analogía de viajar en autobús para describir la manera en la que este análisis organizacional se lleva a cabo. Al describir las características de los líderes más eficaces en su estudio a nivel nacional, él escribe: "Esperábamos que los líderes buenos-a-excelentes comenzarían por establecer una nueva visión y una nueva estrategia. Descubrimos, en cambio, que primero hicieron subir al autobús a las personas adecuadas, bajaron a las personas inadecuadas, y sentaron a las personas adecuadas en los asientos adecuados, y luego dedujeron hacia dónde debían guiar el autobús. El viejo adagio 'las personas son su capital más importante' resulta estar equivocado. Las personas no son su capital más importante. Las personas adecuadas lo son"[15].

Conducir este análisis estructural es una de las partes más desafiantes del proceso porque requiere una dedicación objetiva a la verdad del desempeño del personal. Al considerar las metas establecidas para la iglesia, las personas en los niveles más altos de liderazgo deben preguntarse: "¿Estamos aprovisionados del personal para lograr estas metas?". Si la respuesta es *no*, algo debe hacerse al respecto o el proceso entero de planificación se verá socavado.

Tal vez algunos individuos han sido empleados para un trabajo particular desde hace varios años, pero ya no tienen la pasión personal o el compromiso para la tarea hoy. Por ejemplo, el pastor de jóvenes puede haber sido contratado inmediatamente después de haber graduado de la universidad cuando era joven, estaba lleno de energía, y ansioso de aceptar los desafíos relacionados con el ministerio de los jóvenes. Sin embargo, diez años más tarde, con una esposa y tres hijos pequeños en el hogar, tal vez ahora le falta el entusiasmo y la convicción que alguna vez tuvo para el ministerio con los jóvenes. Esto no significa que no sea un gran líder cristiano, y no devalúa los muchos años de servicio dedicado que ha entregado. Sin embargo, la iglesia no puede darse el lujo de mantenerlo en ese puesto indefinidamente, particularmente si le falta el impulso, la iniciativa y la pasión desde muy adentro de su espíritu.

Al reconocer los cambios que han ocurrido en el pastor de jóvenes, los que están en puestos de liderazgo deben hacerse algunas preguntas difíciles sobre los dones y la idoneidad. Es completamente posible (y de hecho bastante probable), que el pastor de jóvenes mismo se dé cuenta de su propia falta de entusiasmo para las demandas continuas del programa de la iglesia para el ministerio de los jóvenes. El pastor principal, o el pastor ejecutivo si se trata de una iglesia grande, debe reunirse individualmente con el pastor de jóvenes y decidir si sus dones encajan en una necesidad diferente en la iglesia. Quizá sus años de liderazgo y experiencias en el ministerio pueden ser mejor utilizados como el líder clave en la nueva meta de la iglesia de establecer un servicio orientado a los universitarios. O quizá hay un rol diferente para él como pastor asociado en una nueva avenida de ministerio.

Si no se encuentra un lugar apropiado y legítimo, entonces debe decirse amablemente a la persona que la iglesia no necesita ya de sus servicios, y debe dársele una generosa compensación de despedida proporcional a sus años de servicio. Este proceso es lo que Collins quiere decir cuando afirma que es el momento de evaluar si las personas adecuadas están en el autobús, y si las personas adecuadas están en los asientos adecuados. ¡Si no es así, entonces no salgan de la estación!

Las iglesias son notorias por no tomar la difícil decisión de dar por terminado el empleo de alguien cuyos servicios ya no son necesarios. Deseosa de ser amable, cortés y compasiva, la iglesia desperdicia sus buenos elementos y se convierte en una mala mayordoma de los recursos de Dios. A la larga, la iglesia no le hace ningún favor al pastor de jóvenes manteniéndolo en un puesto que ni disfruta ni aprecia. En el capítulo 22 titulado "Dirección de revisiones de desempeño", se pueden encontrar más ideas relacionadas con esta difícil decisión.

La fase de implementación

Ahora que han completado los pasos relacionados con la primera fase, están listos para empezar la fructífera tarea de discusiones entre los supervisores (pastor principal, pastor ejecutivo, etc.) y los miembros del personal (pastor del departamento infantil, pastor de jóvenes, pastor de personas solteras, etc.) de la iglesia. Es un tiempo para que se reúnan y tengan un intercambio de ideas sobre las maneras de lograr estas metas. Este debe ser un tiempo de aliento y estímulo cuando los miembros del personal de la iglesia deciden juntos cuál dirección tomarán sus esfuerzos durante los meses que vienen.

Paso cuatro. Los administradores y subordinados se reúnen para traducir cada una de estas metas a objetivos mensurables. Esto incluye determinar lo que se necesita hacer para lograr las metas, cómo serán reducidas las metas a pasos más manejables, quién será responsable de cada uno de los pasos, cuáles recursos se necesitarán y una tabla cronológica para su ejecución. Este es el tiempo para que el administrador escuche las preocupaciones y el sentir de los subordinados. Ahora es el tiempo de unir al personal, las finanzas y los recursos materiales en un plan conciso.

Esto puede ser hecho en una cantidad de formatos. Algunos administradores prefieren redactar su propia lista de cómo serán medidas sus metas, mientras que al mismo tiempo el subordinado redacta la suya propia. Luego se reúnen para compartir sus objetivos. Esto permite al individuo que será finalmente responsable por el logro de las metas y objetivos tener la libertad de determinar cómo puede alcanzarlas. También permite al subordinado añadir metas individuales que pueden tener importancia significativa para la organización, pero que fueron pasadas por alto por los que establecieron las metas mayores. Algunos administradores prefieren reunirse con sus subordinados para redactar esta lista de mutuo acuerdo. La alternativa que usted escoja dependerá de factores contextuales tales como la cantidad de tiempo disponible, las relaciones de trabajo entre el administrador y el subordinado (p.ej.: ¿siente el subordinado la libertad de negociar o de hablar libremente?), la habilidad del subordinado de elaborar objetivos mensurables, si el subordinado funciona bien independientemente, etc.

A la lista antes mencionada se agregarán ejemplos más específicos. Por ejemplo, la Meta #1 puede ser hecha más específica al añadir los siguientes objetivos:

Meta #1: Iniciar un culto contemporáneo de alabanza para estudiantes en el nuevo campus universitario que se está construyendo en nuestro sector de la ciudad.

Objetivos:

1. Identificar y reclutar a cuatro individuos clave que servirán como un equipo de liderazgo que provea dirección en las áreas de alabanza, enseñanza y apoyo técnico.
2. Desarrollar un plan ministerial que identifique los pasos cruciales que necesitan llevarse a cabo para iniciar este ministerio.
3. Solicitar el capital inicial (finanzas) que será necesario para empezar este nuevo ministerio. Esta forma de asignar fondos evita la tensión de impactar otros programas en curso en la iglesia.
4. Iniciar un plan de publicidad en el campo universitario que incluya periódicos, radio, volantes y contactos personales.

Es posible que se necesiten objetivos adicionales para ser agregados junto con plazos específicos. Cuanto más específicos y mensurables sean estas metas y objetivos, mayor será la probabilidad de lograrlos. El proceso de agregar objetivos específicos a cada una de las metas es crucial para el éxito de los resultados finales, porque estos objetivos servirán como base para medir la actividad futura y dar forma a las decisiones relacionadas con la asignación de los recursos del ministerio.

Poner por escrito los objetivos puede parecer engañosamente sencillo para un miembro inexperto del personal. Varias pautas le ayudarán a identificar las características importantes.

1. Debe especificar la acción que debe ser tomada. Los objetivos deben declarar claramente qué actividad debe efectuarse.

2. Debe enfocarse en los resultados identificables del blanco. Cada aspecto del objetivo debe apuntar hacia la capacidad de mensurabilidad. El uso de generalidades ambiguas sólo servirá para invalidar el objetivo.

3. Debe tener un límite de tiempo. Debe haber un compromiso de un plazo escrito dentro de cada objetivo. Se puede dar por sentado que las fechas a las que se apunta finalizan con cada trimestre, semestre o período, pero cada objetivo debe llevar un marco de tiempo adjunto.

4. Debe ser mensurable, tangible o verificable. Hasta donde sea posible, cada objetivo debe ser expresado en terminología mensurable. Esto no significa que cada objetivo debe ser escrito en forma cuantitativa. Algunos pueden ser cualitativos, pero cada uno debe permitir al lector determinar si es alcanzable sin ninguna duda o no.

5. Debe ser desafiante. Esto se aplica tanto a la organización como al individuo. Si no se puede estirar, la organización no crecerá.

6. Debe ser realista y alcanzable. Hay un equilibrio entre ser un desafío y ser realista. Un buen objetivo es ambas cosas.

7. Debe ser consistente con las metas organizacionales. Esto es conocido como armonía de objetivos. Cada objetivo debe estar en armonía con las metas organizacionales y contribuir a ellas[16].

Paso cinco. Comunique los planes y revíselos de manera regular. En este punto la iglesia tiene una lista maestra de metas para guiar sus actividades para el año próximo. Además, cada administrador y subordinado se han reunido para preparar un conjunto de objetivos acordados en relación con las metas de la iglesia. Cada miembro del equipo ministerial entiende el rol que desempeña y debe ser facultado para la acción.

Una buena cantidad de personas ha invertido considerables sumas de tiempo en la elaboración y desarrollo de estos planes. Sirven como demarcadores para proteger a la iglesia contra un activismo injustificable. Guían a los que toman las decisiones en la asignación de los recursos críticos, y finalmente proveen a los miembros de la iglesia con los hitos en el camino hasta llegar al destino de su misión y su visión. Estos son documentos valiosos y deben ser vistos como tales por todos los interesados.

Ahora es el tiempo de comunicar estas metas y objetivos. Lo último que usted quiere hacer es archivarlos y olvidar que existen hasta el tiempo de su revisión anual. Algunas iglesias imprimen sus metas anuales en el boletín de la iglesia como un recordatorio para la congregación. Algunas prefieren exhibirlas en un lugar de prominencia tal como una intersección de pasillos principales o un boletín mensual de noticias.

Paso seis. La revisión periódica. Estos documentos deben servir como base para los informes mensuales de progreso y revisiones trimestrales entre los administradores y sus subordinados. En cada ocasión en que se sientan a hacer una revisión del desempeño, ya sea mensual o trimestralmente, estas metas y objetivos deben ser uno de los primeros asuntos para discusión en su orden del día.

Durante esta reunión de revisión periódica, el progreso o falta del mismo debe ser determinado. Tener en cuenta dónde estamos en comparación con dónde debemos estar nos permite tomar acción correctiva antes de llegar a una fase crítica. Donde hay necesidad de recursos adicionales, estos deben ser identificados y asignados. Donde los objetivos fueron irrealistas o las circunstancias fueron inesperadas, se pueden hacer algunas concesiones para ajustarlos. Sin embargo, raramente es aconsejable enmendar las metas, ya que fueron acordadas por la junta directiva o congregación y su apoyo sería necesario antes de tomar un paso importante para modificar significativamente una meta anual.

Esta retroalimentación de objetivos provisionales en comparación con las metas anuales es un tiempo valioso de reflexión y construcción de equipo. Debe ser una evaluación abierta y sincera del progreso actual en oposición a ilusiones o profecías optimistas acerca del futuro. Recuerde que esta es una evaluación de desempeño pasado, no una reflexión acerca de posibilidades futuras.

Habiendo conducido varias revisiones periódicas, ahora avanzamos a la fase tres de nuestro proceso. En esta fase conducimos evaluaciones para medir nuestro grado de efectividad en lograr nuestras metas y objetivos. No es un tiempo para echar culpas o pedir disculpas. Es un tiempo de mirar con franqueza nuestro progreso, celebrar nuestros logros y buscar maneras en las que podemos ser aún más eficaces en el futuro.

Paso siete. Evaluación de departamentos. Cada departamento en la iglesia (infantil, jóvenes, solteros, música, etc.) saca su lista de metas y objetivos y prepara un resumen escrito de sus logros. Ya que cada uno de los objetivos fue declarado en una manera mensurable, debe haber muy pocas dudas acerca de la habilidad del líder del departamento para determinar su grado de realización. Este informe debe declarar brevemente el porcentaje del logro usando los datos, cantidades, y la información para apoyar sus conclusiones. Donde sea posible, este documento debe incluir diagramas, gráficos que indican visualmente el progreso y el éxito.

Recuerde que el ciento por ciento de logros de los objetivos de los departamentos no es realista, particularmente si los objetivos tuvieron un grado de desafío escrito en ellos. Si todos son logrados, entonces, o tiene un miembro del equipo de excepcionalmente alto rendimiento, o los objetivos no fueron suficientemente desafiantes cuando fueron trazados. No debe haber sorpresas puesto que ambos se han reunido para llevar a cabo revisiones mensuales o trimestrales en el trayecto. Este es sencillamente un tiempo para juntar todas las piezas en un informe anual acumulativo.

El rol del administrador es celebrar los logros del subordinado y/o evaluar la razón por la que el individuo no logró los objetivos hacia los cuales apuntaba. ¿El fracaso fue por falta de recursos? ¿No se previeron circunstancias que surgieron después del desarrollo de los objetivos? ¿Hubo alguna cuestión personal que les evitó alcanzar un nivel más alto de éxito? ¿Cuáles son las posibilidades de que esta razón pudiera ser un factor para el proceso de establecer metas el próximo año? ¿Hubo cambios de personal importantes e inesperados que impactaron el grado de éxito? Estas y muchas otras preguntas necesitan ser encaradas para poder tener un documento acumulativo significativo y exacto.

Una vez que se han llevado a cabo estas revisiones anuales de los departamentos, el papel del pastor principal o del pastor ejecutivo es asimilarlos en un informe acumulativo de evaluaciones. Esta es la esencia del paso final en el proceso del ministerio-por-objetivos.

Paso ocho. Evaluación acumulativa. Este es un paso importante en el proceso ya que representa el resumen de un año de trabajo por parte de las numerosas personas y comités. Este documento debe ser preparado por el pastor principal y presentado a la junta directiva de la iglesia. Tomando cada meta, el informe enfoca una respuesta específica para identificar el grado de éxito que se ha logrado y dónde ha faltado progreso. El énfasis debe ser en los logros exitosos del equipo y no en echar culpas por lo que no se logró. Finalmente, al pastor principal le toca lidiar con ello, y este informe debe reflejar su análisis de los acontecimientos y actividades durante su supervisión. Este informe es presentado a la junta para su revisión y discusión.

Muchas iglesias prefieren proveer a la congregación un resumen ejecutivo del progreso hacia las metas en un informe "del estado de la iglesia" enviado por correo a cada miembro de la congregación. Las gráficas y diagramas con colores proveen comprensión útil y permiten que una buena cantidad de contenido sea sintetizada y presentada.

La administración por objetivos en su aplicación a la iglesia local puede ser un medio útil para la planificación estratégica. Provee las condiciones para el establecimiento de metas y múltiples fuentes de aportación de las juntas, el personal y la congregación. La gente hace suyas sus áreas de responsabilidad, y son capaces de rendir cuentas por el progreso de las metas y objetivos que acordaron. Facilita el diálogo y la discusión entre un administrador y sus subordinados. Contribuye a la edificación de equipos y permite a la gente tener un sentido comunitario al avanzar juntos a través del proceso.

Implementación del ministerio por objetivos

Hay básicamente cuatro maneras de enfocar la implementación del ministerio por objetivos en la iglesia local. La primera es el planteamiento de arriba hacia abajo por medio del cual la junta eclesiástica inicia el proceso y luego lo pasa al pastor principal, quien trabaja en el proceso con su personal. El segundo enfoque es el de abajo hacia arriba por medio del cual un administrador implementa el proceso en su departamento. Otros departamentos lo incorporan a sus ministerios, y van ascendiendo en la estructura organizacional hasta llegar a la junta. El tercer enfoque es una implementación departamental por medio de la cual varios departamentos (el departamento infantil, el departamento de adultos, etc.) utilizan este enfoque y con el tiempo se extiende a todos los demás departamentos. El método final es el enfoque a nivel supervisor por medio del cual el proceso ocurre exclusivamente entre el pastor principal y sus subalternos directos (supervisores) pero el resto del personal no participa. En esencia, sólo el nivel superior de administradores usa este sistema.

¿Cuál método es el mejor? La mayoría de las iglesias y otras organizaciones no lucrativas que han integrado el enfoque de APO han preferido el enfoque de arriba hacia abajo. Este método garantiza el grado más alto de aprovisionamiento y coloca a todos los jugadores principales en el mismo equipo. También conduce al mayor impacto sentido a través de la iglesia como un todo. Dado que la planificación estratégica a largo plazo es generalmente iniciada por la junta eclesiástica y el pastor principal, es lógico que su participación sea crucial para los beneficios más duraderos. El ministerio por objetivos funciona mejor cuando las metas de la iglesia son usadas como base para los objetivos departamentales. Generalmente hablando, la aprobación de los administradores más altos es usualmente necesaria para cualquier cambio permanente a grande escala si ha de ser eficaz y sostenible[17].

La siguiente cronología es un enfoque sugerido para integrar el ministerio por objetivos al calendario anual de la iglesia. Esta cronología presupone un ciclo presupuestario anual que comienza el 1 de enero de cada año. Usted necesitará enmendar esta cronología si el año fiscal de su iglesia comienza el 1 de julio. El punto importante es que el APO debe llevarse a cabo antes de la asignación de recursos en el presupuesto. Es inútil asignar los recursos primero y luego comenzar el proceso de establecimiento de metas, ya que las finanzas deben ser usadas para financiar las metas y los objetivos de la iglesia.

Noviembre. Se llevan a cabo las discusiones entre la junta eclesiástica, el personal pastoral y la congregación acerca de las esperanzas y sueños para el establecimiento de metas futuras. La junta eclesiástica y el personal de los ministerios reduce esta lista a un tamaño manejable.

Diciembre. Se elabora el presupuesto anual eclesiástico, asignando los recursos necesarios para sostener financieramente las metas de la iglesia.

Enero. Dentro de un período de dos semanas cada uno de los supervisores y administradores se reúnen para escribir y preparar los objetivos de sus departamentos. Se lanza el ministerio por objetivos.

Febrero. Cada supervisor y administrador está activamente buscando el logro de las metas y objetivos de su departamento. Al final de este mes se llevan a cabo reuniones entre el supervisor y el administrador para medir los resultados en comparación con los objetivos.

Marzo. Al final de este mes se lleva a cabo la *primera revisión periódica* la cual mide los resultados en comparación con las expectativas del blanco apuntado. Se presenta un informe escrito en el que cada supervisor mide el desempeño actual.

Abril. Cada supervisor y administrador está activamente buscando el logro de las metas y objetivos de su departamento. Al final de este mes se llevan a cabo reuniones entre el supervisor y el administrador para medir los resultados en comparación con los objetivos.

Mayo. Cada supervisor y administrador está activamente buscando el logro de las metas y objetivos de su departamento. Al final de este mes se llevan a cabo reuniones entre el supervisor y el administrador para medir los resultados en comparación con los objetivos.

Junio. Al final de este mes se lleva a cabo la *segunda revisión periódica* la cual mide los resultados en comparación con las expectativas del blanco apuntado. Se presenta un informe escrito en el que cada supervisor mide el desempeño actual.

Julio. Cada supervisor y administrador está activamente buscando el logro de las metas y objetivos de su departamento. Al final de este mes se llevan a cabo reuniones entre el supervisor y el administrador para medir los resultados en comparación con los objetivos.

Agosto. Cada supervisor y administrador está activamente buscando el logro de las metas y objetivos de su departamento. Al final de este mes se llevan a cabo reuniones entre el supervisor y el administrador para medir los resultados en comparación con los objetivos.

Septiembre. Al final de este mes se lleva a cabo la *tercera revisión periódica* la cual mide los resultados en comparación con las expectativas del blanco apuntado. Se presenta un informe escrito en el que cada supervisor mide el desempeño actual.

Octubre. Cada supervisor y administrador está activamente buscando el logro de las metas y objetivos de su departamento. Al final de este mes se llevan a cabo reuniones entre el supervisor y el administrador para medir los resultados en comparación con los objetivos. Comienza el intercambio de ideas con relación a las metas del próximo año y se deben tomar en consideración el éxito y los fracasos de este ciclo actual.

Noviembre. Cada supervisor y administrador está activamente buscando el logro de las metas y objetivos de su departamento. Al final de este mes se llevan a cabo reuniones entre el supervisor y el administrador para medir los resultados en comparación con los objetivos. Simultáneamente con este proceso cada director de ministerio está previendo el desarrollo de su informe acumulativo que deberá presentar el siguiente mes.

Diciembre. A principios del mes los informes acumulativos de los diferentes directores de ministerio son entregados a sus supervisores. Se reúnen para discutir el progreso que se ha logrado en las metas y finalizan las discusiones sobre las metas del próximo año. Los toques finales son hechos al presupuesto una vez que se ha finalizado. El informe "del estado de la iglesia" es escrito y distribuido a la congregación por el pastor principal al final del mes como una celebración de todo lo que se ha logrado en el avance del reino.

Crear un clima de aceptación

Antes de que una iglesia u organización pueda implementar la administración por objetivos, necesita preparar el camino. Sería ingenuo pensar que un cambio administrativo de esta naturaleza no sea recibido con cierto grado de escepticismo y resistencia. Resistirse al cambio es parte de la naturaleza humana, especialmente uno que obliga a los miembros del personal a ser más responsables de responder por sus actividades ministeriales. Será necesario considerar tanto los cambios externos de ambiente como los internos al crear un clima de aceptación. Un resumen de estos incluiría los siguientes elementos[18]:

1. **Un ambiente favorable para el cambio.** Considere si el clima de la iglesia está abierto al cambio o no. ¿Ha experimentado la iglesia demasiado cambio en un período corto? ¿Ha tenido que pasar la iglesia algún cambio significativo recientemente? ¿Qué tan abierta es la congregación como un todo en comparación con unos pocos grupos selectos? ¿Ha habido algunos programas recientes que no han tenido éxito y que podrían influir en la manera en que este enfoque de la administración es visto?

2. **Un ambiente relativamente abierto y no amenazante.** Muchas iglesias sienten una aversión hacia el cambio; de hecho la mayoría. Tiene que ser vendido a ellas, y en muchos casos tiene que ser visto como el último recurso en vez de una mejoría. Si la actitud general de la iglesia es una de apertura a ideas nuevas y maneras de hacer las cosas, entonces este planteamiento será recibido más fácilmente.

3. **Buena disposición del personal superior (pastor principal, pastor ejecutivo, pastor asociado, etc.) para compartir la autoridad.** Hay unos pocos secretos al funcionar bajo el sistema administrativo de ministerio por objetivos. Todos conocen las metas generales de la iglesia. La mayoría de

los que pertenecen al personal están conscientes del papel que desempeñan, quién recibe cuáles recursos, así como quién se está esforzando y quién no. Esto se hace obvio muy pronto después de la primera revisión periódica. Los administradores en niveles superiores están dispuestos a "mostrar sus naipes" y tienen buena disposición de compartir tanto la responsabilidad como la autoridad con otros miembros del personal de la iglesia. Para algunos, esto requerirá un cambio en la manera en que funcionan. Necesitarán acercarse a otros miembros del personal como jugadores del equipo y no como peones en el juego del ministerio.

4. **La calidad del personal de la iglesia.** Una vez que el personal principal ha dominado el sistema, necesitará delegar el desarrollo del establecimiento de objetivos a sus directores departamentales del ministerio. Sin embargo, si los que reciben este cometido no están suficientemente entrenados para el trabajo, el sistema completo es amenazado. Cada eslabón de la cadena es crucial en su éxito general.

5. **Buena disposición de los directores ministeriales de aceptar medidas objetivas de su ministerio.** Algunos prefieren la ambigüedad y la vaguedad al medir su ministerio. Creen que si este no puede ser medido entonces no se les demandará rendir cuentas. Debe haber una disposición de su parte para aceptar medidas para sus objetivos como una base de determinar el éxito. La construcción de confianza puede ser necesaria primeramente entre el pastor principal o el pastor ejecutivo y los administradores subordinados.

6. **Buena disposición para acatar los requisitos procesales.** La mayoría de los miembros del equipo pastoral de ingreso temprano tienen dificultad para acatar las expectativas en cuanto a su tiempo. Adherirse al presupuesto, mantener horas de oficina, entregar los informes a tiempo, asistir a las reuniones de comités y una multitud de otras expectativas no se dan con facilidad. Hay cosas que se aprenden con el tiempo. La mayoría de las personas que entran al ministerio ignoran las innumerables expectativas que les imponen los miembros de la congregación y el personal de supervisión. Sin embargo, es un hecho de la vida y un requerimiento razonable considerando nuestro mandato para la mayordomía. Los miembros del personal que sienten una aversión natural a escribir y someter informes de manera oportuna necesitarán dirección adicional.

7. **Un ambiente que es suficientemente predecible para hacer plausible la planificación.** La planificación es más realista en diferentes épocas de la vida de la iglesia. Muy poco después de que llega el pastor principal, la gente está ansiosa de expresar sus nuevos sueños, y enfocan sus energías en lo que el futuro puede traer. Sin embargo, si la iglesia está pasando actualmente por una crisis mayor, o el pastor principal sostiene la política de no intervención en el estilo de su administración, o quizá está a un par de

Ministerio por objetivos

PASO	ACTIVIDAD	QUIÉN:	FASE
1	Repasar y revisar las declaraciones de la misión y la visión de la iglesia	La junta y el pastor principal	FASE DE PREPARACIÓN
2	Desarrollar y dar prioridad a las metas organizacionales	La junta y el pastor principal	
3	Repasar y revisar la estructura organizacional, la descripción de tareas y la información sobre las relaciones	El pastor principal y el personal	
4	Negociar los objetivos entre los administradores y los miembros del personal subordinado	Administrador y subordinados	FASE DE IMPLEMENTACIÓN
5	Comunicar el plan: comprometerse con él, anunciarlo y asignar los fondos para ello	Personal pastoral	
6	Llevar a cabo revisiones periódicas	Administrador y subordinados	
7	Evaluaciones departamentales	Administrador y subordinados	FASE DE EVALUAACIÓN
8	Llevar a cabo revisiones acumulativas y escribir un informe "del estado de la iglesia".	La junta y el pastor principal	

años de su jubilación, la iglesia puede encontrarse en un patrón de espera en términos de planificar para el futuro. En marcos como éste, es mejor esperar hasta que la transición de liderazgo o la crisis se hayan resuelto antes de iniciar el enfoque del ministerio-por-objetivos.

Puntos críticos que deben ser considerados

1. **Relacione las metas con la misión y la visión.** Esto no es una cuestión de qué fue primero, la gallina o el huevo. No debe haber ninguna duda de que la misión y la visión de una iglesia vienen primero, y que cualesquiera metas y objetivos subsiguientes emanan de esas declaraciones. No es poco común que una iglesia reciba lo que parece ser una "oportunidad de una vez en la vida" de algún urbanizador rico o de un líder cívico. Pero antes de aceptar tal invitación asegúrese de que encaja con la misión y la visión de la iglesia. Incontables iglesias, instituciones educativas, misiones y otras organizaciones religiosas no lucrativas comenzaron con una pasión por Cristo solo para ser desviadas al aceptar grandes oportunidades que no tenían relación con su misión o visión original.

2. **Haga que las metas sean específicas y mensurables.** Recuerde que al final del proceso los informes del departamento y los acumulativos dependen de una información exacta de evaluación. Si no lo puede medir, tendrá un tiempo difícil para determinar su grado de logro. Si la suerte de un miembro del personal gira alrededor del éxito del programa, y su efectividad no puede ser medida, el subsiguiente desempeño del personal será igualmente difícil y vago.

Estamos de acuerdo en que no todas las actividades que se producen en la iglesia local pueden ser medidas y cuantificadas. Un énfasis desmedido en el recuento de números lleva a una conclusión peligrosa. Aun los fariseos se jactaban de su desempeño mensurable, pero Jesús los reprendió por la condición de sus corazones. Es necesario que encontremos un equilibrio entre medir lo que puede ser medido (asistencia, bautismos, decisiones por Cristo, etc.) y lo que no se puede medir (formación espiritual, recuperación de las adicciones, relaciones restauradas, etc.). Es mejor que algunas cosas se las dejemos a Dios para su evaluación final. A lo que estamos aspirando es a un esfuerzo más concertado de responsabilidad y mayordomía sin excedernos en verificaciones cuantificables.

3. **Obtenga el derecho de propiedad de la base más amplia posible.** El ministerio por objetivos debe ser un esfuerzo de equipo. No puede ser dictado de arriba hacia abajo de una organización sin causar algún grado de resentimiento y evasivas. La junta directiva de la iglesia, el pastor principal y los líderes laicos clave necesitan aceptar el programa y expresar su compromiso con el proceso. Sin estos jugadores clave a bordo, aun es posible implementar el MPO en sólo un departamento ministerial, pero esto limita su habilidad para proveer un beneficio a la congregación entera.

4. **Comunique las metas/objetivos y manténgalos ante la congregación a través del año.** La mayoría de la planificación se diluye después de que los planes son puestos por escrito. Una vez que el trabajo ha sido hecho y el plan es puesto en forma impresa, la gente regresa a sus hogares y da por

sentado que funcionará solo. Los planes no se logran por sí mismos. El establecimiento de metas y el desarrollo de los pasos hacia el objetivo son parte de la fase de preparación. El verdadero trabajo empieza después de que esto sucede. Anuncie los planes, revíselos y exhíbalos en lugares prominentes para que la gente no se olvide de ellos. Si son guardados hasta que se haga el repaso acumulativo, es muy probable que muy poco será logrado, a no ser el resentimiento de cuánto tiempo fue dedicado al desarrollo de las metas y objetivos que nunca fueron logrados.

5. **El ministerio por objetivos es un viaje, no un punto de destino.** Mantenga una perspectiva a largo plazo en el proceso. Es verdad que muchas iglesias llevan a cabo este establecimiento de metas en forma anual, pero muy pocas logran todo lo que se propusieron. Lo que no se logre este año puede ser agregado a la lista del siguiente año. Algunas cosas que parecían tan críticas para el éxito de la misión en enero tal vez no sean tan importantes en junio; y esto está bien. Recuerde que los planes le pertenecen; no usted a ellos. Los planes y las metas pueden ser reescritos y revisados. Son las directrices para el comportamiento futuro y sirven como medios para los fines, no son los fines en sí mismos. El final siempre es el mismo: llevar adelante a la gente hacia el desarrollo del carácter como el de Cristo (Efe. 4:15, 16).

Los beneficios de usar el ministerio por objetivos en la iglesia local

Muchas iglesias dan testimonio de un conjunto de beneficios al funcionar con un enfoque de ministerio-por-objetivos en el ministerio de administración. Un resumen de estos beneficios incluye lo siguiente:

1. Provee un enfoque sistemático a la supervisión y cuidado del personal de la iglesia. El MPO incorpora las normas claramente establecidas para la medición del desempeño y reporte de las relaciones acordadas por todos los involucrados. Emplea un mecanismo de reportes que tiene una larga historia de éxitos en el mundo de los negocios, y su terminología y pasos del proceso han gozado por muchos años de una implementación exitosa. Este enfoque sistemático del ministerio de administración facilita una mayordomía eficaz de los recursos.

2. El ministerio por objetivos provee dirección al dilema de tratar de determinar la envergadura de control del supervisor. La envergadura de control se define como el número de personas que pueden ser dirigidas eficazmente por un individuo. Algunas personas pueden dirigir más que otras por una variedad de razones, haciendo que la habilidad de generalizar el número sea ilusoria. Al incorporar el MPO, la iglesia puede determinar el número de reportes que un administrador puede mantener por simplemente calcular con cuántos subordinados se puede reunir para preparar los objetivos y llevar a

cabo revisiones periódicas.

3. El ministerio por objetivos da una clara evidencia en cuanto a dónde necesitan ser dirigidos los recursos limitados. Ya no son entregados los recursos sobre las bases de popularidad, políticas y/o favoritismo. Los recursos deben ser distribuidos sobre la base de quién necesita qué para lograr las metas y objetivos dentro de su(s) área(s) de responsabilidad. Es claro que no se puede esperar que un miembro del personal acepte un área de responsabilidad mayor sin el correspondiente grado de recursos financieros y materiales. Eso sería destinar al miembro del personal al fracaso.

4. Otro beneficio mayor de usar el ministerio por objetivos se relaciona con el principio administrativo de paridad. El principio declara que a un trabajador a quien se le da una responsabilidad también debe dársele un grado proporcional de autoridad para que pueda cumplir con esa responsabilidad. La responsabilidad sin autoridad es inaceptable y una clara violación de este principio. Los miembros del personal que han negociado un conjunto de objetivos deben ser capaces de dar por sentado que también tienen un grado correspondiente de autoridad para poder alcanzar los objetivos dentro de su área de responsabilidad. Esto no absuelve a los miembros del personal de rendir cuentas, pero debe liberarlos de tener que pedir permiso constantemente para hacer las cosas que ya han sido acordadas y puestas por escrito.

5. El ministerio por objetivos beneficia a la iglesia al revelar, por medio de un patrón de conducta (la mejor norma de evidencia), cuáles miembros logran consistentemente sus objetivos y quiénes no. Esto evita en gran medida las conjeturas sobre la evaluación del desempeño y el sistema de recompensas, ya que las recompensas van a aquellos que, de forma regular, llevan a cabo el progreso más significativo en el logro de la misión y la visión de la iglesia. "En este nuevo planteamiento, que estimula la autoevaluación y el autodesarrollo, el énfasis está en donde debe estar: en el desempeño en vez de la personalidad. La participación activa de los subordinados en el proceso de evaluación lleva al compromiso y crea un ambiente de motivación"[19].

6. El ministerio por objetivos provee al miembro del personal información de evaluación del desempeño antes del inicio de cada año ministerial. Esto evita las suposiciones de lo que se requerirá de ellos al final del año cuando sea el tiempo de revisar y evaluar el desempeño del trabajo de cada miembro. El MPO da a cada miembro del personal un grado de seguridad porque los estándares de medición del desempeño ya han sido establecidos y puestos por escrito. No hay sorpresas, y los miembros del personal pueden funcionar durante el año con un nivel de confianza y seguridad en el sistema de evaluación.

Los riesgos de usar el ministerio por objetivos en la iglesia local

Esta sección podría tal vez ser etiquetada como los riesgos de usar mal el MPO, ya que es realmente el mal uso de los principios que conduce a la gente a los problemas.

1. Demasiado énfasis en medir el desempeño lleva a una falta de tomar riesgos y de fe. Algunas veces en el ministerio tenemos que estar dispuestos a vivir y dirigir por fe; por lo que no podemos ver y por lo tanto no puede ser medido. Se nos dice que aquellos que agradan a Dios con sus vidas son personas que están dispuestas a actuar sobre las bases de lo que no siempre se puede ver (Heb. 11:6). Esto no da permiso a los miembros del personal para actuar con desenfado imprudente; el vivir y dirigir por fe deben ser considerados. Esto va aparejado al trabajo. ¿Cómo podemos esperar que los miembros de nuestra congregación vivan por fe si nosotros mismos no podemos demostrarlo?

2. Otro riesgo de usar el MPO es un desmedido énfasis en los informes y reuniones. Algunas organizaciones que han incorporado el enfoque de MPO a la administración del ministerio requieren un informe semanal escrito sobre el progreso hacia las metas y objetivos dentro de sus áreas de control. Este excesivo volumen de informes lleva a la frustración, al pesimismo y finalmente a un sentido de fatalismo. Los informes nunca deben tomar el lugar de las reuniones cara-a-cara. La interminable cantidad de papeleo que pasa por el escritorio del supervisor es contraproducente para las relaciones eficaces y la construcción del equipo. La llegada del correo electrónico sólo ha servido para aumentar el volumen de información que nos llega de todas partes. Los informes sólo con el fin de presentar un informe deben ser desalentados. Hay que hacer efectivo el tiempo y el costo invertidos en ellos, o el riesgo que representan será mayor que su beneficio. Los informes escritos son un desmedido énfasis en las medidas y la responsabilidad de rendir cuentas.

3. El tercer riesgo es no proveer al personal con la educación y el entrenamiento necesarios para escribir objetivos mensurables. Un objetivo del ministerio bien escrito parece ser sencillo de escribir hasta que uno mismo se toma el tiempo de escribir uno. Este debe proveer un enlace directo con la meta de la iglesia e indicar la persona, la cronología y los criterios para determinar un logro exitoso.

4. Un riesgo final del MPO es no permitir que lo inesperado influya en las oportunidades legítimas. Hay un tremendo valor en poner nuestros planes por escrito. Sin embargo, hay ocasiones (aunque estas son poco comunes) cuando estos planes no podrían considerar todas las posibles contingencias en el camino. Las personas se mueren, se casan, aceptan ofertas de trabajo, tienen hijos, etc., y cada uno de estos eventos significativos en la vida alteran la dirección de nuestra vida. Además, las iglesias tienen hitos similares. Los pastores

tienen fracasos morales y éticos, aceptan oportunidades en otras partes, las finanzas no siempre son tan predecibles como quisiéramos, y las catástrofes naturales tales como incendios, inundaciones y tormentas pueden alterar el curso de la iglesia sin previa advertencia.

Durante estos eventos significativos, y muchos otros que podrían haber sido añadidos a la lista, no debemos empeñarnos en nuestra manera de hacer las cosas, ni encerrarnos en nuestras metas que evitemos que Dios obre en la vida de nuestra iglesia. Es posible que las metas necesiten ser reescritas, eliminadas y tal vez la cronología deba ser extendida. El MPO no debe producir una obstinación que haga que toda nuestra planificación quede fijada como en cemento. El propósito de planificar es guiar y moldear la dirección, no dictarla más allá de toda razón.

Conclusión

El ministerio por objetivos es un sistema de planificación que alienta a las iglesias a coordinar sus actividades con sus recursos. El activismo no es garantía de progreso, así que necesita ocurrir un examen de manera regular para asegurar que las actividades tienen un propósito determinado y contribuyen a la razón de la existencia de la iglesia. Las Escrituras nos enseñan mucho acerca de la mayordomía, tanto de la humana como la de los recursos materiales. Dios ha dado dones a cada uno de nosotros, y un día nos pedirá cuentas por el uso de ellos. De la misma manera, Dios ha dado a la iglesia recursos materiales de los cuales también tendremos que rendir cuentas. El ministerio por objetivos es un método para coordinar esta actividad con adecuada mayordomía.

Si hay una evidencia de la mano de Dios sobre una organización, esta puede ser resumida en la palabra *cambio*. El cambio es una parte natural del ciclo de crecimiento. Cuando Dios está obrando en las vidas de su pueblo, este está en un estado constante de cambio y reformación. La vieja naturaleza se está alejando y está emergiendo la nueva naturaleza. Con este cambio puede ocurrir la resistencia. Las personas, como las iglesias, pueden querer permanecer en su comodidad y seguridad. Se resisten al cambio porque no están seguras de su destino final. El ministerio por objetivos elimina algo del temor del proceso de transformación al hacer más intencionales y más controlados los cambios. En esencia usted dice a los que le rodean: "Sí, nuestra iglesia cambiará a medida que responda a la comunidad cambiante a nuestro derredor, pero por medio del MPO podemos controlar el paso del cambio y presupuestar el costo que estamos dispuestos a pagar". Tal vez no todo cambio es deseable o evitable, pero el MPO nos ayuda a implementar algunos métodos razonables para controlarlo.

El beneficio de usar el ministerio por objetivos pesa más que sus riesgos. Un plan es una forma de control, y algunas personas prefieren vivir su vida y llevar a cabo el ministerio con el menor control posible. Pero eso ciertamente no es el ejemplo que nos dio Cristo y sus líderes en la iglesia primitiva. Los controles son evidencia de madurez e intencionalidad. Si la iglesia ha de hacer un impacto perdurable en el mundo, debe reconocer el valor de planificar y establecer metas, no como un medio de control sino como un medio para tener libertad, libertad del activismo fortuito y de responder a cada nueva onda de métodos populares que nos llegan. El ministerio por objetivos da a los líderes de la iglesia la libertad de establecer su propia dirección y ser intencionales en cuanto a cómo lograrla.

TERCERA PARTE

ORGANIZACIÓN

Con frecuencia se hace referencia al acto de poner orden donde hay caos como la función administrativa de la organización. Aunque evidentemente es más que eso, esta sencilla definición no está tan alejada de la realidad, ya que organizar es preocuparse con el orden adecuado (autoridad, responsabilidad y estructura) y el flujo (comunicación, recursos materiales y el personal). Los que son expertos en esta función no se sienten intimidados por la confusión. De hecho, se deleitan en ello porque la confusión les permite encontrar el significado y propósito subyacentes de la actividad institucional.

Una definición más académica de organización es "una estructura intencional formalizada de roles o puestos"[1]. Algunos han argumentado a favor de que la planificación y la organización se fusionen en la misma categoría ya que ambas conciernen a las mismas actividades fundamentales. Como un experto en administración lo ha expresado: "La organización es realmente planificación aplicada a un departamento o función"[2]. Aquellos que se adhieren a este punto de vista están obviamente errados, porque las actividades asociadas con la función de organizar son cualitativamente diferentes de las de planificación.

Organizar comienza con la misión y la visión de la organización que fueron articuladas durante la fase de planificación. También toma en consideración las metas y objetivos de la institución, ya que estos proveen dirección y aclaración. La organización comienza donde la planificación termina respondiendo a las preguntas de *por quién* y *cómo* será dirigida la organización. En algún punto el patrón estructural necesita surgir, y las aclaraciones con respecto a los roles, responsabilidades, relaciones de autoridad, calificaciones y descripciones de puestos necesitan ser establecidos. Organizar hace avanzar al ministerio de manera natural hacia el logro de su misión, visión, sus metas y sus objetivos que fueron desarrollados durante la función de planificación.

El punto inicial de poner orden donde hay caos es determinar la mejor estructura organizacional alrededor de la cual funcionará mejor el ministerio. Esta no es una tarea fácil ya que no hay una estructura organizacional que pueda ser aplicada a todos los contextos ministeriales. Por ejemplo, una iglesia está estructurada de manera diferente de la de un campamento o escuela. De la misma manera, un ministerio paraeclesiástico como el de Juventud para Cristo o Vida Joven será estructurado de manera diferente de la de una escuela preescolar para niños desamparados en los arrabales. Cada uno necesita tomar en consideración su propósito singular como un ministerio. Aun dentro del ámbito del ministerio eclesiástico, no hay un acuerdo común en cuanto a la mejor manera de estructuración. Algunas denominaciones prefieren establecer una estructura jerárquica con obispos y arzobispos, mientras que otras prefieren un planteamiento más descentralizado con control congregacional. Tal discusión es el enfoque del capítulo 9, que busca ayudar al lector a comprender todo lo que incluye el establecimiento de la mejor estructura organizacional para el ministerio particular involucrado. Ya que la mayoría de los lectores que usen este libro lo estarán aplicando al contexto de su iglesia local, gran parte del énfasis de este capítulo se centra alrededor de la aplicación a una iglesia local.

El capítulo 10 ha sido diseñado para ayudar al lector a comprender cómo desarrollar descripciones de puestos, también conocido como descripciones de tareas, para aquellos que sirven en los ministerios cristianos. Por mucho tiempo la iglesia ha sido culpable de descuidar esta importante actividad administrativa, y los resultados han sido una moral baja y miembros privados de su derecho al voto. Las descripciones de tareas para el personal pagado deben ser diferentes de las que han sido escritas para los voluntarios. Cada una es esencial para la operación exitosa del ministerio, pero requiere de énfasis diferente.

Es probable que no haya queja tan común entre los líderes del ministerio como la necesidad de asistir a reuniones y coordinarlas. Si no se planifican cuidadosamente, las reuniones pueden robarle un tiempo valioso que podría ser utilizado mejor en otras actividades relacionadas con el ministerio. Ya que hemos sido llamados a coordinar nuestros esfuerzos hacia la meta de un servicio eficaz del ministerio, llevar a cabo reuniones con nuestro personal, tanto el que es pagado como el voluntario, es un requisito necesario. Si no podemos evitar las reuniones, entonces nos es obligatorio hacerlas que valgan el tiempo que dedicamos a planificarlas y dirigirlas. Cómo dirigir una reunión eficaz no es una ciencia nuclear. Con los elementos adecuados incluidos en el orden del día y unas pocas directrices para mantener la dinámica, el líder ministerial novicio puede ver las reuniones como parte de la efectividad del ministerio y no como un obstáculo del mismo. Tal es el impulso del capítulo 11.

Alguien ha dicho que sólo hay dos cosas seguras en la vida: la muerte y los impuestos. Para aquellos que funcionan en el ámbito del ministerio, la tercera cosa segura es el cambio. El apóstol Pablo usó la metáfora del cuerpo humano para describir a la iglesia. Así como el cuerpo humano está constantemente cambiando en respuesta a su ambiente y a la salud, de la misma manera la iglesia debe estar en movimiento constante. Una parte de este cambio es positivo y una confirmación de salud espiritual. Otra parte, lamentablemente, es evidencia de muchas fuerzas destructivas trabajando, ya sea dentro del cuerpo o de una multitud de factores externos. El capítulo 12 discute los efectos positivos y negativos del cambio en la organización ministerial con el propósito de ayudar al líder del ministerio a entender la manera de promover el cambio en una manera constructiva.

Ser un agente de cambio en el ministerio cristiano no es para los débiles de corazón. A los que "parten el queso" en una organización más les vale tener una estrategia clara en mente y estar preparados para ser malentendidos y objetos de oposición. Sin embargo, por más doloroso que pueda ser el cambio institucional, es también el medio por el cual ocurren el crecimiento y el desarrollo a largo plazo. Permanecer estáticos y estancados en el ministerio lleva a una baja moral y a una actividad sin propósito. Expresado de manera más simple, ¡no puede haber crecimiento sin cambio!

El capítulo final de esta unidad discute el asunto de la toma de decisiones dentro del contexto de la organización ministerial. Hay maneras de tomar decisiones que son constructivas y llevan a un espíritu de solidaridad. También hay maneras que resultan en malentendidos y pérdida de la confianza. Construir la confianza dentro del equipo ministerial puede requerir años, y sin embargo puede perderse en un solo acto al tomar una decisión. Es la intención del autor ayudar al lector a comprender los factores básicos asociados con la toma de decisiones en el ministerio cristiano.

Esta unidad ha sido diseñada para equipar al lector con las destrezas básicas asociadas con la función administrativa de organizar. Actividades tales como establecer estructuras, preparar descripciones efectivas de tareas, aprender a dirigir reuniones eficaces con el personal, guiar al equipo a través del campo minado del cambio institucional y tomar decisiones informadas son el enfoque de esta importante unidad.

Por
Michael Anthony

Capítulo 9

Estructuras organizacionales

USTED RECORDARÁ, de las discusiones en el capítulo 1, que Dios es el autor del orden. Nada sucede en la naturaleza sin un propósito o diseño. La manera en que el universo se mantiene integrado revela el carácter del increíble diseño de Dios. Asimismo, las Escrituras enseñan claramente que el propósito de Dios es que su pueblo sea gobernado dentro de un sistema de orden y coordinación consistentes. Esto se ve por la manera en que Dios organizó las tribus de Israel y dio a la tribu sacerdotal de Leví responsabilidades específicas para trasladar y mantener el tabernáculo. En el Nuevo Testamento vemos abundante evidencia del orden prescrito de Dios en su selección de diáconos y ancianos para los roles de liderazgo dentro de la iglesia. La entrega de los dones espirituales para áreas específicas de servicio (evangelismo, enseñanza, consejería, etc.) revela el deseo de Dios de la organización en el ministerio (Efe. 4:11-16; Rom. 12; 1 Cor. 14:26-39).

En esencia, Dios requiere que el ministerio sea gobernado dentro de los patrones prescritos que contribuyen a una asignación ordenada de deberes, roles y responsabilidades. Sin embargo, esto no quiere decir que todas las iglesias deben ser idénticas en su diseño de la misma manera en que no todos los animales son idénticos en el suyo. Aunque Dios es el autor del orden, también es el autor de la diversidad creativa[1].

También, diseñar estructuras organizacionales para el ministerio de la iglesia puede reflejar esta diversidad creativa. Yo no creo que haya alguna estructura organizacional en particular que funcione para todas las iglesias. Hay demasiadas variaciones reflejadas en la teología, en la geografía, en la etnografía, y en las distinciones demográficas de cada iglesia local. Aun una mirada superficial a las iglesias en el libro de Los Hechos revela diferencias entre ellas. La iglesia de Antioquía no reproducía la estructura de la iglesia de Jerusalén. La iglesia de Éfeso no seguía el patrón de la iglesia de Filipos. La iglesia de Corinto ciertamente tenía su propia manera de hacer las cosas que era única para su compañerismo. Lo importante acerca de la estructura de una iglesia no es si se parece a otra iglesia cercana, sino más bien si la estructura ayuda a llevar a cabo el ministerio en la comunidad local.

Puede ser importante, desde el principio de nuestra discusión, establecer una distinción entre orden y organización. Desde sus primeros días, la iglesia ha tenido que considerar la cuestión del orden. Este sigue siendo un asunto de vital importancia para nuestra iglesia de hoy también. Orden no es lo mismo que organización. El orden es visto como un plan aceptado, las directrices acordadas para evitar que cualquier grupo caiga en un caos y para liberarlo para su crecimiento. El orden es un propósito aceptado, además de los medios aceptados en común hacia fines reconocidos. El orden asigna y también limita responsabilidades. También define y limita la autoridad. Organización es la manera en que un grupo en particular mantiene sus procedimientos en orden, por ejemplo, al seleccionar un presidente, un secretario, un tesorero, etc.[2]. Los dos no son lo mismo, pero ambos se necesitan si la organización ha de funcionar sin problemas y de manera eficaz.

Ya que la mayoría de las organizaciones son demasiado complejas para explicarlas verbalmente, generalmente estas son descritas por medio de un diagrama esquemático llamado organigrama. Esta gráfica es un diagrama de varias funciones, divisiones, departamentos y/o posiciones que se encuentran en las organizaciones y la relación que existe entre unos y otros. Cada unidad es representada por una casilla que se conecta a otras casillas por medio de líneas horizontales y verticales. Estas líneas caracterizan relaciones de autoridad y comunicación entre las unidades[3]. Sin embargo, hay que tener cuidado de no tratar de interpretar dentro de estas gráficas más de lo necesario. Por ejemplo, sólo porque un individuo no tiene un departamento (casilla en la gráfica) que está cercana al nivel superior (usualmente la junta directiva o el pastor principal), eso no significa que es un departamento que no es importante. El guardatemplo puede aparecer varios niveles abajo en la gráfica, pero sin su servicio eficiente, los visitantes quizá no regresen a un templo que no parece seguro o donde la guardería se ve sucia, sin importar cuánto hayan disfrutado del sermón. Cada parte de la organización es importante y sirve a un propósito esencial, independientemente de su ubicación en la gráfica.

Estructura organizacional formal e informal

Antes de empezar a ver los varios organigramas que son comunes a las iglesias, sería de utilidad tomar un momento para comentar sobre la diferencia entre una estructura organizacional formal y una estructura informal.

Muchos escritores comentan sobre las estructuras organizacionales formales e informales porque ambas son comunes en una organización, aunque generalmente hablando la estructura formal es lo que usted llega a experimentar durante su orientación inicial. Sin embargo, no pasará mucho tiempo antes de que descubra que las cosas no funcionan en la manera que la gráfica dice. Conocer esta diferencia y la razón de ello puede ahorrar a los líderes ministeriales novicios una gran cantidad de frustración y desilusión.

Estructura formal

La estructura organizacional formal se refiere al patrón o relaciones prescritos que existen con el propósito de lograr las metas y objetivos de la organización. Estas relaciones describen autoridad y patrones de comunicación. Informan a todos quién está a cargo de los recursos y el grado de autoridad que un individuo tiene para llevar a cabo su trabajo. Esto no significa que no haya flexibilidad en las relaciones descritas en la gráfica. Sin embargo, en la descripción formal de la estructura organizacional, los patrones son usualmente establecidos y tienen un grado limitado de flexibilidad asociada con ellos. Para responder a la pregunta: "¿Quién está a cargo del sistema de sonido en el auditorio?" usted buscaría en el organigrama y descubriría que la persona encargada es el pastor de alabanza.

Estructura informal

El problema que muchos líderes ministeriales enfrentan cuando comienzan a servir en una iglesia nueva es descubrir las discrepancias entre lo que el organigrama dice y la manera en la que las cosas realmente funcionan. Por ejemplo, se podría descubrir que el pastor de alabanza está a cargo del sistema de sonido en el auditorio porque tiene autoridad sobre el servicio de alabanza según el organigrama. Sin embargo, esto no siempre significa que el pastor de alabanza en efecto tiene la llave del armario de sonido. Dado que la política puede ser una fuerza muy poderosa en la iglesia, podría ser más realista descubrir que la verdadera persona a cargo del sistema de sonido es un caballero jubilado que diseñó y construyó el armario del sonido y lo trata como su propiedad personal. En esencia, esa es la diferencia entre estructura organizacional formal e informal.

La estructura informal de una organización describe quién está a cargo y cómo fluye la comunicación en el mundo real del ministerio, no necesariamente la manera en que debe suceder. Un análisis de la estructura informal organizacional puede revelar que la persona que tiene el mayor poder en la iglesia no es el pastor principal sino su asistente administrativo(a) porque esa persona controla quién puede ver al pastor, por cuánto tiempo, y cuáles asuntos se agregan (o se quitan) de la agenda de la junta. Saber cuál es la diferencia entre la estructura formal y la informal puede significar una gran diferencia en los primeros meses de transición a un nuevo empleo.

Estructuras organizacionales comunes

Hay casi tantas maneras diferentes de estructurar una iglesia y sus varios ministerios como hay iglesias. Algunas denominaciones tienen sus propias preferencias de cómo las iglesias en sus compañerismos deben ser estructuradas. Otras denominaciones permiten a las iglesias dentro de sus compañerismos tener autonomía y crear su propia estructura. Para algunas, la tradición es fuerte y la manera en que los ministerios de la iglesia han estado organizados continuará por décadas futuras. Hay ventajas y desventajas obvias en cada enfoque. Lo que sigue es un breve resumen de unas pocas de las maneras en las que las iglesias se estructuran. Este capítulo discutirá tanto los niveles elevados de la estructura de la iglesia (denominación, congregación, junta y pastor principal) y los niveles medianos (niñez, juventud, adultos, etc.), ya que los ministerios educativos de la iglesia no funcionan dentro de un vacío sino dentro de un contexto mayor de una estructura organizacional general.

Además, se hará una crítica de cada estructura en términos de sus ventajas y sus desventajas. Al contrario de lo que algunos oradores quisieran hacerle creer, no hay un solo patrón ideal para todas las iglesias. De hecho, lo que funciona bien en un lugar puede ser un desastre para una iglesia similar en otro lugar.

El modelo ecuménico

Este planteamiento de estructuración de una iglesia tuvo sus orígenes en la historia primitiva de la iglesia. Las denominaciones tales como los católicos, luteranos, metodistas, episcopales, etc., tienen un planteamiento ecuménico en la estructuración de sus iglesias. "En su forma original, fue una concentración monárquica de poder en un obispo sobre una iglesia local. Más tarde evolucionó en una posición de obispo diocesano quien presidía sobre el territorio de una iglesia local, llamada diócesis. Se basa en la doctrina de sucesión apostólica (católica) o sucesión histórica (episcopal)"[4].

Los obispos son característicos de las iglesias católicas, ortodoxas y también episcopales, pero no necesariamente descriptivos de todos los cuerpos metodistas o luteranos. Eso es parte de lo que hace que una descripción de "un estilo para todos" sea tan difícil en un capítulo tan corto como éste. Muchas iglesias luteranas pueden combinar sínodos regionales (vea la siguiente categoría) con una estructura congregacional. Esto les permite un mayor grado de autonomía de la influencia denominacional. Y los metodistas, al menos los que pertenecen a la Iglesia Metodista Unida, pueden tener obispos, o superintendentes, pero esto no es visto como un cargo sacerdotal, como puede ser visto en otras denominaciones que se encuentran dentro de esta categoría.

Las ventajas del modelo ecuménico son:

1. Este planteamiento permite un mayor grado de estabilidad ya que el cambio se ve dentro del contexto de una larga perspectiva histórica. En esencia, la iglesia no es presa fácil de cambios repentinos en el liderazgo, en la doctrina o en la metodología, etc.

2. Hay una amplia base de apoyo denominacional ya que la diócesis o cuerpo denominacional puede proveer los recursos en tiempos de necesidad temporal.

3. El obispo puede colocar en una iglesia a un líder ministerial (pastor, rector, sacerdote, etc.) que puede predicar y dirigir de acuerdo con la necesidad de la comunidad y el cuerpo local sin temor a ser despedido por la congregación local.

4. No es probable que el líder ministerial (pastor, rector, sacerdote, etc.) muestre parcialidad hacia individuos selectos en la iglesia, ya que la diócesis u obispos demandan que el ministro rinda cuentas, no la iglesia o congregación local.

Las desventajas del modelo ecuménico son:

1. El cambio de este planteamiento es lento, ya que los programas nuevos para satisfacer las necesidades de la comunidad tal vez no reflejan las prioridades de los que están en el liderazgo denominacional.

2. Los que están en el liderazgo denominacional toman muchas de las decisiones cruciales para la congregación local aunque estén geográfica o étnicamente lejanos de ella.

3. Debido a la gran dimensión de la estructura gobernante denominacional, colocar a un clérigo en las iglesias locales puede llegar a ser altamente político y no basado en las necesidades locales.

4. Muchas denominaciones grandes, en un esfuerzo de apaciguar grandes secciones de intereses especiales, se ven forzadas a comprometer sus distintivos doctrinales. El resultado es una lenta erosión hacia un relativismo bíblico.

Modelo republicano

Este planteamiento de estructura eclesiástica se demuestra en la forma presbiteriana de organización de la iglesia. La denominación presbiteriana agrupa a sus iglesias (asamblea general) en lo que son llamados sínodos. Un sínodo es un conjunto de iglesias dentro de una ubicación geográfica específica (p. ej.: el Sínodo Sudoccidental). Cada sínodo se divide, además, en presbiterios. Un presbiterio es la asociación local de iglesias dentro de una ubicación geográfica más pequeña (p. ej.: el Condado de San Diego). Dentro de cada presbiterio hay un número de iglesias. Obviamente el número de iglesias dentro de un presbiterio varía dependiendo del tamaño del distrito. Por ejemplo: un presbiterio rural puede tener menos iglesias que un presbiterio suburbano, aunque puede tener un área geográfica más grande (vea Figura 9.1).

Figura 9. 1: Modelo republicano de gobierno de iglesias

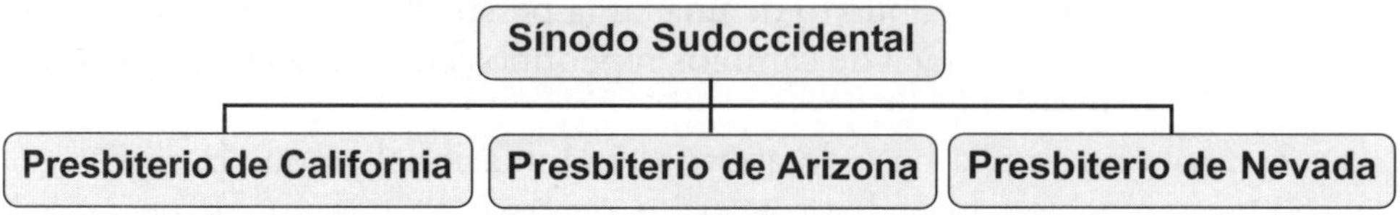

Una iglesia presbiteriana tiene pastores, una junta de ancianos y una junta de diáconos. Estas dos últimas pueden tener representantes varones y mujeres. La junta de ancianos, algunas veces llamada "los ancianos gobernantes", son laicos elegidos por la congregación. Los "ancianos educadores" son usualmente ministros que presiden sobre el presbiterio[5]. La junta de ancianos y el pastor trabajan juntos en la administración de la iglesia. Unidos forman lo que es llamado el consistorio. Esta asamblea es comprendida por el pastor, los copastores, la junta de ancianos, y un gobierno de representantes elegidos de la congregación. Los líderes de grupos dentro de la iglesia, tales como el grupo de los varones, el grupo de las mujeres, la comisión de adoración, etc., serán los representantes elegidos para el consistorio.

El pastor principal es el moderador del consistorio. También hay un oficial de secretaría del consistorio quien, después del pastor, tiene el puesto de mayor responsabilidad. Este líder de la iglesia actúa como oficial administrativo para la iglesia y como presidente de la comisión ejecutiva del consistorio.

En esta forma de estructura eclesiástica, el consistorio es central. La posición del pastor como moderador del consistorio provee una de las más grandes oportunidades de liderazgo profético. Los pastores que tienen al consistorio de su parte, no por manipulación maquiavélica, sino por un sentido genuino de compartir el liderazgo por medio del estudio común, discusiones francas y elaboración previsora de políticas, tienen mayores probabilidades de disfrutar un largo período de ministerio fructífero de la iglesia[6]. Para aquellos que no crecieron en la iglesia presbiteriana, este planteamiento de la estructura organizacional puede parecer extraño, así que puede ser de utilidad ilustrar este modelo con un organigrama. Este no incluirá todos los programas ministeriales comúnmente disponibles en una iglesia presbiteriana, pero servirá para ilustrar el consenso general de cómo son coordinados los ministerios educativos de la iglesia. Una ilustración de la estructura de una iglesia presbiteriana local con sus ministros asociados se muestra en la Figura 9.2.

Las ventajas del modelo republicano de gobierno eclesiástico son:

1. Este planteamiento de estructura eclesiástica permite que una filosofía consistente sea dirigida por medio de la iglesia de una denominación. Los miembros de la iglesia que se establecen en otro lugar pueden asumir un enfoque si-

Figura 9.2
Estructura organizacional de la iglesia presbiteriana

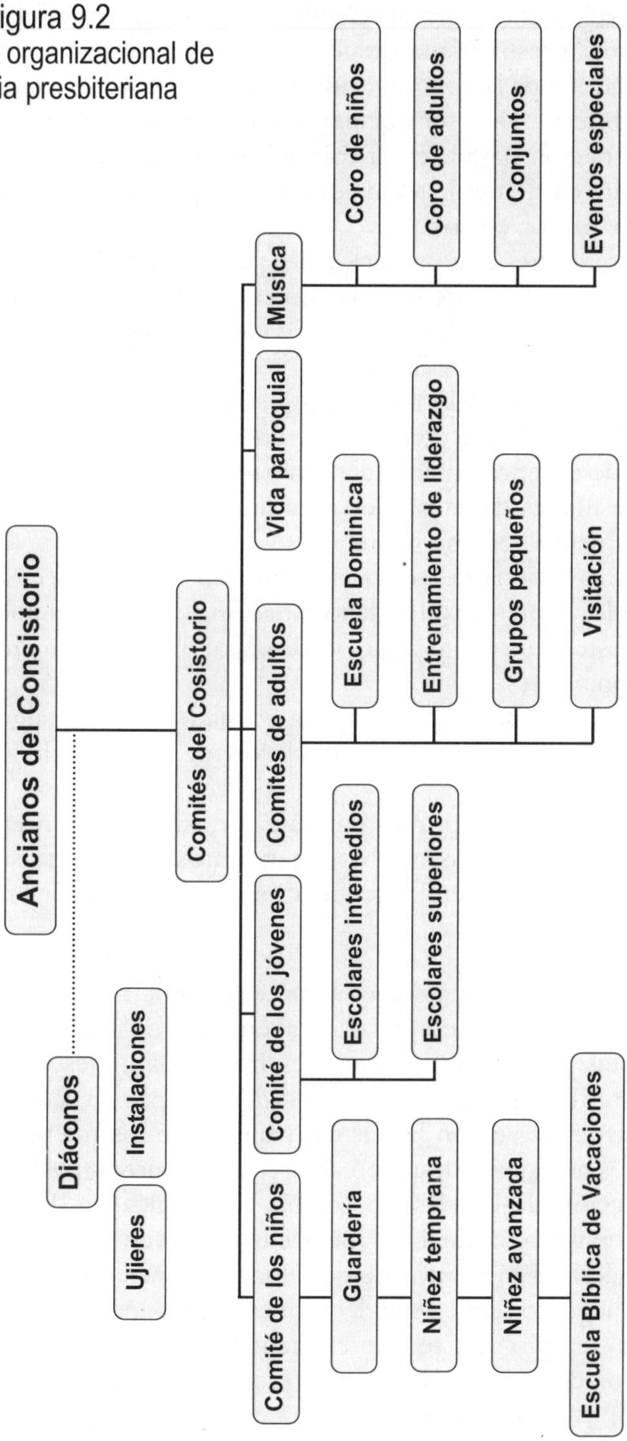

milar al ministerio eclesiástico permaneciendo dentro de la denominación.

2. En la forma presbiteriana de gobierno, los pastores (ancianos educadores) son llamados por la congregación local. Su llamado es luego confirmado por el presbiterio. De esta manera hay dirección compartida entre la iglesia y la denominación basada en la comunicación mutua.

3. Los distintivos denominacionales son compartidos entre las iglesias, manteniendo así bajos los costos.

4. Los representantes denominacionales pueden hablar con cierto grado de seguridad en nombre de su denominación entera. En los asuntos de moralidad, injusticias sociales, políticas, etc., la voz de la denominación es más fuerte que la de una iglesia individual.

Las desventajas del modelo republicano son:

1. Cuando las distancias geográficas en un presbiterio son grandes, puede ser difícil que el representante denominacional tenga un conocimiento exacto de las necesidades de cada iglesia. El liderazgo eficaz requiere que el pastor esté "en contacto" con su gente.

2. Los pastores de una denominación pueden algunas veces interesarse más por agradar a los representantes denominacionales que a los miembros de su congregación. Este es un peligro que puede encontrarse en el marco de cualquier denominación.

3. La confirmación de un pastor a una iglesia local puede algunas veces convertirse en un asunto de política, particularmente entre el liderazgo denominacional.

4. Las denominaciones, por su naturaleza misma, pueden embrollarse en burocracia, haciendo que los cambios sean lentos, si no imposibles. Esto hace que el mantenerse al día en las tendencias actuales sea difícil.

Modelo corporativo

Este modelo, al que algunas veces se hace referencia como *modelo de control de la junta*, ha sido diseñado con relación al enfoque de negocios en la toma de decisiones. Estas juntas son operaciones nomenclaturales y de procedimiento en los marcos corporativos. En el modelo corporativo, los miembros de la junta eclesiástica sirven en la misma manera que los miembros de una junta corporativa. Contratan y despiden al director ejecutivo (pastor principal) y deciden la dirección de la iglesia a corto o largo alcance. Establecen las metas que el personal es contratado para ejecutar y sirven como creadores de políticas para la iglesia. En asuntos de decisiones financieras, legales o éticas la junta decide y luego comunica sus decisiones al personal de la iglesia y a la congregación. Un ejemplo de este planteamiento de estructura organizacional eclesiástica en el nivel más alto de administración se representa en la Figura 9.3. Una aplicación más detallada se presenta en la Figura 9.4.

Figura 9.3: Modelo corporativo de una estructura organizacional eclesiástica

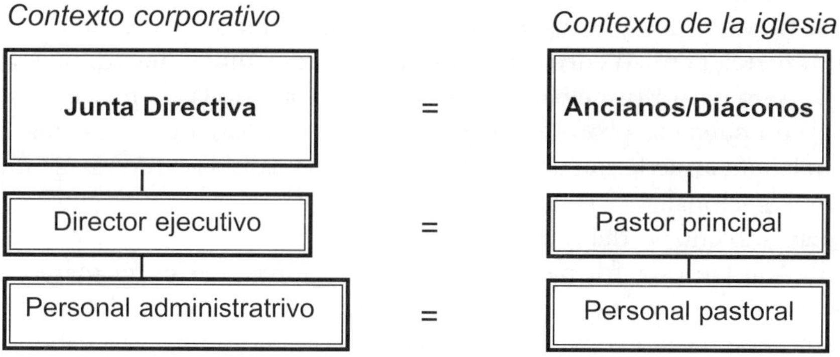

Figura 9.4

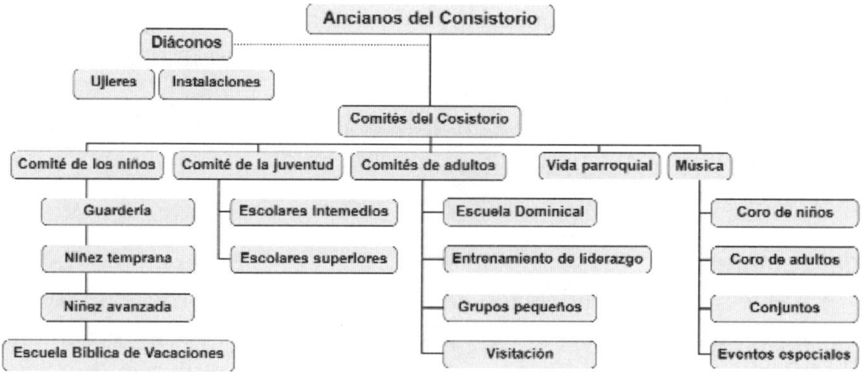

Un problema que ha surgido con este planteamiento de estructura organizacional eclesiástica justifica un comentario adicional. Si el pastor es controlado por la junta directiva de la iglesia (en virtud de que es contratado y despedido por ella), puede venir el momento cuando él no sienta la libertad de expresar lo que piensa acerca de asuntos difíciles de disciplina en la iglesia (especialmente si esto involucra a un miembro de la junta) por temor a perder su empleo. Una denominación hizo un estudio entre pastores que habían abandonado el ministerio y descubrió que el 60 por ciento de ellos dijo que la razón había sido relaciones insatisfactorias con los miembros de la junta directiva de la iglesia. La opinión de un líder denominacional fue que el rol autoritario asumido por los ancianos de contratar y despedir a los ministros era la raíz del problema[7].

Las ventajas del modelo corporativo son:

1. Permite tomar decisiones rápidas durante tiempos de crisis y conflictos en la iglesia.

2. Un grupo corporativo habla en nombre de la congregación entera. En esencia, hay menos ocasiones para una interrupción en la comunicación.

3. La autoridad y la responsabilidad están claramente centralizadas en la junta. Hay una paridad entre estas dos importantes funciones administrativas.

4. A un pastor principal se le puede exigir que rinda cuentas en los asuntos de competencia profesional. En caso de que sea necesaria una terminación, la junta puede tomar la decisión con una cantidad mínima de influencia congregacional.

Las desventajas del modelo corporativo son:

1. Aunque esta forma de gobierno funciona bien en el marco de los negocios, tiene muy poco apoyo bíblico. En el libro de Los Hechos los diáconos no eran elegidos para decir a los apóstoles cómo llevar a cabo sus ministerios.

2. La junta puede llegar a atrincherarse en poder político que determina la dirección de la iglesia independiente de una aportación espiritual.

3. Este planteamiento al liderazgo de la iglesia no permite un gobierno compartido entre la junta y el personal pastoral.

4. El presidente o la presidenta de la junta controla a la iglesia y a los miembros del personal a pesar de que posiblemente posee muy poca o ninguna preparación teológica.

Modelo empresarial

En este modelo de liderazgo eclesiástico, el pastor provee un fuerte liderazgo empresarial en la iglesia. Este planteamiento puede ser visto en una iglesia donde el pastor fundador necesita una presencia fuerte para que las cosas tomen forma y funcionen durante los primeros días del ministerio. Como ejecutivo mayor, él establece políticas y procedimientos los cuales implementan la junta directiva de la iglesia y el personal pastoral. Un pastor empresarial tiene la libertad de configurar su propio equipo de personal eclesiástico de manera similar a como un presidente configura su gabinete. Los miembros del gabinete de un presidente serían análogos al personal pastoral de una iglesia. Cuando las iglesias existentes operan usando este planteamiento, ellas permiten al pastor principal, una vez elegido, despedir a todo el personal que funciona actualmente en la iglesia y reemplazarlo con su propio equipo. Ya que está estipulado en la constitución de la iglesia que el pastor tiene tales poderes ejecutivos, cualquier miembro del personal que acepta un llamado a integrarse a este equipo del personal de la iglesia debe estar consciente de que su término de servicio puede terminar cuando el pastor se va. Un ejemplo de esta forma de modelo eclesiástico es representado en la Figura 9.5.

Figura 9.5. Modelo empresarial de una estructura organizacional eclesiástica

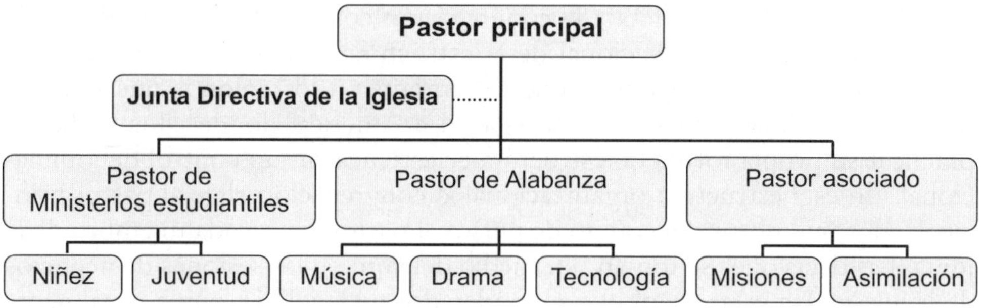

Las ventajas del modelo empresarial son:

1. Los miembros de la junta directiva de la iglesia tienen muy poco poder o autoridad. Por lo tanto, no necesitan gran cantidad de preparación y liderazgo.

2. Las iglesias que son muy grandes y que tienen pastores empresariales con mucho carisma pueden funcionar con esta forma de gobierno porque el pastor principal es el que manda.

3. Debido a que este pastor empresarial ejerce tanto control sobre la iglesia, una persona puede responder a las tendencias y cambios demográficos con muy poco esfuerzo. La iglesia responde rápidamente al cambio.

4. El pastor empresarial puede formar un equipo del personal a su derredor que apoya su propia filosofía del ministerio. Pierde muy poco tiempo tratando de convencer a los miembros de su equipo a unirse a él en la manera de hacer las cosas.

Las desventajas del modelo empresarial son:

1. Este planteamiento de ministerio claramente no es el planteamiento de siervo-líder presentado por Jesús en el Nuevo Testamento.

2. Todos los miembros del personal de la iglesia pueden ser obligados a renunciar cuando el pastor empresarial principal deja la iglesia, creando con ello caos y la pérdida del ímpetu en los objetivos del ministerio.

3. En el modelo empresarial hay muy poca responsabilidad de rendir cuentas por parte del pastor principal. Ya que la junta es vista como un "sello de goma", es posible que no tenga el valor de confrontar al pastor principal durante una crisis.

4. El liderazgo empresarial demanda mucho carisma personal de parte del pastor principal. Los pastores principales con esta personalidad son difíciles de encontrar. La continuidad del liderazgo se pierde cuando el pastor principal se va.

Estructura congregacional

Este modelo considera a la congregación como la base del poder de la iglesia. La forma congregacional de la estructura organizacional tiene tanto raíces puritanas como bautistas que se remontan a los colonos que se separaron de la Iglesia Anglicana y navegaron a América, donde ellos pudieron practicar su propia forma de estructura eclesiástica sin un control denominacional. En esta estructura organizacional la congregación elige al pastor principal, a los miembros del equipo de personal pastoral, y a cada miembro de la junta. Las decisiones se toman por medio del voto en las sesiones de negocios de la iglesia. En estas reuniones el moderador de la iglesia, quien usualmente sirve como el presidente de la junta directiva, dirige el procedimiento.

En este planteamiento de una estructura organizacional, la junta de ancianos/diáconos se encarga de las actividades administrativas de la iglesia, tales como la elaboración del presupuesto, los contratos legales, contratar y despedir al personal, el mantenimiento de los edificios, de los terrenos, el equipo de la iglesia, etc. El personal pastoral se encarga de los asuntos espirituales tales como la predicación, la enseñanza, el evangelismo, la consejería, etc. Los miembros del personal (quienes usualmente no tienen una preparación en el manejo administrativo), no se desvían en sus ministerios para manejar asuntos de negocios. Un diagrama de este planteamiento de estructura eclesiástica puede verse en la Figura 9.6.

Figura 9.6
Estructura organizacional congregacional

Las ventajas del planteamiento congregacional son:

1. Cada congregación puede controlar su propio destino. Puede elegir sus propios líderes espirituales y decidir cuánto debe durar su término.

2. Libre de las restricciones denominacionales, la iglesia es capaz de elegir el currículo que satisface mejor sus necesidades individuales.

3. La congregación tiene la autoridad de disciplinar a sus propios miembros. Puede seguir los patrones bíblicos de disciplina eclesiástica sin tener que acatar ningún procedimiento denominacional que podría hacer más lento el proceso.

4. Cada congregación tiene la habilidad de dirigir los asuntos del ministerio de manera que refleje los recursos locales, los patrones culturales y las tendencias demográficas.

Las desventajas del modelo congregacional son:

1. Este planteamiento da por sentado que las funciones administrativas y los asuntos espirituales son dos cosas separadas. Es claro que tal distinción no es bíblica. Los efectos de las primeras influyen grandemente en los planes de los segundos.

2. Algunas veces el voto democrático en la congregación no refleja la voluntad de Dios. El Espíritu no siempre concuerda con las decisiones de la mayoría de la congregación.

3. Algunas iglesias, tratando de manifestar el deseo de apoyar la opinión de la mayoría, optan por tomar las decisiones de la iglesia por consenso. Donde esto ocurre, una congregación entera puede depender del voto de una persona. Si esa persona no está siendo guiada por el Espíritu de Dios, entonces el cuerpo completo sufre. El voto por consenso se convierte en el dominio de la minoría.

4. Este planteamiento de estructura eclesiástica da por sentado que la congregación es suficientemente madura para tomar decisiones importantes. Puede negar la influencia del pastor principal y del personal pastoral para dirigir los asuntos espirituales de la iglesia.

Departamentalización

Por muchos años ha habido muy poca creatividad en cuanto a la manera en que los departamentos han sido formados dentro de los ministerios educativos de la iglesia. El planteamiento tradicional comprendía grupos estándar por edades (niños, jóvenes, adultos, etc.). Estas tres divisiones acomodaban a cada individuo, y la decisión de cuáles programas serían incluidos en cada división dependía de cada iglesia. Por ejemplo, en cuanto a las divisiones para los niños, había departamentos individuales, tales como departamento de cuna (de nacimiento a un año), niños que empezaban a caminar (edades 2-3), preescolares (edades 4-5), grados infantiles primarios (jardín de infantes a 3 años), grados escolares menores (4º-6º). La división de jóvenes se subdividía en dos departamentos (educación de escuela secundaria y educación de escuela universitaria). La división de adultos seguía categorías por edades (edades 21-35), adultos medianos (edades 36-50) y adultos mayores (edades 50+). Muy poca distinción, si es que se hacía alguna, había con relación al estado civil de los adultos. Los que nunca habían sido casados, los divorciados, los separados, los viudos y los casados todos eran agrupados juntos. Aunque esto puede haber funcionado en muchas iglesias por los últimos doscientos años, hace mucho que perdió su atractivo. Muchas iglesias han rechazado este planteamiento y en vez de ello han optado por modelos más contemporáneos y culturalmente relevantes.

Se ha vuelto poco común encontrar iglesias con ministros a sueldo de tiempo completo o directores de educación cristiana que supervisen los ministerios educativos de la iglesia. En la actualidad es mucho más común tener áreas especializadas de ministerio dentro de la iglesia con miembros de personal voluntario o profesional sobre cada área. En los años recientes ha surgido una gran variedad de estos ministerios educativos. Por ejemplo, donde alguna vez una iglesia tuvo un programa general de música, hoy puede haber un departamento de artes creativas que coordina numerosas configuraciones de artes de alabanza (p. ej.: múltiples grupos infantiles de actuación, grupos juveniles de alabanza, bandas de alabanza, conjuntos de adultos, coros múltiples, equipos de actuación, danza, drama, etc.).

Algunas iglesias han empezado a cruzar las líneas generacionales en un esfuerzo de minimizar la pérdida que ocurre entre estas tres divisiones mayores. Muchas iglesias sufren la pérdida de gente durante esta transición entre divisiones. Los muchachos se van después de graduar de la escuela primaria y nunca logran hacer una buena transición a los programas de ministerios juveniles de la iglesia. De la misma manera, muchas iglesias han observado que pierden a los adultos jóvenes una vez que salen del programa juvenil. En algún punto de la transición no logran hacer la transición a la división del ministerio de adultos hasta que se han casado y tienen hijos. En un esfuerzo de llenar estos huecos, ha surgido un nuevo paradigma de ministerio llamado Ministerios de la Nueva Generación, que tiene como meta un programa ministerial coordinado entre las edades del nacimiento a los veintiún años.

Ese enfoque creativo a la departamentalización busca coordinar todos los recursos del ministerio alrededor de un tema coordinado. El pastor de Ministerios de la Nueva Generación contrata un personal (para niños, estudiantes de secundaria, estudiantes de preparatoria y universidad) con una actitud de participación en equipo. Por ejemplo, el líder de alabanza de los estudiantes de secundaria también puede dirigir el equipo del ministerio de la niñez durante el programa de mitad de semana. El pastor de los estudiantes de secundaria puede hablar en el campamento invernal infantil, o el pastor de los estudiantes de preparatoria puede dirigir una serie especial para los padres que tienen bebés muy pequeños. Esto requiere una filosofía ministerial consistente entre cada una de las tres divisiones y una fuerte ética de trabajo en equipo.

Sin embargo, las recompensas han sido significativas para aquellas iglesias que han perseverado a través del proceso. Los niños reciben una filosofía consistente del ministerio; ya han llegado a conocer a sus líderes juveniles, así que pueden hacer una transición más suave al departamento de jóvenes, y el currículo entre cada una de las tres divisiones provee una secuencia y una esfera de acción más completas. El contenido de la clase es menos redundante, así que los estudiantes no se aburren con las mismas historias. Los de los grados superiores se enfocan más en el desarrollo crucial de las habilidades de formar conceptos y en la aplicación del ministerio en vez de la adquisición de nombres, fechas, datos y cifras.

La creación de un organigrama de la iglesia

La mejor manera para que una iglesia represente su estructura organizacional es por medio de la creación de un organigrama. Esta gráfica presenta con claridad las líneas de autoridad y relaciones. Un vistazo a esta gráfica muestra claramente quién tiene la autoridad sobre cuáles áreas de responsabilidad y quién no tiene tal autoridad. Dicha gráfica ayuda a eliminar las malas comunicaciones y la toma deficiente de decisiones.

Si su iglesia aún no tiene una gráfica como esta, es mejor crear una que ilustre cómo está funcionando actualmente en términos de relaciones laborales. Cada puesto o líder debe ser ilustrado en ella. Si su iglesia está asociada a una denominación, entonces tal vez usted tendrá alguna preferencia denominacional en cuanto a la agrupación de áreas de responsabilidades de su ministerio. Por ejemplo, quizá usted prefiere clasificar los grupos como comités o comisiones. Quizá serán llamados departamentos. No es tan importante los términos que use para describir a los grupos, como representar a cada grupo en alguna parte de la gráfica misma.

En su excelente libro *Leadership for Church Education* (liderazgo para la educación de la iglesia), Ken Gangel provee cuatro principios que ayudan a guiar a la iglesia en la formación de un organigrama, y luego presenta cuatro ejemplos. Los principios son como sigue[8]:

- Grafique la iglesia como existe actualmente.
- Haga circular la gráfica entre todos los maestros y líderes.
- Construya otra gráfica con los cambios sugeridos para mejorar la organización y la administración.
- Ponga al día la gráfica continuamente.

Para algunas personas, la naturaleza misma de organización y administración es vista como algo contrario a la dirección del Espíritu Santo. Estas personas no están bien informadas acerca de todo lo que la Biblia enseña en el tema del orden y la organización. Puesto que Dios mismo es el autor del orden, parece lógico que él desee que su iglesia funcione de manera ordenada. Para lograr esto, los líderes de la iglesia unidos deben decidir cuál planteamiento de estructura organizacional es el mejor para su iglesia. Ya que el Nuevo Testamento no presenta un patrón de estructura eclesiástica claramente definido que debe ser reproducido a través de la historia de la iglesia, parece ser que Dios permite diferentes estructuras en diferentes marcos. Hay un gran peligro al demandar fidelidad a sólo una manera de organizar el ministerio cuando el Nuevo Testamento no nos enseña un planteamiento.

La meta de una estructura organizacional en la iglesia es ayudar a facilitar una mejor distribución y mayordomía de los recursos que Dios nos ha confiado. El factor más crucial en cualquier estructura no es la estructura misma, sino las personalidades representadas. Las personalidades adecuadas pueden hacer que casi cualquier estructura funcione eficientemente. De la misma manera, una estructura eclesiástica suave y concisa puede desmoronarse cuando las personas no adecuadas entran en la ecuación. No puede insistirse demasiado en que el énfasis en la oración es el componente esencial para que cualquier estructura sea efectiva.

Los líderes del siglo veintiuno también necesitan pensar creativamente y más allá de los convencionalismos para poder enfrentar las necesidades cambiantes de las generaciones contemporáneas. Los planteamientos tradicionales de la estructura organizacional pueden haber funcionado bien para nuestros padres y generaciones subsiguientes, pero se necesita de un pensamiento estratégico para enfrentar las necesidades futuras. Donde los roles bíblicos, las calificaciones y las descripciones de tareas han sido provistas (pastor, anciano, diácono, etc.), estas posiciones deben ser mantenidas de acuerdo con las instrucciones que se nos han provisto en las Escrituras.

Sin embargo, para esas posiciones que han sido creadas a través del tiempo para enfrentar las necesidades ministeriales cambiantes (por ejemplo, pastor de niños, pastor de jóvenes, ministro de formación espiritual, director de grupos pequeños, pastores de artes creativas, pastor de asimilación, etc.), somos negligentes como líderes del ministerio si no tomamos el tiempo periódicamente para evaluar su viabilidad. Donde es necesario hacer los cambios en términos de roles y responsabilidades o métodos de operación tenemos una responsabilidad, como mayordomos de los recursos de Dios, de hacer los cambios necesarios.

Organizar y estructurar los ministerios de la iglesia no es una ciencia nuclear, pero sí requiere dirección específica. Necesita integrar la enseñanza bíblica acerca de las posiciones eclesiásticas prescritas con una habilidad de interpretar la cultura para poder aplicar estas posiciones en el contexto de un ministerio siempre cambiante. Aquellos que son capaces de funcionar en esta difícil tensión experimentarán un ministerio floreciente por muchos años. Los que no pueden hacerlo se esforzarán por mantener los patrones tradicionales de la práctica ministerial hasta que estos patrones lleguen a ser extintos. Que Dios nos dé el valor de seguir siendo flexibles en nuestras estructuras organizacionales para poder alcanzar a un mundo perdido y necesitado.

Por
Mark Simpson

Capítulo 10

Preparación de descripciones de tareas

EL PASTOR BRUNO TORRES ESTABA COMPLETANDO su segundo trimestre de servicio como pastor de jóvenes en una iglesia no muy grande en una pequeña comunidad universitaria. Había dedicado todas sus energías al desarrollo de ministerios para los grupos de estudiantes de enseñanza secundaria y superior, y sus esfuerzos habían tenido mucho éxito. Bruno era amado por los jóvenes por su creatividad y su atención a las necesidades de ellos. También era respetado por los padres y por toda la congregación por su sensibilidad a los intereses del liderazgo de la iglesia con relación a la naturaleza de la programación para los jóvenes, así como por realizar los ministerios dentro del presupuesto provisto.

El último domingo del primer trimestre del ministerio, varios maestros de la Escuela Dominical se acercaron a Bruno para preguntarle dónde estaba su material del currículo de la Escuela Dominical para el siguiente trimestre. Bruno les dijo que verificaran con Carolina, la directora de la Escuela Dominical, y no dio mayor importancia al asunto. Pero unas horas después Bruno recibió una llamada descorazonadora de la directora.

—Bruno, ¿sabes dónde está el material del currículo de la Escuela Dominical para el nuevo trimestre que empieza la semana próxima? —le preguntó la directora de manera exaltada.

—No —contestó Bruno—. Yo pensé que tú lo tendrías. Por eso les dije a los maestros que verificaran contigo.

—¡Pero yo no tengo el material —dijo Carolina frenéticamente—. Yo pensé que cuando lo ordenaras tú lo entregarías a los maestros.

—Pero yo no ordené el material, Carolina —contestó Bruno, temeroso de lo que Carolina le diría enseguida—. Pensé que tú habías hecho el pedido puesto que tú eres la directora de la Escuela Dominical.

La respuesta defensiva de Carolina era justamente la que Bruno temía.

—Pero yo tampoco ordené el material, Bruno. Pensé que esa era tu responsabilidad ahora, puesto que trabajas en la oficina de la iglesia y eres nuestro pastor de jóvenes.

Obviamente, tanto Bruno como Carolina asumieron que no era su responsabilidad ordenar el material del currículo de la Escuela Dominical. Bruno inocentemente supuso que la directora ordenaría el material ya que siempre lo había hecho en el pasado, y porque el ministerio de él era exclusivamente con los jóvenes. Carolina inocentemente supuso que el director de jóvenes se encargaría de ordenar el material ya que ahora era parte del personal y trabajaba en la oficina de la iglesia como supervisor de ministerios. Ninguno de los dos líderes tenía una descripción de deberes y responsabilidades que los habría alertado en cuanto a quién era responsable de ordenar el currículo.

Una situación opuesta puede ocurrir también. Fernando y Jonatán estaban sirviendo como codesarrolladores de una conferencia cristiana anual patrocinada por una organización cristiana no lucrativa. Ambos se habían ofrecido para hacer los preparativos para la conferencia, pero estuvieron de acuerdo en trabajar juntos en la planificación del evento en vez de ser uno solo el encargado.

Tanto Fernando como Jonatán eran personas meticulosas y confeccionaron listas exhaustivas de comprobación de todo lo que se necesitaría para la conferencia. Lamentablemente, ambos empezaron a trabajar de acuerdo con las mismas listas y sin saberlo comenzaron a duplicar esfuerzos en varias áreas. Aunque habían creado las listas juntos, no habían determinado quién era el responsable de cuáles tareas. Puesto que ninguno tenía una descripción de los deberes y responsabilidades específicos, los esfuerzos duplicados en la preparación de la conferencia no se hicieron evidentes hasta que se recibieron algunas órdenes de compra y formularios de reservación conflictivos. Afortunadamente, las duplicaciones fueron advertidas a tiempo para hacer las cancelaciones y ajustes.

En las dos situaciones, el uso de descripciones de tareas podría haber evitado el embarazoso y costoso error hecho por estos líderes y obreros bien intencionados. En ambos casos, cada individuo estaba simplemente tratando de llevar a cabo su trabajo de la manera que lo entendía. Sin embargo, este entendimiento estaba basado en presuposiciones sobre los deberes y responsabilidades asociadas con su puesto en el ministerio. Las descripciones de tareas habrían definido para ambos líderes lo que realmente se esperaba de ellos, y cuáles tareas generales y específicas eran responsables de supervisar. "Las descripciones de tareas no garantizan que su equipo será más sólido y próspero, pero pueden salvar a muchas iglesias de crisis, y lo han hecho. He visto muchos equipos hermosos, crecientes y productivos que nunca escribieron una descripción de tareas para alguien en su iglesia, pero también he visto iglesias que se dividen y arruinan la causa de Cristo que ha existido por años en una comunidad, porque no contaban con descripciones"[1].

¿Por qué es valiosa una descripción de tareas?

Las descripciones de tareas son una parte ordinaria de los negocios, de las organizaciones no lucrativas y de la administración del personal de educación superior. Una descripción de tareas es usualmente presentada como parte de una entrevista de trabajo, aunque sea sólo como una explicación de los deberes y responsabilidades. Sin embargo, las oficinas de personal casi siempre tienen en su archivo una descripción "oficial" de tareas para cada puesto dentro de la organización. Estas descripciones sirven como una directriz general de lo que se espera de un empleado, pero en ninguna manera son la totalidad de todas las tareas que serán enfrentadas en el desempeño de los deberes. Las descripciones de tareas también ayudan a los patrones a establecer una escala de salarios y remuneraciones, así como para identificar los puestos clave dentro de la organización.

Sin embargo, en las iglesias las descripciones de tareas han tenido un nivel variado de aceptación a través de los años. No es poco común que una iglesia no tenga una descripción de tareas para el personal pastoral. Usualmente, si existen descripciones de tareas, estas son desarrolladas para la contratación de los miembros del equipo de apoyo, tales como el personal secretarial o de conserjería. Como con otras organizaciones, estas descripciones son luego usadas para establecer una escala de salarios y remuneraciones, definir puestos de trabajo esenciales y trazar responsabilidades típicas de trabajo.

Para los pastores, así como para los líderes de las iglesias, la falta de descripciones de tareas para el personal pastoral es un asunto delicado. Para los pastores una descripción de tareas puede ser un documento amenazador por cuanto establece límites que pueden prohibir el cumplimiento de los deberes pastorales. Por ejemplo, si la descripción de tareas de un pastor *requiere* de la visitación a los miembros de la iglesia, es posible que otros ministerios no reciban la atención necesaria mientras que el pastor intenta llevar a cabo la visitación a los hogares. Para los líderes de las iglesias una descripción de tareas puede ser una súplica para que no se enfoquen demasiado en un solo deber específico. Si algunos deberes pastorales están siendo descuidados para poder llevar a cabo otros, los líderes de la iglesia pueden ver esta descripción de tareas como una manera de controlar el desempeño del trabajo del pastor. Lamentablemente, ambas partes pierden el valor de tener una descripción de tareas cuando es visto como un documento controlador y amenazador.

Sin una descripción de tareas, el empleado, no importa cuál sea su puesto dentro de una organización, es obligado a hacer suposiciones acerca de sus deberes y sus responsabilidades, así como en cuanto a líneas de autoridad y de comunicación. Esas suposiciones ponen al empleado en la difícil posición de tener que adivinar lo que es apropiado hacer o no hacer dentro de la organización. Las suposiciones y conjeturas pueden tener resultados desafortunados, como ocurrió con Bruno, el pastor de jóvenes, y Carolina, la directora, o resultados financieros desastrosos como estuvo a punto de ocurrir con los planes duplicados de Fernando y Jonatán en los preparativos para la conferencia de educación. La falta de una descripción de tareas aumenta la probabilidad de que las tareas esenciales no se cumplan y/o los esfuerzos de trabajo se vean innecesariamente duplicados.

En algunas iglesias una historia oral de un ministerio es con frecuencia la "descripción de tareas" dada a los voluntarios que reclutan para llevar a cabo ministerios tales como la Escuela Bíblica de Vacaciones y el programa anual de Navidad o el culto de los jóvenes del Día de Resurrección. De manera similar, algunos puestos de negocios en organizaciones cristianas se basan en un contrato verbal como "descripción de tareas" al momento de la contratación. Desgraciadamente, para el líder de iglesia o para el empleado de negocios, una "descripción de tareas" que consiste en historia oral o contrato verbal con frecuencia lleva a dificultades en el desempeño de los deberes, especialmente si otros dentro de la organización no reconocen o no están conscientes de la autoridad de una persona para desempeñar la tarea[2].

"Las descripciones de tareas son herramientas maravillosas. Un documento bien escrito y cuidadosamente elaborado puede aclarar tales cosas como las responsabilidades, la autoridad, las fechas de vencimiento, las líneas de responsabilidad y una docena de otras cosas útiles"[3]. Algunos valores adicionales de tener descripciones de tareas incluyen:

- eliminación de conflictos que pueden surgir de expectativas no escritas[4];
- protección de expansión de roles (basada en expectativas de la congregación/cliente) o contracción de roles (basada en los intereses del empleado y preferencias de tareas)[5];
- formación de normas de desempeño con propósitos de evaluación de trabajo[6]; y
- facilitación de planificación estratégica (alistar personal nuevo con base en calificaciones para cumplir responsabilidades y tareas)[7].

Las descripciones de tareas son inestimables para las iglesias y organizaciones religiosas porque pueden facilitar la efectividad de cada miembro del equipo y evitar los escollos de intereses escondidos o expectativas malentendidas. En vez de que el miembro del equipo sea "aprendiz de todo y maestro de nada", cada uno es reconocido como un especialista con talentos, dones y habilidades únicos que pueden ser desplegados para el bien del equipo como un todo[8]. En las circunstancias donde se necesita una persona que tiene aptitudes en muchas áreas, una descripción de tareas puede establecer límites predeterminados de los deberes y responsabilidades que ayuden al voluntario o empleado a desempeñar el trabajo de una manera realista. Una descripción de tareas puede también ayudar al personal a evitar un enfoque desmedido en un deber o responsabilidad a expensas de las otras tareas.

Un valor importante de tener descripciones de tareas se hace evidente en el momento de reclutar al personal para cumplir los puestos de empleo del ministerio o para desempeñar servicios voluntarios como líderes o trabajadores ministeriales. Cuando un voluntario o un contratado en perspectiva sabe qué esperar en cuanto al puesto, puede tomar una decisión más informada en cuanto a si puede aceptar o no aceptar la tarea o el trabajo. Cuando los esfuerzos de reclutamiento dejan al contratado en perspectiva a ciegas en cuanto a los deberes y responsabilidades, el puesto puede ser llenado, pero más tarde el trabajo no se hará si la persona es incompetente o incapaz de cumplir con la tarea. Por ejemplo, si "la iglesia desea que sus maestros de la Escuela Dominical asistan a las reuniones de oración, hagan un mínimo de visitas cada semana, dediquen cierta cantidad de tiempo en la preparación de las lecciones y lleguen a cierta hora el domingo por la mañana, todo esto debe ser especificado en la descripción de tareas o en un documento similar"[9].

Generalmente, he descubierto que es más probable que los voluntarios se ofrezcan y hagan bien su trabajo con un sentido de satisfacción cuando se les ha dado una descripción de tareas que es franca acerca de lo que se les solicita hacer. Cuando falta la descripción de tareas o se hace una descripción "adornada", tal vez el voluntario haga el trabajo hoy, pero ya no se volverá a ofrecer como voluntario mañana. Habiendo servido en varias iglesias como ministro de educación cristiana, yo sé cuán difícil es encontrar voluntarios. Algunas veces se ve uno tentado a pescar a cualquiera para llenar el puesto y seguir adelante con la siguiente tarea en la larga lista de cosas que hay que hacer. Evitar el uso de descripciones precisas de tareas puede ser una tentadora solución inmediata de las necesidades de reclutamiento, pero a la larga uno llegará a lamentarlo cuando intente reclutar voluntarios en el futuro. El uso de descripciones de tareas que ofrecen un cuadro franco y preciso de lo que trae aparejado un trabajo rinde resultados más positivos.

Descripciones de tareas o descripciones de servicio: ¿Qué nos dice un nombre?

Una vez que una organización reconoce el valor de una descripción de tareas, el siguiente desafío es elaborar las descripciones de manera apropiada. Para poder hacer esto es importante recordar que puede haber una diferencia significativa en las expectativas y en los resultados del trabajo entre un patrón y un empleado a sueldo. Aunque el término descripción de tareas puede usarse tanto para un empleado como para un voluntario, se puede hacer una distinción en la terminología para evitar expectativas de los voluntarios que son más apropiadas para los empleados pagados. Se ofrecen las siguientes definiciones operativas como una manera adicional de aclarar roles y relaciones entre patrones/ubicadores y los que trabajan bajo su liderazgo.

Una *descripción de tareas* es un bosquejo claramente definido y transcrito del título, del rol, de los deberes y responsabilidades, de las líneas de autoridad y las líneas de comunicación convenidas por mutuo acuerdo entre el patrón y un empleado en un puesto pagado. Una descripción de servicio es un bosquejo claramente definido y transcrito del título, del rol, de los deberes y responsabilidades, de las líneas de autoridad y las líneas de comunicación convenidas por mutuo acuerdo entre el patrón y un *voluntario en un puesto sin sueldo.*

¿Por qué son importantes cuando sus diferencias son tan pequeñas? Una descripción de tareas es propiamente una declaración de desempeño con las evaluaciones correspondientes de desempeño *a la luz de una remuneración financiera y un ascenso.* Por otra parte, una descripción de servicio es una declaración de desempeño de expectativas del personal voluntario en servicios sin salario, y que por lo tanto, las evaluaciones de desempeño necesitan ser hechas a la luz de ese estatus. Cuando las demandas del ministerio rayan en que voluntarios hacen el trabajo equivalente al de un puesto de tiempo completo o tiempo parcial, es muy fácil que el líder ministerial espere, o hasta demande, un desempeño equivalente al de un personal a sueldo. Si esto sucede, es posible que los voluntarios sean injustamente evaluados como que no cumplen con sus deberes, y que como resultado sus trabajos de servicio sean criticados injustamente.

Una de las razones que he escuchado que dan los voluntarios para no ofrecer nuevamente sus servicios es la manera en que fueron tratados. Algunos han sentido que su trabajo no era apreciado y era dado por sentado. Otros han sentido que se demandaba de ellos demasiadas responsabilidades sin importar los compromisos familiares y las responsabilidades del empleo. Es cierto que hay situaciones en las que los voluntarios se equivocan en el desarrollo e implementación del ministerio, y luego los líderes ministeriales tienen que enfrentar la desagradable tarea de no colocar a estos voluntarios en ministerios futuros. Pero, con mucha frecuencia, los líderes ministeriales esperan que los voluntarios funcionen como personal pagado, y por lo tanto terminan por evaluar las acciones de servicio de los voluntarios como si hubieran sido desempeñadas por personal pagado. Cuando esto sucede, los voluntarios pueden sentirse frustrados, desilusionados y/o enojados en cuanto a su papel en la organización. Algunos decidirán no volver a ofrecerse como voluntarios; otros disminuirán su participación o se irán a otros ministerios (y en casos extremos, a otras iglesias u organizaciones).

Cuando una descripción de servicio es usada para voluntarios, esto es un recordatorio sutil pero importante para los líderes de ministerio de que están trabajando con voluntarios y deben tratarlos como tales. Las descripciones de servicio también son un recordatorio importante para los voluntarios de que sus labores no son sólo una tarea sino un acto de servicio para el Señor Jesucristo (Col. 3:24).

¿Quién necesita una descripción de tareas o de servicio?

Toda persona con salario en un equipo ministerial necesita una descripción de tareas; todo voluntario en un equipo ministerial necesita una descripción de servicio. "Es extremadamente importante que cada oportunidad de servicio incluya una descripción de tareas [o de servicios] escrita que pueda ser entregada al individuo que está siendo considerado"[10].

Cada uno de los empleados, desde el oficial más alto hasta el miembro de menor categoría del equipo, necesita una descripción de tareas que establezca los requisitos de aptitudes para su puesto, delinee y asigne deberes, defina las líneas de autoridad, identifique los tipos de responsabilidad para rendir cuentas e indique las medidas de apoyo[11]. Cuando cada uno de los empleados con sueldo recibe una descripción de tareas, todas las tareas en la organización pueden ser coordinadas para funcionar unidas para cumplir todos los deberes y responsabilidades asociados con el trabajo de la organización. Si sólo unos pocos empleados tienen descripciones de tareas, pueden ocurrir errores y descuidos. "Una descripción de tareas escrita claramente contribuye enormemente para reducir malentendidos de las personas en varios puestos, ya sean de tiempo completo o tiempo parcial, ya sean con sueldo o sin sueldo. La gente tiene una comprensión clara de cuál es su trabajo, pero más importante aun, comprenden lo que no es su trabajo"[12].

Crear y/o mantener las descripciones de trabajo o de servicio para cada uno de los empleados o voluntarios puede ser una tarea desesperante. Sin embargo, muchos puestos dentro de una iglesia u organización cristiana se duplican entre varios individuos, tales como maestros de la Escuela Dominical, consejeros de campamentos, etc. Se puede elaborar una descripción general para estos tipos de puestos. No obstante, se recomienda que no se dé una descripción *general* de tareas a cada miembro de la junta o comité, sino una descripción de tareas que identifique las funciones *específicas* que la persona cumplirá como miembro de ese cuerpo gobernante. Asignar deberes y responsabilidades específicas a cada una de las personas de una junta o comité

- moviliza a todos los miembros a un deber activo dentro de la organización;
- garantiza que cada área del ministerio sea manejada de manera apropiada;

- evita las omisiones en el liderazgo y administración de ministerios que pueden ocurrir cuando los deberes y responsabilidades son asignados al azar; y
- disminuye la participación en una junta o comité como espectadores deportivos.

Descripciones de tareas para pastores principales

Uno de los puestos para los que es más difícil crear una descripción de tareas es el del pastor principal de una iglesia local. Aunque el Nuevo Testamento nos presenta calificaciones explícitas en cuanto al carácter de un pastor (1 Tim. 3:1-7), los deberes esenciales de un pastor principal son: (1) dedicar tiempo a la oración continua y (2) el ministerio de la Palabra (Hech. 6:4). Además de estos deberes, el pastor principal contemporáneo debe también supervisar las funciones de la iglesia local que varían con frecuencia de acuerdo con las necesidades del momento y, lamentablemente, algunas veces de acuerdo con los caprichos de la congregación. Es necesario que las expectativas de la congregación en cuanto a los deberes y responsabilidades pastorales aparezcan en la descripción de tareas del pastor principal para que no ocurran expectativas no escritas ni evaluaciones injustas de desempeño.

Desgraciadamente, las descripciones de tareas para los pastores principales son con frecuencia creadas después de que el pastor se va y antes de que su sucesor llegue. Característicamente, estas descripciones de tareas reflejan las áreas de frustración que una congregación experimentó en el desempeño de los deberes ministeriales del pastor que se fue. El pastor que llega puede entonces sentirse sobrecargado con esta nueva descripción de tareas, especialmente si fue creada para enfatizar o quitar el énfasis en las actividades ministeriales que fueron desatendidas o favorecidas por el pastor anterior[13]. Lo ideal sería que la descripción de tareas del pastor principal fuera elaborada y mantenida con sus dones especiales y talentos en mente. Esto significa crear o actualizar la descripción cuando el pastor está en función. Sin embargo, la descripción de tareas más eficaz para un pastor principal es aquella en la que él ha tomado la iniciativa para que el bosquejo inicial se escriba[14].

En mi experiencia, el lograr que el pastor principal escriba su propia descripción de tareas es más fácil decirlo que hacerlo, e igualmente lo es que la congregación cree una que realmente sea cumplida por el pastor principal. "Algunas personas de la congregación tal vez usarían una descripción anticuada de tareas que consideran como un documento legal, como un medio de destruir a alguien a quien desean ver despedido"[15]. Si esto llega a ser el motivo detrás de una descripción de tareas para el pastor principal, se perderá la oportunidad de coordinar todos los deberes del equipo ministerial, y el documento creado será ignorado o se convertirá en una piedra de tropiezo para el avance del ministerio.

Descripciones de servicio para voluntarios en el ministerio

Igual que los empleados a sueldo, todo voluntario en un liderazgo o puesto de trabajo continuo en la iglesia u organización cristiana debe tener una descripción de servicio. Como las descripciones de tareas, una descripción de servicio establece los requisitos de aptitudes para el área de servicio, delinea y asigna los deberes, define las líneas de autoridad, identifica los tipos de responsabilidad para rendir cuentas e indica las medidas de apoyo. Cuando cada puesto voluntario tiene una descripción de servicio, los ministerios de la iglesia u organización cristiana pueden ser coordinados de tal manera que los deberes y responsabilidades no sean pasados por alto, ni los esfuerzos del ministerio sean duplicados.

La idea de usar descripciones de tareas para los voluntarios me llamó la atención como resultado de trabajar por primera vez en una junta de educación cristiana. Por años esta junta de educación cristiana había desarrollado y mantenido descripciones de tareas que coordinaban los varios ministerios educativos de la iglesia. La descripción de tareas para los voluntarios en el ministerio definía lo que se esperaba de ellos y qué apoyo podían esperar de la iglesia a cambio. Cada una de las personas en el equipo ministerial también sabía a quién debía dar informes sobre su progreso, quién le informaba a él y qué tipos de recursos estaban disponibles para el cumplimiento del trabajo; todas las características de una buena descripción de tareas[16]. Tener estas descripciones de tareas fue un buen proyecto para la iglesia, pero había algo que faltaba.

Muy pronto después de haber comenzado mis servicios en la junta, descubrí que la moral de muchos de nuestros obreros voluntarios era baja. Cuando les pregunté acerca de sus ministerios, muchos de estos obreros voluntarios y ayudantes sentían que estaban desempeñando otra tarea aparte de su empleo regular. La actitud parecía contraria a servir a Dios con alegría como exhorta el salmista que debemos hacer (Sal. 100:2). Decidí intentar un cambio en la nomenclatura de descripción de tareas a descripción de servicios. A la cabeza de cada descripción de servicio incluí citas de las Escrituras que subrayaban el hecho de que el trabajo voluntario es un acto de servicio para Cristo. Este sencillo cambio en la nomenclatura hizo algo maravilloso para nuestros ministerios. Nuestra junta comenzó a enfocarse en las personas y no en los programas, y nuestros voluntarios expresaron su aprecio por nuestros esfuerzos. El resultado final fue una mejoría en el desempeño de nuestros voluntarios y un aumento en el éxito de nuestros esfuerzos de reclutamiento y retención. El material de la descripción original de tareas aparecía todavía en cada descripción de servicio, pero la actitud fundamental por tener la descripción había cambiado.

Revisión de las descripciones de tareas y de servicios

Las descripciones de tareas y de servicios a menudo son creadas cuando un nuevo puesto es agregado para apoyar al equipo ministerial. Pero es más frecuente que las iglesias creen descripciones de tareas y de servicios para los puestos contratados por los patrones para el personal voluntario que ya se encuentra trabajando.

Realmente no hay un tiempo ideal para crear una descripción de tareas o de servicios, excepto hacerlo tan pronto como sea posible en el momento en que se hace evidente que falta una descripción para un puesto de empleado o un rol de servicio voluntario. Por ejemplo, en situaciones cuando un puesto de trabajo o de servicio es completamente nuevo, puede crearse una descripción de tareas partiendo de cero, sin el bagaje de expectativas acumuladas. Sin embargo, la falta de experiencia operacional con el puesto puede resultar en una descripción mayormente teórica aun si ha sido diseñada alrededor de experiencias previas en puestos similares. En las situaciones en las que un puesto ha existido por algún tiempo pero le falta una descripción de servicio, es más probable que la existencia de experiencia operacional con el puesto resulte en una descripción que refleja perfectamente los roles y las responsabilidades. No obstante, la elaboración de una descripción de tareas o servicios para un puesto "en juego" conlleva el peligro de crear una descripción que pudiera ser mayormente reactiva a las experiencias negativas con el personal en el puesto.

No importa cuándo se cree una descripción de tareas o de servicios, es esencial que la descripción refleje con precisión los deberes y responsabilidades primordiales relacionados con el puesto. La descripción también debe incluir la flexibilidad de incorporarla a los talentos y aptitudes específicos de la persona que está llenando el puesto[17]. Por medio de edificar flexibilidad en la descripción de tareas o de servicios, las necesidades de la organización pueden ser adaptadas a través de una lista de deberes y responsabilidades primordiales, y las habilidades adicionales e intereses traídos al puesto por el empleado o voluntario pueden también ser acomodados[18]. Los deberes y responsabilidades primordiales relacionados con el puesto no necesariamente cambiarían para todas las personas que llenan el puesto, pero acomodar los talentos y aptitudes individuales modificaría el puesto con cada cambio en el personal.

Cuando ocurre una vacante en un puesto ministerial, la correspondiente descripción de tareas o de servicios debe ser evaluada y revisada[19]. Las revisiones hechas a las descripciones de tareas o de servicio deben incluir contribuciones del personal que se encuentra al mismo nivel del puesto que está siendo actualizado, así como de personas que trabajan inmediatamente por encima y por debajo del puesto[20]. Cuando sea posible, debe procurarse la contribución por parte de la persona que deja el puesto y se tomará en consideración como apropiada.

Después de que un puesto ha sido ocupado por aproximadamente seis meses a un año, la descripción de tareas o de servicios debe ser revisada y modificada para adaptar los dones y contribuciones adicionales que el empleado o voluntario ha traído al puesto[21]. Luego la descripción debe ser actualizada anualmente para asegurar que las necesidades de la organización están siendo satisfechas, y que las capacidades del empleado o voluntario están siendo apropiadas de tal manera que el puesto sigue siendo desafiante y recompensante[22]. Las consecuencias finales de este esfuerzo adicional serán un mejor desempeño para la organización y mayor satisfacción en las tareas o servicios para los empleados o voluntarios[23].

Ya que las descripciones de tarea y de servicio no son documentos estáticos y cambiarán a través del tiempo y el personal, estos no deben ser hechos parte de la documentación oficial de la organización. Cualquier cambio que se haga al título del trabajo, a los deberes y responsabilidades y/o a las calificaciones para el puesto puede requerir una enmienda a la constitución o a los estatutos[24]. Las descripciones de trabajo o de servicio deben ser archivadas en la oficina principal o en la oficina del personal de la organización a la que se tenga fácil acceso para su distribución o modificación.

Ingredientes de una descripción de tareas o de servicios

Aunque el contenido de una descripción de tareas o de servicios variará de acuerdo con las necesidades de la organización, hay elementos esenciales que deben aparecer en cualquier descripción. Por ejemplo, una descripción de tareas o de servicios debe incluir no sólo lo que la organización espera del empleado o voluntario, sino también lo que ellos esperan en cuanto a apoyo por parte de la organización[25].

Es importante que la redacción de las expectativas del trabajo o servicio y las subsiguientes medidas de apoyo sean expresadas tan concretamente como sea posible.

La redacción concreta ayudará a disminuir los malentendidos o presuposiciones falsas acerca de los deberes y responsabilidades. Una redacción abstracta o teórica deja los deberes y responsabilidades demasiado abiertos para malas interpretaciones.

La Figura 10.1 es un ejemplo de descripción de servicios que fue creada para el puesto voluntario de director de ministerios educativos en una iglesia local. La descripción de servicios contiene los siguientes elementos básicos que deben ser parte de cualquier descripción de tareas o de servicios.

- título oficial del puesto,
- propósito del puesto,
- calificaciones del puesto,
- relaciones de trabajo o de servicio,
- deberes generales (áreas primordiales de servicio),
- expectativas y provisiones para el puesto, y
- áreas personalizadas de trabajo o de servicio.

Figura 10.1

Descripción de Servicio - Director de Ministerios Educativos

Y todo lo que hagáis, hacedlo de buen ánimo como para el Señor y no para los hombres, sabiendo que del Señor recibiréis la recompensa de la herencia. ¡A Cristo el Señor servís!
(Col. 3:23, 24)

Y todo lo que hagáis, sea de palabra o de hecho, hacedlo todo en nombre del Señor Jesús, dando gracias a Dios Padre por medio de él.
(Col. 3:17)

Título de servicio: Director de Ministerios Educativos (DME)

Propósito del ministerio: El director de ministerios educativos es responsable de supervisar la administración, el desarrollo y la evaluación de todos los ministerios educativos de la iglesia.

Calificaciones para el servicio: El DME debe probar que tiene aptitudes para la enseñanza y el liderazgo. Las aptitudes de manejo del tiempo son esenciales, así como habilidad para tratar con la gente.

Relaciones de servicio: El DME sirve bajo la dirección del Pastor Asociado de los Ministerios de la Iglesia. El DME asiste a todas las reuniones del comité de educación cristiana y sirve como miembro ex oficio del comité. El Coordinador de los jóvenes presenta informes al DME y es supervisado por el DME. El DME sirve como enlace con la Junta de Diáconos.

Áreas primordiales de servicio: Las responsabilidades de servicio serán en cuatro áreas generales: administración, educación, desarrollo y ministerio.

Administración: diseñar y mantener el ministerio educativo total dentro de la declaración de la misión, las metas y las directrices presupuestarias de la iglesia. Esto incluirá reclutar personal calificado; desarrollar y adaptar los programas de educación cristiana para satisfacer las necesidades de la congregación y cumplir con los objetivos educativos; proveer el currículo requerido, los recursos y medios educativos, y monitorear y reportar los gastos y progresos en las relaciones apropiadas de servicio.

Educación: entrenar y equipar a las personas para un servicio eficaz para Cristo. Esto incluirá diseñar objetivos y metas claramente declarados que sean compatibles con la declaración de misión de la iglesia; desarrollar, comunicar y modelar una filosofía bíblica de enseñanza y aprendizaje en la iglesia y en el hogar; entrenar al liderazgo y evaluar y administrar la selección del currículo y utilización de los recursos.

Desarrollo: planificar y dirigir la expansión del programa educativo total. Esto incluirá iniciar y mantener los esfuerzos de alcance en conjunción con otros ministerios de la iglesia; medir y evaluar el crecimiento; planificar metas del ministerio a corto plazo y a largo alcance.

Ministerio: modelar e implementar un compañerismo pastoral y dedicado que supla y complemente el ministerio del personal pastoral. Esto incluirá el cuidado y la satisfacción de las necesidades del personal que sirve con el DME; exhortar, aconsejar, fortalecer y alentar al liderazgo; crear maneras de construir un compañerismo solícito; guiar a los individuos a identificar y maximizar sus dones espirituales y habilidades dadas por Dios en maneras que los capaciten para servir al Señor eficazmente.

Expectativas de servicio: Se espera que el DME reclute y delegue responsabilidades según sea necesario en vez de vérsele llevar a cabo el ministerio de educación por sí mismo(a). El DME debe ser reconocido como un compañero siervo de Jesucristo y ministro del evangelio, siendo responsable de rendir cuentas a Dios por la condición espiritual de la congregación de la misma manera que el personal pastoral es responsable. Otros parámetros de servicio incluyen:

- Se espera que la cuota de trabajo sea de aproximadamente doce horas por semana, que incluye el tiempo de preparación y participación en los ministerios del domingo por la mañana, el domingo por la tarde y el miércoles por la tarde como sea necesario para cumplir los deberes del puesto.
- Se alienta al DME a participar en las oportunidades locales para el crecimiento profesional y que se le permita asistir a una conferencia importante al año presupuestada por la iglesia.
- Se proveerá al DME de un presupuesto apropiado para cubrir los gastos aprobados por la Junta relacionados con los ministerios educativos de la iglesia.
- Áreas de servicio personalizado: Se alienta al DME a destinar las habilidades y dones que Dios le ha dado al cumplimiento de su puesto de servicio. Las áreas específicas de servicio sujetas a cambio incluyen (las específicas aparecen en la siguiente lista):
-
-
-
-
-
-
-

Fecha de revisión

Título oficial del puesto

El título de un puesto es más importante de lo que uno generalmente pensaría. El título de un puesto de trabajo o de servicio comunica: (1) el nivel del puesto en la organización; (2) el nivel de poder y autoridad que pueden ser ejercidos por la persona en el puesto; y (3) la capacidad percibida de la persona que estará llenando el puesto.

El título de un puesto puede también tener un gran impacto en la moral de los empleados o voluntarios así como en la moral de otros que trabajan o sirven al lado de él o ella. No hay nada más desalentador o vergonzoso para un empleado o voluntario que ser identificado con un título equivocado en forma impresa o que se dirijan a él con un título equivocado en una reunión pública. "Cada uno de los términos como 'director', 'ministro', 'coordinador', o 'facilitador' comunica algo diferente"[26]. Por ejemplo, un ministro usualmente tiene mayor preparación que un director. Si el pastor presenta al ministro de jóvenes como director de jóvenes, la persona en ese puesto puede sentirse menospreciada, ¡y con toda razón! Un título mal usado puede ocurrir inadvertidamente, pero puede comunicar una falta de respeto para el empleado o voluntario. Un título mal usado de un puesto puede también comunicar que el rol del trabajo o servicio no es esencial para la organización como lo indicaría el título oficial. Por lo tanto, los títulos de trabajo y de servicio no deben ser tratados con ligereza y deben ser usados correctamente, tanto en forma impresa como en las referencias verbales al empleado o voluntario. ¡Nunca hay que subestimar el poder de un título![27].

Es importante mantener descriptivos los títulos de los puestos, pero lo más cortos que sea posible. Hay mayores probabilidades de que un título corto sea recordado y usado más correctamente que uno largo y complicado. En un punto en mi propio ministerio mi título estaba compuesto de diecisiete palabras. ¡Casi necesitaba una segunda tarjeta de presentación sólo para incluir el título de mi puesto! Aunque el título describía mi rol dentro de la organización, raramente era usado completo correctamente por mis iguales; algunas veces ni yo mismo podía recordarlo. Aunque los títulos largos no son poco comunes en la comunidad académica, cuanto más grandes las iglesias o las organizaciones cristianas están llegando a ser, más largos son los títulos de trabajo y de servicio para distinguir los niveles de los puestos de trabajo y de servicio. Sin embargo, estos títulos más largos conllevan la responsabilidad de usarlos adecuadamente para que los empleados y voluntarios no sean avergonzados o insultados.

Propósito del puesto

Una declaración del propósito de un puesto es otro ingrediente esencial de una descripción de trabajo o de servicio. La sección del propósito presenta el rol y la responsabilidad del puesto y sus funciones dentro de la organización. Escrito en forma de una declaración corta, la sección del propósito en esencia identifica los objetivos, tareas y metas más amplias que el puesto tiene la intención de abarcar[28]. Todo lo demás contenido en una descripción de servicio fluye de esta declaración de propósito.

Calificaciones del puesto

Una lista de las calificaciones esenciales requeridas y/o deseadas en la persona que llenará el puesto es otro de los ingredientes esenciales de una descripción de tareas o de servicios. Las calificaciones comunes que serán descritas incluyen pero no están limitadas a la cantidad y tipos de experiencia previa necesaria para el puesto o puestos relacionados, y una lista de las aptitudes necesarias para el desempeño de los deberes y responsabilidades[29]. Dependiendo del trabajo o del rol de servicio, es posible que se haga necesaria la identificación de calificaciones adicionales, tales como: (1) trasfondo educativo; (2) entrenamiento y/o certificación relacionados con el puesto; (3) cualidades personales de carácter y aptitudes interpersonales; (4) indicadores del nivel de madurez espiritual[30].

Las calificaciones para el puesto deberán ser primero organizadas con las *credenciales requeridas*, y luego cualesquiera otras *credenciales deseadas* listadas después de ellas. Cuando las calificaciones son organizadas de esta manera, las esenciales y/o las no negociables no son pasadas por alto o eclipsadas por otras cualidades atractivas que una persona puede traer al rol de trabajo o servicio. Arreglar las calificaciones de las credenciales requeridas a las credenciales deseadas ayuda a los reclutadores a identificar al personal adecuado para llenar el puesto, y alerta a los solicitantes y voluntarios al verdadero nivel de competencia necesario para servir en el puesto.

Relaciones

Cuando las relaciones de trabajo o de servicio son identificadas en una descripción de tareas o de servicios, el empleado o voluntario entenderá "la manera en que el puesto encaja en la estructura de la organización; ante quién es responsable el individuo, y de quién es responsable el individuo"[31]. Las relaciones que necesitan ser identificadas incluyen: (1) la cadena de mando; (2) las líneas de autoridad; (3) la participación del comité. Al identificar estas relaciones, los empleados y voluntarios sabrán cuál es el personal adecuado al que deben contactar y con el que deben conectarse para aprobaciones, permisos y asignación de los recursos.

La cadena de mando identifica quién es la autoridad sobre el puesto, y a quién es el empleado o voluntario a quien estará supervisando. La identificación de líneas de autoridad se extiende sobre esta cadena de mando al establecer y/o aclarar los límites de toma de decisiones relacionadas con el puesto. Cualesquiera que sean las relaciones de trabajo o de servicio en el contexto de la estructura jerárquica de la organización, es vital que "si a una persona se le ha asignado la responsabilidad de cierta acción, también se le permita el grado correspondiente de autoridad para llevarla a cabo. Si ambas no son concedidas en proporciones iguales, el empleado está destinado al fracaso"[32].

Las responsabilidades de la junta o comité son relaciones adicionales de trabajo o de servicio que necesitan ser identificadas en una descripción de tareas o de servicios. Un empleado o voluntario necesitará saber cuáles son los grupos de toma de decisiones a los que necesitará asistir y/o dar informes. El rol o nivel de participación esperado en estos grupos que toman las decisiones también necesita ser indicado (p. ej.: observador, presidente, miembro votante, miembro ex oficio, etc.).

Deberes generales

Además del título de un puesto, una lista de deberes generales y específicos es probablemente el primer elemento que viene a la mente de una persona cuando se menciona una descripción de tareas o de servicios. Los deberes y responsabilidades varían entre un puesto y otro, y aun entre una persona y otra en el mismo puesto. En general, una descripción de tareas o de servicios debe incluir dos niveles de deberes: (1) actividades *generales* y responsabilidades que se espera que cualquier persona en el puesto desempeñe; y (2) actividades y responsabilidades *personalizadas* que son únicas a la persona que actualmente desempeña el puesto.

En la sección de deberes generales de una descripción de tareas (áreas primordiales de servicio en una descripción de servicios), son identificadas las actividades no negociables que se espera que cualquier persona en el puesto realice. Estos deberes y responsabilidades reflejan el propósito primordial del puesto enfatizado antes en la descripción, y se espera que trabajen en conjunción con otros puestos para la función eficiente y eficaz de la iglesia u organización cristiana. Dado que el personal que llena el puesto cambia con el tiempo, o puestos duplicados son creados en el mismo nivel (p. ej.: tener más de un líder de los jóvenes), es posible que sea necesario actualizar estos deberes generales, pero usualmente no se hacen cambios drásticos en la sección de los deberes generales a menos que el puesto en sí mismo cambie.

Expectativas y provisiones para el puesto

Una descripción de tareas o de servicios debe incluir alguna indicación de las actitudes o comportamientos esenciales que se esperan del empleado o voluntario y lo que él o ella, a su vez, puede esperar en cuanto al apoyo tangible de la iglesia u organización cristiana[33]. Algunas expectativas comunes incluyen actitudes y comportamientos tales como: (1) fidelidad al cumplimiento de los deberes del puesto; (2) estar de acuerdo en adherirse a las normas bíblicas y organizacionales de conducta personal e integridad espiritual; (3) mantener la confidencialidad; (4) mostrar respeto por los consumidores/miembros, los iguales y los superiores, etc. Estas expectativas no son tanto tareas como parámetros dentro de los cuales los deberes y responsabilidades deberán ser cumplidos.

Conjuntamente con la declaración de expectativas para el empleado o voluntario, también deben indicarse formas tangibles de apoyo provistas por la organización para ayudar a la persona en el rol de trabajo o servicio. Algunas formas de apoyo tangible que con frecuencia necesita un empleado o voluntario incluyen provisiones, tales como apoyo presupuestario, un ambiente positivo y productivo de trabajo, oportunidades educativas y de entrenamiento, formas claras y abiertas de comunicación, etc. Estas formas de apoyo deberán ser realistas dentro de los recursos disponibles a la iglesia u organización cristiana, y deberá hacerse todo esfuerzo para proveerlas. ¡Es importante recordar que el desempeño y la retención de un empleado o voluntario está relacionado a menudo directamente con las provisiones hechas en apoyo de su puesto!

Áreas personalizadas de trabajo o servicio

Los *deberes personalizados* en una descripción de tareas (áreas personalizadas de servicio en la descripción de servicios) son las actividades negociables que una persona específica en el puesto trae a la organización como resultado de aptitudes y/o intereses singulares. Como resultado, estas actividades variarán entre persona y persona que desempeña el puesto. Los deberes y responsabilidades específicos son realzados o desarrollados como actividades *relacionadas con el puesto* que el empleado o voluntario específico trae. Estas actividades realzadas o desarrolladas amplían el valor del puesto para la organización, mientras que elevan la moral y el desempeño del trabajo o servicio del empleado o voluntario. Cada vez que una nueva persona es colocada en el puesto, la sección de deberes personalizados debe ser actualizada para reflejar las aptitudes y/o intereses singulares de la nueva persona contratada o del nuevo voluntario.

Conclusión

Las descripciones de tareas o de servicios pueden ser herramientas inapreciables para la coordinación de los ministerios de la iglesia o las funciones de una organización cristiana. Por medio de estas descripciones, los deberes y responsabilidades pueden ser manejados con mayor facilidad a través de los puestos de manera que todas las actividades funcionen juntas, sin omisiones, competencias o duplicación de esfuerzos. El resultado final será el avance general de la organización con menos conflictos, más cooperación, un mayor sentido de trabajo en equipo, y un nivel más alto de satisfacción por parte del empleado o voluntario.

Por
Dennis Williams

Capítulo 11

Conducción de sesiones eficaces

ALGUIEN HA DICHO que en los comités se preocupan más por elaborar cuidadosas actas sin darse cuenta de que están perdiendo el tiempo. Cualquier persona que haya servido alguna vez como miembro de un comité en una iglesia u otra organización cristiana sin duda exclamará un sincero "amén" a esa declaración. Dedicamos mucho tiempo a las sesiones, así que debemos reconocer nuestra necesidad de ser mayordomos eficientes en el uso del tiempo de otras personas.

Quizá sería bueno primero definir lo que queremos decir con el término sesión para que el lector pueda entender la dirección que este capítulo tomará sobre este tema. Hablando en términos generales, una sesión es la reunión de individuos con un propósito específico. Esto incluye juntas y comités.

En este capítulo quiero empezar primeramente por afirmar la importancia de la naturaleza social de las sesiones. De allí discutiré los diferentes tipos de sesiones que la mayoría de las organizaciones llevan a cabo durante el curso normal de sus operaciones. Tercero, exploraremos maneras para facilitar una sesión eficaz, y luego identificaremos algunas maneras prácticas para convertirlas en experiencias exitosas para todos los involucrados. Finalmente, quiero presentar algunas directrices y una lista práctica de comprobación que usted puede usar para evaluar la efectividad de la sesión que usted dirige o a la cual asiste.

Las sesiones como eventos sociales

Los sociólogos estarían de acuerdo en que la mayoría de las sesiones o reuniones pueden ser resumidas como eventos sociales, ya que siempre hay gente involucrada. Puesto que debemos reconocer que no todos los eventos sociales son positivos, es importante llegar a conocer a las personas y fomentar la dinámica social del grupo. Un líder puede hacer esto hablando con los participantes y aprendiendo acerca de sus pasatiempos, hábitos de lectura, intereses deportivos, viajes, amigos y miembros de la familia. Un líder sabio no pasa por alto las realidades de las reuniones como eventos sociales. No todos asisten a las sesiones para "que las cosas se hagan". Muchos vienen para disfrutar del proceso y las interacciones sociales asociadas con reunirse con otros.

Para promover este tipo de ambiente, usted deberá planear un período informal para conocerse unos a otros para que las personas se sientan relajadas. Quizá durante la primera sesión del grupo se debe dar la oportunidad a cada uno de hablar acerca de sí mismo, sus intereses, y cuál es su sentir acerca de algún tema importante bajo consideración. Otra idea sería terminar temprano la primera sesión para que las personas puedan pasar juntas un tiempo social.

Otro planteamiento podría ser proveer una actividad para iniciar una discusión que proporcione información acerca del grupo. Se han elaborado muchas diferentes clases de preguntas por los que estudian dinámicas de grupo, pero no se necesita nada profundo o demasiado confidencial, solo algo para romper el hielo y lograr que la gente se sienta cómoda de estar reunida. Algunos ejemplos de preguntas que no son amenazantes podrían incluir:

- ¿Dónde vivía usted entre los nueve y doce años de edad?
- ¿Quién era el centro de los afectos en su hogar?
- ¿Cuándo llegó a ser Dios más que una palabra para usted?
- ¿Quién ha hecho el impacto más significativo en su vida y por qué?

Otra sugerencia útil es pedir al grupo que complete una hoja de perfil personal con declaraciones como las siguientes:

- Mi comida favorita es...
- Las vacaciones favoritas de mi niñez fueron...
- Cuando tengo tiempo libre me gusta...
- Mi tipo favorito de películas es...
- Después de los cultos de la iglesia dedico la tarde a...
- El automóvil de mis sueños es...

Al compartir unos con otros llegamos a saber más en cuanto a los que servimos. Tomar el tiempo para edificar comunidad es un precursor importante de la edificación de equipo y el desarrollo de un ambiente propicio para el servicio.

Junto con la dimensión social obvia que estas actividades desarrollan, también nutren cierto grado de cohesión grupal. Cohesión significa aglutinamiento o estar unidos. Es lo que mantiene los vínculos de la amistad fusionados y nos une como equipo ministerial.

He aquí algunas maneras importantes de hacer que esto se logre exitosamente:

1. Identifique al grupo como tal. Use términos inclusivos para describir al grupo tales como *nosotros*, *nuestro*, etc. Evite términos de pertenencia personal tales como *mi*, *yo* o *mío*.

2. Edifique una tradición de grupo. Encuentre algo inusual, emocionante o gracioso que el grupo pueda recordar.

3. Enfatice el trabajo de equipo. Que no se preocupen en cuanto a quién recibe el crédito por el éxito mientras que el grupo sea exitoso. Este no es el lugar para superestrellas. Actualmente escuchamos mucho sobre ministerio en equipo, y esto es sano. Asegúrese de que esto también es parte del proceso del grupo.

4. Ayude al grupo a reconocer el trabajo bien hecho. Elogie el trabajo bien hecho en términos de la importancia de la contribución al grupo. Obviamente, debemos ser sinceros en esta evaluación porque nuestra credibilidad está en juego. Es de suma utilidad declarar ante todo el grupo los reconocimientos y galardones especiales dados al grupo. De igual manera, cuando un proyecto o ministerio planeado por el grupo es exitoso, debe ser comunicado al grupo entero como elogio y reconocimiento.

5. Establezca metas de grupo claras, alcanzables. Es más probable que una meta para cierta sesión, para la semana entrante, para el siguiente mes eleve la moral. Las buenas metas establecerán el curso del grupo para el futuro, y mantendrán a todos en el rumbo correcto.

6. Dé recompensas grupales. Lograr una meta clara es una recompensa grupal. Los elogios como: "no podríamos haber logrado esto sin cada uno de ustedes", siempre son apropiados. Con frecuencia limitamos los elogios, pero estos son esenciales para edificar la moral y la motivación del grupo.

7. Trate a los miembros como personas, no como máquinas. No pase por alto la dimensión humana y social. Los miembros descubren rápidamente si el líder sólo está interesado en lograr los objetivos, o en las necesidades y preocupaciones de las personas. Es cierto que tenemos metas que Dios nos ha dado para lograr, pero parte de ello es ministrar a aquellos a quienes Dios ha unido en el ministerio.

Tres tipos de sesiones

Las sesiones pueden ser formales o informales, lo que probablemente es otra manera de decir que algunas son planeadas con anticipación y otras son más improvisadas. Obviamente, algunas sesiones pueden ser programadas con tiempo, pero eso no significa necesariamente que sean bien planificadas.

El primer tipo de sesión es para anunciar o para informar. La gente es reunida para anunciarles sobre alguna decisión que ha sido tomada. Es semejante a una conferencia de prensa donde no se permiten preguntas del grupo después del anuncio. Si hay preguntas, estas sólo serán para dar mayor comprensión sobre la decisión y no para cambiarla. No hay voto de aprobación y el anuncio sigue siendo vigente.

Un ejemplo de esta sesión podría ser como sigue: "Los he reunido en esta sesión para anunciarles que, con efecto inmediato, todos los presupuestos están siendo congelados y no se contratará a ninguna persona nueva para el personal hasta que veamos un progreso en nuestros esfuerzos para recabar fondos".

El segundo tipo de sesión es para obtener el apoyo del grupo. Nuevamente, la decisión ha sido tomada, pero en este caso hay una apelación para que el grupo acepte la decisión y dé su apoyo. Las preguntas de seguimiento son apropiadas y el clima es más abierto y positivo que en el primer tipo de sesión. Sin embargo, es importante reconocer que esta discusión no tiene el propósito de cambiar la decisión. Es con el propósito específico de obtener el apoyo para la decisión.

Un ejemplo de este tipo de sesión sería como sigue: "Hoy los hemos convocado a esta sesión para informarles que el comité de búsqueda ha tomado su decisión y ha extendido una invitación al señor Jiménez para servir como nuestro nuevo presidente. Creemos que él traerá un nuevo sentido de dirección a nuestra organización, y confiamos en que cada uno de ustedes contribuirá para hacer que esta transición se lleve a cabo sin problemas. Si tienen algunas ideas o sugerencias de cómo podemos lograr esto, nos gustaría mucho escuchar su aportación en este momento".

El tercer tipo de sesión se enfoca en la solución de los problemas. La decisión aún no ha sido tomada, y el grupo se reúne para discutir los asuntos y llegar a algún tipo de resolución al problema. Esto no significa que las personas han venido a la sesión sin estar preparadas o que no están seguras de cómo votar. Significa que la decisión aún no se ha tomado y que habrá amplia oportunidad para discusión antes del voto final.

Un ejemplo de este tipo de sesión podría ser como sigue: "Como ustedes saben, durante este año hemos disfrutado de cierto grado de crecimiento de nuestra iglesia. Sin embargo, con ese crecimiento han venido algunos grandes desafíos en cuanto a compartir las instalaciones, los recursos y programar asignaciones. Nuestro deseo es que hoy compartamos ideas en cuanto a cómo podemos adaptar este nuevo crecimiento y trabajar juntos para lograr soluciones razonables. Es posible que no finalicemos nuestra decisión hoy, pero nuestro deseo es tener la aportación y sugerencias de cada uno antes de tomar la decisión más adelante".

Conocer los tres tipos de sesiones ayudará a los individuos a entender el propósito de la sesión a la que asisten y lo que se espera de ellos en el proceso. Lamentablemente, algunas personas piensan que se encuentran en una sesión para resolver problemas, cuando en realidad están en una sesión donde la decisión ya ha sido tomada. En muchas ocasiones, donde este es el caso, eso puede llevar a la frustración, el resentimiento y el desacuerdo entre los miembros. La mayoría de las personas quiere tener el derecho a opinar en las decisiones. Cuando el proceso o el tipo de sesión es malentendido por falta de una buena comunicación, esto puede resultar en una reacción negativa y en ocasiones en renuncias.

Sugerencias para la conducción de sesiones eficaces

Ya que muchas personas pasan muchas horas en sesiones, es importante que se haga todo esfuerzo posible para que el tiempo de la sesión sea provechoso. Se ofrecerán aquí algunos discernimientos y sugerencias útiles con la esperanza de que estos cooperarán para un uso eficaz de las contribuciones de sus miembros.

El líder es el primer elemento clave en la conducción de sesiones eficaces. Primero, como facilitador de la discusión, dé un valor especial a la expresión de ideas. Aliente el tipo de preguntas como "qué tal si". Si está buscando nuevas ideas, anime a los miembros del grupo a pensar más allá de todo convencionalismo.

Haga saber a los miembros que quiere escuchar sus ideas, aun si estas pudieran parecerle poco ortodoxas o excéntricas. Si la gente reconoce la disposición del líder de escuchar sus ideas, sin juzgarlas, les dará la libertad de pensar nuevas ideas que ayudarán al grupo.

Otra manera de fomentar un clima creativo es enfocarse en las áreas de desafío que el grupo está enfrentando. Alguien ha dicho que "un problema bien definido está 'medio solucionado' ". El líder debe articular cuidadosamente el asunto en cuestión para que el grupo pueda procesarlo. Dé tiempo al grupo. El líder debe alentar al grupo y demostrar su disposición de ayudar a los individuos a desarrollar sus ideas. Esto promueve un enfoque de equipo.

La efectividad es impedida cuando el líder hace que las personas se "congelen". Esto sucede cuando se niega a escuchar las ideas nuevas o las soluciones no tradicionales. Si escuchamos sólo a aquellos que nos agradan o a los que queremos escuchar, realmente hemos dejado a otros miembros fuera del proceso. Sin el equipo completo no somos tan eficaces como podríamos serlo.

Cuando ocurren ideas exitosas debemos retribuir al contribuyente con palabras de estímulo y afirmación. También es importante alentar las ideas que no fueron exitosas, porque si no hay ninguna afirmación a la sugerencia, aunque no haya sido usada, las personas se negarán a hacer sugerencias futuras. No estarán abiertas para intentar nuevas ideas o soluciones en el futuro.

Con todo esto necesitamos enfatizar el beneficio de lo que se logra. Señalar las ventajas de una idea desarrollada por el grupo es altamente motivador. Es a lo que anteriormente nos referimos como retribución al grupo.

Además, un líder de grupo eficiente debe enfocar las áreas de desafío. Apunte con precisión los problemas y sea específico. No simplemente diga: "Las cosas aquí van mal". Sea más específico. ¿Cuáles son las verdaderas cuestiones, y cómo podemos resolverlas? En algunos casos será necesario personalizar el problema en términos prácticos e inmediatos, pero evite culpar o comunicar crítica negativa. Esto quizá no será fácil, pero un buen líder debe estar dispuesto a identificar los problemas y seguir adelante.

Al tratar los asuntos, si no surgen ideas del grupo será necesario que el líder los estimule sugiriendo una línea de ataque al problema. Utilice esto para hacer que la gente arranque. Ciertamente esta no es la solución final. Una de las cosas más difíciles es hacer que el grupo arranque. Una vez que esto se logra, la oportunidad de creatividad en el grupo aumenta. Si el líder sólo se sienta pasivamente y permite que la conversación fluya, la sesión puede llegar a ser desmoralizadora y un desperdicio de tiempo.

Mientras el grupo continúa trabajando en los asuntos, el líder debe mantenerse en contacto con él. De manera regular debe estar presente un método de verificación. Recuerde que tener éxito requiere de tiempo. Algunas ideas o soluciones son orientadas a la acción y otras a la reflexión. En la solución creativa de problemas debemos usar ambas de tiempo en tiempo.

Algunas de las mejores ideas para soluciones de problemas surgen del esfuerzo de un grupo y no de un individuo solo. Cuando se proponen ideas el líder debe trabajar para desarrollarlas y refinarlas. Ayude a la persona que presenta la idea a hacer que ésta encaje en las necesidades del grupo. La preparación es una de las claves y esto requiere de tiempo. Las soluciones de arreglo rápido raramente duran mucho.

Haga arreglos para que la idea sea probada. Si se requiere un cambio grande, entonces será esencial más tiempo de preparación. Si es posible, intente la solución en un grupo pequeño para ver si funciona bien. Asegúrese de implementar una evaluación completa en el proceso, y también asegúrese de que haya un proceso de evaluación final.

Retribuya al que dio la idea exitosa. En muchas ocasiones este será el grupo completo. Aunque en el ministerio cristiano servimos por causa de nuestro compromiso con el Señor, no hace ningún mal que el líder comparta una palabra de afirmación con aquellos que han sido fieles en el servicio, y que han encontrado maneras de hacer que el ministerio funcione de manera más eficaz.

Elementos de una buena sesión

Los siguientes elementos de una buena sesión pueden ser fáciles de escribir, pero será más difícil implementarlos de manera regular. Los elementos funcionan juntos. Si falta alguno, es posible que la sesión no dará en el blanco.

1. **Declare su propósito.** El primer paso es tener una comprensión clara de la razón para la sesión. ¿Es una sesión mensual regular para comprobar el progreso? ¿Es una sesión especial para tomar decisiones importantes? ¿Es mayormente para tener compañerismo e inspiración? ¿Es una sesión porque siempre tenemos una? La gente está ocupada y no quiere desperdiciar su tiempo en

sesiones que no tienen un propósito. La regla empírica debe ser que si no existe una propósito claramente definido para tener la sesión, entonces es mejor no tenerla. Las sesiones sólo por tenerlas tienen un valor limitado y pueden causar reacciones negativas y una falta de esfuerzo por parte del grupo.

Una manera de subrayar el propósito de la sesión es establecer metas específicas. Esto provee una manera de medir qué tanto se logra. Revisar al final de la sesión lo que se logró puede ser muy motivador.

2. **Recuerde a los participantes el valor de su participación.** Una clave para una sesión exitosa es que los participantes adecuados estén presentes. Algunas veces cuando se convoca a una sesión especial, el líder escoge quiénes serán parte del grupo. En otras ocasiones es un grupo que anteriormente fue designado. En ambos casos es importante que los jugadores clave estén presentes y listos a llevar a cabo su trabajo. Seleccione a los participantes sobre la base de lo que pueden contribuir a los asuntos en cuestión. Es desafortunado que las personas que no tienen absolutamente ningún trasfondo de la tarea sean algunas veces designados para comités. Esto ciertamente limita su efectividad.

3. **La preparación es esencial.** Tanto el líder como los del grupo deben venir a la sesión con su "tarea" ya hecha. Es difícil tomar buenas decisiones cuando falta la información clave. Aunque no nos gusta "vigilar" a las personas, puede ser necesario hacer algunas llamadas por teléfono o enviar un mensaje electrónico para asegurarnos de que la gente está lista con su trabajo terminado. Sin la información importante, el éxito de la sesión está en riesgo.

4. **Ubicación, ubicación, ubicación.** No hay que subestimar la importancia de la ubicación de la sesión. Debe llevarse a cabo en un lugar que minimizará las interrupciones y distracciones. Debe efectuarse en un lugar que sea conveniente para la mayoría de los participantes. Algunas veces a las personas les gusta tener las sesiones en conjunción con comidas. Si se lleva a cabo en una ubicación pública, son muy pocos los asuntos de negocios que se podrán tratar. Procure encontrar un lugar que hará posible la celebración de una buena sesión con distracciones limitadas. No se reúnan en salones de clases donde los pupitres han sido diseñados para niños.

5. **Provea herramientas de comunicación eficaz.** Es importante tener disponibles las herramientas adecuadas de comunicación para los asistentes. La gente entiende más si pueden ver las propuestas. Cuando surgen las preguntas, la información debe estar fácilmente disponible. Obviamente, si usted presenta un documento, todos los miembros *deben* recibir una copia (preferiblemente con anticipación). Estos son asuntos prácticos, pero cuando faltan, el tiempo de la sesión puede ser desperdiciado.

6. **Prepare un orden del día.** Los órdenes del día funcionan como documentos de planificación, y un orden del día bien preparado puede facilitar

el éxito de una sesión. Los órdenes del día pueden ser usados en una variedad de maneras. Pueden declarar el propósito y las metas de la sesión. Pueden articular los puntos que serán cubiertos, el marco de tiempo en el que se cubrirán y las personas que serán responsables. Es sabio exhibir a la vista el orden del día para que las personas vayan tachando los puntos a medida que la sesión progresa. Cuando es colocado a la vista de todos, esto ayuda a mantener al grupo enfocado.

¿De qué manera pueden los órdenes del día ser una guía y un estímulo para las discusiones reflexivas del grupo? Primeramente, los órdenes del día deben ser realistas. ¿Qué tanto tiempo se dedica a la sesión y qué podemos esperar razonablemente lograr? Es importante asignar límites de tiempo para las varias acciones en el orden del día. Si se descubre que hay demasiado para cubrir en una sesión dada, debe programarse otra sesión. Los órdenes del día no deben estar repletos. Es importante tener una lista de los nombres responsables para los varios elementos del orden del día. Esto, junto con el estimado del tiempo, mantendrá a la sesión avanzando en la dirección correcta.

Algunos asuntos en el orden del día requerirán consideración por parte del grupo, y debe darse el tiempo para discusión e interacción abierta. Es posible que los asuntos de esta naturaleza necesiten ser pospuestos para una decisión futura si no se asigna el tiempo adecuado. Después de una conferencia importante se impone un tiempo de preguntas y evaluación para el grupo planificador. Si no se establece un límite de tiempo para evaluación, se podrían emplear varias horas en esto. Es beneficioso asignar cierta cantidad de tiempo, digamos cuarenta y cinco minutos a una hora, para una evaluación. Las personas sabrán que si tienen algo qué contribuir deben hacerlo dentro de ese límite de tiempo. Esto realmente mantiene fresco este tiempo de evaluación y conserva alto el nivel de energía en la sesión. Esto también permite tiempo para que se traten otros asuntos.

También es importante la secuencia de los asuntos en el orden del día. Es una buena idea comenzar con los asuntos fáciles y luego avanzar a los más complicados. Asegúrese de que están en un orden lógico de secuencia. Si comienza con los asuntos "más pesados" primero, es posible que no alcancen a tratar otros asuntos importantes.

Es una buena idea alistar las sugerencias en el orden del día sobre cómo puede el grupo abordar los asuntos. Si usted está solicitando nominaciones para algunos puestos, es una buena idea hacer una lista de algunas de las posibilidades. Las personas parecen funcionar mejor a partir de unas pocas sugerencias que de una página en blanco. Estas sugerencias no deben ser complicadas o simplemente anotaciones. Esté consciente de que el líder no está tratando de controlar al grupo con estas sugerencias sino tratando de impulsar la sesión. Se espera que los miembros contribuyan a agregar a lo que se sugiere.

Es esencial que la gente vea el orden del día antes de la sesión. Esto les ayudará a saber qué materiales traer y dará oportunidad al grupo de pensar sobre los asuntos con anterioridad. Esto también evitará posibles malentendidos acerca de los temas que se discutirán y sorpresas no deseadas. Si se da al presidente o líder asuntos del orden del día que no son apropiados o no deben ser parte de la discusión, estos pueden ser eliminados al principio y ahorrarle al grupo un tiempo importante. La importancia de un orden del día no debe ser subestimada. Sin este o con uno que es débil o vago, el éxito de la sesión es dudoso.

7. **Mantenga el control de la sesión.** Es la responsabilidad del líder mantener la dinámica de la sesión hacia la dirección correcta. Eviten distracciones, comentarios improvisados e historias a menos que estén relacionados con los asuntos que se están tratando. La asistencia a una sesión es un tiempo sacrificado para todos. Cuando se desperdicia el tiempo, esto puede disminuir el deseo de los miembros para servir.

8. **Haga un resumen de los logros.** Finalmente, cuando la sesión esté a punto de terminar, revise con el grupo lo que se ha logrado. Identifique los siguientes pasos y haga una lista de los asuntos no resueltos. Haga de este un tiempo de valoración por la inversión de tiempo y energía de las personas. Haga que salgan sintiendo que su contribución valió la pena y fue importante.

9. **Asigne deberes y revíselos antes de que salgan.** Con frecuencia en una sesión se toman decisiones que requieren asignación de deberes. Asegúrese de hacer un recordatorio de su responsabilidad a los individuos a quienes se han asignado deberes. Especifique cuáles acciones se tomarán en el futuro para manejar los asuntos no resueltos después de la sesión. Los detalles en cuanto a quién está a cargo, cuáles recursos serán asignados, cuándo es el tiempo de cumplimiento de la encomienda, y de qué manera serán comunicados los resultados deben ser claramente identificados de manera que no haya malentendidos después de la sesión.

Evaluación de la eficacia de sus sesiones

Se ha dicho que "cualquier cosa que vale la pena de hacerse vale la pena que sea evaluada". Esto ciertamente es verdad en cuanto a las sesiones se refiere. El propósito de la evaluación es mejorar, y esto es exactamente lo que debemos hacer para que nuestras sesiones continúen siendo eficaces.

¿Cómo podemos saber si el grupo está funcionando bien? Esté atento a estas señales:

- Las personas sienten la libertad de hablar de cómo piensan y se sienten.
- Las decisiones están siendo tomadas en consenso.
- Las ideas son bienvenidas y libremente aceptadas.

- Las personas son evaluadas en cuanto a la calidad de sus contribuciones.
- Hay plena participación entre todos los miembros.
- Se concede el tiempo adecuado de discusión a los asuntos importantes.
- Hay una comprensión de las ideas, planes y propuestas de otros.
- Hay un enfoque en las metas y tareas.
- Las personas son respetadas y las decisiones y acciones se centran en Dios.

¿Cómo puede usted saber si el grupo no está funcionando bien? Obviamente lo opuesto a la lista anterior revelará serias necesidades. He aquí algunas señales negativas:

- La participación es dominada por unos pocos individuos.
- Las personas no se sienten parte del proceso de toma de decisiones.
- Las personas con capacidades no contribuyen al proceso.
- Los asuntos de menor importancia parecen dominar mucho del tiempo.
- Aun después de que se han tomado las decisiones, parecen regresar para más discusión.
- Hay temor al cambio.
- La comunicación al grupo es limitada, y sólo el líder o líderes saben lo que está ocurriendo. Las acciones parecen estar más autocentradas que centradas en Dios.

Se provee la siguiente lista de comprobación para ayudar a evaluar la eficacia de sus reuniones. Siéntase con libertad de agregar sus propios puntos, dependiendo del contexto y el propósito de sus sesiones en particular.

Una sugerencia final para evaluar la eficacia de la sesión es el uso de un observador "exterior". Escoja a una persona que no es parte del grupo y pídale que observe la sesión. Esta persona no debe participar en la sesión, pero

Figura 11.1

EVALUACIÓN DE LA SESIÓN

- ☐ ¿Fue claramente declarado con anticipación el propósito de la sesión?
- ☐ ¿Comprendió el grupo los asuntos, necesidades y acciones a tomar?
- ☐ ¿Recibió usted un recordatorio de la sesión?
- ☐ Cuando surgieron las preguntas, ¿trató el líder de contestarlas, o fueron referidas al resto del grupo?
- ☐ ¿Fue el líder quien habló más?
- ☐ ¿Hasta qué punto intentó el líder incluir a las personas del grupo que tenían muy poco o nada que decir?
- ☐ ¿Fue efectuada la sesión en una ubicación propicia para la eficacia?
- ☐ ¿Estuvieron disponibles todos los documentos y recursos necesarios?
- ☐ ¿Hasta qué punto estimuló el líder al grupo a la reflexión crítica?
- ☐ ¿Fue el grupo alentado a pensar más allá de todo convencionalismo cuando fue apropiado?
- ☐ ¿Se concedió al grupo el tiempo adecuado para un período de reflexión crítica?
- ☐ ¿Estuvieron disponibles los recursos necesarios de comunicación y fueron estos funcionales?
- ☐ ¿Fueron apresuradas las decisiones?
- ☐ En el proceso de la discusión, ¿resumió el líder los pensamientos del grupo y les ayudó a ver los asuntos con claridad?
- ☐ ¿De qué manera fueron controladas las distracciones?
- ☐ ¿Enfrentó el líder las distracciones de manera apropiada?
- ☐ Si hubo deberes asignados, ¿fueron aclarados y revisados al final de la sesión?

deberá sentarse en un lugar donde pueda ver fácilmente al grupo. El observador se enfocará en el comportamiento de la gente durante la sesión. Se dará especial atención a lo que mantiene la discusión fluyendo en la dirección correcta y cuáles cosas interfieren con la discusión. Siga la pista de quién habla y cuántas veces. Puede ser útil elaborar una gráfica y marcar con una "x" a cada persona en la sala; luego trazar una línea del que habla a la persona a quien habla. Si esta persona responde a la primera, trace otra línea en dirección reversa. Si hablan con alguien más, trace una línea en esa dirección. Esta actividad ayuda a descubrir quién está hablando más y también quién no habló o lo hizo muy poco; provee una indicación del equilibrio del flujo de comunicación. Uno de los elementos de una sesión eficaz es que haya plena participación por parte de los miembros. Esta es una manera de descubrirlo.

El observador deberá tratar de percibir los sentimientos detrás de las palabras pronunciadas y ver si el grupo responde a los sentimientos también. Trate de determinar hasta qué grado las emociones y los sentimientos están involucrados en las decisiones que se toman. Observe el nivel de interés durante la sesión. Si este es bajo o las personas parecen aburridas, ¿qué podría sugerirse para "meter cambios" y lograr que las personas participen de manera activa nuevamente? Haga una evaluación de la sala misma. ¿Está la gente cómoda? ¿Pueden verse unos a otros? ¿Pueden ver fácilmente los medios de comunicación? ¿Hay buena ventilación? ¿La luz es adecuada? ¿Hay ruidos que distraen? Si la discusión se hace lenta y pesada, trate de determinar la causa. ¿Han estado trabajando en el tema por mucho tiempo y necesitan un descanso? ¿Es de interés el tema para todo el grupo, y es demasiado el tiempo dedicado al tema? ¿Está el líder dominando la discusión y no permitiendo que otros participen?

En el informe, el observador no debe emitir un juicio sobre el proceso, sino sólo informar lo que ha visto. Informa los hechos, no sus opiniones. Deje que el grupo llegue a sus propias conclusiones de cómo mejorar el desempeño para la siguiente sesión del grupo.

Conclusión

Ha sido dicho, y esto encierra una gran verdad, que la gente que trabaja junta puede lograr mucho más que una persona que trabaja sola. Pero la dificultad estriba en el hecho de que muchas personas no están acostumbradas a trabajar unidas en grupos. Por esta razón no pueden ver el beneficio del trabajo en equipo. Los líderes necesitan practicar y enseñar este enfoque al guiar a grupos de gente trabajando juntos con propósitos ministeriales.

Conducir sesiones eficaces no es tan difícil como la física nuclear. Se puede lograr mucho con algo de previsión y previa planificación. Cuando esto es hecho bien, a la gente no le molestará tener que asistir a las sesiones y comenzará a valorar el uso de este tiempo como una parte integral del cumplimiento del ministerio. La clave para desarrollar esta actitud es ser capaces y tener la disposición de aplicar los principios destacados en este capítulo.

Por
James Estep, hijo

Capítulo 12

Los líderes del ministerio como agentes de cambio

EL CAMBIO ES UNA PALABRA que puede evocar temor e inquietud o inspirar y promover la innovación. Justo como la gente experimenta cambios a través de su vida, tanto beneficiosos como dañinos, así también las organizaciones cristianas. Los cambios dentro de las congregaciones y las organizaciones cristianas pueden ocurrir por una variedad de razones. Uno de los libros más populares de 1999 fue *Who Moved My Cheese?* (¿Quién movió mi queso?) por Spencer Johnson. Mediante una parábola sencilla el libro destaca la dinámica del cambio por medio de la reacción de cuatro ratones por la pérdida (cambio) de su preciado queso[1].

De igual manera *Who Moved My Church?* (¿Quién movió mi iglesia?) de Mike Nappa provee una parábola contemporánea que se refiere a diferentes relaciones entre la congregación y la comunidad. En ella cuatro feligreses buscan el edificio perdido de su iglesia, y al encontrarlo ponen en práctica su propia versión del ministerio a la congregación[2]. ¿Cuál es el punto? Las congregaciones y las organizaciones cristianas tienen una opción: o facilitamos el cambio intencionalmente o simplemente respondemos al cambio que ocurre y le permitimos dictar el curso de nuestro ministerio. Recuerde lo que hemos dicho antes en este libro: el crecimiento saludable requiere cambio.

Como administradores cristianos a los que se les ha confiado el ministerio de la reconciliación (2 Cor. 5) debemos comprometernos al cambio intencional, proactivo, dentro de nuestras instituciones. No abrazar el potencial positivo del cambio de la organización cambia el enfoque de nuestra atención sobre el pasado y la administración del presente, en lugar de ayudarnos a instrumentar el futuro deseado de la organización. Este capítulo ofrece una pequeña idea de la naturaleza del cambio y de los medios por los cuales el cambio puede ser introducido en una organización cristiana. También se tratan la administración de la organización y el conflicto personal como parte de la responsabilidad pastoral de la administración hacia la congregación u organización.

La naturaleza del cambio

El cambio es algo de lo que todos hablamos, pero para el que rara vez tomamos tiempo, ya sea para definirlo o para explicar su naturaleza. Sin establecer un entendimiento básico del cambio, se vuelve casi imposible introducir el cambio con eficacia en una organización. Principiaremos con cinco suposiciones básicas acerca de la naturaleza del cambio. El cambio es un proceso natural, inevitable y basado en los valores.

1. El cambio es natural

Para decirlo de otra manera, el cambio sencillamente ocurre. Así como es tan natural para nosotros como individuos el nacer, crecer, vivir, e inevitablemente morir, de igual manera es también el ciclo de vida de las organizaciones. Negar que el cambio sea natural es negar la realidad misma. ¿Quién de entre nosotros *nunca* ha experimentado cambio de alguna manera u otra?

La figura 12.1 ilustra el cambio que ocurre naturalmente dentro de un ciclo de vida institucional[3]. Este modelo traza la trayectoria de cambio naturalmente presente en el ciclo de vida de una idea, ministerio, programa u organización. Empezando en el lado inferior izquierdo de la figura se muestra que las organizaciones nacen por el cambio intencional y progresivo. Se enfocan en el futuro y construyen un ministerio para alcanzar el sueño deseado. La organización continúa su crecimiento mediante la planificación intencional y el avance continuo, esforzándose por alcanzar su potencial completo. Sin embargo, finalmente el programa, ministerio y organización llegará a un estancamiento, un punto en el cual se ha logrado la eficacia máxima. Por tanto, los objetivos del sueño original se han alcanzado y cumplido. Con la pérdida de ímpetu de avance y movimiento, ¿qué pasa ahora?

Es un mito institucional que las organizaciones sencillamente pueden mantener sus niveles de eficacia actuales sin que ocurra ningún cambio significativo. En realidad uno puede tener que cambiar el programa, ministerio u organización solamente para mantener los niveles presentes de logro. El mito de conservación ha llevado a la ineficacia y a la muerte eventual de muchas congregaciones y organizaciones cristianas. La única manera de mantener el crecimiento de la organización, la expansión posterior y el éxito de su ministerio, es reconstruir la organización y captar de nuevo la visión que se discutió previamente en el capítulo 3. En esencia, estamos preguntando: "¿Qué quiere Dios que hagamos enseguida?". No hacer esto confina a la organización a un curso de cambio dirigido por la entropía [Medida de la incertidumbre existente ante un conjunto de mensajes, de los cuales se va a recibir uno solo] y la declinación gradual en lugar del progreso intencional guiado por la voluntad de Dios.

El lado derecho del diagrama ilustra lo que sucede cuando *no* ocurre la reconstrucción. El ministerio disminuye porque el sueño original, habiéndose alcanzado, ya no inspira o no tiene el ímpetu para el avance. Por consiguiente, la organización se *institucionaliza* y empieza a existir y a obrar para la continuación de su existencia, no para el éxito del ministerio. Su enfoque se convierte en un pasado glorificado de cuando el sueño estaba todavía vivo. Finalmente, el ministerio u organización, o se derrumba por falta de razón suficiente para existir, o continúa como un ministerio ineficaz. Simplemente muere. Este es el fin del ciclo normal de la vida de una organización, *si* la organización nunca reaviva su visión.

Figura 12.1
Ciclo de vida
institucional

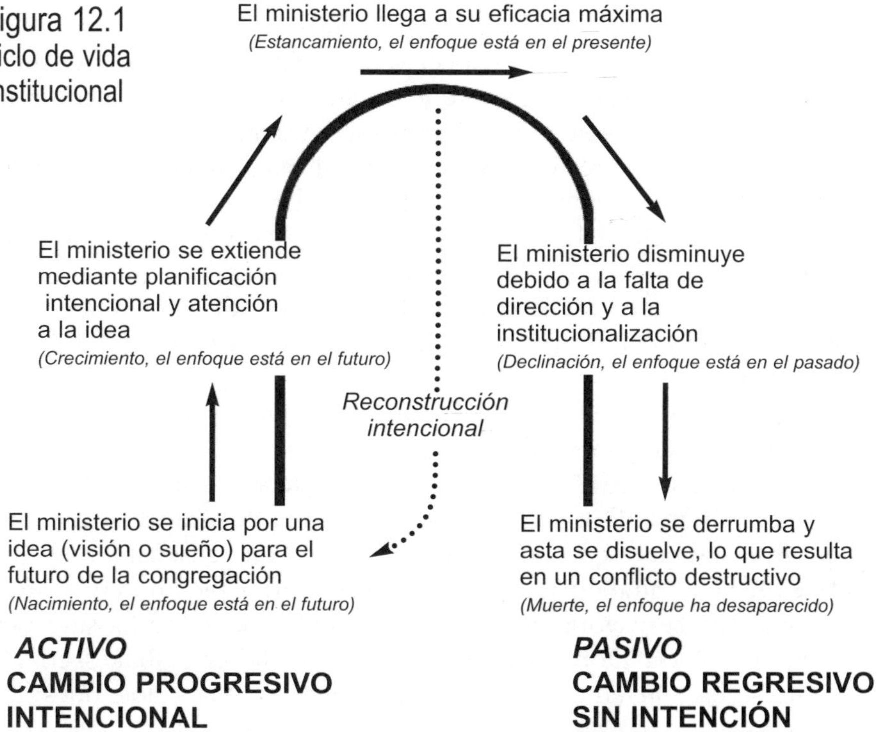

El cambio es un aspecto natural de la vida; tratar de evitarlo para los individuos o para las organizaciones es un mito. Negar esto puede ser una amenaza para la vida. Aunque algún cambio es intencional y provechoso, como el lado izquierdo del paradigma, y otras veces no intencional y degradante, no obstante es parte del ciclo natural de vida de las organizaciones.

2. El cambio es inevitable

Basado en el paradigma institucional anterior, el cambio no es solamente natural, sino inevitable. Aunque la clase de cambio activo, intencional y progresivo no se realizara completamente por la organización, la muerte pasiva, sin intención y regresiva de una institución es inevitable. En la presencia de un liderazgo genuino, el cambio es intencional; en ausencia de liderazgo, el cambio es un subproducto de la entropía institucional. Como tal, nunca es un asunto de evitar el cambio; es un asunto de cuál clase de cambio escogemos experimentar. El cambio es inevitable.

3. El cambio es necesario

Así como el cambio es natural e inevitable, también es necesario. Es necesario para el avance de la misión y del ministerio de la institución, como también para mantener su nivel presente de ministerio e inevitablemente para su propia supervivencia. El no reconocer la necesidad del cambio crea un ambiente institucional de estancamiento que ve el cambio como algo contrario a su misión. Esto es característico de administraciones que dependen de su propia percepción y no de la realidad institucional al tomar decisiones, al planear estrategia y al dirigir la organización; en ellas prevalecen las imágenes del pasado en vez de la realidad del presente para el objetivo futuro deseado para el ministerio. Sin embargo, las congregaciones y organizaciones que se han probado a sí mismas a través del tiempo, habiendo soportado fructíferamente los cambios en cuanto a cultura y demografía, son aquellas que abrazan la necesidad de cambio.

Por ejemplo, la Escuela Dominical ha sobrevivido por más de doscientos años porque intencionalmente se ha reinventado a sí misma numerosas veces a través de su historia. De hecho, mucha gente se sorprende al descubrir que la primera Escuela Dominical era un programa de alcance social que se reunía en un restaurante con un instructor pagado que enseñaba más que la Biblia (p. ej. higiene, alfabetización), y que en sus principios no era sostenida por la iglesia. Para la mayoría de nosotros nuestra experiencia ha sido casi la opuesta de la Escuela Dominical establecida por Roberto Raikes en 1780. Ciertamente se ha reinventado a sí misma a través de los siglos, pues de no haberlo hecho así podría ser que no existiera hoy[4]. El cambio es necesario.

4. El cambio es un proceso

El cambio incluye un proceso de generar una nueva idea, de aceptarla, de implementarla, de responder al conflicto, y de hacer lo que una vez fue nuevo, parte de la rutina. En suma, el cambio es un proceso que envuelve la mente y el corazón de los individuos que forman la organización. Con relación al proceso de cambio, las congregaciones y organizaciones tienen cinco diferentes tipos de individuos, cada uno con su propia función en el proceso de cambio institucional (ver la Figura 12.2a).

Iniciadores. Estos son los innovadores, los agentes de cambio, los individuos creativos que generan nuevas ideas. Este grupo es típicamente una minoría de la congregación u organización.

Primeros adoptadores. Estos no son los agentes de cambio en sí, sino que son los que valoran a los iniciadores y tienden a estar de acuerdo con las nuevas ideas, de aquí que tienden a adoptar la idea al principio del proceso. Característicamente, el grupo es más grande que el de los iniciadores.

Segundos adoptadores. Estos forman la mayoría de la congregación u organización, y característicamente comprenden del 55 al 65 por ciento de la gente. Tienden a seguir la dirección de los primeros adoptadores, y por tanto son cautelosos de las nuevas ideas, hasta que ven a otros adoptarlas como suyas.

Adoptadores tardíos. Estos son los escépticos, los que no se apresuran a adoptar nuevas ideas, y que de hecho tenderán a no adoptarlas hasta que vean a una vasta mayoría de la congregación y organización detrás de ellos. Característicamente son aproximadamente el mismo número que los primeros adoptadores, pero esperan hasta que los segundos adoptadores hayan votado.

Opositores. Estos son los que se oponen al cambio. Este grupo tiende a oponerse vehementemente al cambio, de aquí que característicamente lucha contra él o deja la congregación u organización cuando se adopta el cambio. Característicamente es la minoría de la congregación u organización, y suma aproximadamente la misma cantidad que los iniciadores.

Figura 12.2a: Organización equilibrada del proceso de cambio

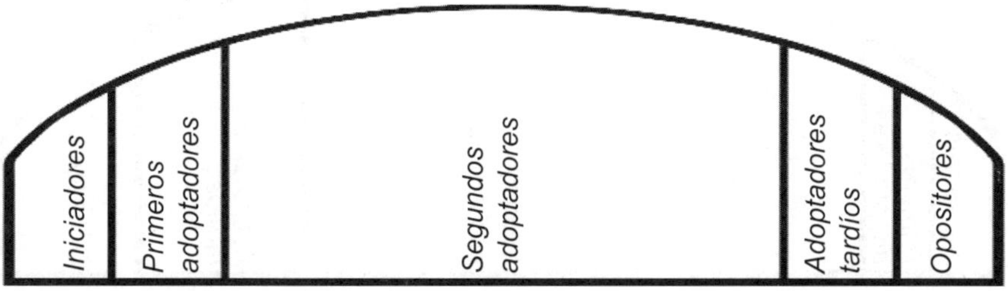

El proceso de adoptar el cambio es como mirar que la luz del semáforo se cambia a verde en una larga línea de tráfico. El primer automóvil responde a la luz verde tal vez inmediatamente (iniciadores). Sin embargo, el segundo automóvil (los primeros adoptadores) debe esperar a que el primer automóvil avance, de aquí que hay una ligera demora entre la luz que se cambia a verde y los vehículos en la línea en movimiento. El proceso continúa con el primero, tercero, cuarto y hasta quinto vehículo siguiendo la procesión hasta que todo el tráfico se ha movido y la luz se cambia al rojo. Si todo el tráfico se moviera inmediata y simultáneamente, ocurriría un accidente.

Sin embargo, no todas las congregaciones y organizaciones son como el modelo normativo para el cambio institucional. Por ejemplo, algunos son más propensos a cambiar que otros. La figura 12.2b ilustra este tipo de institución. En ella el iniciador y el grupo de primeros adoptadores componen una parte más grande del cuerpo que en el modelo equilibrado típico. De aquí que la innovación y la adopción rápida sean características de la institución.

En otros casos, las congregaciones y las instituciones no son tan abiertas a las ideas de cambio (Figura 12.2c). En estas instituciones los adoptadores tardíos y los opositores tienen una actuación más grande y minimizan la voz del cambio de los iniciadores y de los primeros adoptadores. Tales instituciones son tradicionales y de alguna manera estancadas, puesto que la innovación es improbable.

Figura 12.2b: Organización innovadora del proceso de cambio

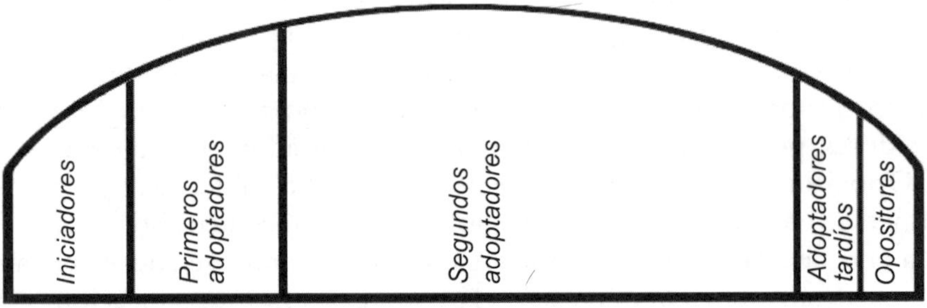

Figura 12.2c: Organización estancada del proceso de cambio

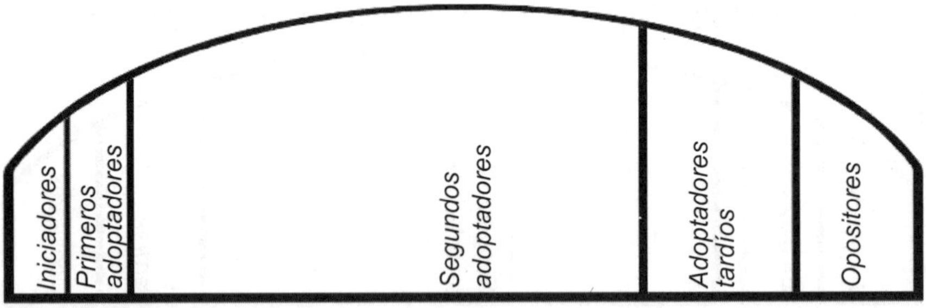

¿Cómo *adopta* la gente la idea del cambio? Maxwell describe este cambio como un proceso de adopción, moviéndose de la ignorancia a la aceptación de la innovación. La lista que sigue contiene los pasos de Maxwell que los individuos, las congregaciones y las organizaciones dan de la ignorancia de una idea a la completa aceptación del cambio y de todas sus implicaciones[5].

Paso 1: Ignorancia. Entre los seguidores no hay una dirección unificada ni se percibe un sentido de prioridades.

Paso 2: Información. Se da información general a la gente. Inicialmente las ideas para el cambio no son recibidas.

Paso 3: Infusión. La penetración de las ideas en el statu quo puede causar confrontaciones con la apatía, el prejuicio y la tradición. La tendencia general es concentrarse en los problemas.

Paso 4: El cambio individual. Los primeros adoptadores empiezan a ver los beneficios del cambio propuesto y lo aceptan. Las convicciones personales remplazan la complacencia.

Paso 5: El cambio organizacional. Se discuten los dos lados del asunto. Se observan menos actitudes defensivas y mayor apertura respecto a los cambios propuestos. El ímpetu se mueve de la oposición a favorecer el cambio.

Paso 6: Aplicación difícil. Se experimentan algunos fracasos y algunos éxitos conforme se implementa el cambio. El proceso de aprendizaje es rápido.

Paso 7: Integración. La dificultad empieza a disminuir y el nivel de aceptación a aumentar. Ocurre un creciente sentido de realización y una ola secundaria de resultados y de éxito.

Paso 8: Innovación. Los resultados considerables crean confianza y disposición a tomar riesgos. El resultado es una disposición a cambiar más rápida y audazmente.

El cambio debe ser considerado como un proceso, pero ¿sobre qué se basa el proceso?

5. El cambio se basa en la evaluación

¡El cambio nunca es neutral! En las organizaciones cristianas los cambios deben ser motivados teológicamente, y en algunas situaciones deben oponerse sobre bases teológicas. Al evaluar las estructuras existentes en la congregación u organización las desarmamos para analizar mejor sus componentes y su relación con el ministerio de educación existente, y a la vez las ensamblamos de nuevo con un enfoque nuevamente formulado para ministrar. Sin embargo, en cada una de estas etapas los valores e inquietudes teológicas proveen dirección. Al generar nuevas ideas, analizarlas, promover prioridades dentro de la institución, y facilitar el ministerio, todos los pasos están basados en valores teológicamente informados. Puesto que el cambio está basado en la evaluación, no todos los cambios pueden ser considerados cristianos o deseables. Deben ser evaluados a través de los lentes de la Escritura y la teología, pero la teología no debe ser confundida con el statu quo.

Tipos de cambio organizacional

El cambio no siempre es el mismo. Como se mencionó anteriormente, dos amplias categorías de cambio están presentes en el ciclo de vida de las congregaciones y las organizaciones. El *cambio activo* es el que se indicó en el lado izquierdo del gráfico de vida del ciclo. Indica el cambio organizacional debido a la planificación y estructuración intencionales, dirigido por un sueño y por la administración del ministerio enfocada en el futuro. En este caso la administración es congregacional o de liderazgo organizacional. Por otra parte, el *cambio pasivo* se refiere al lado derecho del diagrama del ciclo de la vida. Indica cambio debido a la falta de propósito, a la irrelevancia, al institucionalismo y a la administración del ministerio enfocada en el pasado (nostálgica). Vistos en esta luz, los administradores responden al cambio institucional en lugar de dirigirlo. El cambio pasivo rara vez es una decisión consciente de los administradores, sino simplemente una entropía institucional aceptada en ausencia de un liderazgo genuino capaz de facilitar el cambio activo.

Sin embargo, otra dimensión para la idea de cambio es el ritmo o grado de cambio introducido en una congregación u organización. *Cambio gradual* se refiere a los cambios pequeños o de crecimiento, a las alteraciones menores dentro de la estructura administrativa existente de la congregación u organización; decisiones de cambio hechas dentro de la matriz de la misión, de la visión, y de los valores esenciales de la congregación u organización. *Cambio radical* se refiere a los cambios en gran escala, esos que alteran la misma estructura de la congregación; decisiones de cambio que reforman la matriz congregacional u organizacional. Es dentro de la combinación de estos cuatro factores que las clases de cambio pueden ser identificadas y entendidas mejor. La figura 12.3 ilustra estas cuatro combinaciones posibles de cambio.

Figura 12.3 Clases de cambio institucional

	Gradual	***Radical***
Activos-planeados e intencionales	*En porciones,* cambio gradual; p. ej., cambiar el horario de la Escuela Dominical o formar una nueva clase de Escuela Dominical.	*Transformador,* cambio radical y dirección de crisis; p. ej., cambiar de un formato de Escuela Dominical a un formato de estudio bíblico de grupos pequeños.
Pasivos-reaccionarios sin intención	*Evolutivo,* p. ej., monitorizar la declinación lenta y constante de la participación en la Escuela Dominical, y luego decidir reducir el número de clases.	*Crítico o reaccionario;* p. ej., un campamento de la iglesia decide vender la propiedad para enfrentar el déficit financiero del fondo general.

Los cambios en *porciones* y los *transformadores* son modos activos de cambios planeados e intencionales. Representan acción positiva para aumentar el potencial del ministerio de la congregación u organización. Como tales buscan llevar a la organización a un futuro deseado. Los cambios *evolutivos* y los *críticos o reaccionarios* son modos de cambio pasivos, reaccionarios y sin intención. Representan acción para mantener o minimizar la declinación del ministerio de la congregación u organización. Como tales, aceptan el futuro inevitable y procuran adaptarse al ambiente cambiante del ministerio.

Una congregación saludable entiende y abraza el cambio. Esos cuerpos ocupados en dirigir una congregación u organización en un clima de cambio pasivo no procuran crear un futuro deseado, sino que aceptan la inevitabilidad de su futuro en declive y simplemente cambian en respuesta a él. Este capítulo se concentra en la promoción e implementación del cambio activo e intencional en congregaciones y organizaciones cristianas. Esto es mucho más deseable.

Promoción e implementación del cambio organizacional

La promoción e implementación del cambio intencional en una congregación u organización es un proceso triple, que forma un ciclo interminable de reformación continua hacia un avance incesante del potencial de su ministerio. Como tal, la innovación y la creatividad son características deseables del líder de una institución. Las tres fases son descongelación, fluidez y solidificación.

Figura 12.4
Proceso de implementación del cambio

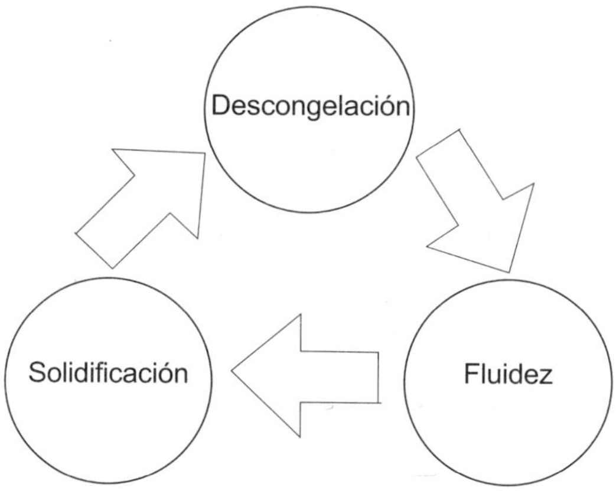

Fase 1: Descongelación. Este es un período cuando la idea se presenta, cuando se enfrenta la resistencia, y cuando los individuos son motivados a adoptar el cambio y también a participar en él. Esta es solamente la etapa inicial. El cambio propuesto puede simplemente ser sofocado con poco esfuerzo por parte de los rezagados y abogados del statu quo. Es el periodo cuando se presenta la razón para el cambio, y cuando se hace una apelación al compromiso al cambio propuesto. Durante esta fase el statu quo se somete a revisión y surge el descontento por las circunstancias actuales para motivar al cambio. El cambio propuesto se presenta a la congregación. En suma, es el tiempo de aflojar la adhesión al pasado... descongelándolo, haciéndolo fluir, capaz de moverse.

Fase 2: Fluidez. Este es un período de movimiento estratégico del pasado al futuro en el presente; moverse de lo que *es* a lo que *se desea.* Es la implementación de la idea. Durante este período, el manejo de la implementación es crítico. Jim Herrington, Mike Bonem y James Furr identifican cuatro "disciplinas" que ayudan a una congregación durante este periodo de cambio de organización[6].

- *Disciplina uno.* Generar y sostener la tensión creativa. Comunicación, toma de decisiones, conceptualización inicial del cambio propuesto.
- *Disciplina dos.* Aprovechar el poder de los modelos mentales. Metáfora, suposiciones y paradigmas para la congregación y el ministerio.
- *Disciplina tres.* Capacitar el aprendizaje del equipo. Los responsables del cambio deben convertirse en especialistas del tema, no como individuos, sino como grupo.
- *Disciplina cuatro.* Practicar el pensamiento de sistemas. Las congregaciones son organizaciones complejas con sistemas interrelacionados, todos los cuales son impactados por los cambios propuestos.

Esta fase está compuesta de las tácticas de cambio, el proceso de implementación de paso por paso. Esto generalmente se lleva a cabo por medio de una comunicación frecuente y clara, por la estructura y el apoyo para el cambio, y la evaluación continua del proceso. Durante esta etapa se formula el cambio propuesto. En suma, habiéndose descongelado el hielo, ahora fluye por un camino predeterminado hacia un destino deseado.

Fase 3: Solidificación. La fase de solidificación es un periodo de autorización, cuando la nueva idea se convierte en el statu quo. El cambio alcanza su forma penúltima y final. La solidificación todavía incluye el proceso de implementación, pero es el paso final para que la propuesta sea el nuevo statu quo. La implementación se completa y se convierte en la práctica normal. En suma, la idea ahora se vuelve sólida y reconocible dentro de la organización.

La figura 12.5 resume este proceso de tres fases para implementar el cambio. Sin embargo, es crítico recordar que es un proceso continuo, puesto que la que se solidificó de la última iniciativa de cambio debe ser descongelada en el futuro a favor de una mejor.

Figura 12.5. Proceso de cambio de tres fases

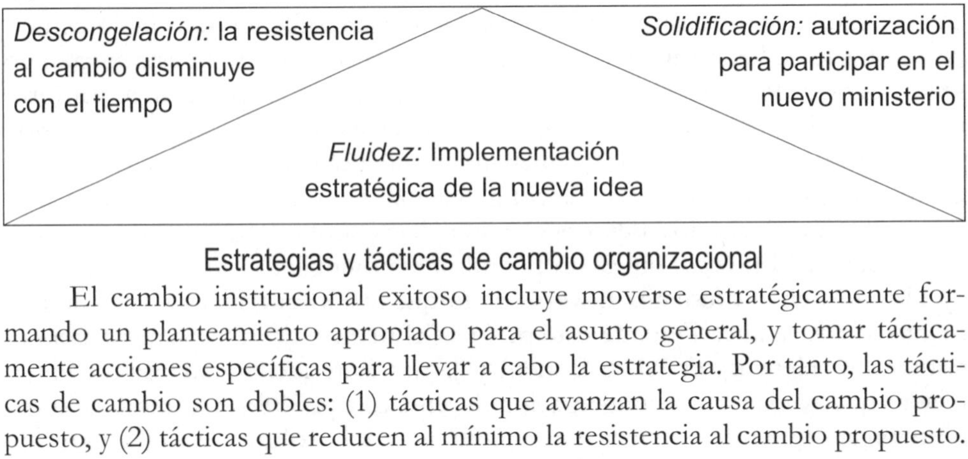

Estrategias y tácticas de cambio organizacional

El cambio institucional exitoso incluye moverse estratégicamente formando un planteamiento apropiado para el asunto general, y tomar tácticamente acciones específicas para llevar a cabo la estrategia. Por tanto, las tácticas de cambio son dobles: (1) tácticas que avanzan la causa del cambio propuesto, y (2) tácticas que reducen al mínimo la resistencia al cambio propuesto.

La figura 12.6 da una vista estratégica de la manera de implementar el cambio dentro de una organización[7].

Figura 12.6: Estrategia para el cambio

Etapa del cambio	*Desafío/Asunto*	*Respuesta general (Estrategia)*	*Pasos de acción (Tácticas)*
Descongelación	Vencer la resistencia al cambio	*Construir un caso para la necesidad del cambio*	Identificar y explicar la insatisfacción con el ministerio o situación actual. Proveer oportunidades para participar en el proceso de cambio. Reclutar a los que apoyan la iniciativa de cambio. Dar atención pastoral a los que continúan disintiendo. Dar tiempo para que ocurra el proceso de descongelación.
Hacer fluir	Dirigir el proceso de cambio	*Establecer un proceso detallado para el cambio*	Formular un concepto claro para la iniciativa del cambio deseado. Comunicar la iniciativa de cambio a la congregación por una diversidad de medios. Desarrollar un sistema de apoyo (organizacional, material y espiritual) para el periodo de transición. Diseñar un sistema de apreciación y evaluación para retroalimentar el progreso del cambio.
Solidificar	Implementar el cambio propuesto	*Acentuar la dinámica congregacional para el cambio*	Conseguir el apoyo de los líderes, de los individuos y de los grupos clave en la congregación. Utilizar diversas voces para apoyar el cambio, p. ej., hombres y mujeres, representantes de generaciones. Desarrollar lemas, símbolos y lenguaje en apoyo de la iniciativa de cambio. Proveer estabilidad celebrando y reconociendo.

A la luz de estas estrategias generales para implementar el cambio, las tácticas para lograrlo son críticas para la ejecución exitosa del mismo.

Tácticas para descongelar

El cambio eficaz requiere tácticas que logren que los miembros de la congregación u organización reconozcan la necesidad de cambiar y tener la disposición de avanzar,, por la adopción de una nueva idea o paradigma. Esta es característicamente la fase más difícil para implementar el cambio de la organización. Las siguientes son algunas tácticas recomendables para lograr esto:

- Provea razones bíblicas y teológicas para el cambio, pero evite las implicaciones negativas de que no apoyar la idea no es bíblico y es falta de fidelidad.
- Relacione el cambio propuesto con la misión y la visión de la congregación u organización.
- Ilustre objetivamente la necesidad del cambio, por ejemplo, listando necesidades no satisfechas, analizando la declinación en la asistencia, y publicando resultados de sondeos.
- Consiga la opinión de miembros clave de la congregación, participantes de la organización, y hasta de miembros clave de la comunidad al principio del proceso.
- Sugiera que el cambio propuesto no es una substitución del statu quo, sino una alternativa, y por tanto no necesita la omisión de los programas, de la política o de los procedimientos existentes. Sin embargo, dado que el cambio propuesto es una mejora sobre el statu quo, con el tiempo lo remplazará por desgastamiento.
- Evite la apariencia de apresuramiento dando a los individuos tiempo para consideración, reflexión y discusión. En suma, no ponga a votación la propuesta en la ocasión que la presente.
- Varios meses antes de presentar la propuesta introduzca la idea de cambio por medio de un sermón, una lección o de un discurso al personal.
- Presente el cambio propuesto como una extensión o revisión de uno anterior y así por consiguiente más como una modificación o adaptación del pasado y el presente.
- Use ejemplos externos de otras congregaciones u organizaciones que han hecho cambios similares. Señale instituciones, pero evite la posible aparición del "yo-también" de esos argumentos.
- Haga su tarea sobre el tema, consulte autoridades externas, por ejemplo, diarios o expertos para apoyo, hasta un consultor de una congregación o negocio.
- Tenga el cambio propuesto completamente bien pensado, incluyendo propósito y objetivos, plan para la implementación, recursos dedicados a completarlo y medios de evaluar su impacto. Este proceso continuará hasta la segunda fase.

Tácticas para hacer fluir

Una vez que se haya ganado el caso a favor del cambio y se haya tomado la decisión de cambiar, la administración debe ocuparse completamente en la planificación paso a paso del proceso de incorporar la decisión a la congregación u organización, avanzando hacia el cambio deseado. Los siguientes métodos están asociados con la fase de hacer fluir el proceso de cambio:

- Forme un equipo de implementación para dirigir los detalles del plan de implementación y para hacer frente a las dificultades inesperadas.
- Ilustre en secuencia los pasos necesarios para avanzar del actual punto A al punto B deseado. Heller y Hindle explican que además de identificar los pasos requeridos en el proceso de cambio, dos aspectos adicionales de la secuencia ilustrada deben ser ensamblar las tareas. Alinee los pasos para complementar la tarea general del cambio y cuantifique las tareas. Fije fechas límite predeterminadas para cada paso o un número de días para completar un paso dado[8].
- Haga manejable el cambio propuesto, dividido en un juego específico de pasos de acción singular que se puedan cumplir fácilmente de manera individual, pero que acumulativamente muevan a la congregación u organización hacia el destino deseado.
- Asigne fechas y dinero.
- Visite diversas congregaciones y organizaciones para espigar de su experiencia y logros.
- Desarrolle una estrategia minuciosa de comunicación institucional. ¿Cómo estará informada la institución y se mantendrá informada acerca del progreso del cambio propuesto? Uno podría decir que es un asunto de locución, locución, locución.
- Además de compartir información, comprométase a un proceso de obtener información de la congregación, reuniones del ayuntamiento, de escrutinio (no de obtener votos) y de cuestionarios.
- Presente la idea persona por persona. Pase tiempo en privado con individuos y voces clave dentro de la congregación y la organización.
- Mantenga una lista para cotejar la terminación y las responsabilidades para asegurar la coordinación de las medidas de implementación.
- Las comunicaciones acerca del cambio deben enfocarse en las implicaciones positivas y en los beneficios de su adopción y conclusión.
- Enfatice el *por qué* y el *qué* en vez del *cómo* del cambio propuesto. Explique el propósito y los objetivos y concéntrese en ellos, no en los métodos.
- Solidifique la terminación del cambio formalizándolo en políticas y procedimientos organizacionales.
- A través del proceso mantenga un nivel elevado de comunicación en términos de frecuencia e incorporación de medios de comunicación.
- El cambio de organización debe ser cumplido por el equipo, no solamente por individuos. Por eso, reconozca el éxito del equipo sobre el de los individuos.
- ¡Celebre la terminación! La celebración también sirve como un punto de conclusión para el cambio propuesto.

Tácticas de solidificación

¿De qué manera el cambio propuesto se convierte en el statu quo de la organización? Esta es la tarea de la tercera fase, la solidificación. Es la fase final en la implementación del cambio. Diversas tácticas administrativas facilitan que la nueva idea se impregne en la cultura de la organización.

Cada fase del proceso de cambio requiere un tipo diferente de táctica, cada uno utilizado para conseguir un efecto necesario sobre los individuos y la organización misma.

Reconocimiento de los que se resisten al cambio

Un error fatal en muchos intentos de cambio de organización es subestimar las posibles reacciones negativas al cambio. No es solamente cuestión de tratar con los opositores, sino con todas las implicaciones del cambio. Para algunas personas el proceso de aceptar el cambio es traumático y hasta parecido a las etapas de la muerte: incapacidad de actuar, negación, ira, negociación, depresión, prueba y aceptación[9]. Por eso no debe ser una sorpresa para los administradores experimentados que surja el conflicto durante esos traumáticos encuentros.

La resistencia puede venir de una variedad de fuentes, pero todas comparten el elemento común de una respuesta temerosa al cambio propuesto. Es una reacción a la pérdida de algo considerado sagrado o que será alterado más allá del reconocimiento. Estas barreras pueden originarse en creencias y valores que son amenazados, barreras personales e interpersonales, barreras de organización y hasta de desconfianza en el liderazgo. Las siguientes son posibles fuentes de resistencia de las que los administradores deben estar conscientes[10]:

Interpretación y teología. Tal vez rara para las congregaciones y organizaciones cristianas es la resistencia al cambio basada en diferencias de interpretación o teología. Ejemplo: oposición a los ministerios de alcance social a los pobres y desvalidos basada en la creencia de que el evangelio requiere solamente alcance espiritual. Solución: formular una perspectiva teológica bien fundada para el cambio propuesto que ayude a minimizar la resistencia.

Criterios y valores del mundo. Puesto que el cambio nunca es neutral sino que refleja valores y prioridades, la resistencia al cambio puede surgir de individuos que sostienen diferentes valores y prioridades. Ejemplo: los que aprecian más el statu quo que la innovación, o la diferencia general al percibir que la deuda financiera es inaceptable en comparación a la necesidad. Solución: la comunicación de la manera en que el cambio propuesto está de acuerdo con la misión, visión y valores esenciales de la congregación u organización ayudará a disminuir la fuente de resistencia.

Asuntos interpersonales. Las organizaciones cambian porque los individuos en la organización cambian. La resistencia puede ocurrir debido a las relaciones dentro de la institución. Ejemplo: sentimientos personales, percepciones de nepotismo. El estar consciente de esta fuente potencial de resistencia y considerar los sentimientos y percepciones de los individuos clave en el proceso de planificación puede enfrentar este asunto.

Asuntos de procedimiento. El cambio puede enfrentar resistencia sobre la base de que su determinación e implementación viola un procedimiento esperado y acordado. Ejemplo: una escuela cristiana anuncia el fin de una decisión para cambiar los requisitos de admisión antes de que la facultad haya expresado su opinión acerca de la decisión. Solución: los asuntos de procedimiento pueden ser enfrentados no solamente por predeterminar los procedimientos de aprobación e implementación, sino por comunicarlos a la congregación u organización antes de la implementación de los cambios propuestos.

Institucionalismo. "¡Nunca lo hemos hecho así antes!". Esta es resistencia basada en el valor colocado sobre el statu quo y las tradiciones sacrosantas que son tabú. Ejemplo: Oponerse a cambiar a clases electivas de adultos de la Escuela Dominical porque la congregación siempre ha tenido clases de adultos graduadas por edades. Esta es tal vez la forma de resistencia más difícil, puesto que muchos de los que abogan por la graduación por edades son sinceros y sencillamente no están familiarizados con lo que otras congregaciones y organizaciones están haciendo. Solución: La mejor manera de minimizar esto es introducir el cambio mediante discusiones inductivas y presentarlo como una adición o alternativa, pero no como un reemplazo.

Ministerio miope. La resistencia puede resultar de una falta de percepción de la necesidad, que crea un problema para la fase de descongelación de la implementación del cambio. Ejemplo: el campamento de una iglesia no reconoce la necesidad de una semana de campamento para necesidades especiales o para incapacitados, y subsecuentemente rechaza la idea de programar tal semana. A menudo este problema se debe a su incapacidad para ver más allá de sus propias necesidades o de las necesidades de las personas con las que se relaciona. Solución: la resistencia puede ser enfrentada proveyendo una imagen exacta de la necesidad, utilizando las tácticas de descongelación, y hasta proveyendo testimonios e ilustraciones que enfaticen la necesidad de cambio.

Desconfianza hacia los líderes. Los líderes cristianos son llamados a ser "de conducta intachable" (1 Tim. 3:2), "irreprensible" (Tito 1:6), y "dignos de respeto" (1 Tim. 3:8). Cuando los líderes han fracasado en proveer liderazgo, o hasta han dado la apariencia de falta de corrección o de confianza, los que escuchan una propuesta de cambio pueden no sentirse constreñidos a unirse al apoyo. Ejemplo: alguien cuestiona la expansión de un edificio cuando uno de los que toman la decisión es un constructor contratista. Solución:

Para evitar este problema el liderazgo debe ser sostenido en una norma elevada, ser disponible y accesible, mantener una presencia visible, y cuando haya fallado, admitirlo y esforzarse por corregirse.

Complejidad del cambio. La resistencia puede ocurrir cuando el cambio es mal entendido, o simplemente por ser tan complicado que realmente no es comprendido. Una respuesta eficaz a esta fuente de resistencia es proveer una imagen clara y exacta del cambio propuesto. Ejemplo: bosquejar un proceso de cuarenta pasos para cambiar el currículo en una escuela cristiana en vez de describirlo en términos de cinco fases, cada una compuesta de ocho pasos. Solución: Las presentaciones deben identificar los fundamentos para cambiar, las fases para su implementación y enfatizar las oportunidades futuras para aclarar y poner al corriente.

Innovadores generacionales. Implícito en el proceso de implementar el cambio está que lo que es una innovación hoy se convierte en el statu quo mañana, solamente para ser desafiada por la siguiente generación de liderazgo dentro de la congregación u organización. La resistencia puede surgir de una fuente improbable, otro innovador que siente la necesidad de preservar su creación. Ejemplo: el nuevo administrador de un campamento recomienda cambios al programa tradicional del campamento a su junta, de la que forma parte el antiguo administrador que creó originalmente el modelo de programa. Solución: una manera de encarar este asunto es procurar el consejo de innovadores generacionales temprano en el proceso y permitirles ser parte del proceso. También, demostrar la afiliación del cambio propuesto al de ellos en vez de señalar la innovación previa como errónea, incompleta o ineficaz.

Rasgos de la personalidad. A menudo la oposición al cambio está basada en un sentido de temor personal acerca de la propuesta. Por ejemplo, algunos individuos sencillamente no son inclinados a arriesgarse y favorecen la seguridad de la constancia en lugar de ver la necesidad de cambiar. Otros pueden no estar dispuestos a sufrir el dolor o el sacrificio que puede requerir dar a luz una nueva idea y verla crecer hasta dar fruto. La complacencia es de igual manera un problema común que no ve sino las necesidades propias. Para los que están involucrados en la estructura organizacional existente, si el cambio los desafía, pueden percibir una amenaza al statu dentro de la institución, o temer la posibilidad de una mayor responsabilidad con una nueva posición. Solución: Una presencia pastoral es la mejor respuesta. Esas preocupaciones y temores pueden ser aliviados con una presencia comprensiva que provea consejo espiritual.

Evaluación de los campos de fuerza

¿Cómo sabe un administrador cuándo ha obtenido suficiente apoyo para emprender una iniciativa de cambio? Uno puede utilizar un análisis de campos de fuerza. La figura 12.7 ilustra un análisis así. Retrata el apoyo a favor y la resistencia a la idea de cambiar el currículo en la escuela dominical, de un currículo concentrado en el contenido a un currículo concentrado en la aplicación. Los que están a favor del cambio son el ministro de educación cristiana, la mayor parte de los maestros de la Escuela Dominical, la junta de educación cristiana de la congregación, la mayoría de los padres, y los líderes denominacionales. La fuerza relativa de cada uno de los que apoyan es representada por las flechas, que van de +1 a +5.

Los que se oponen al cambio y favorecen el statu quo son el ministro de jóvenes, el presidente de diáconos, algunos maestros de la Escuela Dominical, el director de la Escuela Dominical y algunos padres. Como con los que apoyan, la fuerza relativa de los opositores, los que favorecen el statu quo, son igualmente evaluados en una escala de -1 a -5. Este análisis sugiere que las fuerzas de apoyo para el cambio suman 23 puntos, mientras que los de los que se resisten al cambio suman 9 puntos.

Figura 12.7
Análisis de campos de fuerza

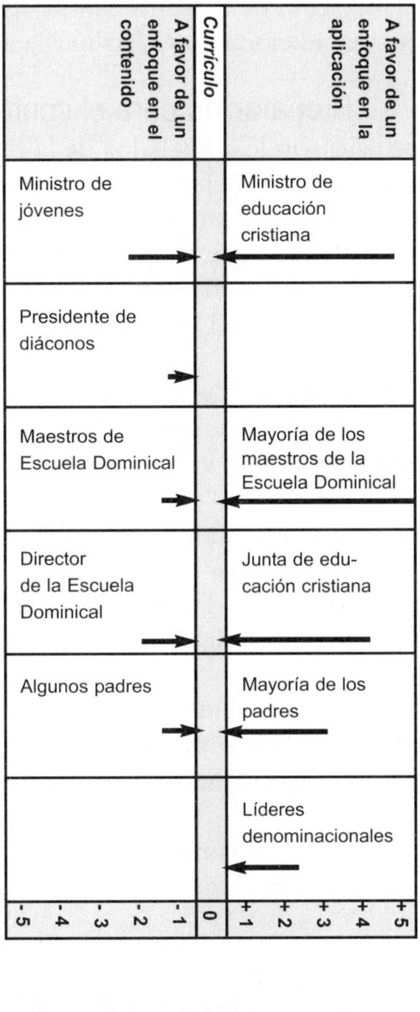

¿Cómo puede uno saber cómo evaluar los puntos? ¿Qué hace a uno ser 2 y a otro ser 5? Obviamente la escala positiva es para los que están a favor del cambio, y la escala negativa para los que se oponen a él. Pero, ¿cómo asignar un valor numérico? Se pueden usar varios criterios para evaluar la fuerza de las voces: (1) *Números*. Obviamente un conteo por cabeza de los individuos debe ser considerado al evaluar la fuerza. (2) *Individuos respetados*. Un individuo respetado puede ser evaluado como más influyente que cincuenta individuos no reconocidos como líderes. (3) *Gente afectada*. Los que son directamente impactados por el cambio propuesto necesitan ser incluidos en la evaluación y recibir más voz que los que no son afectados. (4) *Personas con puestos dentro de la organización*. Debe darse más peso a los que tienen posiciones de liderazgo dentro de la congregación u organización, o los que están en posición de tomar decisiones respecto al cambio. Aunque este proceso no es científico, es una manera de hacer objetivo el proceso de tomar decisiones innatas respecto al cambio de organización de la institución. Esto identifica las áreas donde debe enfocarse atención adicional para facilitar la aceptación del cambio.

Preparación para el conflicto

Cambio y conflicto son los dos lados de la misma moneda. La resistencia al cambio usualmente toma la forma de algún nivel de conflicto. El administrador competente reconoce este hecho y toma medidas apropiadas para manejar el conflicto inevitable que surgirá con algún nivel de resistencia para el cambio propuesto. No todos los conflictos son iguales. Ocurren en diferentes niveles de intensidad. Speed Leas identifica cinco niveles de "contienda religiosa" [11]:

Nivel 1: Predicamentos. Los individuos permanecen concentrados en el problema.

Nivel 2: Desacuerdo. Los individuos permanecen concentrados en su propia protección.

Nivel 3: Contienda. Los individuos abiertamente se empeñan en una trama de ganar o perder.

Nivel 4: Pelea/fuga. Los individuos rompen relaciones con la oposición.

Nivel 5: Insoluble. Los individuos consideran legítimo hacer daño a la oposición.

Cada nivel de conflicto requiere una respuesta apropiada. La mayoría de los conflictos congregacionales se pueden manejar hasta que pasan el nivel 3. En este nivel empiezan a ocurrir las deformaciones comunes entre las partes en desacuerdo[12].

- Dicotomía. Las partes en conflicto consideran la situación en términos absolutos, p. ej. bueno/malo, negro/blanco, sin nada gris.

- Universalización. Las partes en conflicto hablan en términos de "todos", "todo", "nunca".
- Magnificación. Las partes en conflicto se concentran fuertemente en cada asunto, sacando incidentes menores fuera de su proporción natural o dándoles proporciones grandiosas.
- Fijación en las emociones. Las partes en conflicto enfatizan el temor o el dolor causado por la oposición, o demuestran enojo como una manera de descarrilar el proceso.

La mejor respuesta al nivel 3 es aumentar la comunicación clara y directa con la oposición, resaltar las áreas de terreno común entre las partes disidentes e identificar los valores en la raíz del asunto[13]. Después del nivel 3 puede requerirse un manejador profesional de conflictos, o una tercera persona ajena al conflicto para facilitar el diálogo o para arbitrar una tregua.

Maneras de enfocar el conflicto de organización

¿Cuál estrategia se puede usar para responder a las situaciones de conflicto? En general, los administradores deben decidir responder afirmativamente, deseando ganar, o en un espíritu de cooperación, valorando las relaciones y el diálogo al trabajar en el problema. Cuando esos dos ejes se combinan surgen cuatro posibles acercamientos al conflicto de administración (Figura 12.8).

Figura 12.8
Estrategias para manejar el conflicto

Afirmativo		
Alto	**Competencia** (Ganar/Perder)	**Colaboración** (Ganar/Ganar)
Bajo	**Cesión** (Perder/Perder)	**Avenencia** (Perder/Ganar)
	Bajo — **Relación**	**Alto**

La *competencia* y la *colaboración* son altamente afirmativas con la diferencia en el valor de la afirmación del cambio en la organización. La *competencia* contempla un ganador y un perdedor, mientras que la *colaboración* procura crear una situación en la que todos los involucrados son ganadores. En la parte más baja de la escala afirmativa están los que ceden evitando el conflicto y comprometiéndose inevitablemente a una estrategia perdedora, y un enfoque de *avenencia* en el cual los cambios necesarios son frustrados para preservar la relación. Por supuesto, *avenencia* y *colaboración* dan un valor alto a las relaciones personales dentro de la organización, mientras que *competencia* y *cesión*, no. La respuesta más favorable es una estrategia de colaboración, de ganar/ganar.

Estos acercamientos son más detallados por *Peacemaker Ministries* (Ministerios Pacificadores), de Billings, Montana, que han identificado tres categorías generales de actitudes que dirigen el conflicto dentro de la iglesia. La figura 12.9 identifica las actitudes y acciones asociadas con las posibles respuestas al conflicto, advirtiendo que a menudo las respuestas conciliatorias caen en respuestas elusivas o de ataque[14].

Figura 12.9
Respuestas al conflicto

Respuestas escapistas (Cesión)	**Respuestas de ataque (Competencia)**	**Respuestas de conciliación (Avenencia, colaboración)**	
❍ Negación ❍ Fuga ❍ Suicidio	❍ Litigio ❍ Hostilidad ❍ Arruinar	❍ Personal ❍ Uno a uno ❍ Pasar por alto una ofensa ❍ Discusión ❍ Negociación	❍ Ayudado ❍ Ayuda de terceros ❍ Mediación ❍ Arbitraje ❍ Disciplina de la iglesia

Conclusión

El cambio es inevitable en las organizaciones. Sea una misión cristiana o no, el mundo siempre está cambiando. Esas organizaciones que operan en este mundo se someterán también al cambio. El cambio ocurrirá, sea de manera positiva o negativa. Como líderes cristianos nosotros tenemos la elección de sostenernos y responder al cambio, o podemos escoger manejar proactivamente su influencia en nuestras vidas. La respuesta más saludable es tomar la iniciativa para cambiar. Desgraciadamente, el cambio también trae conflicto. De nuevo, los líderes cristianos necesitan ver el conflicto desde un punto de vista positivo y no negativo. El conflicto nos da la oportunidad de facilitar el diálogo y la discusión. Nos saca de nuestra zona de comodidad y crea un grado de desequilibrio en nuestras vidas. No toda esta turbulencia es negativa. De hecho, la mayoría de los conflictos tienen resultados positivos si se manejan apropiadamente y desde una perspectiva bíblica.

Sea cual sea la intensidad del conflicto, los administradores que son cristianos deben mantener una perspectiva y presencia pastoral en la situación. En su libro *Firestorm* (Tormenta de fuego), Ron Susek discute seis respuestas pastorales adecuadas para el conflicto, cada una de las cuales depende de la situación del conflicto[15]:

Salir. Poner un ejemplo espiritual proveyendo un modelo de conducta frente al conflicto.

Intervenir. Mediar en el conflicto proveyendo un terreno común para los lados del conflicto.

Atravesar. Elevarse por encima del conflicto proveyendo un tema sobre el cual discutir que sea más grande que el tema del conflicto.

Acelerar. Confrontar el conflicto, proveyendo una respuesta directa a la fuente del conflicto.

Detenerse. Dejar que el conflicto se extinga solo, proveyendo espacio para que el conflicto continúe, pero con una oportunidad limitada para la expansión, debido a la falta de consumibles.

Retirarse. Renunciar al conflicto, no proveyendo apoyo o compromiso a un conflicto que no tiene necesidad de intervención administrativa.

Como administradores cristianos tenemos obligación tanto para los individuos a los cuales servimos como para la congregación o institución, de proveer una respuesta pastoral a sus circunstancias, hasta para los que están involucrados en el conflicto. Para alguna gente es difícil aceptar el cambio, mientras que otros lo reciben con entusiasmo. En cualquier caso, el espíritu pastoral debe prevalecer para mantener la naturaleza cristiana de la organización.

Por
James Estep, hijo

Capítulo 13

Toma de decisiones y comunicación dentro de la organización

TODOS LOS DÍAS TOMAMOS DECISIONES. Como individuos tomamos decisiones mundanas y rutinarias, tales como cuál ropa usar o dónde tomar el almuerzo. Usualmente, tales decisiones tienen poco efecto en la vida de otros individuos. Sin embargo, también tenemos que tomar decisiones que son más significativas, que pueden alterar la vida, tales como escoger un colegio, una carrera, o una esposa o esposo. El proceso de tomar decisiones se simplifica cuando uno es responsable solamente consigo mismo. Por complicada o enorme que sea una decisión *individual*, no se compara a la complejidad de dirigir el proceso de toma de decisiones de un grupo de individuos. Las juntas, los comités, los grupos, los equipos, o los destacamentos de fuerza inevitablemente toman decisiones. Aunque algunas de sus decisiones son rutinarias y otras son enormes, dirigir el proceso de toma de decisiones es crucial.

Mitos acerca de la toma de decisiones

Las ideas erróneas acerca de la toma de decisiones son numerosas. Desconciertan y confunden el proceso de tomar una decisión sabia, por lo que ponen en riesgo el propósito de la tarea de tomar decisiones. Las siguientes son ideas erróneas acerca de la toma de decisiones.

No todas las decisiones tienen base teológica. Para los evangélicos todo es teológico. Sin importar cuán rutinaria aparentemente sea en naturaleza o sin relación con la teología, las decisiones reflejan nuestros valores, que son informados teológicamente. También, en cada decisión debe ocurrir una búsqueda de precedentes bíblicos. Para el dirigente cristiano, todas las decisiones son directa o indirectamente informadas teológicamente.

La toma de decisiones ocurre solamente en los más elevados niveles de organización. De hecho, las decisiones suceden a través de toda la organización. Los líderes, administradores o directores de programas específicos y de trabajos toman decisiones. Aunque tal vez las decisiones más estratégicas las toma el liderazgo de la organización.

La información exacta y fácilmente accesible asegura una buena decisión. Para una buena decisión es esencial una información exacta y accesible, pero no garantiza buenas decisiones. Un proceso defectuoso parecido a uno que no concede voz a todos los accionistas, o con interpretación parcial de la información, puede producir una decisión mala a pesar de la información de la mejor calidad.

Las decisiones se toman fácilmente tanto individual como colectivamente. Como se señaló anteriormente, la complejidad de la toma de decisiones colectiva es exponencialmente más compleja que la toma de decisiones individuales, aun bajo las situaciones más ideales. Un individuo enfrenta solamente su propia perspectiva y preocupación cuando toma una decisión, pero un grupo enfrenta la suma total de todas las perspectivas y preocupaciones de los individuos que conforman el grupo, y también el manejo de la interacción colectiva de tales individuos.

Los grupos pequeños toman mejor las decisiones. Aunque los grupos pequeños tienen menos lazos de relación y menos percepciones individuales con las cuales luchar, no significa que la decisión es mejor. Una decisión puede ser tomada más fácilmente, pero no es mejor necesariamente. Además, si el grupo es demasiado pequeño, no puede ser representativo de toda la organización y todavía puede usar un pobre proceso de toma de decisión. No hay correlación entre el tamaño del grupo y el éxito de las decisiones tomadas por ellos.

Las decisiones deben estar basadas sobre razones estrictamente objetivas. Los humanos no somos estrictamente objetivos; tenemos emociones, valores y compromisos que pueden afectar la toma de decisiones. De igual manera, los problemas o asuntos requieren una decisión que pueda tratar tanto lo emocional como las necesidades y preocupaciones intelectuales de los individuos. Aunque la objetividad es valorada, no puede ser considerada como la única o mejor razón para un curso de acción.

Las decisiones son tomadas por gente que toma acción por sí sola. De hecho, lo opuesto es verdad. Las decisiones administrativas son producto de un proceso de toma de decisiones colectiva, no sencillamente de individuos que toman decisiones por sí solos. De hecho, los individuos que actúan en nombre del grupo pueden estar usurpando las intenciones del grupo.

En suma, la toma de decisiones administrativa es un asunto complicado que no debe ser subestimado. Un entendimiento apropiado de las decisiones y de la toma de decisiones favorece el potencial para decisiones eficaces.

Tipos de decisiones

No todas las decisiones son iguales. Por ejemplo, Hersey y Blanchard sostienen que hay dos asuntos esenciales dentro de la toma de decisiones para cambio: diagnóstico, decidir qué debe hacerse, y la implementación, decidir cómo hacerlo[1]. Sin embargo, las características de las decisiones, hasta dentro de estas dos amplias categorías pueden ser distintas. Heller y Hindle identifican ocho clases diferentes de decisiones[2]:

1. **Irreversible.** La decisión, una vez tomada, no puede ser deshecha, como cuando se firma un acuerdo para vender o comprar una compañía.
2. **Reversible.** La decisión puede ser cambiada completamente, ya sea antes, durante o después que empiece la acción acordada.
3. **Experimental.** La decisión no es final hasta que los primeros resultados aparecen y demuestran que son satisfactorios.
4. **Prueba y error.** La decisión se toma con el conocimiento de que habrá cambios obligados por lo que suceda realmente en el curso de la acción.
5. **Hecha en etapas.** Después del paso inicial, hay decisiones posteriores conforme se cumple cada etapa de las acciones acordadas.
6. **Cautelosa.** La decisión permite contingencias y problemas que puedan surgir después. Los que toman decisiones protegen sus apuestas.
7. **Condicional.** Las decisiones dan lugar a ciertas contingencias y problemas que pueden resultar después. Una decisión abierta a opciones.
8. **Postergada.** Puesta en espera hasta que los que toman la decisión sienten que es el tiempo correcto. Se da la palabra de seguir adelante cuando están en su lugar los elementos requeridos.

Aunque las decisiones se toman en todos los niveles de la estructura de la organización administrativa, las decisiones tomadas en varios niveles difieren en significado e impacto en la congregación. La figura 13.1 representa los tres niveles básicos de administración en cualquier organización (liderazgo, administración y director de programa), y los tres niveles de toma de decisiones asociados con cada uno (de gran alcance, estratégico, y operacional), con cada nivel influyendo al que está debajo de él. Los líderes toman las decisiones más influyentes, las de importancia de largo alcance, tal como la misión de la organización, la visión, los valores. Los administradores, los que supervisan a los directores de varios programas, los que toman decisiones estratégicas, tales como objetivos de inscripción y ofertas de cursos para una Escuela Dominical por un periodo de tres años, o planes de expansión de cinco años para las instalaciones de un campamento cristiano. Las decisiones de día a día de importancia operacional las toman los que dirigen programas dentro de la organización, como el director de la escuela bíblica decidiendo cuánto material curricular ordenar para el siguiente trimestre de la Escuela Dominical. El grado de complejidad y significado se eleva conforme un nivel más elevado de liderazgo se involucra en el proceso de toma de decisiones.

Figura 13.1

Toma de decisiones por números

Las fórmulas ofrecen casi certeza absoluta. Por ejemplo, 2 + 2 = 4. Dos átomos de hidrógeno más un átomo de oxígeno producen agua (H_2O). Sin embargo, las decisiones *no* son fórmulas. El proceso de tomar una decisión no tiene algunos pasos definibles que bosquejan las tareas para determinar una dirección (diagnóstico) e implementación (planes de acción) dentro de la organización. La figura 13.2 lista los pasos básicos en el proceso de toma de decisiones, tanto para los individuos como para los grupos.

Preparación espiritual continua

Este es tanto el primero como el último de los pasos para tomar una decisión eficaz. ¿Puede una decisión ser *espiritual*? ¡Absolutamente! Las decisiones pueden ser espirituales en varias maneras. Los que participan en el proceso de tomar decisiones debieran prepararse espiritualmente comprometiéndose a orar, a ayunar, a practicar la vida devocional y la reflexión teológica personal durante el periodo de toma de decisiones.

Wayne Jacobsen sugiere varias directrices para las oraciones colectivas en un equipo[3]:

- La oración debe ser dinámica y fluida, sensible a la singularidad de cada reunión.
- Los miembros deben ser ayudados a entender que Dios está buscando solamente oraciones sencillas y sinceras.

- Esta es oración colectiva... como una oración conversacional.
- Los comentarios no deben concentrarse tanto en las conclusiones de los asuntos del negocio a la vista, sino en nuestras actitudes y perspectivas.
- Todos deben procurar la voluntad de Dios para el compañerismo.
- Ninguna persona tiene el monopolio de la sabiduría de Dios.
- Debemos confiar los unos en los otros.
- Sobre todo, no temamos cometer errores.

Los que participan en el proceso de toma de decisiones debieran acercarse a la decisión desde una perspectiva teológicamente informada. Sin consideración de la naturaleza de la decisión, esta debiera igualar varios criterios teológicos que la cubran:

- ¿La decisión honra y glorifica a Dios?
- ¿Es consistente la decisión con la voluntad de Dios revelada en las Escrituras?
- ¿Enfrenta la decisión la naturaleza espiritual de la humanidad?
- ¿Está basado su éxito en un llamamiento a una fidelidad que madura?
- ¿Afirma la decisión la naturaleza de la iglesia de Cristo y el avance de su misión?

Estas preguntas servirán como criterio de protección para las decisiones, porque proveen un contexto teológico en el cual tomar decisiones estratégicas, de gran alcance y operacionales. Finalmente, las decisiones pueden cimentarse en precedentes bíblicos. La capacidad para examinar una decisión a la luz de otra similar tomada por el pueblo de Dios en la Escritura proveería una conexión con la herencia espiritual de la comunidad de fe en el pasado.

Figura 13.2
Pasos para la toma de decisiones

La decisión como diagnóstico
- Preparación espiritual continua.
- Definir claramente el problema o asunto.
- Declarar los resultados deseados.
- Recaudar información y materiales pertinentes.
- Acumular ideas alternativas.
- Explorar y discutir mejores alternativas.
- Tomar la decisión.
- Formular una política/procedimiento.

La decisión como implementación
- Desarrollar un plan de implementación.
- Implementar la idea.
- Evaluar la decisión.
- Evaluar todo el proceso.

Definir claramente el problema o asunto

Los que toman las decisiones necesitan un objetivo; cuanto más claro, más precisa la decisión. Los grupos deben explorar, aclarar, probar y resumir lo que exactamente debe ser decidido. Es posible, y hasta probable, que cada individuo en el grupo de toma de decisiones tenga cuando menos un entendimiento ligeramente diferente del asunto. Por eso, sin un paso para aclarar, el grupo experimentará confusión en el proceso de decidir. En este paso, los que toman la decisión se enfrascan, ya sea en un *pensamiento lineal*, dando por sentado que los problemas o asuntos son sencillos y requieren una respuesta única, o en un *pensamiento sistemático*, que da por sentado que los asuntos son complejos y por lo tanto requieren una respuesta multifacética. Hasta que los que toman la decisión puedan estar de acuerdo en una definición escrita y comúnmente articulada del asunto que requiere una decisión, no podrán ni siquiera ocuparse en el tipo de pensamiento apropiado, y menos producir una decisión eficaz.

Declarar los resultados deseados

¿Cuál es el criterio para una decisión exitosa? Si el problema ya estuviera resuelto, o el asunto completamente tratado, ¿cuál sería el efecto deseado? Característicamente, el criterio es un reflejo de la definición provista en el paso anterior. Por ejemplo, si una escuela cristiana está decidiendo cómo conceder becas, y una cuestión es la imparcialidad para conceder becas a las mujeres o a los grupos minoritarios, entonces un resultado deseable sería que las mujeres y los grupos minoritarios sean igualmente elegibles para las becas. Hasta que los que toman la decisión puedan escribir un juego de resultados deseables, no se puede llegar a una decisión eficaz. Algunos asuntos requieren pensar en métodos porque son tan complejos que ninguna respuesta singular cubriría adecuadamente el asunto. Los resultados deseados pueden no ser singulares, pues presentan un juego complejo de resultados deseados para encarar la situación.

Recaudar información y materiales pertinentes

Las decisiones eficaces requieren información precisa, confiable y actual. Los que toman las decisiones deben ocuparse en encontrar hechos, en acumular materiales y percepciones y hasta en examinar a la congregación para generar la información necesaria. Aunque no se haya tomado una decisión ni se hayan presentado alternativas, es importante obtener un retrato exacto de la situación actual y además definir el tema presente. La información pertinente puede tomar muchas formas, dependiendo del asunto que está siendo tratado.

Teológica. Los que toman las decisiones deben ocuparse en la Escritura y su propia tradición teológica para proveer percepción espiritual al asunto en discusión. Al hacerlo así, los administradores cristianos evitan las trampas del pragmatismo y la conveniencia institucional. Como comenta Karen Yust: "El propósito principal de todo comité eclesiástico es descubrir la voluntad de Dios para la vida de la iglesia"[4]. En cualquier organización que es cristiana, debe mantenerse el aspecto pastoral de la decisión.

Estadística. Para definir con más exactitud o para medir el significado de los asuntos que requieren toma de decisiones, la información cuantitativa puede ser necesaria. Por ejemplo, si un comité de educación cristiana está decidiendo crear nuevas clases de Escuela Dominical con base en un repentino crecimiento de la asistencia a la iglesia, sería prudente conocer los datos estadísticos acerca de cuán grande ha sido el aumento en asistencia, el número actual de clases de la Escuela Dominical, la inscripción y los tamaños potenciales de las clases y el número de maestros disponibles en reserva.

Legal. En algunos casos puede requerirse el consejo legal. Por eso, un abogado puede convertirse en consultor para los que toman las decisiones; p. ej., una junta de directores de un campamento que está formulando un manual, incluyendo contratación y término de las pólizas, o que está diseñando una política de seguridad para los niños y un manual de procedimiento en una iglesia. En ambos casos, la percepción legal es necesaria para asegurar que no se viola o se pasa por alto ningún estatuto legal.

Histórica. Parte de la planificación y del proceso de toma de decisiones es entender el pasado de la organización tanto como su presente. Puede llegar a ser necesario ocuparse en encontrar hechos históricos para asegurarse de cuáles factores o eventos contribuyeron a la situación actual que está en discusión. ¿Qué causó el problema? ¿Qué hizo que el problema surgiera ahora? ¿Cómo ha manejado este tema la organización en el pasado?

Financiera. Muchas decisiones tienen implicaciones presupuestarias. De hecho, la mayoría de las decisiones finalmente tienen un impacto presupuestario. La información acerca del impacto de la situación financiera actual es crucial, particularmente si las decisiones que se están tomando se deben a problemas financieros. ¿Cuánto capital o crédito tenemos? También, muchas de las decisiones presupuestarias hechas por la organización agitan los presupuestos de los individuos, de los hogares y de otros cuerpos constituyentes. Por ejemplo, un colegio cristiano en el proceso de decidir elevar el costo de la matrícula debiera preguntar cómo tal aumento impactaría no solamente su presupuesto total, pero también cómo impactaría el cuadro financiero de los padres y los estudiantes, cómo cambiaría el potencial para las becas de los estudiantes o la mayor dependencia en los préstamos estudiantiles. Es esencial obtener un cuadro financiero exacto antes de debatir las ideas alternas.

Organizacional. Evaluar la condición actual de la organización misma puede también proveer información necesaria para tomar la decisión. La salud de la organización debe ser considerada antes de tomar cualquier decisión. Aunque algo de esto puede tomar la forma de una información estadística, las decisiones deben tomarse a la luz de la misión, la visión y los valores de la institución. Por esto los que toman las decisiones debieran reflexionar también sobre el asunto a través del propio lente de la institución.

Es crucial reunir *toda* la información disponible y hacerla fácilmente disponible a todos los que toman la decisión, sin un tamiz selectivo o un acceso restringido. En suma, todos los implicados en el proceso de toma de decisiones empiezan con el mismo retrato de la situación actual.

Acumular ideas alternativas

Los que toman las decisiones debieran ocuparse en una "lluvia de ideas". Sin evaluar o comentar, cada idea posible debiera ser presentada por los que toman las decisiones. El propósito de la "lluvia de ideas" es que las ideas de los participantes puedan ser presentadas en sucesión rápida para generar tantas ideas como sea posible. Por eso el grupo debe ocuparse en el acto de arriesgar ideas, innovaciones alentadoras, y registrar *todos* los resultados de las sesiones de "lluvias de ideas". Unos grupos pueden colocar las respuestas en categorías de alternativas similares para proveer un nivel preliminar de análisis al proceso de información. Una observación crucial que debe recordarse es que esta no es la etapa real de toma de decisiones. La decisión misma finalmente puede ser una de las ideas o una fusión de varias ideas presentadas en la sesión de "lluvia de ideas", *pero* una decisión es prematura durante este paso.

Explorar y discutir mejores alternativas

Después de los ejercicios de "lluvia de ideas", el cuerpo que toma las decisiones debe decidir cuáles ideas son más deseables. ¿Cuáles alternativas cumplen los resultados deseados? Para encarar apropiadamente el asunto, todas las alternativas de la lluvia de ideas deben ser evaluadas para determinar cuáles se ajustan mejor a los resultados deseados que se han declarado. Esto puede hacerse realizando un análisis FODA (puntos fuertes, oportunidades, debilidades y amenazas). En este análisis los que toman las decisiones pueden evaluar de qué manera las alternativas de la lluvia de ideas dan en el blanco (fuerza) o yerran (debilidad) el criterio. (Ver el capítulo 5 para obtener información adicional para dirigir un análisis de este tipo.) También puede ser ventajoso regresar a la información obtenida en el paso 4 para evaluar cuál alternativa es más favorable. Las alternativas más exactas son evaluadas entonces para determinar los resultados positivos potenciales (oportunidades) y los riesgos potenciales (amenazas) para su implementación.

La figura 13.3 provee un marco gráfico mediante el cual se pueden hacer tales evaluaciones de ideas, midiendo la certeza de una decisión exitosa sobre dos factores: (1) la precisión y exactitud de las declaraciones del resultado deseado. (¿Sabían los que toman las decisiones qué necesitaba ser encarado?); y (2) el grado de confianza en los métodos recomendados por los que toman las decisiones.

Conforme sigue este proceso de tomar decisiones, las alternativas favorecidas surgen a la superficie estrechando el campo de opciones para consideración. Un nivel alto de precisión y confianza rinde certeza, mientras que un nivel bajo de cualquiera de las dos rinde incertidumbre, con riesgo entre las dos.

Figura 13.3

Tomar la decisión

Por este paso, las alternativas que tienen la mayor promesa para encarar el tema de la decisión son evidentes por sí mismas. Habiendo examinado ya las alternativas de la "lluvia de ideas", las que quedan al principio de la lista son obviamente de las cuales escoger. Un asunto crucial es determinar *cuándo* finaliza la decisión. Esto puede requerir establecer plazos para someter una decisión o un juego de acuerdos de desarrollos después de los cuales la decisión debe ser tomada. Independientemente del método usado en la toma de decisión, la etapa de diagnóstico del proceso de toma de decisión debe ser reconocido como completo antes de avanzar a la etapa de implementación. Esta determinación debe estar basada en el susodicho criterio y adherirse a un proceso predeterminado, *no* a la aceptación o rechazo de la decisión final por algunos.

¿Hay alguna vez una ocasión para enmendar o anular una decisión? Solamente cuando es evidente que fueron usados información y datos inexactos en el proceso de toma de decisión, o cuando la situación considerada obviamente cambió al grado de que la definición previamente determinada y los resultados deseados ya no enfrentan completa o precisamente el asunto. El proceso de toma de decisión puede tener que ser reingresado al paso 5 ó 6, o engranarlo de nuevo al paso 2.

En general, hay cuatro formas posibles de decisión comunes a las organizaciones, todas están basadas en la relación entre el grupo y su líder[5]. La toma de decisión es hecha o por un individuo, el líder, o por el grupo mismo mediante una toma de decisión colectiva. Cuando el líder es responsable de someter la decisión, lo cumple ya sea por *dictado*, que es un enfoque autoritario a la toma de decisión, o por *consulta*, en la cual el que toma la decisión provee alguna oportunidad para preguntar y explicar la decisión. La toma de decisión por un líder es a menudo más sencilla que la tomada por el grupo, simplemente porque la necesidad de mantener la dinámica del grupo, llegar a un consenso o a un voto apropiado, y tratar con las implicaciones de un grupo potencialmente dividido, se evitan. Esto no hace que sea *mejor* el proceso de decisión dirigido por el líder; solamente es *más sencillo.*

Las últimas dos formas de tomar decisiones descansan en el grupo que va a someter la decisión, con una decreciente influencia del líder del grupo. La *facilitación* da por sentado que el grupo y el líder deben alcanzar conjuntamente una decisión, y de aquí que el papel del líder es facilitar el proceso y ayudar a los que toman la decisión a tomarla. La segunda forma de toma de decisión orientada al grupo es la *delegación.* En este caso el grupo se maneja a sí mismo, capaz de trabajar a través del proceso de toma de decisión por sí solo.El liderazgo lo provee el mismo grupo que va a tomar la decisión.

Es a este nivel de tomar decisiones que surge el asunto del *voto* o *consenso.* Votar sencillamente rinde una decisión por mayoría de opinión, lo que deja posiblemente al 49 por ciento de los que toman la decisión fuera del círculo, lo que genera resentimiento potencial y una imagen pública dividida acerca de la decisión. El consenso siempre es más favorable que el voto. En el consenso los que toman la decisión alcanzan una aceptación *general* acerca de la dirección que debe tomarse y se comprometen a apoyar la decisión, aunque como individuos no respalden completamente cada aspecto de la decisión. James Means identifica seis posibles limitaciones del líder de un grupo en la toma de decisiones[6]:

1. Los líderes ejercen presión por metas que no son propias de los miembros.
2. Los líderes usan metodologías manipuladoras.
3. Los líderes no tienen éxito en motivar a la gente.
4. Los líderes fracasan al evaluar las capacidades del grupo.
5. Los líderes fracasan al reclutar a gente esencial.
6. Los líderes fracasan en captar la dinámica del grupo.

Formular una política/procedimiento

Si la decisión enfrentó algo más que una política o procedimiento, puede ser necesario formar una política y procedimiento para solidificar la decisión. Las políticas son decisiones predeterminadas, mientras que los procedimientos son acciones predeterminadas. Si la decisión fue una política o procedimiento, será necesario incorporar la política recientemente formada a las políticas institucionales y al manual de procedimientos existentes. Este paso formaliza y finaliza la toma de la decisión.

Desarrollar un plan de implementación

Ahora que la decisión ha sido completada, la atención se vuelve hacia convertirla en una realidad. Esto inicia la fase de implementación del proceso de toma de decisión. El nuevo desafío es el de formular un plan de acción paso por paso para avanzar de la situación o posición actual a la posición recientemente determinada. El grupo debe analizar bien el proceso de cambio y desarrollar un plan táctico para implementar la decisión. El plan debe considerar elementos tales como:

- ¿*Quién* necesita ser informado de la decisión? ¿Quién es afectado por la decisión?
- ¿*Cómo* serán informados los constituyentes o la congregación?
- ¿Cuáles *recursos* (humanos y de otra clase) son necesarios para implementar la decisión?
- ¿Qué necesita ser *producido* (material e inmaterialmente)?
- ¿Qué *fases* de acción general se requieren?
- ¿Qué pasos *específicos* de acción deben tomarse?

Al hacerlo así, los obstáculos imprevistos para implementar la decisión pueden ser reconocidos y enfrentados. Muchas decisiones excelentes se frustran por una implementación deficiente porque se dio mayor atención a tomar la decisión que a implementarla.

Implementar la idea

Este paso es más fácil decirlo que hacerlo. A medida que se implementa el plan previamente designado, tendrán que hacerse algunos ajustes. Sin embargo, deben seguirse varios axiomas generales para implementar una decisión[7].

- Todos los que están envueltos en tomar la decisión deben compartir la mismavisión y expresar la misma decisión, presentando así una decisión unificada.
- La movilización debe empezar en la cumbre y nunca debe detenerse; el progreso es esencial para la implementación para evitar el atascamiento.
- El cambio radical es más fácil de hacerse cuando la organización reconoce fácilmente la necesidad.
- Como se discutirá más tarde en este capítulo, la comunicación formal incrementada y la conversación consistente con la congregación son esenciales

para implementar una decisión, con el liderazgo proveyendo información sobre el progreso de la implementación.

- Dado que los números dan a los individuos un sentido de seguridad, reconocer un alto grado de aceptación de la congregación es un medio de promover aceptación posterior de los que se abstuvieron.

Evaluar la decisión

¿Cómo sabemos si la decisión fue eficaz? ¿Cómo sabemos si el criterio fue encarado no solamente en teoría, sino también en la práctica? ¿Cómo sabemos si la decisión tuvo el efecto deseado? Es descuido asumir que una decisión fue hecha tan perfectamente en teoría para nunca requerir la confirmación de su exactitud en la práctica. Dependiendo de la naturaleza de la decisión, la evaluación puede cumplirse mediante una variedad de medios: retroacción de los participantes y de los miembros de la organización, o análisis de participación en un programa nuevo. El criterio para una decisión exitosa debe sencillamente hacerla mensurable, dando prioridad a las voces fuera del cuerpo de los que toman la decisión.

Evaluar todo el proceso

¿Qué se puede aprender acerca de la toma de decisiones de la experiencia de tomar esta decisión? Para aumentar la probabilidad de una toma de decisión eficaz en el futuro, es esencial aprender del proceso usado en decisiones anteriores. Al aprender, tanto de éxitos como de errores, el grupo que toma las decisiones estará mejor preparado para tomar decisiones futuras.

Retrato bíblico de la toma de decisiones

Aunque la Escritura no provee un proceso sistemático y bosquejado de toma de decisiones, sí provee discernimiento de las decisiones tomadas por el pueblo de Dios. Uno de tales ejemplos está en la vida de la comunidad cristiana primitiva. La figura 13.4 representa los pasos mencionados previamente para la toma de decisiones (columna izquierda) ya que se relaciona con la decisión tomada por los apóstoles y por la comunidad cristiana en la Jerusalén del primer siglo (columna derecha).

La comunidad cristiana primitiva obviamente consideraba tomar decisiones como una prioridad, digna de toda su atención. Ellos demostraron compromiso hacia la misión y disposición para renovar alternativas y escoger los medios más eficaces de alcanzar sus objetivos pastorales, así como sensibilidad de la percepción y aceptación, por parte de la congregación, hacia la comunidad cristiana.

Figura 13.4

Proceso prescrito	**Ejemplo de Hechos 6:1-7**
Preparación espiritual continua	Los apóstoles eran parte de una comunidad cristiana activa que era muy notable por su compromiso espiritual (Hech. 2:42; 4:31; 5:41, 42).
Definición clara del problema o asunto	Esta comunidad cristiana primitiva experimentó un crecimiento continuo superior a la capacidad de los apóstoles para ministrar al cuerpo, particularmente a las viudas helenísticas (Hech. 6:1). Por consiguiente, el problema era realmente cuádruple: (1) Las viudas no estaban siendo alimentadas, (2) el crecimiento numérico no era atendido, (3) el número limitado de obreros en la iglesia, los Doce, y (4) posibles cuestiones étnicas/culturales, p. ej., viudas palestinas en oposición a las viudas hebreas.
Declaración de los resultados deseados	Los apóstoles habían identificado obviamente sus resultados deseados: (1) Ver las necesidades físicas de las viudas, (2) el crecimiento numérico continuo, (3) mejor manejo de la situación, y (4) enfrentar el problema étnico/cultural (Hech. 6:2, 4).
Recaudación de información y materiales pertinentes	Obviamente los apóstoles eran conscientes de la situación a la mano, según Lucas explica las condiciones que confrontaba la comunidad cristiana primitiva. Aunque Hechos 6:1, 2 no explica *cómo* se dieron cuenta de ella, su respuesta demuestra un entendimiento cabal de la situación.
Acumulación de ideas alternativas Exploración y discusión de las mejores alternativas	Los apóstoles pudieron haber considerado una amplia variedad de opciones. Por ejemplo, detener el crecimiento de la comunidad y en consecuencia, mantener la condición actual. Los mismos apóstoles pudieron haberse frustrado y decidido dejar de hacer un ministerio *social* y concentrarse solamente en un ministerio *pastoral* (como si los dos pudieran verdaderamente ser separados). Los apóstoles pudieran haber decidido cambiar su enfoque de ministerio de alcance a "servir las mesas". De la misma manera los apóstoles pudieran haber facilitado una fragmentación judío/gentil de la congregación decidiendo ministrar a su propio grupo étnico (judío). La palabrería de Hechos 6:2 indica que todas las alternativas fueron consideradas.
Toma de decisión	"Por eso" (Hech. 6:3 DHH). Los apóstoles llegaron a un acuerdo unos con otros respecto a la dirección deseada para la comunidad cristiana. Ellos sometieron su decisión a la luz de la misión de la iglesia, y de lo que avanzaría la misión (continuar en el ministerio de la Palabra) y atender las necesidades del ministerio de la congregación.
Desarrollo de un plan de implementación	Los apóstoles explicaron su decisión a la comunidad cristiana y los invitaron a participar en el ministerio. La decisión fue implementada por la selección de la congregación de siete individuos que sirvieran, de acuerdo con el criterio predeterminado y la aprobación/comisión de los apóstoles (Hech. 6:2, 3, 5, 6). Debe notarse que los siete escogidos tenían nombres *griegos*, posiblemente enfrentando así la preocupación cultural/étnica.
Formular política/procedimiento	La selección de los siete para servir a las mesas de las viudas hebreas marca un precedente para empezar el ministerio de laicos dentro de la iglesia, dando lugar subsecuentemente al nombramiento de diáconos, ancianos y a otros designados apostólicos (1 Tim. 3:1-13; Tito 1:5-9).
Implementar la idea	Los apóstoles comisionaron ("les impusieron las manos") a los siete hombres escogidos por la congregación y les permitieron realizar su ministerio (Hech. 6:5, 6).

Evaluación de la decisión	El efecto de la decisión fue retroacción positiva (Hech. 6:5a) y continuó el crecimiento numérico (Hech. 6:7). Presumiblemente los resultados deseados fueron alcanzados (al menos temporalmente). La referencia continua o presencia de miembros de "los siete" parece reconocer la validez del proceso y del ministerio que la decisión produjo (Hech. 21:8).
Evaluación de todo el proceso	La decisión de Hechos 6 imita un proceso similar usado después en la iglesia primitiva al tratar otro asunto de misión y dirección (Hech. 15:1-35).

Comunicación institucional

La rutina clásica de Abbott y Costello, "¿Quién es primero?", es un ejemplo de no poder reconocer la naturaleza de dos vías de la comunicación. En esta rutina, Abbott explica la colocación de varios jugadores de béisbol en el campo para confusión y consternación de Costello. Sin embargo, la falla de comunicación no es simplemente la incapacidad de Costello de comprender la comunicación de Abbott, sino la falla de Abbott de reconocer la retroacción provista por Costello que indicaba mala comunicación. En suma, la comunicación es un proceso, no simplemente contenido o medios de transmisión.

La comunicación eficiente es usualmente una suposición de la mayoría de las organizaciones y de los administradores. Esta raramente recibe atención hasta que ocurre una complicación debida a falla en la comunicación, que lleva a una investigación que hace preguntas tales como "¿Quién sabía qué?" "¿Quién dijo qué a quién?" "¿Cómo sabía alguien esto?" y "¿Quién se supone que sabía esto?".

La comunicación es más que selección de palabras, estructura de oraciones, o formas de compartir información. La comunicación no es un fenómeno de una vía, sino una experiencia de dos vías. La figura 13.5 ilustra el proceso de comunicación.

Figura 13.5 El proceso de comunicación

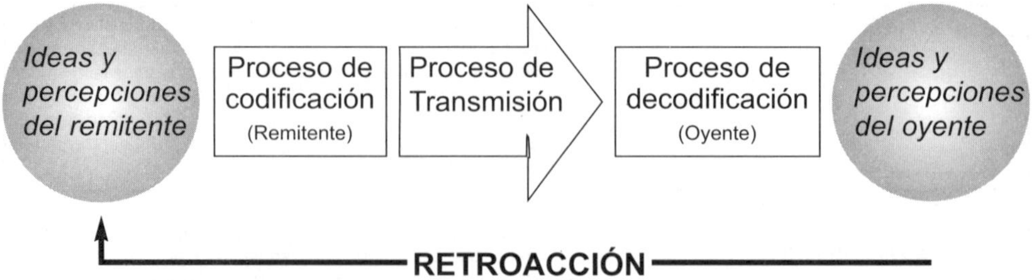

La comunicación empieza en la mente del remitente, con sus ideas y percepciones. Esas ideas y percepciones se convierten en un mensaje al ser codificadas con palabras, símbolos e imágenes que permiten que el mensaje se comparta. El proceso de trasmisión es el envío real del mensaje, que usa una diversidad de medios, tales como el método de lenguaje, paralenguaje, no verbal, audiovisual, multimedia, o iconográfico. El mensaje es ahora recibido por el oyente, que tiene sus propias ideas y percepciones. Así empieza el proceso de decodificación. La comprensión y la interpretación es entendido por el oyente. La reacción al mensaje se recibe de las ideas y percepciones del oyente.

Por esta razón, en cada intento de comunicación están presentes varias versiones posibles del mensaje a lo largo del proceso de comunicación[8]:

- lo que el remitente intentó decir, o la idea;
- lo que el remitente dijo realmente, o el mensaje codificado;
- lo que el remitente realmente piensa que fue dicho, o la auto evaluación del remitente;
- lo que el oyente escuchó, o el mensaje recibido;
- lo que el oyente quiso escuchar, o sus ideas y percepciones;
- lo que el oyente interpretó de acuerdo con su perspectiva o decodificación;
- lo que el oyente piensa que escuchó, o su entendimiento del mensaje; y
- lo que el remitente escuchó del oyente acerca de lo que el remitente dijo, o retroacción.

Los administradores son responsables de salvaguardar el sistema de comunicación de la organización. Los problemas de comunicación son más frecuentemente encarados en la divergencia entre el mensaje deseado y el mensaje percibido. Esto provoca una tensión en la fase de trasmisión del proceso de comunicación. La figura 13.6 ilustra cómo los mayores problemas de decodificación son a menudo el resultado de medios de transmisión deficientes o limitados, mientras que los problemas de decodificación son minimizados cuando los medios de transmisión son intensificados y se aumentan maneras más concretas de codificar el mensaje[9].

Figura 13.6 Problema mayor de decodificación

Mensaje deseado por el remitente	***Medios de transmisión***	**Mensaje recibido por el oyente**

Problema menor de decodificación

Mensaje deseado por el remitente	***Medios de transmisión***	**Mensaje recibido por el oyente**

Los problemas para descifrar son particularmente evidentes en contextos teológicos, dado que la terminología está cargada con significados implicados. Por ejemplo, la palabra *bautismo* puede comunicar inmersión, derramamiento, rociamiento o hasta ser considerada literal, en términos de bautismo de agua o la inmersión metafórica en el Espíritu. Esto a menudo ha creado confusión y comunicación errónea para las congregaciones y para los campamentos y escuelas cristianas. Por eso, los medios de transmisión deben multiplicarse y diversificarse para asegurar la comunicación precisa, tal como definir el vocablo la primera vez que se use, o hablar en términos de su uso general en lugar de usar el vocablo *bautismo*, o proveer una ilustración en un documento escrito o volante.

Principios de comunicación organizacional

Las organizaciones dependen del desarrollo de una cultura de comunicación. Hay lugares donde se desarrollan la influencia, las ideas, la innovación y las iniciativas. El estilo de comunicación que un ministerio particular demuestra refleja sus valores y prioridades hacia el ministerio. Los siguientes principios son directrices útiles para líderes del ministerio para recordar cuando se procura comunicar, tanto a su personal como también a sus integrantes.

1. Los que sirven en capacidades de liderazgo debieran modelar y ganar la causa de la comunicación abierta por toda la organización.

2. Los ministerios necesitan cuidarse de no enviar comunicación deficiente, particularmente cualquier cosa que genere comunicación errónea o malentendido.

3. Las organizaciones cristianas debieran garantizar la armonía entre la comunicación verbal y la acción. Debieran ser modelo de integridad en lo que dicen que hacen y lo que en realidad hacen.

4. Los líderes del ministerio debieran comunicarse regularmente con la organización y con la comunidad más amplia. Se recomienda una variedad de formatos para esto (boletines de noticias, memos, reuniones, etc.). El diálogo cara a cara es siempre el enfoque preferible.

5. Las organizaciones debieran designar a un individuo o equipo para vigilar las comunicaciones, especialmente las comunicaciones escritas, y desarrollar un programa y colección para las comunicaciones. Las organizaciones más grandes debieran designar a alguien como su oficial de información pública y entrenarlo para sus responsabilidades.

6. Los ministerios debieran adoptar una cultura de comunicación, una que sea una experiencia común para los miembros, sin degenerar en chismes.

Métodos de comunicación

Tal vez las dos formas más comunes de comunicaciones verbales en las organizaciones son la *escrita* y la *hablada*. Los boletines de noticias, los sitios de Internet o los correos electrónicos son tal vez las formas más comunes de comunicación escrita, pero otros medios de comunicación escrita son también comunes, variando de manuales a relaciones públicas. Para cuando se escriba una pieza para publicación o para hacer una presentación, las siguientes cuatro sugerencias son recomendables: (1) Explique la razón de la comunicación. Permita que el lector conozca su punto principal. (2) Use declaraciones resumidas en todo el documento para guiar la mente del lector por su razonamiento. (3) Escoja sus palabras cuidadosamente, usando expresiones precisas. (4) Finalmente, provea señales visuales, como caracteres de imprenta y símbolos para marcar transiciones en la comunicación[10]. La mayoría de los ministerios se limitan en sus métodos de comunicación, pero puede hacerse más para presentar creativamente la información que es necesaria para una operación eficaz.

La *comunicación simbólica*, como se demuestra en el uso del lenguaje corporal puede ser un medio poderoso de comunicación. Sea consciente de la comunicación mediante gestos o señales corporales. Por ejemplo, gestos corporales positivos podrían incluir sonreír, aprobar asintiendo con la cabeza, levantar las cejas para mostrar atención, o mover la mano para añadir énfasis. Actividades negativas podrían ser masticar una pluma para mostrar incertidumbre, poner la mano en la cara o en el cuello para mostrar preocupación, o colocar la mano en la frente o en el puente de la nariz para señalar tensión o conflicto[11]. Estar consciente de nuestro propio lenguaje corporal, o del de otros, puede ayudar en la comunicación. De igual manera, el uso intencional del lenguaje corporal puede ayudar a facilitar la comunicación.

Las *comunicaciones visuales* a menudo acompañan otras formas de comunicación en la organización. Cosas tales como volantes, fotografías fijas, mapas, gráficos y otros materiales informativos de apoyo pueden ser usados para realzar las presentaciones y otras formas de comunicaciones verbales. Aunque el uso de tales materiales junto con la comunicación verbal no asegura la transmisión del mensaje, sí aumenta los medios de transmisión y por tanto eleva la probabilidad de una comunicación precisa y comprendida entre individuos y dentro de la institución.

La *tecnología moderna* provee una variedad de nuevos métodos de comunicación. Esta es tal vez el campo de comunicación que muchas organizaciones no han cubierto completamente. Una caricatura de *Leadership* (Liderazgo) parece reconocer fácilmente esto al mostrar a una secretaria de una iglesia usando una imprenta estilo Gutenberg en su oficina y preguntando, "¿No hay noticias todavía, pastor, de mi solicitud para una fotocopiadora?"[12]. Novedades tecnológicas como proyecciones generadas en computadora en la adoración o en reuniones de grupo, o el uso de sitios de Internet y correo electrónico se están volviendo más comunes en congregaciones y organizaciones cristianas. Aplicaciones útiles de enseñanza como capacidades de investigación basadas en Internet avanzan la agenda educativa de las congregaciones, de los campamentos eclesiásticos, de las escuelas y de las instituciones de educación superior. Sin embargo, tecnologías como conferencias en video o reuniones vía radioteléfono portátil todavía no se han abierto paso en los planes de comunicación de la mayoría de las organizaciones cristianas.

Tal vez la forma más común de comunicación frente a frente es una reunión. El capítulo 11 ya ha provisto percepciones de la forma y funciones de las reuniones. Sin embargo, deben usarse tres preguntas básicas para evaluar la dinámica comunicativa de las reuniones[13]:

1. ¿Tiene su personal reuniones semanales o regularmente programadas? Sin estas reuniones el personal vive en la tiranía de lo urgente y debe enfrentar los problemas cuando aparecen. Las reuniones programadas regularmente permiten que los artículos sean colocados en agendas y por tanto provean una oportunidad de ser atendidas concertadamente por los participantes.

2. ¿Han compartido los participantes de la reunión sus expectativas de comunicación? Las reuniones están en su punto óptimo de ejecución en un clima de comunicación abierta donde la información es fácilmente disponible. Si las expectativas de comunicación de los participantes no son satisfechas, la reunión será conducida en un clima de confusión y suspicacia.

3. ¿Cuán a menudo evalúa el equipo la eficacia de su comunicación? Con frecuencia la comunicación se vuelve una suposición, sin recibir ninguna atención directa. Siempre es sabio dirigir evaluaciones periódicas de las limitaciones y éxitos de la comunicación para enriquecerla en reuniones futuras. Estas son el marco donde la mayoría de las decisiones de la organización se toman y donde el trabajo se realiza. El éxito de las reuniones está en la comunicación eficaz.

Conclusión

El proceso por el cual se toman las decisiones y se comunican dentro de una organización cristiana es una dinámica esencial. Entender los elementos fundamentales envueltos en la toma de decisiones contribuirá a la eficacia del liderazgo. Una vez que se hayan tomado las decisiones, deben ser comunicadas a toda la organización. Debe tenerse gran cuidado en asegurarse de que hay integridad en la manera en que se toman tales decisiones, como también en los métodos usados para comunicarlas.

CUARTA PARTE

RECLUTAMIENTO DEL PERSONAL

Pregunte a cualquier director de un ministerio sin fines de lucro cuál es la decisión más difícil que tiene que tomar y siempre le contestará con la misma respuesta: reclutamiento del personal. Ninguna otra decisión tendrá un impacto tan duradero en el ministerio como la selección de personal. El reclutamiento, la selección y el entrenamiento de la gente adecuada son cruciales para el éxito a largo plazo de cada ministerio. Eso se debe a que las personas son el mayor haber de la organización. El reclutamiento está en el corazón de todo lo que hacemos en el ministerio.

En generaciones pasadas, Dios escogía y dotaba a los que él quería. Él aclaraba a cada profeta, rey, pastor de ovejas o pastor de congregación que ellos eran sus vasos escogidos. De cada uno de ellos se esperaba que empleara su don o talento para la gloria de Dios. En el Nuevo Testamento encontramos varias listas detalladas que explican los diversos dones que son dados a los creyentes (Efe. 4:11, 12; Rom. 12:6-8; 1 Cor. 12:7-10, 28-30). El plan de Dios es el de un servicio ministerial compartido basado en los dones que han sido distribuidos. Conforme cada persona usa sus dones, la iglesia experimentará un crecimiento espiritual y numérico sano. El desafío para aquellos de nosotros que servimos en posiciones de liderazgo en el ministerio es saber quiénes están dotados para cuáles posiciones de servicio y si están llamados al servicio. Kenneth Gangel lo expresa bien en su libro *Building Leaders for Church Education* (Edificación de líderes para la educación de la iglesia):

> En el ministerio cristiano hay una tensión dinámica que debe ser mantenida entre los conceptos de *don* y *llamamiento*. Sabemos por el Nuevo Testamento que el Espíritu Santo da soberanamente a cada cristiano un don espiritual con el propósito de que ese individuo lo use en el servicio de Cristo mediante la iglesia.

> Pero la otra tensión, el concepto del llamamiento, es más bien como el timón que dirige un barco. El don describe el qué del ministerio y el llamamiento el dónde del ministerio.
>
> Es muy obvio que los que tienen la responsabilidad de la supervisión y la administración de la gente en un ministerio colectivo deben reconocer ambos ingredientes cruciales como componentes bíblicos.
>
> Los conceptos de *dones* y *llamamiento*, si se toman con seriedad, tienen implicaciones profundas en la manera en que reclutamos a los trabajadores en la iglesia u organización cristiana, en la manera en que supervisamos sus actividades, y en la manera en que evaluamos su desempeño[1].

Todo ministro líder entiende la tensión que existe entre la contratación de la gente que proveerá discernimiento para el progreso, en contraste con aquellos que son fáciles de tratar. Es difícil mantener encerrados a los líderes visionarios que abren brecha, mientras que al personal despreocupado y complaciente es desafiante mantenerlos motivados. Raramente las dos cualidades de carácter existen en el mismo miembro del personal. Como reflexionó un líder organizacional experimentado:

> La selección de miembros del personal para una organización usualmente ocasiona una sutil lucha entre las necesidades de una amplia diversidad de la organización y las necesidades del administrador contratante de conformidad o compatibilidad (usualmente llamada "la química correcta"). Lo que complica esta situación es la verdad experimentada de que cualquier grupo de trabajo puede manejar solamente hasta cierto punto la variedad de desigualdad entre sus miembros antes de que empiece a gastar el grueso de su tiempo tratando con diferencias de los miembros, con menoscabo del logro de las metas de trabajo comunes.
>
> Cada oportunidad de añadir personal a una organización es, por tanto, una oportunidad para sus administradores superiores de evaluar la combinación actual de la fuerza de trabajo como un todo, de probar el nivel de diversidad, y de imponer cualquier liderazgo necesario para lograr un equilibrio y una diversidad apropiados. El ejecutivo principal necesita decidir sobre la mejor combinación estratégica para su organización, y *requerir* que las prácticas de reclutamiento y selección de hecho logren ese resultado y por tanto perfeccionen las capacidades humanas de la organización[2].

La función administrativa de reclutar personal llega al corazón de estos y otros asuntos vitales. Sencillamente definido, el reclutamiento es considerado como "llenar y mantener llenas las posiciones en la estructura de la organización"[3]. ¡Nunca ha habido una definición que haya sido más fácil de escribir que de practicar! Puesto que ya muchos ministerios están en operación, se empieza por conocer la misión, la visión y el plan estratégico de la organización. Luego es necesario que tenga lugar un inventario que identifique el personal disponible y dónde son necesarios miembros del personal. En algunos casos ya hay disponibles miembros del personal, pero no necesariamente en las posiciones adecuadas. En ese punto es necesario que se hagan algunos ajustes para asegurar que cada uno está donde "cabe" mejor.

Cómo reclutar el personal que es necesario y el proceso por el cual estos individuos son examinados es la sustancia del capítulo 14. Incontables iglesias y ministerios sin fines de lucro han sido el blanco de demandas legales en años recientes porque no examinaron apropiadamente a su personal. Las cortes de justicia están haciendo responsables a las organizaciones no lucrativas por no ser diligentes en su examen del personal, tanto de los asalariados como de los voluntarios. Es importante que los directores de ministerios entiendan lo que requiere la ley y cómo se consigue la información. El reclutamiento y el examen de los voluntarios es una de las tareas que más tiempo consumen de un director de ministerio. El conocimiento de la manera de hacerlo efectiva y eficazmente será ventajoso para usted.

El capítulo 14 también está diseñado para ayudar al líder de un ministerio a entender cómo equipar y entrenar maestros para su tarea de educar a la congregación. La mayor parte de los maestros voluntarios vienen con pocas capacidades aparte de un corazón dispuesto. Por eso es obligatorio que nosotros los entrenemos para su tarea. Sin este entrenamiento se desanimarán muy pronto y renunciarán. Esto trae como resultado miembros de la iglesia descontentos y una moral pobre. Se discutirán detalles importantes como la administración de las aulas de clases y métodos de educación.

Para algunos supervisores del ministerio, el desarrollo de los miembros del personal pagado es mucho más difícil que el trabajo con voluntarios. Esto se debe, en parte, a la dinámica que existe entre el líder del personal del ministerio de paga y sus trabajadores voluntarios. Cuando los voluntarios no actúan de acuerdo con lo esperado, los miembros del personal pueden sentirse frustrados y ansiosos. Esto puede resultar en sentimientos de mala voluntad entre el equipo del ministerio. "Uno de los temores más grandes entre los administradores de voluntarios es la tensión entre los voluntarios y el personal pagado. Este temor es tan común que cuando se pide nombrar el aspecto más difícil de su tarea, 29 de cada 30 administradores de voluntarios en organizaciones que tienen personal pagado respondieron que es la tensión entre el personal y los voluntarios"[4]. Esta tirantez, si no se atiende, puede causar tremendos estragos en la organización.

El propósito del capítulo 15 es identificar los elementos clave del desarrollo de personal. Lo que motiva a un miembro del personal a servir puede ser muy diferente a lo de un voluntario. Conocer esta diferencia será útil cuando se busca motivarlos hacia la excelencia en su servicio. Mantener al miembro del personal ocupado en la tarea y consagrado a una actuación de calidad es el enfoque de este capítulo.

El capítulo final en esta unidad trata del tema de los asuntos legales y éticos en el ministerio. Escrito por un abogado que un tiempo dirigió su propio equipo legal en Denver, este autor ahora está sirviendo en el personal en la Catedral de Cristal en el sur de California mientras termina su grado doctoral. Él trae al capítulo que escribe una riqueza de conocimiento y experiencia acerca de los terrenos más críticos de la práctica del ministerio. El capítulo está repleto de abundante documentación para el lector que desea más información acerca de cualquiera de los tópicos discutidos. Un simple error en el ministerio puede resultar en un daño significativo para el futuro de la organización. Como dice el dicho, "la ignorancia de la ley no es excusa". Esto es realmente cierto cuando el líder del ministerio está ante un juez y un jurado. Este capítulo está diseñado para proveer al líder del ministerio con los hechos esenciales necesarios para permanecer dentro de la ley y de las pautas que claramente nos son dadas en las Escrituras.

Por
Larry Purcell

Capítulo 14

Reclutamiento y examen de voluntarios

MI PRIMERA EXPERIENCIA DE ser reclutado para servir en una iglesia fue durante una reunión anual de negocios.. Yo había regresado a mi hogar en Kentucky unos cuantos meses antes, después de servir en el ejército. La pequeña iglesia rural en la que yo había crecido estaba teniendo su reunión anual de negocios para elegir a los oficiales y maestros de la iglesia. Usualmente, este servicio no tenía mucha asistencia. No asistir a este servicio en particular podría ser una práctica peligrosa porque significaba que uno podría ser voluntario para un puesto sin siquiera saberlo. La posición para la que yo era "voluntario" era la de enseñar a cinco muchachos en una clase de niños de primero y segundo grados. Sus madres habían intentado enseñar esta clase durante el año anterior, pero cada una había renunciado muy pronto. Yo sabía, después de intentar declinar este puesto ofreciendo a los padres y a la congregación numerosos posibles resultados, que la tarea era mía.

Por el siguiente año estos cinco muchachos empezarían una jornada con Ricardo (mi maestro asociado) y conmigo que alteraría la vida, ya que nuestra tarea era pastorear a estos cinco muchachos a través de algunos desafiantes asuntos de la vida. Yo emprendí esta tarea con temor y temblor, sintiéndome abrumado por ella. Yo pensaba que llenar este puesto era para el beneficio de los pobres muchachos que eran controlados por sus padres. Poco sabía que sería el benefactor de relaciones que han durado toda la vida. En una manera muy torpe Ricardo y yo empezamos a edificar relaciones con estos muchachos, tanto en las aulas de clases como fuera de ellas. Estábamos instilando en estos cinco muchachos lo que nos habían enseñado en nuestros primeros años. Uno de los hechos más profundos que yo aprendí de esta temprana experiencia fue cuando la madre de uno de estos muchachos me confrontó con una verdad. Ella me advirtió que fuera muy cuidadoso con lo que decía y a dónde iba, porque su hijo estaba observando cada movimiento que yo hacía.

¡Qué verdad tan pesada! Me di cuenta de que yo realmente tenía influencia sobre alguien más. Esto impactaría mi crecimiento espiritual y mi andar en una manera profunda.

El propósito de reclutar voluntarios no debiera ser encontrar cuerpos que respiran y colocarlos donde nadie más desea ir. Más bien, reclutar voluntarios debe emplear el *enfoque del reino*. Aunque Ricardo y yo crecimos como resultado de esta primera experiencia, la manera en que fue manejada dejó mucho que desear.

Este capítulo revisará la manera de reclutar y examinar voluntarios para el servicio en ministerios eclesiásticos y en organizaciones cristianas. Primero exploraremos el fundamento bíblico y teológico para envolver a todos los creyentes en la obra del ministerio. La siguiente sección de este capítulo estudiará los problemas con el reclutamiento de voluntarios en la iglesia de hoy. La última parte del capítulo se concentrará en las maneras en que algunas iglesias están examinando a los voluntarios.

Un mandato bíblico para el ministerio voluntario

Usted escuchará mucho hoy en día acerca de cómo el éxito de cualquier empresa de negocios depende del conocimiento de su propósito. *Misión* y *visión* son términos usados frecuentemente tanto en áreas seculares como religiosas para describir o definir el propósito. Un negocio puede gastar mucho de su tiempo y su energía desarrollando declaraciones de su misión y su visión. A la iglesia ya le asignó el Señor la declaración de su misión (Mat. 28:18-20). A estos versículos se hace referencia como la Gran Comisión, que es la misión de su iglesia. Esta evita todas las conjeturas y le ahorra a la iglesia horas de investigación. Es por estos versículos que el liderazgo de la iglesia orará y pedirá al Señor su visión para ellos. El término visión se refiere a la manera en que la iglesia expresa su cumplimiento específico de la Gran Comisión. Vea el capítulo 3 para una discusión más detallada de estos términos y conceptos cruciales.

Lamentablemente, muchos cristianos consideran la obra del ministerio como responsabilidad únicamente de pastores y obreros pagados. Estamos acostumbrados a ir a divertirnos o salir a comer y ser servidos. ¡Este consumismo se ha mudado a las bancas de la iglesia! Esto a menudo se expresa al contratar a un ministro o a alguien para el personal para llenar puestos y satisfacer necesidades específicas. ¿Es este el modelo bíblico?

Efesios 4:11, 12 difiere de este modelo moderno de contratación. La tarea de la Gran Comisión es un cometido global. Esta misión es enorme si solo los ministros vocacionales la realizan. Dios ya ha considerado esto y ha dado a las iglesias la solución en estos versículos. Efesios 4:11 identifica a varias personas dotadas que Dios ha prestado a la iglesia. Estas personas deben ser consideradas como dones de Dios en préstamo a una congregación para propósitos específicos. Efesios 4:12 presenta el propósito del *pastor y maestro* como santos capacitadores. A menudo se hace referencia a los ministros vocacionales como "contratados" por una congregación. Los pastores y los ministros del personal son traídos a una iglesia para realizar tareas para la congregación. Esta forma de contratar a los obreros del ministerio traiciona el modelo bíblico presentado en Efesios 4:11, 12.

Los pastores y los individuos del personal sin duda llevarán a la congregación a un alto nivel de pericia y aprendizaje. Esto tentará al ministro vocacional a sentir que es un residente experto para realizar tareas del ministerio en vez de capacitar a la congregación. Esta mentalidad consumista puede llevar a la congregación a la mentalidad de ser servida en vez de ser sierva. Efesios 4:11, 12 enseña a una iglesia que los santos capacitados deben hacer la obra del ministerio. Esto es lo que edifica a la iglesia, que es el cuerpo de Cristo.

Este fundamento de la misión de la iglesia, la tarea del ministro vocacional, y el papel de los miembros individuales ofrecen un modelo para la multiplicación del liderazgo. El observador casual puede ver que la gente está haciendo muy poco en la iglesia de hoy. La solución a esto es volver al modelo bíblico del discipulado, ministerio voluntario y a la multiplicación del liderazgo.

En 1 Pedro 5:1-5 hay una exhortación a los líderes voluntarios a *apacentar* a los miembros sobre los que tienen responsabilidad. El uso de la metáfora *apacentar* reconstituye la tarea de un líder más que solamente un juego de aptitudes y tareas. Más bien ocasiona que el líder y también el seguidor vean la obra del ministerio como la de invertir en el reino de Dios por medio de la inversión en la vida de otros. Tito 2 ofrece un modelo similar de multiplicación de liderazgo siendo mentores. Los hombres jóvenes deben ser aconsejados por los hombres mayores, y las mujeres jóvenes por las mujeres mayores.

Los líderes vocacionales deben emprender la tarea de desarrollar a los miembros que Dios les ha provisto para el cumplimiento de la Gran Comisión. Es tarea del ministro vocacional invertir en las personas a las que Dios ha provisto para su tarea. La multiplicación del liderazgo es otra expresión a la que frecuentemente se llama discipulado.

Problemas del reclutamiento

Mi primera experiencia de dirigir un aula de clase que ninguna madre quería ha sido una guía de la manera de *no* reclutar voluntarios. Muy a menudo las iglesias y otros ministerios sin fines de lucro reclutan voluntarios para llenar necesidades inmediatas en lugar de planear para el futuro. Esa práctica de reclutamiento desarrolla una cultura de crisis. Mi conciencia de la cultura de las necesidades inmediatas en la iglesia de mi pueblo me hizo querer faltar a las reuniones anuales de negocios, pero yo tenía mucho temor de la tarea que me fueran a asignar. Este es solamente un ejemplo del por qué las iglesias tienen dificultades para encontrar suficientes voluntarios para satisfacer las necesidades del ministerio. Dennis E. Williams y Kenneth O. Gangel tratan un número de problemas relacionados con el reclutamiento de voluntarios[1]. Algunos de estos problemas serán resumidos en esta sección del capítulo.

Problemas espirituales

Cualquier argumento que se relacione con problemas para tener suficientes obreros para el ministerio debe ser considerado primero como espiritual. En Mateo 9:36-38 nos damos cuenta de que cuando Jesús veía las multitudes tenía compasión de ellas. Al considerar la obra del ministerio debemos verlo como un acto de compasión espiritual. Esto nos motivará a pedirle a Dios, el Señor de la mies, obreros para su mies. ¿Presentamos la obra del ministerio como un deber que debe ser cumplido o como un acto de servicio espiritual? No debemos orar solamente para llenar puestos, sino para buscar ayudar a capacitar a la gente para un crecimiento y servicio espirituales.

Falta de compromiso

Muchas iglesias tienen una nómina de miembros inactivos. Esto usualmente indica aquellos que no pueden asistir porque se han mudado lejos o porque están confinados en su casa. Tenemos muchos observadores del ministerio y muy pocos obreros en la mies. Algunas veces esto se debe al agotamiento del obrero. He visto a voluntarios que eran renuentes a envolverse en el ministerio porque sentían que era un trabajo para toda la vida. Otros pueden haber sido lastimados en alguna experiencia pasada y vacilan en envolverse en las siguientes series de cambios en su iglesia. En un reciente estudio sobre este asunto se encontró que siete de cada diez iglesias ahora esperan que sus miembros se envuelvan en el ministerio como un requisito para ser miembros[2]. Esta cultura de crisis está siendo enfrentada lentamente conforme más iglesias planean intencionalmente y comunican sus expectaciones de que los miembros se envuelvan en sus ministerios. Una iglesia del sur de California expresó esto como uno de sus valores centrales: "Cada miembro un ministro".

Falta de liderazgo

Muchas iglesias están experimentando un vacío de liderazgo porque tienen insuficientes oportunidades de *grupo cerrado* para sus miembros. El entrenamiento para el discipulado o desarrollo del discipulado ha dado lugar a presiones de tiempo. Un *grupo cerrado* es una experiencia esencial para el discipulado. y para el desarrollo del liderazgo. Es el tiempo en el que los líderes presentes y futuros participan en entrenamiento espiritual y capacitación para el servicio a fondo. Este es un tiempo de crecimiento espiritual y desarrollo de servicio intencionales. A menudo se piensa del *grupo abierto* como el de una clase de Escuela Dominical o reuniones de células de grupos para estudio bíblico enfocado en el evangelismo y el compañerismo. Tiene menos demanda de servicio y es considerada más como fundamental para la educación cristiana elemental.

Pablo usa la metáfora de un labrador en 2 Timoteo 2:6 para describir cómo Timoteo debía relacionarse con hombres fieles. El labrador sabe que cultivar una buena cosecha requiere paciencia y esfuerzo. El desarrollo del liderazgo debe ser visto como un acto de discipulado. El tipo de discipulado que se lleva a cabo en demasiadas iglesias no conduce a la gente al servicio. Los que asisten pueden estar empapados en todo el compañerismo y estudio, pero estos deben ser provistos como canales para expresar su don del ministerio.

Problemas administrativos

En un tiempo cuando "liderazgo" parece la palabra clave, "administración" parece la palabra ignorada. La administración no es preocupación esencial en las iglesias, pero sí es esencial. Liderazgo es hacer las cosas adecuadas mientras que administración es hacer adecuadamente las cosas.

Recientemente, estaba viendo un archivero y encontré una carpeta llena de inventarios de dones espirituales completados. Le pregunté a la secretaria de la iglesia cuándo y cómo estos habían sido completados y cómo habían sido utilizados por el liderazgo. Su apariencia de agotamiento y sus comentarios eran evidencia de la pobre planeación de alguien. Durante un momento de emoción los líderes de la iglesia habían administrado los inventarios de dones espirituales, pero nunca los habían usado en su planeación. Esto resultó en una cultura de renuencia en esa iglesia. Cuando los nuevos líderes asumieron sus roles, los miembros sabían que sería solamente un asunto de tiempo para que la emoción desapareciera. Menos y menos miembros de la congregación participarían en clases de entrenamiento o en encuestas completas sabiendo que no serían usadas en la planificación.

La visión de un líder sin la planificación y la ejecución apropiadas pueden llevar a una congregación a la frustración. La visión puede ayudar a la membrecía a ver un futuro diferente y mejor. Sin embargo, sin una buena planificación, la congregación es incapaz de ver cómo su visión puede cumplirse. La buena planificación motivará a la membrecía a servir, porque proveerá los pasos esenciales para facilitar el cumplimiento de la visión.

La tarea de un buen liderazgo es proveer la visión y el vehículo para llegar a ese destino. La organización es el vehículo que logra esta tarea. La organización incluye las estructuras y el personal necesarios para cumplir el deseo de Dios en ese contexto específico. Los términos *análisis de sistemas* y *alineación de sistemas* son cruciales para la tarea de organizar a un cuerpo de creyentes para llevar a cabo la visión de Dios para ellos. *Análisis de sistemas* es el *panora-*

ma general. El panorama general es cuando un líder puede revisar cuidadosamente la estructura completa de una iglesia por medio de analizar su presupuesto, el personal pagado y el voluntario, los ministerios, el espacio disponible y el contexto de la comunidad. *Alineación de sistemas* es la práctica del líder moviendo estas estructuras de una manera que realza y apoya la tarea de una iglesia cumpliendo su misión. Es crítico presentar estos dos principios porque demasiados líderes intentan colocar vino nuevo en odres viejos. Cuando la comunidad y la congregación cambian, la organización de la iglesia debe ajustarse para satisfacer las necesidades de tales cambios.

La evaluación es también un aspecto de la organización. Williams y Gangel califican esto como el área más débil de las iglesias[3]. La evaluación de primera clase requiere buena organización. El propósito de la evaluación no es castigar, sino mejorar. Esto requiere un claro entendimiento de las expectativas antes que una tarea sea emprendida. Una descripción clara de trabajo puede incluir roles asignados, expectativas y normas de excelencia. Esto permite al voluntario tener una definición clara de la tarea y la manera en que será medida. Las descripciones de trabajo y las normas vagas o ambiguas pueden llevar al voluntario a un punto de vista disminuido de la importancia de la tarea o asignación. Un trabajador voluntario quiere saber que su trabajo hace una diferencia. Esto puede aumentar la motivación del trabajador y el deseo de listar a otros en el trabajo.

Puede haber muchos comentarios adicionales en cuanto a por qué hay problemas en el reclutamiento de voluntarios para cumplir la tarea del trabajo de Dios. Vivimos en una sociedad que se mueve rápidamente. Muchos hogares tienen cónyuges con dos profesiones. Cuando uno añade a esto la responsabilidad de ser padre, el tiempo es ganancia. Por esta razón debemos hacer todo esfuerzo posible para alentar el crecimiento espiritual y el requisito del desarrollo de liderazgo a la membrecía de la iglesia. La administración eficiente debe limitar también el número de tareas que se le asignan a un líder. Los líderes de la iglesia deben alentarse y no rendirse, porque el Señor de la mies cumplirá su voluntad. Dios ha dado a cada uno de nosotros la misma cantidad de tiempo. Es tarea del liderazgo de la iglesia examinar e identificar maneras de quitar los obstáculos que desalientan del servicio a sus miembros.

Reclutamiento y conservación de voluntarios

¿De qué manera identifica y localiza nuevos obreros su iglesia? La historia de mi primera experiencia de haberme obligado a ser "voluntario" no es un buen ejemplo para identificar y localizar nuevos obreros. Mi primera experiencia no me desalentó para envolverme en el trabajo de mi iglesia, como lo hizo con alguna gente. Esta iglesia reclutaba trabajadores de la misma manera que lo hacía desde hacía cincuenta años. Una iglesia muy pequeña a menudo puede dirigir su reclutamiento de una manera muy informal porque ella misma está organizada como una familia. Las iglesias que se organizan para el crecimiento deben hacer un planteamiento más deliberado. Los siguiente pasos serán examinados para servir como una base para el equipo de búsqueda del liderazgo de una iglesia.

Una vez que el equipo de liderazgo ha desarrollado un mejor entendimiento de dónde está y a dónde va, es vital enlistar los ministerios. El plan estratégico puede identificar algunos ministerios ya existentes que ya no son eficaces o que pueden necesitar algunos cambios pequeños. Vea el capítulo 5 para una discusión detallada de este asunto. Una revisión del vecindario también puede identificar vacíos entre las necesidades de la comunidad y los ministerios que se están ofreciendo al presente. Este paso puede identificar una nueva población que no está siendo alcanzada. Es evidente que una planificación hábil siempre identificará la necesidad de nuevos reclutas.

Prepare un directorio de los ministerios de su iglesia, y enliste los nombres de los que actualmente están sirviendo en posiciones de liderazgo. Esto ayudará a identificar las necesidades de personal de la iglesia. Este directorio puede ser colocado en el tablero de anuncios o ser incluido como un inserto en el boletín semanal del servicio de adoración. Este directorio de ministerios y de necesidades de obreros puede ser usado en clases de entrenamiento de nuevos miembros, y además alentar la preparación posterior del liderazgo.

El siguiente paso es identificar los dones que Dios ha dado a la congregación. Es crucial diseñar un plan para enlistar tantos miembros como sea posible para completar la encuesta de dones espirituales. Esto puede lograrse completando las encuestas en las clases de la Escuela Dominical, en las clases de discipulado, o como parte de las clases de nuevos miembros. La clave para el éxito es asegurarse de que la encuesta llegue a manos de tanta gente como sea posible. Esta tarea requiere una estrategia y tomará algún tiempo para ser completada. Por esta razón es aconsejable enlistar un equipo de liderazgo para que guíe el proceso. Este equipo necesitará crear un sistema que aliente a devolver completados los inventarios de dones espirituales a los que los tienen. El pastor puede motivar la participación de la congregación en este evento mediante sus sermones. Un servicio de adoración de un domingo en la mañana puede ser desarrollado para promover que la membrecía complete las encuestas. Las encuestas terminadas pueden ser llevadas al altar como un acto de compromiso y un tiempo de oración.

El equipo de liderazgo seguirá la terminación de las encuestas de dones espirituales con una carta a los que participaron. La carta será un estímulo y muestra de aprecio por su participación. También explicará los siguientes pasos que serán usados para alentar a los participantes a envolverse en el entrenamiento y en el ministerio. El equipo podría usar a un pequeño grupo o conjunto de individuos para examinar la encuesta de dones espirituales con los participantes. Las oportunidades de ministerio podrían ser presentadas usando el directorio de posiciones del ministerio. El participante necesita tener tiempo para explorar sus dones, intereses, experiencias pasadas y entrenamiento previo. El recluta puede entonces ser colocado en una posición adecuada e introducido a un mentor.

Los mentores pueden ser aquellos que han estado sirviendo en posiciones de ministerio. Pablo, en Tito 1:5, 6, le ordenó a Tito que estableciera a ancianos que fueran irreprensibles. Necesitamos tener líderes que han demostrado tener un carácter piadoso para que realicen el ministerio. Es esencial desarrollar un enfoque de equipo ministerial. Esto capacitará a cada nuevo ministro y recluta a crecer y reducir frustraciones. Los mentores ayudan al nuevo recluta a desarrollar su competencia y motivación esenciales para el éxito. Deben darse pasos para proveer al voluntario de suficiente información para reducir la tasa de aprehensión. Esto también será útil para que el equipo de líderes desarrolle entrenamiento para los mentores. Esta práctica puede ser útil en el desarrollo de liderazgo en cada nivel de la organización de la iglesia.

En Éxodo 18, el suegro de Moisés le dio un consejo sabio para el desarrollo de líderes en numerosos niveles. Las tribus identificarían personas específicas para manejar los asuntos menores, y los asuntos mayores serían llevados a Moisés. Esta práctica es implementada mejor en el ambiente de equipo. Entrenar mentores para dirigir este proceso en cada nivel del ministerio de la iglesia desarrolla esta nueva cultura del ministerio.

La práctica de desarrollar mentores generalmente puede ser vista como producción de pastores de ovejas. El pastor de ovejas las cuida y las escucha (Juan 10). Los mentores, que pastorean su grupo o equipo, deben considerar su tarea como el desarrollo de fieles seguidores de Cristo, y no sólo como el cumplimiento de una tarea. A menudo nos concentramos en el cumplimiento de una tarea con exclusión del individuo. Este modelo de pastoreo refleja mejor la relación entre Cristo y sus discípulos. En 1 Pedro 5, el apóstol Pedro ordena a los líderes pastorear el rebaño de Dios. Pedro alienta a esos líderes a ejercer su posición de autoridad o liderazgo siendo el ejemplo. ¡Qué escena produce esto en mi mente, del Gran Pastor marcando el rumbo y sus ovejas siguiéndolo! Con una escena semejante en mente, es fácil que los pastores vean que cuando ellos siguen a Cristo las ovejas también lo seguirán.

Una iglesia con altas expectativas sólo puede lograrse desarrollando una cultura de miembros con altas expectativas. Esto puede ser alentado con el uso de los pasos anteriores para efectuar los cambios necesarios en la organización de la iglesia.

Motivación de los voluntarios

Dennis Williams ofrece las siguientes 9 sugerencias para facilitar la motivación de trabajadores voluntarios de la iglesia[4]:

1. Los líderes de la iglesia deben estar centrados en las personas y no orientados a la tarea.
2. Los líderes del ministerio deben ganar el respeto demostrando un carácter piadoso.
3. Debe hacerse todo esfuerzo posible para lograr colocar a cada persona don de sus necesidades y deseos puedan ser satisfechos.
4. Los voluntarios debieran ser designados por un periodo definido.
5. Para mantener la motivación se requiere que la gente sepa lo que se espera de ellos.
6. Debieran darse alabanza, reconocimiento y aprecio cuando lo merezcan.
7. Los líderes de la iglesia deben enfatizar el trabajo en equipo en vez de la competencia como incentivo de grupo.
8. La motivación se mantiene cuando los trabajadores tienen oportunidad de participar en la planificación y en la toma de decisiones.
9. Debe darse más atención a la supervisión eficaz en todos los niveles de organización eclesiástica.

La motivación básica para servir como voluntario es servir a Dios. Es una manera en la que podemos sentirnos realizados como discípulos.

Examen de voluntarios

Luis, el ministro de educación de una iglesia de rápido crecimiento, había estado enlistando apresuradamente y asignando obreros en el ministerio de educación de su iglesia. Él intentaba aumentar el entrenamiento cuando se sintió abrumado por conseguir suficientes obreros en cada uno de los ministerios de la iglesia. Luis recibió una llamada del preocupado padre de uno de sus jóvenes. Al principio quiso desechar las preocupaciones del padre como las de un padre sobreprotector. Las quejas se convirtieron en demasiadas para poder ignorarlas, de modo que empezó a investigar las acusaciones. Cuando examinó el trasfondo del nuevo obrero, encontró una historia de quejas similares en ministerios previos de la iglesia. Esto preocupó a Luis por el obrero que siempre estaba tan ansioso de ofrecerse como voluntario.

Esto hizo que Luis empezara a implementar un proceso nuevo y mejorado de examen de los trabajadores voluntarios. Luis se había sentido abrumado en el proceso de enlistar obreros para satisfacer las necesidades. Esta historia se ha repetido en millares de iglesias y en ministerios no lucrativos. Esta situación debiera levantar preguntas en las mentes de pastores y otros líderes de ministerio. ¿Cómo debieran ser enlistados y reclutados los obreros? La primera sección de este capítulo ha procurado contestar esta pregunta. La segunda pregunta, levantada por el dilema de Luis se relaciona con la razón para examinar a los voluntarios.

Jesús dijo a sus seguidores: "He aquí, yo os envío como ovejas en medio de lobos. Sed, pues, astutos como serpientes y sencillos como palomas" (Mat. 10:16). Dios puede leer el corazón de una persona, pero nosotros no podemos. Estamos limitados en el conocimiento del corazón de alguien al examinar su vida. Una iglesia tiene la responsabilidad de examinar voluntarios por una variedad de razones. Una de esas razones es porque tenemos que encomendar la obra de Dios a los que son fieles (2 Tim. 2:2). La obra de Cristo debiera reflejar claramente el carácter de Cristo. Así como él ha sido fiel a su carácter, así también debemos ser todos los que hacemos su trabajo. Por esta razón, es recomendable que todos los obreros, del personal y voluntarios, sean examinados. Se ofrecerá un número de pasos para ayudar a examinar al personal y a los voluntarios, y especialmente a los que trabajan con niños y jóvenes.

Todos los trabajadores de la iglesia debieran dar referencias y un consentimiento por escrito para tener un examen de su trasfondo antes de ser entrevistados. Usted necesitará documentación escrita del contacto con las referencias y la información obtenida durante la entrevista del personal. Entreviste y documente el testimonio de la persona cristiana, intereses especiales, enseñanza y experiencias voluntarias pasadas, y otra información relacionada. Toda la información obtenida durante la entrevista y el proceso de examen es confidencial y debe mantenerse archivada en un lugar seguro.

Una segunda razón para examinar a los trabajadores voluntarios es la seguridad y responsabilidad para aquellos que les han sido encomendados. El primer pensamiento que tienen los padres, cuando los medios de comunicación informan de algo inapropiado en un parque, escuela, o ministerio de la iglesia, es *este podría haber sido mi hijo*. Los líderes de la iglesia deben anticiparse estableciendo un plan para aumentar la seguridad y el bienestar de cada miembro, especialmente de niños y jóvenes.

Otra razón para examinar a los obreros voluntarios es por la cultura actual de litigios. Las demandas legales son un fenómeno tal en nuestra sociedad como lo revelan las etiquetas en las medicinas recetadas, y la cantidad de declaraciones de no responsabilidad en los productos. Fíjese en todos los desistimientos que usted debe firmar para matricular a su hijo en un evento deportivo. ¿Qué pasos puede dar una iglesia para asegurarse de que sus voluntarios y empleados no lastimen a alguien y hagan a la iglesia responsable en el proceso? Una palabra de precaución: su iglesia debe consultar siempre a un abogado cuando revisa las pólizas de seguridad para impedir ser demandada.

El Acta Nacional de Protección al Niño de 1993 fue establecida para mejorar la calidad de su historia criminal y sus registros de abusos a niños. El acta fue pasada en octubre de 1993 y enmendada en el Acta de Control del Crimen de 1994[5]. Esta acta establece salvaguardia para los niños y para las agencias que cuidan a los niños. Como resultado de esta acta, los estados están ordenando que las organizaciones completen a nivel nacional una revisión del trasfondo de historia criminal de los empleados y de los voluntarios en perspectiva que trabajan con los niños, con los jóvenes, con los ancianos y con los individuos con incapacidades. Las iglesias no están exentas de completar una revisión del trasfondo de historia criminal de sus empleados o voluntarios. De hecho, es imperativo que la iglesia complete tales exámenes de trasfondo por razones de una moral más elevada.

La población que está más en riesgo de ser dañada y en necesidad de atención especial son nuestros niños y nuestros jóvenes. J. W. "Bill" Phillips ha ofrecido un número de sugestiones para ayudar a las iglesias a proveer seguridad y responsabilidad de sus empleados y de aquellos a los cuales ministran. Phillips alienta a todas las iglesias a adoptar políticas escritas para ministerios de niños y jóvenes en la sesión de negocios de la iglesia. Él ofrece las siguientes políticas que su iglesia puede adoptar[6]:

1. Requerir una revisión de trasfondo criminal de todo el personal y voluntarios que trabajan con niños y jóvenes.

2. Desarrollar una forma de solicitud de trabajo que incluya espacio para que el obrero firme dando permiso para la revisión de su trasfondo. No pueden hacerse excepciones.

3. Requerir que todos los grupos de cuidado de niños tengan un mínimo de dos obreros presentes, sin excepciones. Uno de los dos debe ser un adulto.

4. Requerir que una persona haya sido miembro de la iglesia por un mínimo de seis meses antes que pueda enseñar alguna clase.

5. Proveer orientación regular a todos los maestros y obreros acerca de las políticas de la iglesia referentes al cuidado infantil y a asuntos de abuso sexual. Enseñarles cómo reconocer a un niño que puede haber sido víctima de abuso. La policía local y las agencias de servicio social pueden ofrecer sugerencias.

6. Programar y conducir una revisión anual de las políticas para el cuidado de los niños, de los archivos personales de los trabajadores y así sucesivamente. Hacer actualizaciones conforme sean necesarias, informando por escrito a todos los obreros.

7. Requerir que si cualquier persona actúa cuestionablemente o deja de seguir las políticas, sea suspendida inmediatamente del trabajo con los niños hasta que la situación sea investigada y resuelta.

8. Determinar quién servirá como vocero de la iglesia ante los medios de comunicación si surge un problema. Permitan que solamente una persona hable a los medios de comunicación a nombre de la iglesia. Advierta a los otros que se adhieran rigurosamente al plan.

El proceso de examen de una iglesia ayudará a los voluntarios y líderes a satisfacer sus responsabilidades morales, espirituales y legales. Se recomienda que un abogado sea consultado para revisar los documentos y el proceso de examen de una iglesia. Un abogado siempre debe ser consultado cuando se ha levantado una queja contra un voluntario o miembro del personal. El proveedor de seguros de la iglesia puede ser consultado para asegurar que hay una cobertura adecuada para proteger a sus voluntarios y a su personal.

Conclusión

En este capítulo hemos visto maneras de reclutar y examinar voluntarios para el ministerio. Hemos visto cómo la tarea de la iglesia es el cumplimiento de la Gran Comisión de Mateo 28:18-20. El modelo bíblico del desarrollo del liderazgo es identificado en Efesios 4:11, 12. Los miembros del personal pagado no pueden hacer esto solos, pero deben involucrarse en la tarea de desarrollar la visión de la iglesia, identificar los dones de los voluntarios, y fortalecer a la membrecía para hacer las obras del ministerio. El modelo bíblico de desarrollar líderes voluntarios ha sido identificado como el modelo de pastorear. El pueblo de Dios lo glorifica y crece en gracia y conocimiento cuando se compromete en la obra del ministerio. El problema que se identificó en el reclutamiento de voluntarios (problemas espirituales, falta de compromiso, falta de liderazgo, y problemas administrativos) ha llegado a ser la medida de la cultura de una iglesia. Esta cultura puede ser reemplazada con un modelo bíblico conforme los líderes de la iglesia entrenan y enlistan a la membrecía en las obras del servicio.

Se ha revisado la naturaleza crítica del examen de los obreros del ministerio. En nuestra sociedad litigiosa los líderes de la iglesia deben desarrollar políticas y procedimientos que aseguren el bienestar de los que reciben el ministerio y también de los que lo realizan. Se han ofrecido sugerencias para ayudar a implementar estos pasos. Las agencias profesionales pueden ser consultadas para ayudar a la iglesia a desarrollar los procesos de seguridad y protección. Siempre debe consultarse a un abogado conforme se desarrolle, revise e implemente un proceso de examen con el personal y los voluntarios.

Preguntas de repaso

1. ¿Tiene su iglesia procesos establecidos para el entrenamiento y reclutamiento de voluntarios? ¿Cuándo busca su iglesia voluntarios, solamente cuando hay necesidad o tiene un programa de entrenamiento continuo? Si su iglesia no tiene un proceso de reclutamiento y entrenamiento de voluntarios, ¿cómo la guiará a tenerlo?

2. ¿Tiene su iglesia una lista de ministerios disponible para la membrecía? ¿Cómo dirigirá usted el desarrollo y uso de esa herramienta?

3. ¿Tiene su iglesia una clase para nuevos miembros? ¿Cómo guiará el desarrollo de tal clase y qué enseñará? ¿Hace su iglesia el inventario de dones espirituales? ¿Cómo ayudará tal herramienta al reclutamiento y posicionamiento de voluntarios?

4. ¿Examina su iglesia al personal pagado y a los voluntarios? ¿Cómo guiará usted a una iglesia a desarrollar y adoptar un proceso de examen? ¿Quién estará a cargo de este proceso? ¿Cómo lo imagina?

SOLICITUD DE VOLUNTARIOS

Nombre ____________________ Domicilio ____________________

Ciudad ____________________ Código postal ____________________

Pager ____________________ Teléfono del trabajo ____________________

Correo electrónico ____________________ Número del teléfono celular ____________________

1. Estado civil: (marque todo lo que corresponda)
   ❑ Soltero ❑ Casado ❑ Divorciado
   ❑ Divorciado y casado de nuevo ❑ Separado

2. Describa brevemente cómo llegó a conocer personalmente a Jesucristo

____

____

3. ¿Ha sido bautizado como adulto? ❑ Sí ❑ No. Si su repuesta es no, ¿está dispuesto a ser bautizado? ❑ Sí ❑ No.

4. ¿Qué lo atrajo a venir a nuestra iglesia? ____________________

5. ¿Por qué quiere servir en nuestra iglesia? ____________________

____

6. ¿Está sirviendo actualmente en un área de ministerio en nuestra iglesia? ❑ Sí ❑ No. Si la respuesta es afirmativa, ¿dónde está sirviendo?

____

7. ¿Es usted actualmente miembro de un grupo pequeño para responsabilidad y crecimiento espiritual? ❑ Sí ❑ No.

8. ¿Cuáles experiencias previas de liderazgo ha tenido?

____

9. ¿Hay en su vida alguna relación rota o impura? ❑ Sí ❑ No.
Si su respuesta es sí, explique por favor: ____________________

____

10. ¿Hay en su vida algunos casos de pecado que reflejarían pobremente a Jesucristo o a su iglesia? ❑ Sí ❑ No. Si su repuesta es sí, explique:

____

11. ¿Alguna vez ha sido sometido a disciplina de la iglesia? ❑ Sí ❑ No
Si su respuesta es sí, explique por favor:

____

12. ¿En cuáles prácticas regulares participa para crecer y desarrollar su relación con Jesucristo? ______________________

13. ¿Alguna vez ha sido arrestado o acusado por un delito grave? ❑ Sí ❑ No
Si su respuesta es sí, explique por favor:

____

14. ¿Está usted dispuesto a someterse a la autoridad del equipo de liderazgo de la iglesia (junta pastoral y del personal/iglesia)? ❑ Sí ❑ No

15. Referencias: Por favor proporcione los nombres, direcciones y números telefónicos de tres personas con las que podamos ponernos en contacto a nombre de usted:

1. Miembro del personal de la iglesia: ______________________
2. Nombre: ______________________
   Dirección: ______________________ Teléfono: ____________
3. Nombre: ______________________
   Dirección: ______________________ Teléfono: ____________

______________________________ ____________________
Firma Fecha

PARA USO EXCLUSIVO DEL PERSONAL

Entrevistado por: ______________________ Fecha ____________

Firma del Director de ministerio: ____________ Fecha ____________

Firma del Pastor o ejecutivo principal: __________ Fecha ____________

Posición de liderazgo: ______________________

Esta persona informará a: ______________________

Comentarios: ______________________

____

____

____

Por
Michelle Anthony

Capítulo 15

Desarrollo de miembros del personal

A MENUDO LA IDEA DE DESARROLLO DE PERSONAL en una iglesia u organización cristiana se caracteriza por el pensamiento *ojalá yo tuviera al personal para desarrollarlo.* Muchas iglesias y organizaciones no lucrativas tienen pocos recursos o ningunos para proveer para el desarrollo de su personal. Hasta en organizaciones que tienen abundante personal, el líder a menudo está demasiado ocupado manejando la organización para tomar el tiempo para entrenar y nutrir su personal.

Con frecuencia estas mismas organizaciones han fracasado en proveer administración medianamente significativa. En algunos casos la estructura ha reducido el papel del supervisor a la inspección básica con muy poco o ningún interés por la vitalidad a largo plazo del personal o de la organización misma. Ya sea que el desafío esté en la escasez del personal o que los desafíos estén asociados con la dirección de un personal grande, es esencial un entendimiento apropiado del desarrollo del personal si la organización va a experimentar un éxito duradero.

La base bíblica del desarrollo del personal

Los equipos ministeriales están formados por gente muy diferente entre sí. Al explorar este tema, no debemos descuidar al Creador de nuestra diversidad y de nuestras necesidades singulares como seres humanos. La Escritura nos ofrece dirección para el desarrollo de los líderes cristianos. Ella encara asuntos pertinentes tales como entender la visión del ministerio, la selección de los miembros del equipo, la comunicación de las metas, el entendimiento de la contribución singular de cada miembro individual, y la asociación con ellos a largo plazo para cumplir la misión. Estos factores están en el mismo corazón del desarrollo del personal. Brevemente examinaremos algunos de los pasajes más obvios de la Escritura que se relacionan con estos importantes temas.

Ejemplos de desarrollo de personal en el Antiguo Testamento

Uno de los ejemplos más obvios en el Antiguo Testamento se ve en Josué cuando él y los israelitas se preparaban para entrar a la tierra prometida. Josué entendía la meta como Dios se la dio. Él tenía la orden de cruzar el río Jordán y entrar a la tierra prometida a él y a sus padres. Además, se le ordenó ser fuerte y valiente, obedecer los mandamientos del Señor y destruir completamente todas las naciones que habitaban Canaán (Jos. 1:1-9).

Josué recibió órdenes adicionales para seleccionar su equipo al comisionar a los rubenitas, gaditas y a la media tribu de Manasés para cruzar el río Jordán con sus hermanos, de modo que pudieran participar en las varias batallas que eran necesarias para tomar posesión de la tierra. Josué explicó el peso del llamado en sus vidas, al recordar a los guerreros que tendrían que dejar a sus esposas, a sus niños, a sus haberes y a su ganado. Él entendía que el sacrificio era grande y que algunos quizá no retornarían a su hogar (Josué 1:10-18).

Josué era un celoso comandante en jefe y líder. Él dirigió al pueblo mediante rituales y experiencias espirituales a numerosas batallas. Administró justicia y amonestó al pueblo cuando él lo necesitó. Además, él leía las Escrituras en voz alta en presencia de toda la asamblea, llevaba una vida obediente delante de ellos y nunca los dejó olvidar que Dios es un Dios santo y celoso que demandaba nada menos que completa obediencia. Josué murió a la edad de 110 años, dirigiendo y desarrollando a las doce tribus de Israel tal como había empezado, fuerte y valiente (Jos. 5:3; 7:22-26; 8:34, 35; 24:19-25, 29).

A lo largo del Antiguo Testamento encontramos varios ejemplos de líderes que formaron su equipo para servir junto a ellos, para estar asociados con ellos para cumplir su meta. El origen final de esas metas era Dios mismo. Él las articuló con claridad y detalle a aquellos que participarían en su cumplimiento. Después de Josué vemos a David y a sus hombres fuertes conquistando algunos de los ejércitos más poderosos que jamás se hayan formado. Nehemías comisionó a su equipo diverso y talentoso con la tarea de reconstruir el templo en Jerusalén. Muchas personas a lo largo del Antiguo Testamento podrían ser citadas como ejemplos excelentes de líderes que desarrollaron a su personal.

Ejemplos de desarrollo de personal en el Nuevo Testamento

Al entrar al Nuevo Testamento nos convertimos en testigos de un proceso de selección de personal como no hubo ninguno otro en la historia. Jesús emprendió la selección de sus discípulos y empezó a revelar la misión que moldearía sus vidas en los años por venir. Poco sabía alguno de ellos que cuando decidieran seguir a Jesús toda la historia giraría sobre este proceso de selección. Jesús es el líder maestro y podemos aprender de su ejemplo. Primero que todo, Jesús era intencional acerca de los que escogía para su equipo. En ninguna parte de la Escritura lo vemos colocando un aviso pidiendo solicitantes para unirse a su equipo de personal. Por el contrario, Jesús era claro acerca de los que él quería, y escogió a cada uno de ellos con una invitación individual.

En segundo lugar, aunque muchos otros fueron invitados a seguir y tener sus vidas transformadas por Cristo, serían estos doce lo que recibirían una invitación especial para unirse al círculo interno de discípulos. Ellos cumplieron su plan de evangelizar al mundo entero con el mensaje del amor y redención de Dios. Él implacablemente enseñó a sus discípulos su único método de alcanzar al mundo con el mensaje del evangelio. Quería estar seguro de que ellos tenían un entendimiento claro de por qué el Padre lo había enviado. Él no solamente entendió la singularidad de cada discípulo; parece que él escogió a cada uno por su singular contribución al equipo como un todo. Hasta escogió un discípulo que él sabía que sería un traidor. Aunque simpatizaba con las faltas y debilidades de ellos, Jesús nunca permitió a sus discípulos usarlas como excusas para estancarse en su fe personal. El ejemplo de Jesús dejó una marca indeleble en la vida de ellos. Además, cuando él regresó al cielo, el Espíritu Santo fue enviado para morar con ellos para asegurar su servicio eficaz a largo plazo.

Mediante estos ejemplos bíblicos, y muchos más que también podrían ser citados, vemos cinco principios consistentes para desarrollar un personal ministerial. Pueden resumirse como sigue:

1. Desarrollar un claro sentido de dirección.
2. Seleccionar un equipo compatible.
3. Articular las metas y objetivos.
4. Entender las complejidades del equipo y el contexto de su ministerio.
5. Consagrarse a las metas de la organización y a los individuos en el equipo.

Estos principios de desarrollo del personal nos proveen de valiosos discernimientos acerca de la manera en que también nosotros hoy debemos desarrollar nuestros equipos para el ministerio. A menudo hay tensión entre los deseos conflictivos para alcanzar las metas de la organización del ministerio y la nutrición del personal de esa organización. A menudo son mutuamente compatibles, pero algunas veces no lo son.

Tenga un sentido claro de dirección

Lograr la dirección tiene múltiples facetas. Empieza cuando uno conoce la razón de ser de su ministerio. Obviamente, ninguna empresa ministerial puede ser todas las cosas para todos. Por ejemplo, en el contexto del ministerio tenemos iglesias, escuelas, agencias de socorro, juntas misioneras, campamentos, etc. Cada uno sirve para un propósito benéfico. Cuando cualesquiera de ellos tiene una visión borrosa acerca de su lugar único en el ministerio o de su contribución al reino, el peligro no está lejos. Por ejemplo, es posible que una iglesia atienda también las necesidades de los menos afortunados dentro de la comunidad. Sin embargo, si una iglesia se envuelve demasiado en este tipo de ministerio, corre el riesgo de perder su distinción como iglesia.

Según Kenneth Gangel, una iglesia u organización cristiana empieza con la presunción de las tres siguientes premisas para establecer metas:

1. **La organización tiene metas.** Estas pueden no estar escritas, olvidadas, o borrosas, pero la mera existencia de la organización implica alguna especie de orientación a metas.

2. **La organización tiene alguna estructura para facilitar la realización de las metas.** Esta estructura puede variar desde una persona que hace que todo suceda, hasta un sistema con un grande y complicado personal para implementar las metas mediante niveles múltiples de administración.

3. **La organización requiere un liderazgo eficaz si van a alcanzar las metas.** Rara vez las metas, si acaso, se alcanzan sin mucho pensamiento. Hay procedimientos específicos y estructuras responsables que necesitan estar en su lugar para que el logro de las metas ocurra[1].

Puesto que la mayoría de las organizaciones empieza con alguna forma de estructura orientada a alcanzar metas, muchos creen equivocadamente que esto es bastante para dirigir al personal. Nada más alejado de la verdad. Para que los miembros del personal llenen las metas de una organización, deben entender no solamente *qué* son, sino también *de dónde* vienen.

Muchas organizaciones nacen de la inspiración de un individuo o de un grupo de personas. Los líderes en la cumbre de la organización deben tener un sentido claro del *por qué* fue fundada la organización y *a dónde* va. Necesitan poder articular la razón de su existencia (bíblica y filosóficamente) y tener metas claramente definidas para la actividad del ministerio. Si esto no se hace, el desarrollo del personal es infructuoso. Esta revelación en ocasiones es malentendida, pero es un fundamento importante para el desarrollo del personal. Una descripción breve de cada uno de estos elementos es crucial antes de que nos adentremos en los detalles del desarrollo del personal. Algunos son tan importantes que se les han dedicado capítulos enteros en este libro, de modo que me referiré a ellos sólo brevemente mientras avanzamos por la discusión.

Misión. Cuando uno habla de misión se está refiriendo a la previsión de algo que "podría ser". El líder visionario percibe un camino en un tiempo en el futuro más allá de los impedimentos, de los obstáculos y de los asuntos problemáticos, hacia una "posibilidad". Estas personas conciben, para el resto de nosotros, como será este ministerio un día, y empiezan a articular su pasión por lo que podría ser. Ellas empiezan lentamente a convertir su sueño en realidad conforme estructuran y dan forma a su sueño. El lenguaje usado para describir este proceso se llama declaración de la misión. Esta visión debe estar basada bíblicamente, ser sencilla y, sin embargo, ser inspiradora, puesto que esta es la fuente de la cual fluyen todos los otros asuntos del marco de metas.

Visión. La visión difiere de la misión en que hace específico el sueño de la organización. Usualmente nos dice cómo llegaremos a la misión articulada y cómo será el resultado final de nuestros trabajos algún día. Debe ser expresada de manera descriptiva y también inspirar al oyente o al lector.

Valores esenciales. Una vez que el líder de una organización comunica claramente su misión y visión para el ministerio, debe implementarse la tarea de establecer valores esenciales. Estos valores son el corazón de la institución y describen las cualidades que estarán presentes en los miembros del personal, en los procesos y en los programas de la organización. Estos valores a menudo determinan los presupuestos, el reclutamiento de personal, y el manejo de desacuerdos entre otros asuntos, y deben ser aceptados por los que sostienen la organización.

Establecimiento de metas. Muy pronto después de que se haya determinado la misión de la organización, la visión y los valores esenciales, deben empezar a formularse las metas y objetivos. Es una tentación apresurarse a establecer metas, porque tenemos una tendencia natural a querer poner en acción la organización. Esto puede ser peligrosamente miope sin la formulación apropiada de los asuntos más amplios que provee el gran cuadro. Las metas son parte de un plan estratégico mayor, como se discutió más detalladamente en el capítulo 4 de este libro.

Las metas deben ser estratégicas, mensurables y realizables. A diferencia de una lista de deberes, las metas deben ser suficientemente desafiantes para requerir todo un tiempo especificado, usualmente un año y, sin embargo, ser suficientemente realistas para ser alcanzadas en el plazo marcado. Por ejemplo, "empezar un programa de memorización de versículos" sería algo que uno pondría en una lista de tareas, pero esto no serviría como una meta eficaz. Más bien, una meta en esta área podría ser articulada como: "revisar la agrupación por edades en el departamento de niños durante los siguientes seis meses, para desarrollar un programa apropiado por edades para la memorización de las Escrituras, que siga al currículo de fin de semana, para edades de 6 a 10 años".

Evaluación. Gangel sugiere que "el logro de metas avanza paso a paso, y su progreso debe ser controlado"[2]. Él sugiere usar el recurso de la evaluación, el refuerzo y la recompensa. La evaluación debe ser hecha por todo el equipo regularmente. Esta puede servir también como un tiempo de refuerzo para recordar las metas y tener responsabilidad por su progreso. El refuerzo puede venir también en forma de reuniones mensuales de uno por uno con miembros del personal y con sus supervisores para revisar el progreso actual de los pasos de ese mes hacia su terminación. La recompensa es un tiempo para que los miembros celebren, verbal o tangiblemente los pasos significativos dados hacia el éxito del avance de la meta. No debe descuidarse[3].

Para que el personal haga una contribución importante a la organización, debe tener clara la dirección general de esa organización. Esto incluye la capacidad para articular la misión y la visión, para demostrar mediante su comportamiento atento los valores esenciales, y tener un conocimiento activo de las metas y objetivos del ministerio de la empresa. Es responsabilidad de los líderes poder articular las metas y los objetivos. Una vez que los líderes puedan hacer esto, estarán listos para seleccionar a otros miembros del equipo ministerial que los ayudarán a convertir el sueño del ministerio en una realidad.

Selección del personal

En el libro de mejor venta *Good to Great* (Empresas que sobresalen), Jim Collins comenta sobre la importancia de seleccionar los miembros correctos para el equipo de la organización. Él usa la metáfora de "subir al autobús a la gente correcta" para describir el proceso de la selección de personal. Refiriéndose a la importancia de esta tarea para el líder, él declara, "primero quién... después qué". Collins investigó a un grupo selecto de compañías que dieron el salto de ser buenos a ser excelentes y luego sostuvieron esos resultados por más de quince años. Esto es lo que él encontró consistentemente en esas compañías con relación a sus prácticas de reclutar personal.

> Los líderes de empresas que sobresalen entendieron tres verdades sencillas. Primera, si usted empieza con "quién" en lugar de con "qué", usted puede adaptarse más fácilmente a un mundo cambiante. Si la gente se une al autobús principalmente por el destino del autobús, ¿qué pasa si después de quince kilómetros usted necesita cambiar de dirección? Usted tiene un problema. Pero si la gente está en el autobús por todos los demás que están en el autobús, entonces es mucho más fácil cambiar de dirección. Segunda, si usted tiene la gente correcta en el autobús, el problema de cómo motivar y tratar con la gente se aleja. La gente correcta no necesita ser controlada firmemente o ser despedida; ella será automotivada por el impulso interno de producir los mejores resultados y de ser parte de la creación de algo grande. Tercera, si usted tiene a la gente equivocada, no importa si usted descubre la dirección correcta; usted todavía no tendrá una gran compañía. Una gran visión sin gente grande es irrelevante[4].

Una de las decisiones más críticas que un líder hará en la iglesia u organización es a quién selecciona él como su personal. A menudo somos tentados a tomar a la primera persona cuyo corazón late y que está dispuesta a trabajar por el salario ofrecido. Pensamos ingenuamente que las cosas serán más fáciles de esta manera, de modo que nos apresuramos a llenar los huecos y luego regresamos a los asuntos "más importantes". Sin embargo, el líder sabio de un ministerio entiende que reclutar personal es una de las cosas más importantes que tendrá que hacer como administrador.

Cuando la organización tiene la gente equivocada en el autobús, sus líderes gastarán una cantidad desproporcionada de tiempo tratando con asuntos de conflictos de administración, de motivación, de corrección de errores y de falta de competencia. Todos estos erosionan el nivel de productividad de la organización e impiden que el líder haga lo que solamente él puede hacer. Collins advierte que el punto principal de la selección de personal no es solamente reunir el equipo correcto, sino introducir la gente correcta en el autobús (y sacar a la incorrecta) *antes* de que usted resuelva a dónde conducirlo[5].

No solamente el aspecto de contratar a la gente correcta es de mayor importancia, sino también identificar a aquellos individuos que actualmente están ocupando el asiento equivocado en el autobús. Las iglesias y otros ministerios cristianos son notables por no estar dispuestos a despedir a un empleado, de modo que en lugar de eso barajan de nuevo las cartas y colocan al mal empleado en un trabajo diferente. Esto permite al administrador evitar la difícil tarea de documentar una mala actuación, confrontar al individuo con la evidencia, y luego despedirlo de su puesto.

Para las iglesias y organizaciones cristianas esto puede ser un serio dilema ético y espiritual. Se supone que la iglesia es un lugar seguro que está lleno de amor y gracia. Es una familia. Sin embargo, la iglesia de hoy en día es también una organización vibrante con responsabilidad de metas y objetivos, presupuestos y juntas. ¿Cómo reconcilia uno el ideal de familia (de la que uno nunca puede ser echado a puntapiés) con la realidad de una organización (de la que uno puede ser sacado en cualquier momento)? Es dentro de esta tensión que pastores y administradores por igual se encuentran dando al empleado ineficaz otro asiento en el autobús (en el cual él puede ser competente o no), o creando un ambiente no profesional al que le falta promoción, incentivos o condiciones de trabajo propicias. Ninguna de esas soluciones es honesta o provechosa para la integridad general de la institución o del creyente. En suma, es una pobre mayordomía de los recursos de Dios.

Es verdad que hay ocasiones cuando solamente por cambiar a alguien de asiento en el autobús se hace una contribución positiva a las metas y objetivos del ministerio. Algunas veces la aptitud de una persona no es obvia hasta que tiene la oportunidad de crecer en la organización. Esta es una consideración que siempre se debe hacer antes de un despido, pero Collins apremia para que cuando usted sepa que necesita hacer un cambio de gente... ¡actúe![6]. En Efesios 4:25 somos exhortados a hablar la verdad en amor y permitir que nuestras palabras traigan gracia al momento (Efe. 4:29). Finalmente, Dios gobierna las decisiones de la gente en el ministerio, y él puede estar alentando a alguien a moverse de un área del ministerio a otra. Algunas veces él nos designa como líderes espirituales y supervisores para ser los voceros de ese mensaje. No podemos nunca subestimar la primacía de la oración cuando escogemos al personal para que cumpla La Gran Comisión de nuestro Señor, considerando la importancia de las decisiones que se nos han confiado.

La gente correcta tiene el derecho de propiedad del lugar al que van. De hecho, son una gran parte de la imaginación del camino correcto para llegar allí. Un líder de un gran personal presentará una meta básica o idea inspiradora y permitirá al personal recabar recursos, donativos y creatividad acerca de lo que es su idea y cómo llegar allí. Este modelo requiere un líder eficaz, pero humilde, que esté dispuesto a autorizar a su personal a participar en moldear la dirección. Este modelo, al contrario de un líder ejecutivo más estereotipado, tiene una grandeza duradera porque la pasión de la realización del ministerio está en el mismo ADN de cada individuo que trabaja en el proyecto o meta. El líder ejecutivo más típico parecerá exitoso y hasta puede ser capaz de crear un sentido dinámico durante su liderazgo, pero las muchas abejas obreras que ha enlistado para cumplir "su" meta se quedarán sin visión cuando se vaya o se jubile[7].

En el ministerio no podemos permitir que nuestra influencia sea grande y llena de ganancias solamente mientras dure nuestra corta contribución. Debemos estar dispuestos a escoger a los individuos que tienen cualidades de un carácter perseverante y talento para contribuir de todo corazón a la misión de la iglesia, si vamos a cambiar esta generación por amor a Dios. Debemos tener ojos para ver más allá del aquí y ahora para cimentar equipos duraderos que, con o sin nuestro liderazgo, entenderán la misión y estarán dedicados a su éxito.

Entendimiento de la singularidad del ministerio de equipo

Esta sección tratará con el miembro individual del equipo como una persona. A menudo somos tentados a desarrollar al personal para alcanzar mejor nuestras metas. El desafío ante cualquier líder ejecutivo es dar un paso atrás y ver el desarrollo del individuo también desde la perspectiva de un fin y no solamente como un medio para un fin. La gente es altamente apreciada en la Escritura y por Jesús mismo. La persona siempre fue más importante que el programa o de lo que aparentemente era lo apropiado. Jesús valoraba a la gente como la marca de calidad de su ministerio. Nosotros le hacemos un mal servicio a nuestros ministerios, y finalmente al Señor, cuando descuidamos esta atención para los miembros de nuestro propio personal. Cuando lo hacemos, somos culpables de usar a la gente en vez de desarrollarlos, y en eso está un gran secreto del desarrollo eficaz del personal. Cuando usted desarrolla su equipo como individuos, usted también construye un cimiento para el logro de un equipo eficiente. En esencia, un equipo saludable está compuesto de individuos saludables. Cuando los miembros del equipo experimentan altos niveles de satisfacción personal en su trabajo, esta también se traduce en satisfacción del equipo del ministerio.

Aunque superficialmente puede parecer sencillo, realmente es muy difícil de manejar, porque envuelve un proceso multifacético de (1) desarrollar una conciencia de lo que motiva a los miembros del personal, (2) entender la naturaleza humana, (3) tratar con expectativas no realistas, (4) evaluar los puntos fuertes y los débiles de los miembros del personal, (5) manejar el cambio y el conflicto, (6) ayudar a moldear las actitudes y conductas en el lugar de trabajo.

Aunque cada uno de estos asuntos es central para el logro de las metas de una organización, *la manera* como tratamos a nuestro personal determinará en muchas maneras el éxito duradero de esas metas. Muchos líderes superiores se concentran en el cumplimiento de las metas del ministerio con los ojos tan enfocados en el horizonte que los miembros del personal (que son los que sostienen esas metas) son pasados por alto o maltratados a lo largo del camino. Un breve resumen de cada uno de esos elementos críticos es esencial para un hábil edificador de equipo.

Motivación

Hay un número de teorías de motivación de las que podemos espigar para entender mejor lo que inspira a un individuo a la acción. Tal vez la que tiene una aplicación más directa al ministerio fue desarrollada por Frederick Herzberg. A su modelo se le conoce como la teoría de dos factores, o higiene motivadora. En su teoría Herzberg identifica un juego de factores en el ambiente de trabajo que produce satisfacción en el trabajo y otro juego que produce insatisfacción en el trabajo. Esos factores que llevan a la insatisfacción del trabajo son llamados factores de higiene, mientras que los factores que llevan a la satisfacción en el trabajo son llamados motivadores (ver figura 15.1).

Figura 15.1

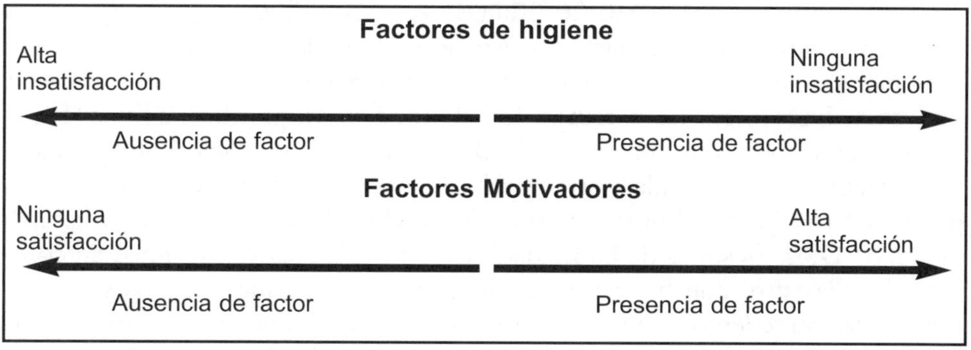

Factores de higiene. Los factores de higiene son la causa principal de la infelicidad en el ambiente de trabajo y se relacionan con el contexto del trabajo, no con el contenido cotidiano de la posición. Cuando estos factores no son provistos, el empleado se vuelve insatisfecho, pero cuando se dan apropiadamente, no necesariamente aumentan la satisfacción. Estos factores incluyen: salario, seguridad en el trabajo, condiciones de trabajo, *status*, políticas de la compañía, calidad de la supervisión técnica, y calidad de las relaciones interpersonales.

Factores motivadores. Los factores motivadores son las causas principales de la satisfacción en el trabajo. Tienen que ver directamente con el contenido del trabajo mismo y se relacionan con la naturaleza real del trabajo que la gente realiza. Cuando un patrón descuida proveer estos factores, el miembro del personal no experimentará satisfacción en el trabajo. Sin embargo, si el patrón suministra una cantidad suficiente de estos, ellos proveen una alta satisfacción y productividad. Estos factores incluyen: realización, reconocimiento, responsabilidad, avance, el trabajo mismo (desafiante y una oportunidad para la autoexpresión) y posibilidad de crecimiento (personal y profesional)[8].

Las implicaciones para el desarrollo del personal del ministerio a la luz de los factores de higiene de Herzberg descansan principalmente en los hombros de la administración dentro de la organización. Después de revisar la lista de factores necesarios para la satisfacción en el trabajo, usted verá que todos estos elementos están dentro de la capacidad de los que están en los roles como supervisores. Como cristianos debiéramos proveer las mejores condiciones de trabajo de cualquier organización comparable. Para hacer más provechosos los trabajos de nuestros empleados, concederles responsabilidad de acuerdo con el desempeño y encomiar sus realizaciones, hace mucho para aumentar la satisfacción del trabajo, como también tratarlos con amor y autoestima a lo que somos llamados como embajadores de Cristo.

La Naturaleza humana en el contexto de edificar la comunidad

Un entendimiento bíblico preciso de la naturaleza humana es central a cualquier ambiente de trabajo. La Biblia nos dice que el hombre fue creado a la imagen de Dios (Gén. 1:27), creado con el propósito de glorificar a Dios (1 Cor. 5:20), para su buena voluntad (Fil. 2:13), y, sin embargo, nació con una naturaleza pecaminosa causada por la caída de Adán (Rom. 5:12-21). Cuando el pecado entró en la raza humana fuimos destinados a la muerte segura y a la separación de Dios. Después de haber dado nuestra vida a Cristo, vivimos en constante batalla entre nuestra naturaleza de pecado en la que nacimos y nuestra nueva relación redentora. Nuestros corazones se desgarran entre querer hacer el bien y hacer el mismo mal que odiamos (Rom. 7:14-20).

Cuando contemplamos esta trágica situación a la luz del desarrollo de nuestro personal en las iglesias y en las organizaciones cristianas, debemos recordar que estamos tratando con gente caída y pecadora que anhela desesperadamente ser completamente santificada de una vez por todas. Debemos proveer ambientes auténticos y llenos de gracia para esta lucha. El desarrollo de un ambiente donde los miembros del personal son libres para reconocer esta batalla espiritual en sus vidas les permite compartir un sentido de comunidad con otros creyentes. Desafortunadamente, demasiados líderes cristianos pretenden que están por encima de la batalla y que ya no están peleando la batalla. Esto crea una falsa ilusión de haber alcanzado una madurez espiritual que está más allá de la lucha entre una naturaleza caída y un alma redimida. Compartir las luchas personales puede tener un impacto profundo en el crecimiento de los miembros del personal, en lo personal y en lo profesional. Este estilo de vida auténtico debe ser demostrado delante de nuestro personal si ellos van a respetarnos y vernos como líderes cristianos sinceros.

Expectativas no realistas

Otro aspecto en el entendimiento de las complejidades de los miembros del personal es entender las expectativas no realistas que pueden surgir en el marco del ministerio. A menudo un nuevo miembro del personal entra a su nuevo trabajo con anteojos color de rosa, similares a la fase de la luna de miel de un matrimonio. Sus expectativas de las condiciones de trabajo, realizaciones del ministerio, oportunidades de promoción y relaciones interpersonales significativas están en su nivel más alto. Sin embargo, la realidad es que la vida en el ministerio algunas veces puede ser difícil y demandante, esas expectativas son hechas añicos, dejando al individuo con sentimientos de amargura hacia el supervisor o hacia la institución como un todo.

Tomar el tiempo para pasar por los aspectos positivos y por los negativos de la posición antes de contratar al miembro del personal puede producir dividendos más tarde. Somos tentados a alabar los muchos puntos positivos de la organización y de la posición a los trabajadores potenciales porque queremos contratar a ese individuo. Tratamos de convencerlo de que nuestro personal es digno de sus esfuerzos y su lealtad. Muy pocas veces encontramos a un supervisor que se sienta con un miembro potencial del personal y le dice: "oye, mira, este es realmente un gran lugar para trabajar, pero tengo que ser honesto acerca de unas cuantas cosas". ¡Cuán refrescante sería esto en el mundo de hoy! Tal vez esta técnica podría impedir que los miembros nuevos del personal crearan y alimentaran expectativas no realistas que podrían, a la larga, ser peligrosas para la unidad de todo el personal.

Esto es particularmente cierto de aquellos que están en su primer trabajo en el ministerio. Recién salidos del colegio o seminario con un título en ministerios, muchos de estos internos entran a nuestros ministerios con la expectativa de que la vida estará llena de victorias tras victorias. Lo que ellos no pueden comprender es que las victorias generalmente vienen después de prolongadas batallas. Todos los ministerios tienen su parte de penas, política y presiones. Las largas horas son aparejadas por malos entendimientos ocasionales, y nuestros jóvenes ministros se encuentran el lunes en la mañana leyendo los anuncios clasificados en busca de otra carrera que parezca menos llena de tensiones e intensidad.

Evaluación de los miembros del personal

Cada miembro del personal trae a cualquier equipo un exceso de puntos fuertes y de debilidades inherentes. A diferencia de párrafos anteriores que tratan con la potencial falta de honestidad por parte del patrón, esta área trata con la manera en que los miembros del personal se presentan a sí mismos durante el proceso de la entrevista. La mayoría de las organizaciones cristianas pasan tiempo de sobra, durante el proceso de la entrevista, haciendo preguntas relacionadas con la espiritualidad. Algunas hasta investigan el área de los dones espirituales del candidato. Menos a menudo estas organizaciones indagan profundo en los puntos fuertes y en los puntos débiles de un individuo. Dios nos ha diseñado a cada uno con diversidad, y conviene a la administración explorar esta diversidad y considerar que es su tarea posicionar a los candidatos como corresponde.

Por ejemplo, tradicionalmente tenemos una vacante de trabajo y comprendemos lo que se requiere para hacer ese trabajo, de modo que vamos en busca de "ese" individuo. Por otra parte, podríamos encontrar a un individuo que podría traer muchos dones al equipo pero que tiene una debilidad en un área de la descripción del trabajo o de la posición. Esa misma debilidad podría ser un punto fuerte de otro miembro del personal que ya está en el equipo, pero esa persona no ha podido ejercitar esta fuerza porque no estaba en su descripción original de trabajo o posición. El líder sabio hace evaluaciones frecuentes de los puntos fuertes y débiles de los miembros del personal nuevos y actuales, y cambia las áreas de participación y administración en conformidad, permitiendo así realización, promoción, eficacia y, finalmente, satisfacción en el trabajo.

Manejo del cambio y el conflicto

Dos cosas seguras de cualquier empleo en el ministerio son el cambio y el conflicto. Vivimos en una sociedad muy cambiante en la cual las tendencias y las ideas raramente duran un año, en oposición a veinte o treinta años atrás, cuando uno podía contar con que algo iba a durar cuando menos una década antes de cambiar. Compare esta situación con la de nuestros abuelos, que pasaron toda sus vidas de adultos con relativamente poco cambio en las normas de la sociedad, en los rituales espirituales y en las formas de adorar. A la luz de esta tendencia, ¿qué enfrentará la siguiente generación?

Aunque el cambio puede tener rasgos positivos y hacer contribuciones a una organización, el cambio puede también dar un golpe destructivo a los soportes internos y externos de esa organización si no es manejado eficazmente. El punto número uno durante una temporada de cambio debiera ser la *comunicación*. Rara vez la gente responde, después de un tiempo de cambio radical en su iglesia o escuela, con la declaración, "todo salió bien, pero sólo porque yo me sentí muy informado". Nuestra meta debiera ser comunicar muy bien a nuestras congregaciones y accionistas de tal manera que su respuesta sea, "lo entendemos. Ya pueden dejar de decírnoslo".

Generalmente *pensamos* que estamos comunicando en exceso porque estamos al tanto de la abundancia de conversaciones, reuniones e información acerca de una situación particular[9]. Llegamos a fatigarnos de escuchar del asunto, de modo que suponemos que otros se sienten igual. Esta falsa suposición inevitablemente lleva al conflicto.

El desarrollo de un personal exitoso requiere un planteamiento de alerta por parte del liderazgo para anticipar la manera en que el cambio impactará al personal. Cuando se percibe que tendrá un impacto negativo, deben hacerse esfuerzos por comunicarlo al personal antes que la información se haga pública. Debe ser obvio que sus sentimientos y sus trabajos fueron tomados en consideración y que el resultado final del cambio será mucho mejor para el reino a pesar de las molestias envueltas. Sin embargo, porque el fin no justifica los medios, el personal debiera saber que sus sentimientos sí importan y que se hará todo lo posible para mitigar cualquier efecto dañino innecesario del cambio.

Cuando surge el conflicto entre el personal, como seguramente sucederá, los líderes sabios del ministerio toman todo el tiempo para reunir toda la información necesaria para implementar una estrategia de intervención. Este planteamiento se discute con más detalle en los capítulos 13 y 18, así que no tomaremos tiempo para exponerlo aquí. Baste decir que el desarrollo del personal requiere un planteamiento intencional y proactivo para resolver los conflictos interpersonales entre el personal. Nunca debe subestimarse el valor de una moral positiva. Puede tomar meses edificarla, pero segundos perderla. La confianza que está rota puede ser difícil de reparar.

Moldeo de las actitudes y comportamiento

Realmente hay dos componentes clave para moldear las actitudes y comportamientos de su personal en una organización cristiana, y esos son la oración y rendir cuentas a menudo. En rpimer lugar, como creyentes, tenemos un tremendo privilegio y responsabilidad de orar por los que están bajo nuestro cuidado. Algunas veces clasificamos solamente a los laicos en nuestras iglesias, a los niños en nuestras escuelas, o a aquellos a los que estamos ministrando como "ovejas" que necesitan nuestro cuidado, pero como supervisores esta designación también incluye a los miembros de nuestro personal. La Biblia es clara en cuanto a que debemos tomar en serio a aquellos que están bajo nuestro cuidado. Debemos estar constante y consistentemente en oración por aquellos que están en el servicio del Señor, por su fuerza, por su valor, por su crecimiento espiritual y por su resistencia al maligno. A diferencia de cualquiera de nuestros esfuerzos, el Espíritu Santo, mediante la oración, puede hacer lo imposible en las vidas de los miembros de nuestro personal.

En segundo lugar, debemos promover una cultura de rendir cuentas a menudo entre su personal. La organización que se reúne con su personal una vez al año para una revisión anual no debiera sorprenderse de descubrir una variación entre la misión de un departamento particular y la de la organización. Cuando los comportamientos o actitudes se vuelven siquiera ligeramente torcidos, es prudente enfrentar la situación inmediatamente. Esto puede hacerse al momento de tomar un café o como un comentario casual dentro de una conversación. Esto puede hacerse naturalmente durante las reuniones periódicas discutidas en el capítulo del ministerio por objetivos. Muchas veces el asunto puede ser corregido sin un daño mayor a la persona o a la organización.

Si se dejan enconarse y crecer, estas actitudes y comportamientos pueden continuar por meses y hasta años antes de que salgan a la luz. Para entonces es casi imposible, aparte de la intervención de Dios, desenredar la multitud de emociones y sentimientos de amargura a satisfacción tanto del patrón como del empleado. Desafortunadamente, muchas relaciones profesionales se dañan a lo largo del camino. Claramente hay una relación triple entre el Espíritu Santo, el supervisor y el miembro del personal en la cual cada persona debe ser responsable de cumplir su parte.

Permanecer comprometido

Cuando consideramos a grandes líderes bíblicos encontramos a Moisés, Josué, Isaías, Jeremías, Nehemías, Jesús, Pedro y Pablo (entre otros) que se comprometieron a la larga carrera del ministerio con aquellos que les fueron encomendados a su cuidado. Cada uno de ellos tuvo grandes oportunidades de frustrarse y dejar el ministerio completamente. Sin embargo, cada uno de estos hombres reconocía el llamado específico de Dios en sus vidas. Solamente él podía liberarlos de sus posiciones de liderazgo.

Como líderes cristianos que movilizan a diversos grupos de personas en el siglo veintiuno, hemos sido comisionados para dirigir mientras Dios nos llame a ese ministerio particular. Sin embargo, el mejor desarrollo de personal siempre se hace en el contexto del aprendizaje de toda la vida. Es muy interesante que esos que han hecho el impacto más profundo y significativo en nuestras vidas y ministerios no son necesariamente los que nos han asombrado con sus talentos y discernimiento, sino más bien aquellos que han permanecido a nuestro lado en las altas y bajas de la vida. Ellos han estado allí a través de los tiempos difíciles, alentando y consolando, y han estado allí en la línea lateral animándonos durante nuestros quince minutos de fama. Ellos nos ven por lo que somos, aceptan las más brillantes cualidades de nuestro Padre en nosotros, así como las cualidades que son mucho menos y que esperábamos que nadie descubriera... y ellos nos aman de todos modos.

Los que desean desarrollar su personal necesitan mantener esta clase de perspectiva en su trabajo. Ser un líder de personal que impacta una vida requiere una perspectiva de toda la vida. Tratar de ver cada oportunidad como una que da resultados no solamente hoy, sino en los años por venir. Tener esta mentalidad requerirá que usted enfrente algunos asuntos que podría estar tentado a dejar a un lado en el momento. Sin embargo, cuando uno comprende que en el mayor contexto del tiempo los asuntos no se resolverán por sí solos y que son mucho más fáciles de tratar cuando son pequeños, lo motivará a usted a manejarlos lo más pronto posible.

Usted también necesita tener en mente que le ha sido confiado por el Señor el desarrollo del ministerio de un individuo. Este hombre o mujer joven ha sido encargado a su cuidado por él para su preparación y entrenamiento. Pueden estar solamente bajo su ojo vigilante o cuidado por unos cuantos años, y luego mudarse a otros campos de oportunidad. El entrenamiento y desarrollo de educación del personal que usted les provea pueden tener un impacto de toda la vida en sus valores, creencias y prácticas del ministerio. Si usted es fiel y hace bien su trabajo puede ser bastante afortunado para tenerlos de regreso muchos años después dándole las gracias por todo lo que hizo para que ellos fueran educados y amados durante algunas temporadas difíciles del desarrollo de su carrera. ¿Qué mayor recompensa que esapodría querer alguien?

Conclusión

El desarrollo del personal es complejo y, sin embargo, es el corazón de cualquier organización cristiana eficaz. Empieza con concentrarse en el gran cuadro (saber por qué existe su ministerio y qué está destinado a hacer). Más allá del gran cuadro expresado en el propósito, usted necesita tener una mano firme al escoger a la gente correcta para las posiciones correctas. Cuando usted descubre que se han hecho malas colocaciones, necesitará intervenir y hacer los cambios necesarios. Hasta que eso ocurra el desarrollo del personal será socavado por factores que pueden estar más allá de su control. Sin embargo, una vez que sus ideas hayan tomado lugar usted está libre para avanzar al siguiente paso importante, que es la capacidad para articular su dirección. Esto genera un grado de emoción y espíritu de compañerismo en el personal.

Contrariamente a la creencia popular, la mayoría del personal no se une al equipo del ministerio meramente por el bien de la organización. Por altruista que esto sea, simplemente no es realista. Los miembros del equipo también están buscando algo que pueden llevarse de su sociedad. Pudiera ser ampliar su entrenamiento, un sentido de hacer una contribución al reino de Dios, obtener un sentido de bienestar personal, ganar algunas destrezas de trabajo específicas, o desarrollar una relación de mentoría con alguien en la organización. El líder sabio y perspicaz toma tiempo para explorar estas razones y procura negociar la manera de hacer que esas expectativas sean una realidad a la luz de los propósitos de la organización. Facilitar un arreglo en el que los dos ganan puede tener mucho que ver con la motivación para el servicio personal con un miembro del personal. Cuando se establece una alianza entre los dos, el resultado será una relación de trabajo exitosa y significativa a largo plazo.

Cuando esas expectativas mutuas no se satisfacen, el resultado inevitable es la desilusión y la decepción. Las técnicas de manejo de conflicto se adelantan al primer lugar de la preocupación, y las estrategias de intervención se implementan. El tiempo y la energía son drenadas de la empresa y el ministerio se vuelve un trabajo tedioso.

Tal vez el aspecto del desarrollo del personal que tiene más necesidad de énfasis que cualquier otro es el de que el líder ministro pastoree su rebaño, su personal. Es fundamental para un desarrollo saludable del personal ser una persona cuidadosa y educadora que vive abiertamente una vida auténtica ante su personal. Tomar el tiempo para satisfacer las necesidades individuales del personal cuando al mismo tiempo se dirigen los esfuerzos del ministerio hacia las metas organizacionales es un desafío difícil con objetivos algunas veces conflictivos. Sin embargo, es esencial para el desarrollo de un personal saludable que experimentará una satisfacción ministerial para toda la vida. Los dividendos valdrán la pena.

Por
Mark Henze

Capítulo 16

Consideraciones éticas y legales en el ministerio

Nota del Editor: Las consideraciones éticas y legales de este capítulo se refieren a los EE. UU. de A. Imposible hacer aplicaciones o adaptaciones a los países de habla castellana porque cada país tiene su propia legislación. Sin embargo, se ha traducido para quienes ministran en ese país y/o sirva como ejemplo.

EN EL MUNDO DEL MINISTERIO DE HOY, la dirección y la administración de la educación cristiana requieren cuando menos un conocimiento y un entendimiento general del clima legal actual. Este clima nunca es estático[1]. Aunque sería bueno creer que un ministro cristiano puede operar independiente de las consideraciones legales, esto no es realista ni bíblico. Muchos ministerios tienden a abrazar la ley cuando es útil, pero se quejan de que la ley no debiera aplicarse cuando es gravosa. Esta actitud, junto con una tendencia cultural a separar la ley y la religión en dos categorías que no se sobreponen, a menudo impide al ministerio utilizar eficazmente las protecciones permitidas a la vez que lleva a un gran peligro cuando otras leyes son ignoradas.

La idea de que el ministerio está exento de la ley civil no es bíblica. Tampoco lo es la creencia de que el ministerio debiera operar independientemente de las protecciones legales disponibles. En el Israel del Antiguo Testamento la ley civil y la ley religiosa eran sinónimas[2]. La ley civil constituía la misma revelación de Dios a la humanidad. En el tiempo de Jesús gran parte de la ley se había aplicado mal y había sido despojada de su propósito original. Aunque Jesús promovía el respeto y la obediencia a la ley, no obstante no dudó en desobedecer leyes que habían perdido su propósito[3]. Si embargo, él nunca sugirió que él y sus discípulos estuvieran exentos de las cargas de la ley civil apropiada debido a su misión religiosa[4]. De igual manera, Pablo nunca sugirió que él estuviera exento de la ley. De hecho, él no solamente predicaba conformidad y obediencia, sino que no vaciló en apelar a la ley para que esta lo protegiera en lo que le era posible[5].

Indirectamente, este capítulo considera los asuntos éticos tanto como los legales. Las dos están integralmente entrelazadas. Aunque puede haber ocasiones para oponerse éticamente a una provisión específica de la ley civil, los intentos de un ministerio por ignorar o alegar ignorancia de la ley no bastan. Tampoco basta el apoyo de la ética cristiana a acciones de un ministerio que flagrantemente manipula las libertades dadas por Dios o se aprovecha de ellas. Sigue siendo un argumento muy fuerte que la ética dicta conformidad con la ley en la gran mayoría de las ocasiones, mientras que la violación a las leyes tiende a ser asociada con lo no ético. La idea de que no puede legislarse la moralidad puede reconocer la incapacidad de la ley para cambiar el corazón de uno, sin embargo, deja de reconocer que los reclamos morales son a menudo la principal fuente de legislación que limita y define la actividad aceptable.

Los ministerios no pueden beneficiarse de la ley cuando al mismo tiempo alegan estar por encima de ella o exentos de ella. Recuerdo vívidamente una ocasión cuando se me acercó una iglesia que estaba enojada por la utilización que hizo otra organización caritativa del material del currículo que había sido obtenido de la iglesia sin su permiso. A pesar del deseo de la iglesia por iniciar un litigio, fui informado de que esta misma iglesia estaba siendo considerada para la misma acción debido a su negativa a obtener licencias legales de otros materiales. Ellos habían argumentado que "toda la música es música de Dios". Por otra parte, una iglesia no puede eludir sus deberes de mayordomía escudada en la creencia de que no debiera pelear una batalla apropiada y justa.

Por ejemplo, el comisario de una corte de bancarrota requirió de una iglesia que devolviera a la corte toda la cantidad del diezmo anual previo de un individuo. A pesar de que el asunto en cuestión era el motivo de la controversia y también de un alegato legal continuado, y del hecho de que una organización legal cristiana nacional estaba dispuesta a garantizar todos los costos del litigio, la junta determinó que una iglesia debiera evitar participar en disputas legales y pagó los fondos a la corte a la vez que firmó un acuerdo de no rebatir el asunto. Menos de un mes después, el Congreso pasó una nueva ley que resolvía el asunto a favor de las iglesias. Sin embargo, este ministerio había renunciado a su derecho a que le devolvieran las contribuciones.

Conceptos legales básicos

Las consideraciones éticas dentro del ministerio cristiano caen bajo cada aspecto del proceso directivo y administrativo. Este capítulo está situado bajo "reclutamiento de personal" solamente debido a la proliferación de asuntos legales que envuelven a empleados y al uso de voluntarios. En realidad, los asuntos éticos y legales también pueblan los procesos de planificación, organización, dirección y evaluación. De hecho, el gran número de tales asuntos requiere que este capítulo sea abreviado intencionalmente. Cualquier intento por cubrir todos los diversos tratamientos permitidos por las leyes federales y estatales, o tratar la gran cantidad de asuntos específicos relatados en volúmenes de casos legales no sería sabio ni útil. En lugar de eso, un objetivo que vale la pena sería estimular y entender las categorías y conceptos en la que estos asuntos pueden estar organizados. Con un desarrollo conceptual apropiado, una institución o ministerio estaría mejor capacitado para reconocer y anticipar asuntos potenciales cuando surjan.

Hay algunos conceptos preliminares que deben ser entendidos. En primer lugar, la ley viene de una diversidad de fuentes. Hay fuentes fundamentales que, dependiendo del punto de vista de uno, pueden ser descritas como derechos inalienables constitucionales, fundamentales, dadas por Dios o por la ley natural. Aunque las fuentes fundamentales en el mundo cristiano de hoy no son tan difundidas como las dadas en Deuteronomio, sirven como base para otras fuentes. A partir de esos fundamentos se ha desarrollado un cuerpo de leyes basado en la aceptación histórica y su uso. A este cuerpo de leyes se le llama ley común, o algunas veces, ley establecida por decisiones judiciales. Finalmente, los decretos específicos o reglas son decretadas para desarrollar aspectos situacionales y administrativos de la ley común. Esto es lo que se llama ley estatutaria.

En segundo lugar, hay ciertas áreas de la ley que tienden a aplicarse a todos, mientras que otras se aplican solamente a segmentos definidos de la población. Por ejemplo, aunque las leyes de contratos y responsabilidades se aplican a todos, los campos especializados de lo marítimo, de la banca, del cuidado de la salud, del crédito, de las escuelas, o de la ley de la iglesia no. Una aplicación puede cruzar fácilmente entre los campos especializados como en el caso de una escuela de una iglesia o una clínica religiosa de sicología. De igual manera, en cualquier ocasión en que uno de estos campos contrata empleados, se aplican las leyes del trabajo y de los impuestos.

En tercer lugar, ciertos cuerpos especiales de la ley tienden a incorporar una mezcla diferente de principios legales. Por ejemplo, la ley de educación a menudo depende más de directrices estatutarias específicas mientras que la iglesia depende de un complemento mayor de la Primera Enmienda y de otros asuntos constitucionales o fundamentales. La figura 16.1 representa cuatro importantes cuadrantes legales: la ley administrativa, la ley organizacional, la ley de responsabilidades y la ley constitucional[6]. La ley organizacional y la ley administrativa tienden a aplicarse más a menudo dentro del sector público, mientras que la ley de responsabilidades y la ley constitucional a menudo se convierten en asuntos dentro del sector privado.

La figura muestra, como un ejemplo, el característico traslape y el énfasis diferente que caracterizan a dos cuerpos especializados de la ley: ley escolar y ley eclesiástica. Claramente hay un área grande de la ley que se traslapa y afecta directamente a ambos cuerpos. Sin embargo, también se hace claro que la ley escolar tiende a concentrarse más en los intereses administrativos y públicos, mientras que la ley eclesiástica característicamente se encuentra tratando con los intereses constitucionales e intereses más privados.

Figura 16.1

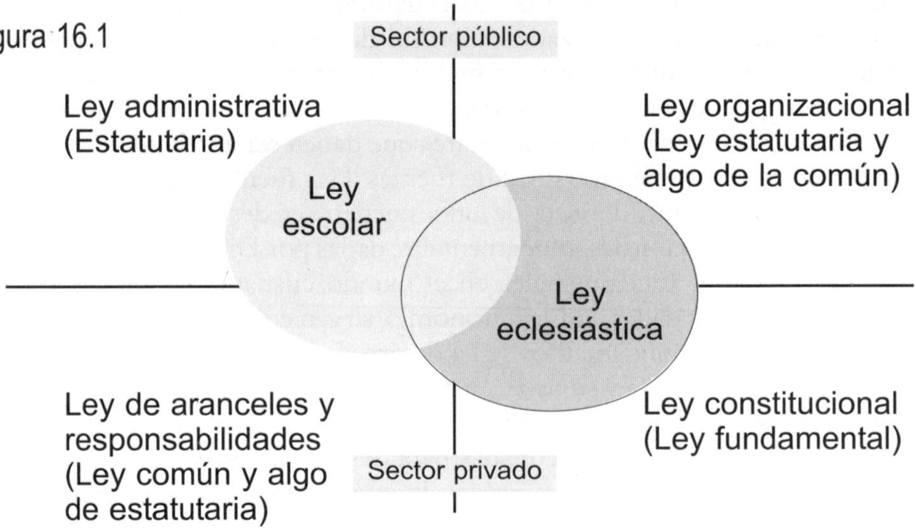

Los cuatro cuadrantes se dividen como sigue: La *ley constitucional* trata con el mismo fundamento legal y ético sobre el cual se edifican todas las otras áreas de la ley. Hoy en día, estas incluyen los fundamentos de la libertad económica y personal y la idea de los derechos inalienables, incluyendo el derecho a la libre expresión, libertad de prensa, libertad de asamblea y libre ejercicio de religión, el derecho a ser libre de la incautación del gobierno o de la institución de una religión gubernamental, el derecho a un proceso debido (incluyendo libertad de discriminación injustificada), y algunos argumentarían, el derecho a la privacidad. Debido a las características del libre ejercicio y al establecimiento de las cláusulas de la constitución, la ley de la iglesia a menudo se encuentra enredada en más asuntos constitucionales que en los asuntos administrativos o reglamentarios. De hecho, dentro del cuerpo de la ley eclesiástica, muchas áreas que conciernen a la aplicación de las leyes reglamentarias y de la ley común, necesariamente circundan también asuntos de la ley constitucional.

Bajo la rúbrica de la *ley organizacional* característicamente encontramos asuntos concernientes a la organización de negocios, corporaciones, *status* no lucrativos y tributación. Estos son de naturaleza estatutaria, aunque pueden existir algunas áreas de la ley común. Una característica de la ley estatutaria es su mutabilidad. Su autoridad depende únicamente del pasaje de legislación que puede ser fácilmente modificada o revocada de un plumazo, lo que significa un cambio en el temperamento de la mayoría. Estas leyes tienen pocas áreas grises y requieren completa conformidad. Por ejemplo, dejar de asentar a tiempo una aplicación 501(c)(3) para obtener un *status* benéfico deducible de impuestos resultará en la negativa completa del privilegio deseado[7].

Dentro de la categoría de *ley administrativa* encontramos legislación específica para la industria y las profesiones, junto con el grueso de leyes reglamentarias y de trabajo. Estas leyes tienden a ser más específicas y estrictas que las leyes de organización. Ellas dependen ampliamente de definiciones y clasificaciones y también pueden cambiar rápidamente si el tiempo y la cultura lo justifican. Aquí se encuentran asuntos tales como licencias profesionales, leyes de seguridad, de salarios y reglamentación de horarios, leyes ambientales y lugares de trabajo profesional, códigos de salud, leyes de beneficios de jubilación, leyes de construcción y de zonificación, de inspección de equipo, y muchas de nuestras leyes educacionales tales como ausencia de la escuela sin permiso, finanzas públicas y leyes curriculares. Aquí encontramos que la ley escolar está repleta a menudo de reglamentos especializados y requerimientos que deben ser adheridos antes que uno pueda llevar a cabo la función definida como una "escuela"[8]. También es aquí donde la ley eclesiástica a menudo enfrenta la interacción de la ley constitucional y reguladora.

La *ley de responsabilidades* abarca el área de aranceles fiduciarios, de fideicomisos, de agravios, junto con la ley criminal. Aquí los conceptos de responsabilidad personal y responsabilidad por nuestras acciones intencionales o de negligencia producen su efecto. Aquí hay dos divisiones de responsabilidad. La ley criminal trata con la acción y no con sus efectos a la vez que busca metas de tranquilidad social, factores disuasivos, de castigo, de retribución, de modificación de la conducta y rehabilitación. Por otra parte, los aspectos civiles de la ley de responsabilidades requieren solamente que una persona que ha sido víctima o agraviada sea compensada apropiadamente por su pérdida. Esta categoría descansa fuertemente en la ley común, aunque existan algunas definiciones estatutarias de "agravio" o de responsabilidad.

Es en esta área que tratamos con los estatutos del abuso infantil, de benevolencia, de voluntariado, y con asuntos de negligencia, y de agravios intencionales tales como asalto, difamación y fraude. Los conceptos constitucionales también establecen derechos que, una vez infringidos, llevan a la responsabilidad. Esto permite compensación por actos intencionales como la discriminación o la infracción de derechos de autor y otras leyes de propiedad.

Una mirada más cercana a los tipos de ley

Investiguemos con más detalle cada uno de estos cuadrantes.

Ley constitucional

La ley constitucional es discutiblemente la piedra angular de la sociedad americana. Para algunos, representa el gran logro de una especie comunal y supuestamente caritativa. Para otros, es una manera práctica de dividir tareas o ministerios, chequeos o balances, público o privado, y religioso o secular. Sin embargo, para los cristianos es simplemente un reflejo de la verdad universal de Dios y de la dignidad de su creación. De acuerdo con la Declaración de Independencia, "Sostenemos como evidentes estas verdades: que todos los hombres son creados iguales; que son dotados por su Creador de ciertos derechos inalienables; que entre estos están la vida, la libertad y la búsqueda de la felicidad".

La primera enmienda de la Constitución de los Estados Unidos que fue hecha aplicable a los estados individuales mediante la doctrina de la incorporación de la Catorceava Enmienda[9], provee dos áreas cruciales de libertad religiosa. Primera: la Cláusula de Establecimiento[10] provee que ningún Congreso ni legislatura estatal puede pasar ninguna ley que declare una religión nacional o estatal que imponga alguna forma particular de creencia religiosa o adoración, o respalde, ayude o promueva cualquier juego de creencias o prácticas religiosas por sobre otras. Segunda: la Cláusula del Libre Ejercicio[11] provee que ni los estados ni el gobierno federal pasarán ninguna ley que impida o prohíba cualquier forma de creencia religiosa. Aparentemente, la expresión de estas cláusulas fue clara, o hubo pocos conflictos entre el gobierno y la creencia religiosa durante el siglo y medio después de su adopción. Hay pocos procesos legales para la interpretación de estas cláusulas antes de mediados de los años 1900.

La cláusula de establecimiento nunca ha sido sostenida para provocar hostilidad entre el gobierno y la religión. Sin embargo, sí se requiere acción del gobierno para evitar el favoritismo. Por lo tanto, están prohibidas actividades religiosas, coerción de prácticas religiosas en escuelas y foros públicos, provisión de ayuda o patrocinio basados en determinados factores religiosos. Según el Juez Hugo Black, en el caso 1949 *Everson vs. Junta de Educación*[12]: "En palabras de Jefferson, la cláusula contra el establecimiento de religión por ley fue levantada para montar una 'muralla de separación entre la iglesia y el estado' ".

Desde ese tiempo la cláusula de establecimiento se ha ampliado para sugerir que las leyes federales y estatales (1) deben tener un propósito legislativo secular; (2) que el efecto primario de la ley no debe impulsar, promover o inhibir prácticas religiosas, y (3) que el estatuto no debe fomentar excesiva injerencia del gobierno en intereses religiosos[13]. Basados en este análisis, la oración colectiva[14] o lecturas bíblicas[15] en las escuelas públicas han sido prohibidas; prohibir la enseñanza de un tema educacionalmente aceptado (evolución) con propósitos religiosos ha sido proscrito[16]; y la ayuda del gobierno a las escuelas u otras organizaciones no debe ser usada para propósitos religiosos[17]. Por otra parte, las cortes generalmente no se envolverán ellas mismas en la contratación de clérigos ni en decisiones de suspensión[18] o en asuntos de gobierno eclesiástico.

Aunque la cláusula de establecimiento característicamente incluye casos sentados por individuos contra agencias del gobierno que intentan prohibir acción gubernamental, los casos de ejercicio libre característicamente envuelven a individuos que buscan exención personal de las leyes existentes. Al dar veredicto sobre asuntos de ejercicio libre, la corte debe distinguir entre la creencia de una persona y su actuación sobre esa creencia. Claramente, el derecho a la creencia de uno es libre de impedimentos, pero ¿hay un derecho correspondiente a actuar según esa creencia para detrimento de otros?

Para tomar esta determinación, la corte en Sherbert[19] y Yoder[20] estableció otra prueba de tres partes. Primera: ¿tenía la persona una sincera adhesión religiosa que resultó en el asunto en disputa?[21] Segunda: ¿Sobrecarga la ley indebidamente el libre ejercicio de la creencia religiosa de esa persona? Finalmente: ¿Es el interés del gobierno tan coercitivo al punto de provocar la infracción de los derechos del libre ejercicio de esa persona? Un componente de estas dos últimas partes incluye un análisis de si existen o no métodos que lograrían el mismo objetivo gubernamental en una manera que fuera menos importuna para los derechos religiosos del individuo.

Basada en esta prueba, la corte permite que haya escuelas parroquiales y cristianas alternativas[22], el derecho a testificar de puerta en puerta y en foros públicos[23], el acceso religioso a otros foros si rutinariamente están disponibles a organizaciones no religiosas, y discriminación sobre fundamentos de otra manera penables en la contratación de clérigos[24]. Sin embargo, la corte ha rechazado igualmente demandas para poligamia, para proteger prácticas religiosas que son ilegales[25] y acciones que son perjudiciales para la salud de otros[26].

En suma, las provisiones constitucionales, aunque proveen el fundamento para todo el sistema legal americano, también proveen una variedad de excepciones y protecciones contra la intrusión legal en creencias religiosas de buena fe. Donde existen muchos intereses religiosos legítimos (como dirigir estudios bíblicos en un hogar o hacer contribuciones a ministerios escogidos), debemos tomar la iniciativa para proteger nuestros derechos. Sin embargo, donde el asunto no tiene verdadero significado cristiano (como un derecho constitucional para hacer diferencias basadas en la raza en la contratación de clérigos), es mejor abstenerse de su uso.

Ley organizacional

Indirectamente, la ley organizacional gira en torno a los conceptos de propiedad y control (externos y también internos), de la responsabilidad de los que están en control, de la estructura de las entidades gubernamentales (con algunos lazos constitucionales obvios) y de la tributación. Un ministerio puede estar estructurado como un esfuerzo individual o como un esfuerzo conjunto de muchas personas. Si solamente un individuo está involucrado, los asuntos de control no son complicados. El individuo es solamente responsable a la sociedad y está en completo control de las decisiones del ministerio. Sin embargo, los esfuerzos conjuntos requieren más reglamentación compleja del control interno y externo. La ley de corporaciones y asociaciones de negocios (incluyendo sociedades y fundaciones) se aplicará igualmente a todas las empresas privadas en el mercado o en el ministerio.

En un esfuerzo por alentar a organizaciones que se concentran en suministrar servicios a la comunidad más que en ganancia monetaria, hay disponible para las organizaciones *no lucrativas* una variedad de beneficios especiales. Sin embargo, la designación no lucrativa significa solamente que la organización no tiene metas establecidas para derivar utilidades para sus dueños. No significa "caritativa" o "exenta de impuestos". Al tiempo de escribir esto, la mayoría de las aerolíneas son "no lucrativas", pero esto no es intencional ni han estado organizadas como corporaciones no lucrativas. Además, la designación *caritativa* no es lo mismo que una *iglesia*. Una asociación local de dueños de casas está organizada como una corporación no lucrativa; sin embargo, ni es religiosa ni caritativa en su naturaleza[27]. Por otra parte, *World Vision* (Visión Mundial) es una organización caritativa no lucrativa, pero no es una iglesia. La designación apropiada tendrá un efecto sobre los beneficios que le conceden, el fundamento detrás de su acción para dar, y los procedimientos que deben seguirse al obtener esos beneficios.

Los beneficios generalmente disponibles para una entidad no lucrativa incluyen: (a) exención de impuestos por ingresos, impuestos de propiedad e impuestos de ventas; (b) permite a sus prosélitos deducir sus donativos y contribuciones; y (c) la provisión de protecciones adicionales a oficiales y voluntarios de responsabilidad contractual y por agravio. Debe notarse que el *status* de exención de impuestos no excusa a la organización de formular una declaración de ingresos ni la exenta de pagar impuestos por ingresos que no tienen nada que ver con su propósito de exención. La exención o trato especial para propósitos de impuestos por ingresos es un asunto de la ley federal, mientras que la exención de impuestos por bienes raíces y ventas y uso de impuestos es un asunto de la ley estatal[28]. Muchos estados determinarán la elegibilidad para exención estatal dependiendo de si la organización ha calificado o no bajo la ley federal.

El Código 501 del *Internal Revenue* (Oficina de Rentas Internas) confiere y regula el *status* de exención de impuestos. Generalmente la subsección 501 (c)(3) del código determina si las contribuciones serán deducibles o no. Hay veintisiete propósitos o categorías aceptables para organizaciones exentas de impuestos listados bajo 501(c) (3), de los cuales las más comunes son (a) caritativa; (b) religiosa (c) científica (d) propósitos educacionales. En general, los requerimientos para la aprobación de una organización dependen de (a) su organización, (b) su manera de operar y (c) sus objetivos. La entidad debe tener una estructura organizacional (normalmente como una corporación no lucrativa o de responsabilidad limitada) que claramente limite las actividades de la organización a su propósito determinado; prohíbe el pago de ganancias monetarias o beneficios a sus dueños, organizadores o miembros; y requiere que cualquier activo que quede después de la disolución o cese de operaciones debe ser distribuido a otra organización calificada 501 (c)(3). La entidad debe ser operada de tal manera que claramente procure su propósito aprobado exento de impuestos; que evite la participación en campañas políticas para un cargo público; y que gaste solamente una cantidad insignificante de tiempo y recursos para intentar influir en la legislación o en objetivos políticos[29].

El *status* de exención de impuestos no es de ninguna manera un derecho ni se confiere automáticamente[30]. Una solicitud que requiere fechas límite estrictas y detalles debe ser enviada al IRS (Oficina de rentas internas). La única excepción pertenece a iglesias reconocidas que, debido a los asuntos de la Primera Enmienda, son exentas automáticamente y no se les requiere declarar con el IRS. Aunque el código IRS no contiene una definición específica del vocablo iglesia y las cortes han dependido de un número de definiciones de otras fuentes, el IRS finalmente propuso una lista de catorce criterios para ser considerados al caracterizar quién es una iglesia y quién no[31].

1. una existencia legal bien definida,
2. un credo y una forma de adoración precisos,
3. un gobierno eclesiástico definido e inequívoco,
4. un código formal de doctrina y disciplina,
5. una historia religiosa inconfundible,
6. una membresía no asociada con ninguna otra iglesia o denominación,
7. una organización de ministros ordenados,
8. ministros ordenados escogidos después de completar estudios prescritos,
9. una literatura propia,
10. lugares de adoración establecidos,
11. congregaciones regulares,
12. servicios de adoración regulares,
13. Escuelas Dominicales para instrucción religiosa de los jóvenes y
14. escuelas para la preparación de ministros.

Aunque ni un solo criterio es controlador y la aplicabilidad de los catorce no es necesariamente requerida, un número de cortes ha adoptado estas o factores similares en la definición de una "iglesia". Muchos creen que estos factores forman una definición muy estrecha y por tanto son defectuosos y sujetos a desafío[32]. Sin embargo, la lección que hay que aprender aquí es que no todas las organizaciones religiosas satisfarán la definición de una iglesia. Cuando un estatuto que no es de IRS se refiere a una iglesia, es importante revisar la definición usada para ese estatuto particular. Como resultado de la naturaleza incierta de la definición, muchas iglesias presentarán aplicación al IRS para asegurar que el *status* de exento de impuestos es reconocido apropiadamente[33].

Muchos ministerios de igual manera desearán organizarse como una corporación o una corporación de responsabilidad limitada. Tal *status* provee gran protección de responsabilidad. Mientras un individuo o socio sea responsable personalmente del contrato y obligaciones de deudas de un ministerio en posesión única o de un ministerio en sociedad, los dueños, miembros y directores de una corporación no serán tenidos como responsables indirectos de las actividades de una corporación. Además, muchas de las limitaciones estatutarias de responsabilidad negligente son aplicables solamente a corporaciones no lucrativas.

Ley administrativa

El hecho de que una organización esté exenta de impuestos no la absuelve de las leyes del trabajo y del empleo. En general, los impuestos por ingresos, el Seguro Social, y otros impuestos requeridos deben todavía ser retenidos de los empleados. Una notable excepción es el seguro federal de desempleo[34]. La retención de impuestos estatales de desempleo variará de estado a estado dependiendo del estatuto aplicable[35]. Adicionalmente, los miembros del clero ordenados o licenciados pueden excluir de su ingreso sujeto a impuesto esa cantidad de su compensación que ha sido designada como "remuneración para vivienda". Las únicas limitaciones a la cantidad designada son que la cantidad (a) debe ser razonable; (b) debe estar realmente relacionada con los costos de vivienda (incluyendo alquiler, pagos de la hipoteca, impuestos de propiedad, seguro, reparaciones, mejoras y cuidados del jardín), mobiliario y servicios; y (c) debe haber sido declarado por la iglesia empleadora antes de hacer el pago de la compensación aplicable[36].

Esta es una exención muy provechosa, y si el clérigo está haciendo pagos de hipoteca, puede resultar en una forma de deducción doble (exento del impuesto y deducible en la Cédula A para interés de la hipoteca e impuestos de la propiedad). Un litigio reciente ocasionado por el IRS (Oficina de rentas internas) procuraba aclarar algunas peculiaridades de esta exención, y resultó en una orden preliminar de una corte federal de apelaciones indicando que creía que la exención completa viola la cláusula de establecimiento de la Primera Enmienda. Sin embargo, en respuesta, el Congreso intervino y pasó el Acta de Aclaración de 2002 de Remuneración de Vivienda para Clérigos, que limita la cantidad de exención a "el valor de renta justo de la casa, incluyendo mobiliario y dependencias, como un garaje, más el costo de las utilidades"[37].

Además, todavía quedan vestigios confusos de la exención del Seguro Social del pastor y de la iglesia. Aunque un pastor calificado puede reclamar una exención de participación sobre la base de que sus convicciones religiosas se oponen al recibo de beneficios de un programa público y secular, el procedimiento de aplicación es arduo con plazos muy sensibles al tiempo[38]. Si un pastor exento decide participar más tarde, él probablemente no tendrá nunca la oportunidad de reclamar su exención de nuevo. Además, su iglesia (como patrona) puede, al tiempo de su incorporación, decidir tratar a sus pastores calificados como "autoempleados" y quedar exenta de retenciones de empleado y de pagar la parte del Seguro Social del patrón a favor del pastor. Sin embargo, aunque esto puede beneficiar a la iglesia, seguramente que no beneficia al pastor, quien estará obligado a pagar el impuesto completo de Seguro Social correspondiente al Acta de Contribuciones de Autoempleados (ACAE).

Es seguro asumir que todas las otras leyes de trabajo reglamentarias se aplican también. Sin embargo, muchas de estas leyes exentan a organizaciones que, o emplean solamente un número pequeño de personas, o con ingresos brutos debajo de cierto nivel (los números varían de estatuto a estatuto)[39]. Por eso, las organizaciones e iglesias pequeñas deberán consultar los requerimientos de aplicación de cada ley específica. Las bonificaciones de compensación del trabajador se requieren característicamente[40]; sueldos y salario mínimo se aplican de la misma manera que en el mundo de los negocios "por lucro"[41]; las leyes de inmigración se ejercen en completa fuerza y efecto; y las leyes de salud y seguridad profesional se aplican aunque queda alguna interrogante de si las iglesias y muchas organizaciones caritativas pueden ser caracterizadas como "ocupadas en negocios que afectan el comercio" como lo requiere la Administración de Seguridad Profesional y de Salud (ASPS) y otras leyes.

Si la organización es una institución de caridad religiosa o iglesia, surgen diferencias mayores cuando consideramos las leyes de discriminación. Por ejemplo, el Título VII del Acta de los Derechos Civiles y también el Acta de los Americanos con Incapacidades se aplican a todos los patrones de quince o más; sin embargo, incluye provisiones estatutarias que exentan a una variedad de organizaciones religiosas e instituciones educativas que son propiedad o bajo el control de organizaciones religiosas[42]. Estas organizaciones pueden discriminar sólo respecto a la contratación de aquellos que no pertenecen o no se adhieren a los dogmas de su afiliación religiosa particular. A pesar de la creencia popular, estas organizaciones no son inmunes a las demandas de discriminación por personas que no son pastores, basadas en la raza, la nacionalidad, la incapacidad, el género o estado civil, a menos que tales requerimientos puedan ser establecidos como un requisito integral y razonable de sus condiciones religiosas[43].

Otras áreas administrativas incluyen la definición estatutaria de un "ministro" (para propósitos de celebrar matrimonios y tener acceso a prisiones, hospitales y a otras áreas no públicas del ministerio)[44], de licencias para profesiones no pastorales (como licencia de psicólogo), de leyes de seguridad, de propiedad intelectual y de ley de derecho de autor, de leyes de solicitud de caridad y de ley de bancarrota. Con excepciones menores, estas leyes se aplican igualmente a organizaciones lucrativas como a no lucrativas. Por ejemplo, el hecho de que una iglesia no cobra admisión a un culto de adoración o a una clase, no la exenta por el uso de materiales con derecho de autor, pues de otra manera violaría la ley del derecho de autor[45]. Además, aunque discutiblemente la Primera Enmienda debiera permitir a una iglesia solicitar respaldo y contribuciones en cualquier manera que considere adecuada, las provisiones de fraude en las leyes de seguridad estatales y federales han sido restringidas para ser aplicadas[46]. Aun el Código de Bancarrota de Estados Unidos contiene una provisión aplicable específicamente a las iglesias y a las instituciones caritativas.

El Código de Bancarrota permite a un fideicomisario recuperar cualquier pago hecho por un deudor dentro de un año anterior a la declaración de bancarrota si el pago no fue en compensación por un valor razonable recibido en restitución[47]. Por tanto, el fideicomisario está autorizado a demandar que una iglesia o institución caritativa restituya a la corte todas las contribuciones del deudor sobre el año pasado. Además, una persona que hace pagos a una corte de bancarrotas de conformidad con un plan de pagos a un asalariado aprobado (Capítulo 13) no puede hacer contribuciones caritativas durante el término del plan[48]. Sin embargo, después de un número de desafíos e intentos para cambiar la ley, el Congreso finalmente pasó el Acta de Protección de la Libertad Religiosa y Donaciones Caritativas de 1998. Esta ley protege las contribuciones caritativas previas de un deudor que ascienden a menos del 15 por ciento de su ingreso anual bruto, o cantidades que exceden ese porcentaje si el deudor ha establecido un patrón regular de donaciones similares en el pasado. Además, un deudor del plan de bancarrota llamado Capítulo 13 ahora tiene permiso para continuar con esas contribuciones regulares durante el curso de su plan de pagos.

Ley de responsabilidad

Es solamente una parte de la vida que durante el trato con empleados, voluntarios y el público, ocurran accidentes y errores y la gente es perjudicada. Además, contratos y obligaciones financieras son hechas por personas a nombre de organizaciones y la organización más tarde puede ser incapaz de pagar el compromiso o decidir no hacerlo. La responsabilidad por incumplimiento de contrato o de deudas tiende a ser menos complicada que los daños personales. Si la organización está estructurada como una corporación, los empleados individuales, directores y oficiales no serán responsables personalmente[49]. Si la organización no paga sus deudas, los acreedores pueden embargar el patrimonio propiedad de la organización, pero no pueden cobrar a los individuos envueltos en la organización. Por otra parte, si la organización no está incorporada, las deudas de la misma se convierten en responsabilidad individual de los que están en control.

Los asuntos de lesiones personales son un poco más complicados. La ley común americana estipula que cuando alguien es dañado, la persona que causó el daño tiene la responsabilidad de corregir el daño y/o compensar a la parte dañada por su pérdida. La responsabilidad puede surgir de actos intencionales y maliciosos, de falta del debido cuidado, o hasta de simples accidentes. Cuando estos ocurren, la cuestión legal gira en torno a quién es responsable y a qué grado. Si la persona dañada (o tercera parte) es parcialmente responsable, esa responsabilidad parcial también debe ser tomada en cuenta.

En general, la organización y también el empleado en cuestión son responsables de las acciones del empleado, siempre que el evento haya tenido lugar dentro del ámbito de los deberes del empleado. Esto está basado sobre el principio de la ley común de *respondeat superior*, que significa que el patrón tiene el control final sobre las acciones de sus subordinados y debe responder por las acciones de ellos. Por tanto, la responsabilidad del empleado se imputa a la organización. Sin embargo, uno debe entender cuáles actos son considerados dentro del "ámbito" de los deberes del empleado. Generalmente, esto incluye acciones que fueron autorizadas o que pudieron haber anticipado que surgirían de los deberes del empleo de uno[50]. Sin embargo, esto normalmente no incluye actos tomados en violación directa e intencional de esa autoridad. Debe hacerse una distinción entre negligencia (falta del debido cuidado) y perjuicios intencionales o criminales. La organización no será responsable si el empleado intencionalmente actúa contraviniendo sus órdenes o deberes autorizados. Como es el caso con los contratos, los empleados de corporaciones no lucrativas que no participaron personalmente[51] en la acción, también serán aislados de responsabilidad personal.

Entre algunas iglesias y organizaciones sin fines de lucro todavía hay la idea de que se benefician de una doctrina de "inmunidad caritativa". Esta doctrina en una ocasión prohibió que una organización caritativa fuera demandada o tenida por responsable por sus actos negligentes. La base fue impedir que la negligencia fortuita socavara todo el trabajo de una organización de caridad de otra manera benéfica.

Aunque esta doctrina controló las decisiones de las cortes hasta 1940, ha sido rechazada desde entonces en toda jurisdicción. Todavía surgen restos de la doctrina en ocasiones cuando se trata de reclamos iniciados por beneficiarios de servicios de caridad[52]. De otra manera, a menos que la responsabilidad sea expresamente limitada por estatuto, las iglesias y las organizaciones sin fines de lucro enfrentan las mismas consecuencias de responsabilidad que cualquiera otra entidad.

A pesar de estas limitaciones, el clima legal de hoy en día sugiere que ningún error, sin importar cuán honesto o mínimo sea, quede sin resarcir. Como resultado, el fantasma de ser tenido personalmente por responsable por errores y negligencia puede causar que los individuos eviten actividades voluntarias caritativas. Por otra parte, las organizaciones se preocupan con la perspectiva de responsabilidades inevitables que resultan del uso de voluntarios que están menos entrenados, menos comprometidos, y menos sujetos al control y a la supervisión. La preocupación pública por la viabilidad de las organizaciones no lucrativas y del servicio voluntario ha animado a muchos estados a promulgar la limitación de la responsabilidad personal de los voluntarios que realizan servicios no remunerados al requerimiento de organizaciones caritativas.

Además, el Congreso ha pasado una Acta Federal de Protección al Voluntario[53] que limita sustancialmente la responsabilidad. Esta acta se aplica nacionalmente[54] y cubre a la mayor parte de los voluntarios que ayudan a las organizaciones no lucrativas y del gobierno. El estatuto no se aplica si la acción individual es intencional o criminal, si el voluntario no estaba actuando dentro del ámbito de sus deberes voluntarios, si el voluntario no tenía licencia y realizaba un acto que requería licencia apropiada, o si involucraba el uso de un vehículo que requería por ley un seguro de responsabilidad. Además, el acta cubre solamente a los voluntarios. Aunque el voluntario no puede ser demandado, la organización todavía puede ser responsable a otros por las acciones de los voluntarios.

Las leyes de inmunidad de los voluntarios de la mayor parte de los estados y el Acta Federal de Protección al Voluntario también incluyen las actividades de buena fe de oficiales y directores no recompensados de una entidad no lucrativa. Por consiguiente, aunque un oficial o director sea claramente libre de responsabilidad por las acciones de otros en la organización, en las cuales no tuvo complicidad (por virtud de limitaciones de responsabilidad corporativa), también está libre de las decisiones que toma como miembro del consejo, a menos que sus acciones consistan en negligencia crasa, o hayan sido de naturaleza intencional o criminal, o hayan sido fuera del ámbito de su autoridad y deberes como director. El ámbito y autoridad de un director son determinados por la autoridad específica concedida al director por la organización, y por las normas de conducta establecidas para los directores de organizaciones sin fines de lucro bajo la *Revised Model Nonprofit Corporation Act* (Acta revisada de modelo de corporación no lucrativa), que ha sido promulgada por la mayoría de los estados[55].

A pesar de esas protecciones, las organizaciones siguen en riesgo. En la mayoría de los casos estos riesgos pueden ser manejados mediante una cobertura apropiada de seguro. Esta cobertura puede incluir una póliza de responsabilidad general que cubra a la organización, cobertura para vehículo motorizado para los que operan vehículos de la organización, seguro D & O (protección para directores y oficiales), y hasta una cobertura "sombrilla" que proteja al voluntario individual. Sin embargo, la cobertura no ofrece protección por mala conducta voluntaria y perversa, negligencia crasa, actividad criminal, actos de desfalco, o acciones cometidas ignorando conscientemente la ley aplicable[56]. Finalmente, una racha de reclamos de seguro (inclusive de naturaleza frívola) puede resultar en un aumento a las primas de los seguros, o hasta la falta de disponibilidad de ciertos tipos de cobertura. Otras formas de manejo de riesgo deben complementar el uso de los seguros.

Las técnicas de manejo de riesgo pueden variar, desde proveer entrenamiento de calidad y supervisión de voluntarios y empleados, hasta desarrollar manuales de política que bosquejen claramente el ámbito del empleo de uno. Los formularios de cesión que requieran la revelación de información médica y renuncia voluntaria a la responsabilidad pueden ser justificadas para ciertas actividades. Los procedimientos de matrícula y registro para guarderías infantiles y programas de Escuela Dominical son útiles. Es imperiosa la prohibición de servicios de consejería por individuos que no son pastores o que no tienen licencia. También parece aconsejable reevaluar regularmente programas y deberes por posibles consecuencias legales. Algunas de las áreas candentes de la responsabilidad personal incluyen las siguientes:

1. **Contratación negligente.** Aunque regularmente un patrón no es responsable a terceras personas por la mala conducta, intencional o criminal, de un empleado, el patrón debe ser considerado responsable bajo las mismas circunstancias por su misma negligencia. A menudo esto incluye un reclamo de que el patrón fue negligente en la selección y contratación del malhechor. ¿Tuvo la organización debido cuidado al contratar al empleado o al escoger al voluntario y colocarlo en ciertas áreas de responsabilidad? ¿Ha sido examinado el empleado o el voluntario para descubrir e investigar mala conducta pasada o para descubrir actitudes que choquen con los deberes y la seguridad de sus clientes y compañeros de trabajo? Si han sido descubiertos problemas anteriores ¿qué acciones han sido tomadas por esa persona (y por la organización) para asegurarse de que no ocurrirán de nuevo? ¿Cuál entrenamiento previo ha recibido la persona para asegurar su competencia y que él reconoce problemas y mala conducta cuando ocurren?

En resumen: un patrón tiene el deber de usar cuidado responsable al investigar a una persona en perspectiva y al evaluar si es conveniente para la posición[57]. Este deber está basado en las normas de racionabilidad, y la norma puede aumentar cuando el empleado o voluntario sea colocado deliberadamente entre clientes o compañeros que son particularmente vulnerables, como cuando se trabaja con niños, ancianos o incapacitados.

2. **Supervisión negligente.** Una vez que una persona ha sido contratada, una organización tiene el deber de supervisar, razonable y apropiadamente, las acciones de sus empleados. Muchos casos de supervisión negligente envuelven incidentes de acoso sexual hacia niños o mala conducta sexual. Cuando se trata de niños, varias cortes han sostenido que la norma apropiada de cuidado es la del padre responsable promedio; sin embargo, la organización no es una aseguradora de la seguridad del niño[58]. Estas decisiones en cuanto a la negligencia a menudo envuelven un equilibrio de la racionabilidad, el costo y la disponibilidad de medidas preventivas, junto con una consideración de las medidas usadas comúnmente en la comunidad. Hoy, en muchas comunidades se anticipa que los registros de asistencia se conserven, que los niños no sean entregados a extraños, que los cuartos de baño para niños estén restringidos, que la consejería no sea con personas del sexo opuesto a menos que sea conducida a la vista de testigos con las puertas abiertas, y que sean utilizados múltiples cuidadores durante las actividades fuera del lugar. Aunque la falla de utilizar estas medidas puede ser aceptable en pequeñas comunidades rurales, es probable que lo mismo no es razonable en un área urbana grande.

3. **Retención negligente.** Una organización puede haber actuado responsablemente en los procesos de contratación y supervisión, pero puede ser culpable de negligencia si irracionalmente retiene a un empleado después de recibir información de que el empleado ha desarrollado una propensión, patrón o disposición de colocar a otros en riesgo de daño[59]. La supervisión negligente y la retención a menudo van de la mano. Si es posible rehabilitar apropiadamente a un empleado y supervisar y aislar al empleado de situaciones donde puede ocurrir daño, generalmente no es negligente retener al empleado. Por otra parte, si tales precauciones no están disponibles o son irracionales, puede ser más sensato dejar ir al empleado. Finalmente, la organización debe equilibrar los asuntos respecto a la terminación inapropiada. Si hay evidencia insuficiente de mala conducta para garantizar la terminación, puede ser más prudente establecer medidas de prevención y supervisión apropiadas.

4. **Práctica errónea.** La práctica errónea consiste en la desviación de una persona profesional de las normas razonables del cuidado esperado de los que están en esa profesión. Los reclamos por práctica errónea de los clérigos han sido adjuntados característicamente a reclamos por actos intencionales (tales como actos criminales o mala conducta sexual), o a reclamos por negligencia en la consejería. La mayoría de las cortes han rechazado estos reclamos[60], parcialmente debido a problemas para determinar cuáles deberes específicos se requieren de la profesión de "ministro"; parcialmente debido a las ramificaciones constitucionales de establecer una norma de conducta aplicable a todaos los credos religiosos; y parcialmente debido al hecho de que la mayor parte de los reclamos de presunta práctica errónea consiste de viola-

ciones de normas criminales aplicables a todos, en vez de normas aplicables específicamente al clero.

Sin embargo, hay normas profesionales claras aplicables al rol del psicólogo o consejero de salud mental. Virtualmente, todos los estados requieren la licencia para consejeros de salud mental, sin embargo, las actividades de consejería por el clero están característicamente exentas, o si no exentas por estatuto han sido consideradas exentas debido a cuestiones constitucionales del libre ejercicio. Esta exención solamente se aplica a los que satisfacen la definición de un ministro o clérigo y a menudo se aplica solamente a la consejería espiritual.

El claro traslape de la consejería espiritual y de la salud mental, junto con la dificultad para determinar cuál norma debe ser aplicada a los consejeros espirituales (preceptos espirituales o preceptos bíblicos), hace difícil determinar si los esfuerzos de consejería clerical caen dentro de las normas de cuidado de la profesión. Por causa de estos asuntos, muchas iglesias ahora requieren la remisión a consejería, o alentar al clérigo a obtener un entrenamiento apropiado y licencia como psicólogo mientras le provee un seguro apropiado de práctica errónea. Estratégicamente, muchos cuestionan si la licencia de salud mental abre la iglesia a más responsabilidad mientras que obliga a sus consejeros a aceptar y practicar dentro de las normas seculares.

5. **Confidencialidad de comunicaciones y privilegio clerical.** Confidencialidad y privilegio son dos cosas diferentes. Característicamente no hay requerimiento legal para que las conversaciones de un ministro con un feligrés sean confidenciales. De hecho, a menos que una conversación ocurra en privado sin otra persona presente y con previsión de confidencialidad, la conversación normalmente no es considerada como confidencial. En gran parte de los casos, cualquier deber de confidencialidad es de naturaleza moral, y no legal. Sin embargo, debido a las cualidades fiduciarias de la relación, la confidencialidad a menudo se espera y se requiere para mantener la eficacia y la confianza. Discutiblemente, estas conversaciones por su misma naturaleza pueden implicar un contrato o expectación de confidencialidad. Por eso, uno de los primeros asuntos que deben ser aclarados por un pastor durante una consulta es el límite de cualquier expectación de privacidad. Para evitar cualquier confusión, es imperativo que la iglesia o denominación del pastor tengan por escrito cualquier política establecida acerca de la confidencialidad de la comunicación clerical[61]. La existencia de una póliza así también será importante cuando se establezca cualquier reclamo del privilegio clerical.

A diferencia de los asuntos de confidencialidad, el concepto del privilegio trata solamente con la capacidad de obligar legalmente a un ministro a revelar comunicaciones confidenciales en una corte de ley. El fundamento es que el privilegio protegerá el derecho de una persona a la confesión religiosa (penitencia) y preservará la confidencia y el valor terapéutico de tales comunicaciones. En un tiempo todas las comunicaciones clericales eran privilegiadas; sin embargo, actualmente la existencia de un privilegio es gobernada por la ley estatal, y las comunicaciones son sólo privilegiadas si envuelven: (a) a un pastor legalmente reconocido o a un consejero con licencia como una parte[62]; (b) una comunicación privada para la que se tenía la intención de que fuera confidencial[63]; (c) cuando el pastor o consejero estaba actuando en su capacidad profesional como un consejero espiritual o consejero de la salud mental. El aconsejado no necesita ser un cliente regular del consejero o miembro de la congregación del pastor[64].

El privilegio clerical puede aplicarse a situaciones de consejería marital cuando el otro cónyuge está presente también; sin embargo, esto variará de estado a estado. Los estatutos estatales también difieren en cuanto a quién tiene el derecho a declarar o a renunciar al derecho. El pastor puede no tener derecho a renunciar al privilegio y puede ser obligado a testificar contra su voluntad si el penitente consiente en renunciar al privilegio[65]. Tal desistimiento puede ser hecho involuntariamente por un penitente que revela el contenido de una comunicación privilegiada a otros, destruyendo así la expectación de confidencialidad. El penitente también puede renunciar voluntariamente al privilegio, a condición de que la corte esté convencida de que la renuncia fue hecha deliberadamente y con un entendimiento de lo que será revelado y cómo será usado contra el penitente.

A pesar de cualquier expectación de confidencialidad o privilegio, hay ciertas situaciones en las que un ministro puede tener un deber legal para revelar. Si fuera posible, estos deberes potenciales deberán ser revelados al penitente antes de su decisión de participar en la conversación. Por ejemplo, ninguna expectación de confidencialidad o privilegio sirve para evitar que un clérigo revele a los oficiales ejecutores de la ley acerca de crímenes pasados o de intentos futuros de cometer un crimen. Sin embargo, el compartir información con las autoridades debidas se tomará sólo como un "consejo" y no la renuncia a un futuro llamado a proporcionar testimonio en la corte. Las autoridades probablemente necesitarán encontrar otra evidencia del crimen además del informe secreto del ministro.

Una reciente proliferación en el área de la ley tiene que ver con los avisos de maltrato infantil. Todos los estados tienen ahora estatutos que designan a personas en ciertas profesiones y situaciones como "informantes obligatorios" de sospechas de abuso infantil. En muchos estados, un ministro (y en casi todos los estados un maestro o consejero con licencia) es designado informante obligatorio[66]. A cambio del deber de informar, a un informante de buena fe se le concede inmunidad de responsabilidad por la revelación. Por otra parte, el fracaso de un informante obligatorio en revelar un abuso real o razonablemente sospechado constituye un acto criminal (característicamente un delito de menor cuantía), y esa concena puede afectar la capacidad de uno para mantener su licencia profesional. Además, muchos de los estatutos permiten al niño o pariente presentar una demanda por daños contra la persona que irrazonablemente dejó de informar.

Esta exigencia puede plantear un claro dilema ético para los pastores. ¿Mantienen ellos su secreto y continúan aconsejando a un penitente que por otra parte es renuente? ¿Informan y rompen su confidencialidad? ¿O le impiden a la persona más confidencias si el asunto parece estar divulgándose? Muchos pastores y consejeros han elegido revelar su deber y decisión para informar antes del comienzo de la relación confidencial. Como resultado, los que abusan de los niños y las víctimas pueden elegir evitar consejería espiritual o de salud mental que pudiera ser provechosa para los dos y para la sociedad. En cualquier caso, esta es un área donde las organizaciones no lucrativas y las iglesias necesitan investigar los requerimientos de información de sus estados y desarrollar una política claramente articulada por escrito.

Conclusión

Los asuntos legales se manejan mejor antes de que se vuelvan confrontaciones. Esto requiere que sean investigados no solamente durante las etapas operacionales (contratación de personal y dirección), sino también durante la planificación inicial y las fases de organización. Paradójicamente, la ley tiende a proveer su propia evaluación por medio de las situaciones de otros. Un proceso y las propuestas legislativas son a menudo el resultado de la evaluación de otros, y están allí para proveer señales claras a los que están atentos.

Claramente, los asuntos legales enfrentados por las iglesias y por los ministerios sin fines de lucro no son más desalentadores que los que enfrentan otros. Sin embargo, una escasez de tiempo y de recursos, junto con una actitud de que merecemos alguna absolución porque estamos en los negocios del Señor, ha creado problemas para algunas organizaciones en el pasado. Por otra parte, el conocimiento de la ley no es una licencia para empeñar nuestras libertades religiosas por posiciones indefendibles ni como un substituto de acción ética. Nuestro testimonio al mundo como individuos cristianos y como organizaciones cristianas debiera establecer nuestra capacidad realista para equilibrar las cargas y los beneficios... todo en un esfuerzo por llevar a cabo el plan de Dios.

Recursos especiales en línea

www.ChurchLawToday.com. Este sitio Web es dirigido por Christian Ministry Resources en Matthews, Carolina del Norte y Richard R. Hammar. Este es un recurso maravilloso que incluye un centro de recursos (librería), casos legales al día, artículos de interés profesional, tanto prácticos como legales, copias de legislación, gráficas de legislación concernientes a una variedad de asuntos, y numerosos boletines. Su Centro de Recursos puede ser contactado en 1-800-222-1840. Ellos son también los publicadores de varios boletines impresos que incluyen el *Church Law & Tax Reporter* (Informador de la ley e impuestos de la iglesia) bimestral. Materiales y recursos adicionales están disponibles en línea para suscriptores de sus boletines.

www.ChristianLaw.org. Este sitio Web es dirigido por la *Christian Law Association* (Asociación legal cristiana), una organización que publica numerosos libros, artículos y panfletos sobre asuntos legales de las iglesias, y ofrece consejo legal y defensa legal gratuita cuando son apropiados, y opera un programa radial diario, "The Legal Alert" (La alerta legal). El sitio Web incluye muchos artículos, casos al día, y breviarios legales de interés. Ellos pueden ser contactados en 727-399-8300.

QUINTA PARTE

DIRECCIÓN

Si alguna vez usted ha tratado de conducir una orquesta, entenderá lo que significa dirigir una organización. Se alcanza la armonía solamente si todos los involucrados están leyendo la misma página y han consentido en cooperar y compartir sus talentos hasta lleguar al final de su cometido. Sin este nivel de cooperación y apoyo mutuos, la tarea del conductor es socavada. De hecho, es dudoso que pueda lograrse ese éxito sin ellos.

La función administrativa de dirigir es muy parecida al rol de un director de orquesta. Su trabajo es sincronizar los esfuerzos del equipo ministerial. El ministro que está a la cabeza debe entender cómo delegar responsabilidades sabiamente, motivar a los diversos miembros del equipo a permanecer en la tarea, coordinar los esfuerzos de muchos para lograr el objetivo especificado, intervenir cuando las diferencias personales aparezcan en el equipo de trabajo, y facilitar el cambio conforme la organización avanza en el logro de su misión y visión. Es un trabajo incansable y frecuentemente el punto en el cual muchos administradores cristianos expresan mucha frustración porque es durante esta fase del proceso que el conflicto ocurre con mayor frecuencia. Una cosa es especificar en la descripción de un trabajo o posición *quién* debe hacer *qué*, y otra cosa muy diferente cuando los individuos se juntan para realizar esas responsabilidades con las diversas personalidades y preferencias.

La dirección tiene que ver con el manejo de la gente una vez que han llegado al lugar. Hasta este punto, la mayor parte de la administración ha tenido que ver con poner las cosas en orden conceptualmente y en el papel. Por ahora, la misión y la visión han sido establecidas. Las metas y los objetivos han sido puestos por escrito. Los recursos presupuestarios han sido distribuidos, y las tareas han sido asignadas a los roles apropiados. La autoridad y las responsabilidades han sido especificadas y la gente ha sido reclutada, orientada y entrenada para realizar esos deberes específicos. Ahora es cuando viene el verdadero desafío, porque la gente se ha presentado a trabajar.

Dirigir a la gente viene con su propio juego de desafíos comparado con las otras funciones directivas que hemos discutido hasta ahora. "Al realizar la función directiva el director se enfrenta con el desafío de proveer liderazgo al grupo de trabajo, construyendo un ambiente en el cual los individuos son motivados a realizar sus trabajos efectiva y eficientemente, y comunicando expectativas de ejecución así como proveyendo retroacción sobre los resultados. Estos elementos individuales de dirección colocan un mayor valor sobre la capacidad del director para trabajar con gente[1]".

En algún punto cada ministro supervisor se encontrará cara a cara con la realidad de que la gente no es fácil de manejar. Sin embargo, las Escrituras enseñan que no hay método para llevar a cabo la Gran Comisión que no sea por medio de voluntarios (Efe. 2:11-16). Dios ha decidido, en su plan soberano, usar voluntarios para cumplir sus propósitos y objetivos para la humanidad. Como ministros líderes debemos entrenar y equipar voluntarios para un servicio eficaz. El capítulo 18 está diseñado para proveer al ministro líder con conocimiento sobre cómo desarrollar miembros del personal ministerial. Son singulares y distintos de los voluntarios y es obligatorio que comprendamos este hecho importante. La meta de cada organización cristiana es aprender cómo evaluar las necesidades de cada miembro del personal en su organización, y proveer entrenamiento en el servicio y oportunidades de desarrollo.

Uno de los acercamientos más populares para el desarrollo del personal ha sido el aumento en el uso de consejería personal. Esto puede lograrse con una variedad de métodos, cada uno discutido en detalle en el capítulo 18. La consejería tiene muchos efectos positivos en la organización del ministerio como también en el miembro individual del equipo. Cuando se hace que la gente se sienta importante y es respetada como miembro contribuyente de la organización del ministerio, tiene un sentido de buena voluntad hacia la organización y es más exitosa en sus niveles de satisfacción. Parte del contenido de este capítulo es aprender cómo formar un programa de consejería para cumplir esto.

El capítulo 19 trata el importante tema de transformar un grupo de individuos en un equipo. Todos sabemos que un equipo puede cumplir mucho más que un grupo de gente trabajando independientemente. Sin embargo, para muchos directores cristianos el secreto para formar un equipo de un grupo es engañoso. Jesús nos demostró esto cuando vivió en la tierra. Él tomó a un grupo de hombres inexpertos y relativamente incultos y los transformó en un equipo ministerial dotado y dinámico que después pondría al mundo al revés. Esta puede ser nuestra experiencia también al aplicar el conocimiento espigado de este capítulo.

Los directores cristianos tienen su propia opinión acerca de cómo motivar a otros e influir en ellos. En la literatura a estos diferentes enfoques se les llama estilos de liderazgo. Ningún enfoque o estrategia es apropiado para toda circunstancia. Puede haber ocasiones cuando una estrategia de liderazgo particular es más apropiada debido a una amenaza particular interna o externa u oportunidad que enfrentan las organizaciones del ministerio. Cuando una organización está enfrentando una crisis, puede ser apropiado que el director adopte un estilo de liderazgo más autoritativo y directo hasta que la crisis quede bajo control. Después que las cosas se hayan asentado puede ser más apropiado un enfoque más democrático y de mayor participación, especialmente si los miembros del equipo ministerial son experimentados y bien entrenados. Hay una variedad de estrategias de liderazgo. En el capítulo 20 se discute mejor bajo cuáles circunstancias es mejor un enfoque particular.

El capítulo final en esta unidad se concentra en cómo trabajar con comités y juntas. Es una ley en algunos países que las organizaciones sin fines de lucro deben tener una junta gobernante. Estas juntas están compuestas por hombres y mujeres cuya única calificación para el servicio es un corazón dispuesto. Muchos ministerios cristianos sufren por la falta de una junta apropiadamente entrenada. Generalmente depende del director del ministerio proveer este entrenamiento, pero pocos fueron equipados para esto durante su educación en el seminario. Como resultado, muchos líderes de ministerios encuentran que trabajar con su junta o comité supervisor es una fuente de frustración y dolor. Lo que se necesita en la mayoría de los casos es un entendimiento de los roles y responsabilidades apropiados. Cuando una entidad asume la responsabilidad de la otra, puede resultar un conflicto. Un entendimiento saludable de los límites que deben existir entre juntas y ejecutivos de ministerios puede llevar a un servicio productivo y fructífero para todos los involucrados. "Buenas cercas hacen buenos vecinos" es un dicho que se aplica en esta circunstancia.

El proceso de dirigir hombres y mujeres está cargado con muchos desafíos y contingencias. Una mala elección o decisión puede convertirse en mucho más. Una respuesta mal meditada o una palabra mal dicha pueden causar un daño importante a la moral del equipo. Los errores pequeños pueden volverse grandes en un esfuerzo por cubrirlos o compensarlos. Si el director cristiano no es cuidadoso, encontrará que la sala de la corte es el resultado final de sus acciones. Dios desea que su pueblo y su ministerio sean dirigidos con efectividad y eficacia, y proveerá al administrador cuidadoso con las herramientas necesarias para el servicio. El Espíritu Santo es una excelente fuente para la aplicación en la función directiva. Él está dispuesto a proveer valioso consejo a los que lo buscan y puede ayudar a arreglar hasta los conflictos más problemáticos. Combinar un grupo de voluntarios y los miembros del personal en un equipo coherente y funcional no es un accidente y no ocurre de manera natural. Se logra como resultado de toma de decisiones sabias y dirección disciplinada de otros. Es nuestra esperanza que los capítulos de esta unidad proveerán al líder del ministerio con las herramientas necesarias para cumplir el propósito de Dios en los diversos ministerios donde serán aplicados.

Por
Richard Leyda

Capítulo 17

Desarrollo de líderes

EL DESARROLLO DE LIDERAZGO PARA el ministerio cristiano incluye el crecimiento y la maduración de los líderes que vayan surgiendo, bajo la dirección del Espíritu de Dios, para que ellos puedan estar preparados para un liderazgo de servicio eficaz. El líder cristiano no tiene tarea más crítica que la preparación de líderes futuros para llevar adelante la obra del ministerio. Esto es esencial tanto para la continua supervivencia y efectividad de cualquier organización cristiana particular, como también para su misión de enviar líderes que van surgiendo a multiplicar la obra de Dios en el mundo. Los investigadores cristianos y los seculares a menudo observan la falta de liderazgo calificado en el gobierno, las escuelas, las organizaciones religiosas, y en la sociedad en general, alrededor del mundo. Esta crisis podría también ser llamada crisis de *desarrollo del liderazgo*, debido al fracaso de los líderes en cumplir su crucial papel de preparar a otros para remplazarlos[1].

La palabra *desarrollo* a menudo se refiere al crecimiento a largo plazo de futuros líderes en dimensiones de amplio rango. El *entrenamiento* del liderazgo es algunas veces una palabra más concentrada que se usa para indicar la enseñanza de habilidades para aquellos en el liderazgo actual. En este uso, el desarrollo incluye entrenamiento y mucho más[2]. Aunque nosotros generalmente reconocemos esta diferencia aquí usaremos las palabras intercambiablemente.

Si usted es relativamente joven o nuevo en el ministerio cristiano vocacional, puede estar batallando por verse a sí mismo como un líder, ya no digamos un desarrollador de líderes. El propósito de este capítulo es ayudarlo a ver una visión de lo que Dios puede hacer a través de usted cuando empiece el proceso de entrenar y equipar a otros para papeles de liderazgo en el ministerio. Si es un ministro líder más maduro, este capítulo podría desafiarlo a pensar y darle un nuevo marco para enfocar la tarea vital de preparar a líderes fieles para el ministerio ahora y en el futuro.

¿Por qué debemos entrenar a otros?

El mandato y el patrón bíblico

La primera razón y más obvia es que es un mandato bíblico para los líderes del ministerio equipar a otros para el servicio. La Escritura revela la importancia de entrenar a líderes futuros para la obra de Dios en el mundo. Aparece ligada a la naturaleza misma de la Gran Comisión de Mateo 28:18-20 en que el mandato de "hacer discípulos" incluye el desarrollo de líderes para hacer la tarea. La práctica de Cristo fue preparar líderes para el ministerio futuro, y sus tres años de entrenamiento de los Doce es un modelo de la manera en que debe hacerse por los que vendrían después de él.

El liderazgo está siempre cargado con la responsabilidad de la reproducción de líderes y con su desarrollo. La instrucción de Pablo a Timoteo aclara esto: "Lo que oíste de parte mía mediante muchos testigos, esto encarga a hombres fieles que sean idóneos para enseñar también a otros" (2 Tim. 2:2). El desarrollo del liderazgo está en el corazón del proceso por el cual la fe se propaga y pasa de generación a generación.

La servidumbre, como Jesús la aclara en Marcos 10:45, es la imagen bíblica dominante del liderazgo. La grandeza en el reino de Dios es equiparada con el servicio a otros. Tal liderazgo de siervo puede ser mejor ejemplificado en la preparación de otros para el liderazgo; en este rol el éxito significa ayudar a otros a triunfar[3]. Tristemente, algunos líderes no se empeñan en esta tarea porque son amenazados por el éxito de otros; en lugar de esto pueden tratar de socavar su crecimiento y de mantenerlos abajo. Esto ocurre con sorprendente frecuencia en las iglesias y en otras organizaciones cristianas y causa sufrimientos a los miembros jóvenes del personal.

Una función vital y estratégica del liderazgo

El desarrollo de otros líderes es la esencia del papel del liderazgo. Esta segunda razón es aclarada por Bill Hybels: "Los líderes están haciendo lo mejor cuando están cultivando líderes en derredor de ellos. Cuando un líder desarrolla no solamente su propio potencial de liderazgo, sino que extrae el potencial de liderazgo de muchos otros líderes también, el impacto del reino de una vida se multiplica exponencialmente. Produce mucho más fruto que el logro que cualquier liderazgo solo podría tener. El impacto de la vida del líder se sentirá por muchas generaciones venideras"[4].

Una de las siete lecciones más importantes de liderazgo de Robert Clinton declara: "Los líderes eficaces reconocen la selección y el desarrollo del liderazgo como una función prioritaria"[5]. En mi papel como director residente de un programa de ministerio de una universidad vocacional, mi primera recomendación a mis estudiantes cuando buscan un lugar para servir es "encontrar un supervisor local que vea tu preparación y desarrollo como un punto importante de su ministerio". Líderes así están alertas a los líderes que van surgiendo y quieren tener la influencia más amplia y más larga posible para el reino. Esta clase de ministerio es intensa en tiempo y energía, pero la recompensa a la larga es fenomenal.

Por la presión de tareas más inmediatas y porque desarrollar otras es agotador, un líder probablemente no se comprometerá en esta función a menos que entienda cuán vital es. Entrenar a otros para hacer una tarea es muy ineficiente a corto plazo. El líder con toda probabilidad puede cumplirla más pronto y mejor. A la larga, sin embargo, la producción se multiplica por la obra del que está siendo entrenado y el líder estará libre para concentrarse en prioridades que solamente él puede cumplir.

Solamente los líderes pueden reproducir líderes

Basado en una investigación informal, John Maxwell afirma que cuatro de cada cinco individuos que llegaron a ser líderes están listos a hacerlo así por la influencia de un líder establecido que fue su mentor. Hablando generalmente, "se necesita un líder para originar a un líder"[6]. Hybels cree igualmente que solamente los líderes están singularmente posicionados para multiplicar el impacto de su papel al impactar a los líderes en desarrollo. Él afirma que los líderes aprenden mejor de otros líderes[7].

Asegurarse de que una organización tiene continuidad de liderazgo calificado puede ser el papel clave de una junta de directores o cuerpo gobernante de cualquier ministerio. Una de las responsabilidades más importantes que un líder de ministerio aceptará algún día es la planeación de su propia sucesión. Aunque no es fácil, el liderazgo corporativo reconoce la naturaleza esencial de esta importante tarea. Max De Pree declara: "Los líderes son responsables también por el liderazgo futuro. Ellos necesitan identificar, desarrollar y proteger a futuros líderes"[8]. Maxwell sostiene que el líder crea un legado solamente "cuando una persona pone su organización en una posición de hacer grandes cosas sin él"[9].

Jesús pasó los últimos tres años de su vida terrenal en planeación de la sucesión y desarrollo para la fase de la iglesia en su programa de misión. La clave de la grandeza de Jesús como líder, de acuerdo con Ken Blanchard, experto en administración, fue la naturaleza duradera de lo que él creó y de su liderazgo. "Es fácil conseguir que la gente haga lo que usted quiere que hagan cuando usted está en torno a ellos. La clave para su eficacia es cuán bien cumplen sus seguidores cuando usted no está allí"[10]. Un líder seguro y sabio tiene visión para planificar a largo plazo.

Hace algunos años uno de mis estudiantes, un residente en el ministerio juvenil de una iglesia local, me compartió la filosofía del joven pastor bajo el que estaba sirviendo. Una de las metas del pastor era preparar tan bien a los que estaban trabajando para él, que si él dejara su rol en cualquier momento, el ministerio pudiera seguir sin tropiezo. Eventualmente, él se fue y el ministerio siguió prosperando bajo la vigilancia del estudiante. Actualmente mi antiguo estudiante ha llegado a ser uno de los mejores pastores de jóvenes de la zona. Es un testimonio de la previsión de su supervisor en el ministerio.

Es una tarea gratificante del ministerio

Un líder debe comprometerse en el desarrollo y en el entrenamiento de los líderes que van surgiendo por su propio bien, porque es uno de los más gratificantes esfuerzos de la vida y del ministerio cristiano, para el presente y para la eternidad. Al principio esto puede parecer servirse a sí mismo, sin embargo, las Escrituras prometen recompensa para los que son encontrados fieles en el servicio a Cristo. Pregunte a cualquier líder maduro del ministerio cuál es uno de sus más grandes gozos y recompensas del ministerio, y él le dirá que es ver a la gente en la cual él ha invertido su vida convertirse en líderes del ministerio. Además de la recompensa a largo plazo, las relaciones provechosas que son construidas con un líder joven entusiasta y enérgico que está surgiendo pueden ser emocionantes y revitalizadoras para el entrenador.

La responsabilidad de desarrollar líderes del ministerio

Esto tiene alguna conexión con el debate continuo de la teoría del liderazgo acerca de la pregunta: "¿Los líderes nacen o se hacen?". Mucha gente ve el desarrollo como una combinación de lo innato y de los factores de la vida temprana con la educación más tarde en la vida, las experiencias del trabajo y la obra de los mentores. Una autoridad sostiene: "los líderes, entonces, son una combinación de las dos escuelas de pensamiento: nacen y se hacen. Es muy posible que mucha gente nace con los prerrequisitos, pero a pesar de ellos, solamente unos cuantos llegan a ser líderes"[11].

Desde una perspectiva cristiana uno podría hacer la pregunta en una forma diferente: "¿Está basado el servicio del ministerio únicamente en el don particular que una persona recibe en la conversión, o puede un individuo ser entrenado en el liderazgo del ministerio?". La manera en que uno responda a esta pregunta determina quién es responsable de desarrollar líderes. Malphurs señala: "Esto significa, en el contexto correcto, que tanto, uno 'nacido líder' como uno 'hecho líder' pueden lograr mucho para Dios. Y también parecería que el líder arriba del promedio o super líder es la persona que es un líder nato y desarrolla esos dones en alto grado"[12]. Desde una perspectiva cristiana, cada una de las siguientes cuatro consideraciones juega un importante papel en la determinación de quién es responsable de entrenar a otros para los papeles de liderazgo en el ministerio.

Dios es el que desarrolla a los líderes

En su soberana actuación, Dios mismo está envuelto activamente en el proceso. Él concibe individuos con talentos innatos, incluyendo los relacionados con el liderazgo, antes de que nazcan (Sal. 139:13-16). Mueve sus corazones para responder y envía al Espíritu Santo que los comisiona para morar dentro de ellos, concediéndoles dones tales como liderazgo y administración (Rom. 12:7; 1 Cor. 12:28). Él obra providencialmente como Señor de las circunstancias, trayendo eventos a la vida del líder que está surgiendo sin desperdiciar nada, incluyendo errores, en la empresa de producir madurez y preparar al líder para la obra que él planifica. Clinton observa que los que son sensibles a los procesos providenciales comprenderán quién ha diseñado su curso de estudio: "Es Dios. Cada uno de nosotros tiene cursos de liderazgo que son ajustados individualmente para nosotros por el Decano Académico"[13].

El líder que surge tiene una responsabilidad de buscar maneras para desarrollarse como un líder del ministerio

El grado de correspondencia a la acción de Dios, por parte del individuo, es un gran factor en el desarrollo del proceso. Él o ella puede oponerse a las iniciativas de crecimiento. Aunque algunas personas debaten si los rasgos comunes del liderazgo pueden ser identificados, cuando menos todos estarían de acuerdo en que la disposición de tomar un rol de liderazgo es esencial. Una posición de aprendizaje o una disposición a ser enseñado y desarrollado parecerían una característica esencial para aquellos que se desarrollarán como líderes religiosos[14].

Cualidades admirables, oportunidades de desarrollo y experiencias de trabajo son vanas sin la disposición para dirigir. Tomar riesgos, el peso de las responsabilidades, junto con los costos personales, pueden hacer que mucha gente decline el papel del liderazgo[15]. La receptividad por parte del líder potencial puede resultar en un descubrimiento de la obra soberana de Dios, y la comprensión de los dones de Dios y la preparación para el servicio. Aceptar esto como una encomienda y cooperar como un mayordomo fiel en su propio desarrollo es una parte vital del proceso de maduración del líder. Con el crecimiento en madurez, el líder es aún más responsable por la automotivación y el compromiso continuo para desarrollarse. El desarrollo del liderazgo en gran medida es un desarrollo autoiniciado, y la autoconciencia es esencial para triunfar como líder[16].

El líder desarrollador tiene un papel único

El papel del líder-mentor puede ser visto como triple:

1. señalar la obra soberana de Dios en eventos y encuentros humanos

en la vida del líder en formación;
2. ayudar al individuo a reconocer los dones y capacidades dados por Dios; y
3. ayudar premeditadamente en el desarrollo de esos dones.

Los líderes maduros debieran ayudar a proveer una perspectiva divina para el principiante. Su tarea más importante es vivir una vida de dependencia de Dios y alentar esta obediencia y modelarla activamente ante aquellos a los que dirige. De las muchas cualidades para el liderazgo espiritual que Oswald Sanders enumera en su obra clásica *Spiritual Leadership* (Liderazgo espiritual), estar lleno del Espíritu y de poder es lo que él considera como indispensable[17]. El líder maduro debiera ayudar a ver al líder que surge por su propio ejemplo lo que significa andar por fe y no por vista. La transparencia y honestidad del líder acerca de su propia debilidad y de los desafíos del ministerio darán al principiante un cuadro realista de servicio y permiso para ser menos que perfecto.

Finalmente, un líder no puede ayudar a otro a crecer más allá del nivel que él (o ella) ha alcanzado en cualquier dimensión particular de las capacidades del liderazgo; este es un principio fundamental del liderazgo del mentor. Como Cristo enseña: "El discípulo no es superior a su maestro, pero cualquiera que es plenamente instruido será como su maestro" (Luc. 6:40). Reproducimos lo que somos. Una discusión más detallada de la función y actividades de un ministro mentor se encuentra en el capítulo 20.

La iglesia u organización del ministerio tiene también un papel vital

A menudo el poder de la iglesia u organización ministerial para influir en el crecimiento de los líderes es ignorada o subempleada. El enfoque tradicional para el desarrollo del líder ha sido principalmente de preparación individual y desarrollo de técnica; sin embargo, en años recientes la influencia socializadora de la organización ha sido utilizada crecientemente para desarrollar la visión y los valores[18]. La familia, la iglesia y los amigos sirven como ambientes formativos y de soporte para moldear las creencias, los valores y el entendimiento del liderazgo de una persona joven. El descubrimiento y la afirmación de dones se logran mejor en el contexto de la comunidad, donde el líder que surge tiene la oportunidad de servir y realmente ejercer sus dones.

El concepto de ser mentor de un compañero y el de grupo de mentoría ha ganado más prominencia en la última década. Jesús formó a los Doce en la que ha sido llamada una comunidad de enseñanza premeditada. Los líderes que surgen están descubriendo este proceso de aprender juntos a suplir estructuras de entrenamiento[19].

Hace algunos años yo había expresado alguna frustración a Howard Hendricks acerca de la naturaleza individualista de los modelos para hacer discípulos que estaban de moda. Expresando preocupación similar él comentó acerca del impacto que había visto en el desarrollo espiritual de individuos mediante la dinámica de comunidades de grupos pequeños. Comparada con las posibles perspectivas limitadas de un líder mentor, el líder en entrenamiento puede recibir múltiples interacciones con individuos que tienen una amplia variedad de conocimientos y dones. Este ambiente provee terreno fértil para la crianza de futuros líderes. Los equipos de liderazgo de igual manera tienen gran potencial para producir nuevos líderes.

Componentes del desarrollo de liderazgo

Malphurs hace una distinción entre las capacidades dadas por Dios al líder potencial y las capacidades desarrolladas[20]. Las primeras comprenden dotación divina tales como los dones espirituales y los naturales, la pasión para el ministerio y el temperamento.

Prácticamente, evaluarlos podría ser enfocarlos desde el marco del acrónimo SHAPE (esta palabra en inglés quiere decir "estar en forma") de Rick Warren[21]. Uno podría llegar a entender la dirección de la vida para el ministerio y el liderazgo mediante herramientas e inventarios que ayudan a evaluar la dotación espiritual (*Spiritual giftedness*), pasión sincera (*Heart-felt passion*), capacidades (*Abilities*), personalidad (*Personality*) y experiencias en la vida (*Experiences in life*). Existe una variedad de herramientas para ayudar a los individuos a evaluarse a sí mismos en cada una de esas áreas. Malphurs y otros incluyen un número de estas en sus obras[22].

Además de estas capacidades dadas por Dios, hay también capacidades desarrolladas. Estas son capacidades de liderazgo que pueden ser nutridas y cultivadas con el tiempo. Con la ayuda de Dios el líder que surge puede llegar a ser un mejor líder conforme crece y mejora. El desarrollador del líder puede tener varios grados de impacto en estas áreas, dependiendo de una amplia variedad de factores. Aunque existen traslapes entre los grupos presentados, Malphurs organiza las capacidades desarrolladas en las siguientes cuatro áreas: carácter o trabajo del alma, cabeza o trabajo de conocimiento, capacidades o trabajo manual, y emociones o trabajo del corazón. El desarrollo en cada una de estas áreas requiere un tipo particular de enfoque deliberado[23]. Se provee una breve descripción de cada uno de estos componentes, dada su importancia.

Carácter

El carácter de una persona, la suma de sus cualidades distintivas, refleja el corazón de lo que esa persona es en lo más íntimo de su ser. El carácter es el fundamento para el liderazgo cristiano y para las otras tres categorías. Las Escrituras están de acuerdo en que las cualidades del carácter tienen un lugar central para determinar la selección del liderazgo de la iglesia, como está catalogado en pasajes como el de 1 Timoteo 3:1-7. La palabra *entrenar* puede aplicarse apropiadamente a la mayor parte de las dimensiones del liderazgo; sin embargo, por su naturaleza, uno debe "desarrollar" el carácter. Cuando se busca contratar líderes ministeriales para una iglesia u otra forma de empresa del ministerio, debe darse gran cuidado al carácter del solicitante. La pericia puede enseñarse en la orientación o en seminarios en el servicio, pero el carácter viene con el solicitante y está profundamente incrustado en el corazón del individuo. El carácter no se aprende en un seminario corto, porque los rasgos del carácter como la fidelidad, la integridad y la sabiduría son más difíciles de adquirir y requieren toda una vida para desarrollarse.

Conocimiento

El líder debe haber adquirido diferentes entendimientos y tipos de información, y ser capaz de usarlos, para ser eficaz. Frecuentemente pensamos del conocimiento cognitivo o *intelectual* adquirido en un aula de clases o seminario. Ciertamente, mucho puede aprenderse acerca de la dirección de cursos, seminarios de entrenamiento, libros de liderazgo, y especialmente de estudiar las Escrituras mismas.

Además del conocimiento intelectual, también hay conocimiento *experimental*. Este se obtiene de experiencias reales de dirección en el ministerio o de experiencias generales de la vida. La combinación del trabajo del curso intelectual mientras se está envuelto en una residencia del ministerio o posición de personal, sirve como un excelente marco para obtener y retener ambas clases de conocimiento.

El conocimiento *intuitivo* es un poco más difícil de definir; el líder sabe, pero no siempre puede articular esta fuente de conocimiento. Un líder simplemente puede expresar que cierta decisión fue basada en una "corazonada" o en un sentido de lo que era lo correcto hacer. Esta intuición puede surgir de vivir en una cultura de liderazgo por un largo período, y puede, en ocasiones, estar basada en la sensibilidad a la obra del Espíritu de Dios en la vida del líder.

Habilidades

Las conductas del liderazgo, lo que el líder hace, están incluidas en esta categoría. Las habilidades aprendidas son apropiadas y útiles aplicaciones de conocimiento para situaciones del ministerio. Un autor pone las habilidades en uno de tres grupos: habilidades técnicas, habilidades humanas, y habilidades conceptuales[24].

> Las habilidades *técnicas*, la capacidad para trabajar con cosas, usualmente son trabajos específicos y dependen de lo que el líder estará llamado a hacer; a menudo son tareas orientadas a lo práctico. Preparar un presupuesto organizacional o planear y enseñar una sesión de entre-

namiento caen dentro de esta agrupación.

Habilidades *humanas*, o habilidades de tratar con "gente", ayudan al líder a trabajar efectivamente con otros para alcanzar las metas de la organización. Ganar la confianza, la motivación, la resolución de conflictos, saber escuchar, aprovechar y reconocer las contribuciones de otros, están entre las habilidades importantes que el líder debe desarrollar.

Habilidades *conceptuales*, es la capacidad para trabajar con ideas, que incluye aplicar el conocimiento abstracto a las necesidades de la organización. Estas a menudo envuelven el "panorama general" e incluyen concebir ideas, estrategias y solución de problemas.

Aunque los líderes en todos los niveles necesitan "habilidades para tratar con gente", los líderes en niveles menores de dirección usualmente necesitan más entrenamiento en el área de habilidades técnicas. Los que están en niveles más elevados tenderán a necesitar más desarrollo en habilidades conceptuales. Los procesos de entrenamiento mencionados más tarde en este capítulo son apropiados a menudo para las habilidades de enseñanza, pero puesto que las habilidades se tratan de *hacer* actividades, el aprendiz debe tener realmente la oportunidad de practicarlas en situaciones simuladas o de trabajo verdadero. Algunas habilidades son muy sencillas y pueden ser adquiridas temprano por un líder, mientras que otras son muy complejas y requieren mucha experiencia.

Emociones

Las emociones son dadas por Dios y a menudo son descuidadas cuando se trata del asunto del desarrollo del liderazgo. El humor y la actitud de un líder tienen un impacto importante en los que lo siguen, tanto negativa como positivamente. Las reacciones emocionales impropias pueden estorbar la eficacia de un líder y dar indicadores de la necesidad de un "trabajo de corazón" más profundo. El líder debe entender su vida emocional, incluyendo necesidades e impulsos; de otra manera, el líder puede estar usando el ministerio para satisfacer necesidades emocionales personales, para controlar o para recibir aprobación, por ejemplo, en maneras inapropiadas. Las reacciones emocionales apropiadas del líder pueden ser un gran don para los seguidores, pues proveen empatía y un sentido de aprecio.

Los que entrenan a los líderes debieran poner particular atención a las reacciones emocionales de los líderes en formación con los cuales trabajan. Esto puede proporcionar conocimiento para enseñarles maneras bíblicas de manejar sus emociones. En el área de las emociones, un espíritu enseñable y la disposición a crecer son esenciales para cambiar la vida. El líder puede proveer ayuda hasta cierto nivel, pero debe estar dispuesto a referir al individuo a consejería profesional si es necesario.

Cada una de estas áreas se edifican y se integran unas con otras. Para ser eficaz, un programa exhaustivo de entrenamiento para el liderazgo debiera incluir elementos de los cuatro componentes[25]. Omitir cualquiera de estas áreas vitales pudiera llevar a un líder disfuncional porque le falta uno o más de estos elementos esenciales, o ser deficiente en ellos. Un líder saludable y bien equilibrado debe tener entrenamiento en cada una de estas áreas.

El proceso de desarrollo del liderazgo

El desarrollo de líderes es un proceso complejo, sea que se vea desde la perspectiva de un modelo bíblico o desde un enfoque secular. La tentación es presentar unos cuantos pasos fáciles para el desarrollo, pero cultivar gente para dirigir la iglesia u otras organizaciones del ministerio no es tan sencillo. Esto no significa que las secuencias de entrenamiento, como serán presentadas más tarde, no son útiles en la enseñanza de algunas dimensiones del liderazgo. Aunque nos ayudan en nuestro entendimiento del proceso involucrado, nunca debieran ser vistas como fórmulas automáticas. Sólo porque una persona asiste a un "desarrollo de liderazgo" no significa que va a salir como un líder cristiano equipado para servir al reino.

Un proceso de desarrollo de toda la vida

Después de un estudio extenso de la vida de líderes bíblicos, históricos y contemporáneos, Robert Clinton resume su punto de vista del desarrollo del liderazgo cristiano como sigue: "Dios desarrolla un líder a través de toda la vida. Ese desarrollo es por medio del uso de eventos y de gente para imprimir lecciones de liderazgo en un líder (proceso), tiempo, y la reacción del líder. La práctica es central a la teoría. Todos los líderes pueden señalar incidentes críticos en sus vidas cuando Dios les enseñó algo muy importante"[26].

Uno que desea entrenar líderes futuros debiera tomar un punto de vista y aliento de esta descripción tan perspicaz. En primer lugar, como ya fue mencionado anteriormente, Dios está supervisando el proceso.

En segundo lugar, Dios está interesado en la transformación de una persona a través de toda una vida de preparación. Con demasiada frecuencia nosotros vemos solamente el tiempo corto y no el panorama general de toda la vida. Hasta los estudios seculares del desarrollo del liderazgo reconocen las limitaciones del enfoque a corto plazo. Muchos están actualmente abogando por estrategias a largo plazo. Las experiencias que vienen temprano en la vida son útiles en el desarrollo del carácter y capacidades del liderazgo y pueden servir mejor como una función preventiva para aprendizaje posterior[27].

En tercer lugar, es un *proceso* que incluye lecciones aprendidas mediante muchos eventos diferentes y mediante gente que cruza la vida del líder en crecimiento. Una parte natural de este proceso serán períodos de progreso y retroceso aparentes. Cada circunstancia, evento y encuentro son útiles para preparar líderes, si ellos ponen atención. Dios puede usar gente, y lo hace, en particular a un desarrollador de líderes, para impresionar a ese individuo en maneras estratégicas y en tiempos críticos. Finalmente, como se declaró anteriormente, la responsabilidad del crecimiento, cuando menos en alguna medida, depende de la predisposición y receptividad del líder que surge.

Clinton ha sugerido seis etapas de desarrollo del liderazgo bíblico, tomando en cuenta el proceso natural del crecimiento interno de la vida, del ministerio, y de la madurez de la vida[28]. Aunque demasiado detallado para describirlo aquí, este diseño sería un marco valioso para ayudar a los líderes en desarrollo a entender y cooperar con la obra de Dios en sus vidas.

El diseño de Jesús para desarrollar líderes

El conocimiento respecto al proceso que Jesús usó en su plan de desarrollo de liderazgo se esboza en Marcos 3:14: "Constituyó a doce, a quienes nombró apóstoles, para que estuvieran con él, y para enviarlos a predicar y tener autoridad para echar fuera los demonios" (Mar. 3:14, 15). Este proceso de tres pasos bosquejado enseguida es paralelo a los tres puntos sugeridos por Hybels en su estrategia práctica para desarrollar líderes. En respuesta a la pregunta "¿Cómo fue que usted terminó convirtiéndose en líder?" recibió tres respuestas de líderes del ministerio[29].

1. **Constituyó.** Cristo escogió a los que serían sus líderes clave, y no fue por accidente. La primera razón dada para convertirse en líder fue, "Alguien reconoció mi potencial". Un énfasis importante para los líderes es identificar el potencial y a los líderes a los que Dios está preparando. Los que entrenan a los líderes deben aprender a reconocer cualidades de carácter ordenadas por Dios, dones y talentos. Ellos también deben orar por que surjan líderes potenciales dispuestos, y por sensibilidad a la dirección de Dios para entender con quiénes trabajar. Las iglesias y los ministerios cristianos necesitan tomar la iniciativa en su búsqueda de líderes potenciales, afirmando sus dones y capacidades y dándoles preparación más detallada en entrenamiento informal y dándoles también un marco formal para entrenamiento bíblico y teológico. El líder perspicaz debiera reconocer que los individuos más estratégicos para concentrar la energía y el tiempo serán los líderes actuales que necesitan preparación y entrenamiento para las responsabilidades actuales, además de futuros líderes enseñables que necesitan desarrollo a largo plazo[30].

2. **Para que estuvieran con él**. En los tres años de Jesús con sus discípulos, él les dio una experiencia profunda en el desarrollo del liderazgo. Todo lo que él hizo, en palabras o en acciones, tenía la intención de enseñanza o entrenamiento. A los que dirigirán la iglesia, Dios desea transformarlos a la imagen de Cristo, ser como Cristo y dirigir como Cristo lo haría. Este contex-

to de vida sobre vida revela dinámicas poderosas para la transformación de la vida y para el aprendizaje del liderazgo. La segunda razón que los líderes dieron acerca de por qué asumieron un rol de liderazgo fue, "Alguien invirtió en mí". La oportunidad más grande para influir en las creencias y valores de otra persona está en el contexto de una relación personal íntima. Cuanto más tiempo pasen juntos, más grande el impacto potencial.

Pablo habla de esta inversión del líder en las vidas de otros cuando les recuerda a sus lectores: "Tanto es nuestro cariño para vosotros que nos parecía bien entregaros no sólo el evangelio de Dios sino también nuestras propias vidas, porque habéis llegado a sernos muy amados" (1 Tes. 2:8). Pablo reconocía la necesidad de modelos de conducta en el desarrollo de discípulos y líderes. En varias epístolas él alienta a sus lectores a imitarlo o vivir de acuerdo con el patrón que él les dio. Zuck provee una percepción más profunda cuando dice: "La idea de imitación de Pablo edifica sobre su asociación personal con su convertido. Las exhortaciones en las cinco epístolas son dirigidas solamente a aquellas iglesias que él fundó. Porque ellos habían sido testigos de su vida, él podía desafiarlos a recordarlo y a seguirlo"[31].

3. **Y para enviarlos.** Este es el objetivo final del liderazgo: enviar, delegar, esparcir con el propósito de cumplir la obra del ministerio. Jesús envió primero a los Doce (Luc. 9:1, 2) y después a los setenta (Luc. 10:1) para que obtuvieran la experiencia que no podía ser obtenida de otra manera. La respuesta final de los que respondieron a Hybels acerca de la razón por la que ellos eran líderes fue: "Alguien me confió una responsabilidad". Por esta delegación el líder pone un sello de aprobación en el líder que surge y muestra confianza en la preparación. Logan y George ven el propósito principal de la delegación para desarrollar gente. Ellos afirman: "La delegación apropiada, una de las herramientas más poderosas que tenemos para el discipulado, logra que se haga el trabajo y ayuda a la gente a crecer en el proceso[32]".

En los negocios y en otros campos las experiencias de entrenamiento de mucha gente parecen realmente socavar su capacidad para funcionar eficazmente en el trabajo. A veces vemos a gente joven que en su primer rol en el ministerio tienen experiencias tan negativas que se desalientan y dejan el servicio cristiano vocacional. Hemos descubierto que un componente esencial de una experiencia exitosa es la oportunidad de que el residente tome proyectos y responsabilidades crecientemente desafiantes, con una probabilidad aumentada de éxito y una red de seguridad en forma de un supervisor o entrenador experto en el lugar. Mediante intentos reales de dirigir, el líder que surge experimenta qué es arriesgarse, fracasar, tener éxito, y el peso de la responsabilidad. La persona se esfuerza y aprende valiosas lecciones personales respecto a sí misma, a otros, y a la práctica de estar a cargo[33]. Como Sanders afirma: "La salida de un líder fuerte y dominante hace espacio para que otros surjan y se desarrollen". A menudo cuando el peso de la responsabilidad cae repentinamente sobre sus hombros, un subordinado desarrolla capacidades y cualidades que él y otros no habían sospechado que tenía. Josué nunca hubiera llegado a ser un líder sobresaliente si él hubiera permanecido como uno de los lugartenientes de Moisés[34].

En tales experiencias, los líderes cristianos jóvenes pueden verse obligados a acudir a recursos y capacidades que no habían utilizado antes y a confiar en Dios en maneras antes desconocidas. La Biblia es clara en que las pruebas y las dificultades pueden producir un carácter probado y una madurez esencial para el liderazgo en la iglesia (Stg. 1:2-4; Rom. 5:3-5).

Cuando a los líderes de negocios se les pregunta dónde obtuvieron sus capacidades para dirigir, la respuesta más común es: experiencias de trabajo y la influencia de sus jefes. Mucho menos evidente es su dependencia en la educación formal[35]. El modelo más nuevo para el entrenamiento de los empleados y ejecutivos jóvenes se ha cambiado hacia "aprendizaje por acción" en el que las asignaturas de trabajos son enfrentadas por un equipo de líderes que surgen. Tal planteamiento está basado más en los desafíos de la vida real que enfrenta una organización. Esto se ha convertido en el enfoque dominante por la última década, en comparación con el modelo más tradicional del salón de clases o el seminario de entrenamiento en el servicio.

Esta tendencia puede tener semejanzas con la práctica actual de algunas iglesias muy grandes de producir liderazgo pastoral del entrenamiento dentro de la organización y no de las escuelas teológicas formales. Un modelo de aprendizaje por acción toca ligeramente las motivaciones de los aprendices adultos, reconociendo su deseo de hacer aplicaciones actuales y valiosas de su conocimiento. En vez de separar la teoría de la práctica, la aplicación inmediata de los principios a la experiencia de la vida real se dirige a lecciones duraderas[36]. Si la meta es la preparación para la responsabilidad real, las asignaturas con el propósito de desarrollar, bien pueden ser uno de los mejores métodos para utilizar. La mera transferencia de información verbal sencillamente no tiene el impacto que compromete a toda la persona en el aprendizaje haciendo o aprendiendo por acción[37].

Modelos de desarrollo de liderazgo

Antes de empezar cualquier secuencia de entrenamiento, deben ser identificados y reclutados los individuos con el potencial para dirigir, considerando entre otros factores las cualidades, la experiencia y la disposición del aprendiz, así como las necesidades de la organización. Un líder debe evaluar cuán bien un líder potencial concuerda con las necesidades del equipo. La evaluación inicial de la necesidad de entrenamiento y desarrollo de un líder potencial en una amplia variedad de funciones y tareas requeridas por una posición particular ayuda a determinar áreas para aprendizaje y objetivos para el proceso de entrenamiento.

El acuerdo y entendimiento entre el entrenador y el aprendiz acerca de los objetivos es esencial al principio de este proceso. Los objetivos debieran ser: (1) apropiados a lo que los líderes en potencia necesitan poder hacer, (2) alcanzables, de modo que el aprendiz no se desaliente, (3) mensurables, para que todos sepan cuándo han sido alcanzados, (4) claramente declarados, para enfocar la acción, (5) desafiantes, de modo que los aprendices se esfuercen y (6) escritos, para dar el sentido de que el entrenado es responsable[38].

Tales objetivos, especialmente cuando surgen de un sentido compartido de visión y acuerdo entre el entrenador y el aprendiz, pueden servir como base para la evaluación, un aspecto crucial del entrenamiento. La evaluación es integral a todo el proceso; debe consistir en retroacción continua y también en un medio de aliento y medida de progreso, y evaluación final para dar un panorama claro del grado de logro. Smith enumera cinco criterios por los cuales el entrenador puede medir periódicamente el progreso: (1) un buen ajuste entre los requerimientos del trabajo y los talentos del aprendiz, (2) disposición del aprendiz para hacer el trabajo con entusiasmo, (3) consistencia de los esfuerzos del aprendiz, (4) resultados y productividad reales, y (5) apertura del aprendiz para ser evaluado[39].

Logan y George bosquejan un proceso de entrenamiento efectivo para trabajo relacionado con la iglesia, aunque puede ser aplicado ampliamente además en otras situaciones de entrenamiento y desarrollo[40]. El líder inicia un proceso de tres movimientos: *orientar* a los aprendices, *envolverlos* en el ministerio, y *equiparlos* para él. Aunque el modelo típico de enseñanza coloca el equipamiento antes del envolvimiento, la teoría de enseñanza experimental dice que la gente a menudo aprende mejor en el contexto de hacer y está más motivada y enseñable cuando descubre los desafíos para los cuales necesita ser equipada. En términos de líder y acciones del aprendiz, el proceso progresa en una secuencia de cinco pasos.

Maxwell sigue un proceso similar para el entrenamiento: se incluyen también sus clasificaciones y descripciones[41].

> **Paso uno: Modelo.** *Yo hago, tú observas.* El líder no solamente ha instruido verbalmente al aprendiz, pero ahora le da oportunidad para la observación de un modelo visual de todo el proceso que debe ser cumplido, realizado completa y correctamente desde el principio al fin.
>
> **Paso dos: Mentor.** *Yo hago, tú ayudas.* El líder continúa la obra, pero ahora la participación limitada da al aprendiz un sentido de realmente hacer la tarea, acompañada de retroacción y aliento del líder. El entrenador continúa la explicación del cómo de cada paso, pero ahora incluye el por qué.

Paso tres: Monitor. *Tú haces, yo ayudo.* Aquí el aprendiz toma las riendas de la tarea, y el líder ayuda y corrige de acuerdo con la necesidad. Aquí la meta es la consistencia en la ejecución apropiada de la tarea. Hacer que el aprendiz explique todo el proceso puede ser útil y reforzar el aprendizaje.

Paso cuatro: Motivar. *Tú haces, yo observo.* Esta etapa indica la conclusión del entrenamiento, de modo que el líder se aparta de la tarea, pero todavía ofrece aliento y apoyo. El sentido de logro del aprendiz puede ser un gran motivador para refinar el proceso y estimular el aprendizaje de nuevas tareas.

Paso cinco: Multiplicar. *Tú haces, yo hago algo más.* La conclusión del ciclo ocasiona que el aprendiz eventualmente se convierta en entrenador de otros en la misma tarea y que el líder se mude a otras tareas, especialmente al desarrollo de otros líderes.

Este paso final es esencial si el líder va a desarrollar a otros y soltarlos para ser creativos. Rush define la delegación como "la transferencia de autoridad, compromiso y responsabilidad de una persona o grupo a otro"[42]. Mediante ella, los líderes que surgen son autorizados y crecen conforme reciben permiso para ejercer poder (autoridad), reciben el encargo de tomar decisiones (compromiso), y son evaluados basados en el grado que han alcanzado conforme a las metas establecidas (responsabilidad).

Desarrollo del liderazgo situacional. Los procesos señalados antes muestran un número de semejanzas con un enfoque de liderazgo situacional que ha sido usado extensamente en el entrenamiento y desarrollo de líderes que surgen en organizaciones cristianas y seculares. Refiero al lector al capítulo 20, donde se provee una discusión detallada de este enfoque.

Desarrollo de un punto de vista compartido de liderazgo. El liderazgo no es una función de posición, de acuerdo con un criterio, sino de ciertas habilidades y prácticas que pueden ser aprendidas por virtualmente cualquiera en un equipo de liderazgo. Un líder puede promover un ambiente de "liberar al líder que hay en todos" al capacitar a la gente a actuar, a medida que muchos individuos en una organización toman la responsabilidad del liderazgo y llegan a ser en alto grado autodirigidos. La capacidad para operar en esa manera autodirigida puede ser construida en cantidad de maneras.

Los miembros del equipo pueden ser alentados a hacer suya la organización y su misión y pueden recibir más libertad para escoger la dirección que el grupo debe seguir. Un sentido creciente de control sobre la situación de uno y la autodeterminación inspiran confianza en el liderazgo. La competencia crece en líderes que surgen en un clima donde los errores son sencillamente una parte del aprendizaje, y la comunicación y la retroacción fluyen libremente. Cuando cada miembro del grupo posee la misión y los valores de la organización, la responsabilidad mutua del futuro de la organización es compartida, y cada uno toma la iniciativa. El líder que desea engendrar tal clima podría tratar algunas de las siguientes actitudes.

1. *Deje de tomar decisiones.* Haga que los responsables de la implementación tomen las decisiones, pero primero enséñeles cómo hacerlo.

2. *Deje de hablar en las reuniones del personal.* Úselas para escuchar y promover la comunicación dentro del equipo.

3. *Prepare oportunidades de entrenamiento.* Ponga gente en situaciones de aprendizaje donde el líder puede apoyarlos y ayudarlos exitosamente en roles de liderazgo.

4. *Comparta el panorama general.* Ayúdeles a ver el plan general y cómo su área de responsabilidad contribuye al todo.

5. *Permita que los miembros del equipo sean los maestros.* El aprendizaje de miembros del equipo más experimentados y entendidos se enriquece conforme ellos enseñan, y los miembros del equipo más nuevos aprenden también[43].

Conclusión

El desarrollo de otros líderes puede ser la responsabilidad más crucial dada a los líderes en un ministerio cristiano. Ellos deben estar envueltos en este proceso por una cantidad de razones. Está ordenado en las Escrituras, es la tarea más estratégica para multiplicar el ministerio que solamente los líderes pueden hacer, y provee tremendos beneficios. Un número de personas se compromete en la responsabilidad de desarrollar líderes y la comparte: Dios, el líder progresivo, el desarrollador de líderes y, finalmente, la comunidad desarrolladora. Las capacidades del ministerio pueden ser agrupadas en dadas por Dios y también en desarrolladas. Las capacidades desarrolladas del líder que surge se dividen entre las categorías de carácter, conocimiento, habilidades y emociones.

El proceso de Dios de desarrollar líderes dura toda la vida, usando eventos, circunstancias y gente para enseñar y entrenar. El proceso de Cristo de desarrollar los discípulos consistió en escogerlos, invertir su vida en ellos, y enviarlos a responsabilidades del ministerio. Aunque se ha presentado un número de secuencias de entrenamiento y desarrollo, generalmente todas empiezan con la selección de líderes potenciales y utilizan establecimiento de objetivos como la base para una evaluación continua y final. Los procesos envuelven una progresión de instrucción, de ejemplificación, de retroacción, y de aprendizaje activo para el aprendiz, y culminan con una delegación completa de tareas. El ciclo de desarrollo es completo cuando el aprendiz se convierte en entrenador de otros en estas mismas responsabilidades.

Por
Jane Carr

Capítulo 18

La "mentoría" en el ministerio

EL TÉRMINO MENTOR SE ORIGINÓ en la *Odisea*, el poema épico escrito por Homero, el poeta griego. Se dice que cuando Ulises, el guerrero griego, salió a pelear en la guerra de Troya, dejó a Telémaco, su joven hijo, al cuidado de un confiable guardián llamado Mentor. El sitio de Troya duró diez años, y a Ulises le tomó varios años el regreso a su hogar. A su regreso encontró que su hijo Telémaco se había convertido en un hombre bajo el sabio tutelaje de Mentor[1].

Basados en esta historia, hablamos de un mentor como alguien que afecta e influye fundamentalmente en el desarrollo de otro mediante una relación significativa. Tal vez la mejor persona para definir la "mentoría" es uno que ha tenido un mentor. Howard y Williams Hendricks lo describen de esta manera: "Lo que importa no es tanto si uno se ve a sí mismo en ese papel, sino si alguien más lo ve a uno en ese papel"[2]. Cuando otros nos describen con el título de "mentor" podemos estar seguros de que consciente o inconscientemente, intencionalmente o sin intención, hemos hecho un impacto en su vida.

Stanley y Clinton describen la relación de "mentoría" como un intercambio entre dos personas. "Mentoría es un proceso de relación en el cual un mentor, que conoce o ha experimentado algo, transfiere ese algo (recursos de sabiduría, información, experiencia, confianza, conocimiento, relaciones, estatus, etc.) a un discípulo, en un tiempo y en una manera apropiados, de manera que facilita el desarrollo o habilitación"[3].

Este tipo de relación de mentoría es evidente en algunas de las grandes figuras históricas de nuestro tiempo. Fácilmente reconocemos nombres tales como Thomas Jefferson, Wolfgang Amadeus Mozart, Susan B. Anthony y Martin Luther King, hijo, por sus contribuciones históricas que captan nuestra atención. Pero ¿qué de hombres como George Wythe, que sirvió como profesor de leyes de Thomas Jefferson y que dirigió sus lecturas y entendimiento de las filosofías políticas? Él fue un hombre que revisó bosquejos de la Declaración de Independencia, y Jefferson a menudo lo consultaba sobre asuntos políticos aun después de haber dejado la escuela de leyes[4]. ¿O qué de Elizabeth Stanton, que forjó una amistad con Susan B. Anthony, que inspiró a Susan a ser un icono público por los derechos de la mujer para poseer propiedades, para aspirar a una educación y para votar?[5] ¿O de Joseph Hayden, un compositor clásico austriaco al que Mozart admiraba grandemente y emulaba?[6] ¿O de Benjamín E. Mays, que cautivó el corazón de Martin Luther King, hijo durante los servicios de capilla en el Colegio Morehouse? King, cautivado por el ministerio de Mays, se propuso visitar regularmente la oficina de Mays para explorar sus propios pensamientos e ideas acerca del ministerio y del activismo social[7].

Obstáculos para la mentoría

Aunque claramente hay muchos beneficios de la mentoría, no es realista asumir que el proceso no requiere esfuerzo. Gran parte del esfuerzo se requiere por parte del mentor y también del protegido para hacer que el arreglo funcione eficazmente. Es útil, para aquellos que consideran establecer una relación semejante, entender que hay una cantidad de obstáculos comunes. Estos incluyen los siguientes:

1. **Sentirse inadecuado para el trabajo.** Esas personas se preguntan a sí mismas: "¿Qué tengo yo realmente qué ofrecer?". Una de las razones principales por las que no hacemos la obra de mentor es que pensamos que no tenemos nada que ofrecer. Tal vez nosotros mismos estamos apenas empezando, o pensamos que todavía tenemos mucho por aprender. El hecho del asunto es que el mentor es alguien que está sólo un paso adelante y que él mismo todavía está aprendiendo. Como dice el dicho: "La visión retrospectiva siempre es 20/20". Los mentores sencillamente comparten una visión retrospectiva, el entendimiento que viene como consecuencia de lo que ha experimentado con el paso del tiempo.

2. **Nunca haber tenido un mentor personal.** Las personas que consideran ser mentores de otras pueden vacilar si nunca han tenido un mentor ellas mismas. Se preguntan: "¿Cómo puedo ser un mentor para alguien si yo no he tenido un mentor?". La verdad es que la mayoría de nosotros nunca ha tenido una relación de mentoría formal. La palabra *mentor* suena muy ominosa. ¿Cómo podemos nosotros ser algo que nunca hemos visto o experimentado verdaderamente? El temor de lo desconocido nos impide hacer muchas cosas en la vida, incluso ser mentores. Las relaciones formales de mentoría son pocas y muy aisladas. Sin embargo, todos hemos tenido personas en nuestras vidas que han hecho una impresión en nosotros de manera significativa. La mentoría nos rodea todo el tiempo, sólo que no la reconocemos como tal.

3. **Los que equivocadamente equiparan la supervisión con la mentoría.** Los individuos con esta mentalidad se dicen a sí mismos: "Yo soy un supervisor; ¿no es la misma cosa?". A menudo pensamos que los vocablos *supervisor* y *mentor* son sinónimos, cuando de hecho no lo son. Mucha gente piensa que porque asignan tareas, vigilan el progreso y evalúan a los miembros del personal, están siendo mentores. Aunque algunas de las cosas que hacemos en la supervisión son similares a los tipos de cosas que los mentores hacen, no significa que todos los que supervisan son también mentores. Chip Bell en *Managers as Mentors* (Los administradores como mentores) afirma: "No todos los mentores son supervisores, pero todos los supervisores eficaces debieran ser mentores"[8].

4. **Líderes que tienen temor a arriesgarse a ser vulnerables.** Muchos líderes y administradores encuentran difícil ser vistos sin afectación y preguntan: "¿Qué si no estoy a la altura de sus expectativas?". Nuestro temor de que la gente se dé cuenta de quiénes somos realmente y comprenda que no somos lo que esperaban de nosotros, a menudo nos impide ser mentores. Algunas veces sencillamente tenemos que sobreponernos a nosotros mismos. La gente no quiere un retrato perfecto, un modelo a pincel; quieren alguien con quien pueden relacionarse en la vida y en el ministerio. Ellos quieren gente que luche con asuntos de la vida real así como ellos. Quieren gente que de vez en cuando se equivoque en grande y viva para contarlo.

5. **Malentendido entre mentoría y discipulado.** Algunas personas preguntan: "¿Cómo puedo yo discipular a este individuo si yo mismo no soy un líder espiritual?". Estos individuos confunden el proceso de mentoría con el discipulado. Las dos actividades son cualitativamente diferentes. Tienen diferentes propósitos, objetivos y métodos. Hacer un discípulo incluye enseñar las Escrituras, aconsejar y vivir una vida bajo el escrutinio íntimo de otro individuo que imita su andar con Cristo. Ser un mentor incluye entrenar y equipar en asuntos que atañen principalmente al desarrollo vocacional o profesional de otro. Puesto que ambas actividades requieren una relación interpersonal cercana, es comprensible que las dos a menudo sean equiparadas. Sin embargo, tienen diferentes resultados finales.

Dos modelos de mentoría

Hay varias maneras en que la mentoría puede ser cumplida con numerosas variaciones. Para los propósitos de este capítulo y en el contexto específico de la mentoría en el ministerio, dos modelos parecen proveer las mejores opciones. Puede no ser un asunto de cuál es mejor tanto como cuál es mejor dada la dinámica de la relación y los propósitos a cumplir. Las opciones son el modelo de *mentoría de iguales* y el modelo de *mentoría de brújula.*

Modelo de mentoría de iguales

También conocido como el modelo de comentoría, este enfoque a la mentoría está basado en el establecimiento de una relación de iguales. Las relaciones de mentoría de iguales son un modelo singular de mentoría. En las relaciones de mentoría de iguales, ambos individuos están aproximadamente al mismo nivel de desarrollo en términos de edad (entre cinco a seis años uno del otro), presiones de situación, madurez espiritual y experiencia en el ministerio. Estas realidades compartidas a menudo proveen apertura relacional desde el principio y oportunidad creciente de responsabilidad mutua. La mentoría de iguales difiere de otros modelos de mentoría en que está enfocada en la relación más que centrada en la necesidad. J. Robert Clinton y Richard W. Clinton describen la *Friendship Continuum*[9] (Amistad continua) como etapas identificables por las cuales la proximidad y la continuidad dan lugar a movimientos a través de cada etapa desde el contacto inicial hacia una relación de mentoría compartida. Las palabras en itálica representan límites asociados con movimiento de una etapa en lo continuo a otra.

Etapa 1	**Etapa 2**	**Etapa 3**	**Etapa 4**	**Etapa 5**
Contacto	Familiaridad	Confiado Hermano o hermana	Amigo cercano	Co-mentor
Aceptación	*Tiempo de diversión*	*Apertura*	*Confidencialidad*	
Responsabilidad	*Juntos*	*Confianza*		

Un ejemplo bíblico de este tipo de modelo es la relación que compartían Jonatán y David. Los dos eran aproximadamente de la misma edad y eran guerreros probados y líderes jóvenes. Compartían un corazón que seguía a Dios y deseaba hacer su voluntad (1 Sam. 14:6; 17:45-47). Estaban comprometidos con los mejores intereses del otro y con el futuro y familia del otro (1 Sam. 18:3; 20:12-17, 42). Cuidaban uno del otro, eran transparentes entre sí, se fortalecían y se alentaban entre sí, y estaban dispuestos a correr riesgos personales por el otro (1 Sam. 20:3, 42; 23:16, 17). Primero de Samuel 18:1 describe la profundidad de la relación de Jonatán y David: "El alma de Jonatán se quedó ligada a la de David, y Jonatán le amó como a sí mismo".

No toda amistad llegará a ser una relación de comentoría de iguales, pero las relaciones que sí lo hacen estarán caracterizadas por una apertura sin restricciones, con confianza, compromiso común, y un sentido de responsabilidad mutua. Para las relaciones significativas de comentoría son necesarios tres ingredientes de relación. Debe haber idoneidad, diversión y libertad[10].

Primero, los iguales deben ser mutuamente compatibles. Hay personas a las que nos conectamos casi sin esfuerzo. Somos atraídos a ellas de alguna manera y tenemos el deseo de llegar a conocerlos mejor. Somos más parecidos que diferentes. Compartimos una idoneidad natural. Segundo, las relaciones de mentoría de iguales debieran ser divertidas. Si usted disfruta estar con su co-mentor, querrá pasar tiempo juntos. Las relaciones estrechas son fomentadas por el tiempo que pasan juntos y por las experiencias compartidas. Las ocasiones informales como disfrutar de la comida juntos, participar de un interés común, jugar golf, o simplemente andar juntos, pueden dar las oportunidades necesarias para edificar una relación.

Un ingrediente relacional final es la libertad. Esta es la libertad para compartir abierta y honestamente uno con el otro. Los mentores iguales deben estar dispuestos a ser transparentes uno con el otro, guardar en confidencia las cosas compartidas, y alentarse y estimularse con responsabilidad mutua. Tal vez este ingrediente, más que cualquier otro, toma tiempo en desarrollarse. Ciertamente, hay niveles de transparencia que experimentamos en relaciones de iguales, pero la profundidad de la transparencia es un indicador de la efectividad de la relación de mentoría compartida.

Establecer una relación de mentoría de iguales es esencial para los líderes actuales. Pocos líderes terminan bien. Stanley y Clinton identificaron cinco puntos donde los líderes a menudo se extravían. Estos puntos incluyen relaciones sexuales, poder, orgullo, familia y finanzas[11]. Los líderes pueden evitar estas trampas si están dispuestos a buscar relaciones de mentoría compartida y someterse a ella. En general, a los líderes cristianos les faltan amistades estrechas con iguales. Las relaciones de mentoría en ambos sentidos nos ayudan en muchas maneras a crecer, pero a menudo hay límites a esas relaciones. En una situación de supervisión (mentoría hacia arriba), podemos sentirnos dudosos de compartir a fondo por temor a que eso se refleje pobremente en la evaluación de nuestra actuación, o peor aún, por temor a perder nuestro trabajo. En una relación de mentoría hacia abajo, a los protegidos les falta el poder o la capacidad de confrontar para hablar íntimamente de sus vidas. Los mentores de iguales no son característicamente obligados por ninguna de esas cosas. Stanley y Clinton conjeturan: "Cuanto más alto sube un líder, más grandes las trampas y más importante que desarrolle relaciones responsables con iguales"[12].

Entonces, ¿cómo se inicia uno en una relación de mentoría compartida? Unos cuantos pasos para establecer la relación de mentoría compartida incluyen lo siguiente.

1. **Búsquelos.** Pida a Dios que le traiga personas a su vida, fuera de su contexto ministerial inmediato, que puedan hablar con profundidad a su vida. Busque oportunidades para conversar con personas y explore la química.

2. **Comparta sus deseos.** Conforme se desarrolle la relación, invítelos a su vida, deles permiso para hacer preguntas y diga la verdad con sinceridad. Hágales saber lo que usted desea de esta relación.

3. **Aparte tiempo.** Haga de esta relación una prioridad en su horario. La proximidad y la continuidad son esenciales para desarrollar relaciones fuertes de mentoría compartida. Cuanto más naturalmente se crucen sus caminos, tanto más fácil será desarrollar una conexión profunda y significativa. Sin embargo, programar tiempo juntos regular y consistentemente es esencial para los líderes ocupados.

Modelo de mentoría de brújula

Como líderes, debemos rodearnos premeditadamente de relaciones de mentoría. La manera más fácil de hacer esto es considerar los puntos direccionales de una brújula a la luz de los tres tipos de relaciones de mentoría. El primer punto direccional de la mentoría es hacia arriba (norte) con seguidores maduros de Cristo que tienen experiencias de la vida que nosotros mismos no poseemos todavía. También es esencial que tengamos relaciones de mentoría hacia abajo (sur) donde servimos como guías para alguien más.

Finalmente, también necesitamos relaciones de mentoría laterales (este/oeste) con iguales que pueden hablar profundamente a nuestras vidas y mantenernos en el más alto nivel de responsabilidad moral y espiritual. Cada dirección de mentoría contribuye algo singular que los otros no ofrecen.

Durante las primeras etapas del ministerio, la necesidad de mentoría hacia arriba (norte) es más evidente. Hay algunas cosas que uno no puede aprender en un libro de texto o en un ambiente de aula de clases. Un mentor que ha ido antes que uno y puede dar dirección y perspectiva de experiencias vivas de toda una vida es invaluable cuando uno está empezando. Los mentores hacia arriba también proveen inspiración y aliento para pasar por los puntos difíciles del ministerio por el ejemplo de su propia fidelidad. Incluso los que están bien establecidos en sus ministerios pueden beneficiarse de un mentor hacia arriba cuando mantienen una actitud de aprendizaje de toda la vida. Siempre hay alguien que está un paso delante de nosotros, sin importar dónde estemos en la vida. Justo cuando uno piensa que ha visto y hecho todo, se enfrenta con algún tipo de nueva realidad. Los líderes son aprendices continuos que pueden beneficiarse mucho de la mentoría hacia arriba de toda la vida.

Pese a nuestra edad, experiencia o sentido de disposición, la mentoría hacia abajo (sur) es una parte importante de la multiplicación del ministerio. Si hemos aprendido algo, debemos a la vez enseñarlo a alguien más. Se ha dicho: "No hay éxito sin un sucesor"[13]. Siempre hay alguien que está un paso atrás de nosotros. Aunque no nos vemos todavía como expertos, probablemente sabemos más de lo que pensamos que sabemos. Los que empiezan en el ministerio tienen grandes oportunidades de ser mentores de internos de colegios, trabajadores con jóvenes, o voluntarios laicos. El primer paso empieza usualmente al impartir a alguien más algo que hemos aprendido o que estamos en proceso de aprender. Esto a menudo lleva a relaciones de mentoría más formales con los que tienen un interés más profundo en el ministerio como el llamamiento de su vida y hacia los cuales tenemos una afinidad natural.

La mentoría lateral (este/oeste) es entre iguales que están cercanos en edad y comparten cosas comunes como pasatiempos, carreras, opciones de estilo de vida, y experiencias. Son estas mismas cosas comunes las que permiten a los iguales entenderse más fácilmente y empatizar el uno con el otro. Dentro de estos tipos de relación hay un gran recurso de aliento y responsabilidad mutuos.

En el modelo de mentoría de brújula, las relaciones de mentoría multidireccional aseguran que los líderes están sacando provecho de las fuerzas de una variedad de modelos de mentoría. El modelo de brújula crea un círculo de responsabilidad y defensas.

Mentoría hacia arriba →	**Muestra el camino**
Mentoría hacia abajo →	**Conoce el camino**
Mentoría lateral →	**Va por el camino**

La mentoría hacia arriba permite que los que han ido antes le muestren a uno el camino. La mentoría hacia abajo lo desafía a uno a conocer el camino para otros. Finalmente, la mentoría lateral le provee iguales que pueden ir por el camino con usted mediante aliento, apoyo y responsabilidad mutuos.

Mentoría formal e informal

Tendemos a pensar de la mentoría solamente en términos de programas formales y altamente estructurados. Aunque tenemos interacciones poco frecuentes o experiencias ocasionales que moldean nuestro pensamiento y nos inspiran a querer ser más, dejamos de clasificar esas relaciones como "mentorías" porque no parecen ser suficientemente importantes. Lo que debemos comprender es que las formas de mentoría formal e informal sí existen[14].

	Corto plazo	**Largo plazo**
Formal	**1. Altamente estructurado, corto plazo** La relación se establece formalmente por un período introductorio o corto, a menudo para satisfacer objetivos específicos de la organización. Incluye orientación o asimilación hacia una organización o campo de una carrera.	**2. Altamente estructurado, largo plazo** A menudo usado para planificación de sucesión, esta relación envuelve preparar a alguien para tomar el trabajo o función de una persona que se va, o dominar un oficio.
Informal	**3. Informal, corto plazo** Este tipo de mentoría sacado de la manga varía de una sola acción o ayuda espontánea a consejería ocasional o según se necesite. Puede no haber una relación continua. Este tipo de intervención se considera a menudo bien meditado.	**4. Informal, largo plazo** La mentoría de iguales a menudo cabe dentro de esta categoría. Incluye estar disponible cuando sea necesario para discutir problemas, escuchar, o compartir conocimiento especial.

La distinción básica entre la mentoría formal e informal gira en torno a la formación de la relación mentor-protegido. Las mentorías formales están estructuradas y son manejadas por la organización. Las mentorías informales son relaciones espontáneas que ocurren naturalmente y aparte de cualquier aprobación organizacional. A primera vista podemos ver las mentorías formales e informales como dos extremos opuestos de algo continuo. Sin embargo, como Hendricks y Hendricks señalan: "Las relaciones formales a menudo involucran actividades informales, y las relaciones de mentoría informal algunas veces hacen uso de estrategias más formales para el desarrollo"[15].

Los programas formales para mentoría se están convirtiendo en un lugar común en los negocios, el gobierno y la educación. Aunque la iglesia y los ministerios paraeclesiásticos han utilizado los principios de mentoría por años, característicamente ellos han usado otra terminología para describirla. Entre los laicos, las iglesias y las organizaciones paraeclesiásticas han promovido programas de discipulado de uno a uno y ministerios como Tito 2, donde mujeres mayores son mentores de mujeres más jóvenes. La mentoría formal también ha sido evidente en programas de internado de paga y sin paga, tanto en iglesias como en organizaciones paraeclesiásticas. Los internados proveen una oportunidad para los que sienten un llamado en sus vidas para un ministerio vocacional para servir en una iglesia o equipo paraeclesiástico bajo la supervisión de alguien en el ministerio pastoral.

La forma más común de mentoría es informal. Aunque raramente se la clasifica como "mentoría", sucede en derredor de nosotros cada día de nuestras vidas. He aquí dos ejemplos de mentoría informal:

Dos miembros del personal se reúnen para tomar un café. El miembro novato del personal pregunta al miembro veterano del personal si alguna vez se ha frustrado por no tener suficientes voluntarios. El miembro veterano comparte su propia frustración por la falta de voluntarios, le explica al novato lo que ha funcionado y lo que no ha funcionado en el pasado, y le da algunas apreciaciones que tiene acerca del trabajo voluntario en las iglesias en la actualidad. *¡Esa es mentoría informal!*

Un joven que apenas empieza en el ministerio asiste a una conferencia de pastores donde conoce a un hombre mayor de otra iglesia. Inician una conversación que lleva a intercambio de números telefónicos y de direcciones electrónicas. Cada vez que el joven está inseguroen alguna situación, contacta a su nuevo amigo para hablarle de ella. Ocasionalmente se reúnen para comer solamente para compartir sus historias. El joven siempre es alentado por el ejemplo del hombre mayor. *¡Esa es mentoría informal!*

Mentoría activa, ocasional y pasiva

La mentoría también ha sido clasificada como de naturaleza activa, ocasional o pasiva. La mentoría activa a menudo es definida con las palabras como *dirigir, guiar, reforzar, motivar, alentar o mandar.* Incluye el desarrollo intencional de un plan que es dictado principalmente por las necesidades de la organización o por las preferencias personales del mentor. La mentoría ocasional es menos unidireccional y toma también en consideración los deseos del protegido. Es caracterizada por palabras tales como *asesorar, instruir, apoyar y aconsejar.* Hay un nivel más elevado de interacción y participación mutuas. La mentoría pasiva evoca palabras como *leer, estudiar, observar, admirar* y *emular. The Mentoring Continuum*[16] (La mentoría continua) ostenta estas diferencias básicas.

La continuidad lleva la idea de que la mentoría tiene niveles diferentes de participación y grados correspondientes de intensidad, basados en la naturaleza de la relación. Los diferentes estilos de mentoría siguen una progresión creciente de intencionalidad y de creciente intensidad.

La mentoría pasiva abarca los dos estilos de mentoría, el contemporáneo y el histórico. Estos son a menudo los "héroes" y "heroínas" modernos de nuestra vida. Pueden ser personas que admiramos por quienes son o por lo que han hecho. Pueden ser personas a las que nunca hemos conocido o con las que nunca hemos tenido una conversación, y sin embargo, hemos sido impresionados al observar sus vidas o al leer algo acerca de ellos.

La mentoría ocasional incluye consejería, enseñanza y patrocinio. Estos tipos de relación están basados en las necesidades cambiantes de un individuo. En un momento de crisis un consejero-mentor escucha, da perspectiva e imparte esperanza. Son capaces de dar variedad de alternativas y presentar posibles resultados, dejando la decisión final al protegido. Los maestros-mentores tienen experiencia y pericia en áreas específicas del ministerio. Esas son las personas que instan a ir a ellas cuando uno quiere aprender más acerca del liderazgo, de la enseñanza, de la comunicación, o de cualquier cosa. Los maestros-mentores imparten conocimiento y conectan a los protegidos con recursos útiles que ampliarán su entendimiento del asunto en cuestión. Un patrocinador-mentor sirve como abogado del protegido. Él cree en las capacidades del protegido, edifica su confianza en sí mismo, y le construye puentes para relacionarse para ampliar su capacidad para contribuir a la organización.

La mentoría activa incluye los elementos de discipulado, dirección espiritual y entrenamiento. Los discipuladores-mentores enseñan y modelan lo que significa ser un seguidor de Jesucristo. Animan a los protegidos a desarrollar un plan de crecimiento espiritual consistente que incorpora disciplinas espirituales en su vivir diario. Los guías-mentores espirituales, por otra parte, ayudan a los protegidos a descubrir los movimientos de Dios en su vida. Stanley y Clinton afirman: "Las contribuciones principales de un guía espiritual son confiabilidad, decisiones, y preguntas respecto a la apreciación, a los compromisos, y a la espiritualidad que afecta la dirección (motivaciones de la vida interior) y madurez (integración de la verdad con la vida)”[17].

La relación con un guía espiritual es altamente reflexiva. Hay ocasiones en la vida de todos cuando debemos estar dispuestos a “revisar toda la historia de nuestras vidas, buscando que todo tenga sentido” con la participación de la gente importante en nuestras vidas[18]. Mucha gente busca este tipo de relación cuando alcanza un tope en su vida espiritual o se siente estancada en su ministerio. Un entrenador-mentor se vuelve necesario cuando los protegidos se enfrentan con un nuevo desafío o tarea para la cual no se sienten preparados. Los entrenadores entrenan a los protegidos en las estrategias y destrezas que necesitan para cumplir la tarea. Ellos motivan al protegido para practicar estas destrezas. Los observan en acción, los evalúan y les dan retroacción.

La continuidad de la mentoría

Más deliberada ⟵⟶ *Menos deliberada*

Mentoría activa	**Mentoría ocasional**	**Mentoría pasiva**
1. Discipulador	4. Consejero	7. Figura contemporánea
2. Guía espiritual	5. Maestro	8. Figura histórica
3. Entrenador	6. Patrocinador	

Tipo de mentor	**Enfoque central de la mentoría**
1. Discipulador	Entendimiento de lo que significa seguir a Cristo
2. Guía espiritual	Confiabilidad espiritual y conducción para identificar el movimiento de Dios en la vida de uno
3. Entrenador	Desarrollo de destrezas específicas y motivación
4. Consejero	Provisión de consejo oportuno; corregir perspectivas con relación a uno mismo, a otros y al ministerio
5. Maestro	Impartir conocimiento e instrucción en un asunto particular
6. Patrocinador	Un abogado que guía y protege a un líder conforme adelanta en la organización
7. Figura contemporánea	Una figura contemporánea que sirve como ejemplo vivo para emular
8. Figura histórica	Una figura histórica que ya no vive, pero que caracteriza principios dinámicos y valores para la vida y el ministerio

Características de los mentores eficaces

A través de los años varios autores han propuesto características de los buenos mentores. Entre esas listas de características hay cinco temas comunes o marcas indelebles de un mentor. Los que mentorean bien son auténticos, respetables, confiables, bien relacionados y son ejemplares.

1. **Son auténticos.** ¿Ha tenido un buen amigo que lo llamó aparte y le susurró al oído, "Oye, tienes algo de mostaza en el mentón"? Uno piensa avergonzado en cuántas reuniones estuvo sentado, con cuántas personas se encontró en el corredor y cuántas conversaciones tuvo en la máquina copiadora. ¿Por qué nadie le dijo antes? La marca de un buen mentor es que está dispuesto a ser auténtico con usted. Está dispuesto a señalarle la mostaza en el mentón o aquellas áreas de su vida que todos ven, pero de las que nadie tiene el valor de decirle. Los mentores son también auténticos con relación a su propia vida. Comparten con usted lo bueno, lo malo y lo feo. Le permiten ver sus luchas y también sus tensiones. No tienen todo bajo control ni pretenden tenerlo. No tratan de aparentar. Lo que usted ve, es lo que son. Son abiertos, honestos y transparentes acerca de su ministerio y de su vida.

2. **Se han ganado el respeto.** Otra marca de los buenos mentores es que son ampliamente respetados por otros. Dos características de los líderes de la iglesia mencionados en 1 Timoteo 3:2 tratan con la respetabilidad: "Entonces es necesario que el obispo sea de conducta intachable... decoroso". Este sentido de respetabilidad va más allá de la iglesia hasta incluir la comunidad. En 1 Timoteo 3:7 dice: "También debe tener buen testimonio de los de afuera". ¿Qué dicen otros acerca de esta persona, en los círculos cristianos y más allá? ¿Vive como dice? ¿Es de carácter incuestionable?

3. **Son confiables.** Una tercera marca de un mentor es la confiabilidad. Los mentores que son confiables son personas con las que uno puede contar, que están profundamente comprometidas con uno, que se preocupan más por el desarrollo personal y profesional de uno de lo que uno se imaginaría. Los mentores confiables son personas que lo abrazan como familia. Ellos comprenden que aunque su relación tomará formas diferentes a través de la vida, como familia siempre será una constante. El apóstol Pablo hablaba de su joven protegido, Timoteo, como su "verdadero hijo en la fe" (1 Tim. 1:2) y como su "amado hijo" (2 Tim. 1:2). Así es con los que son buenos mentores.

4. **Son altamente bien relacionados.** Otra marca de los buenos mentores es que son gente magnética. Cuando entran al cuarto uno lo sabe porque todos quieren estar alrededor de ellos. Pueden no ser la voz más fuerte en el lugar, pero ciertamente son los más solicitados. Hay una parte de ellos que anhela estar alrededor de gente. Disfrutan hablar y escuchar a otros. Hacen conexiones importantes con personas, que van más allá de los saludos convencionales. Preguntan mucho y hablan poco de sí mismos. Les encanta engrandecer la vida de otros. Son animadores y la gente gravita en torno a ellos en las fiestas y en otras reuniones sociales.

Similarmente, los mentores también mantienen una amplia red de relaciones útiles. Es su vasta red de relaciones la que lleva a la gente a decir: "No es lo que usted sabe, sino a quién conoce". Los mentores que tienen relaciones bien establecidas fuera de la organización tienen la capacidad de conectar a los protegidos con una aún más amplia comunidad de aprendizaje.

5. **Están dispuestos a servir como ejemplo.** La marca final de los mentores es su capacidad para mostrar el camino y dirigir por el ejemplo. ¿Es esta persona alguien a quien usted admira, alguien que tiene algo que usted necesita, alguien que sirve como modelo o ejemplo que usted puede seguir? Pablo declaró a los Filipenses: "Hermanos, sed imitadores de mí y prestad atención a los que así se conducen, según el ejemplo que tenéis en nosotros" (Fil. 3:17). En varias ocasiones a través de sus epístolas Pablo repite el sentimiento, "Imitadme a mí así como yo imito a Cristo". De la misma manera los mentores viven una vida que es contagiosa, una vida que otros quieren imitar.

Los mentores muestran competencia en su campo. Tienen la pericia necesaria, el conocimiento y la experiencia que los hace expertos. Tienen algo que usted necesita o desea desarrollar en su vida, y están dispuestos a permitirle verlos en acción. Ellos lo invitan a ir con ellos, mirarlos enfrentar una situación difícil, u observarlos enseñando a un grupo grande. Ellos dicen como Pablo dijo: "Lo que aprendisteis, recibisteis, oísteis y visteis en mí, esto haced" (Fil. 4:9). Son maestros, no por oficio, sino por su misma naturaleza.

Lo que hacen los mentores

Usted puede estar leyendo la lista anterior y preguntarse: "¿Pero de veras existe esa clase de personas?". La respuesta es *¡sí!* Ellos hacen valiosas contribuciones a las vidas de las personas porque están dispuestos a hacer la inversión necesaria que va más allá de la simple amistad. Son deliberados acerca del proceso de mentoría y conscientemente se esfuerzan hacia la meta de duplicarse en las vidas de otros. Porque es deliberado, ellos cumplen su tarea poniendo atención a una cantidad de elementos que son fundamentales para el proceso de mentoría. Algunos de ellos incluyen lo siguiente.

Los mentores comparten su vida

Los mentores pasan tiempo con sus protegidos sólo por sencillamente "andar juntos". Lo que esto parece cambia dependiendo de la madurez de vida del protegido. Un mentor puede usar muchos sombreros diferentes a lo largo del camino. Algunos de esos sombreros incluyen ser una fuente de información, compartir sabiduría, dar retroacción, actuar como caja de resonancia, escuchar en tiempo de necesidad o de crisis personal, alimentar la curiosidad, o enseñar una pericia específica. Cualquiera que pueda ser la necesidad, el mentor y el protegido viajan juntos por el camino de la vida.

Los mentores están dispuestos a hacer las preguntas difíciles

En el papel de mentor a menudo sentimos que la mejor manera de ayudar a alguien es dar respuestas, compartir apreciaciones o simplemente hacer sugerencias. Nuestra tendencia de resolver problemas en un episodio de treinta minutos nos impulsa a "decir" en vez de "preguntar". Se requiere un esfuerzo deliberado para disciplinarse uno mismo para hacer preguntas de sondeo en vez de hacer preguntas confeccionadas. Al preguntar, los mentores dan a los protegidos la oportunidad de explorar sus pensamientos y sentimientos sobre asuntos y obtener la claridad para tomar decisiones por sí mismos.

Larry Ambrose sugiere que hay tres tipos distintos de preguntas. Hay preguntas para investigar, preguntas para descubrir y preguntas para comisionar. Cada tipo de pregunta cumple un propósito diferente. Las preguntas *para investigar* son para encontrar hechos que proveen información, trasfondo e historia. Son la clase de preguntas que un buen periodista investigador haría: "quién", "qué", "cuándo", "dónde" y "por qué". Las preguntas investigadoras le proporcionan al mentor información básica que le permitirá formular más preguntas de sondeo en el futuro.

Las preguntas *para descubrir* hurgan en los protegidos para explorar significados más profundos de las experiencias, para obtener nuevos discernimientos de sí y mirar situaciones desde diversas perspectivas. Las preguntas para *comisionar* desafían a los protegidos a considerar sus resultados deseados, a graficar un plan de acción práctico, y a establecer un trampolín del cual avanzar.

En una situación ministerial, las preguntas para investigar, para descubrir y para comisionar pueden diferenciarse en esta manera[19].

Preguntas para investigar

- Dígame lo que ha logrado hasta hoy.
- ¿Cuánto tiempo ha trabajado en esto?
- ¿Quién más ha estado involucrado?
- ¿Dónde piensa usted que este proyecto se descarriló?
- ¿Cuáles son algunas razones por las que se descarriló?

Preguntas para descubrir

- ¿Qué ha aprendido usted de esta experiencia?
- ¿Qué le dice esto de su enfoque?
- ¿Qué fue lo mejor que pudo pasar? ¿Qué fue lo peor?
- ¿Cuáles son sus alternativas?
- ¿Cómo encaja usted en este problema?

Preguntas para comisionar

- ¿Cuáles resultados busca usted?
- ¿Qué puede usted hacer para que suceda?
- ¿Cuál es su primer paso?
- ¿Cuáles recursos tiene? ¿Qué necesita?

Las buenas preguntas empiezan con un intercambio de información y llevan a crear penetración. El objetivo final al hacer preguntas no es solamente lograr que la gente hable, sino que cultive crecimiento y conciencia. A los directores ejecutivos de algunas de las compañías *Fortune* 500 (revista financiera; *nota del traductor*) se les preguntó qué contribuyó más a su éxito como líderes. Muchos enumeraron un mentor eficaz como uno de los factores contribuyentes clave. A la pregunta de qué hizo a esos mentores tan eficaces, la respuesta más común entre ellos fue que hacían grandes preguntas[20]. Hacer buenas preguntas no ocurre naturalmente. Los líderes deben ser deliberados y cuidadosos en cuanto a las preguntas que hacen.

Los mentores proveen una red de recursos

Los mentores tienen una extensa red de relaciones y recursos. Para alguien que apenas está principiando o que está atascado en una situación que no les permite ver más allá, un mentor puede proporcionar recursos valiosos. Los mentores son enciclopedias andantes de conocimiento. Escoja cualquier tema y ellos usualmente tienen un artículo o libro que usted debiera leer, una cinta que usted debiera escuchar, un *Web site* que usted debiera mirar, o una persona a la que usted sencillamente debe conocer. Con una llamada telefónica lo conectan con personas a quienes, de otra manera, les hubiera dejado un mensaje grabado o se hubiera comunicado con ellas por medio de sus asistentes administrativos.

Claro que usted puede leer, investigar y hacer conexiones por su propia cuenta, pero le tomaría mucho más tiempo y requeriría más esfuerzo. Es muy similar al principio de "ir detrás" en ciclismo. Ir detrás le permite ganar una ventaja de energía al seguir en la estela de otro ciclista. Al permitirle llevar la delantera, su duro trabajo y esfuerzo en realidad lo arrastran a usted. De la misma manera los protegidos tienen una ventaja de energía cuando ellos se posicionan detrás de un mentor que está dispuesto a llevarlos adelante con su red de relaciones y recursos.

Trampas que evitar al ser mentor de otros

Ser mentor no es fácil, o más líderes lo estarían haciendo. Si fuera sencillo muchos más ministros practicantes podrían reconocer sus mentores en el ministerio. Sin embargo, el hecho es que ser mentor no es fácil y rara vez sucede sin algún esfuerzo importante y trabajo por parte de ambos individuos. Las siguientes sugerencias se ofrecen con la esperanza de que ayudarán en la aplicación de las relaciones de mentoría entre líderes del ministerio y protegidos.

Evite dar consejos

¿No es de eso de lo que se trata la mentoría? Bueno, no exactamente. Dar consejo solamente pone a una persona como el héroe o heroína que siempre salva el día y a la otra persona como la víctima indefensa al lado del camino que desesperadamente necesita ser rescatada. La mayoría de los protegidos realmente no quieren consejo, aunque aprecien su experiencia, sus ideas, su conocimiento de cómo funcionan las cosas, y su apreciación especial en los problemas. Evite decir a los protegidos qué deben hacer. En lugar de eso, comparta sus apreciaciones y déjeles a ellos la toma de decisiones.

Deje que el protegido sea el que hable. Escuchar sin interrumpir es un arte perdido en nuestra sociedad hoy en día. Solamente fíjese en las conversaciones alrededor de usted. La gente habla encima de otros, interrumpe a mitad de una oración y completa las oraciones de otros con la prisa de iniciar sus propios pensamientos e interminables incoherencias. El escuchar permite que los protegidos reflexionen y esclarezcan sus propios pensamientos e ideas.

Exprese sus propias percepciones solamente cuando se lo pidan o después de haber pedido permiso. Usted podría decir algo como "¿le importaría si comparto algunos pensamientos de mis propias experiencias?", o "¿puedo compartirle algunas cosas que me han sido útiles en el pasado?". Es más probable que los protegidos aprecien lo que usted dice cuando le han pedido que lo diga o cuando menos le hayan dado permiso para decirlo[21].

Tomar demasiado control personal

Gordon F. Shea dice: "Los mentores eficaces se limitan a ayudar, no a interferir. Ellos comparten, modelan, enseñan; no se hacen cargo de los problemas de los demás a menos que haya una crisis que requiera acción inmediata"[22]. Por naturaleza un mentor influye, y con la influencia viene el poder. El poder en sí mismo y de sí mismo no es malo, pero puede serlo según decidamos cómo usarlo. Para evitar esta trampa, los mentores deben respetar la independencia de los individuos de los que son mentores y mantener bajo control sus propias motivaciones. Una de las mejores maneras de hacer esto es estar concentrado en su propio peregrinar espiritual. Pablo dijo a los Corintios: "Sed vosotros imitadores de mí, así como yo lo soy de Cristo" (1 Cor. 11:1). No estamos en el negocio de hacer modelos miniatura de nosotros mismos. Cuando nuestro enfoque principal es seguir el ejemplo de Cristo, nuestra necesidad de moldear a otros a la imagen que tenemos para ellos empezará a disminuir.

Cree un ambiente de apoyo y aliento en el que los protegidos puedan obrar hacia el dominio de nuevos pensamientos, ideales y pericias. En ocasiones los mentores caen en la trampa de rescatar a los protegidos porque no quieren verlos repetir errores o verlos avergonzados o desalentados. Los mentores honestamente deben reflexionar en sus propias motivaciones para interceder y estar dispuestos a permitir que los protegidos tengan espacio para fallar.

Tener expectaciones no relistas o no satisfechas

A menudo esperamos más de lo que conseguimos. Cuando nuestras expectaciones exceden la realidad, nos desalentamos y desilusionamos. La ironía de todo es que tendemos a ser inconscientes de nuestras expectaciones hasta que no se cumplen. Nuestras expectaciones pueden incluir poner a los mentores en un pedestal de perfección. Pero, ¿qué sucede cuando descubrimos que nuestros mentores son menos que perfectos? Ellos faltan a una reunión, responden mal en una situación, y peor aún, cometen faltas morales y se descalifican para el ministerio. Hendricks y Hendricks escriben: "La belleza de la mentoría es que uno tiene a alguien a quien mirar hacia arriba. Pero el riesgo y la realidad inevitable es que esta persona de la que usted piensa tan elevadamente también lo desilusionará"[23].

Lo mejor para tratar con las expectaciones es aclararlas desde el principio.

- ¿Qué hace un mentor?
- ¿Qué es lo que usted espera obtener de esta relación?
- ¿Qué espera usted dar?
- Si usted tuviera un mentor, ¿cuáles son las cosas más importantes en las que esta persona podría ayudarle?
- ¿Cuán a menudo se reunirán y cuánto durará el compromiso?

Estas clases de preguntas son buenos puntos para principiar. Segundo, es útil recordar que no hay relación terrenal que nos satisfaga completamente. A través del Nuevo Testamento vemos una recurrencia de pasajes que se refieren "de uno a otro".

Sabemos que relacionarse unos con otros es una parte esencial de la vida cristiana, pero debemos recordar que la única relación que nos satisfará completamente es una relación personal con Jesucristo.

Los beneficios de la mentoría

Los beneficios de la mentoría son muchos y variados para los individuos incluidos, así como para la organización. El siguiente material bastará para esbozar algunos de los beneficios para las diversas entidades involucradas.

Beneficios para la organización

Las organizaciones que facilitan las relaciones de mentoría se benefician con el aumento de productividad. Conforme los miembros del personal se asimilan a la organización y adquieren las habilidades y el conocimiento, su contribución a la organización aumenta naturalmente. "Las relaciones de mentor-protegido pueden también aumentar la productividad mediante la planificación de la actuación y el trabajo en equipo"[24]. Al trabajar uno al lado del otro, la motivación del protegido para hacerlo bien aumenta, y esto lleva a una mejor actuación y mayor productividad.

"Las relaciones de mentoría aumentan el ritmo de crecimiento de la organización, reducen los cambios de personal y mantienen la estabilidad de la organización"[25]. Muchas organizaciones están encontrando que la mentoría es un proceso provechoso para apoyar la necesidad de un desarrollo de personal más eficaz. Al reducir el tiempo pasado en la orientación de nuevos empleados y acortar la curva de aprendizaje, los nuevos miembros del personal son promovidos más rápidamente a través de la organización y la retención de empleados aumenta. Este tipo de desarrollo de personal intencional también proporciona un plan sistemático de sucesión para los líderes clave en una organización. Muy a menudo las organizaciones operan bajo la suposición de que la persona perfecta aparecerá de la nada para llenar las posiciones vacantes cuando ocurran. Una organización con un proceso de mentoría intencional puede proveer una manera sistemática para mover a la gente a posiciones más elevadas.

Además, la mentoría puede aumentar la comunicación organizacional y el entendimiento. Las organizaciones están descubriendo que una de las mejores maneras de diseminar los valores de una organización, sus prácticas y prioridades institucionales, es mediante las relaciones de mentoría. Las personas aprenden mejor mediante las relaciones. En el contexto de una relación de mentoría, los protegidos ven los valores puestos en práctica y llegan a entender lo que es importante para una organización.

Beneficios para el mentor

Los mentores a menudo entran en relaciones de mentoría por lo que pueden contribuir al desarrollo de otros. Ellos descubren pronto que ser mentores es una calle de dos vías que incluye tanto dar como recibir. Leer, discutir y explorar ideas y conceptos juntos tiene un efecto enriquecedor en el mentor. Además, muchos mentores encuentran que ellos hacen las cosas naturalmente, dando poco pensamiento a los "cómo" y a los "porqué" detrás de lo que hacen. Al ser mentores de otros, los mentores son más capaces de entender los procesos detrás de sus acciones y los valores que los impulsan.

Otros beneficios incluyen una autoestima intensificada, pasión renovada por el ministerio, relaciones personales cercanas, una mayor esfera de influencia y un legado duradero. Es un gran honor ser invitado a ser mentor de alguien más. La sola petición sugiere que usted es alguien respetado y admirado por otros. No nos miramos a menudo de la manera que otros lo hacen. Cuando nos miramos al espejo nuestro enfoque tiende a dirigirse a nuestras faltas e imperfecciones. La mentoría puede enriquecer nuestra autoestima y ayudarnos a vernos desde una perspectiva equilibrada.

La mentoría también puede dar a los mentores una pasión renovada por el ministerio. Un protegido joven, enérgico e idealista puede ser una bocanada de aire fresco. Maltrecho por las realidades del ministerio, la visión de un mentor puede enturbiarse y las prácticas de su ministerio volverse aburridas. Hendricks y Hendricks lo ponen de esta manera: "En el momento en que usted ayuda a interpretar lo que el mundo ha sido para su protegido, él puede ayudarlo a interpretar lo que el mundo se está convirtiendo para usted"[26]. Los protegidos pueden encender nuevas ideas, desafiar las viejas maneras de pensar, y ser un tremendo recurso de información en una sociedad siempre cambiante.

Los mentores también se benefician de las relaciones personales cercanas que con frecuencia se revelan en una relación de mentoría. No fuimos creados para vivir vidas aisladas como nuestra sociedad individualista podría sugerir. En Génesis 2:18 el Señor le dijo a Adán que no era bueno que el hombre estuviera solo. Hay grandes beneficios de conocer a alguien personalmente y a la vez ser conocido por él. En 1 Corintios 9:27 Pablo dice: "No sea que, después de haber predicado a otros, yo mismo venga a ser descalificado". Es este temor de decirle a la gente una cosa y luego hacer otra lo que a menudo apremia a los mentores a mantener el rumbo. La mentoría produce una relación de confiabilidad natural para los aprendices.

Finalmente, los mentores se benefician al tener una creciente esfera de influencia. La mayoría de nosotros queremos más que quince minutos de fama. Cuando los mentores se reproducen en otros, su influencia se extiende mucho más allá de su influencia personal directa. El ministerio del mentor ya no más termina cuando cambia de puesto, de ciudad o cuando se retira. El ministerio de un mentor realmente lo sobrevive. Se deja un legado duradero para las generaciones venideras en las vidas de los que han recibido los beneficios de la mentoría y a través de esas vidas.

Beneficios para el protegido

En un ambiente profesional, los que han tenido un mentor tienen una gran ventaja sobre los que no lo han tenido. Empezar en un nuevo ministerio puede parecerse mucho a ser arrojado a lo profundo de una alberca. Uno, "o nada, o se hunde". Este proceso de prueba-error es una manera de aprender algo nuevo, pero no siempre es la mejor manera. Los protegidos progresan más rápidamente cuando su conocimiento es edificado sobre la experiencia de otros. El temor al fracaso se reduce significativamente, y los protegidos toman más riesgos naturalmente. Cuando esto ocurre, los protegidos desarrollan la confianza y la competencia que necesitan.

No solamente los protegidos progresan más rápidamente, sino también experimentan mayor satisfacción general del trabajo. Varios estudios indican que los que han tenido mentor experimentan crecientes oportunidades de promociones, mayor compensación, y mayor satisfacción en el trabajo que los individuos sin mentor. Este es el caso sin consideración de género o nivel en la organización.

La mentoría también amplía los puntos de conexión de un protegido, tanto dentro como fuera de la organización. Esto es especialmente vital para los nuevos empleados. Los puntos de conexión dentro de una organización ayudan a los protegidos a darse cuenta de las maniobras internas de la organización, como la cultura organizacional, la historia, y las reglas no escritas del camino. La mentoría también facilita las redes de información fuera de la organización. Estos tipos de conexiones pueden proveer perspectivas del exterior, nuevas ideas frescas, y ser un recurso para avanzar en la carrera llegado el tiempo.

El ciclo de vida de la mentoría

Aunque idealmente las relaciones de mentoría se extenderían toda una vida, las circunstancias requieren cambios de relación. Conflictos, cambio de trabajo, nueva localidad, nuevas situaciones de la vida, necesidades, son unos cuantos de los muchos factores que pueden afectar una relación de mentoría.

Stanley y Clinton sugieren que las mentorías sin límites determinados debieran ser evitadas. Ellos recomiendan establecer puntos de terminación a lo largo de la relación. Al establecer puntos específicos (tres meses, seis meses, un año) para revaluar la relación, se concede, tanto al mentor como al protegido, una manera comedida de retirarse si la relación de mentoría no es exactamente lo que se esperaba. Por acuerdo mutuo, si la relación va bien es fácil continuar y establecer un nuevo punto de evaluación. De esta manera uno tiene una oportunidad integrada para evaluar la relación sobre una base continua en lugar de continuar en una mala relación de mentoría que cada persona siente fuertemente que debe terminar[27].

Hendricks y Hendricks señalan tres etapas significativas del ciclo de vida de la mentoría[28]. La primera etapa es la *etapa de definición*. Durante este periodo inicial la relación es definida, las expectaciones son exploradas y se establece el compromiso. Zachary se refiere a la etapa inicial como un tiempo de preparación y negociación[29]. Tanto el mentor como el protegido deben llegar a un acuerdo compartido acerca de detalles como cuándo reunirse, cuán a menudo, y asuntos más profundos tales como los límites, la confidencialidad y la confiabilidad. La segunda etapa es conocida como la *etapa del desarrollo*. Esta etapa es característicamente la más larga de las etapas y es marcada por tiempos regulares de reunión, tiempos intensos de interacción, y signos visibles de crecimiento y desarrollo del protegido. Zachary describe este tiempo como un tiempo complejo. "Aun cuando las metas sean articuladas claramente, el proceso bien definido, y las señales del camino bien definidas, cada relación debe encontrar su propio sendero"[30]. La etapa media de una relación de mentoría es marcada por días cuando las millas parecen pasar volando, por grandes tramos de territorio cubiertos, y sorprendentes nuevas tierras son descubiertas.

En la *etapa final* del proceso de mentoría hay reconocimiento por uno o ambos individuos en la relación de que los objetivos para los cuales el mentor y el protegido empezaron a reunirse se han cumplido. Puede ser que no hubo objetivos específicos en primer lugar. En este caso, la relación puede estar simplemente en calma. Esto trae la relación a su etapa final, el punto de partida.

Aunque no hay un horario mágico cuando se llega al límite del ciclo de vida de la mentoría, una cosa es segura: casi todas las relaciones de mentoría tienen un punto de partida. "Algunos expertos estiman que la relación de mentoría promedio dura entre dos y seis años"[31]. Aunque la relación de mentoría formal puede experimentar un punto de partida, la relación misma puede continuar, tomando la forma de una amistad o mentoría ocasional. Este es usualmente el caso cuando el protegido ha aprendido lo que vino a aprender del mentor y posiblemente hasta sobrepasó al mentor en alguna manera.

Celebración y cierre son elementos finales esenciales en las relaciones de mentoría. Este es un tiempo de reconocimiento mutuo por la significación de la relación, un reconocimiento de contribución y una celebración de cambio de vida. Puede tomar la forma de una sencilla carta o de una conversación cara a cara. En casos más formales como graduaciones, la conclusión de una pasantía, o promoción de trabajo, puede ser apropiado marcar el final con una encomienda ceremonial que indica un rito de paso de un lugar a otro.

Conclusión

La mentoría es un proceso relacional que abarca conexión, comunicación y compromiso. En un día y época de mensajes instantáneos, transacciones bancarias por Internet, y entrega de comestibles a domicilio, uno puede vivir la vida virtualmente sin siquiera dejar la casa. Las relaciones son virtuales, los nombres de las pantallas son cualquier cosa que usted quiere que sean, y las conexiones pueden perderse con el clic de un botón. La mentoría desafía nuestra actual manera de pensar acerca de las relaciones. Nos aleja de nuestras pantallas de computadoras y nos regresa a las vidas de la gente.

Los desafíos de mentoría pueden tener un impacto profundo, intenso y perdurable. Aunque pocos de nosotros nos sentimos como mentores, o ni siquiera aspiramos a ser uno, usualmente lo somos sin darnos cuenta. En cualquier ocasión que impactamos significativamente la vida de otra persona, hay una buena posibilidad de que hayamos sido un mentor. Ser mentor tiene que ver con la influencia. La influencia de un mentor excede con mucho su alcance personal. Como iglesia debemos abrazar la necesidad de la mentoría si esperamos llevar el paso en una sociedad que está opuesta a la moral y a las verdades espirituales que nosotros sostenemos. Las relaciones de mentoría son un medio vital de asegurar que los líderes actuales terminen bien y que una generación futura de líderes esté lista para tomar su lugar.

Por
James Estep, hijo

Capítulo 19

Transformación de grupos en equipos

JESÚS NOS DA UN EJEMPLO del valor de los equipos y de la formación de equipos. Él conoció a individuos en todo nivel de desarrollo. Estaba familiarizado con las masas dentro de las ciudades y enseñó a las multitudes que lo seguían a donde quiera que iba. De la misma manera reclutó a un grupo de discípulos que vivieron, viajaron y estudiaron con él por tres años, con la plena intención de galvanizar al grupo en un equipo. Él hasta enfrentó una camarilla dentro del equipo, Santiago y Juan (Mar. 10:35-45), y desarmó su deseo de posición y prominencia entre los discípulos. Jesús formó un equipo de una banda de seguidores que prometían muy poco.

Jesús también demostró el papel de liderazgo en la transición de un grupo a un equipo, de guiar por dirección a guiar por colaboración. El Evangelio de Marcos describe esto en la relación de Jesús con sus discípulos. En los primeros capítulos Jesús ministra y los discípulos son más como espectadores, viéndolo trabajar (Mar. 1:14—3:12). Más tarde, los discípulos empiezan a ayudar a Jesús en su trabajo, empezando a tomar parte activa en su ministerio (Mar. 3:13-6:6). Con el tiempo los discípulos son capaces de ministrar ellos mismos, pero todavía necesitan la supervisión y guía directa de Jesús (Mar. 6:7-13, 30). Finalmente, los discípulos son comisionados para llevar a cabo el ministerio ellos mismos, con Jesús todavía presente entre ellos, pero ya no presente físicamente (Mar. 16:15, 16, 20). Jesús había formado un *equipo*. Hoy, a dos mil años desde el ministerio de Jesús, sus discípulos todavía forman equipos para adelantar su ministerio y para madurar a sus miembros. El propósito de este capítulo es proveer discernimientos prácticos de la formación de equipos en el ministerio y dirección sobre cómo convertir a un grupo de seguidores en un vibrante equipo ministerial.

No solamente los que están en el ministerio están preocupados con este tema. En las corporaciones hay un énfasis importante sobre transformar a los grupos en equipos. El libro *Fish!* (¡Pesque!) presenta una parábola contemporánea para edificar comunidades dentro del mundo de los negocios[1]. Presenta la historia de la lucha de un líder por cambiar una institución por medio de cambiar a los individuos y la dinámica que gobernaba sus relaciones de trabajo. Un equipo productivo y altamente eficaz es transformado de lo que empezó como una multitud mal dirigida, sin motivación y desorganizada ocupando espacio en la oficina. Los que sirven en posiciones de liderazgo en el ministerio enfrentan desafíos semejantes. Sea que se refieran a un grupo, comité, fuerza de trabajo, o junta, los equipos poseen una *distinción cualitativa.* Sin esta cualidad, sin importar la clasificación de la unidad, se queda corta del ideal de *equipo*[2].

Entendimiento de las dinámicas de equipo

¿Cuál es la distinción cualitativa entre un grupo de individuos y un equipo? En una palabra, *sinergia.* Esto es de lo que habló Salomón en Eclesiastés 4:9-12. La sinergia capacita a un equipo a realizar más que el trabajo de un individuo o la suma de contribuciones individuales, llegando a ser más que la suma de sus partes. La sinergia se cumple mediante una variedad de medios tales como un sentido unificado de orientación hacia objetivos; el carácter de los miembros del equipo individual, los talentos y el autodiscernimiento; y la dinámica de relación que los participantes comparten dentro del equipo. Un equipo finalmente desarrolla una identidad colectiva, ya que sirve como ministerio de educación de la comunidad de fe. En suma, la diversidad de un equipo contribuye a su fuerza. Bolman y Deal identifican seis características que distinguen a una unidad como un equipo (reflejando las cualidades de identidad individual, y dotación, elevadas dinámicas de relación, y orientación a objetivos), que son como siguen[3]:

1. Los equipos forman el modelo en respuesta a una demanda o a una oportunidad puesta en sus caminos.
2. Los equipos traducen el propósito común en metas específicas de actuación mensurables.
3. Los equipos son de un tamaño manejable.
4. Los equipos desarrollan la mezcla justa de pericia.
5. Los equipos desarrollan un compromiso común de relaciones de trabajo.
6. Los miembros de los equipos se mantienen colectivamente confiables.

Hay una cantidad de ventajas en formar equipos en el contexto del ministerio. Ayudan al cumplimiento de los objetivos del ministerio en un número de maneras importantes. Estas incluyen las siguientes:

1. Los equipos ayudan a los individuos a obtener confianza en sus dones y ministerio personales.
2. Los equipos ayudan a desarrollar relaciones significativas y fieles den-

tro de las congregaciones.
3. Los equipos integran nuevos miembros a la comunidad de fe y al ministerio de educación.
4. Los equipos elevan el potencial para el logro exitoso de los objetivos deseados del ministerio.
5. Los equipos aumentan la base de apoyo para enfrentar el cambio y el conflicto dentro del ministerio.
6. Los equipos mantienen el fomento y la formación espiritual de los líderes congregacionales potenciales.

Sin embargo, los equipos no son capaces de enfrentar cada circunstancia o tentativa ministerial en una congregación. Aunque los equipos del ministerio dan una ventaja a los líderes del ministerio, la dependencia o énfasis exagerados en los equipos pueden algunas veces ser un detrimento a los individuos y también a la congregación. Kenneth Gangel señala que los equipos no siempre son ventajosos y no siempre son requeridos. Afirma que "los equipos no son un curalotodo para los problemas organizacionales", "un fin en sí mismos", "un substituto para la participación con toda la institución", o "un substituto de la interacción personal"[4]. Por lo tanto, los líderes del ministerio nunca debieran limitar una respuesta para asuntos congregacionales a equipos.

Complejidad relacional

Es fácil subestimar la complejidad de los equipos. Aunque los equipos pueden traer individuos eficaces a una dinámica positiva, relacional y de colaboración, ellos también pueden complicar las relaciones. Hasta en una situación ideal, el número de relaciones dentro de un equipo aumenta dramáticamente. La siguiente fórmula ilustra el número de lazos de relaciones potenciales que pueden estar asociados en una unidad:

(Número de Miembros de la Unidad) x (Número de Miembros de la Unidad — 1) ÷ 2 = Total de Relaciones-vínculos de la unidad

Por ejemplo, tal vez una unidad del ministerio de educación cristiana tiene ocho miembros. Aunque ocho puede parecer relativamente pequeño y manejable, cuando uno toma en cuenta las *veintiocho* relaciones sobre las cuales la obra del equipo descansa (8 x 7 ÷ 2 = 28), uno comprende la complejidad de formar y mantener el trabajo en equipo (vea figura 19.1).

Sin embargo, no todas las unidades funcionan dentro del contexto de tales lazos relacionales ideales, y por tanto no son equipos. Más bien, la orientación de meta de la unidad puede ser frustrada por dinámicas relacionales pobres, o los dones de los individuos pueden no complementar a otros participantes o a los objetivos, y de aquí que la unidad nunca alcance completamente la cualidad de equipo.

Figura 19.1
Interacción de equipo

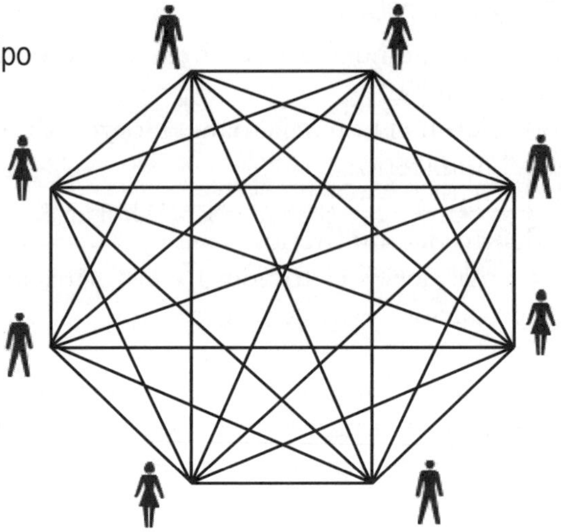

Tipos de unidades

Las dinámicas de cualquier unidad determinan su *status* como equipo, o de alguna otra composición de individuos. La figura 19.2 describe un número de posibles dinámicas de unidad.

Al usar esta matriz, es obvio que no todas las unidades son creadas de igual manera. A la mayoría le faltan los elementos cualitativos necesarios para alcanzar un nivel suficiente de identidad de equipo, de relación, y de orientación hacia objetivos que se requiere en los equipos. A algunas unidades les faltan estos elementos, por lo que no alcanzan el ideal, mientras que en otras unidades la dinámica de relación pasa por alto la orientación a la tarea, frustrando el propósito del equipo. Característicamente, las unidades en las congregaciones son grupos, o equipos, o posiblemente camarillas. El desafío entra, toma a un grupo y lo transforma en un equipo. El proceso es difícil, pero bien vale el esfuerzo.

Transformación de un grupo en un equipo

La diferencia principal entre un grupo de individuos y un equipo es la orientación hacia los objetivos. Aunque este no es el único factor contribuyente, es una dimensión cualitativa clave de los equipos. Ella también tiende a influir muy fuertemente en los rasgos de identidad individual y en las dinámicas de relación. Olan Hendricks una vez identificó dos clases de unidades (grupos)[5]:

1. Grupo céntrico: los intereses personales son mayores que los intereses del grupo.
2. Grupo radical: los intereses del grupo son mayores que los intereses personales.

Figura 19.2: Dinámicas de las unidades

Masas	Una unidad de individuos no considerados como agrupados y actuando independientemente unos de otros (p. ej., gente caminando en una acera muy transitada) • Un individuo como un individuo, sin identidad de unidad. • La relación es inconsecuente. • Los objetivos son determinados individualmente.
Muchedumbre	Una unidad de individuos congregados por una razón posiblemente común, pero todos actuando independientemente unos de otros (p. ej., asistiendo a un evento deportivo) • El individuo como individuo, identidad de unidad casual. • La relación es escasa. • Los objetivos son determinados individualmente, pero comparten algo en común con los que los rodean.
Grupo	Una unidad de personas congregadas por una razón aparente, pero no necesariamente orientada a una tarea conjunta (p. ej., compañeros oficinistas desvinculados, que recibieron una tarea) • Un individuo como un individuo en una unidad prescrita. • La relación es moderada, la comunicación menos que ideal. • El objetivo es común, pero de carácter individualista, sin un consenso colectivo.
Equipo	Una unidad de gente que está congregada e identificada por una tarea común, y que ha asumido la responsabilidad de cumplirla (p. ej., un equipo atlético ganador) • Los individuos son participantes dispuestos dentro de una unidad. • Las relaciones son altas, ideales. • El objetivo es central y supremo.
Camarilla	Una unidad de personas que está congregada e identificada por las relaciones dentro del grupo, con exclusión de otros y sin relación de tarea (p. ej., una clase de Escuela Dominical que no desea nuevos miembros) • La unidad como el individuo; la individualidad perdida. • Las relaciones son exclusivas. • El objetivo es la relación.

Por definición, un *equipo* debe ser un grupo radical. La figura 19.3 ilustra la orientación a los objetivos de las cinco unidades mencionadas antes. Las masas y las multitudes no tienen ninguna meta acordada discernible, aunque por coincidencia algunas pueden tener algún objetivo independientemente. Unos grupos han alcanzado algún grado de orientación a objetivos pero no alineados perfectamente ni sostenidos conjuntamente por los miembros. Los equipos tienen un sentido unificado de orientación a objetivos y alineación con su realización. Por el contrario, las camarillas han abandonado virtualmente el objetivo de la unidad, o la han substituido a favor de una relación exclusiva.

Figura 19.3
Orientación a metas en unidades

Masa	Muchedumbre	Grupo	Equipo	Camarilla

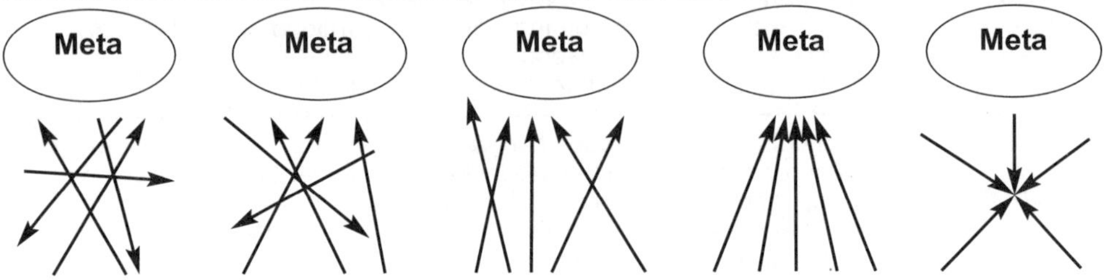

Masa	Muchedumbre	Grupo	Equipo	Camarilla
Desprovista de toda orientación hacia metas; sin pegamento de unidad	*Nivel bajo* de orientación a metas; el pegamento es sencillamente el interés individual en un deseo común	*Nivel moderado* de orientación a metas; el pegamento es el marco de unidad o institución	*Alto nivel* de orientación a metas; las metas son el pegamento	*Desprovistos* de cualquier orientación a metas; la relación (no la tarea) es el pegamento de la unidad

Hay un número de maneras para distinguir las diferencias entre unidades y equipos. Una variedad de ellas se muestra en la figura 19.4[6].

Figura 19.4: Grupos *vs.* Equipos

Dinámicas de grupo		Dinámicas de equipo
Los miembros piensan que están agrupados con propósitos administrativos.	↔	Los miembros reconocen su interdependencia y entienden que las metas tanto personales como las de equipo se cumplen con apoyo mutuo.
Los miembros tienden a concentrarse en sí mismos. Emprenden su trabajo simplemente como mano de obra contratada.	↔	Los miembros tienen un sentido de propiedad y se unen para alcanzar las metas del equipo.
A los miembros se les dice lo que deben hacer en vez de preguntarles cuál sería el mejor acercamiento.	↔	Los miembros contribuyen al éxito de la organización aplicando su talento singular y su conocimiento a los objetivos del equipo.
Los miembros desconfían de los motivos de los colegas. Las expresiones de opinión son consideradas divisivas.	↔	Los miembros trabajan en un ambiente de confianza y son alentados a expresarse abiertamente.
Los miembros son muy precavidos en lo que dicen, p. ej., jugar juegos y trampas de comunicación.	↔	Los miembros practican una comunicación abierta y honesta. Hacen un esfuerzo por entender el punto de vista de los demás.
Los miembros pueden recibir buen entrenamiento, pero son limitados en su aplicación.	↔	Los miembros son alentados a desarrollar habilidades y a aplicar en el trabajo lo que aprenden.
Los miembros se encuentran en situaciones de conflicto que no saben cómo resolver.	↔	Los miembros reconocen el conflicto como un aspecto normal de la interacción humana. Trabajan para resolver el conflicto.
Los miembros pueden o no participar en decisiones que afectan al equipo.	↔	Los miembros participan en decisiones que afectan al equipo.

Cada miembro de equipo plantea sus responsabilidades y tareas con prejuicios innatos. Los individuos llevan el equipaje de sus propios deseos personales, habilidades, inclinaciones, personalidades, así como su capacidad representativa para su propio ministerio o grupo de interés con un instinto natural para proteger su terreno. Sin embargo, para que un equipo sea exitoso, sus participantes deben elevarse sobre sus intereses individualistas, concentrándose en la realización de mayor potencial del equipo para el ministerio de la iglesia.

Sin importar si uno es parte de un grupo o de un equipo, todavía está compuesto de individuos. Por consiguiente, debe darse atención a las necesidades individuales dentro de la unidad de modo que la verdadera participación dentro del equipo es pastoral. Myron Rush señaló cuatro necesidades básicas personales que pueden ser fácilmente enfrentadas sirviendo en un equipo[7]:

1. la necesidad de usar mis habilidades, dones y creatividad para ayudar en los esfuerzos del equipo;
2. la necesidad de ser aceptado por los otros miembros del equipo;
3. la necesidad para mis metas personales de ser compatible con las metas del equipo; y
4. la necesidad de que me permitan representar a otros que no están en el equipo.

Todo esto presupone un ambiente de colaboración. Hersey y Blanchard comentan que "las metas cooperativas promueven el trabajo conjunto de la gente para asegurar el éxito de cada uno... Las investigaciones demuestran que los individuos y los grupos se desempeñan mejor donde hay metas cooperativas"[8]. Dentro de un equipo queda poco espacio para la competencia; solo hay para la colaboración. La competencia es aceptable, pero la colaboración es preferible. Aunque un equipo puede estar formado para estar en una relación competitiva con otro equipo u organización, la dinámica dentro del equipo es de colaboración. Maddux comenta acerca de los cuatro beneficios obvios de equipos colaboradores como sigue[9]:

1. La colaboración construye una conciencia de interdependencia.
2. Cuando las personas trabajan juntas para alcanzar metas comunes, se estimulan unas a otras para niveles más elevados de realización.
3. La colaboración edifica y refuerza el reconocimiento y el apoyo mutuo dentro de un equipo.
4. La colaboración lleva al compromiso a apoyar y a alcanzar las metas de la organización.

La colaboración es necesaria en un equipo porque fomenta el sentido de significado individual dentro del equipo, mantiene la alta dinámica de relación entre los participantes y concentra la atención en un objetivo aceptado.

No todos los equipos son hechos iguales

Los equipos *no* son homogéneos. La diversidad no se limita en términos de composición, sino en términos de tipos de equipos. No todos los equipos son iguales. Los libros de administración de negocios a menudo especifican las varias formas de equipos, por ejemplo, ejecutivos, trasfuncionales, de apoyo formal, de proyecto, de fuerza de trabajo[10]. La confusión sobre la naturaleza del equipo en el que uno sirve o el papel que desempeña dentro de la congregación puede crear confusión de metas, disfunción de relación, y frustración personal. Sin embargo, los equipos caen básicamente en cuatro categorías de tipos. La figura 19.5 provee un filtro para discernir los tipos de equipos que existen en la congregación típica[11].

Figura 19.5: Tipos de equipos

		DURACIÓN	
		Temporal	Permanente
FUNCIÓN	Consultiva	Investigación/informe Equipos p. ej., equipos de intercambio de ideas para nuevos programas, para formar comités, estudio de factibilidad para una nueva escuela cristiana	Concilios de la iglesia, comités, ministerios permanentes p. ej., equipos de evaluación que vigilan los programas y hacen recomendaciones
FUNCIÓN	Administrativa	Proyectos a corto plazo Comités para búsqueda de personal p. ej., Comité para Escuela Bíblica de Vacaciones	Juntas Comités permanentes p. ej., un equipo de reclutamiento responsable de reclutar personal para programas educativos

Por esta razón es claro que no todos los equipos son creados iguales. Aunque pueden compartir las mismas características fundamentales, su función y duración las hacen diferentes.

Liderazgo y equipos

Cada equipo tiene un líder y necesita un líder. Nunca es suficiente poner simplemente individuos altamente motivados y autodirigidos en un ambiente de colaboración. El liderazgo siempre es necesario. Los líderes de equipo asumen la responsabilidad para facilitar el trabajo de equipo dentro de la unidad, y en esencia crear, mantener y adelantar la orientación y el progreso del equipo hacia la meta, mientras protegen al equipo de elementos disfuncionales. Robert Owens comenta que "el sentido de unidad y orgullo que tan a menudo se observa en grupos aparentemente eficaces [i.e., equipos] (y a menudo llamada *moral*) está íntimamente vinculado al presente liderazgo"[12].

Características de un líder de equipo

En primer lugar, el líder debe tener *madurez espiritual*. Esto es necesario para mantener el enfoque del equipo en el ministerio, en su objetivo, y en el panorama teológico del mundo a través del cual debe ser vista su misión a la luz de la congregación. Los líderes cristianos debieran también estar interesados en mantener un enfoque espiritual dentro del equipo. Karen Yust comenta que "el principal propósito de cada comité de iglesia es descubrir la voluntad de Dios para la vida de la iglesia"[13]. Ella recomienda que el equipo tenga actos de adoración (como liturgia o ritual antes de principiar cada reunión), oración, lectura de la Biblia, reflexión personal, y el compromiso a buscar rectitud (recordando a los miembros que su trabajo es a favor de otros) como un medio de mantener el enfoque espiritual en el propósito y tarea del equipo[14].

En segundo lugar, los líderes deben poseer la capacidad de *pensar*. Los líderes deben pensar crítica y creativamente para proveer liderazgo adecuado a un equipo. Igualmente, deben ser capaces de pensar más allá de su propia agenda o intereses personales. La capacidad de uno para razonar, evaluar y proveer respuestas innovadoras a situaciones nuevas es esencial para el éxito del equipo.

En tercer lugar, los líderes deben *valorar el proceso del equipo*. Los dictadores no forman equipos. Un líder debe aceptar y apreciar genuinamente la contribución de cada miembro del equipo y la dinámica que gobierna la relación dentro del equipo. Sin una apreciación por esto, los miembros y el diálogo son percibidos como estorbos para la voluntad y decisiones del líder, que característicamente fueron hechas sin aportación del equipo. En suma, el líder de un equipo debe apreciar al equipo, su papel en la toma de decisiones, en la solución de problemas, y en la realización de la tarea que le ha sido asignada.

En cuarto lugar, los líderes deben practicar lo que Steven Covey describe como *Vivir el Cuadrante 2*[15]. Según Covey, vivimos en una matriz de tareas urgentes/no urgentes *vs.* importantes/no importantes (figura 19.6)[16]. El Cuadrante 2 se refiere a aquellas tareas que son importantes, pero no urgentes. Tales tareas podrían ser preparación, aclaración de valores, planificación, formación de relaciones, habilitación o desarrollo personal. Los líderes exitosos tienden a pasar del 65 al 80 por ciento de su tiempo en el Cuadrante 2, comparado con 15 por ciento de los individuos caracterizados por una falta de realización, favoreciendo característicamente al Cuadrante 3 (asuntos urgentes y no importantes, p. ej., interrupciones, algunas reuniones, correspondencia, correo electrónico, informes, y también actividades populares)[17]. Un líder de equipo debe mantenerse concentrado en los asuntos del Cuadrante 2, mientras se previene contra la incursión de los asuntos del Cuadrante 3, para así mantener al equipo en un alto nivel de desempeño.

Figura 19.6

	Urgente	**No urgente**
Importante	**Cuadrante 1** • Crisis • Problemas apremiantes • Proyectos que deben cumplirse en fechas fijas, reuniones, preparativos	**Cuadrante 2** • Preparación • Prevención • Aclaración de valores • Planificación • Formación de relaciones • Verdadera re-creación • Habilitación
No importante	**Cuadrante 3** • Interrupciones, algunas llamadas telefónicas • Alguna correspondencia, algunos informes • Algunas reuniones • Muchos asuntos próximos apremiantes • Muchas actividades populares	**Cuadrante 4** • Banalidades, activismo • Correspondencia chatarra • Algunas llamadas telefónicas • Cosas que hacen perder el tiempo • "Actividades escapistas"

El papel del liderazgo en grupos y equipos

Los líderes muestran influencia sobre miembros de equipos y, sin embargo, deben ejercer un delicado equilibrio entre su influencia como individuos en el equipo y el deseo de participación e interacción de los miembros del equipo. Gangel identifica diez papeles que el líder puede desempeñar en un equipo: administrador, organizador, tomador de decisiones, facilitador del grupo, presidente, manejador de conflictos, motivador, reproductor, y mentor[18]. La figura 19.7 indica el cambio de un grupo bajo la dirección de un líder hacia un equipo que se gobierna a sí mismo, observando el papel cambiante del líder desde que provee toda la dirección, hasta asumir un papel colegiado en el equipo.

Figura 19.7: Relación del estilo de liderazgo con la influencia en el equipo

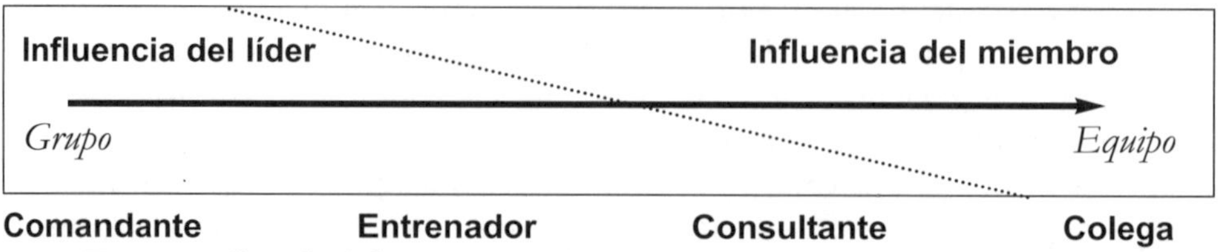

Estos estilos de liderazgo pueden ser ilustrados por la relación del líder con los miembros del equipo, como se muestra en la figura 19.8. El líder cambia, de dar dirección como un comandante de grupo, a ser entrenador del

grupo o equipo. El líder luego cambia de ser entrenador a ser parte del equipo o grupo (todavía manteniendo una presencia notable en la deliberación y en el proceso de toma de decisiones), finalmente, alcanzando un nivel de equipo en el que el líder puede sencillamente servir en el equipo como un colega.

Figura 19.8

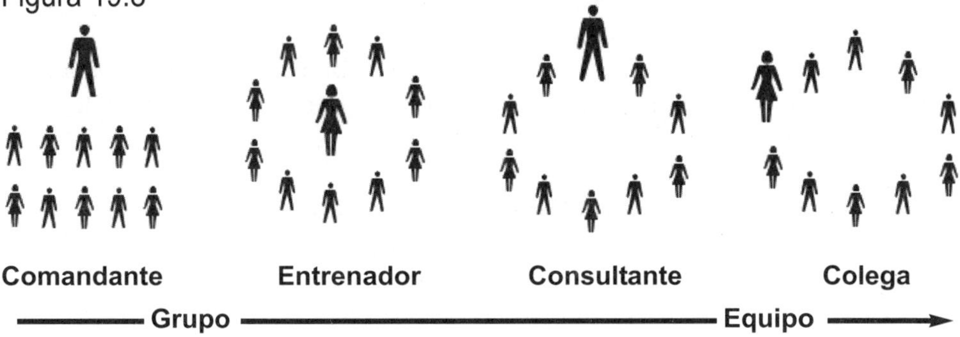

Axiomas del desarrollo de equipos

Armar un equipo incluye edificar un consenso sobre las metas, con análisis del potencial del equipo, la motivación de sus miembros, y luego apoyo al equipo con la colocación de recursos congregacionales a su disposición[19]. Existen varios modelos de formación de equipos; sin embargo, tienen un grado de similitud en principio. Los siguientes son axiomas centrales para formar un equipo en una congregación:

1. La responsabilidad final de la formación y desarrollo del equipo descansa en el líder. Aunque esto es particularmente cierto en las primeras etapas de la formación del equipo, sin importar la etapa de desarrollo del equipo, el líder es necesario como un comandante, entrenador, consultante o colega.

2. Los equipos se establecen y se mantienen mediante un sentido y declaración de propósito mutuamente aceptado. El propósito puede ser el empuje de una autoridad superior sobre un grupo, pero un grupo se convierte en equipo cuando el propósito se interioriza y es compartido por todos sus participantes y ya no tiene que descansar en una autoridad mayor para ser empujado.

3. Los equipos se desarrollan mejor en un ambiente de realización anticipada; en una actitud de liderazgo conjunto vía delegación, apertura, innovación alentadora, y creatividad. El desarrollo del equipo puede ser frustrado por un líder que no cambia apropiadamente, que procura dar más dirección de la que el equipo necesita.

4. Los equipos se desarrollan cuando el proceso, las normas básicas de discusión y la toma de decisiones, son entendidos y aceptados por los miembros del equipo. Como con cualquier unidad de individuos, los procesos y los procedimientos bien definidos para la toma de decisiones, así como medios

objetivos o plazos para determinar cuándo la decisión es final, deben ser aceptados por todos los participantes *antes* del principio de su trabajo.

5. Los equipos se desarrollan cuando las expectativas son expresadas claramente, definiendo e identificando el papel de cada miembro. Cinco expectativas básicas de un miembro de un equipo podrían ser la participación, la confiabilidad, la afirmación, la preparación para reuniones, y la capacidad para trabajar hacia el objetivo compartido.

6. Los equipos se desarrollan cuando se celebran los éxitos. Los equipos deben hacer más que trabajar juntos. Tal vez la última celebración es la de la terminación de su servicio.

Las personas forman el equipo

La orientación a los objetivos y las dinámicas del grupo son cualidades que dependen del carácter de los individuos que conforman el equipo. Por eso la selección de miembros es un asunto crítico en la determinación del éxito potencial o fracaso de un equipo. Las siguientes son preguntas cruciales que deben hacerse durante el proceso de selección.

1. ¿Qué clase de individuos son necesarios para el equipo? La respuesta a esto asume que el líder y/o equipo tiene un claro entendimiento del propósito y agenda del equipo.

2. ¿Cuáles son los requisitos espirituales para el equipo? Esto determinará el nivel necesario de espiritualidad presente en el equipo, como también cualquier don espiritual particular y llamamiento que tiene el individuo.

3. ¿Quién, dentro (o fuera) de nuestra congregación posee estas cualidades? Los equipos no pueden convertirse en dependientes de un solo individuo, por lo que muchos individuos con las mismas capacidades pueden ser considerados para el mismo papel en el mismo equipo.

4. ¿Qué tan bien concuerdan con las normas los miembros potenciales del equipo? La fuerza del equipo está en la dinámica de relación compartida por sus miembros. ¿Son viables las evaluaciones de los puntos fuertes y los débiles? Tal como las piezas de un rompecabezas se engranan para completar el cuadro, así los puntos fuertes y los débiles de los miembros del equipo completan el carácter necesario de la unidad.

5. ¿Pueden ser aceptados por el equipo existente, incluyendo al líder? Puesto que las relaciones están sobreentendidas en la dinámica del equipo, debe prestarse consideración al impacto de introducir nuevos miembros en la dinámica de un equipo existente y también en un equipo nuevo.

6. ¿Sobre qué base extiende el equipo un llamado a servir? Esto no solo se refiere a la naturaleza del equipo sino a las expectativas puestas sobre el rol del miembro individual del equipo; es decir, si es una posición permanente, o temporal, o llamado sencillamente para una consulta ocasional.

Evaluación de las funciones del trabajo de equipo

Aunque los equipos tienen un objetivo definido, su trabajo no está siempre limitado al logro de esa meta sola. El trabajo de equipo ocurre en más de un contexto. De hecho, según Ketchum y Trist, los equipos trabajan en tres marcos de referencia: equipos en acción, reuniones y evaluación (figura 19.9)[20]. El primer marco ilustra el equipo en *acción*, cuando está trabajando realmente para alcanzar el objetivo del equipo. El segundo marco representa cuando está *reunido* para discutir el trabajo y tomar decisiones relacionadas con sus siguientes acciones. El marco final es una fase de *evaluación*, cuando el equipo evalúa sus acciones y decisiones, saliéndose fuera de los dos marcos anteriores para obtener una perspectiva más completa y objetiva.

Figura 19.9

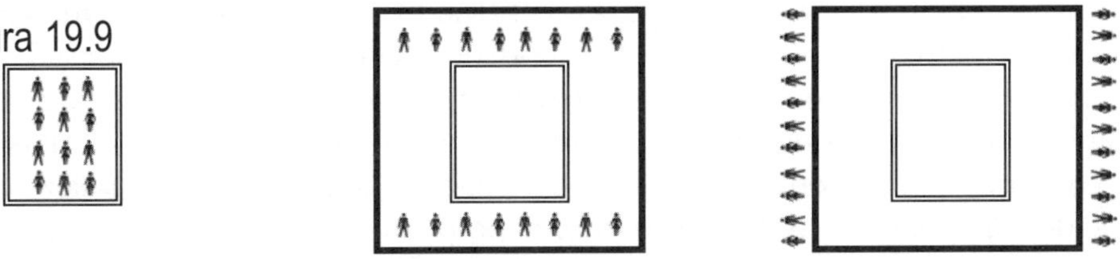

Marco de acción
El equipo está en acción

Marco de reunión
El equipo está reunido para revisar las acciones

Marco de evaluación
El equipo está evaluando acciones y decisiones

Papeles del miembro de equipo

Los miembros no cumplen con un papel único dentro del equipo, ni tampoco los papeles son únicos. Cada individuo en un equipo funciona bajo la conducción de cuatro diferentes papeles que deben estar en armonía, porque si no, pueden crear confusión y frustración para el individuo y para el equipo. La mayoría de los teóricos de dinámica de grupo han identificado cuando menos cuatro componentes dentro de *cada* papel, como sigue[21]:

1. **El papel esperado.** Las expectaciones del equipo del papel individual del miembro del equipo.
2. **El papel proyectado.** Las expectaciones comunicadas o expresadas por el equipo a miembros individuales del equipo.
3. **El papel percibido.** La interpretación del miembro individual del equipo del papel proyectado.
4. **El papel funcional.** La interpretación del papel proyectado por el miembro individual del equipo.

El no reconocer la presencia de estos cuatro componentes del papel, o garantizar que los cuatro son compatibles y coinciden, lleva a una percepción inadecuada e incompleta de los papeles y de su función dentro del equipo, y finalmente a la disfunción. Heller y Hindle ofrecen un diagrama que ilustra la actuación de los equipos (figura 19.10)[22].

Figura 19.10
Equipo, tarea, e individuo

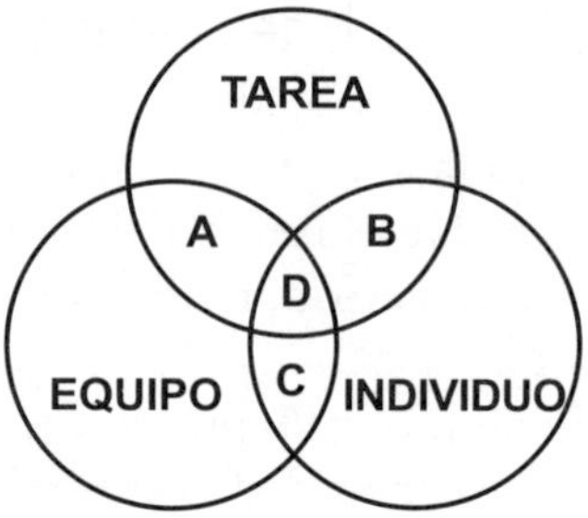

Según Heller y Hindle, la sección A denota cuando "el equipo funciona para [hacia] un fin común para completar tareas", puesto que ello denota el traslape del equipo y de los asuntos de las tareas. B es "tareas desafiantes para mantener el interés individual", para identificar el compromiso de los individuos hacia el objetivo. C es cuando las "necesidades del individuo son abordadas por el equipo", cuando los individuos participan dentro de la dinámica de relación del equipo. Finalmente, D ilustra cuando "cada individuo contribuye al esfuerzo del equipo para completar la tarea a la mano", denotando la naturaleza esencial del equipo. Por eso, el trabajo del equipo puede ser satisfactorio para el individuo participante, y también provechoso para la congregación.

Actitudes productivas y actitudes perjudiciales

La actitud de un miembro del equipo puede contribuir o quitar de la dinámica de relación del equipo o de la orientación a objetivos. La figura 19.11 procura identificar algunos ejemplos específicos de estos tipos de actitudes[23].

Pensamiento del grupo... un equipo disfuncional

Un importante, aunque desgraciadamente común, predicamento a vencer con relación al trabajo de equipo, es la maraña potencial de un grupo pensando o en el proceso de tomar decisiones, es decir, *pensamiento del grupo*. Mientras que la mayor parte de las formas de desarreglo o disfunción son fácilmente evidentes, el consenso grupal es tan sutil que los miembros del equipo a menudo están convencidos de que el equipo está funcionando dentro de los perímetros esperados, solamente para volverse crecientemente ineficaz e improductivo. ¿Cuáles son los síntomas del consenso grupal y cómo puede ser reconocido? Aquí hay varias marcas que lo identifican:

- El equipo adopta una actitud no crítica hacia las ideas y propuestas, considerándose virtualmente infalible.
- El equipo no pone atención a las advertencias e intereses del cuerpo mayor a favor de sus propias ideas, sin poder ver sus propias debilidades, viéndolas solamente en otros.
- El equipo enfrenta las diferencias de opinión o los desacuerdos con la mayoría del equipo presionando a los miembros individuales del

equipo al silencio o a la capitulación, es decir, obteniendo un consenso obligado, manipulado o forzado.

- El equipo practica la *eiségesis* (insertar un significado deseado en las Escrituras) en vez de la *exégesis* (verificar el significado intencionado en las Escrituras) con validación escrituraria o teológica de ideas y de acciones.
- El equipo se considera a sí mismo como un cuerpo consensual de opinión unánime, cuando en realidad ha hecho callar a la oposición.
- El equipo descarta información pertinente que se opone a su posición o criterio, por ejemplo, no enfrentar contradicciones bíblicas o teológicas a su propuesta.

Figura 19.11: Actitudes productivas y actitudes perjudiciales

Actitudes productivas

- Estimula una comunicación pertinente y clara
- Desarrolla un proceso justo y abierto para la toma de decisiones
- Facilita ideas alternativas y espontáneas
- Se obliga a una reflexión teológica intencional
- Disposición a aceptar responsabilidad de deberes y trabajos
- Disposición para participar en el proceso de equipo
- Promueve y guarda los lazos de relación dentro del equipo
- Establece un ambiente seguro
- Capaz de apreciar y evaluar ideas, no a los individuos o al equipo
- Aboga por la tolerancia de las ideas alternativas y maneja el potencial del conflicto dentro del equipo
- Se adhiere a la agenda, manteniendo el progreso hacia el objetivo
- Tiende a hablar en términos de "nosotros" en lugar de una identidad singular
- Establece plazos realistas para las conclusiones
- Justo y considerado de los compromisos y capacidades de los miembros del equipo

Actitudes perjudiciales

- Apartado, física o mentalmente, del proceso de equipo
- Pone las necesidades y las ideas individuales por encima de las del equipo
- Actitudes volátiles, p. ej., muestra enojo y ataca personalmente, usa el sarcasmo
- Convicciones y posiciones inconsistentes
- Comportamiento que distrae, p. ej., sacudir la cabeza, hacer garabatos, ruidos audibles
- Especialista en pequeñeces, incapaz de captar el horizonte completo; melindroso
- Usurpa el proceso de equipo tomando decisiones individualmente o violando la confidencialidad
- Aboga por los intereses personales en lugar de la agenda del equipo
- Tiende a hablar en términos de "yo" o usa un "nosotros" sin identificar
- Domina la dinámica relacional y la agenda
- Interpretación anecdótica o selectiva de la información
- Usa un lenguaje de "nosotros-ellos", presentando un cuadro contencioso o divisivo

¿Cómo se previene o revierte el consenso grupal? La respuesta está en salvaguardar el proceso y la dinámica del equipo. Cuatro salvaguardas pueden característicamente detener el principio del consenso grupal. Primera, impida su inicio preservando las actitudes productivas y minimizando las actitudes perjudiciales mencionadas antes. Segunda, mantenga la integridad de la voz de cada miembro en el equipo, por ejemplo, escuchando atentamente a los individuos, resumiendo su información después de que hayan terminado de hablar, proveyendo amplia oportunidad para que compartan ideas, y no permitiendo interrupciones o peleas emocionales. Esto puede también lograrse proveyendo una oportunidad para respuestas individuales escritas para asuntos de la agenda antes del proceso de la información, de modo que la voz de todos sea escuchada. Tercera, mientras que se mantiene la confidencialidad, exprese públicamente su apoyo al progreso del equipo. Esto mantiene al equipo en contacto con la realidad de la congregación a la que sirve.

Finalmente, provea para el examen crítico de las decisiones y la posición. "Los efectos adversos del consenso grupal pueden ser evitados si el líder es consciente del problema potencial y da pasos para aumentar la evaluación crítica de alternativas bajo consideración"[24]. Esto lo puede lograr el líder pidiendo y promoviendo el examen crítico de cada propuesta, y también teniendo un lector externo que sirva como caja de resonancia *ex oficio* para el equipo.

Conclusión

Los equipos siempre han sido cruciales para el éxito de cualquier institución. La falta de desarrollar equipos causa una difusión de identidad, falta de orientación colectiva a metas, y una dinámica de relación ineficaz dentro de la organización. Los administradores cristianos deben ejemplificar el estilo de liderazgo que facilita la formación de equipos, y por consiguiente avanza la misión y la salud de la organización.

Por
James Estep, hijo

Capítulo 20

Estrategias del liderazgo

¿CÓMO DIRIGE UNO? No es difícil encontrar recursos que presentan definiciones, marcos teóricos, proceso y procedimientos para el liderazgo. Al entrar en una librería, cristiana o de otra clase, uno puede localizar característicamente un estante, o más, lleno con esos artículos. En efecto, el liderazgo se ha convertido en una palabra pegadiza para los siglos veinte y veintiuno, pero sin una definición consistente. Sin embargo, lo esencial del liderazgo, o cuando menos el planteamiento práctico para implementar el liderazgo, falta a menudo.

El énfasis de este capítulo será enterarse de cómo uno dirige en una congregación u organización cristiana a través de cinco avenidas: (1) identificar principios de liderazgo cristiano, (2) destacar las diferencias entre liderazgo y administración, (3) una breve mirada a estilos de discipulado dentro de un contexto institucional, (4) describir seis estrategias para implementar y mantener el liderazgo, y (5) presentar un modelo para la formación del liderazgo en una congregación u organización cristiana. Al hacerlo así, este capítulo proveerá un resumen de la naturaleza, el proceso y formación del liderazgo cristiano.

Principios del liderazgo cristiano

Por muchos años el tema de discusión dentro de la iglesia ha sido lo que distingue al liderazgo cristiano de los planteamientos seculares. Empieza por hacer la pregunta fundamental: "¿Qué hace cristiano al liderazgo cristiano?". Es nuestro debate que una comprensión bíblica bien fundada del liderazgo lo pone aparte de otros enfoques más seculares en una cantidad de maneras importantes. Estas diferencias incluyen un énfasis en cuatro componentes: carácter, competencia, contexto y llamamiento. Cada uno añade un elemento que lo aparta de su primo corporativo. La figura 20.1 tiene el propósito de demostrar la relación entre estos elementos con relación al entendimiento de la naturaleza del liderazgo cristiano.

Figura 20.1

Componentes del liderazgo cristiano

El componente básico de cualquier planteamiento cristiano al liderazgo es el *carácter*. Esto es tal vez más evidente en las Escrituras en las calificaciones para los líderes congregacionales, específicamente los ancianos y diáconos presentados en el Nuevo Testamento. Cuando uno lee Hechos 6:3; 1 Timoteo 3:1-7; 3:8-13; Tito 1:5-9; y 1 Pedro 5:1-4, es obvio que estos son una serie de rasgos de la vida, diseñados para asegurar que los líderes cristianos sean "irreprensibles" o "de conducta intachable" (Tito 1:7; 1 Tim. 3:2). Sin embargo, el carácter no es suficiente. Ser reconocido como una "buena persona" no asegura que él o ella llegará a ser un buen líder. No obstante, el carácter es fundamental, esencial y no negociable. De aquí que Pablo coloque estas cualidades como lecho de roca para nuestro entendimiento del liderazgo cristiano.

El segundo componente es la *competencia.* El liderazgo no es pasivo ni desvinculado, ni se ejerce aislado de otros. Los individuos deben tener carácter y competencia, la capacidad para llevar a cabo el ministerio, y un área de habilidad reconocida o talento. Uno debe ser capaz de aprender de un líder, y ¿cómo puede uno aprender de alguien que es incompetente? ¿Qué clase de líder sería una persona que es incapaz de actitudes y capacidades básicas del liderazgo? Este componente destaca la *funcionalidad* del liderazgo. Una vez más, la lista de calificaciones de Pablo en las epístolas pastorales menciona una competencia, su capacidad para enseñar (1 Tim. 3:2; Tito 1:9). Una competencia fundamental de los líderes cristianos es la aptitud para comunicarse. También, designar a un individuo para un papel de liderazgo sin requerir que él realmente sea capaz de trabajar es adoptar una práctica de promover la incompetencia. ¿Quién quiere seguir a alguien del que uno no puede aprender nada? En suma, los líderes deben tener carácter y la competencia para cumplir el ministerio dentro de la congregación u organización cristiana.

Como tercer componente, el *contexto* coloca al individuo con una posición y un marco de referencia del cual tiene una voz y un escenario de donde comunicarlo. Carácter y competencia pueden ser frustrados sin tener la posición o contexto apropiado en el cual ejercer el liderazgo. Implica acceso a recursos y a la autoridad para guiar y dirigir a los que sirven con ellos. Igualmente, el contexto puede ser un factor limítrofe amortiguando o enmudeciendo la voz de un individuo y, por tanto, disminuyendo del cumplimiento de su potencial de liderazgo. Una vez más, Pablo demuestra la necesidad de la posición cuando emprende su trabajo de misiones en Asia Menor. Hechos 14:23 menciona que "después de haber constituido ancianos para ellos en cada iglesia y de haber orado con ayunos, los encomendaron al Señor en quien habían creído", ilustrando la importancia de tener una posición reconocida desde la cual dirigir.

De igual manera, los títulos dados a los líderes en la iglesia primitiva (diácono, obispo, anciano, pastor) no sólo describen su función (competencia), sino su colocación en una posición de responsabilidad y superintendencia para el ministerio (contexto). El contexto solo nunca proveerá un liderazgo genuino; descansa sobre el carácter y competencia del individuo en el puesto. La figura 20.2 ilustra el componente del puesto de liderazgo en un contexto congregacional.

Figura 20.2: Liderazgo posicional

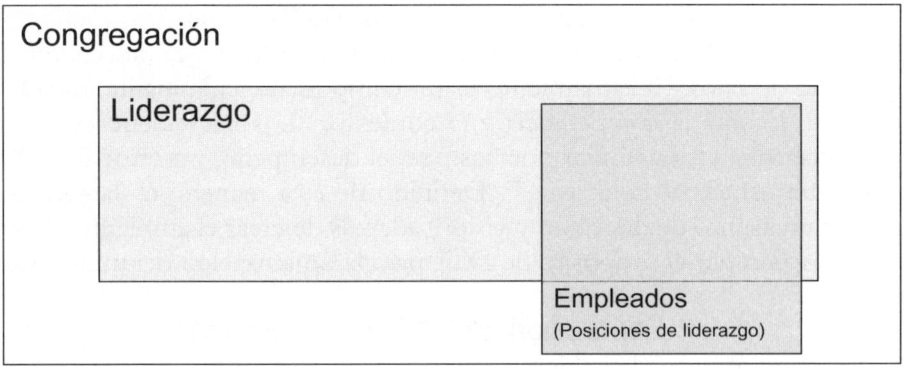

Esta figura ilustra cuatro hechos fundamentales acerca del liderazgo en una congregación, algunos de los cuales son tan obvios que a menudo son pasados por alto: (1) El liderazgo viene de dentro de la congregación. Hasta los pastores nuevos deben llegar a ser parte de la congregación, reconocidos como provenientes de dentro de la congregación, antes de tener una posición desde la cual dirigir. (2) El liderazgo no se limita a los empleados. Las congregaciones tienen posiciones de liderazgo formales (empleados) y también líderes informales (los reconocidos como líderes congregacionales sin título o puesto). (3) Los empleados no son necesariamente líderes. Desgraciadamente, algunos individuos en el cargo no son reconocidos como líderes, y por tanto tienen una capacidad limitada para realmente dirigir a la congregación. (4) El mejor liderazgo es uno que es reconocido y que tiene un puesto. En este caso, los que son reconocidos como líderes dentro de la congregación también tienen la posición necesaria desde la cual proveer liderazgo. Para que el componente contextual del liderazgo tenga su completa influencia y potencial, el individuo reconocido como un líder también debe estar en posición de liderazgo, o el contexto disminuye el potencial del individuo para dirigir realmente.

El componente final es el *llamamiento*. Cuando Pablo describe a Timoteo las calificaciones para un anciano, la primera declaración es que debe ser alguien que desee el oficio (1 Tim. 3:1). Esto no es solamente un sentido de nombramiento divino o reclutamiento para un contexto, sino un mandamiento para el propósito del ministerio. La gente llamada posee un sentido consistente de propósito, una pasión inflexible para lograr algo más grande que ella misma. Los líderes deben estar al frente, yendo a alguna parte, y tener seguidores. En resumen, ¡uno no está dirigiendo si no va a alguna parte! El liderazgo, en una palabra, es cambiar: "Dirigir es luchar... El liderazgo siempre abarca cambio, mover a la gente de un lugar a otro, de la vieja manera de hacer las cosas a la nueva, de la seguridad en el pasado, a la inseguridad en el futuro. Dentro de nosotros hay una resistencia al cambio integrada que parece amenazar nuestra estabilidad y desafiar nuestro poder. Aun si nuestra situación actual es infeliz, todavía hincamos nuestros pies"[1].

El llamamiento divino de un líder identifica al que está de acuerdo con la voluntad de Dios. El llamamiento es un componente culminante, basado en el carácter de uno, la competencia y el contexto. "Los líderes eficaces ayudan a establecer una visión, a fijar normas para el desempeño, y a crear foco y dirección para esfuerzos colectivos"[2]. Definido de esta manera, el llamamiento de uno es un asunto de dirección y visión, además de crear el ambiente y la capacidad para cumplir el propósito de Dios para la organización del ministerio.

Separación de los líderes cristianos

¿Qué aparta a los líderes cristianos de sus primos no cristianos? Sin machacar el punto del capítulo 2, es cuando los cuatro componentes que se han discutido (carácter, competencia, contexto y llamamiento) son informados teológicamente de que la naturaleza cristiana del liderazgo es afirmada. Por ejemplo, una de las líneas de diálogo más famosas en la historia del cine es de la película de gran éxito de 1987 *"Wall Street"* (nota del traductor: nombre de la calle de Nueva York donde están concentradas las casas de la bolsa de valores). En una escena, el director ejecutivo de una importante corporación, protagonizado por Michael Douglas, explica a los accionistas, "La codicia es buena". Esta declaración expresa los valores subyacentes que la

América corporativa ha llegado a aceptar para hacer negocios, pero ¿es esta una característica que los líderes cristianos debieran emular? ¡Obviamente no!

Otras características que son idealizadas por las culturas corporativas e idealizadas en los medios de comunicación populares incluyen conceptos como agresión, manipulación política, hedonismo y valores pragmáticos en los que el fin justifica los medios. Ciertamente, ninguna de ellas es aceptable para el líder cristiano. Al líder cristiano que está buscando una mejor manera de dirigir sus asuntos le toca nadar en este océano de prácticas comunes. ¿De dónde derivamos nuestro retrato de un carácter deseable para el liderazgo? Dios ha expresado su carácter deseado en las Escrituras, ejemplificado en Cristo, y los ha apoyado mediante el poder provisto en la presencia de su Espíritu Santo. En resumen, los cuatro componentes del liderazgo deben estar inmersos en una armazón teológica que provea un modelo de liderazgo consistente con las organizaciones teológicas o instituciones en las cuales sirven los líderes.

Deben declararse varias observaciones concluyentes acerca de este modelo de liderazgo. Primera, los componentes están integrados y dependen unos de otros, pero esto no significa que algunos elementos no tienen una prioridad tan alta como los otros. Idealmente, la forma de pirámide ocurriría, con una aparición de componentes proporcionalmente disminuida. De esta manera, el carácter y la competencia nunca son disminuidos por el contexto o por el llamamiento. Los líderes que tienen un llamamiento, pero carecen de carácter o de contexto, son materia peligrosa para cualquier organización cristiana.

Segunda, a la luz de la primera observación, la formación del liderazgo debiera ser de naturaleza secuencial. Un joven cristiano que desea convertirse en un líder eficaz debiera poner mucho énfasis en el desarrollo del carácter antes de aspirar a llenar un cargo o a aceptar un llamamiento de Dios. Moisés pasó ochenta años desarrollando el carácter y siendo entrenado antes de recibir su contexto y llamamiento. Igualmente, David sirvió como un pastor maduro por años antes de experimentar el contexto o llamamiento del trabajo de su vida. Podrían darse numerosos ejemplos adicionales para ilustrar el punto. Dios nunca evita el desarrollo del carácter de un líder para apresurar el llamado de alguien al cargo.

Una observación final es que dentro de la comunidad del cuerpo de Cristo el número de individuos en una congregación que tenga todos los cuatro componentes será relativamente pequeño. Un buen número puede tener carácter piadoso, pero pocos tendrán la competencia necesaria. Una cantidad aún menor conseguirá un contexto particular o posición de cargo, y muchos menos son los que habrán sido llamados directamente por Dios para servir en un sentido vocacional. De modo que solamente un número limitado servirá realmente en una capacidad de liderazgo en la congregación u organización, comparado con el número total dentro de la institución.

Moisés como líder

Aunque las Escrituras están repletas de ejemplos de líderes reconocidos entre el pueblo de Dios, uno de los más reconocidos es Moisés. Éxodo 3-4 contiene un esbozo de su vida, el encuentro en la zarza ardiente. En ella vemos preocupación por los cuatro componentes del liderazgo previamente mencionados (carácter, competencia, contexto y llamamiento), particularmente en la inquietud y/o excusas de Moisés por cuestionar el llamamiento de Dios. La figura 20.3 analiza el relato desde esas cuatro perspectivas.

Figura 20.3: Moisés como líder

Categoría	Moisés como líder
Carácter	• 3:1-7: Moisés demuestra reconocimiento de Dios y muestra humildad y respeto ante él al cubrir su rostro.
Competencia	• 3:8-10: Moisés recibió cuarenta años de entrenamiento en la casa de Faraón y recibió cuarenta años adicionales de entrenamiento en el desierto. • 3:12; 4:1-9, 17, 21-23: Dios promete mostrar señales milagrosas a lo largo del ministerio de Moisés para apoyar su incompetencia percibida. • 4:14-17: Dios provee a Aarón como ayudante para la misión de Moisés.
Contexto	• 3:10: Moisés es puesto en posición de liderazgo sobre el pueblo de Dios. • 3:18: A Moisés se le promete un papel de liderazgo con los ancianos de Israel, y eventualmente el pueblo reconoce el papel mediador de Moisés entre ellos y Dios.
Llamamiento	• 3:10, 12: Dios encomienda a Moisés enfrentarse a Faraón para liberar a los israelitas. • 3:13: Moisés entiende que Dios es el que lo envía en la misión.

Moisés era un hombre de notable liderazgo basado en su carácter, competencia, singular contexto histórico, y llamado directo de Dios en su vida. La misma matriz podría usarse para formular y analizar el liderazgo de Nehemías, de David y de un número de prominentes líderes del Nuevo Testamento.

Liderazgo *vs.* administración

La administración, como concepto, abarca el liderazgo y también la dirección. Es la idea capital que descansa sobre los corolarios del liderazgo y de la dirección. Esto no significa, sin embargo, que el liderazgo y la dirección son términos sinónimos. De hecho es porque tantos autores contemporáneos han fracasado en diferenciar entre estos términos en sus escritos que tenemos tanto malentendido craso acerca de ellos. Tal vez el principal portavoz para separar los términos ha sido Joseph Rost en su libro *Leadership for the 21st Century*

(Liderazgo para el siglo veintiuno). En este texto él expone un argumento abrumador para mantener distintos los términos y luego define cada uno como sigue: "La definición de liderazgo es esta: Liderazgo es una relación de influencia entre líderes y seguidores que intentan verdaderos cambios que reflejan sus propósitos mutuos"[3].

Él entonces pasa a definir la dirección como "una relación de autoridad entre cuando menos un director y un subordinado que coordinan sus actividades para producir y vender mercancías y/o servicios particulares"[4].

Tal vez sería útil ilustrar estos dos términos en forma de gráfica[5].

LIDERAZGO	**DIRECCIÓN**
Relación de influencia	Relación de autoridad
Líderes y seguidores	Directores y subordinados
Intento de cambio real	Producir y vender mercancías y/o servicios
Los cambios pretendidos reflejan propósitos mutuos	Mercancías/servicios resultan de actividades coordinadas

Kouzes y Posner comienzan a trazar una distinción entre los términos al declarar: "Si hay una clara distinción entre el proceso de dirigir y el proceso de liderar, es la distinción entre conseguir a otros para hacer y conseguir a otros para querer hacer. Los directores, creemos, consiguen a otros para hacer, pero los líderes consiguen otras personas para querer hacer. Los líderes hacen esto primero haciéndolo creíble. Este es el fundamento del liderazgo. Establecen credibilidad por sus acciones desafiando, inspirando, capacitando, modelando y alentando"[6].

Bennis y Nannis lo articularon más sencillamente: "Los directores hacen las cosas de manera adecuada, y los líderes hacen las cosas adecuadas"[7]. La dirección tiende a enfocarse en puntos operacionales, trabajando dentro de los confines existentes de la misión, la visión, la estructura, las políticas y los procedimientos de la organización. La dirección está obligada por los límites institucionales. El liderazgo tiende a enfocarse en los asuntos estratégicos, reconstruyendo o cambiando la misión, la visión, la estructura, las políticas y los procedimientos de la organización. El liderazgo remodela las limitaciones institucionales. En suma, los directores funcionan dentro de la proverbial caja institucional; los líderes piensan fuera de la caja. Confundir el uno con la otra puede ser peligroso para una congregación u organización cristiana.

Los administradores que son 100% *liderazgo* tendrán su cabeza en las nubes y tropezarán con las piedras. Por otra parte, los administradores que son 100% *directivos* serán "contadores de frijoles", siempre incapaces de ver el panorama completo. Debe mantenerse un equilibrio. La administración requiere tanto el liderazgo como la dirección, pero en ausencia del liderazgo, la administración se reduce al papel de tendero, contador de frijoles y mantenedor de la institución.

La administración no puede separar el liderazgo y la dirección, pero ellos son diferentes ciertamente. Otro intento por trazar una diferencia entre los dos conceptos como se muestran en acción es presentado por Stephen Covey. Él provee una simple distinción entre los dos con implicación profunda para los que están envueltos en la aplicación de la teoría dentro del contexto del ministerio cristiano. La figura 20.4 ilustra su paradigma liderazgo/gente *vs.* dirección/cosas[8].

Figura 20.4

Paradigma liderazgo (gente)	**Paradigma dirección (cosas)**
Eficacia	Eficiencia
Espontaneidad	Estructura
Discernimiento	Medida
Causas	Efectos
Lanzar/Comisionar	Control
Programador	Programa
Transformación	Transacción
Inversión	Gasto
Servicio al cliente	Eficiencia administrativa
Principio	Técnicas
Sinergia	Compromiso
Abundancia	Escasez

Cuando uno confunde la diferencia entre dirección y liderazgo en la administración, la administración adecuada nunca es provista a la congregación u organización cristiana. Las instituciones requieren directores y líderes dentro de su administración. Dejar de reconocer esto lleva a la institución a sucumbir ante la inevitabilidad del fracaso en su misión. Los ministerios cristianos necesitan tanto soñadores como contadores de frijoles.

Estilos de liderazgo

Las estrategias están vinculadas a nuestro estilo de liderazgo. El estilo de liderazgo se refiere a la manera en que los líderes perciben su relación con la organización y con los que trabajan con ellos. Tomando prestado de la metáfora bíblica del *pastoreo de ovejas,* que es dominante tanto en el Antiguo como en el Nuevo Testamento, dos estilos elementales de liderazgo están presentes en las congregaciones y organizaciones cristianas: el pastoreo y la cría de ganado. La figura 20.5 identifica la diferencia entre las dos[9].

Figura 20.5: Pastores y ganaderos

Los pastores tienden a...	**Los ganaderos tienden a...**
• tratar de satisfacer personalmente las necesidades de cada uno • pensar que el ministerio se autodestruirá sin ellos • exhibir dirección • sentir gratitud por ser necesitados • tener problemas para delegar • planificar en el camino • vivir en el agitado presente y dejar de lado las tendencias futuras • perder el panorama general de la "vida corporativa" porque están muy enfocados en las relaciones separadas.	• esforzarse por cuidar el rebaño como un todo, no por la oveja sola • operar por objetivos y a recibir bien todas las ideas para alcanzar metas • manejar el cambio y los conflictos con madurez • alentar la participación de los laicos • Buscar personas adecuadas para el trabajo adecuado • delegar eficazmente y supervisar con un toque ligero • funcionar como parte de un equipo • regocijarse cuando otros triunfan sin ellos

El éxito de un estilo de pastor o de ganadero es contingente al nivel de madurez de los seguidores. Es necesario hacer varias preguntas: ¿Están listos para asumir la responsabilidad para una tarea? ¿Son capaces de trabajar en la estructura de un equipo? ¿Tienen talentos suficientemente desarrollados para ser usados con supervisión limitada? Dos teorías que proveen conocimiento más detallado de los enfoques de pastor *vs.* ganadero en el liderazgo son la teoría de liderazgo situacional de Paul Hersey y Kenneth Blanchard, y la del Modelo de Cuatro Marcos del liderazgo institucional.

Teoría del liderazgo situacional de Hersey y Blanchard

El libro *Management of Organizational Behaviors* (Administración de comportamientos organizacionales) de Hersey y Blanchard es considerado un clásico de la literatura administrativa. La teoría descansa sobre el principio básico de que el liderazgo eficaz reside en cuatro estilos (Expresar, Vender, Participar, y Delegar) que son usados con relación al nivel de disposición del seguidor. El *nivel de disposición* se refiere a la habilidad del seguidor (capacidad para hacer una tarea, p. ej., conocimiento, experiencia, o habilidades) y/o su disposición (aptitud sicológica, p. ej., confianza, compromiso, o motivación)[10]. A partir de esto, se pueden dar dos posibles ejes de respuesta al liderazgo: orientado al trabajo o respuestas orientadas a la relación a la disposición de los seguidores.

Las respuestas orientadas al trabajo son *comunicaciones de una vía*, con el líder empeñado en establecer metas, en organizar, en establecer líneas de tiempo y agendas, en dirigir y en controlar a los seguidores. Las respuestas orientadas a la relación son *comunicaciones de dos vías*, con el líder proveyendo apoyo a los seguidores, facilitando la interacción (edificación del equipo), escuchando activamente, y proveyendo retroalimentación a los seguidores (aprecio y evaluación)[11]. La figura 20.6 capta los cuatro enfoques posibles al liderazgo descrito por Hersey y Blanchard.

Figura 20.6

Nivel de disposición del seguidor	*Estilo apropiado de liderazgo*	Descripción
1	Expresar	• Tarea elevada, baja orientación de relación • Comunicación de una vía, principalmente del líder hacia los seguidores • Los líderes deben proveer instrucciones detalladas y supervisar de cerca a los seguidores.
2	Vender	• Tarea moderadamente elevada, orientación de relación moderadamente elevada • Comunicación de dos vías, principalmente del líder al seguidor, pero con envolvimiento elevado del seguidor • Los líderes deben explicar decisiones y proveer oportunidades para aclaraciones.
3	Participar	• Relaciones moderadamente elevadas, orientación para la tarea de moderada a baja • Comunicación de dos vías, principalmente discusión entre los seguidores con el líder • El líder debe compartir ideas y facilitar la discusión y la toma de decisiones del equipo.
4	Delegar	• Relación baja, baja orientación a la tarea • Comunicación de una vía, principalmente del líder • El líder cede el control, dando responsabilidad para la toma de decisiones y la implementación a seguidores calificados.

Liderazgo facilitador

¿Cómo informan Hersey y Blanchard al pastor-ganadero de los enfoques al liderazgo? Un enfoque al liderazgo que se empeña en cambiarse de pastor a ganadero es clasificado comúnmente como *liderazgo facilitador*, puesto que el enfoque requiere un líder para facilitar el liderazgo en otros como un medio para llevar a cabo el ministerio potencial y las metas. La figura 20.7 identifica las diferencias entre las dos:

Si uno fuera a interpretar esta ilustración a través del lente de Hersey y Blanchard, los enfoques de Expresar y Vender fácilmente se alinearían con el lado izquierdo de la ilustración, pastoreo, enfatizando el control del líder y la actividad directa de la administración. De manera similar, el lado derecho de la ilustración reflejaría los estilos de liderazgo de Participación y Delegación, enfatizando el control del grupo o equipo y dirección de la administración. La diferencia general entre estos enfoques es que los pastores usan su propia autoridad para conseguir que las cosas se hagan, mientras que los ganaderos comisionan a otros para hacer las cosas, por medio de dirigir al grupo o estando en el equipo de liderazgo. Uno puede tener que empezar como pastor, cuidando al rebaño, pero conforme la gente y la institución maduran, cambiarse al modelo de ganadero es preferible y necesario. Estar consciente de este proceso le permite al director de un ministerio cristiano un entendimiento de la naturaleza dinámica del desarrollo del liderazgo, y también de los asuntos situacionales que pueden impactar el estilo de liderazgo de uno.

Figura 20.7

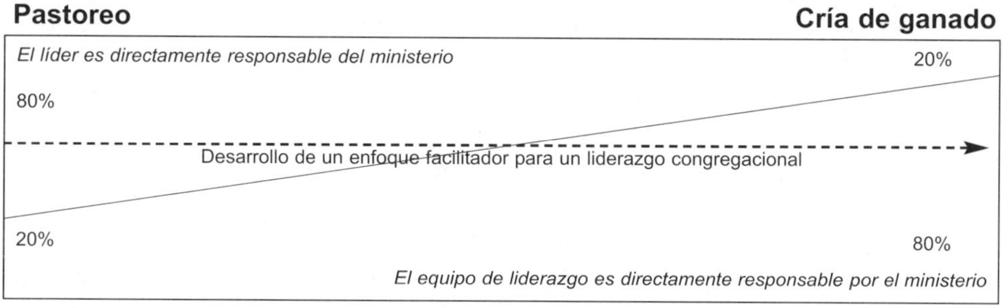

Modelo de liderazgo de cuatro marcos

Pero, ¿cómo entiende realmente un pastor o un ganadero a su rebaño y sus tierras de pastoreo? En términos más literales, ¿cuál es la moral común en la que el liderazgo debe funcionar? El modelo de liderazgo de cuatro marcos provee comprensión de la manera en que el liderazgo debe mantenerse ocupado con la moral común de las congregaciones y las organizaciones cristianas. Un estilo de liderazgo apropiado no sólo está basado en la respuesta apropiada al nivel de disposición del seguidor (Hersey y Blanchard), sino también en la identidad autodeterminada de la institución en la que uno sirve. La figura 20.8 bosqueja los cuatro marcos básicos mediante los cuales verificar la moral común: estructura, recurso humano, político y simbólico.

Figura 20.8: Modelo de liderazgo de cuatro marcos

	Estructura	Recurso humano	Político	Simbólico
Metáfora organizacional	Fábrica o máquina	Familia	Jungla	Carnaval, templo, teatro
Conceptos centrales	Reglas, papeles, metas, políticas, tecnología, ambiente	Necesidades, habilidades, relaciones	Poder, conflicto, competencia, políticas organizacionales	Cultura, significado, metáfora, ritual, ceremonia, historias, héroes
Imagen del liderazgo	Arquitecto social	Autorización	Defensa	Inspiración
Desafío del liderazgo	Armonizar la estructura a la tarea, tecnología, ambiente	Alineación organizacional y necesidades humanas	Desarrollo de agenda y base de poder	Crear fe, belleza, significado

Aunque muchos cristianos pueden inmediatamente responder favorablemente al marco simbólico, con su dimensión espiritual e implicaciones obvias, sería ingenuo no identificar los otros tres marcos que están también en función dentro de muchas de nuestras congregaciones y organizaciones cristianas. En suma, cada institución tiene un sabor de estas cuatro culturas, pero una obtendrá predominio dentro de la institución (o tal vez dos marcos competidores contenderán por la supremacía). Si un pastor o ganadero entra a una congregación u organización cristiana, él primero debe determinar la moral común prevaleciente. Algunos se refieren a este proceso como una exégesis de la cultura organizacional. Por ejemplo, como pastor en una moral política, ¿cómo puedo yo proveer liderazgo? Como ganadero en una institución simbólica, ¿cómo influye esto en la manera en que yo proveo liderazgo? Por consiguiente, la moral común prevaleciente también moldeará la ejecución del liderazgo de uno, dentro de un contexto dado.

Mitos del liderazgo facilitador

Varios mitos asociados con la facilitación como un enfoque al liderazgo dentro de congregaciones y organizaciones cristianas a menudo denigran su uso exitoso. Los mitos tienden a restringir la implementación de un enfoque ganadero al liderazgo arrojando una evaluación despectiva sobre su potencial. A continuación una lista de esos mitos y sus antítesis[13]:

- *Mito:* ¡La facilitación es un enfoque suelto para la dirección que invita al desorden y al caos!
- *Realidad:* La facilitación crea un enfoque orientado al equipo para administración que produce cohesión y dirección.

- *Mito:* Un líder facilitador sencillamente consiente en todo lo que el equipo quiere.
- *Realidad:* Los líderes facilitadores proveen dirección, pero evalúan la comprensión y las perspectivas de los miembros del equipo.

- *Mito:* Los líderes facilitadores renuncian a su propio poder y control.
- *Realidad:* Los líderes facilitadores comparten su propio poder y control.

- *Mito:* No funcionará en la cultura.
- *Realidad:* Los enfoques facilitadores funcionan muy bien cuando los grupos crecen hacia status de equipo.

- *Mito:* La facilitación toma mucho tiempo. No se llega a nada.
- *Realidad:* La facilitación puede tomar tiempo, pero la sinergia que produce hace al equipo más productivo que la suma del trabajo de los miembros individuales.

- *Mito:* La facilitación alienta la anarquía.
- *Realidad:* La facilitación alienta la propiedad de la misión y los valores de la institución.

- *Mito:* La democracia de la facilitación diluirá la calidad de las decisiones.
- *Realidad:* El proceso democrático, o consenso, hace las decisiones menos unilaterales y más un producto de los responsables de su éxito.

- *Mito:* Una vez que empezamos un enfoque facilitativo, tendremos que hacer todo de esta manera.
- *Realidad:* No todo puede funcionar por facilitación, solamente cuando el nivel de disposición del seguidor es suficientemente alto para permitir el estilo ganadero de liderazgo.

El liderazgo facilitador, donde uno se mueve de un pastor caracterizado por el liderazgo solitario a un ganadero marcado por un liderazgo compartido, es mucho más deseable para los líderes en congregaciones y organizaciones cristianas.

Axiomas para el liderazgo

¿Cómo pueden los líderes iniciar, implementar o sostener una cultura progresiva de cambio y avance en una congregación u organización cristiana? Aunque lo específico puede ser diferente para cada institución y líder individual, pueden darse varias respuestas amplias a esta preocupación[14]. El dejar de comprometerse en las prácticas mencionadas a continuación causa una transición del liderazgo institucional hacia la dirección institucional, y la erosión del progreso hacia la realización y expansión de la misión de la congregación u organización cristiana.

Axioma #1: *Los líderes de congregaciones exitosas siempre se comprometen en la reflexión teológica sobre su ministerio y en el de su congregación u organización.* Los líderes que dejan de practicar continuamente la reflexión teológica disminuyen el aspecto cristiano de su administración. Los fundamentos teológicos para el ministerio educativo no pueden sencillamente ser dejados detrás por modelos que pueden ser considerados más avanzados o más contemporáneos de la administración educativa. Todo lo que hacemos en una congregación u organización cristiana debe estar inmerso en el marco teológico de nuestra tradición cristiana. Por consiguiente, debemos comprometer constantemente nuestras convicciones y herencia teológicas como fieles administradoras. Cada administrador debe ser al menos un teólogo aficionado.

Axioma #2. *Los líderes de ministerios exitosos nunca detienen el desarrollo per-*

sonal y profesional. Los sistemas cerrados siempre tienden a la entropía. Las baterías siempre están perdiendo su poder. Los administradores que dejan de ocuparse en un plan deliberado y regular para el desarrollo personal y profesional se vuelven entrópicos y agotados, y dependen continuamente de un limitado y siempre menguante juego de recursos personales y profesionales. Sin embargo, los que se ocupan en el desarrollo personal y profesional, incluyendo la re-creación genuina, sirven en un sistema abierto y están conectados con el tomacorriente AC. Ellos siempre tendrán una continua provisión de recursos, conocimientos y red de relaciones personales. Esto crea una sinergia personal. El compromiso con un plan para el desarrollo profesional refleja humildad para reconocer la necesidad del crecimiento, que uno no está terminado y que no tiene todas las respuestas.

En resumen, en el momento que uno deja de crecer, empieza a morir; en el momento en que uno empieza a morir su administración tiene un período de conservación siempre menguante. Su desarrollo personal y profesional es una inversión, no un gasto, para el bienestar futuro de su ministerio y de usted.

Axioma #3. *Los líderes de ministerios exitosos piensan en grande.* Como se discutió anteriormente, los líderes piensan fuera de la caja. No están restringidos por las dimensiones de las limitaciones institucionales, sino que desafían al statu quo. Los líderes empiezan a convertirse en administradores cuando sus pensamientos se van limitando al actual *status* institucional. Las congregaciones exitosas son las que aspiran a hacer lo imposible y siegan el provecho hasta cuando no alcanzan la marca pretendida. Las preguntas para cada líder son: "¿Qué sigue?" y "¿Qué hay de nuevo?". Los líderes de congregaciones y de organizaciones cristianas nunca pueden dejar de pensar en el futuro de la institución, aspirando siempre a lo más alto y capitalizando progresivamente sobre las oportunidades puestas ante ellos.

Axioma #4: *Los líderes de ministerios exitosos dirigen desde el frente.* Uno puede administrar desde atrás, pero los líderes deben estar afuera en el frente. Uno no puede dirigir desde atrás. Uno puede conducir ganado, pero uno no puede conducir ovejas; ellas deben ser guiadas. El liderazgo no puede proveerse a control remoto, o a distancia. Los líderes cristianos están ocupados activamente en la obra del ministerio, y nosotros debemos poner el ejemplo y elevar el nivel de expectación para los que nos siguen. Los líderes no deben ser reconocidos como los que piden a sus seguidores hacer algo que ellos no están dispuestos a hacer. El principio de ACA, Administración Caminando Alrededor, se aplica al liderazgo también. Uno no puede dirigir quedándose en su oficina y ocuparse de la realidad congregacional u organizacional a distancia. Solamente cuando un administrador es percibido como en contacto y siempre avanzando a la cabeza de la institución puede proveer liderazgo genuino.

Axioma #5: *Los líderes de ministerios exitosos invierten en el desarrollo de otros.*

El reconocimiento de que el llamado de Dios es demasiado grande para cumplirlo solo, y que otros pueden ser igualmente calificados o más para cumplir parte del ministerio de Dios en la congregación u organización cristiana, requiere que los líderes den atención al desarrollo personal y profesional de otros. Esta es una marca de buena calidad de liderazgo facilitador. Los administradores cristianos comprenden que las personas son más que recursos y que no pueden ser tratadas como suministros inanimados para la maquinaria de la institución. Por ejemplo, acabar la tinta de una pluma o el papel de una copiadora, sólo para abrir otra caja de suministros y conseguir una nueva pluma o un rimero de papel, *nunca* puede ser equiparado con consumir a un individuo en el servicio de Dios, sencillamente buscando a alguien más como un reemplazo una vez que ha sido usado. Esta sería una práctica inmoral y no cristiana.

Los líderes que son cristianos deben proveer vigilancia cuidadosa, pastoral y profesional a los que sirven junto con ellos. Ellos debieran ocuparse en el desarrollo de otros. El síndrome del llanero solitario del enfoque de pastor puede llevar a consumirse prematuramente, pero el enfoque ganadero requiere un compromiso al servicio continuo y rejuvenecido para la congregación u organización cristiana.

Axioma #6: *Los líderes de ministerios exitosos valoran la responsabilidad.* Ocuparse en una práctica rutinaria de apreciación y evaluación es crucial para el liderazgo cristiano. Es una falla trágica asumir que la teoría se traducirá perfectamente en práctica. Los líderes deben mantenerse responsables por su desempeño y mantener a otros igualmente responsables. Los líderes no pueden suponer que el desempeño anterior es equivalente al desempeño actual. En suma, la responsabilidad por la eficiencia y la efectividad de uno siempre debe recibir retroacción concisa y objetiva junto con un plan para las iniciativas de desarrollo cuando sea necesario. Los malos trabajadores no solamente estorban su propio trabajo, pero potencialmente influyen en toda la congregación u organización cristiana poniendo un mal ejemplo, disminuyendo los niveles de expectación y haciendo que otros descuiden sus responsabilidades. En suma, una falta de responsabilidad llevará a la crisis institucional y al fracaso.

Axioma #7: *Los líderes de ministerios exitosos ponen atención a los valores esenciales y a la misión.* Sin consideración de cuán lejos avance una congregación u organización cristiana, no puede perder de vista su misión y valores. Estas son las bases para la institución. Uno debe aprender el alfabeto, cómo pronunciar fonéticamente las palabras, cómo leer, cómo deletrear y, finalmente, cómo construir oraciones, párrafos, y escribir composiciones. Sin importar cuánto ascienda uno en la escala académica, uno no puede olvidar el alfabeto y continuar manteniendo su nivel actual de éxito. A menudo, en medio de la apurada agenda administrativa y la siempre creciente lista de responsabilidades, es fácil olvidar los rudimentos básicos de su identidad institucional, su dirección y la razón de su existencia. Concebir sueños de la institución, aclarar los valores, y edificar la identidad, son procesos continuos, de toda la vida, no eventos de una sola vez.

Conclusión

El liderazgo es un concepto paradójico. Casi siempre es fácilmente reconocido cuando lo encontramos, pero por otra parte elude la definición precisa y la clasificación. Es autoevidente, pero es difícil captarlo completamente en teoría y paradigma. Como administradores en congregaciones y organizaciones cristianas, somos llamados a ser líderes. A ello traeremos nuestro propio carácter, incluyendo nuestra personalidad, competencias y deficiencias. Recibiremos un contexto, una posición y un título, de los cuales proveer liderazgo. Requerirá que nosotros hagamos exégesis de la institución, de su moral común, y del nivel de disposición individual de los que sirven al lado nuestro. Finalmente, ponemos nuestra confianza no en nosotros mismos, no en la institución, sino como Lucas escribió: "Y después de haber constituido ancianos para ellos en cada iglesia y de haber orado con ayunos, los encomendaron al Señor *en quien habían creído*" (Hech. 14:23, énfasis añadido).

Por
Michael Anthony

Capítulo 21

El trabajo con juntas y comités

ALGUIEN DIJO UNA VEZ que el desafío más grande en el ministerio es trabajar con gente. "Uno no puede trabajar con ellos y uno no puede trabajar sin ellos". Es verdad que trabajar con gente añade un considerable desafío al proceso de lograr que las cosas se hagan. Sin embargo, es claramente la enseñanza de las Escrituras, y tiene sentido, porque aumentamos al máximo nuestra efectividad cuando entrenamos y equipamos a otros para la tarea de cumplir el ministerio. Dios nos dice en Efesios 4:11-16 que una de las razones principales para proveer a los creyentes con dones espirituales es para el propósito expreso de hacer que se envuelvan en el ministerio, ya sea mediante el evangelismo, la enseñanza, actos de misericordia y compasión, o administración. Los dones son dados para que otros puedan compartir la responsabilidad de hacer la obra del ministerio.

Para que ese trabajo se haga con algún grado de esfuerzo coordinado, se han creado las juntas y los comités. Estas entidades han sido el foco de frustración y desdén de mucha gente a través de los años. Más tarde en este capítulo discutiremos los beneficios y desventajas de trabajar con estos grupos. Por ahora, baste decir que trabajar con equipos como juntas y comités es bíblico y también conveniente. Lo que queremos discutir con usted en este capítulo es la manera de manejar eficazmente el proceso, y compartir algunos consejos acerca de cómo hacer de esta una experiencia provechosa para usted como el líder del ministerio y para los que sirven en juntas o comités con usted.

La base bíblica de las juntas y los comités

El Antiguo Testamento nos da los primeros vistazos de equipos en el ministerio. Los ancianos de Israel formaban un cuerpo que proveía sabiduría divina y consejo a la congregación. Moisés reconocía que él no era capaz de atender las necesidades de la asamblea, de modo que designó hombres maduros que escucharan las disputas del pueblo y que lo gobernaran como ellos consideraran apropiado (Éxo. 18:13-27). Estos ancianos se convirtieron en los líderes de la nación y siguieron sirviendo al pueblo con una variedad de responsabilidades como arreglar disputas legales, y representar al pueblo ante Dios durante importantes festividadeses religiosas.

En el Nuevo Testamento la mejor evidencia de trabajar mediante grupos la da Jesús mismo cuando escogió un grupo de doce hombres a los cuales delegó responsabilidades y preparó para el servicio en el ministerio. Este "comité de doce" serviría como un microcosmos de comunidad para dirigir empresas ministeriales. Más allá de esta agrupación él también seleccionó un subcomité de tres discípulos que se convirtieron en el círculo interno de su ministerio.

Después del ascenso de Cristo, estos hombres designaron para la tarea a otros que eran considerados como maduros espiritualmente y dirigidos por el Espíritu Santo. Uno de los primeros de tales comités ministeriales se formó en los primeros días de la iglesia. Los creyentes no judíos se sentían como ciudadanos de segunda clase cuando se dieron cuenta de que sus viudas no estaban recibiendo igual parte de comida en la distribución diaria. Los doce apóstoles se reunieron para considerar este reclamo, y llegaron a la gran conclusión de que debían fijar prioridades para su propio ministerio para evitar verse envueltos en arreglar semejantes disputas secundarias. Ellos ordenaron a la congregación que designara a siete hombres que fueran considerados indudablemente como creyentes maduros, para supervisar la distribución diaria de alimentos. Este cuerpo llegó a ser conocido como la primera junta o comité de diáconos en la iglesia (Hech. 6:1-7). Esta tendencia continuó con el desarrollo de juntas o comités de ancianos en las iglesias que Pablo estableció durante sus frecuentes viajes misioneros. Sería seguro decir que desde entonces los comités y las juntas han jugado un papel vital en la vida de la iglesia.

La evidencia bíblica de trabajar con juntas y comités ha provisto a la iglesia y a las organizaciones no lucrativas con un paradigma para la administración efectiva y la mayordomía de los recursos ministeriales. Ya sea que funcionen como una junta de fideicomisarios en una escuela cristiana, como una junta de directores para una misión o agencia de socorro, o como un comité de auditoría financiera en un refugio para gente sin hogar, estos grupos de gente voluntaria juegan un papel vital para mantener el ministerio en línea directa hacia la realización exitosa de su misión institucional. A lo largo de la nación las organizaciones religiosas no lucrativas deben cumplir el requisito de establecer una junta de directores (consistente de cuando menos tres miembros) que supervisan los asuntos de la organización.

En una iglesia este cuerpo puede ser llamado por cualquiera de varios nombres (fideicomisarios, ancianos, diáconos, etc.), pero cualquiera que sea el nombre, generalmente asume la misma función. Éste provee el vínculo entre los intereses del gobierno (i. e., fiduciario y legal) y los miembros que la han establecido. En una iglesia el pastor principal puede ser un miembro oficial de la junta o comité, pero en muchos casos, no lo es. En muchos casos él sirve como miembro ex oficio, dependiendo de la manera en que los reglamentos estén escritos. Los miembros esenciales de la junta corporativa (que es la manera en que el gobierno llama a la junta de una iglesia) son un presidente, un vicepresidente y un secretario-tesorero. Más tarde en el capítulo se discutirá más respecto a la composición estructural de las juntas de la iglesia.

Papeles y responsabilidades de la junta gobernante

Este capítulo está siendo escrito para que apele ampliamente y nos lleve más allá de los confines de la iglesia local. Por esta razón se darán ejemplos de juntas y comités que incluyan organizaciones no lucrativas también. En muchos casos, los principios aplicables a la junta de la iglesia también se aplican a una organización religiosa no lucrativa, como una escuela cristiana, un campamento u otra forma de institución paraeclesiástica. Para apelar a una audiencia más amplia se darán ejemplos para aplicación a la iglesia y a otras organizaciones no lucrativas, e igualmente respecto al título para el líder de la junta o comité. Algunos se refieren a este individuo como *presidente*, o *presidenta*, según el género de la persona.

Lo que comprende los papeles y responsabilidades de la junta gobernante depende de la naturaleza de la organización. Lo que los ancianos hacen cuando dirigen la iglesia puede ser algo diferente de los miembros de una junta de fideicomisarios de una escuela. De igual manera, la junta de un campamento puede tener responsabilidades algo diferentes de las de los que sirven en una junta de una misión. Sin embargo, esto no significa que no comparten algún grado de deberes comunes. Hay una gran cantidad de traslape en lo que hacen y en la manera en que sirven. Esto incluye lo siguiente[1]:

1. Al recurrir a la historia y a las tradiciones de la razón declarada de ser de la organización, la junta interpreta y sostiene la misión de la organización, asegurando que cada departamento y componente de la organización sea consistente con la misión declarada.

2. La junta representa los intereses y asuntos de los miembros cuyos recursos permiten a la organización alcanzar su misión.

3. La junta elige al jefe ejecutivo o director ejecutivo y luego provee conducción, apoyo y obligación de dar cuenta a este individuo.

4. La junta traduce fe, tradiciones, creencias, misión y los valores esenciales de la institución en políticas y reglas que guían al director ejecutivo y a su personal mayor en sus actividades.

5. La junta trabaja con el director ejecutivo para desarrollar planes a largo plazo, metas y objetivos para la organización, y luego monitoriza el progreso hacia la conclusión de esas metas.

6. La junta es responsable de asegurar que la organización tenga los recursos financieros necesarios para cumplir su misión y sus metas.

7. La junta es responsable de asegurar que todas sus decisiones y acciones cumplan los requisitos de la ética y las leyes, incluyendo la civil y también la religiosa donde sea aplicable.

8. La junta asegura que la organización usa todos sus recursos, incluyendo los financieros y de personal, tan eficiente y efectivamente como sea posible.

Junta, comité, subcomité, o grupo consultivo: ¿qué hay en un nombre?

Lo que una organización llama una junta, otra puede referirse a ella como un comité. Lo que aparece en un organigrama como subcomité puede aparecer en otro organigrama como grupo consultivo. Es muy parecido a tratar de definir la diferencia entre una meta y un objetivo, pues puede referirse más a la persona que hace la distinción que a la fuente definitiva. La diferencia entre una junta y un comité es un asunto de autoridad. Las juntas tienen más autoridad que los comités y generalmente los últimos están subordinados a los primeros. Virtualmente cada junta se divide en varios subcomités. Estos grupos de hombres y mujeres trabajando forman la base para que las cosas se hagan entre reunión y reunión de la junta. Por ejemplo, en el contexto de una iglesia, la junta de ancianos puede estar más dividida en subcomités con un anciano como el presidente de cada comité. Tales comités pueden incluir finanzas, instalaciones, personal, misiones, etc. Un ejemplo de este tipo de estructura se ilustra en la figura 21.1.

Figura 21.1

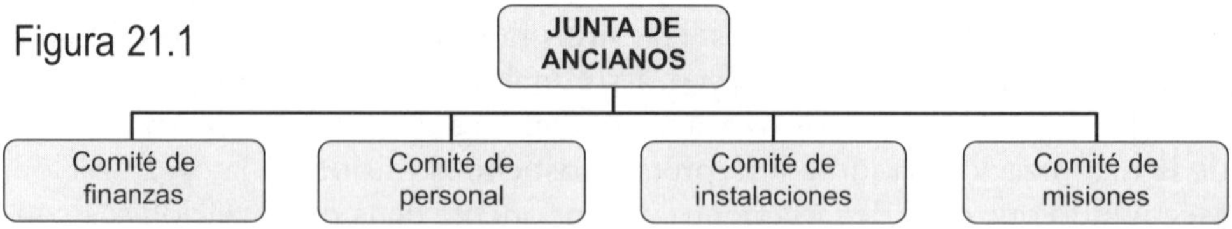

El trabajo de la junta de ancianos es llevado a cabo durante el mes por los diversos comités, y entonces cada presidente de comité (anciano) informa en la siguiente reunión de ancianos lo que está pasando en su área de responsabilidad. Los comités no tienen ninguna autoridad en y de sí mismos, sino que sirven para implementar las políticas de la junta. Ellos pueden hacer recomendaciones a la junta que pueden incluir acciones que deben tomarse, políticas que deben ser formuladas, o procedimientos que deben ser modificados, pero los comités mismos informan directamente a la junta. Esto permite a una junta hacer uso de la pericia individual de sus miembros. El miembro de una junta que es un constructor contratista de profesión sería la persona lógica para presidir el comité de instalaciones. Un contador público certificado sería presidente del comité de finanzas, etc.

> Una junta puede proveer un nivel de compromiso con un aspecto de las responsabilidades más grandes o con un asunto específico que es difícil mantener con toda la junta. Un comité de finanzas es un buen ejemplo de esto. La junta completa no renuncia a sus responsabilidades de planificar o supervisar el bienestar financiero de una organización al crear un comité de finanzas. Más bien, al crear el comité, la junta está pidiendo formalmente a unos cuantos miembros de la misma, altamente comprometidos e informados, monitorizar los asuntos financieros en mayor detalle y en mayor profundidad en nombre de la junta. Los comités capacitan el monitoreo financiero que ocurre entre reuniones de la junta, y hacen posible que los asuntos complejos del desempeño financiero sean entendidos apropiadamente y presentados a la junta en una manera convincente[2].

Al principio de cada año la junta da un cargo a cada comité acerca del trabajo que debe chacerse. Puesto que la junta es la única entidad dentro de la organización que tiene el "panorama completo", cae sobre ella el hacer las asignaturas a los comités. Cada presidente de comité (que también es miembro de la junta) toma su cargo de la junta para el comité y dirige la carga de trabajo y el horario del comité para que cumpla su tarea. De esta manera el comité no desarrolla su propia agenda, ni pasa incontables horas para completar la tarea, solamente para darse cuenta de que la junta ni quiere ni aprecia el fruto de su trabajo. Si esto ocurre, generalmente se debe al pobre liderazgo del comité que resultará en resentimiento y tensión entre la junta y el comité.

La obra de un comité puede ser constante y continua. Si el comité tiene un cometido que es de naturaleza específica y tiene un plazo limitado para cumplirlo (p. ej., una edificación, un conflicto que debe ser resuelto, etc.), puede decidir crear un subcomité. A este grupo de individuos se le asigna la responsabilidad de supervisar el cometido particular, y se deshace tan pronto como la tarea se ha cumplido. Por eso, un subcomité es mucho más limitado en naturaleza, en ámbito, y en tiempo que un comité. Sin embargo, el subcomité todavía tiene la obligación de dar cuentas a la junta y generalmente su presidente es un miembro de la misma.

Una de las maneras más rápidas de matar el ímpetu hacia adelante de una organización es aumentar el número de comités y luego delegarles tareas visionarias. Los comités no son por naturaleza entidades realizadores de visiones. La mayoría de los comités son designados en torno al concepto del control y mantenimiento y son, por naturaleza, lentos para responder al cambio. Una cantidad de fuentes autorizadas recomienda que todos los comités terminen al fin de cada año y que justifiquen la razón de continuar.

Algunos comités son obvios y necesitan tener una vida propia continua (p. ej., finanzas, instalaciones, personal, etc.). Pero otros pueden haber sobrevivido a su utilidad o tal vez han añadido miembros que se han vuelto contraproducentes para el intento original del comité. En tales casos, terminan al fin del año y no se nombran de nuevo. Esto permite a la junta tener un medio de salvar el amor propio que controle la proliferación natural de comités.

Orientación de miembros nuevos

Trátese de una junta, un comité, un subcomité, o cualquier otro grupo de individuos interesados, es crítico para el éxito del grupo que todos los miembros nuevos sean orientados y puestos al corriente acerca de sus responsabilidades y deberes. En muchos casos las únicas calificaciones que tendrán los miembros voluntarios son sus deseos de servir. Más allá de eso, necesitarán ser entrenados y preparados para su papel. "Parte del problema está en la palabra *orientación* que tiene una idea de saber dónde están situados el cuarto de baño, la cafetería y la bodega de suministros. La preparación adecuada para respaldar la carga de liderazgo estratégico requiere algo un poco más substancial. Lo que se necesita es entrenamiento para el trabajo, aunque el término puede ser ofensivo para nuevos miembros que son expertos en sus ocupaciones o en otra junta de servicio"[3].

Probablemente la persona mejor para dirigir la orientación de nuevos miembros es el presidente. Este individuo probablemente ha servido en la junta o comité por un largo periodo y está bien familiarizado con los procedimientos involucrados. Sin duda él o ella tendrá una historia completa de la organización y tendrá un claro entendimiento de su misión, valores fundamentales, metas estratégicas y planes de operación. Cada uno de estos elementos de orientación está teológicamente informado, de aquí que la orientación procure asegurar que los participantes estén profundizados en la perspectiva teológica de la institución. Reitera los conceptos de la organización como cristiana.

El proceso de orientación debiera incluir tres propósitos. Primero, debiera proveer al miembro con una base teológica para la organización y la manera en que operará la organización. Segundo, debiera proveer el contexto histórico para tomar decisiones. Finalmente, el nuevo miembro debiera ser hecho consciente del proceso y de asuntos procesales involucrados como miembro de la junta. Es necesario tener alguna discusión acerca de la tensión entre el papel de una junta para establecer política y el papel del personal en la implementación de esa política.

El segundo propósito de la orientación es proveer un foro para que el nuevo miembro haga preguntas. A nadie le gusta hacer preguntas en el contexto de un grupo si siente que podría ser percibido como que hace "preguntas tontas". Sin embargo, la mayoría de las preguntas que un miembro hace no son tontas de ninguna manera. Reflejan percepción y sabiduría. Generalmente una pregunta será hecha por un nuevo miembro, y otros miembros del grupo que han estado en él por algún tiempo pueden responder diciendo: "Esa es una buena pregunta. A menudo me he preguntado acerca de eso también". Pero nunca habían tenido el valor de preguntar por ellos mismos.

El seminario de orientación debiera también incluir al director de la organización. Juntos, el presidente de la junta y el ejecutivo dan a los nuevos miembros un compendio de la misión de la organización, sus valores esenciales, sus metas y objetivos anuales, sus políticas y procedimientos principales cuando se aplican al área de responsabilidad del nuevo miembro, y un repaso del presupuesto. El nuevo miembro debiera tener la libertad de hacer preguntas como las que siguen:

- ¿Cuánto hace desde que la junta examinó la declaración de la misión de la organización?
- ¿Quién estuvo involucrado en decidir los valores fundamentales?
- ¿Se ha desarrollado un documento de planificación estratégica a largo plazo para la organización? Si no, ¿por qué no?
- ¿Qué espera la organización de mí acerca de levantar fondos?
- ¿Cuánto hace desde que fue evaluada la ejecución de trabajo del ejecutivo, y cuán a menudo es esto dirigido por la junta?
- Desde un punto de vista financiero, ¿cómo está situada actualmente la organización; preven cambios importantes en el futuro cercano?
- ¿Está pendiente algún litigio y ha habido alguno recientemente? Si es así, ¿están ustedes en libertad de discutirlo conmigo ahora?

Durante esta sesión los nuevos miembros debieran recibir copias del manual de la política de la organización de modo que tengan oportunidad de revisarlo antes de asistir a cualquier reunión. Ellos debieran haber pasado por el organigrama y haber recibido un breve resumen de la duración del control de la organización. Respecto al método de la orientación del nuevo miembro, algunas organizaciones usan un sistema de compañero, emparejando a un nuevo miembro con uno experimentado. "Esto puede ser muy útil, ya que constriñe al miembro experimentado de la junta a estar tan informado como es posible para enseñar perfectamente al nuevo"[4].

La orientación y preparación del nuevo miembro de la junta son importantes, pero el proceso de entrenamiento no se detiene con esta reunión inicial. El entrenamiento continuo de la junta debiera ocurrir también sobre una base anual. Considerado como un desarrollo profesional de la junta, una organización que dirige tal entrenamiento en servicio es seria en cuanto a la calidad de la ejecución y gana el respeto y admiración de sus miembros, del personal de la organización, y de los que confían en el liderazgo de la organización.

Conducción de reuniones con un propósito

Las juntas y los comités generalmente están compuestos de personas líderes entre los constituyentes de la organización. Ellos desean servir porque están comprometidos con la misión de la organización y quieren verla crecer y florecer. Pocos escogerían servir en una junta o comité solo para ver a la iglesia estancada en su crecimiento y volviéndose insolvente. Las reuniones deben servir a un propósito. Un orden del día o agenda debiera ser desarrollado y repartido una semana antes de la reunión. Cualquier documento de apoyo e informes también debieran acompañar al orden del día. Esto permite que cada miembro los revise y haga su propia investigación antes de la reunión.

Una vez que el orden del día haya sido distribuido y la reunión haya empezado, debe evitarse añadir más artículos de negocios a menos que todos estén de acuerdo por adelantado. Esto evita sorpresas de último minuto y desarrolla confianza entre los miembros del grupo. Cuando se agregan asuntos de discusión de último minuto, y a las personas no se les ha dado oportunidad de procesar su opinión por adelantado, pierden la confianza en el liderazgo del grupo y rápidamente crece la abstención a votar.

Las reuniones debieran ocurrir solamente cuando hay un propósito razonable y el orden del día haya sido formulado claramente por adelantado. Si nada de esto ocurre, el presidente no debe vacilar en cancelar la reunión o posponerla hasta el momento apropiado. Dirigir una reunión sencillamente porque está en el calendario es una manera de quitarle a la gente el deseo de servir. "Los comités apáticos e ineficaces pueden infectar y restar importancia a la actuación de toda la junta. ¿Cuánto tiempo un miembro de una junta creerá que su participación vale la pena si las reuniones no valen la pena y los deberes de los comités son gestos vacíos?"[5]. Si los cometidos de la junta tienen significado y la reunión sigue una agenda, habrá mayor disposición a participar. Además de las pautas previas, también es esencial que el líder de la junta o comité siga algunos patrones prescritos del protocolo. El recurso más conocido es *Reglas Parlamentarias,* de H. F. Kerfoot, de Editorial Mundo Hispano. Aunque muchas organizaciones escogen usar esta referencia como su guía, muchas han tenido gran éxito al crear su propio juego de pautas. La esencia de cada enfoque es analizar anticipadamente los procedimientos que serán seguidos para establecer límites razonables en la discusión, alentar la amabilidad entre los miembros y tener un método acordado para procurar votos. Estas reglas debieran ayudar a la organización a concluir exitosamente sus metas. No deben ser excusas legales con el propósito de oponerse a un miembro humilde del grupo.

A las reuniones de juntas y comités que son más eficaces las caracteriza el respeto mutuo y la discusión honesta. Si a los miembros de la junta los intimida o restringe, entonces los propósitos de la junta son socavados. Cada miembro juega una parte vital y debe ser respetado por su contribución. Cada individuo debiera ser alentado a participar en la discusión, a hacer preguntas pertinentes, y a compartir ideas u opiniones libremente. Cada miembro debiera sentir la libertad de votar de acuerdo con su conciencia, aun cuando esas posturas no sean apoyadas por la mayoría. Si hay un desacuerdo debiera hacerse de tal manera que no ofenda ni sea desagradable. Los miembros de la junta debieran aprender a separar los asuntos en discusión de las personalidades que los discuten. Cada uno debe aprender a "consentir en disentir" mientras tenga una actitud de humildad, de respeto mutuo y de cooperación[6].

No puede decirse bastante de la importancia de mantener la reunión andando en términos de tiempo para la discusión. La presidencia debe tener una mano firme para lograr equilibrio entre la necesidad de que cada miembro tenga suficiente tiempo para discutir la propuesta en la mesa y todavía impedir que cualquier persona monopolice la discusión. Cuando haya habido suficiente discusión, el presidente necesita cortarla y proceder al voto. Manténgase dentro del tiempo estipulado en el orden del día. Si la presidencia no mantiene el control de la reunión en este respecto, los miembros se sentirán frustrados y perderán el compromiso. Encontrarán razones para no asistir a futuras reuniones y su interés por participar se desvanecerá.

Debe darse un pensamiento final acerca del marco físico de la reunión misma. Numerosos estudios han demostrado que el ambiente físico de una reunión contribuye o disminuye el significado y efectividad de la reunión y, sin embargo, muchas organizaciones no lucrativas deciden ignorar tales descubrimientos bien conocidos. Las juntas escolares que se reúnen en aulas de clase mientras se sientan en sillas diseñadas para niños violan este principio. La siguiente lista debiera proveer a la presidencia y al ejecutivo con directrices razonables para asegurar que el ambiente físico de la reunión contribuye a su eficacia[7].

1. Un cuarto tranquilo, iluminado, con temperatura controlada, con espacio adecuado para trabajar y con asientos cómodos, es un componente esencial para una reunión productiva. Muchas organizaciones se sienten compelidas a dirigir reuniones de juntas y comités en su local, independientemente de si la ubicación es accesible y localizada centralmente y si el espacio disponible es adecuado. No es necesario usar una instalación de la organización para reuniones si los participantes pueden estar más cómodos en otra parte.

2. Principie a tiempo y termine a tiempo. Si las reuniones consistentemente empiezan diez o quince minutos tarde, la gente empezará a llegar diez o quince minutos tarde, lo que resultará en reuniones interminables o que dejan asuntos del orden del día sin terminar.

3. Apéguese al tiempo del orden del día, pero mantenga la flexibilidad. Todos los participantes deben compartir la responsabilidad de avanzar los negocios. La presión del grupo puede ser un factor decisivo para perturbar o distraer la actitud de los miembros del grupo.

Establecimiento de límites: formación e implementación de política

Una de las diferencias más importantes que pueden ocurrir entre miembros de la junta y el personal de la organización está entre la formación de la política y la implementación de la misma. Es el propósito y el privilegio de la junta establecer la política. Estas políticas guían a la organización a la conclusión exitosa de sus metas y objetivos para el año. Muchas organizaciones se meten en problemas cuando se cruza la línea de la formación de la política a la implementación de la política. Es responsabilidad del personal de la organización implementar la política que ha sido creada por la junta. El personal no crea la política. Su trabajo es implementarla. Esto puede parecer una diferencia sencilla, pero es probablemente la causa más grande de tensión y conflicto entre la junta y su organización.

Un ejemplo de violación de este sencillo principio se ve cuando un miembro de la junta llega al templo para dejar a su hijo para un retiro de jóvenes. El miembro de la junta no reconoce a los consejeros, e informa al pastor de jóvenes que tendrá que conseguir consejeros diferentes porque los que está planeando usar no son miembros de la iglesia. Es la opinión de este miembro de la junta que solamente miembros de la iglesia debieran ser autorizados para aconsejar a los jóvenes, porque sus creencias teológicas como miembros han sido examinadas y afirmadas. Esto despierta un pánico de último minuto en los planes del pastor de jóvenes. Puesto que se trata de un miembro de la junta, él ahora debe considerar cancelar el viaje porque es demasiado tarde para reclutar consejeros que sean también miembros de la iglesia.

El pastor de jóvenes llama rápidamente al pastor principal para pedir consejo. Después de un examen detallado se descubre que no hay una política oficial de la iglesia que requiera que los consejeros sean miembros de la iglesia. Es solamente la opinión de este miembro de la junta que sí debieran ser. ¿Qué debe hacer el pastor de jóvenes? ¿Cómo afectará esto la relación entre el pastor de jóvenes y el miembro de la junta si él sigue adelante con el retiro? ¿Quién tiene la autoridad para tomar la decisión final en este caso? ¿Interviene el pastor principal para decirle al miembro de la junta que él no tiene autoridad sobre el asunto? ¡Usted puede imaginarse los conflictos que se presentarán en la siguiente reunión de la junta de la iglesia! Numerosos conflictos de esta naturaleza surgen de manera regular por todo el país cada semana.

Esta lamentable situación puede ser evitada con un entendimiento apropiado de los límites que deben existir entre los miembros de la junta y los miembros del personal cuando se trata de las políticas de la iglesia. El miembro de la junta sólo sirve como miembro de la misma cuando se trata de las reuniones de la junta. Él no funciona como miembro de la junta cuando deja a su hijo en el evento de jóvenes. En esta capacidad él es padre y no tiene ninguna autoridad sobre el pastor de jóvenes. Si el miembro de la junta ve algo que le concierne, su trabajo es contactar al presidente de la junta y discutir directamente con él sus preocupaciones. Si se requiere acción posterior, el presidente de la junta llama entonces al pastor principal y trae el asunto a su atención. Es responsabilidad del pastor principal asegurar que todas las políticas de la iglesia sean implementadas.

Si no hay ninguna política de que los consejeros deben ser miembros de la iglesia, entonces es el fin de la discusión a menos que el miembro de la junta pida que el asunto se ponga en el orden del día de la siguiente reunión de la junta. En ese tiempo puede hacerse una propuesta a la junta de que se formule tal política. El tiempo para discutir el asunto es en la reunión de la junta, no en el estacionamiento de la iglesia diez minutos antes de la salida.

Esta violación de límites ocurre frecuentemente en escuelas cristianas donde los miembros de la junta (que también son padres) entran al aula de clases de su hijo y pretenden instruir al maestro cómo debe realizar sus deberes. Los miembros de la junta escolar que abusan de su papel debieran ser amonestados, y si siguen tales acciones, deben ser quitados de su puesto. Una vez más: las juntas establecen la política y el personal la implementa. Si el personal no está implementando correctamente la política, entonces la junta hace responsable al miembro más elevado del personal (pastor principal, director de la escuela, presidente, etc.). Este individuo debe dar cuenta y asegurar que cada política que haya sido aprobada por la junta sea implementada. Si las políticas están siendo ignoradas, entonces el miembro superior del personal debe ser amonestado, y si el problema no es corregido, subsecuentemente debe ser despedido de su puesto.

Relaciones de la junta y el director

Este es un lugar natural para discutir la relación que existe entre una junta y su director. En el contexto de la iglesia local, el pastor principal sirve como director de la organización. En un contexto escolar, es el presidente de la escuela. En un campamento u otra organización no lucrativa, es el presidente o director ejecutivo. En la literatura este individuo es conocido como director ejecutivo. Aunque muchos han argumentado por qué un pastor no es un director ejecutivo sino más bien sirve como un pastor (de ovejas), siervo, etc., para propósitos de nuestra discusión usaré el término director ejecutivo para ser más inclusivo acerca del líder "a la cabeza". El director ejecutivo tiene el difícil trabajo de mantener un tenue equilibrio entre miembros de la junta, y miembros de la organización (p. ej., congregación, camperos, alumnos, etc.). Es una tarea que viene con mucho riesgo y peligro.

La clave para mantener una relación saludable entre la junta y el director es la comunicación. En gran manera como un matrimonio, las relaciones que funcionan bien a través del tiempo son las que están comprometidas al diálogo abierto. El dicho "No hay sorpresas en ninguna parte" es un recordatorio adecuado de que a la junta no le gusta ser sorprendida por las acciones del director, y de la misma manera el director no debe ser sorprendido por lo que aparece en el orden del día de la reunión de la junta. Tomar a la gente por sorpresa lleva a la desconfianza, a la deslealtad y a socavar el compromiso. La presidencia de la junta y el director deben mantener constante comunicación una con el otro conforme sea apropiado. Esto puede lograrse mediante una llamada telefónica, un correo electrónico ocasional o tal vez una reunión rápida durante la semana. Es en el mejor interés mutuo fomentar un diálogo saludable sobre todos los asuntos pertinentes a la organización.

Cuando el director se da cuenta de una situación que podría causar preocupación a la junta, debe llamar a la presidencia de la junta inmediatamente e informarle de los diversos detalles. Es mejor si la presidencia escucha primero el asunto por el director que por constituyentes enojados. De la misma manera, si un miembro de la junta tiene legítima preocupación por las acciones del director o de un miembro de su personal, es responsabilidad de la presidencia traer el asunto a la atención del director antes de ninguna discusión en la reunión de la junta.

El papel de la junta en la planificación a largo plazo

Cada organización necesita dar una mirada seria al futuro y preparar sus recursos para enfrentar ese futuro con una planificación deliberada. Dejar de hacerlo así amenaza la existencia de la organización como un todo. Con eso en mente, una de las primeras preguntas que deben hacerse es quién realmente hace la planificación. La respuesta a esa pregunta puede depender de la naturaleza de los recursos disponibles. Para algunas iglesias un pastor principal persuasivo provee la visión, y la junta provee asistencia para lograr que esos sueños se hagan realidad. En otras organizaciones no lucrativas la junta puede preferir traer un consultor externo que los guíe por el proceso de planeación a largo plazo. Un tercer enfoque es que un subcomité de la junta prepare un plan inicial a largo plazo que sea presentado a la junta para consideración y discusión. De cualquier manera, es esencial que la junta sea una parte integral del proceso. A la larga, es responsabilidad de la junta gobernante tomar la decisión final acerca del futuro del ministerio.

Hay dos pasos esenciales para dirigir esta planificación estratégica a largo plazo. El primer paso es evaluar las diversas tendencias sociales, culturales, demográficas y ambientales y su posible impacto en la organización. Puede parecer como tratar de mirar en una bola de cristal para predecir el futuro. Pero dado el correcto juego de datos y de información que está disponible a la mayoría de las organizaciones, con un poco de investigación, es un proceso que es esencial[8].

El segundo paso es dar una mirada seria a la organización misma y reevaluar su misión, su visión y sus valores esenciales. Habiendo hecho eso, la junta necesita estar segura de que sus métodos para cumplir esa misión son realizables todavía. Esto se hace en una base periódica para asegurar que la organización se mantiene fiel a la razón inicial de su creación. Si se necesitan cambios para la misión, entonces se hacen deliberadamente después de mucha previsión y planeación y no como resultado de una decadencia lenta y complacencia organizacional. Al fin de este paso el personal prepara un documento para especificar el progreso de los programas existentes. Esto podría incluir lo siguiente[9]:

- Declaración del propósito: lo que es el intento básico del programa.
- *Status* actual: lo que se ha estado haciendo.
- Un curso de acción planeado: cuáles cambios deben emprenderse, y cuándo.
- Objetivos: cuáles puntos de logro mensurable, a qué tiempo establecido son puestos.
- Administración: quién va a hacer qué y a qué costo añadido.

Este documento provee a la junta la información que necesita para evaluar la situación actual y para tomar decisiones acerca de la ubicación de fondos del programa actual o para hacer los ajustes necesarios. También le proveerá la información que necesita para tomar decisiones acerca de la iniciación de un nuevo programa.

El fin del proceso de planeación a largo plazo deberá incluir la creación de un documento exhaustivo que especifique los diversos programas que son integrales a la operación del ministerio con fechas y medidas específicas de los objetivos. También debe identificar a las personas que son responsables (y obligadas a dar cuentas) de la exitosa implementación de los diversos programas. Desde la perspectiva de la junta, solamente el director está obligado a dar cuentas del resultado final. Sin embargo, al especificar a otras personas (por nombre o departamento), el documento final es una representación más exacta de la naturaleza orientada a un equipo del ministerio.

Muchas organizaciones han encontrado provechoso asistir a un retiro para planificación a largo plazo, para cumplir las metas del proceso de planificación. El proceso de planificación a largo plazo no puede lograrse en una tarde después del trabajo en el salón de conferencias de la iglesia. Son esenciales largas horas de discusión y revisión de documentos para la integridad del proceso. Este no debe ser apresurado. Muchas iglesias y organizaciones no lucrativas prefieren apartarse de las distracciones de los alrededores inmediatos y alquilar un cuarto de conferencias en un hotel local o centro de retiros, y dirigir la reunión en el transcurso de un fin de semana.

En tales circunstancias el formato del fin de semana incluiría los siguientes elementos:

Viernes en la noche. Pasen algún tiempo en oración pidiendo a Dios dirección y rumbo. Disfruten una comida juntos y luego empiecen a revisar algo de los documentos con las tendencias sociales, culturales, demográficas y ambientales actualizadas. En esencia ustedes están preguntando: "¿Qué está pasando en nuestra comunidad y cómo podemos adelantarnos y prepararnos para enfrentar estos cambios que vienen?".

Sábado en la mañana. Revisen la misión, la visión y los valores esenciales de la organización y hagan cualquier ajuste necesario. Además, revisen lo logrado durante el período de actuación pasado. Ustedes están preguntando: "¿Quiénes somos y es esto lo que queremos continuar siendo en los años venideros?". "¿Cómo lo hicimos el año pasado respecto a los logros de nuestras metas y objetivos previos?".

Sábado en la tarde. Empiecen con el informe del director o subcomité de la junta acerca de las propuestas para la dirección futura. Durante este tiempo la junta está discutiendo los méritos de diversas opciones y posibilidades. Obviamente, los recursos son limitados y deben tomarse decisiones acerca de lo que puede hacerse y lo que tendrá que ser pospuesto o dejado para que otros lo logren. Durante esta sesión la junta está contestando a las preguntas: "¿Cuáles desafíos queremos aceptar y cuáles programas queremos descontinuar, cambiar o empezar?".

Sábado en la noche. La junta se reúne para discutir los detalles específicos acerca de las nuevas empresas ministeriales. Esto incluirá discusiones acerca de quién será responsable, qué recursos presupuestarios necesitarán ser asignados, y cuáles metas y objetivos se esperarán de este programa. En esta sesión final, deben hacerse preguntas como: "¿Quién se hará cargo de esta nueva responsabilidad?". "¿Cuánto costará y cómo se conseguirán los fondos?". "¿Cuáles serán las medidas de éxito para esta nueva empresa?".

Una vez que este retiro de planificación termine, el secretario prepara un documento final que especifique los detalles que fueron acordados. Este documento es distribuido a los que asistieron para asegurarse de que representa exactamente las discusiones y decisiones que fueron tomadas. El borrador final de este apunte se convierte en el documento de planeación a largo plazo que será revisado y actualizado cada año en el retiro anual de planificación.

Algunos miembros de la junta pueden estar indecisos en envolverse en el proceso de planeación a largo plazo porque es considerado como tedioso, consumidor de tiempo, y algunas veces de naturaleza contenciosa[10]. Es cierto que la planeación toma tiempo, pero también lo hace la corrección de los errores que suceden por la falta de planeación. Las expectativas respecto a la participación del miembro de la junta en el proceso de planeación a largo plazo deben ser comunicadas en el reclutamiento de los miembros de la junta y en el proceso de orientación. No debe resultar una sorpresa que se espera que cada miembro de la junta participe en el retiro de planeación a largo plazo cada año. La participación de cada miembro es esencial para la propiedad del grupo en la toma de decisiones.

El papel de la junta en la evaluación

Puesto que usted puede terminar sirviendo como miembro de una junta o comité de la iglesia, puede ser apropiado incluir aquí una sección sobre uno de los más importantes y difíciles deberes de un miembro de la junta. Esto incluye dirigir evaluaciones programáticas o de personal. Hay varias razones comprensibles para esto. Primera, los ministerios no lucrativos generalmente tienen múltiples criterios de desempeño. Los criterios para medir el éxito en el área de los niños no serán los mismos para medir el éxito en el área de misiones. Cada uno tendrá su propio criterio de desempeño. Segunda, hay dificultad al tratar de comparar iglesias y otras organizaciones no lucrativas. Lo que la enorme iglesia del otro lado de la ciudad hace no puede ser una norma de comparación realizable para todas las iglesias en la comunidad.

Tercera, puesto que la misión de las iglesias y las organizaciones no lucrativas es el servicio, las medidas financieras de desempeño no son siempre el mejor criterio para determinaciones eficaces. Cuarta, hay una relación indirecta entre costo y beneficio provisto. Por ejemplo: sólo porque una iglesia tiene un líder de jóvenes con asistencia de cincuenta jóvenes no significa automáticamente que contratar otro líder de jóvenes producirá cincuenta jóvenes adicionales. Finalmente, las actividades de evaluación no deben tomar tanto tiempo y energía que roben de las responsabilidades de día a día de la dirección del ministerio mismo. Esta limitación de los recursos del personal es razonable asumirla y esperarla[11].

Una de las partes más desafiantes de ser un miembro de la junta en una iglesia u organización no lucrativa viene cuando es tiempo de evaluar el desempeño del director. Evaluar los programas del ministerio es la responsabilidad del director. Sin embargo, la responsabilidad de evaluar al director recae en la junta. Es uno de los deberes más importantes en su descripción de trabajo. La evaluación debe ser justa, exhaustiva y llevada a cabo a intervalos regulares.

Generalmente funciona mejor si hay un comité designado más pequeño para la tarea inicial de dirigir revisiones de incremento. Muchas iglesias y organizaciones no lucrativas dirigen una revisión trimestral en vez de esperar hasta el fin del año. Este comité, algunas veces conocido como comité ejecutivo o comité de evaluación del director, se reúne periódicamente con el director para revisar el progreso que se ha hecho desde la última reunión. Usando el método de ministerio por objetivos (ver el capítulo 8) este comité recibe un informe del director que identifica el progreso (o la falta del mismo) sobre las metas y objetivos que han sido acordados antes del principio del año. Estos marcadores o índices son revisados y se lleva a cabo una discusión con el director acerca de su sentido general de cómo van las cosas.

Personal. Debe usar tiempo para preguntar al director acerca de los asuntos de salud (física, emocional, espiritual, de relación, etc.). Este es tiempo para que la junta exprese su interés genuino por el bienestar del director más allá de los asuntos relacionados con el trabajo. Si surgen cosas que son de preocupación para el comité, deben procurar proveer cualquier recurso necesario para ayudar al director a mantener su desempeño en lo más alto. Algunas preguntas sencillas que deben hacerse incluirían:

- ¿Cómo se siente estos días?
- ¿Está tomando el tiempo libre que necesita para mantener su salud y felicidad personal?
- ¿Puede usted disponer de tiempo libre con su familia?
- ¿Está usted experimentando algo que le está produciendo una cantidad de tensión indebida en su vida?
- ¿Está usted dando una cantidad de tiempo apropiada para sus disciplinas espirituales?

El espíritu de estas preguntas debiera estar enfocado en ayudar, apoyar, expresar interés genuino y establecer un ambiente seguro para compartir. La evaluación honesta y la apertura existen solamente en un ambiente de seguridad y confianza.

De relación. Este es un tiempo para reflexionar sobre sus relaciones de trabajo. Dirigir un ministerio no es fácil. Hay ocasiones cuando tomar una decisión enemistará al director con los que de otra forma honra y respeta. Algunas decisiones pueden aislar al líder y provocar dolor emocional y pena. Esto es particularmente cierto cuando el director ha estado envuelto en manejar un conflicto, dirigir revisiones de desempeño, asistir a crisis en la iglesia (p. ej., funerales, visitas no planeadas al hospital, bodas, etc.), dirigir programas muy notables (p. ej., campañas para construcción, conferencias especiales, retiros de planeación a largo plazo, etc.) y durante el desarrollo del presupuesto anual. Debe pasarse algún tiempo evaluando la salud relacional del director porque es crítica para la base exitosa de todas las otras áreas dentro de un ministerio enfocado en el equipo.

Desempeño. Este tercer aspecto incluye repasar las metas y objetivos acordados evaluando el progreso. Cuando hay causa de celebración, el director debe ser afirmado y felicitado. Cuando el progreso ha sido menor de lo que se esperaba, debe preguntarse al director cuáles recursos adicionales son necesarios para ayudarle. Un director sabio vendrá a esta reunión con una lista de opciones y planes de contingencia ya en mente. Será deber del comité de la junta proveerle lo que sea posible.

Este es también un tiempo para revisar la lista de metas y objetivos para ver si las proyecciones han ocurrido o no. Recuerden que estas metas y objetivos fueron desarrollados con un grado de conjetura anticipada, de modo que es un buen tiempo de ver si esas tendencias ocurrieron o no (p. ej., "el año pasado pensamos que la base militar iba a ser cerrada, pero en lugar de eso trajeron más gente a la base"). Cuando las metas y objetivos necesiten ser modificados debido a circunstancias no previstas, deben ser revisadas y presentadas a toda la junta en su siguiente reunión para su aprobación. Sin embargo, debe usarse la cautela para no disminuir la expectación de desempeño solamente porque el director no ha sido capaz de dar supervisión apropiada a los recursos de la organización.

Al final del día es deber y responsabilidad de la junta asegurar que el director está haciendo el trabajo para el cual ha sido empleado. Si el desempeño del director es inadecuado o consistentemente por debajo de las expectativas, este comité debiera traer a toda la junta al punto de discutir los pasos que son necesarios para un cambio. Esto puede incluir un período sabático para el director, una licencia obligada, cese o retiro. Estas son decisiones difíciles de tomar y emocionalmente variables, pero necesarias para el éxito a largo plazo del ministerio.

Conclusión

Hay pocas maneras en las que un individuo puede impactar tanto a una organización como participar en la junta. Como anciano, diácono o en alguna otra capacidad, los miembros de la junta juegan un papel crucial en la eficacia a largo plazo de la misión de la organización. Si la junta va hacer un trabajo efectivo, los miembros deben identificar las prioridades estratégicas y mantenerse enfocados en ellas, usar deliberadamente las reuniones de juntas y comités, estructurar la junta para lograr asuntos de interés consecuentes, y adquirir información que advertirá para la planeación a largo plazo. Estos son deberes críticos de una junta que asegurará vitalidad y servicio significativo[12]. "En resumen, los miembros de la junta son trabajadores de medio tiempo con tiempo limitado e imperfecto conocimiento de la organización"[13]. Aunque limitados en un número de aspectos, ellos representan el futuro de la empresa. Las Escrituras enseñan claramente que debe existir un vínculo vital entre los que sirven en la junta de una organización y los que sirven como sus líderes de personal. Una sociedad entre los dos no solamente es ideal, sino imperativa.

SEXTA PARTE

EVALUACIÓN

Proveer una evaluación constructiva sobre el desempeño de un individuo es como tratar de bailar en un campo minado. Todo puede estar yendo bien y repentinamente, sin advertencia, la mina explota y causa un gran daño colateral. Las revisiones y evaluaciones de desempeño pueden dejar al administrador cristiano con trauma de guerra e indeciso de caminar de nuevo en el campo. Nuestro trabajo y el éxito de nuestro ministerio dependen de ello. Siendo ese el caso, necesitamos viajar sabiamente y tratar de descubrir dónde están colocadas las minas antes de que terminemos pisándolas. Esta unidad nos prepara para tales asuntos. Es difícil proveer evaluación honesta y tasación (asignar el precio o valor de una cosa o un trabajo) de un desempeño, pero debe ser hecho a intervalos regulares.

En esta unidad hay dos capítulos que destacan el punto céntrico de nuestras revisiones: el personal y los programas. Cada uno tiene su parte de dificultad en términos de tasación. En ambos casos, las personas y los programas pueden estar ligados a creencias emocionales fuertemente retenidas acerca de cómo algo debe hacerse. Cuando no se hace de acuerdo con estas expectativas, los problemas pueden estar asomándose en el horizonte.

"Las revisiones de desempeño suscitan ansiedad en todos nosotros, administradores y empleados por igual. En parte la culpa está en la falta de frecuencia de tales discusiones. Como el niño que teme ir al médico una vez al año para una vacuna, nosotros convertimos el tiempo de espera en algo peor que el evento"[1]. Pasar por una revisión de desempeño personal, o dirigir una, no tiene que ser tan doloroso si uno ha hecho la tarea y acumulado la información que necesita. Sin embargo, si uno decide descuidar el cumplimiento del trabajo duro por adelantado, uno puede pagar las consecuencias durante la revisión o después de ella. Esas consecuencias pueden incluir la pérdida de un empleado o de la moral del voluntario, su resentimiento o su renuncia final, o tal vez hasta ser llamado a un juicio laboral. La última alternativa se está volviendo una tendencia creciente hasta en las organizaciones cristianas. ¡Si tan solo el administrador hubiera tenido la debida diligencia y acumulado la documentación necesaria antes de que la revisión del personal hubiera sido llevada a cabo!

Tal tensión y ansiedad han llevado a muchos administradores cristianos a conceder que no sirven para el trabajo requerido, pero tal razonamiento es corto de vista, tanto del ministerio como de las personas involucradas. Hay una cantidad de razones por las que es valioso realizar evaluaciones de desempeño[2]. La primera razón de su utilidad es que nos proveen con un incentivo para hacer planes y establecer metas. Es casi imposible tasar el desempeño sin una idea de dónde usted espera estar en un trimestre o en un año en el futuro. Sin metas y objetivos uno no tiene base para evaluaciones futuras.

Un segundo valor en la revisión de desempeño tiene que ver con la motivación del trabajador. Saber que se aproxima una revisión de desempeño generalmente motiva a los trabajadores a cumplir ciertas expectativas, al menos a corto plazo. La reunión que pasa debiera dar impulso a los trabajadores de alto rendimiento para continuar con su excelente desempeño por muchos meses venideros. Como regla, la gente prefiere recibir buenas noticias en vez de malas noticias, de modo que llevar a cabo revisiones puede ayudar a motivar a las personas a desempeñarse mejor por periodos más largos, comparado con no tener ninguna.

Tercero, llevar a cabo revisiones periódicas permite al administrador y al empleado conocerse mejor. Durante estos tiempos de discusión pueden hacerse nuevos descubrimientos acerca de lo que a los empleados les gusta de su trabajo y lo que no. Comprender que no siempre es factible escribir una descripción de trabajo solamente de las actividades preferidas del empleado, permite al administrador quizá revisar una descripción de trabajo hacia los éxitos del empleado en lugar de hacia sus fracasos.

La razón final por la que las evaluaciones personales son tan provechosas es porque las reuniones permiten al administrador preguntar si hay algunas fuentes de descontento, como una descripción de trabajo que no es clara, expectativas vagas, condiciones de trabajo que no conducen a gran productividad, recursos que necesitan ser distribuidos de mejor manera, o entrenamiento que debe ser provisto.

Las revisiones de desempeño son críticas para todas las entidades envueltas. Los empleados debieran salir de tales reuniones con un sentido de que saben más allá de toda duda cómo les va en sus trabajos. El administrador ha tenido un provechoso encuentro con empleados o voluntarios y ha tomado tiempo para entender las condiciones de trabajo y las expectativas de su subordinado. El ministerio se beneficia de tal encuentro por el desempeño y productividad mejorados del trabajo. El capítulo 22 se extiende en muchos de estos asuntos y proveerá al administrador cristiano con muchos conocimientos valiosos del proceso de realizar revisiones de desempeño.

El capítulo final en el libro se relaciona con el tema de revisiones de los programas. Incontables iglesias pierden recursos valiosos cada año realizando programas que satisfacen pocas necesidades y, sin embargo, requieren cantidades excesivas de tiempo, energía y dinero. Las razones por las que es tan difícil dejar de realizar ciertos programas en nuestro ministerio es porque no hemos tomado el tiempo para establecer criterios mensurables para determinar si un programa ha sido exitoso o sigue siéndolo o no. En el contexto del ministerio, el éxito es medido de manera diferente al de una corporación.

Por ejemplo, ¿en qué punto deciden que realizar el domingo anual de apreciación a los militares ya no es provechoso si la base militar local cerró hace años y ya no hay ningún militar en servicio activo asistiendo a su iglesia? ¿Cuándo permite que muera un programa que empezó años atrás para satisfacer una necesidad legítima porque la necesidad ya no existe? ¿Puede usted descontinuar el servicio de mediados de semana (al que poca gente asiste) para desarrollar en su lugar un programa de grupo pequeño? Para mucha gente, cancelar el servicio de mediados de semana equivale a dejar la fe. La tradición puede ser un obstáculo difícil de superar y a menudo resulta en confrontación.

Muchos líderes del ministerio viven con la esperanza de que la persona o situación problemática se irá. "Sin embargo, la mayoría de los problemas que requieren confrontación no se van. Son infecciones: si las ignoramos, empeoran. Pronto ese dolor persistente en un dedo del pie se vuelve envenenamiento en la sangre"[3].

Lo que necesitamos son medidas específicas, significativas y bíblicas para la tasación del programa. "Por mucho tiempo se ha entendido en las organizaciones que cuando uno quiere mejorar algo, primero debe medirlo... la medida es una parte integral del mejoramiento continuo"[4]. Estas normas deben estar basadas en medidas acordadas aunque puedan ser difíciles de crear. Es difícil sugerir que un programa sea descontinuado si por adelantado no se ha establecido un criterio para medir su éxito. Muchas iglesias enfrentan decisiones semejantes cada año.

¿En qué punto dejamos de tener una Escuela Bíblica de Vacaciones si la mayor parte de la congregación se va de vacaciones dejando pocos trabajadores disponibles? ¿Debe ponerse el esfuerzo en el programa del Club Bíblico Infantil que a diferencia opera durante todo el año? ¿Debe ser vendida la camioneta de la iglesia y pedir a los jóvenes que alquilen una cada vez que la necesiten, o debemos seguir pagando los altos costos de mantenimiento que se tienen cada año? ¿Está el coro juvenil satisfaciendo realmente una necesidad en la congregación o es sencillamente el proyecto consentido del maestro de música retirado de la iglesia? Entrar en tales discusiones cargadas de emoción ha ocasionado el retiro de muchos líderes del ministerio.

El capítulo final provee algunos conceptos útiles acerca de cómo tales criterios deben ser formulados. Es la esperanza del autor que el líder del ministerio tenga las herramientas necesarias para establecer criterios significativos para evaluaciones de programas. Es mediante tales evaluaciones que realizamos las responsabilidades dadas por Dios para ejercer una mayordomía apropiada sobre los recursos que él ha provisto para nosotros. No podemos hacerlo todo, de modo que las decisiones tienen que hacerse acerca de lo que es razonable, necesario y posible en nuestros ministerios particulares. No todas las iglesias pueden tener un menú completo de programas del ministerio. El manejo de tales decisiones difíciles permite al líder del ministerio anticipar días difíciles de necesidades crecientes emparejadas con recursos decrecientes.

La tasación de organizaciones no lucrativas como iglesias, campamentos, agencias misioneras y escuelas requieren un planteamiento diferente por causa del uso extensivo de trabajadores voluntarios. Los incentivos son diferentes, y los factores que influyen en la motivación son diferentes. "Las luchas continuas con, por ejemplo, reclutamiento de voluntarios, impedir los altos niveles de agotamiento de los voluntarios y reubicaciones, aplacar antagonismos en el personal, alcanzar posiciones de mutuo acuerdo. y así por el estilo, señalan imperfecciones que deben ser abordadas en un diseño de programa. Al diagnosticar tales dificultades, un proceso de tasación puede intensificar el progreso hacia el logro de los objetivos del programa"[5]. Llegar al corazón del programa de tasación es crucial para el éxito futuro. Este capítulo le proveerá con una dirección útil para ese fin.

Por
James Estep, hijo

Capítulo 22

Realización de revisiones de desempeño

SORPRENDENTEMENTE, LA MAYORÍA DE LOS PASTORES no dejan la iglesia por asuntos relacionados con disputas doctrinales o argumentos teológicos. La mala administración de los recursos constituye una de las mayores razones por las que los pastores deciden dejar sus posiciones en el ministerio o son obligados a ello. La mayoría de los líderes del ministerio reciben mucho entrenamiento en la predicación y en la consejería, pero reciben poco entrenamiento, si acaso, en lo que probablemente llegará a ser una parte significativa de su día o su semana. Ser capaz de manejar a un miembro del equipo con un grado de profesionalismo y ética administrativa no es para los de poco ánimo. Medir el desempeño de una persona y luego reunirse con ese individuo para revisarlo basta para hacer que hasta el más aplomado de los líderes tiemble. Sin embargo, a pesar de este dilema muy pocos ministros emplean el tiempo necesario para hacerlo bien. Como resultado, descubren de la manera difícil que el contenido de este capítulo puede estar entre los más importantes de su carrera ministerial.

La tasación, y específicamente la valoración del personal, es tal vez el aspecto administrativo más descuidado de cualquier institución educativa, particularmente las congregaciones. "Los resultados [de la tasación] desaparecen característicamente en lo recóndito de las mentes de la gente o cuando mucho llega a los archivos del administrador"[1]. Realizar revisiones de personal a menudo es más complicado en las organizaciones cristianas. A diferencia del mundo de los negocios, las organizaciones relacionadas con la iglesia a menudo dependen de trabajadores voluntarios, haciendo que las evaluaciones de servicio sean un asunto más sensible. Igualmente, hasta los empleados pagados en instituciones afiliadas a iglesias a menudo consideran sus puestos como un ministerio, deseando asumir mayores responsabilidades con compensación financiera limitada. Añada a esto las preocupaciones por las relaciones cristianas y la estimación del individuo, y la noción de que tasar a un hermano o hermana en Cristo se vuelve aún más complicado que lo que muchos negocios experimentan. Michael Woodruff observa que no tasar el desempeño de los voluntarios es "el alto precio de ser demasiado bondadoso", identificando cuatro beneficios para la tasación del desempeño[2]:

- Los *miembros* del equipo están mejor porque reciben el entrenamiento que merecen.
- *Usted* está mejor porque sus niveles de tensión bajan doscientos puntos.
- Sus otros miembros del *personal* están mejor porque ven que lo que ellos hacen importa.
- La *iglesia* está mejor porque el trabajo se está haciendo y la moral del equipo está más alta.

Como administradores cristianos debiéramos considerar revisiones personales como un asunto de cuidado pastoral. Estamos promoviendo la educación y el desarrollo de voluntarios y empleados al no criticar o juzgar. Para lograr esto, los administradores, los empleados y voluntarios dentro de la organización tienen que estar dedicados al mejoramiento de la calidad unos de otros. Debiera llegar a ser parte de la cultura institucional, no hacerlo simplemente en respuesta a la queja o cuando surge la necesidad. Por tanto, los individuos debieran tener voz al establecer los criterios, los procedimientos, los medios de tasación, y posiblemente hasta la respuesta administrativa a la tasación.

Tal vez una consideración preliminar acerca de la revisión del personal en congregaciones y organizaciones cristianas es la distinción entre empleados y personal voluntario. Aunque puede ser necesaria alguna distinción, tal como la expectación puesta sobre los individuos y los medios de responder a la información de valoración (p. ej., incentivos financieros o de carrera para empleados *vs.* motivos más altruistas para el servicio para voluntarios), la secuencia básica del ciclo de valoración permanece aplicable. La distinción entre personal pagado y voluntario se hará cuando el asunto del tema se necesite en este capítulo.

La base bíblica de la valoración de personal

¿Es la tasación un ideal cristiano?[3]. Demasiados cristianos en papeles administrativos o de personal tienen la idea de que las revisiones personales son contrarias al mandato de Jesús: "No juzguéis, para que no seáis juzgados" (Mat. 7:1). Sin embargo, Jesús estaba expresando su preocupación por la actitud crítica *injusta* y *unilateral* de los fariseos hacia sus seguidores y compatriotas. "Porque con el juicio con que juzgáis seréis juzgados, y con la medida con que medís se os medirá" (Mat. 7:2). En otro caso hasta elogió a los discípulos por hacer un juicio correcto al decidir un asunto de carácter entre dos individuos en una parábola (Luc. 7:43). De aquí que es el tipo de juicio dado por los fariseos el que Jesús cuestionó, no el concepto de tasar el desempeño de uno.

También tenemos el consejo del apóstol Pablo de juzgar el carácter hasta de los que están en la iglesia: "Pues, ¿por qué tengo yo que juzgar a los que están afuera? ¿No juzgáis a los que están adentro?" (1 Cor. 5:12). De igual manera, la tasación está implícita en el establecimiento del criterio para los líderes de la iglesia (1 Tim. 3:1-13; Tito 1:5-9; 1 Ped. 5:1-4). Algunos individuos satisfarán el criterio de selección mientras que otros no, por lo que se requiere un proceso de revisión para determinar cuáles son los candidatos calificados. Los administradores cristianos deben saber cómo juzgar sin volverse criticones, y cómo la tasación es una revisión no una crítica. En suma, los administradores cristianos *no* deben sentir inquietud espiritual por examinar a su personal.

¿Cómo nos aseguramos de que el desempeño de la revisión es de carácter cristiano? Hay cuatro normas que pueden guiarnos acerca de la naturaleza cristiana de cualquier forma de tasación organizacional: (1) ¿Glorifica a Dios? (2) ¿Edifica colectivamente al cuerpo? (3) ¿Es compatible con las creencias cristianas característicamente expresadas bíblica y teológicamente? (4) ¿Alientan y ayudan en el desarrollo personal del individuo? En cada caso, la tasación puede ser cristiana en su composición, en su función y en su producto. Cuatro temas teológicos influyen en nuestro acercamiento para ejecutar la valoración.

La tasación es parte de la creación de Dios

Génesis 1 ha repetido declaraciones de tasación en su descripción de la creación de Dios: "Era bueno" (Gén. 1:10, 12, 18, 21, 25), y finalmente, "era muy bueno" (Gén. 1:31). La humanidad recibió el encargo de cuidar la creación, que es la base para la mayordomía cristiana. Las comunidades cristianas deben ser buenas mayordomas de la provisión de Dios. La revisión del desempeño del personal nos capacita para tasar a los que han sido encargados como mayordomos de la provisión de Dios. Nos permite comprender, manejar, y aun cambiar y enfrentar mejor áreas problemáticas. La revisión del personal es parte del principio de la mayordomía.

La tasación es parte de la comunidad de fe de Dios

En la iglesia de Corinto, Pablo alentó a los creyentes a discernir sus dones, como un medio de tasar la unidad y diversidad dentro de los miembros del cuerpo de Cristo (1 Cor. 12-13). La tasación debe distinguir entre unidad y diversidad, puesto que las dos tienen valor. Pablo diferenciaba entre dones, obras y servicio, todos los cuales colectivamente forman el ministerio cristiano. La preocupación de Pablo en 1 Corintios 12:1-11 era la influencia de la función de cada individuo con dones y el lugar dentro del ministerio de la congregación. La mera presencia del don dentro de la congregación no asegura que su presencia es provechosa para el cuerpo de Cristo; esto requiere tasación de la función y del fruto del don.

La metáfora de Pablo acerca del cuerpo para la congregación indica que está compuesta de miembros débiles y fuertes, y que los miembros más débiles deben recibir atención especial. "Pero Dios ordenó el cuerpo, dando más abundante honor al que le faltaba... De manera que si un miembro padece, todos los miembros se conduelen con él; y si un miembro recibe honra, todos los miembros se gozan con él" (1 Cor. 12:24, 26). Algunos eruditos bíblicos señalan que 1 Corintios 12 "trata con competencias, desempeños, actitudes, metas y sinergias a partir de una hermosa metáfora teológica" del cuerpo[4]. También nos recuerda que la tasación no puede cuantificarlo todo. Por ejemplo, Pablo hace una detallada descripción de los componentes del amor en 1 Corintios 13, pero ni con la lista de los versículos 4-8, la tasación de los componentes igualaría la calidad del amor que es descrito.

La tasación es parte de la comisión de Dios a su comunidad

Las parábolas agrícolas de Jesús en Mateo 13 dan imágenes de tasación de la fructificación del trabajo del cristiano. Las parábolas incluyen los conceptos de producción e inspección de frutos y proveen resultados mensurables en términos de rendimiento. En 2 Corintios 10, Pablo nos alienta a servir hasta que llevemos "cautivo todo pensamiento a la obediencia a Cristo" (v. 5). "Pablo está proveyendo un instrumento de tasación a la comunidad en estos versículos que evalúan el contenido, la competencia y el carácter de los que enseñan y de lo que se enseña"[5]. Como tal, la tasación debe ser parte de la comunidad de fe del ministerio pastoral.

La tasación es para la edificación del individuo

Como Pablo escribió, su autoridad y tasación de la congregación corintia era una oportunidad "para edificación y no para destrucción" (2 Cor. 13:10c). Aunque no escriben de teología, Bolman y Deal comentan que "los resultados de la evaluación ayudan a la gente a reclasificar viejas prácticas, a escapar de la rutina normal, y a edificar nuevas creencias"[6]. Las revisiones de personal debieran tener un impacto pastoral cuando confrontan prácticas que son menos que ideales, para hacernos reconsiderar y reflexionar en nuestro servicio a Cristo, y expandir nuestro entendimiento teológico y compromiso a su ministerio. "Es esencial crecer espiritualmente y retroactivarnos. A menudo nos apartamos de este proceso porque nos atemoriza lo que podríamos escuchar. Nuestra ansiedad es una indicación una vez más de que nos hemos centrado en algo o alguien menos que Dios. Es una señal de que nos hemos posicionado para rechazar lo positivo y acentuar lo negativo; para escuchar la alabanza como un susurro y los comentarios negativos como un trueno"[7].

Prerrequisitos para ejecutar evaluaciones

Recuerde que el propósito central de la evaluación es mejorar[8]. Aunque todos podemos haber experimentado lo que consideramos fue injusto, un careo, o una valoración crítica de desempeño, cuando uno mantiene el propósito de automejoría y desarrollo de las revistas de personal, pronto son vistas como necesarias, provechosas y de colaboración. Para diseñar un proceso de valoración de desempeño para organizaciones cristianas, el líder del ministerio debe entender el ciclo básico de las revisiones de personal. La figura 22.1 ilustra el ciclo de revisión básica que tiene cuatro etapas: (1) establecimiento de una base para la valoración, criterios, (2) realización de la valoración, o métodos de evaluación, (3) revisión de los datos de la valoración, interpretación y análisis de la información de la evaluación, y (4) respuesta a las valoraciones, o rendición de una decisión sobre cómo actuar en respuesta a las valoraciones de personal. Al seguir este sencillo proceso "ofrecemos una evaluación penetrante y honesta" como parte de la conversión en una realidad de la visión del ministerio de la organización[9].

Figura 22.1: Ciclo de la revisión del desempeño

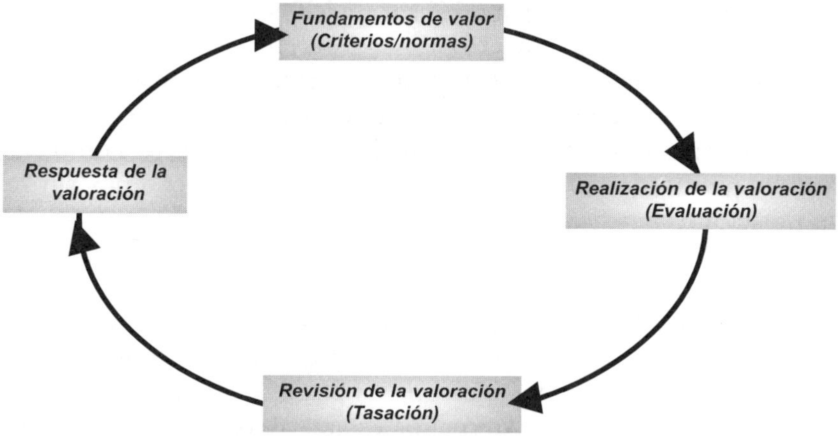

Este ciclo forma el patrón básico para revisar el desempeño. El proceso real de crear y realizar una tasación de personal es complicado. La figura 22.2 representa este proceso que será descrito en este capítulo[10]. Indica que el fundamento de la valoración debe relacionarse con la descripción de tareas. Luego, la etapa de la evaluación empieza cuando el desempeño real del individuo es medido, generando información para la evaluación. La tasación sigue cuando la información de la evaluación se comparan con las expectativas, según esté descrito. Se hace un juicio de la información de la evaluación, y de esta tasación se determina un curso de acción. Quien mantiene una clasificación satisfactoria, cumpliendo los criterios, es elogiada, mientras que los de desempeño insatisfactorio, que no cumplen los criterios, reciben acción correctiva.

Figura 22.2: Proceso de evaluación personal

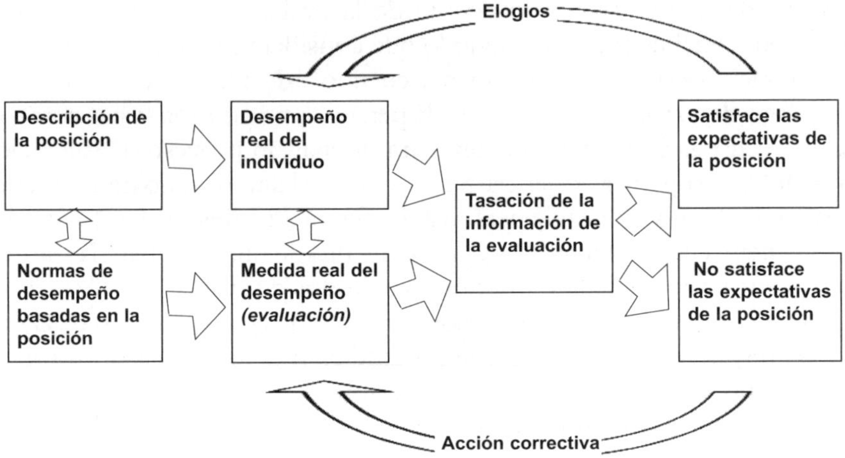

Razones para realizar revisiones de desempeño

¿Cuáles son las razones para realizar revisiones de desempeño si son tan difíciles de hacer objetivamente? El primer paso en las revisiones de desempeño es establecer normas y criterios para un servicio eficiente. Estos criterios deben relacionarse directamente con la descripción de la posición específica del individuo. Si no, la tasación es virtualmente imposible o completamente irrazonable, puesto que un individuo es evaluado sobre criterios sin relación con su posición específica. Varias preguntas cruciales deben ser contestadas acerca de establecer un juego de normas de desempeño.

- *¿Quién establece los criterios?* ¿Los líderes de la organización? ¿Los supervisores inmediatos? ¿Un comité designado? ¿Un oficial de tasación de recursos humanos/personal? ¿Colegas o iguales? O en algunos casos, ¿una agencia externa los establece, p. ej., agencias denominacionales, asociaciones educativas, legales o gubernamentales?
- *¿Cómo se establecen los criterios?* ¿Dictados por un liderazgo o autoridad externa? ¿Consenso entre el personal? ¿Votados por un comité?
- *¿Cómo se especifican los criterios?* ¿Son expresados como resultados? ¿Tasación mensurable o subjetiva? ¿Buscan tasar el desempeño o los motivos?
- *¿Cómo se comunican los criterios?* ¿Son los criterios parte del entrenamiento y orientación de personal nuevo, o son asumidos por la institución? ¿Son comunicados con frecuencia o sólo se mencionan cuando se presenta una situación? ¿Cuáles son los medios por los cuales el personal, pagado o voluntario, sabe lo que se espera?

Para que las revisiones de desempeño sean eficaces no tienen que ser exhaustivas. Esto puede agotar al evaluador y a los que son evaluados, particularmente a los voluntarios. Los criterios para la tasación debieran ser entre cuatro y seis expectaciones bien declaradas. Podrían ser declaraciones generales, con varios criterios mensurables asociados con cada uno. Por ejemplo:

Declaración general: Los voluntarios estarán preparados para servir en el culto juvenil.

Criterio 1: Los voluntarios tendrán los materiales preparados para el viernes.

Criterio 2: Los voluntarios llegarán cuando menos quince minutos antes del servicio.

Criterio 3: Los voluntarios pasarán tiempo en oración cada semana por los estudiantes en el culto juvenil.

Criterio 4: Los voluntarios asistirán a un servicio de adoración para adultos una vez a la semana.

Pero, ¿qué clase de declaraciones? ¿Qué están tratando de tasar? Aunque el *desempeño* es una respuesta obvia, los administradores cristianos deben estar interesados en más que el desempeño de un empleado o voluntario. En la parábola de los talentos (Mat. 25:14-30) el "siervo malo y perezoso" (v. 26) no solamente fue evaluado en su falta de capacidad, sino en su actitud y carácter deficientes. ¿Cuáles son algunas áreas generales de revisión personal en las organizaciones cristianas? La siguiente lista, sin ser exhaustiva, puede ser un punto de partida para generar criterios específicos para una organización dada.

1. Teológica. ¿Mantiene el individuo creencias y convicciones consistentes con la institución? Para las instituciones cristianas, particularmente para las que están dedicadas a la enseñanza, este criterio es esencial. Si la integridad teológica no está presente, sencillamente estamos haciendo trabajo social en el nombre del Señor. Esta puede no ser una declaración de criterio separada, pero estaría presente en otras declaraciones de criterio.

2. Capacidades cognitivas. ¿Demuestra el individuo las habilidades necesarias de pensamiento para mantener o avanzar su desempeño? La toma de decisiones, solución de problemas, y sencillamente sentido común son a menudo asuntos cruciales para determinar el desempeño de empleados y voluntarios.

3. Características y rasgos de la vida. En su institución, ¿cuenta el carácter? ¿Cuáles características de la vida espera usted que sean demostradas por sus empleados y voluntarios? Es necesario que estas sean identificadas hasta un punto para evitar confusión respecto a su presencia personal dentro de la institución.

4. Aptitudes relacionales. El desempeño del trabajo de uno no es a menudo un asunto de servicio solitario. El desempeño de los empleados y voluntarios en grupos, su capacidad para mantener relaciones interpersonales, es una dimensión importante de tasación. Esto también puede ser un indicador crucial de capacidades para supervisar.

5. Desempeño. El desempeño todavía es crítico. La tasación de las capacidades y competencia de un empleado o voluntario es necesaria. Para hacerlo, deben diseñarse, a partir de la descripción de la posición, criterios específicos y mensurables, que deben ser producidos de tal manera que eviten confusión y que hagan la revisión tan objetiva como sea posible.

Después del establecimiento de las normas y criterios, la institución debe determinar cómo evaluar realmente el desempeño del individuo. En otras palabras, ¿cuáles métodos de tasación pueden o deben ser usados?

Realización de revisiones de desempeño

La evaluación y la tasación son dos lados de la misma moneda, pero son lados *diferentes.* La evaluación se refiere a la acumulación de información pertinente y de conocimiento sobre los cuales puede producirse la tasación. La tasación es el proceso real de toma de decisión, que produce una valoración de los materiales de evaluación. De aquí que, en esta etapa del ciclo de revisión del desempeño, *evaluación* es el término clave; *tasación* viene en la siguiente fase.

Al diseñar un programa de revisión de desempeño para voluntarios y empleados, es crucial decidir la voz de quién se va a escuchar. ¿Quién está haciendo la valoración? Al desarrollar un enfoque multifacético para realizar una revisión de desempeño, proveemos una descripción más exacta y clara del desempeño real del individuo, y por tanto, nos protegemos contra prejuicios o unilateralidad en la tasación. Las voces posibles de evaluación de personal son de sí mismo, de los iguales, de los subordinados y del líder (figura 22.3).

Autoevaluación. ¿Cómo evalúa el individuo su propio desempeño? Las autoevaluaciones son útiles en que muchas veces los individuos son conscientes de sus limitaciones y éxitos. En estos casos, el responsable de evaluar al individuo sólo necesita consentir y diseñar una intervención apropiada. Sin embargo, las autoevaluaciones en la mayoría de los casos se consideran como mandato administrativo y a menudo no son tomadas en serio y son consideradas trabajo improductivo. Usar exitosamente la autoevaluación "incluye involucrar al empleado desde el principio"[11]. La autoevaluación es considerada como un medio de rastrear el patrón de crecimiento autodeterminado. También puede proveer una voz esencial en la realización de revisiones de desempeño.

Evaluación de iguales. La revisión por iguales es una forma común de evaluación, particularmente en ambientes profesionales. La facultad en escuelas cristianas e instituciones de educación superior a menudo se ocupa en la revisión por iguales como un medio de evaluación, y para obtener conocimiento de los métodos de enseñanza, de la organización del curso, y de la administración del aula de clases. Igualmente, si la tasación va a ser una actividad comunal, se da por sentado la participación de toda la comunidad, no solamente de uno y sus superiores institucionales. Los iguales proveen una voz valiosa en la evaluación porque son *iguales*. ¿Quién mejor para evaluar a un individuo que otro individuo que participa de compromiso y convicción similares dentro de la institución?

Figura 22.3: Voces de evaluación

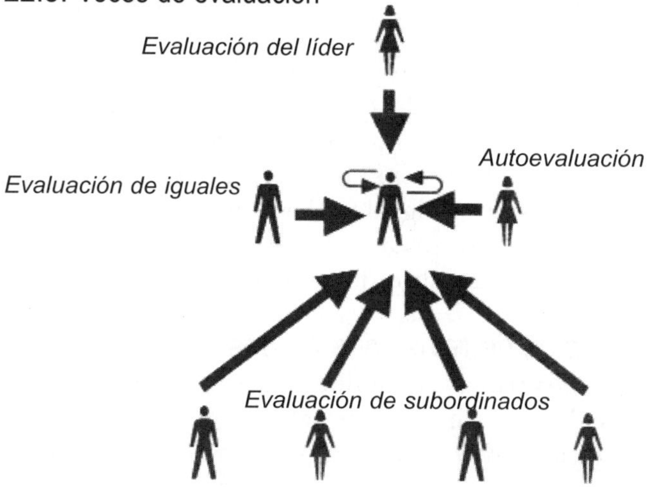

Evaluación de subordinados. ¿Cómo soy percibido por aquellos que están a mi cargo? Su capacidad para proveer dirección para un programa o ministerio está directamente vinculada a la percepción de aquellos que sirven bajo su dirección. Esta voz es particularmente valiosa para evaluar a los que están en roles de dirección o liderazgo dentro de la congregación u organización cristiana. Escuchar esta voz nos permite ver más allá de las capacidades y destrezas del individuo para obtener conocimiento en su aptitud para relacionarse con otros y proveer dirección para un programa o ministerio. Como administradores necesitamos escuchar a los que dirigimos y supervisamos para evaluar nuestras pericias relacionales, organizacionales y administrativas.

Evaluación del líder. Tal vez la voz de evaluación más comúnmente usada y reconocida es la del líder. ¿Cómo percibe mi trabajo mi "jefe" o supervisor? Los líderes necesitan evaluar a aquellos que sirven con ellos como subordinados, no en un espíritu de demanda, sino de responsabilidad pastoral para aquellos sobre los cuales ha sido puesto. La voz de liderazgo, como del nivel responsable organizacional de impulsar la visión de la institución y mantenerse ocupado en el proceso de planeación y toma de decisiones estratégicas, es esencial en la revisión del personal para asegurar el éxito de la organización.

A menudo las voces envueltas en la evaluación están en armonía, todas de acuerdo sobre los puntos fuertes y los puntos débiles del desempeño de un individuo. Como administradores tenemos seguridad cuando todas las voces están de acuerdo en que tenemos una visión clara y exacta de las capacidades individuales. Sin embargo, alguna ocasión las voces se separarán en vez de converger, creando un cuadro desarticulado de desempeño. En tales casos podría ser necesaria más amplia evaluación e investigación, hasta discusión con el individuo, para aclarar el cuadro. También, tales evaluaciones pueden proveer conocimiento en relación con la posición del individuo dentro de la estructura de la organización.

Por ejemplo, si la autoevaluación y la evaluación por subordinados proveen un cuadro positivo, pero la evaluación de iguales no, sería sabio que un líder explorara la capacidad del individuo para relacionarse con sus iguales, o procurara descubrir la fuente de tasación negativa. Esto puede impedir que el individuo sea promovido sobre sus iguales. Por tanto, una revisión exhaustiva del proceso de revisión personal incluiría una variedad de perspectivas, cada una evaluando el servicio del miembro del personal.

Principios de revisiones de desempeño

¿Cómo realmente *hace* usted las revisiones de desempeño? ¿Qué clases de métodos son valiosos? Un principio de las valoraciones de desempeño generalmente reconocido es la *brevedad.* Un error común de la revisión de desempeño es la sobrecarga, que intenta evaluar todo acerca del servicio a la organización. Cuando uno va al doctor para un examen físico anual, el médico puede realizar algunas pruebas normales (p. ej., preguntas sobre asuntos generales de salud, verificación de la presión sanguínea, análisis de sangre, rayos X del pecho). El doctor no ordena medidas avanzadas de diagnóstico *a menos* que las pruebas normales indiquen un posible problema que revele la necesidad de pruebas adicionales. Los métodos de evaluaciones de desempeño iniciales debieran procurar proveer un conocimiento básico para el desempeño del personal, que puede ser seguido más detalladamente si es necesario.

Otro principio general es la *frecuencia* de las evaluaciones. Algunos recomiendan evaluaciones frecuentes, como mensuales o trimestrales, mientras que otros recomiendan evaluaciones anuales. El punto es establecer rutina, períodos de evaluación programados regularmente. Depender de evaluaciones *imprevistas* o *espontáneas* puede dar la apariencia de que no son importantes para la organización y hasta dar la impresión de que han sido provocadas por situaciones o por problemas. Cualesquiera sean los métodos que uno escoja usar, deben ser usados sobre una base de programación regular.

Un principio general para considerar es distinguir entre información *cuantitativa* y *cualitativa* en la evaluación. ¿Qué tipo de información se necesita para la tasación? Los métodos de evaluación son diseñados para generar diferentes clases de información. Las dos categorías básicas de métodos de evaluación son las que rinden información cuantitativa y las que producen información cualitativa. La *información cuantitativa* es estadística, p. ej., cantidades. Un ejemplo de información cuantitativa podría ser una encuesta que muestre que el 4.6/5.0 miembros adultos de la congregación prefieren clases de escuela dominical electivas. El análisis de la información cuantitativa depende de los análisis estadísticos, tales como, determinar el medio, el promedio, la frecuencia y la desviación normal. En resumen, la información cuantitativa es información numérica, y requiere análisis estadístico. La *información cualitativa* es más substancial. Trata con declaraciones y opiniones, que no son necesariamente analizadas estadísticamente, aunque puede ser numérica. Un ejemplo de información cualitativa serían los resultados verbales de pedir a los camperos listar los tres principales problemas con la alimentación en el campamento. En este caso, la información generada no es numérica, sino verbal.

A menudo un proceso de evaluación dependerá tanto de métodos de evaluación cualitativa como cuantitativa. Los métodos cualitativos generan la lista de posibles respuestas, mientras que los métodos cuantitativos pueden ser usados para determinar la fuerza de las respuestas. Por ejemplo, los métodos cualitativos expondrán la mayor parte de todos los posibles problemas con la alimentación en el campamento, y entonces un inventario cuantitativo puede generar la información cuantitativa para determinar si un solo comentario acerca de la comida es sostenido generalmente por los camperos. Un campero puede decir que la comida está fría cuando la sirven, pero cuando todos los camperos son encuestados solo el 1.2/5.0 está de acuerdo o fuertemente está de acuerdo con la declaración, indicando una minoría de opinión, mientras que 4.7/5.0 está de acuerdo o coincide fuertemente en que el tamaño de las porciones es demasiado pequeño.

Métodos de revisión de personal

Un medio básico de evaluación es el de comentarios *anecdóticos*. Aunque virtualmente cada institución usa este como un medio de tasación, a menudo no está documentado y de aquí que ninguna respuesta oficial debiera estar basada en lo que puede haber sido solamente un comentario pasajero. Esto es consistente con el mandato bíblico: "No admitas acusación contra un anciano a no ser que haya dos o tres testigos" (1 Tim. 5:19). De igual manera, los administradores no debieran aceptar comentarios anónimos, puesto que lleva a malos entendimientos y no lleva a evaluación exacta, solamente apreciación[12]. En algunas organizaciones cristianas, los correos electrónicos pueden servir como comentarios anecdóticos documentados sobre el desempeño de un individuo. Los comentarios anecdóticos pueden hacerse desde cualquiera de las cuatro voces mencionadas anteriormente, como puede cualquier otro método de evaluación.

Pueden realizarse *entrevistas* con individuos o grupos pequeños, a menudo llamados grupos focales. Las entrevistas deben usar un sencillo protocolo de preguntas abiertas para facilitar la comunicación y generar retroacción imparcial. Por ejemplo: "¿Cuáles son las mejores cualidades de Linda como maestra?". O: "¿Cuáles áreas cambiaría de la enseñanza de Linda?". Aunque las preguntas dan alguna dirección para las respuestas, no declaran una conclusión. Los protocolos, la lista de preguntas usadas en las entrevistas, deben consistir de cinco o seis preguntas, por ello manteniendo las entrevistas breves y enfocadas en el tema. Los datos de la entrevista, igual que la información, pueden entonces ser agrupados o contados, requiriendo análisis cualitativo.

Agrupar crea categorías de respuesta. Por ejemplo, los comentarios hechos acerca de los puntos fuertes de Linda tienen tres temas comunes: Ella es erudita, apasionada y solícita. Contar simplemente daría una lista de las respuestas, contar el número de las mismas respuestas, y/o anotar las tres principales respuestas. Por ejemplo, los tres comentarios más frecuentes hechos acerca de la enseñanza de Linda fueron que ella en ocasiones no estaba preparada, ausente muy a menudo, y tiende a desviarse con preguntas. Como se mencionó antes, el protocolo permite que las respuestas estén enfocadas y evita cambiar las preguntas durante el proceso de la entrevista.

Las *observaciones* son similares a las entrevistas, excepto que la persona que dirige la evaluación observa directamente al individuo. Los administradores pueden usar un protocolo para tomar nota de acciones o actitudes en las cuales están específicamente interesados. Pueden hacerse anotaciones, tanto positivas como negativas, acerca del desempeño del individuo. Las notas constituyen información cualitativa acerca del desempeño del miembro del personal y pueden ser usadas para evaluar sus capacidades.

Los *inventarios* pueden generar información cuantitativa o cualitativa. Los inventarios, también conocidos como encuestas, diseñados para generar información cualitativa, son similares a las entrevistas, y consisten en preguntas abiertas para generar comentarios concentrados. A diferencia de las entrevistas, se genera información escrita en vez de respuestas orales; tampoco permiten preguntas aclaratorias. Sin embargo, las encuestas sí permiten el anonimato. Un inventario sencillo pero eficaz podría consistir de declaraciones de los criterios. Tener estas completando el inventario indica lo bien que el miembro del personal actúa en relación con él (figura 22.4).

Por ejemplo, un criterio para un trabajador de campamento podría relacionarse con su capacidad para formar relaciones saludables con los camperos. En el inventario esto estaría enlistado en la columna de la mano izquierda y a los que respondan se les pediría clasificar el desempeño del trabajador en una escala de "no satisfactorio" a "excelente". Podría ser necesario proveer una breve descripción del significado de la escala 1-5, tal como no satisfactorio, regular, bueno, superior y excepcional, y hasta definir cómo estas clasificaciones deben ser determinadas. Una vez más, esto provee información cuantitativa acerca del desempeño del trabajador del campamento.

Figura 22.4: Muestra de forma de inventario sencilla

	1 *No satisfactorio* Raramente satisface las expectativas	2 *Favorable* Satisface la mayoría de las expectativas	3 *Promedio* Satisface todas las expectativas	4 *Superior* Excede algunas expectativas	5 *Excelente* Excede la mayoría de las expectativas
Criterio 1					
Criterio 2					
Criterio 3					
Criterio 4					
Criterio 5					

Una forma similar de inventario diseñado para generar información cuantitativa usualmente depende de las escalas de Likert. Característicamente dependen de una lista de declaraciones (no preguntas) con las cuales a los que responden se les pide señalar su grado de acuerdo o desacuerdo, usualmente en una escala del 1-5. Uno debiera también ofrecer espacio para comentarios adicionales o explicaciones de respuestas. La figura 22.5 contiene una muestra del instrumento Likert. El criterio de desempeño incluye las declaraciones de evaluación, y a los que responden se les pide clasificar el desempeño de un individuo en una escala de cinco puntos.

Figura 22.5: Muestra de forma Likert de tasación

	1 *Estoy en desacuerdo fuertemente*	2 *Estoy en desacuerdo*	3 *Promedio*	4 *Estoy de acuerdo*	5 *Estoy fuertemente de acuerdo*
Criterio 1					
Criterio 2					
Criterio 3					
Criterio 4					
Criterio 5					

De este instrumento puede generarse información cuantitativa acerca del grado en el que uno refleja la posición del criterio. Por ejemplo, un criterio puede ser: "Los maestros deben llegar preparados para enseñar". En el inventario Likert la declaración del criterio dice: "El maestro llega preparado para enseñar", con lo cual 4.6/5.0 está de acuerdo o en desacuerdo fuertemente, indicando una fuerte respuesta. Los inventarios Likert también pueden usar el criterio como base para un juego de preguntas en cada una de ellas, y de aquí que el instrumento todavía estuviera enfocado en la posición de criterio, pero esto será más extenso que un número igual de declaraciones. Como con todos los inventarios, se proveerá un lugar para comentarios y explicaciones de los que respondan para permitir algún conocimiento cualitativo en sus respuestas.

Problemas frecuentes de evaluación

Frecuentemente ocurren varios problemas al usar métodos de evaluación, particularmente con cuestionarios diseñados para generar información cuantitativa. La siguiente es una lista de los problemas más comunes.

Claridad de la forma. ¿Puede leer claramente el instrumento de evaluación el que responde? Las preguntas o declaraciones en un instrumento de evaluación deben ser *singulares*, enfocándose en un asunto, no en muchos. Todas las encuestas también deben ofrecer una explicación acerca de cómo deben darse las respuestas, p. ej., oscurezca el número en el inventario Likert, o escriba en el espacio provisto.

Irregularidad. La retroacción regular, tanto escrita como oral, es crucial para el personal pagado y también para el voluntario[13]. Como se mencionó anteriormente, es un problema realizar evaluaciones *situacionales* o *improvisadas*. No incluir evaluaciones en un calendario de actividades rutinario indica la importancia relativa del acto y no permite la revisión del desempeño de manera consistente y habitual.

"Efecto halo". Esto se refiere a los inventarios de tipo Likert, en los cuales se da la misma clasificación en todas las declaraciones[14]. Por ejemplo, los estudiantes que evalúan a un maestro de escuela con la misma clasificación, característicamente lo hacen así porque están ansiosos de dejar la clase.

"Tendencia central". Este es similar al efecto halo, pero todas las clasificaciones están en la columna promedio, p. ej., todas son 3[15]. Esto resulta en una clasificación nula sobre el desempeño de los miembros del personal.

Clemencia. Este es similar a las dos clasificaciones mencionadas anteriormente, pero todas las clasificaciones se encuentran en el nivel más elevado, p. ej., 4-5. Aunque es razonable creer que algunos del personal puedan promediar una calificación superior o excelente, no todos los artículos en un inventario Likert serán clasificados 4-5 necesariamente.

Rigidez institucional. Es crucial que el instrumento de evaluación refleje con exactitud la descripción de posición especificada. Pero no revisar frecuentemente la descripción de la posición, el criterio para la tasación, los instrumentos de evaluación, o los nuevos medios potenciales para llenar las expectativas de la posición, pueden llevar a la falta de eficacia.

El uso de medios múltiples de tasación, particularmente uno que genere información cualitativa y otro que genere información cuantitativa, ayuda en la formación de un programa exitoso de evaluación.

Valoración en las revisiones de desempeño

La tasación y la evaluación son diferentes. Como se indicó anteriormente, la tasación se refiere a la calificación administrativa de la información de la evaluación y a la determinación de la respuesta administrativa apropiada al desempeño de un empleado o voluntario. La tasación efectiva de la información de la evaluación descansa en varios principios. Primero, identificar la fuente de la información de la evaluación, especialmente de las respuestas negativas. Esto no significa que debe abandonarse el anonimato, sino más bien recordar cuál "voz" está representada en la información de la evaluación. "Cuando se trata de evaluar la respuesta de una congregación a un miembro del personal, las revisiones siempre serán mezcladas. Como supervisores debemos decidir cuáles críticas dan en el blanco y cuáles yerran. Esto es difícil de lograr cuando nos concentramos principalmente en lo que la gente dice en vez de quién lo dijo"[16].

Segundo, los administradores deben separar el hecho de la opinión cuando tasan la información de la evaluación. Los administradores son responsables de dar sus opiniones sobre el desempeño del empleado o voluntario, no sobre las opiniones de los que dan la información de la evaluación. Nuestra tasación debe descansar en hechos, no en opiniones de otros, no sea que la tasación degenere en concurso de popularidad. La tasación también debe estar basada en hechos indisputables, no en la interpretación de estos hechos.

Tercero, permita que las emociones denoten áreas de preocupación, pero no considere que son información ni reaccione emocionalmente en respuesta a eso. Así como los administradores no pueden proveer una respuesta cargada de emociones, la tasación no puede estar basada en fuertes emociones. Por ejemplo, si durante una entrevista uno que responde empieza a llorar, esto debiera llamar nuestra atención a la seriedad de la información, pero no puede ser considerada como parte de la información de la evaluación, ni hacernos reaccionar emocionalmente.

Cuarto, trate a la persona que está siendo tasada como le gustaría que lo trataran a usted: con respeto. "Así que, todo lo que queráis que hagan los hombres por vosotros, así también haced por ellos, porque esto es la Ley y los Profetas" (Mat. 7:12). Cuando nos enfocamos en la tasación desde tal perspectiva, se mantiene el propósito de desarrollo de la tasación, y no permite que se vuelva menospreciativo.

Quinto, cuando la información de la evaluación indica niveles inaceptables de desempeño, hay que determinar la razón del fracaso, no sencillamente el grado del mismo. ¿Fue debido a un rasgo personal? ¿Es un asunto de falta de entrenamiento o educación, por lo que puede ser corregido fácilmente? ¿Podría ser un asunto administrativo? Nunca es suficiente sencillamente informar a un individuo de una clasificación baja. La tasación genuina y valiosa procura entender y explicar una clasificación.

Finalmente, antes de tasar a un voluntario o empleado, tase su posible propia participación en el desempeño del individuo, particularmente en lo que respecta a sus limitaciones en su desempeño. Las siguientes son algunas preguntas de reflexión que pueden ser útiles al tasar la posible contribución de la administración en un mal desempeño del personal[17]:

- ¿Comuniqué yo claramente mis expectativas? ¿Sabe el voluntario lo que se espera?
- ¿Comuniqué exactamente las demandas del tiempo o del programa al voluntario?
- ¿Sabe el voluntario cuándo los objetivos del desempeño debían ser cumplidos?
- ¿Le he dado a este individuo los recursos para triunfar? ¿Es por falta de autoridad, de posición, de equipo, de fondos o de capital para cumplir las expectativas?
- ¿Proveí suficiente entrenamiento para preparar adecuadamente al individuo para la tarea? ¿Es un asunto de entrenamiento, o está relacionada la falta de desempeño con algo más sin relación al entrenamiento?
- ¿Está el voluntario limitado por la estructura organizacional, por las políticas o por la política de la organización? ¿De otra manera, podría el voluntario haber alcanzado las expectativas?
- ¿Consideré la vida personal o familiar del individuo? ¿Es debida la falta de desempeño a un asunto personal que debiera haber sido previsto?

Una vez que la fase de tasación esté completa y un administrador haya dado una decisión acerca del desempeño del individuo, ocurre el acto de responder realmente a la valoración. ¿Cómo le comunica usted realmente la tasación al individuo?

Decisiones de la revisión del personal

Las revisiones de desempeño incluyen alcanzar una decisión administrativa acerca del nivel de desempeño del individuo. Los administradores tienen cuatro posibles respuestas a las decisiones de la tasación: recompensa, reubicación, reentrenamiento, o despido.

La primera opción es de *recompensa*, en donde la evaluación representa un desempeño aceptable o por encima del promedio. Aunque esta es tal vez la respuesta más fácil para los administradores, a menudo es descuidada. En muchos casos, se espera el desempeño aceptable y es considerado como que no requiere respuesta administrativa. En este caso, la evaluación y la tasación se convierten en una búsqueda de mal desempeño más bien que un esfuerzo de desarrollo del personal. La recompensa puede ser caracterizada como extrínseca e intrínseca. Ejemplos de recompensa extrínseca serían promociones, estipendios o aumentos financieros, una oficina más grande para empleados, o una demostración visible de aprecio, como una placa. Recompensas intrínsecas son las que incluyen satisfacción personal y contentamiento por un trabajo bien hecho, y son a menudo la recompensa que el individuo se da a sí mismo.

Las recompensas extrínsecas e intrínsecas son, las dos, psicológica y espiritualmente inspiradoras. Recordar para recompensar y reconocer abiertamente el servicio excepcional dentro de una institución establece una atmósfera de aliento y apoyo para el servicio[18]. Sin embargo, ¿qué del desempeño que no satisface las expectativas? En estos casos deben ser consideradas tres respuestas adicionales.

La *reubicación* de los individuos usualmente es el resultado de competencias reconocidas, pero que parecen estar sirviendo en la posición equivocada. La respuesta natural sería cambiarlos de lugar dentro de la institución. El cambio de lugar no significa promoción, puesto que pueden no ser apropiados para una posición con mayor responsabilidad. En tales casos una promoción podría llevar a más desempeño malo de los individuos. Además, podría enviar un mensaje confuso acerca de las expectativas de desempeño a los que sirven dentro de la institución.

Reentrenamiento es la respuesta administrativa más común a los resultados de una mala evaluación. Los administradores pueden tener que comprometerse a invertir en una estrategia de más largo plazo para ayudar al desarrollo de las capacidades y pericias del individuo. "El espíritu de la evaluación consultiva es entrenar, no corregir"[19]. Puede incluir proveer un mentor para instruir, modelar, entrenar y equipar para elevar el desempeño a un nivel aceptable. El propósito de esta intervención es mejorar los niveles de desempeño del individuo para retenerlo en su posición. Es mejor utilizada cuando los empleados o voluntarios son reconocidos como valiosos en la posición en la que están, pero en necesidad de refinamiento y afinación en cuanto a sus capacidades. Si el desempeño del individuo alcanza niveles aceptables, la resolución del asunto ha ocurrido mediante un enfoque constructivo de revisión del personal.

Tal vez la opción menos favorecida por la administración es el *despido*. La respuesta de despido puede ser temporal, como una licencia, condicional, como pendiente de cumplir metas específicas de desempeño[20], o suspensión, que significa una salida permanente de la organización. Paul Borthwick provee algo de conocimiento para determinar cuándo la salida es una opción necesaria. Las siguientes preguntas son valiosas para tomar tales decisiones[21]:

- ¿Ha sobrepasado la congregación u organización a la persona?
- ¿Ha sobrepasado la persona a la congregación u organización?
- ¿Está la ineficacia, el pobre liderazgo o ejemplo estorbando realmente el progreso del ministerio de la organización?
- ¿Cuánto daño está haciendo realmente a la organización o a otros miembros del personal?
- ¿Qué si la posición queda vacante por un tiempo? ¿Sería eso mejor que el estado actual de las cosas?
- ¿Qué norma o criterio estoy usando para medir la efectividad del desempeño?
- ¿Quién cree que la persona necesita ser despedida?
- ¿Cuál será la base para el despido? ¿De relación, teológica, desempeño, incapacidad?
- ¿Debiera él o ella recibir otra oportunidad para mejorar?

Al considerar estas preguntas uno puede llegar a una decisión para despedir con alguna seguridad de que se ha dado toda la debida consideración al asunto. Sin embargo, una vez que una de las cuatro decisiones de tasación se haya tomado, ¿cómo será informado el individuo de los resultados de su valoración? Más importante, ¿cómo informa uno a un empleado o voluntario de mal desempeño?

Respuesta a las revisiones de desempeño

"El seguimiento es lo que realmente hace que funcione el proceso"[22]. La revisión de personal está incompleta si la información de la evaluación y su interpretación son simplemente archivadas y olvidadas. La tasación debe ser compartida entre el administrador y el empleado o voluntario para proveer una agenda para un desempeño continuado o corregido. "Porque las instituciones cristianas son, por naturaleza, organizaciones cuidadoras, hay una tendencia a pasar por alto discrepancias en el desempeño del trabajo con su consiguiente determinación de que tales individuos necesitan un supervisor ministrante o un grupo de apoyo"[23]. ¿Cómo responde uno realmente a las decisiones de la tasación?

Realización de reuniones para revisar el desempeño

Como administradores cristianos debemos estar comprometidos a "crear un proceso que sea positivo, no venenoso"[24]. ¿Cómo comparte realmente un administrador los resultados de la valoración con un individuo? A continuación varios principios generales que pueden ayudar en este asunto[25]:

1. Sea específico acerca de los resultados de la evaluación, aunque man-

teniendo la confidencialidad. Deles un cuadro claro de la base de la decisión de su valoración. Comparta los *hechos* con el individuo.

2. Individualice su discusión con el individuo, hasta un punto. Aunque es necesario acercarse a la reunión de valoración con un fondo común de contenido y de intención, los administradores también pueden personalizar la reunión. Pueden incluir enfrentar preocupaciones personales y asuntos relacionados específicamente con el individuo.

3. Documente su conversación. Esto no es solamente para conservar la integridad de la decisión y para asegurar que el individuo entiende los resultados de la valoración, pero también demuestra al individuo que su propia respuesta a la revisión es importante y digna de ser registrada. También es absolutamente necesario en el caso de subsiguiente acción legal, p. ej., la acusación de discriminación o despido ilegal.

4. Desarme las tensiones en la reunión. Las tensiones pueden ser administrativas (p. ej., relaciones entre un líder y un subordinado), personales (p. ej., cuando la valoración envuelve a un amigo o miembro de la familia), o hasta pastorales (p. ej., deseo de ayudar mientras tiene que examinar críticamente). Los administradores deben anticipar qué tensiones pueden presentarse y procurar medios apropiados para manejarlas.

5. Mantenga confidencial la crítica. El trato respetuoso con el individuo incluye compartir solamente lo positivo con otros, mientras mantiene en confidencia las áreas de preocupación. Felicite públicamente a los individuos por su contribución para preservar su integridad y la integridad del proceso de revisión.

6. Aliente en cada caso de la valoración. Sin importar el resultado de la decisión, los individuos necesitan afirmación. Raramente un empleado o voluntario carece completamente de mérito. De hecho, es una práctica acertada citar múltiples rasgos positivos por cada observación negativa.

7. Responda inmediatamente; no se dilate. Posponer las decisiones de las valoraciones le hace un mal servicio a la institución, al miembro del personal, y a usted mismo. Una vez que se tome la decisión, sea positiva o negativa, prepare una reunión para discutir los resultados en una manera oportuna.

8. Esté preparado para manejar reacciones emocionales. Sin importar la manera en que el miembro del personal acepte o rechace la decisión de la valoración, las reacciones a las decisiones de la valoración deben ser manejadas inmediatamente sin cambiar la decisión.

9. Discipline a los miembros del personal cuando sea necesario. Algunas veces el desempeño de un individuo está muy por abajo del nivel de expectación, y demuestra negligencia deliberada o que sencillamente es incorrecto (o hasta ilegal). En tales casos, la resolución u opción de cesar puede requerir que esté enfocada en la disciplina, cese de alguna forma de desempeño de objetivos serios.

10. Demuestre disposición a negociar y a llegar a un acuerdo con un empleado o voluntario. Las revisiones característicamente no son el marco para una plática intransigente y unilateral. Usualmente, un espíritu pastoral es más ventajoso, con la posible excepción de situaciones disciplinarias. Los empleados y los voluntarios deben reconocer la apertura de la administración para escuchar su opinión sobre la revisión. En ocasiones puede ser necesario enmendar una respuesta administrativa a la luz de la respuesta de un miembro del personal a ella.

Preparativos para la reunión

Todo el proceso descrito en este capítulo hasta ahora se vuelve el tema de una reunión preparada. En esta reunión la decisión de la evaluación, la tasación y la valoración es comunicada al miembro del personal. Es el evento culminante del proceso de revisión. El manejo del progreso de la reunión es esencial para hacer significativas las revisiones de desempeño del personal. Antes de realizar la reunión, deben darse varios pasos preparatorios para la entrevista de valoración[26].

- Revise el expediente del individuo o la documentación de evaluación, hasta dos semanas antes para poder tener tiempo para reflexionar.
- Asegúrese de que la reunión puede tenerse en privado.
- Programe suficiente tiempo para la reunión.
- Prevéngase de las interrupciones. Enmudezca el teléfono y el intercomunicador.
- Prepare un ambiente de confianza, cómodo, que sea propicio a la conversación.
- Explique el propósito de la reunión al miembro del personal.

Cuando llegue el tiempo de realizar realmente la reunión, la agenda debe incluir tres componentes básicos. Primero, empiece con cumplidos y reflexiones positivas sobre la contribución del miembro del personal a la organización. Identifique los puntos fuertes y valiosos de servicio del miembro del personal. Segundo, concéntrese en las áreas principales de interés, sólo uno o dos asuntos, evitando casos específicos o asuntos menores para no abrumar al individuo. Finalmente, llegue a un acuerdo sobre el plan apropiado de desarrollo para mejorar el servicio del individuo. Aun en situaciones de recompensa, comprometerse a medidas de desarrollo asegura un nivel excepcional continuo de desempeño.

La comunicación de resultados negativos de la valoración

Una clasificación negativa o baja de evaluación no lleva automáticamente a la renuncia o despido de miembros del personal. De hecho, el despido es la opción final en una larga línea de intervenciones que pueden ser usadas en respuesta a un mal desempeño. Lo siguiente es un procedimiento de respuesta a largo plazo para el miembro del personal de bajo rendimiento:

- La evaluación y la tasación indican bajo rendimiento del miembro del personal, basadas en la descripción y norma de la posición.
- Explique y bosqueje la descripción de los criterios (de nuevo), enfatizando las áreas de preocupación; ofrezca ayuda si es necesario.
- Evaluación y tasación, con enfoque en las áreas enfatizadas de preocupación.
- Explique la evaluación anterior y dé objetivos de desempeño si el problema persiste.
- Evaluación y tasación, con enfoque en los objetivos de desempeño.
- Enfrenten y discutan el progreso o retiro del miembro del personal con relación a los objetivos del desempeño; dé un periodo de prueba como intento final para cumplir los objetivos del desempeño.
- Evaluación y tasación, con enfoque continuo en los objetivos del desempeño.
- Determine una decisión administrativa final: renuncia, reubicación o resolución.

El procedimiento a largo plazo refleja la preocupación pastoral, que subyace en todas las relaciones del personal dentro de una organización cristiana, para el miembro del personal. A lo largo de todos los procedimientos deben recordarse tres factores. Primero, es crucial la documentación escrita de cada etapa. Esto puede incluir memorandos a todos los miembros del personal, minutas o registros de reuniones con el miembro del personal, y una carta que detalle y explique la decisión final de la administración. Debieran ser incluidas también notas que detallen las comunicaciones orales con el individuo, como una conversación improvisada o un encuentro, como también cualquier comunicación escrita recibida del miembro del personal. De hecho, puede ser necesario hacer que el individuo firme o escriba sus iniciales en esos documentos cuando son presentados para reconocer que él o ella los ha leído.

Segundo, si la resolución ocurre en cualquier tiempo durante el proceso antes descrito, es decir, si el miembro del personal fue capaz de satisfacer las expectativas de desempeño, entonces el proceso cesa en ese punto. Aunque los administradores pueden querer seguir vigilando preocupaciones específicas de desempeño en el futuro, el proceso debiera ser continuado solamente si las preocupaciones vuelven a surgir. Tercero, el miembro del personal puede decidir renunciar o solicitar cambio de lugar en casi cualquier paso del procedimiento. Esto pudiera ser concedido o negado por el administrador basado en la tasación del individuo y la situación.

Compartir resultados negativos de la tasación con un miembro del personal es a menudo una tarea difícil para los administradores. Los miembros del personal pueden estar inclinados a aceptar la valoración de un administrador, pero esquivan la conversación. Igualmente, los miembros del personal pueden rehusar aceptar la valoración, respondiendo con negación o con enojo. Aquí es donde la conversación de valoración con los miembros del personal puede llegar a ser pastoral por necesidad. Leroy Lawson se refiere a esto como dejar la luz encendida de modo que los que se alejan enojados puedan regresar, y saber que pueden regresar[27]. ¿Cómo puede uno planificar una conversación acerca de una valoración negativa de desempeño? La figura 22.6 contiene un gráfico que esboza el posible flujo de conversación acerca de una revisión personal negativa. No significa una conversación detallada, pero sí proporciona un esbozo para tratar con tres posibles respuestas a informes de valoraciones de desempeño negativos[28]. Sin embargo, hay ventajas en proveer un manuscrito para tal reunión. Supera las dificultades de las reuniones cara a cara, y permite que la tasación de desempeño sea cambiada por causa de las sensibilidades o por consenso de una reunión[29].

Figura 22.6: Flujo de conversación de la revisión de desempeño negativo

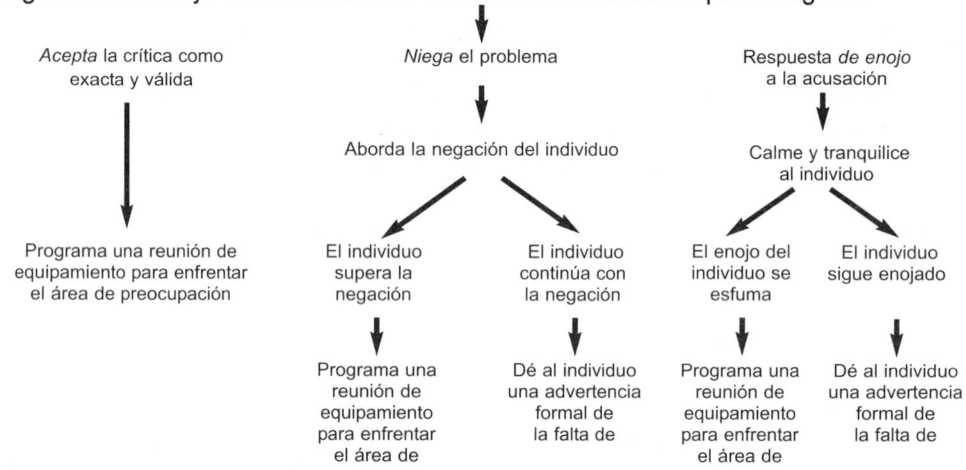

Cese permanente: terminación

Ya hemos mencionado la necesidad de un procedimiento de intervención y tasación ininterrumpidas y las posibles opciones en el caso de niveles continuos inaceptables de desempeño. La terminación nunca es la respuesta inmediata a las preocupaciones de desempeño. Estas sirven como base para una decisión de terminación. *¿Cómo cesa uno permanentemente a alguien?* Hay varias directrices que se aplican:

Personalmente. La terminación debe hacerse cara a cara. Aun si la notificación de terminación es por escrito, debe ser entregada por el administrador. El miembro del personal debe leerla en presencia del administrador.

Pastoralmente. La terminación debe hacerse amablemente, sin emitir juicios. El asunto está resuelto, de modo que no se gana nada haciendo comentarios críticos o comentarios adicionales.

Rápidamente. Concluya con las responsabilidades del miembro del personal rápidamente. Su presencia dilatoria y su bajo desempeño ininterrumpido solamente pueden estorbar a la institución y crear confusión en la organización.

Consistentemente. Las terminaciones deben hacerse sobre una base de igualdad para evitar cualquier apariencia de impropiedad o de intereses personales.

Discretamente. La decisión de terminar es un asunto confidencial hecho por el administrador acerca del miembro del personal, y no tiene la intención de convertirlo en asunto de la opinión pública; tampoco requiere una explicación pública.

Anticipe posibles represalias. Una razón para las directrices anteriores es aminorar el potencial de reacciones destructivas a la terminación por parte de miembros del personal. Puede ser necesario considerar posibles reacciones negativas del miembro del personal y tomar precauciones; haga respaldo de los archivos del disco duro de la computadora que pueden ser borrados en un momento de ira y frustración y de posible acción legal.

Conclusión

"No siendo perezosos en lo que requiere diligencia; siendo ardientes en espíritu, sirviendo al Señor" (Rom. 12:11). Las organizaciones saludables se ocupan regularmente en la valoración del desempeño de los miembros del personal. El logro de la misión y ministerio de la organización depende del desempeño de los miembros de su personal. Cuando la valoración se hace en una atmósfera de preocupación pastoral y crecimiento personal, se afirma el valor del individuo, el compromiso con la comunidad y la relación respetuosa entre cristianos. "Así que, examine cada uno su obra, y entonces tendrá motivo de orgullo sólo en sí mismo y no en otro; porque cada cual llevará su propia carga" (Gál. 6:4, 5).

Apéndice A

Recurso sugerido: *The Complete Idiot's Guide to Performance Appraisals* (La guía completa del idiota para realizar evaluaciones) de Adele Margrave y Robert Gorden (Indianápolis, Ind.: Alpha Books, 2001)[30].

Qué hacer y qué no hacer al dar revisiones de desempeño	*Qué hacer y qué no hacer al recibir revisiones de desempeño*
• Haga su tarea (esté preparado). • Programe suficiente tiempo para que no tenga que apresurarse. • Reúnase en un lugar seguro y confidencial. • Rompa el hielo charlando. • Empiece con lo positivo. • Recuerde que su intención es motivar. • Haga contacto visual. • Aliente la participación. • Escuche-activamente. • Sea honesto, alentador y genuino. • Use ejemplos de conducta. • Esté abierto a nueva información. • Convenga en metas para el futuro. • No se retrase para la reunión de valoración de desempeño. • No reciba llamadas telefónicas durante la reunión de valoración de desempeño. • No esté desorganizado ni distraído. • No hable solamente usted ni conteste sus propias preguntas. • No interrumpa. • No sea tímido para decir la verdad. • No se enfoque demasiado en lo negativo.	• Haga su tarea (esté preparado: revise su desempeño pasado). • Sea puntual para su cita. • Sea sincero, honesto y profesional. • Use ejemplos de conducta para describir cosas específicas. • Participe, envuélvase en la conversación. • Haga contacto visual. • Escuche—activamente. • Tome el tiempo que necesite para formular lo que necesita decir. • Participe en la identificación de las metas para el futuro. • Hable en un tono de voz bien modulado. • Añada sus propios comentarios por escrito si tiene necesidad. • No venga con la espada desenvainada. • No fije la mirada, y no se concentre en el suelo o en una ventana. • No sea negativo o agresivo. • No permita que sus emociones le quiten lo mejor de usted. • No se niegue a hablar. • No sea pasivo-agresivo. • No use el sarcasmo.

Por
Mark Simpson

Capítulo 23

Evaluación de la eficacia de los programas

Sacando conclusiones inexactas

LA PRIMERA NOCHE ANUAL DE FAMILIA del Compañerismo de Fe había sido planeada durante un periodo de nueve meses para empezar los nuevos ministerios de la iglesia enfocados en la familia. El equipo de los ministerios educativos había dado un presupuesto suficiente para comprar comida y recursos para que el evento fuera exitoso. Se utilizaron numerosos métodos de publicidad para invitar al creciente número de familias jóvenes de la iglesia a venir y unirse en la comida, la diversión y el compañerismo.

Llegada la tarde del día que en se iba a tener la noche familiar, el tiempo lluvioso se convirtió en un clima helado cuando un frente frío se movió por la zona. Los caminos vecinales se pusieron muy resbalosos, y en las principales calles hubo abundantes accidentes de tráfico. Como resultado, la asistencia a la noche familiar fue mucho más baja de lo que se esperaba; las familias decidieron quedarse seguras en casa en vez de arriesgarse a conducir el automóvil por los caminos resbalosos.

Unos cuantos meses después el comité de finanzas empezó a formular el siguiente presupuesto de la iglesia. El comité de finanzas propuso al equipo de ministerios educativos que los fondos para la siguiente noche de familia fueran reducidos en 70 por ciento. El argumento que se presentó fue que la gran cantidad de dinero gastada para la noche de familia no fue económica cuando fue tomada en consideración la baja asistencia. Aunque la información que el comité usó para hacer esta evaluación era correcta (es decir, los registros de asistencia y de gastos), la conclusión alcanzada *malinterpretó* la información porque una parte vital de la información fue pasada por alto: el impacto del clima sobre el evento.

Al mismo tiempo que el comité de finanzas estaba haciendo su evaluación del programa para propósitos de presupuesto, la junta de diáconos también estaba haciendo sus evaluaciones del programa para eficiencia del ministerio. Cuando las cifras de asistencia para la noche de familia fueron revisadas, los diáconos llegaron al consenso de que la baja asistencia era una indicación de la falta de interés de la congregación en los ministerios enfocados en la familia. La junta informó al equipo de ministerios educativos que los ministerios de la familia no estaban resultando eficaces en la iglesia, y que otros tipos de ministerios más populares entre la congregación necesitaban ser desarrollados. Aunque la información que la junta usó para hacer la evaluación fue exacta (es decir, los registros de asistencia), las conclusiones alcanzadas estaban basadas en *suposiciones no verificadas* acerca del significado de la información.

Afortunadamente, el comité de finanzas, la junta de diáconos y el equipo de ministerios educativos se reunieron para discutir el futuro de la noche de la familia. Después de examinar más cuidadosamente la información, el comité de finanzas consintió en reintegrar la cantidad completa presupuestada, la junta de diáconos consintió en encuestar a la congregación acerca de su percepción sobre la efectividad de los ministerios enfocados en la familia, y el equipo de los ministerios educativos respiró con alivio. Doce meses después se encontró que los ministerios de más rápido crecimiento de la iglesia eran los enfocados en la familia.

La evaluación de la efectividad de los programas del ministerio no es una tarea fácil. La recaudación de información puede ser una tarea que lleva mucho tiempo, y la información recogida puede ser mal usada o mal entendida si no es interpretada correctamente. Sin embargo, el valor de la evaluación supera con mucho el esfuerzo envuelto y los riesgos potenciales. La evaluación del ministerio puede ahorrar substancialmente más tiempo y esfuerzo que el tiempo y esfuerzo consumidos por el proceso de evaluación mismo. También puede evitar el desperdicio de recursos preciosos. La clave para lograr evaluaciones eficaces es recaudar información correcta e interpretar objetivamente los hallazgos.

Entendimiento de la necesidad de evaluar el ministerio

"Evaluación es el proceso de obtener respuestas a la pregunta: '¿Cómo nos va?' "[1]. Cada vez que hacemos comentarios acerca del ministerio, o expresamos cuánto nos gustan o nos disgustan las políticas del ministerio, los procedimientos, los programas, el personal, etc., estamos haciendo una evaluación.

El proceso de evaluación formal y también el de la informal dan forma a la manera en que hacemos el ministerio. Los *procesos formales* de evaluación le proporcionan a una iglesia u organización cristiana información objetiva sobre "Cómo nos va". Las medidas objetivas obtenidas de encuestas y registros organizacionales ayudan a los líderes del ministerio a hacer tasaciones exactas de la salud de un ministerio, que a la vez afectan futuras actividades del ministerio[2].

Los *procesos informales*, tales como observaciones casuales y conversaciones, también pueden rendir medidas objetivas del *status* del ministerio. Sin embargo, si la evaluación consiste solamente en procesos informales, el peligro es que más información subjetiva y cuestionable resulte del chismorreo, de la crítica, y que la opinión insubstancial sea incluida en los descubrimientos, que a su vez pueden llevar a una tasación distorsionada de la salud de un ministerio.

Por eso, para asegurar que la evaluación moldee al ministerio en maneras apropiadas y exactas, el proceso evaluador debe procurar siempre reunir información tan objetivamente como sea posible, e interpretar la información acumulada tan exactamente como sea posible. El proceso informal, como observaciones y conversaciones casuales, puede ser incluido, pero la información acumulada debe ser evaluada con gran cuidado.

Perspectivas sobre la evaluación del ministerio

"Algunos argumentan que no deberíamos evaluar a la iglesia o a su gente porque es una empresa espiritual, no secular. Solamente Dios debiera valorar un ministerio espiritual, como una iglesia"[3]. Aunque es cierto que solamente Dios puede medir el estado espiritual del alma, también es cierto que "por sus frutos [lo que requiere que hagamos una observación evaluativa] los conoceréis" (Mat. 7:20).

Sin embargo, hasta la iglesia que no pide la evaluación se ocupa en ella. Ya sea que lo comprendamos o no, la evaluación tiene lugar cada domingo.

> La gente es muy discriminadora. De regreso a casa del templo, un esposo pregunta con naturalidad a su esposa: "¿Qué te pareció el sermón?", o "Te gusta la nueva clase de la escuela dominical?". Algunos llegan hasta a tener un pastor asado o iglesia asada para el almuerzo del domingo. Los pastores buscadores de iglesia están prontos a recordarnos que cuando la gente perdida visita nuestros cultos lo hace con un ojo crítico. Si la evaluación del ministerio tiene lugar en un nivel informal, ¿por qué no moverlo a un nivel formal para beneficiarnos de él en lugar de ser su víctima[4]?

Desgraciadamente, mucho de lo que es considerado como tasación del ministerio es más a menudo crítica que evaluación. Cuando la crítica es acompañada por un espíritu crítico, usualmente es hecha en la forma de comentarios destructivos que procuran dañar a las personas y a los ministerios en vez de ayudarlos. La crítica destructiva puede tener un grano de verdad en su tasación del ministerio, pero la naturaleza negativa y las intenciones de la crítica usualmente nublan esa verdad y le impiden ser tomada en serio. La crítica constructiva, por otra parte, tiene su lugar en el ministerio. La crítica constructiva, cuando es ofrecida como observaciones objetivas y con la intención de ayudar a las personas y a los ministerios, puede ayudar a corregir errores y malentendidos acerca de las actividades del ministerio.

He escuchado a líderes del ministerio decir que nunca escuchan la crítica. Para ser justos, esta declaración significa sencillamente que ellos no alimentarán ni perpetuarán la crítica destructiva ni un espíritu crítico sumando su voz a ella. Participar en la perpetuación de un espíritu crítico es ciertamente inapropiado. Sin embargo, desechar toda la crítica como si estuviera arraigada en un espíritu crítico puede causarnos tener serios puntos ciegos en nuestros ministerios. *Podemos* escuchar los comentarios de otros sin afirmarlos ni añadirles, y hasta la crítica de los que pretenden usarla para dañar.

En ocasiones el mero acto de escuchar las evaluaciones de nuestras congregaciones o constituyentes del ministerio disminuye la crítica sin acción posterior de nuestra parte; alguna gente solamente quiere saber y sentir que sus puntos de vista y preocupaciones son escuchados. Sí, siempre hay esos individuos que nunca están contentos con nada y que medran haciéndolo saber a todos. Pero los líderes cristianos no son infalibles; Dios sí. Muchas veces trabajamos tan íntimamente con nuestros ministerios que dejamos de ver áreas problemáticas evidentes para los que servimos y con los que servimos.

Tal vez haríamos bien en seguir en el ministerio el aviso que se nos da al cruzar las vías del ferrocarril: ¡Alto! ¡Mire! ¡Escuche! En vez de desechar toda la crítica como destructiva y proveniente de un espíritu criticón, necesitamos hacer *alto* y escuchar las preocupaciones de otros, *mirar* y considerar cuidadosamente la validez de las preocupaciones y la fiabilidad de las evaluaciones, y *escuchar* el grano de verdad en lo que se ha dicho. Si evaluamos cuidadosamente la crítica constructiva y la destructiva, podríamos evitar ser golpeados por un tren expreso lleno de problemas del ministerio justo al otro lado del horizonte.

Obviamente, no toda la crítica o evaluación puede tener cabida. La fidelidad y obediencia a la Palabra de Dios debe siempre tener prioridad sobre nuestros gustos, deseos y preferencias. Por ejemplo, muchas de las cartas del apóstol Pablo a la iglesia primitiva contienen enseñanzas para corregir actitudes de los creyentes y patrones de conducta que eran incompatibles con las normas de Dios para el ministerio. En esas iglesias, las preferencias y prácticas incompatibles tenían que ser cambiadas inmediatamente. Pero algunas veces una evaluación o crítica no puede tener cabida porque los cambios propuestos resultarían incompatibles con la misión y las metas de nuestro ministerio.

Por ejemplo, yo enseño un curso de diseño de investigación educativa a nivel doctoral. Mi misión es preparar a mis estudiantes para doctorado para la escritura de sus disertaciones. La mayoría de mis estudiantes le diría que mi curso de diseño de investigación es uno de los seminarios más difíciles que han tenido que tomar. Como resultado, algunos de ellos ofrecerán sugestiones para hacer el trabajo del curso más fácil en el futuro. Yo trato de incorporar las evaluaciones que son compatibles con la misión del curso cuando el curso se ofrezca de nuevo. Pero si yo siguiera toda la retroacción que recibo de mis estudiantes, terminaría eliminando todos los trabajos, lo que haría el curso más sencillo hoy, pero la investigación para las disertaciones mucho más difíciles mañana. En otras palabras, si yo acomodara todas las evaluaciones fracasaría en mi misión de preparar estudiantes al doctorado para la escritura de sus disertaciones.

Debe entenderse que la resistencia a la evaluación es normal; a nadie le gusta ser evaluado. El temor al fracaso, el temor al castigo, y el temor al cambio nos empujan a resistir la evaluación. Aun así, es solamente mediante la evaluación que podemos avanzar en nuestro crecimiento personal en Cristo, y en nuestro crecimiento compartido como iglesia u organización cristiana. Considere estos valiosos resultados que la evaluación puede traer al ministerio:

1. La evaluación cumple la alineación del ministerio. Los esfuerzos del ministerio están en línea con la misión y los valores de la iglesia u organización cristiana.
2. La evaluación da prioridad a los logros del ministerio. El ministerio que es evaluado recibe atención en vez de ser pasado por alto o ser descuidado.
3. La evaluación alienta la tasación del ministerio. El desempeño pagado y voluntario es revisado con propósitos de ampliar los esfuerzos del ministerio.
4. La evaluación alienta la afirmación del ministerio. La moral se eleva cuando el personal recibe aliento y se le muestra aprecio por sus esfuerzos.
5. La evaluación incita la corrección en el ministerio. Los puntos fuertes y débiles del ministerio se hacen evidentes alentando las modificaciones cuando es necesario.
6. La evaluación atrae el progreso del ministerio. Los cambios al ministerio se hacen basados en retroacción objetiva[5].

Indicadores para medir el desempeño

Una vez que se tome la decisión de evaluar el ministerio para aumentar su eficacia, la pregunta lógica llega a ser: "¿Qué medimos?". Los indicadores específicos de la efectividad del ministerio variarán de ministerio a ministerio por causa de que dependen de la misión y objetivos o metas de la organización. Sin embargo, hay cuatro indicadores del desempeño que son comunes a casi cualquier iglesia u organización cristiana, y cada una de las cuatro necesita ser evaluada:

1. El personal. El desempeño de empleados y voluntarios[6].
2. Los programas. La efectividad de las actividades a la luz de la misión de la organización[7].
3. Los protocolos. La eficiencia y efectividad de las políticas y procedimientos[8].

4. Los productos. Los resultados del ministerio en personas o mercancías[9].

En una iglesia local estos cuatro indicadores de desempeño serían medidos en términos de maestros del ministerio, líderes y trabajadores; ministerios de la iglesia y recursos; estructuras organizacionales; y madurez espiritual y resultados del aprendizaje, respectivamente[10]. En una organización cristiana estos cuatro indicadores de desempeño serían medidos en términos de liderazgo, administración y desempeño de empleados; servicios y recursos; estructuras organizacionales; y ventas o crecimiento. Debe notarse que los cuatro indicadores de desempeño están interconectados en grados variables. Por ejemplo, el desempeño del personal y la efectividad de los programas pueden ser influidos grandemente por los protocolos organizacionales.

Otra manera de mirar los indicadores de desempeño es identificarlos en términos de su función dentro de la organización, es decir, como resultados de los procesos del ministerio[11]. "En general, las medidas del resultado del desempeño se refieren a los logros valuados organizacionalmente. Los factores del proceso se refieren a medidas de conformidad con los procedimientos organizacionales, reglas o directrices consideradas esenciales para el logro de las metas organizacionales"[12]. El personal y los productos son ejemplos de factores de resultados; programas y protocolos son ejemplos de factores del proceso.

Medición de la efectividad

No importa cómo estén categorizados los indicadores de desempeño, cada uno de ellos requerirá uno o más tipos de información que debe ser recabada. Muchas iglesias y organizaciones cristianas se sorprenderán al descubrir que alguna de la información que puede ser usada para explorar los indicadores de desempeño ya ha sido recabada.

> Por ejemplo, la congregación está generando constantemente las tendencias geodemográficas de la congregación, la asistencia promedio comparada con la asistencia del año pasado, los patrones de crecimiento, la moral del personal y de la membresía, la duración promedio de tenencia de sus trabajadores profesionales, el número de ministerios sociales que están llevando a cabo, y el porcentaje de visitantes que vuelven una segunda vez[13].

Esta información puede ser usada para evaluar los indicadores de desempeño, tales como los relacionados con la efectividad del programa (asistencia y patrones de crecimiento), desempeño de personal (duración de tenencia en una posición comparada con la asistencia y los patrones de crecimiento), y así por el estilo. También serán necesarias medidas adicionales, pero la información significativa puede ser espigada de la información recabada existente "por el mero hecho de que [la organización] está operando. Generalmente esta información es desechada y perdida porque las organizaciones no le ponen atención"[14].

Medir la efectividad del ministerio algunas veces requiere la recolección de información por un año o más. Estos estudios longitudinales ocasionan reunir información muchas veces de las mismas fuentes con los mismos instrumentos. La información reunida es examinada entonces para determinar los patrones y tendencias de cambios en la efectividad del ministerio.

Por ejemplo, si una iglesia desea evaluar la efectividad de un nuevo currículo de Escuela Dominical para educar discípulos, una tasación exacta no puede hacerse basada en información recabada en sólo un domingo. Para conseguir una tasación más exacta de la efectividad del currículo, una iglesia necesitaría medir el conocimiento, las actitudes y/o las habilidades poco después que el nuevo currículo sea implementado, y luego de nuevo al final de cada trimestre. Al fin de un año, la información de cada trimestre debiera ser comparada para determinar qué impacto está teniendo en la educación de los discípulos. Los estudios longitudinales tienen la ventaja de dar una imagen más exacta de la efectividad del ministerio porque la información representa cambios pasado el tiempo, no solamente cambios en un momento del tiempo.

La efectividad de algunos ministerios puede necesitar ser medida inmediatamente. Las iglesias y organizaciones cristianas tienen numerosos ministerios que acontecen solamente una vez al año. Para tasar la efectividad de estos ministerios debe reunirse la información de una o más fuentes durante la actividad del ministerio o inmediatamente después. Esta información puede entonces ser analizada para determinar el impacto del ministerio en conocimiento, actitudes y/o habilidades como resultado de un evento de una vez. A diferencia del estudio longitudinal del currículo de la Escuela Dominical, la información reunida refleja solamente una "instantánea en el tiempo". Esta retroacción inmediata puede ser muy provechosa para propósitos de planificación de ministerios futuros, y para determinar la efectividad inmediata de un ministerio para cambiar conocimiento, actitudes y habilidades. Sin embargo, para determinar la efectividad a largo plazo de ministerios de una sola ocasión, un estudio longitudinal sería necesario para determinar la naturaleza de esos cambios pasado el tiempo.

Protocolos para realizar evaluaciones

Para evaluar la efectividad de un ministerio los protocolos por los cuales una evaluación será realizada necesitan ser determinados antes de que principie la evaluación. Los cinco siguientes parámetros son comunes a la mayoría de los sistemas de evaluación:

1. Contenido de la retroacción. ¿Cuáles factores serán medidos y qué normas de desempeño serán usadas para propósitos de comparación?
2. Características temporales de la retroacción. ¿Cuán frecuentemente serán realizadas las evaluaciones y cuán rápidamente serán informados los hallazgos?

3. Mecanismos para reunir la retroacción. ¿Qué tipos de herramientas serán usados para recabar información (p. ej., entrevistas, encuestas, pruebas y medidas, autoinformes, etc.)?
4. Origen de la retroacción. ¿Quién y qué será evaluado, y quién llevará a cabo la evaluación?
5. Recipientes de la retroacción. ¿Quién recibirá los resultados? (p. ej., serán hechos públicos o mantenidos en privado; estarán disponibles solamente a los individuos evaluados o serán compartidos colectivamente)[15].

En años recientes agencias acreditadas han empezado a requerir a colegios y universidades que desarrollen un sistema de retroacción que evalúe cada aspecto de la institución. Una parte integral de este sistema retroactivo debe ser evidencia de un claro vínculo entre la misión y las metas de la institución, y de los objetivos y resultados de cada programa académico o servicio institucional[16]. Al ayudar a dos instituciones académicas a preparar su revisión de acreditación, yo desarrollé un sistema de retroacción de *indicadores del éxito* para ayudar a rastrear el proceso de evaluación para cada aspecto de la efectividad institucional. Este sistema es adaptado fácilmente para despliegue en una iglesia u organización cristiana. La figura 23.1 contiene algunos (no todos) indicadores del éxito que he empezado a desarrollar para mi propio centro de recursos para el ministerio en línea. Los cinco parámetros comunes a la mayoría de los sistemas de retroacción están representados en estos indicadores y también los vínculos intencionales entre la misión, las metas, los objetivos y los resultados de la organización.

Figura 23.1: Indicadores de terminología del éxito

Área de servicio y marco de tiempo Identifica el ministerio o servicio que tasan los indicadores, y el calendario o periodo de presupuesto al que se aplican los hallazgos
Misión/visión Cita las declaraciones de la misión y la visión de la organización palabra por palabra
Metas Declara las metas del ministerio del área de servicio
Objetivos Lista los objetivos mensurables que serán desplegados para lograr las metas establecidas
Resultados Para cada objetivo identifica las normas mensurables que indicarán el logro del objetivo; las normas deberán indicar quiénes serán afectados y cómo serán afectados
Tasaciones Para cada tasación que será dirigida sobre un resultado, identifica el método, el programa, y los evaluadores que estarán involucrados **Método:** Indica las herramientas que serán desplegadas para medir resultados (formas, encuestas, informes, registros, pruebas, etc.) **Plan:** Indica dónde y cuán a menudo serán desplegados los métodos de tasación **Evaluadores:** Indica las personas que serán responsables de acumular, compilar e interpretar la información
Conclusiones Registra un resumen de los resultados obtenidos de la tasación una vez que los datos son compilados
Impacto Describe acciones específicas y apropiadas tomadas para formar o reformar objetivos del ministerio como un resultado de las conclusiones

INDICADORES EDCOT® DE ÉXITO Área de servicio SERVICIOS SITIO WEB
Educación con Courseware Digital y Tecnologías en línea Marco de tiempo Primer trimestre 2004

Misión Proveer a líderes del ministerio educativo información sobre recursos para aplicaciones electrónicas (digital) basadas en el salón de clases, tales como Power Point y otras formas de multimedia, e información sobre 6btecnologías, como páginas Web y grupos de discusión

Metas Proveer recursos sobre el diseño instructivo del salón de clases en línea
Proveer servicios de procesado de formas para encuestas en línea desplegadas para investigación del ministerio
Proveer entrenamiento en los principios y prácticas de enseñanza en línea y diseño de courseware en línea
Patrocinar grupos de discusiones en línea y sitios Web que forman la red del ministerio
Publicar en línea recursos selectos como libros agotados y monografías de investigaciones
Editar y publicar en línea el *Digital Learning Journal*

Objetivos	Resultados	Tasaciones	Conclusiones	IMPACTO
Desarrollar y mantener un sitio Web (www.edcot.com) que facilite la misión y las metas de la organización	Proveer una presencia en línea de fácil uso que se mantenga atractiva y al corriente al ofrecer recursos relacionados con la misión	**Método:** Solicitar retroacción del usuario sobre diseño Web; estadísticas de uso de sitio Web **Plan:** Mensual **Evaluador/es:** Web Master	El sitio Web fue lanzado este trimestre; la retroacción solicitada fue muy positiva en diseño Web; las estadísticas del uso del sitio Web indican uso mínimo del sitio con 234 visitas	Páginas completas bajo desarrollo; continúa el monitoreo de estadísticas del uso del sitio; someter URL a un programa de búsqueda Web para un aumento de visibilidad; considerar opciones para promover el sitio Web
Servir como operador de sistema del grupo software de discusión *Web Crossing*	Proveer una plataforma de fácil uso para líneas de comunicación sincrónicas y asincrónicas que capaciten el trabajo de red de líderes del ministerio dentro y a través de organizaciones patrocinadoras	**Método:** Software de estados de cuenta conteniendo discusión y estadísticas de acceso **Plan:** Mensual **Evaluador/es:** Operador de sistema; Oficial de operaciones	El software fue lanzado este trimestre; discusión linear sincrónica creada para iComm, KidZatHeart, Ministers2Military y Psalm One Ministries; 135 visitas al sitio; 57 mensajes fijados; 12 usuarios registrados	Continuar monitorizando el uso de grupos de discusión; añadir discusión asincrónica y opciones de discusión de sitio de charla sincrónica; evaluar el registro abierto para participantes más bien que mediante el operador de sistema
Editar y publicar el *Digital Learning Journal* en línea	Expandir el conocimiento del campo sobre el aprendizaje en línea, y expandir el entendimiento de asuntos relacionados con la teoría y práctica de la instrucción en línea en ministerios educativos cristianos específicamente	**Método:** publicación electrónica del *Journal* (boletín) y estadísticas del uso del sitio Web **Plan:** Publicar tres veces al año **Evaluador/es:** Editor del Boletín; Web master	El Boletín todavía no está disponible en línea; la fecha proyectada del primer número: finales del verano del 2004; sitio de diseño y aplicación ISSN en progreso	Completar el diseño del sitio Web del Boletín; conseguir editores asociados y el panel asesor; solicitar artículos para el Boletín

INDICADORES EDCOT® DE ÉXITO

Educación con Courseware Digital y Tecnologías en línea

Informe de servicios de sitio Web: Primer trimestre 2004

El siguiente informe resume los resultados de conclusiones y desarrollos de impacto hechos a los objetivos y resultados de servicios de sitio Web de EDCOT®. Estas modificaciones están basadas en las conclusiones y en el impacto de las tasaciones hechas de los *Indicadores de Éxito* para el periodo especificado.

Objetivo: Desarrollo del sitio Web EDCOT

El sitio Web EDCOT fue lanzado este trimestre. La retroacción solicitada fue muy positiva en el diseño Web. Las estadísticas del uso del sitio Web indican solamente 234 contactos de visitantes al sitio; este bajo acceso se espera dado que el sitio todavía está bajo desarrollo. Se espera que en el segundo trimestre sean completadas páginas adicionales para cada sección de servicio. Se recomienda referirse a un programa de búsqueda de la página principal URL. Anuncie el sitio Web por medio de correos electrónicos a amigos y colegas en las organizaciones anfitrionas. Promueva el sitio en la Conferencia 2004 NAPCE usando un regalo promocional.

Objetivo: Administración de discusiones cruzadas Web en línea

El software de discusiones cruzadas Web fue lanzado este trimestre con discusiones lineares asincrónicas creadas para iComm, KidZatHeart, Ministers2Military y Psalm One Ministries. El tráfico del sitio consistió de 135 visitas con 57 mensajes colocados. Se espera que se adhieran en el segundo trimestre discusiones asincrónicas y discusiones sincrónicas de *chat room*. El sistema operador registró 12 participantes necesitados de acceso a discusiones restringidas, y las añadió a las listas de acceso apropiadas. Considera hacer que estén abiertos los registros para cualquier visitante del sitio, y mover la administración de la lista de acceso a los anfitriones de las discusiones apropiadas.

Objetivo: Publicación electrónica del Digital Learning Journal

La primera edición del boletín está planeada para ser publicada a finales del verano del 2004. El diseño del sitio debe estar completo a finales de la primavera del 2004 para presentar la solicitud para un ISSN para el boletín. Hasta el presente solamente ha sido escogido un editor asociado; editores asociados adicionales y un panel asesor deben ser conseguidos a finales de la primavera. Artículos para el boletín para la primera edición también necesitan ser solicitados del editor y de los editores asociados, y las directrices para someter los artículos necesitan ser desarrolladas para futuras ediciones.

Fin del informe

La inversión inicial de tiempo para desarrollar indicadores de éxito parecerá a primera vista que requiere mucho tiempo. Sin embargo, muchas organizaciones tendrán una importante cantidad de la información usada en el desarrollo de los indicadores que ya existe. Por ejemplo, algunas organizaciones ya tienen publicada una declaración de misión y metas correspondientes del ministerio. En esos ministerios, crear los indicadores se convierte en un asunto de transferir la información publicada a las áreas apropiadas en la tabla de tasación. Las iglesias y organizaciones cristianas que no han articulado todavía su misión y metas pueden encontrar que sí existe implícitamente en las descripciones de sus ministerios. Publicaciones del ministerio, boletines, informes, lemas, prácticas de servicio, etc., son a menudo la descripción operacional de la misión y las metas de una organización. Similarmente, si los objetivos y resultados del ministerio no están articulados específicamente para cada área de una organización, pueden ya estar implícitos en materiales de relaciones públicas, manuales de operación, artículos promocionales y testimonios de usuarios, etc.

Una vez que la información que define la misión, las metas, los objetivos y los resultados de la organización sea puesta en la tabla de los indicadores de éxito, la siguiente tarea es identificar cómo cada objetivo y resultado será tasado. Los protocolos de tasación que necesitan ser identificados incluyen:

1. *Método.* Qué herramientas serán usadas para recabar información, p. ej., formas, encuestas, informes, registros, pruebas, etc.
2. *Plan.* Dónde y cuán a menudo los métodos de tasación(es) serán desplegados.
3. *Evaluador(es).* Quién será responsable de recabar, compilar e interpretar la información (puede haber una persona diferente para cada paso).

En la tabla de indicadores del éxito dos columnas permanecen en blanco hasta que la información evaluativa sea compilada e interpretada. La columna de *Conclusiones* está reservada para un resumen breve y objetivo de los resultados obtenidos de las diversas tasaciones. La columna *Impacto* está reservada para una declaración de acciones específicas y apropiadas tomadas para formar o reformar los objetivos y resultados del ministerio existentes como resultados de la información bajo *Conclusiones.*

Una vez que estén completos los indicadores de la tabla de éxitos, debe crearse un *informe resumido* que describa el *status* de cada objetivo y resultados como consecuencia de la tasación realizada. El informe es esencialmente un extracto de la información de *Conclusiones* e *Impacto.*

Herramientas para realizar evaluaciones

Como se señaló anteriormente, las iglesias y organizaciones cristianas ya tienen varias herramientas para recabar información que puede ayudar a medir la efectividad del ministerio. Estas herramientas incluyen la información recabada para informes del presupuesto, asistencia, gráficos, tendencia en las ofrendas, informes de ventas, etc. Cualquier información que haya sido recabada de manera consistente puede ser una fuente invaluable de información sobre la efectividad del ministerio. Otras herramientas, como información de trabajo, descripciones de servicio y formas de planeación de programas, también contienen información que puede ser usada para determinar cuáles indicadores de éxito necesitan ser medidos por otros medios[17]. Además de estas herramientas que ya existen para recabar información, la efectividad del ministerio puede ser medida directamente por medio de encuestas y formas. Cuando se desarrollan e implementan correctamente, las encuestas y formas pueden rendir ideas exactas acerca de la efectividad del ministerio.

Encuestas en papel y formas en línea

Las encuestas en papel y las formas en línea son herramientas para recabar información que mide la efectividad del ministerio en maneras estructuradas. Aunque el contenido de las encuestas en papel y las formas en línea puede ser idéntico, cada una de estas herramientas tiene ventajas y desventajas diferentes en la recopilación de información.

Las encuestas en papel pueden ser dadas a cualquiera, y pueden ser distribuidas en cualquier tiempo antes, durante o después de una actividad del ministerio. Será necesario tener una copia disponible para cada persona en la actividad del ministerio, y en algunos casos también será necesario proveer una pluma o un lápiz. Una vez que haya sido completado el papel de la encuesta, la información debe ser compilada en una base de datos u hoja de cálculo, a menudo a mano, y tabuladas las respuestas para cada pregunta.

Una desventaja de las encuestas en papel es que las preguntas pueden ser pasadas por alto, o que se den respuestas múltiples cuando solamente una es apropiada. Cuando esto ocurre, la encuesta no puede ser utilizable si se pierde información crucial, o si la información no puede ser categorizada por causa de las respuestas múltiples. También, el gasto para las encuestas en papel puede ser alto una vez que se haya considerado el costo del papel, el fotocopiado, plumas y lápices y la compilación de los datos.

Las formas en línea requieren que la persona que va a completar la forma tenga acceso a una computadora y al Internet. Las formas en línea siempre tienen que ser completadas en casa o en la oficina bastante después que la actividad del ministerio haya terminado (aunque la creciente popularidad de las conexiones Wi-Fi inalámbricas y las computadoras portátiles puede cambiar eso en un futuro no muy distante). *Una forma en línea debe ser usada solamente en situaciones donde la mayoría de los participantes en la actividad del ministerio tenga fácil acceso al World Wide Web.* La dirección electrónica para la forma en línea es la única cosa que necesita ser distribuida para los participantes invitados a completar la forma. Cuando la forma en línea es presentada, la información puede ser añadida automáticamente a una base de datos en vez de tener que ingresarla a mano. Una vez que ha pasado una cantidad de tiempo predeterminado, la forma en línea es quitada del acceso en línea y los registros de la base de datos son tabulados.

Una ventaja de las formas en línea es que puede ser requerida la respuesta a una pregunta, y el número de respuestas a una pregunta puede ser limitado. Estas reglas para procesar formas aseguran que sea provista la información crucial, y que las respuestas múltiples sean evitadas según sea conveniente. El gasto para las formas en línea puede ser menor que el de las encuestas en papel, porque no se requiere papel, fotocopiado o instrumentos para escribir. Sin embargo, los costos pueden ser más elevados si los costos del proveedor del servicio de Internet, los de anfitrión de Web, los de diseño de formas en línea, y los de administración de base de datos no están provistos ya por la organización.

Las encuestas en papel y las formas en línea son tan buenas para medir la efectividad como las preguntas que contienen. Aunque la encuesta y el diseño de forma están más allá del ámbito de este capítulo, los siguientes principios de diseño deben ser tomados en consideración al crear una encuesta o forma:

1. Las preguntas y las declaraciones "deben estar escritas en lenguaje sen-

cillo y claro, deben tener una sola idea, y no deben ser ambiguas"[18].

2. Las preguntas demográficas como género, rango de edad, frecuencia de la asistencia, distancia que viaja para la actividad, etc., deben ser incluidas como apropiadas para la actividad del ministerio. Esta información le ayudará a usted a categorizar sus conclusiones y a buscar patrones en respuestas. Por favor tome nota de que indicar el rango de edad será menos atemorizador para algunos participantes que dar la edad exacta; los rangos de edad también hacen que la información sea más fácil de procesar mentalmente (18-24; 25-29, al contrario que 18, 29, 20, 21, y así por el estilo).

3. No debe hacer preguntas que pueden invadir la privacidad personal del participante, ni debe hacer preguntas que no sean pertinentes para el área del ministerio que está siendo encuestada. Por ejemplo, preguntar a los participantes su nivel de ingreso es improbable que sea relevante para una encuesta que está midiendo la efectividad del currículo de la Escuela Dominical.

4. Considere el uso de una escala de respuestas Likert de cinco puntos para asuntos respecto a las actitudes[19]. Cuando se usa una escala Likert, el punto es presentado como una oración declaratoria, seguida por respuestas opcionales que indican diversos grados de acuerdo con la declaración o con la aprobación de ella[20]. Un punto de una sexta respuesta separada, "No se aplica" debe ser añadido solamente cuando sea necesario. Por ejemplo:

> El orador invitado aumentó mi entendimiento de cómo vivir para Cristo.
>
> A=De acuerdo fuertemente; B=De acuerdo moderadamente; C=De acuerdo/en desacuerdo; D=Desacuerdo moderadamente; E=Desacuerdo fuertemente.
>
> Mi satisfacción general con la conferencia como un todo.
>
> 5=Muy alta; 4=Alta; 3=Apropiada-Promedio; 2=Baja; 1=Muy baja.
>
> La ayuda del personal de recepción fue útil al dirigir a los visitantes a las aulas de clase y al contestar preguntas en cuanto a los programas de la iglesia.
>
> 5=Sí; 4; 3; 2; 1=No; 5=No se aplica.

Por favor observe que las escalas de respuesta Likert deben empezar con el final positivo de lo continuo en vez de lo negativo, p. ej., Estoy de acuerdo fuertemente hasta en Desacuerdo fuertemente, y no al contrario. Si las escalas numéricas darán resultados potencialmente prejuiciosos, use letras (A, B, C, D, E) o abreviaturas que representen las posibles respuestas (AF, AM, A/D, N, DM, DF), en vez de números (5, 4, 3, 2, 1).

Cuando se convierten letras o abreviaturas a valores numéricos, es menos confuso dar al final negativo de la escala el valor numérico; es psicológicamente inapropiado dar los números bajos a las respuestas positivas. También, nunca debe usar el cero como el valor más bajo para el fin de una escala numérica en un continuo, o para una respuesta de "No se aplica". Siempre hay la posibilidad de que la respuesta del participante no sea un absoluto, y que el valor cero no computará estadísticamente, especialmente si usted sólo necesita contar el número de veces que la repuesta fue "No se aplica"[21].

5. Las encuestas y formas debieran estar diseñadas en tal manera que sea fácil leerlas, fáciles de incluir las respuestas y la información fácil de compilar.

Conserve, excluya y añada encuestas

Conservar, excluir y añadir encuestas es una de las maneras más rápidas de juntar información acerca de la efectividad del ministerio. La información reunida está menos estructurada que la de los papeles de encuestas y las formas en línea porque las tres líneas de investigación incluyen retroacción abierta en vez de falso-verdadero, elección múltiple, o respuestas en escala. El conservar, excluir y añadir encuestas también puede ser desplegado en conjunto con una encuesta en papel o forma en línea. Muy frecuentemente la información recabada con el método de conservar, excluir y añadir aclarará o ampliará sobre la información recabada mediante instrumentación más estructurada. Las encuestas de guardar, excluir y añadir pueden darse a cualquiera y ser distribuidas en cualquier tiempo antes, durante o después de una actividad del ministerio.

La encuesta se lleva a cabo dando a cada persona una hoja de papel en blanco o una tarjeta en blanco; en algunos casos también se provee una pluma o un lápiz. A los participantes se les pide dividir el papel o tarjeta en tres secciones y clasificar una sección como "conservar", una sección como "excluir" y una sección como "añadir". Entonces los participantes escriben su retroacción sobre la actividad del ministerio bajo la sección apropiada. Una vez que se haya terminado la encuesta, la información debe ser compilada en una base de datos u hoja de cálculo a mano, y las respuestas para cada sección deben ser tabuladas.

Una desventaja de las encuestas de conservar, excluir y añadir es que información crucial que pudiera ayudar a interpretar respuestas no es recabada. Por ejemplo, sería útil saber si la repetición de respuestas de "conservar" viene de hombres o mujeres, o de un rango específico de edad. También la flexibilidad de respuestas abiertas hace más difícil la compilación de información. Clasificar la información, repetir diseños de palabras clave o temas de respuestas debe ser identificado de las encuestas mismas más bien que determinarlas de antemano. A través del proceso de compilación de la información también está el desafío de descifrar la caligrafía de los participantes en la encuesta.

Una ventaja significativa de las encuestas de conservar, excluir y añadir sobre las encuestas en papel y formas en línea, es que los participantes pueden ser interrogados acerca de sus respuestas aun antes de que sus respuestas escritas sean compiladas. Esta retroacción oral a menudo acentúa las ideas más críticas que fueron registradas en papel o en tarjetas, dando a los líderes del ministerio la oportunidad de examinar las respuestas tanto como fuera necesario para aclarar la retroacción del participante. Los participantes en encuestas de conservar, excluir y añadir también son libres de comentar cualquier aspecto de actividad del ministerio, en lugar de solamente las áreas identificadas por las preguntas y declaraciones en una encuesta en papel o forma en línea. Las respuestas abiertas de las encuestas de conservar, excluir y añadir, a menudo rinden ideas de la efectividad del ministerio que muchos pasan por alto cuando se utiliza una herramienta más estructurada.

Llegando a conclusiones exactas

Una vez que está reunida la información de la tasación, no importa cuál método, las conclusiones deben ser evaluadas cuidadosamente para evitar llegar a conclusiones erróneas. El proceso de evaluación de la información "debe incluir estos elementos: (1) examen cuidadoso de la información para determinar su validez; (2) determinación de las razones de los éxitos y los fracasos pasados; (3) la alimentación de la información de regreso al proceso para futura planeación del ministerio"[22]. Usando los indicadores de protocolos de éxito como un ejemplo, las conclusiones de la información serán estudiadas cuidadosamente, la nueva información comparada con las conclusiones de evaluaciones previas, y entonces las recomendaciones apropiadas serían ajustadas para que formen o reformen los objetivos y resultados del ministerio. Estas recomendaciones serían formadas como declaraciones consecuentes.

La tentación de interpretar la información de la tasación será de sacar conclusiones aparte de la información presentada. Algunas veces, cuando la información indica que no estamos siendo efectivos en el ministerio, podemos ponernos a la defensiva y descartar o ignorar las conclusiones objetivas. Si eso sucede, las opiniones subjetivas tienden a convertirse en "la información" que justifica mantener o desmantelar el *statu quo*. "Dejar de usar los resultados de la evaluación es un perjuicio a la gente para la que usted trabaja, y si se hace intencionalmente, es deshonesto"[23].

Siempre debemos recordar que "el resultado más importante de la evaluación es lo que sucede en y a la persona involucrada... La iglesia pertenece al negocio de mejorar y madurar a la gente; por eso, la evaluación debe contribuir a ese proceso"[24]. Si estamos dispuestos a mirar objetivamente nuestros ministerios y estamos dispuestos a hacer modificaciones apropiadas sugeridas por la información que juntamos, aumentaremos nuestra efectividad para edificar el cuerpo de Cristo, y al hacerlo así hacemos una valiosa contribución al cumplimiento de la Gran Comisión.

Notas

Primera parte: Integración

1. John Dewey, de la introducción de *Theology of Administration: A Biblical Basis for Organizing the Congregation* por Harris W. Lee (Minn: Minneápolis: Augsburg Publishing House, 1981), p. 4.
2. La siguiente lista ha sido parafraseada de *Theology of Administration: A Biblical Basis for Organizing the Congregation* por Harris W. Lee (Minneápolis: Augsburg Publishing House, 1981), pp. 6, 7.
3. Ibíd., 7.
4. Gerhard Kittel y Gerhard Friedrich, eds., *Theological Dictionary of the New Testament, s.v. "Kubern EQ kubernesis"* (Grand Rapids: Wm. B. Eerdmans Publishing Co.), p. 1036.

Capítulo 1

1. Deseo reconocer las contribuciones de varios de mis estudiantes de Doctorado en Filosofía que me ayudaron a reunir las referencias bíblicas para este capítulo. Ellos son: Joyce Brooks, Mark Henze, Seung Lee y Myeong-Shin Nam.

Capítulo 2

1. Cf. Patrick J. Montana y Bruce H. Charnov, *Management* (Hauppauge, New York: Barron's Educational Series, 2000), 11-35.
2. Cf. Lyman Lundeen, "Theology and the Management Mystique", *The Lutheran Quarterly* 25 (1973): pp. 339-50.
3. James N. Poling y Donald E. Miller, *Foundations for a Practical Theology of Ministry* (Nashville: Abingdon Press, 1985), 94.
4. William A. Johnson, "Process Management: Bad Theology in the Service of the Church", *The Christian Century* (1976): p. 625.
5. Myron Rush, *Management: A Biblical Approach* (Wheaton, Ill.: Victor Books, 1983), p. ll.
6. Loren Broadus, "What in the World Does Theology Have to Do with

Leadership", *Lexington Theological Quarterly* 2 (1976): p. 75.

7. Poling y Miller, p. 108.

8. Kenneth O. Gangel, *Competent to Lead* (Chicago: Moody Press 1977), p. 18.

9. Cf. Ray S. Anderson, "A Theology of Ministry", in *Theological Foundations for Ministry;* ed. Ray S. Anderson (Grand Rapids: Eerdmans Publishing Company, 1979), p. 9.

10. Cf. James Riley Estep Jr., "Biblical-Theological Foundations of Christian Education", en *Foundations for Christian Education,* Eleanor A.Daniel y John W. Wade, eds. (Joplin, Mo.: College Press, 1999), pp. 13-33.

11. Lawrence O. Richards, *A Theology of Church Leadership* (Grand Rapids: Zondervan Publishing House, 1980), p. 199.

12. Cf. Lewis Sperry Chafer, *He That Is Spiritual* (Grand Rapids: Zondervan Publishing House, 1967), pp. 17-21.

13. Ronald T. Habermas, "Practical dimensions of the *imago dei", Christian Education Journal* 13 (1993): pp. 90, 91.

14. Cf. Lawrence O. Richards y Gib Martin, *A Theology of Personal Ministry* (Grand Rapids: Zondervan Publishing House, 1987), pp. 130-132 para una discusión completa sobre los dones en la administración.

15. Kenneth Gangel, *Competent to Lead* (Chicago: Moody Press, 1974), p. 21. Gangel usó la Septuaginta en lugar del Antiguo Testamento Hebreo como un medio para completar su estudio de la palabra.

16. Fritz Rienecker y Cleon Rogers, *Linguistic Key to the Greek New Testament* (Grand Rapids: Regency/Zondervan Publishing House, 1980), p. 430.

17. Ibíd., p. 395.

18. Warren S. Benson, "Jesus Christ and Paul as Christian Education Specialists", en *Directing Christian Education,* Michael S. Lawson y Robert J. Choun Jr. (Chicago: Moody Press, 1992), p. 33.

19. Cf. una edición más temprana de esta figura en "Can a Christian be a Dean? Toward a Theology of Academic Administration in Christian Higher Education", de James Riley Estep, Jr., *Christian Education Journal* 6NS (2002): pp. 35-54.

20. Gareth Morgan, *Images of Organization,* 2da. ed. (London: Sage Publishers, 1997), p. 347.

Segunda parte: Planificación

1. M. Peterson, "Analyzing alternative approaches to planning", en *Improving*

Academic Management por P. Jedamus M. Peterson, & Associates (eds.) (San Francisco: Jossey-Bass, 1980), pp. 113-163.

2. A. MacKinney, "Planning in Academic Institutions", en *Professional Psychology; Research and Practice,* Vol. 15, núm. 5 (1984): pp. 637-44.

3. H. Koontz y H. Weihrich, *Essentials of Management* (San Francisco: McGraw-Hill Publishing, 1990), p. 49.

4. Ibíd., 49.

5. Una modificación de "The Planning Pyramid" representada en el texto de *Essentials of Management* en p. 47.

6. MacKinney, p. 640.

Capítulo 3

1. George Barna, *Without a Vision the People Perish* (Glendale, Calif.: Barna Research Group, 1991), p. 145.

2. William G. Caldwell, "Mission", en *Evangelical Dictionary of Christian Education,* ed. Michael D. Anthony (Grand Rapids: Baker Academics, 2001), p. 475.

3. Barna, p. 38.

4. Barna, pp. 38, 39.

5. Barna, pp. 40, 41.

6. Rick Warren, *The Purpose-Driven Church* (Grand Rapids: Zondervan, 1995), p. 81.

7. George Barna, *Turning Vision into Action: Defining and Putting into Practice the Unique Vision God Has for Your Ministry* (Ventura, Calif.: Regal, 1996), p. 145.

8. Barna, *Without a Vision, p.* 28.

9. Joel Hunter, "Clearing", *Leadership Journal* (Spring 1999): pp. 120-124.

10. Josh McDowell, Dave Hannah y Rick Warren, "Influential Things Come in Small Packages", *Christianity Today,* octubre 2003, pp. 52, 53.

11. Ibíd., pp. 52, 53.

12. Bill Hybels, *Courageous Leadership* (Grand Rapids: Zondervan, 2002), p. 29.

13. Hybels, *Courageous Leadership, pp.* 29, 30.

14. Juan 1:14, Eugene H. Peterson, *The Message: A Paraphrase of the New Testament with Psalms and Proverbs* (Colorado Springs, Colo.: NavPress), p. 2000.

15. Vision Statement. Neighborhood Christian Fellowship. Covina, California, 1996.

16. Terry Wardle, "Keys to Communicating Vision", *Ministry Advantage* 4 (1993), p. 2.

17. C. E. Larson y M. J. LaFasto, *Teamwork: What Must Go Right/What Can Go Wrong* (Newbury Park, Calif., 1989), pp. 24-26.

18. Ibíd., p. 27.

19. W. Bennis y B. Nanus, *Leaders: The Strategies for Taking Charge* (New York: Harper and Row, 1985), 28. Citado en *Teamwork,* de Larson y LaFasto, pp. 27, 28.

20. Kevin Lawson, *How to Thrive in Associate Staff Ministry* (Bethesda, Md. Alban Institute, 2000), p. 55.

21. Ibíd., p. 59.

22. Ibíd., p. 66.

23. Barna, *Turning Vision into Action, pp.* 154-160.

24. Hybels, *Courageous Leadership, p.* 32.

25. Ibíd., 32-37.

Capítulo 4

1. Edward R. Dayton y Ted W. Engstrom, *Strategy for Living* (Ventura, Calif.: Revel Books, 1976), p. 41.

2. Robert Kreitner, *Management,* 8a. ed. (Chicago: Houghton and Mifflin, 2001), p. 6.

3. Lee G. Bolman y Terrence E. Deal, *Reframing Organizations* (San Francisco: Jossey-Bass, 1997), p. 165.

4. Kreitner, 174.

5. Bolman y Deal, p. 268.

6. Adaptado de *Feeding and Leading* de Kenneth Gangel, (Wheaton, Ill.:Victor Books, 1989), p. 93.

7. Basado en *Charting a Bold Course: Training Leaders for 21st Century Ministry,* de Andrew Seidel (Chicago: Moody Press, 2003), pp. 229, 230.

8. Bolman y Deal, p. 53.

9. *Alice in Wonderland* de Louis Carroll (http.//www.textlibrary.com/download /alice-wo.txt).

10. Dayton y Engstrom, 50. Su texto usa el término *metas* mientras que este ha substituido al término *objetivos.*

11. Cita tomada del discurso del Presidente John F. Kennedy ante una sesión del Congreso convocada especialmente el 25 de mayo de 19961. La sesión fue convocada para tratar sobre las tensiones de la Guerra Fría con Rusia, el fracaso de la invasión de la Bahía de Cochinos en Cuba, y el estado de seguridad nacional. El texto completo del mensaje se encuentra disponible en The John F. Kennedy

Library and Museum en http://www.cs. umb.edu/jfklibrary/index.htm.

12. Michael Kay, "Achieving that Everest Feeling", *Management Review* 88 (abril 1999): p. 13.

13. Paul Hersey, Kenneth Blanchard, Dewey Johnson, *Managing of Organizational Behavior: Leading Human Resources* (Upper Saddle River, N.J.: Prentice Hall, 2001), p. 31.

14. Edwin Locke y Gary Latham, *Goal-Setting: A Motivational Technique That Works!* (Upper Saddle River, N.J.: Prentice Hall, 1984), pp. 120-193.

15. Ivan Scheier, *When Everyone Is a Volunteer* (Philadelphia: Energize, 1992), pp. 9-16.

16. Kreitner, p. p. 175.

17. Gene Greeson, *Goal Setting: Turning Your Mountains into Molehills* (St. Louis: Potential Unlimited, 1994), p. 79.

Capítulo 5

1. Peter Blackerby, "History of Strategic Planning", *Armed Forces Comptroller* 39 (1): pp. 23, 24.

2. A. Lumpkin, "Strategic Planning in Health, Physical Education, Recreation, and Dance", *The Journal of Physical Education, Recreation and Dance,* 68 (5), 38-41.

3. Ibíd., pp. 38, 39.

4. Aubrey Malphurs, *Advanced Strategic Planning: A New Model for Church and Ministry Leaders* (Grand Rapids: Baker Book House, 1999), p. 61.

5. Ibíd., p. 104.

6. Ibíd., 139, p. 140.

7. Ibíd., p. 79.

8. Christine D. Keen, "Tips for Effective Strategic Planning", *Human Resources Magazine* 39 (8): p. 84.

9. Roger Kaufman y Jerry Herman, "Strategic Planning for a Better Society", *Educational Leadership* (abril 1991): p. 7.

10. Keen, p. 84.

11. Keith Orndoff, "Developing Strategic Competencies: A Starting Point", *The Information Management Journal* (Julio/Agosto 2002): p. 60.

12. Paul Hersey y Ken Blanchard, *Management of Organizations: Utilizing Human Resources* (New Jersey: Prentice Hall Publishers, 1969), pp. 382, 383.

13. Gene Mims, "Using Kingdom Principles in Church Planning", *Church*

Administration, 38 (8): p. 10.

14. John Bryson, *Strategic Planning for Public and Non-Profit Organizations* (San Francisco: Jossey Bass Publishers, 1995), p. 188.

15. Henry Klopp, *The Ministry Playbook: Strategic Planning for Effective Churches* (Grand Rapids: Baker Book House, 2002), pp. 31-34.

16. Ibíd., pp. 28, 29.

17. Kaufman y Herman, p. 8.

Capítulo 6

1. Fritz Rienecker y Cleon Rogers, *Linguistic Key to the Greek New Testament* (Grand Rapids: Zondervan Publishing House, 1980), p. 430.

2. Larry J. Michael, *Spurgeon on Leadership: Key Insights for Christian Leaders from the Prince of Preachers* (Grand Rapids: Kregel, 2003), p. 101.

3. Ibíd.

4. Aubrey Malphurs, *Advanced Strategic Planning: A New Model for Church and Ministry Leaders* (Grand Rapids: Baker Books, 1999), p. 194.

5. Kenneth O. Gangel, *Team Leadership in Christian Ministry,* revisado (Chicago: Moody Press, 1997), p. 170.

6. Bobb Biehl, *Stop Setting Goals If You Would Rather Solve Problems* (Nashville: Moorings, 1995), p. 189.

7. Bruce Powers, ed., *Church Administration Handbook,* ed. rev., ed. Bruce P. Powers (Nashville: Broadman & Holman, 1997).

8. Bruce Powers, *Christian Education Handbook,* ed. rev. (Nashville: Broadman & Holman, 1996).

9. James Riley Estep, Jr. "Policy/Procedure Formation Template" (hojas informativas del curso CE240/CE601, Lincoln Christian College and Seminary, 2003).

10. Powers, *Church Administration Handbook* (1997), p. 174.

Capítulo 7

1. Robert N., Gray *Managing the Church: Business Administration* (Enid, Okla.: NCC Publication, 1979), p. 75.

2. James Estep, "Basic Budgeting Design", hojas informativas en CE601 Educational Leadership and Administration (Lincoln Christian Seminary, Lincoln, Illinois), Otoño 2003.

3. Margaret J. Barr, *Academic Administrator's Guide to Budgets and Financial Management* (San Francisco: John Wiley & Sons 2002), pp. 37-42.

4. Ibíd., p. 37.

5. Ibíd., p. 39.

6. Ibíd., p. 40.

7. Ibíd., p. 41.

8. Gray, p. 75.

Capítulo 8

1. P. F. Drucker, *The Practice of Management* (New York: Harper & Row Publishers, 1954), pp. 135, 136.

2. G. S. Odiorne, *Management by Objectives: A System of Managerial Leadership* (Belmont: Pitman Publishing Company, 1965), pp. 55,56.

3. F. Luthans y Jerry Selentin, "MBO in Hospitals: A Step Toward Accountability" *Personnel Administrator* 21, núm. 7 (Octubre 1976): pp. 42-45.

4. F. V. Malek, "Managing for Results in the Federal Government", *Business Horizons* 17, núm. 2 (Abril 1974): pp. 23-28.

5. La educación ha sido un enfoque importante en la integración de MPO. Una de las principales instituciones educativas que ha introducido esta integración es el *Management Institute of the University of Wisconsin*. Recomiendo que usted obtenga una de las primeras referencias a esta adaptación por Norman C. Allhiser, presidente del departamento de negocios y administración. Vea su capítulo titulado "MBO in the Management Institute" que se encuentra en el libro de Dale McConkey citado abajo. Otro excelente recurso es *Management by Objectives and Results* de Steven Knezevich, (Arlington: American Association of School Administrators, 1973).

6. Michael J. Anthony, "Management by Objectives for Camp Administration", *Journal of Christian Camping* 17, núm. 1 (En.-Feb. 1985): pp. 12, 13.

7. D. McConke, Vea capítulo 5 "MBO in Church Organizations" en *MBO for Nonprofit Organizations* (New York: The American Management Association, 1975). Vea también *Ministry by Objectives* de Daniel L. Mead y Darrell J. Allen (The Evangelical Training Association, 1978).

8. Sister Rosemary Miller, "Living by Objectives", *Management by Objectives Journal* 1, núm. 2 (octubre 1971).

9. Odiorne, *op cit.*

10. G. I. Morrisey, *Management by Objectives and Results* (Reading: Addison-Wesley Publishing, 1970).

11. John W. Humble, *Management by Objectives in Action* (New York: McGraw Hill, 1970).

12. Arthur D. Beck y Ellis D. Hillmar, *Practical Approach to Organizational Development* (Reading: Addisoon-Wesley Publishers, 1972).

13. McConkey, p. 172.

14. George Odiorne, *MBO II: A System of Managerial Leadership for the* 80's (Belmont: Fearon Pitman Publishers, 1979), p. 74.

15. Jim Collins, *Good to Great* (New York: HarperCollins Publishers, 2001), p. 13.

16. Knezevich, *op cit.*, p. 37.

17. Anthony Raia, *Managing by Objectives* (Glenview: Scott, Foresman and Company, 1974), p. 149.

18. Esta lista ha sido considerablemente modificada del material encontrado en "An MBO Checklist: Are the Conditions Right for Implementation?" de Richard Babcock y Peter F. Sorensen, *Management Review 68* (junio 1979): pp. 59-62.

19. Harold Koontz y Heinz Weihrich, *Essentials of Management,* 5ª. ed. (New York: McGraw Hill Publishing Company, 1986), p. 71.

Tercera parte: Organización

1. Harold Koontz y Heinz Weihrich, *The Essentials of Management* (San Francisco: McGraw Hill Publishers, 1990), p. 134.

2. Arthur J. Lynch, "Modification to the Management Processes: A Proposal for Combination and Addition in Elements of Management", *Training and Development Journal* (Julio 1967): p. 51.

Capítulo 9

1. Una parte del contenido de este capítulo fue adaptado de "Organizational Structures in the Church" de Michael Anthony, capítulo 8 en *The Effective Church Board* (Grand Rapids: Baker Books, 1993).

2. "Session Manual", Faith Presbyterian Church, Indianápolis, Indiana, p. 3.

3. James A. F. Stoner, *Management* (Englewood, N.J.: Prentice-Hall, Inc.), p. 225.

4. Bruce W. Jones, *Ministerial Leadership in a Managerial World* (Wheaton, Ill.: Tyndale Press, 1988), p. 120.

5. Session Manual, 8.

6. Jones, p. 123.

7. Wayman D. Miller, *The Role of Elders in the New Testament Church* (Tulsa: Plaza, 1980), p. 79.

8. Ken Gangel, *Leadership for Church Education* (Chicago: Moody Press, 1970), pp. 56, 57.

Capítulo 10

1. Harold J. Westing, *Church Staff Handbook: How to Build an Effective Ministry Team,* revisado y actualizado (Grand Rapids: Kregel Publications, 1997), p. 93.

2. Kenneth O. Gangel, *Team Leadership in Christian Ministry,* revisado (Chicago: Moody Press, 1997), p. 239.

3. Chris W. Tornquist, "Reading Between the Lines: The Problem of Unwritten Expectations", *Christian Education Journal,* Vol. 10, núm. 2 (1990): p. 17.

4. Michael J. Anthony, *The Effective Church Board: A Handbook for Mentoring and Training Servant Leaders* (Grand Rapids: Baker Books, 1993), p. 78.

5. Westing, p. 94.

6. Ibíd., p. 95.

7. Anthony, p. 78.

8. Westing, p. 95.

9. Gangel, *Team Ministry,* p. 329.

10. Judy J. Stamey, "Equipping the Saints to Serve", en *Church Administration Handbook,* ed. rev., ed. Bruce P. Powers (Nashville: Broadman & Holman, 1997), p. 239.

11. Michael A. Bechtle, "The Roles and Responsibilities of Christian Education Personnel", en *Foundations of Ministry: An Introduction to Christian Education for a New Generation,* ed. Michael J. Anthony (Wheaton, Ill.: Victor Books, 1992), pp. 239, 240.

12. Ibíd., p. 240.

13. Westing, p. 98.

14. Ibíd., p. 97.

15. Ibíd., p. 93.

16. William G. Caldwell, "Administering Personnel", en *Church Administration Handbook,* ed. rev., ed. Bruce P. Powers (Nashville: Broadman & Holman, 1997), 73.

17. Anthony, p. 80.

18. Caldwell, p. 73.

19. Ibíd.

20. Robert K. Greenleaf, *On Becoming a Servant Leader,* eds. Don M. Frick y Larry C. Spears (San Francisco: Jossey-Bass, 1996), p. 182.

21. Westing, p. 93.

22. Gangel, p. 329.

23. Westing, p. 93.

24. Ibíd., p. 97.

25. Gangel, pp. 329, 330.

26. Anthony, p. 80.

27. Ibíd., p. 78.

28. Westing, p. 96.

29. Bechtle, p. 239.

30. Anthony, p. 80.

31. Bechtle, p. 239.

32. Anthony, p. 79.

33. Gangel, pp. 329, 330.

Capítulo 12

1. Spencer Johnson, *Who Moved My Cheese?* (New York: G. P. Putnam Sons, 1999).

2. Mike Nappa, *Who Moved My Church?* (Tulsa, Okla.: River Oak Publishing, 2001).

3. Cf. Robert D. Dale, *To Dream Again* (Nashville: Broadman Publishing, 1981).

4. Cf. Nadya Labi, "The New Funday School", *Time* (Diciembre 16, 2002): pp. 60-62.

5. John Maxwell, *Developing the Leader Within You* (Nashville: Thomas Nelson, 1992), p. 65.

6. Jim Herrington, Mike Bonem, y James H. Furr, *Leading Congregational Change* (San Francisco: Jossey-Bass, 2000), pp. 100-157.

7. Adaptado y basado en *Discontinuous Change* de David A. Nadler *et al.* (San Francisco: Jossey-Bass Publishers, 1995), p. 64.

8. Robert Heller y Tim Hindle, *Essential Manager's Manual* (New York: D. K. Publishing, 1998), p. 715.

9. Cf. Heller y Hindle, p. 730.

10. Cf. Phillip V. Lewis, *Transformational Leadership* (Nashville: Broadman & Holman, 1996), pp. 130, 131; Aubrey Malphurs, *Values-Driven Leadership* (Grand

Rapids: Baker Book House, 1996), p. 130; Kenneth K. Kilinski y Jerry C. Wofferd, *Organization and Leadership in the Local Church* (Grand Rapids: Zondervan Publishing, 1973), pp. 112-114.

11. Speed Leas, "The Varieties of Religious Strife", *Mastering Conflict and Controversy* (Portland, Ore.: Multnomah Press), pp. 83-94.

12. Ibíd., pp. 88-90.

13. Ibíd., pp. 90-92.

14. "The Peacemaker: Responding to Conflict Biblically", folleto promocional (Billings, Mont.: Peacemaker Ministries, 1996).

15. Ron Susek, *Firestorm: Preventing and Overcoming Church Conflict* (Grand Rapids: Baker Book House, 1999), p. 136.

Capítulo 13

1. Paul Hersey y Kenneth Blanchard, *Management of Organizational Behavior,* 6ª. ed. (Englewood Cliffs, N.J.: Prentice-Hall, 1993), p. 364.

2. Robert Heller y Tim Hindle, *Essential Manager's Manual* (New York: D. K. Publishing, 1998), p. 165.

3. Wayne Jacobsen, "A Board's Guide to Praying Together", *Leadership,* 6 (1985): p. 31.

4. Karen Marie Yust, *Attentive to God* (St. Louis: Chalice Press, 2001), p. 7.

5. Hersey y Blanchard, pp. 456-458.

6. James E. Means, *Leadership in Christian Ministry* (Grand Rapids: Baker Book House, 1989), pp. 159-164.

7. Cf. James Champy, *Reengeneering Management* (New York: Harper Business, 1995), pp. 75-95.

8. Cf. Bill Creech, *The Five Pillars of TQM* (New York: Truman Talley Books, 1994), p. 321; Kenneth Gangel, *Team Leadership* (Chicago: Moody Press, 1994), pp. 410-412.

9. Adaptado de *Modern Human Relations at Work* por Richard M. Hodgetts (Chicago: Dryden Press, 1980), p. 359.

10. Trista Yarbrough, "Put It in Writing!" *Church Administration* 31 (1989): pp. 24, 25.

11. Robert Heller y Tim Hindle, *Essential Manager's Manual* (New York: D. K. Publishing, 1998), p. 25.

12. *Leadership* 6 (1985), p. 46.

13. Basado en "Does Your Staff Know What's Going On?" de Judy J. Stamey *Church Administration* 39 (1997): pp. 8, 9.

Cuarta parte: Reclutamiento del personal

1. Kenneth O. Gangel, *Building Leaders for Church Education* (Chicago: Moody Press, 1981), pp. 227, 228.

2. Robert D. Herman, *The Jossey-Bass Handbook of Nonprofit Leadership and Management* (San Francisco: Jossey-Bass Publishers, 1994), p. 536.

3. H. Koontz. y H. Weihrich, *Essential of Management* (San Francisco: McGraw-Hill Publishing, 1990), p. 218.

4. Robert D. Herman, p. 515.

Capítulo 14

1. Dennis E. Williams y Kenneth O. Gangel, *Volunteers for Today's Church: How to Recruit and Retain Volunteers* (Grand Rapids: Baker Books, 1993), pp. 27-45.

2. Thom S. Rainer, *High Expectation: The Remarkable Secret for Keeping People in Your Church* (Nashville, TN: Broadman and Holman, 1999), p. 59.

3. Williams y Gangel, p. 38.

4. Dennis E. Williams, "Recruiting, Training, and Motivating Volunteers", en *Introducing Christian Education: Foundations for the Twenty-first Century,* ed. Michael J. Anthony (Grand Rapids: Baker Books, 2001), p. 175.

5. National Child Protection Act of 1993, http://www.casanet.org/library/juvenile-justice/ncpa93. htm

6. J. W. "Bill" Phillips, *Sexual Abuse: Protecting Your Education Ministries* (2 de 3), LifeWay Christian Resources, http://www.lifeway.com/lwc/ lwc_cda_article.

Capítulo 15

1. Kenneth O. Gangel, *Team Leadership in Christian Ministry* (Chicago: Moody Press), p. 276.

2. Ibíd., p. 281.

3. Ibíd., p. 281.

4. Jim Collins, *Good to Great* (New York: HarperCollins, 2001), p. 42.

5. Ibíd., p. 44.

6. Ibíd., p. 56.

7. Ibíd., pp. 46-48.

8. Warren R. Plunkett y Raymond F. Attner, *Introduction to Management* (Boston:

PWS-Kent Publishing Co.), pp. 348-350.

9. Paul Hershey y Kenneth H. Blanchard, *Management of Organizational Behavior*, 3ª. ed. (Englewood Cliffs, N.J.: Prentice-Hill), pp. 288, 289.

Capítulo 16

1. La ley está en constante flujo. Como resultado, cualquier trato legal escrito de asuntos legales requiere de una denegación apropiada. El propósito de este capítulo es proporcionar un compendio general y conceptual de la ley que afecta a las iglesias y al ministerio. No debe dependerse de él como un substituto para consulta o consejo legal.

2. En Éxodo 21:1 (NVI), el Señor dijo a Moisés: "Estas son las leyes que tú les expondrás". Luego "Moisés fue y refirió al pueblo todas las palabras y disposiciones del SEÑOR, y ellos respondieron a una voz: 'Haremos todo lo que el SEÑOR ha dicho' " (Éxo. 24:3 NVI).

3. Jesús recogió grano y sanó en sábado (Luc. 6:10, 11), echó fuera del área del templo a los que vendían (Luc. 19:45, 46), no observó todas las leyes de limpieza al no lavarse las manos antes de comer (Mat. 15:1-9) y se relacionó con los pecadores y los impuros (Mat. 9:10, 11). Aunque no fue civilmente desobediente, Jesús se interpuso en la ejecución del castigo prescrito y que se quería imponer a la mujer adúltera (Juan 8:1-8).

4. Nótese que Jesús pagaba los impuestos del templo y enseñó a sus discípulos a hacerlo (Mat. 17:24-27), asistió a todas las fiestas de Jerusalén requeridas, y aun sugirió pagar los impuestos apropiados a César (Mat. 22:15-22).

5. Por ejemplo, Pablo usó y apeló a su privilegio especial como ciudadano de Roma para obtener una apelación ante César (Hech. 22:22-29).

6. Nótese que hay muchas maneras posibles de organizar discusiones legales. Esta división en cuatro cuadrantes es sencilla y, sin embargo, efectiva para los propósitos de este capítulo.

7. Vea *Brannon vs. Commissioner*, T.C. Memo. 1999-370 (U.S. Tax Court).

8. Por falta de espacio no trataremos asuntos específicos de leyes educativas. Si el ministerio está investigando programas formales de educación es conveniente que investigue más ampliamente estos asuntos.

9. La catorceava enmienda fue adoptada en 1868 para garantizar que la Constitución y otras protecciones constitucionales fueran totalmente aplicables a los esclavos recién liberados. Más tarde se sostuvo que la debida cláusula del procedimiento de esa enmienda requería efectivamente que la Constitución fuera hon-

rada por todos los estados, así como por el gobierno federal. Vea *Cantwell vs. Connecticut.* 310 U.S. 296 (1940).

10. Esta cláusula simple y llanamente declara que "el Congreso no emitirá una ley con respecto a la institución de una religión".

11. Concerniente a la religión, la cláusula de libre ejercicio de la primera Enmienda estipula que "el Congreso no emitirá una ley... prohibiendo el libre ejercicio de la misma".

12. 330 U.S. 1 (1947).

13. Generalmente se refiere a esto como a "la Prueba de Lemon" y se deriva de *Lemon vs. Kurtzman,* 403 U.S. 602 (1971) en 614.

14. *Engle vs. Vitale,* 370 U.S. 421 (1962).

15. *Abington vs. Schemp,* 374 U.S. 203 (1963).

16. *Epperson vs. Arkansas,* 393 U.S. 97 (1968). (Un estatuto de Arkansas,1929 que prohibía la enseñanza de la evolución fue echado por tierra).

17. *Roomer vs. Maryland Board of Public Works,* 425 U.S. 736 (1976).

18. Vea *Watson vs. Jones,* 80 U.S. 679 (1871), donde la corte pasó una ley general de intervención no judicial a las decisiones clericales de empleo. Esto se debió no solo a cuestiones complicadas del gobierno en cuanto a la Primera Enmienda, sino a la pericia en estos asuntos provista por el gobierno eclesiástico de la iglesia y el "consentimiento implícito" de la congregación a la jurisdicción de la iglesia. Sin embargo, las cortes recientes han indicado su disposición de revisar estos asuntos si esto se puede hacer exclusivamente en terrenos seculares (p. ej.: terrenos de contratos o derechos civiles) y sin entrar en doctrina religiosa. Vea *Jones vs. Wolf,* 443 U.S. 595 (1979).

19. El caso de *Sherbert vs. Verner,* 374 U.S. 398 (1963) se trató de un Adventista del Séptimo Día a quien se le negó compensación de desempleo por negarse a trabajar los sábados. Aquí la corte otorgó beneficios de desempleo.

20. En *Wisconsin vs. Yoder,* 406 U.S. 205 (1972), el padre de un chico amish del octavo grado lo sacó de la escuela pública e inició un programa amish vocacional sin crédito y sin licencia. Aquí la corte sostuvo que el interés del gobierno en proveer la educación apropiada y evitar "custodias del gobierno" no era tan fuerte ya que el propósito podría razonablemente ser logrado por el programa amish.

21. La corte ha sostenido que no puede cuestionar el razonamiento o la verdad o falsedad de las creencias religiosas de una persona, ni es la protección de estas creencias dependiente de la aceptación o práctica de la comunidad. *Thomas vs. Review Board,* 450 U.S. 707 (1981).

22. En *Pierce vs. Society of Sisters,* 268 U.S. 510 (1925), el Estado de Oregon inten-

tó requerir la asistencia a las escuelas públicas en lugar de escuelas parroquiales. La Corte Suprema sostuvo que los padres tenían el derecho constitucional de elegir la educación comparable, aunque religiosa, si así lo deseaban.

23. Note que este asunto toca los asuntos concernientes a la libertad de expresión dentro de la Primera Enmienda.

24. En *Young vs. Northern Illinois Conference of the United Methodist Church,* 21 F.3d 184 (7th Cir. 1994), la corte rechazó una demanda por discriminación sexual y racial mientras que declaraba que "los grupos religiosos pueden tomar decisiones aparentemente arbitrarias que afectan el estatus de sus miembros como empleados y estar libres de revisiones civiles al haberlo hecho". Sin embargo, la protección de la Primera Enmienda sólo se aplica a puestos que son "ministeriales" o "eclesiásticos" por naturaleza.

25. *Employment Division vs. Smith,* 494 U.S. 872 (1990). Aquí, un consejero de rehabilitación de drogas fue despedido y se le negó compensación de desempleo por causa de su uso de peyote en una iglesia nativa americana. La corte sostuvo la negación de beneficios de desempleo.

26. Vea *Muhlenberg Hospital vs. Patterson,* 320 A.2d 518 (1974), donde una corte de New Jersey declaró que "no se deduce que los padres que desean ser mártires por sus creencias religiosas tienen el derecho de imponer lo mismo en sus descendientes".

27. Ni puede un individuo deducir sus pagos a una asociación de propietarios de viviendas como una contribución de caridad.

28. A pesar de la creencia común, no hay una provisión constitucional que exima a las iglesias de impuestos de bienes raíces o de ventas. Esto es simplemente un asunto de política pública que tiene una larga historia y es determinada por el gobierno. Aunque en un tiempo todos los estados eximieron a las casas de adoración de impuestos de bienes raíces, muchos estados están intentando cambiar esto. Muchas organizaciones no lucrativas son eximidas de los impuestos de ventas en la mayoría de los estados, pero estos no son numerosos (p. ej.: California). La verdadera cuestión aquí es si otorgar exención a una institución religiosa constituye el "establecimiento" de religión. Sin embargo, en *Walz vs. Tax Commission of the State of New York,* 397 U.S. 664 (1970), la Suprema Corte de Estados Unidos sostuvo tal exención donde ésta cubría una amplia gama de organizaciones no religiosas, no lucrativas y caritativas también.

29. Este es una importante fuente de conflicto con las organizaciones exentas de impuestos que desean participar significativamente en las bases de los asuntos

políticos, presión política o esfuerzos legislativos. Recientemente, esta se ha convertido en la fuente más grande de litigios de exención de impuestos iniciada por la Oficina de Hacienda y ha dado como resultado la negación o revocación del estatus de exención de impuestos. Vea *Regan vs. Taxation with Representation of Washington,* 461 U.S. 540 (1983), donde la Corte Suprema rechazó el argumento de que este requisito violaba los derechos de la Primera Enmienda a una organización.

30. Vea *Walz vs. Tax Commission of the State of New York,* 397 U.S. 664 (1970).

31. Esta lista estaba compuesta de una variedad de casos y acciones reglamentarias conducida por la Oficina de Hacienda. Discutiblemente, esto se originó de las conclusiones de un fallo en 1959 en cuanto a que el Ejército de Salvación era una iglesia. Sin embargo, estos 14 puntos fueron específicamente alistados por la U.S. Tax Court en *Spiritual Outreach Society vs. Commissioner,* Tax Court Memo 1990-41 y afirmaban 927 F.2d 335 (8th. Cir. 1991). Aquí se concluyó que la Sociedad de Alcance Espiritual no cumplía con la definición de una iglesia.

32. Por ejemplo, vea Richard R. Hammar, *Pastor, Church and Law,* 3ra. ed. (Matthews, N.C.: Christian Ministry Resource Press, 2000), p. 227.

33. Para un buen compendio general de los asuntos de impuestos que afectan a las iglesias y organizaciones religiosas, vea IRS Publication 1828, *Tax Guide for Churches and Religious Organizations* (Revised 7/2002) al que se puede acceder en *http://www.irs.gov/pub/irs-pdf/p1828.pdf.*

34. Las organizaciones no lucrativas son eximidas de FUTA [26 U.S.C. 3306(c)(8)].

35. Por ejemplo, el estado de Colorado sigue el ejemplo federal [Colo. Rev. Stat. 8-70-140(l)(a)].

36. Esta exención de ingresos es solamente para propósitos de impuestos federales de ingresos y no se aplica a los impuestos de Seguro Social u otros impuestos estatales que no incluyen específicamente tales exenciones.

37. En *Richard D. Warren and Elizabeth K. Warren vs. Commissioner of Internal Revenue,* 9th Circuit Court of Appeals, Case No. 00-71217, la corte había indicado que se proponía dar el fallo, por motivos constitucionales, de que mantener las exenciones era una violación de la Cláusula de Establecimiento de la Constitución de los Estados Unidos. Después de pasar la Clergy Housing Allowance Clarification Act of 2002, tanto los Warren como la Oficina de Hacienda acordaron ignorar el caso. Ninguno había hecho una petición ante la corte para determinar el caso por motivos constitucionales. Sin embargo, esto no significa que el asunto constitucional haya sido resuelto, y se anticipa que un nuevo caso podría

ser litigado solicitando un fallo de los asuntos constitucionales.

38. Vea IRS Publication 517, *Social Security and Other Information for Members of the Clergy and Religious Workers* (Revised 2002), que puede ser consultado en http://www.irs.gov/pub/irs-pdf/p517.pdf.

39. Por ejemplo, el Acto Federal de Estándares Imparciales de Trabajo requiere un ingreso neto anual de $500,000 o más, aunque esto se aplica específicamente a escuelas de cualquier tamaño. Obviamente, para muchas iglesias que de otra manera entrarían bajo esta limitación, la definición de una "escuela" sería importante. Otros ejemplos incluyen el Acto de Discriminación de Empleados por Edad, el cual requiere por lo menos de veinte empleados, y el Acto Familiar y de Ausencia por Razones Médicas, que requiere de cincuenta o más empleados. Sin embargo, se impone una advertencia. Muchos estados decretaron sus propios estatutos complementarios que tienen diferentes requisitos de aplicabilidad. Además, en cualquier momento en que una organización se envuelve en comercio interestatal o con becas o contratos con el gobierno federal o estatal, es importante consultar los términos de estos acuerdos. Es posible que requieran de la participación en ciertos programas en los que de otra manera el patrón estaría exento.

40. Sin embargo, una minoría de los estados específicamente excluye de las provisiones a las iglesias y organizaciones de caridad. Como con la compensación de desempleo, si la organización y sus empleados son eximidos, tampoco pueden participar o reclamar beneficios del programa.

41. El Acto Federal de Estándares Imparciales de Trabajo exime a las personas empleadas en capacidades ejecutivas y administrativas de buena fe y capacidades profesionales, y por lo tanto incluye a la mayoría de los pastores y directores. Note que los estatutos federales y muchos de los estatutos estatales también eximen a los campamentos religiosos y programas de verano que utilizan a estudiantes e internos.

42. Esto incluye discriminación basada sólo en preferencias religiosas (sin importar cuál empleo es específicamente religioso en su orientación). Aunque los estatutos no eximen a las iglesias por cuestiones de sexo, raza, origen nacional o incapacidad, estas áreas pueden tener ramificaciones constitucionales si infringen los requisitos religiosos o morales de una persona. Por ejemplo, se ha sostenido que una iglesia puede discriminar con base en sexo, preferencia sexual o estado marital cuando contrata a los ministros. Esta exención no se aplica a los puestos no pastorales o a las demandas por hostigamiento sexual entre los empleados actuales. Sin embargo, vea *Bryce vs. Episcopal Church in the Diocese of Colorado,* 121

F.Supp.2d. 1327 (2000), donde la corte falló la prohibición de escuchar la demanda puesta por un pastor de jóvenes no ordenado.

43. En *Kathy vs. Catholic Diocese,* 206 F.3d 651 (6th Cir. 2000), la corte sostuvo que un despido basado en normas morales (embarazo fuera del matrimonio) no podía ser una base apropiada donde la evidencia mostraba que las normas no fueron claramente comunicadas y donde parecía que los asuntos morales eran sólo un subterfugio para otras razones discriminatorias.

44. Note que algunos estados pueden permitir que personal religioso laico oficie en ceremonias matrimoniales. Por ejemplo, California no sólo permite que "un sacerdote, un ministro o un rabí de cualquier denominación religiosa" oficien en los matrimonios, pero también permite que los Doctores en Filosofía, que son oficiales de una organización religiosa no lucrativa y ofician regularmente en ritos y servicios religiosos, lleven a cabo el matrimonio (Cal. Family Code §400 & §402).

45. Esta es un área compleja de la ley. El Acto de los Derechos de Autor no incluye una exención específica para las ejecuciones de obras dramáticas o musicales en el curso de un culto regular de adoración. Sin embargo, esto no incluye la reproducción de las letras (como en boletines o presentaciones de Power Point), o la transmisión del culto por cinta o radio para los que no están presentes físicamente.

46. Las iglesias son generalmente eximidas de las provisiones de leyes federales y la mayoría de leyes estatales que requieren el registro de títulos y valores, el registro de los que solicitan las contribuciones y la presentación de expedientes y aprobación de materiales de ventas. Sin embargo, es cuestionable si esto tiene un beneficio significativo, ya que las declaraciones tienen a menudo la prudencia de evitar dar una imagen de impropiedad y de asegurar que los reguladores federales han revisado el material con un ojo hacia una mitigación de una posible, aunque involuntaria, tergiversación.

47. Esto es conocido como la sección preferente evitable de U.S. Bankruptcy Code [11 U.S.C §548(a)].

48. *In re Tucker,* 102 B.R. 219 (D.N.M., 1989).

49. Como en muchas áreas, hay excepciones. Por ejemplo, el acreedor debe estar consciente de que la corporación es el acreedor y que está dependiendo exclusivamente de ella para los pagos. Además, el pago de ciertos impuestos retenidos requeridos y obligaciones pueden llegar a ser la responsabilidad personal de los oficiales o directores que participan en la decisión de no hacer dichos pagos.

50. Probablemente ningún patrón autoriza a su empleado a cometer errores, sean comprensibles o no. Sin embargo, el no autorizar un error no exime al patrón de responsabilidad. Claramente los errores son una parte inevitable del empleo, y se considera que el patrón debe esperar que ocurran.

51. La definición de "participación personal" puede variar según las circunstancias. La participación, según algunas cortes, incluye que el hecho ocurra, la autorización para que ocurra, mirar para otro lado cuando el hecho podría ser evitado, o aun confirmar un hecho después de que ha ocurrido.

52. Por ejemplo, vea *Abramson vs. Reiss,* 638 A.2d 743 (Md. 1994), en que la corte de Maryland afirmó la doctrina de inmunidad de caridad donde a un participante adulto en un juego de básquetbol en el Centro Comunitario Judío se le negó la recuperación con base en una teoría de supervisión negligente.

53. 42 U.S.C. §14501 (Ley Pública 105-19 firmada el 18 de junio, 1997).

54. Los estatutos estatales siguen siendo efectivos si proveen protección adicional por sobre los términos del acto federal.

55. Vea *Subchapter* C — *Standards of Conduct,* Section 8.30 del Modelo Revisado del Acto de Corporación No Lucrativa. Esté advertido que este acto no ha sido aprobado en todos los estados, y la versión aprobada en cada estado puede contener modificaciones.

56. Aun si el individuo responsable (quien con frecuencia carece de un capital) sigue siendo personalmente responsable, se reclama que la organización es secundariamente responsable bajo las teorías de contratación, retención o supervisión negligente. Sin embargo, la mayoría de las compañías de seguros cubre la responsabilidad de la organización bajo esa teoría de negligencia. En muchos casos se ha sostenido que a pesar de las amplias exclusiones de los seguros por actos intencionales y criminales tales como mala conducta sexual, una organización sigue estando cubierta contra cualquier alegato de negligencia (tal como contratación o supervisión negligente). Vea *Doe vs. Shaffer,* 738 N.E.2d 1248 (Ohio 2000).

57. Muchos de estos casos son el resultado directo de mala conducta sexual con menores. Es claro que tales casos no violan ningún establecimiento de la Primera Enmienda o las provisiones de libre ejercicio. Por ejemplo, vea *Smith vs. O'Connell,* 986 F. Supp 73 (D.R.I. 1997).

58. Vea *Wallace vs. Boy's Club of Albany, Georgia, Inc.,* 439 S.E.2d 746 (Ga. App. 1993), donde la corte comentó que "tal persona no es garante de la seguridad del niño. Sólo se le requiere usar un razonable cuidado proporcional al riesgo previsible de daño".

59. Vea *Sanders vs. Casa View Baptist Church,* 134 F.3d 331 (5th Cir. 1998).

60. Vea *Handley vs. Richards,* 518 S.2d 682 (Ala. 1987), donde la corte no reconoció una demanda por negligencia clerical. Pero vea también *Nally vs. Grace Community Church,* 763 P.2d 948 (Cal. 1988), donde las cortes de California reconocieron una demanda de posible negligencia donde consejeros espirituales sin licencia no previnieron un suicidio. No sólo no fue usada la teoría como base para la decisión final de la corte, sino que fue parcialmente revocada en una opinión posterior por la Corte Suprema de California concerniente al mismo caso.

61. Esta política debe definir cuándo es aplicable y a quién se aplica. Normalmente sólo los clérigos ordenados y con licencia y los sicólogos deben ser cubiertos. Hay que evitar cualquier insinuación de que las conversaciones con otros empleados o voluntarios son confidenciales, ya que esto puede crear un deber contractual de mantener el secreto, aunque tal confidencialidad no puede ser impuesta ni garantizada.

62. Una reciente decisión de New Jersey sostuvo que una conversación con un diácono no es privilegiada o de otra manera protegida de una revelación obligada. *State vs. Cary,* 751 A.2d 620 (N.J. Super. 2000).

63. Esta comunicación no necesita ser oral o escrita. Incluye lenguaje corporal, acciones durante la conferencia y aun la evaluación interna, pensamientos e intuición del pastor. *Commonwealth vs. Zezima,* 310 N.E.2d 590 (Mass. 1974).

64. Note que la existencia de un privilegio válido no exime al pastor de ser llamado a comparecer, o de otra manera requerido para presentarse a una audiencia en la corte. Normalmente la corte decidirá la validez del privilegio sólo después de que el pastor haya subido al banquillo de los testigos.

65. Algunos estados, como California y Colorado, estipulan específicamente que el privilegio está disponible tanto para el clérigo como para el penitente. Cal. Evid. Code §§1030 - §1034 and Colo.Rev.Stat. §13-90-107.

66. Es importante revisar el estatuto para su estado en particular. Por ejemplo, en el estado de Washington, dos consejeros religiosos que no tenían licencia o que no eran ministros ordenados en realidad correspondían, según la definición del estatuto del estado, a la categoría de "trabajadores sociales" para propósitos de informes. *State of Washington vs. Motherwell,* 788 P.2d 1066 (Wash. 1990). Esto también señala la razón por qué la consejería religiosa no debe ser llevada a cabo por empleados que no son ministros ordenados o psicólogos licenciados.

Quinta parte: Dirección

1. Warren R. Plunkett y Raymond F. Attner, *Introduction to Management* (Boston: PWS-Kent Publishing, 1992), p. 12.

Capítulo 17

1. James F. Bolt, "Developing Three-Dimensional Leaders", en *The Leader of the Future: New Visions, Strategies, and Practices for the Next Era,* ed. Francis Hesselbein, Marshall Goldsmith y Richard Beckhard (New York: The Peter F. Drucker Foundation for Nonprofit Management, 1996), p. 163.

2. J. Robert Clinton, *The Making of a Leader* (Colorado Springs, Colo.: Navpress, 1988), p. 15.

3. Myron Rush, *Managing to Be the Best* (Wheaton, Ill.: Victor Books, 1989), p. 140.

4. Bill Hybels, *Courageous Leadership* (Grand Rapids: Zondervan, 2002), p. 122.

5. J. Robert Clinton, "Learning How God Develops Leaders over a Lifetime", en *Lessons in Leadership: Fifty Respected Evangelical Leaders Share Their Wisdom on Ministry,* ed. Randal Roberts (Grand Rapids: Kregel Publications, 1999), p. 73.

6. John C. Maxwell, *The 21 Irrefutable Laws of Leadership* (Nashville: Thomas Nelson Publishers, 1998), p. 133.

7. Hybels, pp. 122-132.

8. Max De Pree, *Leadership Is an Art* (New York: Doubleday, 1989), p. 12.

9. Maxwell, *The 21 Irrefutable Laws,* p. 221.

10. Ken Blanchard, "Following the *Real* Leader", en *The Transparent Leader,* ed. Dwight Johnson (Eugene, Ore.: Harvest House Publishers, 2001), p. 31.

11. Jay A. Conger, *Learning to Lead: The Art of Transforming Managers into Leaders* (San Francisco: Jossey-Bass, 1992), p. 33.

12. Aubrey Malphurs, *Being Leaders: The Nature of Authentic Christian Leadership* (Grand Rapids: Baker Books, 2003), p. 75.

13. Clinton, *The Making of a Leader,* pp. 15, 16.

14. J. Clinton, "Learning How God Develops Leaders", p. 72.

15. Conger, pp. 31, 32.

16. James M. Kouzes y Barry Z. Posner, "Bringing Leadership Lessons from the Past into the Future", en *The Future of Leadership,* ed. Warren Bennis, Gretchen M. Spreitzer y Thomas G. Cummings (San Francisco: Jossey-Bass, 2001), p. 87.

17. J. Oswald Sanders, *Spiritual Leadership,* 2ª. rev. (Chicago: Moody Press, 1994), p. 79.

18. Jay A. Conger y Beth Benjamin, *Building Leaders: How Successful Companies Develop the Next Generation* (San Francisco: Jossey-Bass, 1999), pp. 21, 22.

19. Reggie McNeal, *A Work of Heart: Understanding How God Shapes Spiritual Leaders* (San Francisco: Jossey-Bass, 2000), p. 131.

20. Malphurs, pp. 76-80.

21. Rick Warren, *The Purpose-Driven Life* (Grand Rapids: Zondervan, 2002), pp. 241-248.

22. Malphurs.

23. Malphurs, pp. 80-86.

24. Peter G. Northhouse, *Leadership: Theory and Practice,* 3ª. ed. (Thousand Oaks, Calif.: Sage Publications, 2004), pp. 36-39.

25. Conger, p. 180.

26. Clinton, *The Making of a Leader,* p. 25.

27. Conger, p. 180.

28. Clinton, *The Making of a Leader.*

29. Hybels, pp. 124-126.

30. Carl F. George y Robert E. Logan, *Leading and Managing Your Church* (Old Tappan, N.J.: Fleming H. Revell, 1987), p. 106.

31. Roy B. Zuck, *Teaching as Paul Taught* (Grand Rapids: Baker Books, 1998), p. 121.

32. George y Logan, p. 117.

33. John P. Kotter, "What Leaders Really Do", en *Harvard Business Review on Leadership* (Boston: Harvard Business School Publishing, 1998), p. 50.

34. Sanders, p. 145.

35. Conger, p. 9.

36. Conger y Benjamin, pp. 211, 212.

37. Lorin Woolfe, *The Bible on Leadership: From Moses to Matthew: Management Lessons for Contemporary Leaders* (New York: American Management Association, 2002), p. 217.

38. John C. Maxwell, *Develop the Leaders Around You* (Nashville: Thomas Nelson Publishers, 1995), pp. 93-94.

39. Fred Smith, *Learning to Lead* (Carol Stream, Ill.: Christianity Today, Inc., 1986), pp. 114, 115.

40. George y Logan, pp. 106-113.

41. Maxwell, *Develop the Leaders,* pp. 96-98.

42. Myron Rush, *Management: A Biblical Approach* (Wheaton, Ill.: Victor Books, 1983), p. 132.

43. James M. Kouzes y Barry Z. Posner, *Credibility: How Leaders Lose and Gain It, Why People Demand It* (San Francisco: Jossey-Bass, 1993), pp. 153-182.

Capítulo 18

1. Michael J. Anthony, "Mentoring", en *The Evangelical Dictionary of Christian Education* (Grand Rapids: Baker Books, 2003), p. 459.

2. Howard Hendricks y William Hendricks, *As Iron Sharpens Iron* (Chicago: Moody Press, 1995), p. 160.

3. Paul D. Stanley y J. Robert Clinton, *Connecting: The Mentoring Relationship You Need to Succeed in Life* (Colorado Springs: Navpress, 1992), p. 40.

4. Marcia A. McMullen y Patricia M. Miller, *Because You Believed in Me: (Mentors and Protégés Who Shaped Our World* (Kansas City: Andrews McMeel Publishing, 2002), pp. 4-5.

5. Ibíd., pp. 12, 13.

6. Ibíd., p. 8.

7. Ibíd., p. 68.

8. Chip R. Bell, *Managers as Mentors* (San Francisco: Berrett-Koehler Publishers, 1996), p. 6.

9. J. Robert Clinton y Richard W. Clinton, *The Mentor Handbook* (Altadena: Barnabas Publishers, 1991), pp. 13-16.

10. Ibíd., p. 13.

11. Ibíd., p. 193.

12. Ibíd., p. 195.

13. Maxwell, *Developing the Leaders Around You*, p. 11.

14. Gordon F. Shea, *Mentoring* (Menlo Park: Crisp Publications, 2002), p. 9.

15. Hendricks y Hendricks, *As Iron Sharpens Iron,* p. 98.

16. Clinton y Clinton, *The Mentor Handbook,* 2-23, 2-24.

17. Stanley y Clinton, *Connecting,* 2-24.65.

18. James M. Houston, *The Mentored Life* (Colorado Springs: Navpress, 2002), 2-24.86.

19. Larry Ambrose, *A Mentor's Companion* (Chicago: Perrone-Ambrose Associates, 1998), pp. 12, 13.

20. Chip R. Bell, *Managers as Mentors* (San Francisco: Berrett-Koehler Publishers, 1996), p.75.

21. Ibíd., p.60.

22. Shea, p.65.

23. Hendricks y Hendricks, p.113.

24. Margo Murray, *Beyond the Myths and Magic of Mentoring* (San Francisco:

Jossey-Bass, 2001), p. 34.

25. Bobb Biehl, *Mentoring: Confidence in Finding a Mentor and Becoming One* (San Francisco: Berrett-Koehler Publishers, 1996), p. 73.

26. Hendricks y Hendricks, p. 147.

27. Stanley y Clinton, p. 205.

28. Hendricks y Hendricks, pp. 218, 219.

29. Lois J. Zachary, *The Mentor's Guide* (San Francisco: John Wiley and Sons, 2000), p. 50.

30. Ibíd., p. 52.

31. Hendricks y Hendricks, p. 219.

Capítulo 19

1. Stephen C. Lundin, Harry Paul y John Christensen, *Fish!* (New York: Hyperion, 1996). Cf. también *Fishtales and Fish Sticks.*

2. En este capítulo el término *unidad* servirá como un término genérico para cualquier agrupación de gente, y por lo tanto puede referirse a una masa de gente, una multitud, un equipo o una camarilla, dependiendo de la dinámica de la unidad gobernante.

3. Cf. Lee G. Bolman y Terrence E. Deal, *Refraining Organizations* (San Francisco: Jossey-Bass, 1997), 92-94. Sus comentarios están basados en *The Wisdom of Teams* de Katzenbach y Smith (1993).

4. Kenneth Gangel, *Feeding and Leading* (Chicago: Victor Books, 1989), pp. 229, 230, 232.

5. Olan Hendrix, *Management for the Christian Leader* (Milford, Mich.: Mott Media, 1981), pp. 74-76.

6. Adaptado de *Team Building: An Exercise in Leadership* de Robert Maddux, 3a. ed. (Los Altos, Calif.: Crisp Publications, 1992), p. 5.

7. Myron Rush, *Management: A Biblical Approach* (Chicago: Victor Books, 1983), p. 57.

8. Hersey y Blanchard, *Management of Organizational Behavior,* p. 348.

9. Maddux, p. 45.

10. Cf. Robert Heller y Tim Hindle, *Essential Manager's Manual* (New York: D. K. Publishing, 1998), p. 365 para una discusión de varios formatos de equipos.

11. Basado en un diagrama en "Team Building and Lay Leadership", *Church Administration* 39 de Jeff Story (1997), p. 31.

12. Robert G. Owens, *Organizational Behavior in Education,* 4ª. ed. (Boston: Allyn

and Bacon, 1991), p. 135.

13. Karen Marie Yust, *Attentive to God* (St. Louis: Chalice Press, 2001), p. 7.

14. Ibíd., pp. 11-13.

15. Cf. Stephen R. Covey, *The 7 Habits of Highly Effective People* (New York: Simon and Schuster, 1989), pp. 145-182; Stephen R. Covey, *First Things First* (New York: Simon and Schuster, 1994).

16. Covey, *First Things First,* p. 37.

17. Ibíd., pp. 205, 218.

18. Gangel, *Team Leadership in Christian Ministry.*

19. Cf. Heller y Hindle, pp. 372-375.

20. Lyman D. Ketchum y Eric Trist, *All Teams Are Not Created Equal: How Employee Empowerment Really Works* (Newbury Parks, N.J.: Sage Publications, 1992), p. 154.

21. Cf. Lloyd S. Baird, James E. Post y John F. Mahon, *Management: Function and Responsibility* (New York: Harper Collins, 1990), 429, para una discusión de estos cuatro roles.

22. Diagrama adaptado de Heller y Hindle, p. 379.

23. Cf. Rush, 59-60; Heller y Hindle, pp. 368-369; Deborah Harrington-Mackin, *The Team Building Tool Kit* (New York: Amacon, 1994), pp. 13-22, 58-61; Gary A. Yukl, *Leadership in Organization, 2ª. ed.* (Englewood Cliffs, N.J.: Prentice Hall, 1989). p. 241; Hersey y Blanchard, pp. 352-362.

24. Yukl, pp. 235, 236.

Capítulo 20

1. Leighton Ford, *Transformational Leadership* (Downers Grove, Ill.: IVP, 1991), p. 251.

2. Lee G. Bolman y Terrence E. Deal, *Refraining Organizations* (San Francisco: Jossey-Bass, 1997), p. 297.

3. Joseph C. Rost, *Leadership for the 21st Century* (Westport, Conn.: Praeger, 1993), p. 102.

4. Ibíd., p. 145.

5. Ibid., p. 149.

6. James M. Kouzes y Barry Z. Posner, *The Leadership Challenge* (San Francisco: Jossey-Bass Publishers, 1987), p. 27.

7. Warren Bennis y B. Nannis, *Leaders: Strategies for Taking Charge* (New York:

HarperCollins, 1985), p. 21.

8. Covey, *First Things First,* p. 206.

9. Carl George, "To Expand Your Outreach, Be a Rancher", *Servant Life* (March 1995), p. 7.

10. Hersey y Blanchard, p. 186.

11. Ibíd., p. 06.

12. Adaptado de Bolman y Deal, p. 15.

13. "Facilitating: A New Kind of Management", *Ministry Advantage* (Marzo/Abril 1994), p. 8.

14. Esto está *parcialmente* basado en una interpretación de "When 'Good' Isn't Enough: How to Overcome the 6 Temptations of Successful Organizations", por Dave Anderson, *Arrivals* (enero/febrero 2004), pp. 39-41. Este artículo fue un extracto de su libro *Up Your Business: Seven Steps to Fix, Build, or Stretch Your Organization* (New York: John Wiley & Sons).

Capítuo 21

1. Thomas Holland y David Hester, eds., *Building Effective Boards for Religious Organizations* (San Francisco: Jossey-Bass Publishers, 2000), pp. 24, 25.

2. Maureen K. Robinson, *Nonprofit Boards That Work: The End of One-Size-Fits-All Governance* (New York: John Wiley & Sons, Inc., 2001), p. 55.

3. John Carver, *Boards That Make a Difference: A New Design for Leadership in Nonprofit and Public Organizations* (San Francisco: Jossey-Bass Publishers, 1997), p. 205.

4. John Carver y Miriam M. Carver, *Reinventing Your Board: A Step-by-Step Guide to Implementing Policy Governance* (San Francisco: Jossey-Bass Publishers, 1997), p. 182.

5. Robinson, p. 57.

6. Diane J. Duca, *Nonprofit Boards: Roles, Responsibilities, and Performance* (New York: John Wiley & Sons, Inc., 1996), p. 102.

7. Duca, pp. 109, 110.

8. Howe, p. 30.

9. Howe, pp. 31, 32.

10. Duca, p. 75.

11. Duca, pp. 125, 126.

12. Richard P. Chait, Thomas P. Holland y Barbara E. Taylor, *Improving the Performance of Governing Boards* (Phoenix: The American Council on Education and the Oryx Press, 1996), pp. 112, 113.

13. Mark Light, *The Strategic Board* (New York: John Wiley & Sons, 2001), ix.

Sexta parte: Evaluación

1. Ann Louden, "This Won't Hurt a Bit", *Case Currents* (Julio-Agosto, 2001): p. 13.
2. Ibíd., pp. 13, 14.
3. Daniel Brown, "When You Need to Confront", *Leadership* (Primavera 1995); p. 92.
4. Stanley M. Widrick, Erhan Mergen y Delvin Grant, "Measuring Dimensions of Quality in Higher Education", *Total Quality Management* (vol. 13, núm. 1, 2002): p. 130.
5. Robert D. Herman y Asociados, *The Jossey-Bass Handbook of Nonprofit Leadership and Management* (San Francisco: Jossey-Bass Publishers, 1994), p. 298.

Capítulo 22

1. Lee G. Bolman y Terrence E. Deal, *Reframing Organizations,* 2ª. ed. (San Francisco: Jossey-Bass, 1997), p. 244.
2. Michael Woodruff, "Managing Your Ministry", *Youthworker* (Invierno 1994 10.3): p. 38.
3. Gran parte de este material fue elaborado en conjunto con John Castelein, profesor de teología contemporánea en Lincoln Christian Seminary (Lincoln, Illinois) y el doctor Robert Kurka, profesor de Biblia y teología en Lincoln Christian College, Lincoln, Illinois.
4. John Castelein, "Lincoln Christian College and Seminary Assessment Plan", Lincoln, Ill., 2003, p. 6.
5. Robert Kurka, "Lincoln Christian College and Seminary Assessment Plan", Lincoln, Ill., 2003, p. 7.
6. Bolman y Deal, p. 245.
7. Robert J. Wicks, "Spirituality and Ministry", *The Princeton Theological Bulletin* 12 (1991): p. 24.
8. Kenneth Gangel, *Team Leadership in Christian Ministry* (Chicago: Moody Press, 1997), p. 383.
9. Jim Ryan, "Rewarding Good Performance", *Church Administration,* 40 (1997): p. 28.
10. Adaptado de *Management* de Patrick J. Montana y Bruce H. Charnov (Hauppauge, N.Y.: Barron's Educational Series, 2000), p. 285.

11. William Savage, "Conducting a Performance Review", *Church Administration* 40 (1997), p. 24.

12. Cf. Larry Osborne, "How to Get a Healthy Performance Review", *Leadership* 15 (1994), pp. 120-123.

13. Alvin Jackson, "Honesty and Honor", Case Study: The Entrenched and Ineffective Worker, *Leadership* 14 (1993), p. 70.

14. Richard M. Hodgetts, *Modern Human Relations at Work,* 2da. ed. (New York: Dryden Press. 1980), p. 332.

15. Hodgetts, pp. 332, 333.

16. Larry W. Osborne, "Assessing and Improving Effectiveness", *Leadership Handbook of Management and Administration* (Grand Rapids: Baker Book House, 1994), p. 249.

17. Cf. Keith Keeran, "The Under-Performing Employee", *Christian Standard* (Feb. 22, 1992), pp. 6, 7.

18. Ryan, p. 27.

19. Kennon L. Callahan, *Effective Church Leadership* (San Francisco: Jossey-Bass, 1990), p. 200.

20. Los *objetivos de desempeño* u objetivos de tareas se refieren a la asignación de un juego muy específico de tareas o expectativas mensurables con fechas de cumplimiento a un miembro del personal de manera de establecer un nivel definitivo de expectativas para conservar su puesto dentro de la organización.

21. Paul Borthwick, "To Fire or Not to Fire" *Leadership* 6 (1985): pp. 82-86.

22. Savage, p. 25.

23. Keeran, p. 6.

24. Osborne, "How to Get a Healthy Performance Review", p. 119.

25. Cf. Ibíd., pp. 119, 120.

26. Montana y Charnov, *Management,* p. 173.

27. Leroy Lawson, "Firm and Fair", Case Study: The Entrenched and Ineffective Worker, *Leadership* (verano 1993), p. 71.

28. Adaptado de Mike Woodruff, "Confronting a Volunteer", *Group* (mayo-junio 1995, p. 21.

29. Cf. Osborne, pp. 20-23.

30. Adele Margrave y Robert Gorden, *The Complete Idiot's Guide to Performance Appraisals,* Indianápolis, Ind.: Alpha Books, 2001), inserto de la cubierta.

Capítulo 23

1. Kenneth O. Gangel, *Team Leadership in Christian Ministry,* revisado (Chicago: Moody Press, 1997), p. 373.

2. Ibíd.

3. Aubrey Malphurs, *Advanced Strategic Planning: A New Model for Church and Ministry Leaders* (Grand Rapids: Baker Books, 1999), p. 200.

4. Ibíd., p. 201.

5. Ibíd., pp. 202-204.

6. Ibíd., p. 208.

7. Bob I. Johnson, "How to Plan and Evaluate", pp. 56, 57.

8. Fairbank y Prue, "Developing Performance Feedback Systems", p. 337.

9. Malphurs, *Advanced Strategic Planning,* p. 208.

10. Johnson, "How to Plan and Evaluate", pp. 52-57.

11. Fairbank y Prue, "Developing Performance Feedback Systems", p. 337.

12. Ibíd.

13. Norman Shawchuck y Roger Heuser, *Leading the Congregation: Caring for Yourself While Serving the People* (Nashville: Abingdon Press, 1993), p. 215.

14. Ibíd., p. 214.

15. Fairbank y Prue, "Developing Performance Feedback Systems", pp. 338-40.

16. Gangel, *Team Leadership in Christian Ministry,* p. 375.

17. Johnson, "How to Plan and Evaluate", p. 49.

18. William L. Johnson y Annabel M. Johnson, *Planning for University Faculty Assessment: Development of a Brief Summative-Evaluation Instrument* (Big Sandy, Tex.: Ambassador College, 1990), ERIC, ED 325 059, pp. 6-9.

19. Ibíd.

20. Robert F. DeVellis, *Scale Development: Theory and Applications,* Applied Social Research Methods Series, vol. 26 (Newbury Park, England: Sage Publications, 1991), pp. 68-70.

21. Ibíd.

22. Johnson, "How to Plan and Evaluate", p. 57.

23. Ibíd.

24. Ibíd., p. 47.